세무사 2차 시험 대비, 세법학 기본서

저자 직강 www.namucpa.com (나무경영아카데미)

2025

26TH EDITION

세법학 Ⅱ-2

정정운

2

▸ 조세특례제한법

NAVER 카페

노란세법 검색

저자가 직접 운영하는 인터넷 카페에서
책 내용에 대한 상담을 하실 수 있습니다.
cafe.naver.com/taxnavi

상경사
www.SKBOOKS.co.kr

정정운(鄭丁云)

전남대학교 경영대학 경영학과 졸업
제35회 세무사시험 수석합격
지방세공무원 연수원 강사 역임
한세대학교 전임강사 역임
재정경제부 혁신동아리 강사 역임
재정경제부장관 표창장 수상(제070442호)
웅지세무대학 전임강사 역임
기획경제부 세제개정 전문위원 역임
나무경영아카데미 세법 강사

• 저 서

『세법개론』(상경사)
『세법개론 강의노트』(상경사)
『세법학 Ⅰ』(상경사)
『세법학 Ⅱ-1』(상경사)
『세법학 Ⅱ-2』(상경사)
『세법학 Ⅰ.zip』(상경사)
『세법학 Ⅱ.zip』(상경사)
『세법학 강의노트』(상경사)
『세법학연습』(상경사)

세법학 Ⅱ-2

지은이 정정운

2025년 3월 12일 26판 1쇄 펴냄

펴낸곳 상경사
펴낸이 김희철
영업·마케팅 김병훈 · 김희은
편집·북디자인 성진우 · 배정영 · 이은정 · 임경순
경영지원 배정민

등록일 1988년 6월 27일
등록번호 제 1-753 호

06784 서울특별시 서초구 동산로12길 13-8 B01,02 (양재동,담덕궁)
전화 02-577-3835, 팩스 02-573-2240, https://www.skbooks.co.kr

● ISBN 979-11-6137-384-3 94360

● 값은 표지 뒷면에 있습니다.
● 파본은 구입하신 서점에서 교환해드립니다.

2025
26TH EDITION

세법학 Ⅱ-2

정정운

상경사
www.SKBOOKS.co.kr

2025년 개정판을 내면서

TAXATION LAW

금년에도 세법학Ⅱ-②(조세특례제한법)와 관련하여 여러 가지 개정이 이루어졌는데, 그 주요 내용은 다음과 같다.

먼저 중소기업이 매출액 증가 등으로 중소기업에 해당하지 않게 된 경우 그 해당하지 않게 된 과세연도 개시일부터 3년 이내에 끝나는 과세연도까지 연구·인력개발비에 대한 세액공제를 신성장·원천기술연구개발비는 25%, 국가전략기술연구개발비는 35%로 일반 중견기업 대비 5% 상향하고, 일반연구·인력개발비는 15%에서 20%로 상향하였다. 그리고 중소기업이 매출액 등 증가로 중소기업에 해당하지 않게 된 경우에도 그 해당하지 않게 된 과세연도 개시일부터 3년 이내에 끝나는 과세연도까지 자산 투자에 대한 세액공제를 다른 중견기업 대비 신성장·원천기술 사업화시설 투자는 6%에서 9%로, 국가전략기술 사업화시설 투자는 15%에서 20%로, 일반 투자는 5%에서 7.5%로 상향하였다.

한편 종전 중소기업이 수도권 과밀억제권역 밖으로 공장을 이전하는 경우 법인세 또는 소득세를 감면하였으나, 수도권 밖의 지역 또는 수도권의 인구감소지역으로 이전하는 경우에만 감면하도록 하였으며, 주택 1채를 보유한 1세대가 인구감소지역의 주택 1채를 취득하는 경우에는 양도소득세 및 종합부동산세를 과세할 때 1세대 1주택자로 보도록 하였다. 그 밖에도 소기업·소상공인 공제부금에 대한 소득공제 한도 확대, 혼인에 대한 세액공제(생애 1회 50만원 공제) 신설, 근로장려금 신청을 위한 맞벌이 가구 총소득기준금액 상향, 면세점 송객용역에 대한 부가가치세 매입자 납부특례 신설 등의 개정이 이루어졌다.

이번 제26판 세법학Ⅱ-②(조세특례제한법)에는 최근 세무사 2차 시험에서 법령과 판례를 응용하는 사례문제가 다수 출제되는 점을 잘 반영하고, 이 책 한권으로 [기본내용 이해 → 핵심사항 요약정리 → 다양한 사례문제 연습]을 모두 해결할 수 있게 다음과 같은 방향으로 집필하였다.

• 과세요건과 감면내용에 관한 조세실체법을 강조하고 절차법적인 내용은 핵심사항만을 서술하는 방향으로 집필하고 세법학 수험목적에 딱 맞는 내용으로 구성하였다.

• 최신 판례를 해당 내용의 본문 아래 예규판례로 배치하여 세법 해석과 적용능력을 높일 수 있게 하였다.

• 다양한 사례를 통해 세법 내용과 판례를 이해할 수 있도록 사례위주의 문제를 대폭 보강하고, 「2024년 세법학 세무사 2차시험」 문제에 대한 모범답안을 제시하여 최근 시험 경향에 대비하도록 하였다.

• 복잡 · 다양한 세법내용을 철저하게 분석하여 설명함으로써 쉽게 이해할 수 있도록 하고, 도표를 통해 내용을 한 눈에 알아 볼 수 있고 본문내용을 요약 · 정리할 수 있게 하였다.

끝으로 출간의 기회를 주신 상경사 김희철 사장님, 이 책의 편집에 많은 노고를 해 주신 성진우 부장님, 김병훈 부장님, 배정영 부장님께 이 기회를 빌려 깊이 감사드리고, 이 책에 많은 조언을 해주신 손재호 세무사님에게 감사의 마음을 전한다.

앞으로도 이 책이 수험서를 뛰어넘어 세법학의 핵심이론서가 될 수 있도록 노력할 것을 약속드리며, 독자 여러분 모두의 건승(健勝)을 기원한다.

2025. 3. 5.

정정운

요약차례

TAXATION LAW

차 례

TAXATION LAW

조세특례제한법

제 4 편

조세특례제한법

제4편 조세특례제한법

제1장 조세특례제한법 총설

제1절 조세특례제한법 총칙

Ⅰ 조세특례제한법의 목적과 내용

조세특례제한법은 조세의 감면 또는 중과 등의 조세특례와 이의 제한에 관한 사항을 규정하여 과세의 공평을 기하고, 조세정책을 효율적으로 수행함으로써 국민경제의 건전한 발전에 이바지함을 목적으로 한다(조특법 1).

조세특례제한법은 종전에 한시적으로 적용되던 조세감면규제법을 대체한 법률로서, 이 법에서는 조세감면규제법과는 달리 '조세감면' 뿐만 아니라 '조세중과'까지도 규정하고 있다. 또한 조세감면규제법은 그 법률 자체가 한시법(限時法)이었으나 조세특례제한법은 영구법(永久法)이다. 그 대신에 특정한 조세감면이 지속되어 기득권화되는 것을 방지하기 위하여 개별적인 조세감면사항마나 별도의 적용시한을 규정하고 있는데, 이것을 개별일몰법(sunset : 個別日沒法)이라고 부른다.

Ⅱ 용어의 뜻

조세특례제한법에서 사용하는 용어의 뜻은 다음과 같으며, 이하에서 정의한 용어 외의 용어에 관하여는 조세특례제한법에서 특별히 정한 경우를 제외하고는 관련 법률에서 사용하는 용어의 예에 따른다(조특법 2 ①,②).

① 내국인 : 소득세법에 따른 거주자 및 법인세법에 따른 내국법인을 말한다.

② 과세연도 : 소득세법에 따른 과세기간 및 법인세법에 따른 사업연도를 말한다.

③ 과세표준신고 : 소득세법에 따른 과세표준확정신고 및 법인세법에 따른 과세표준신고를 말한다.

④ 익 금 : 소득세법에 따른 총수입금액 또는 법인세법에 따른 익금을 말한다.

⑤ 손 금 : 소득세법에 따른 필요경비 또는 법인세법에 따른 손금을 말한다.

⑥ 이월과세와 과세이연 : 이에 관하여는 후술하기로 한다.

⑦ 조세특례 : 일정한 요건에 해당하는 경우의 특례세율의 적용, 세액감면, 세액공제, 소득공제 등의 조세감면과 특정목적을 위한 익금산입, 손금불산입 등의 중과세를 말한다.

⑧ 연구개발 : 과학적 · 기술적 진전 또는 새로운 서비스 및 서비스전달체계 개발을 위한 체계적이고 창의적인을 활동을 말하며, 다음의 활동을 제외한다(조특령 2 ① ⑾).

- 일반적인 관리 및 지원활동

- 시장조사와 판촉활동 및 일상적인 품질시험
- 반복적인 정보수집 활동
- 경영이나 사업의 효율성을 조사 · 분석하는 활동
- 특허권의 신청 · 보호 등 법률 및 행정 업무
- 광물 등 자원 매장량 확인, 위치확인 등을 조사 · 탐사하는 활동
- 위탁받아 수행하는 연구활동
- 이미 기획된 콘텐츠를 단순 제작하는 활동
- 기존에 상품화 또는 서비스화된 소프트웨어 등을 복제하여 반복적으로 제작하는 활동
- 이미 연구개발된 제품 · 기술 · 서비스 · 설계 · 디자인 등과 동일성을 유지하는 범위에서 이를 단순하게 보완 · 변형 · 개선하는 활동

⑨ 인력개발 : 내국인이 고용하고 있는 임원 또는 사용인을 교육 · 훈련시키는 활동을 말한다.

⑩ 수도권과 수도권과밀억제권역 : 수도권정비계획법의 규정에 따른 수도권과 수도권과밀억제권역을 말한다.

수도권(①+②+③)		
① 과밀억제권역	② 성장관리권역	③ 자연보전권역
인구 및 산업이 과도하게 집중되었거나 집중될 우려가 있어 그 이전 또는 정비가 필요한 지역 : 서울특별시, 인천광역시 및 수원시 등 16개 시지역을 말한다.	과밀억제권역으로부터 이전하는 인구 및 산업을 계획적으로 유치하고 산업의 입지와 도시의 개발을 적정하게 관리할 필요가 있는 지역 : 파주시 등 14개 시 · 군 지역을 말한다.	한강수계의 수질 및 녹지 등 자연환경의 보전이 필요한 지역 : 가평군 등 8개 시 · 군 지역을 말한다.

[도 표] 수도권(①+②+③)

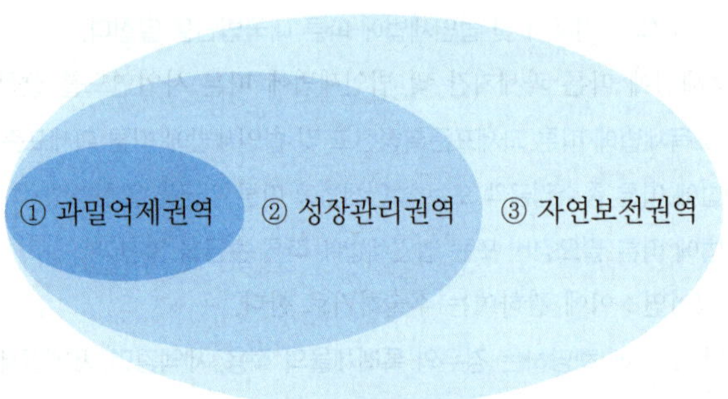

⑪ 인구감소지역 : 인구감소로 인한 지역 소멸이 우려되는 광역시, 특별자치시 및 시 · 군 · 구 중에서 65세 이상 고령인구, 인구감소율 등을 고려하여 지방시대위원회의 심의 · 의결을 거쳐 행정안전부장관이 지정 · 고시하는 지역을 말한다. 2024년 8월 기준 인구감소지역 지정 현황은 다음과 같다.

<table>
<tr><th>구분</th><th colspan="2">인구감소지역(89개)</th></tr>
<tr><td>부산(3)</td><td colspan="2">동구, 서구, 영도구</td></tr>
<tr><td>대구(3)</td><td colspan="2">남구, 서구, 군위군</td></tr>
<tr><td>인천(2)</td><td>강화군, 옹진군</td><td rowspan="2">수도권의 인구감소지역</td></tr>
<tr><td>경기(2)</td><td>가평군, 연천군</td></tr>
<tr><td>강원(12)</td><td colspan="2">고성군, 삼척시, 양구군, 양양군, 영월군, 정선군, 철원군, 태백시, 평창군, 홍천군, 화천군, 횡성군</td></tr>
<tr><td>충북(6)</td><td colspan="2">괴산군, 단양군, 보은군, 영동군, 옥천군, 제천시</td></tr>
<tr><td>충남(9)</td><td colspan="2">공주시, 금산군, 논산시, 보령시, 부여군, 서천군, 예산군, 청양군, 태안군</td></tr>
<tr><td>전북(10)</td><td colspan="2">고창군, 김제시, 남원시, 무주군, 부안군, 순창군, 임실군, 장수군, 정읍시, 진안군</td></tr>
<tr><td>전남(16)</td><td colspan="2">강진군, 고흥군, 곡성군, 구례군, 담양군, 보성군, 신안군, 영광군, 영암군, 완도군, 장성군, 장흥군, 신노군, 함평군, 해남군, 화순군</td></tr>
<tr><td>경북(15)</td><td colspan="2">고령군, 문경시, 봉화군, 상주시, 성주군, 안동시, 영덕군, 영양군, 영주시, 영천시, 울릉군, 울진군, 의성군, 청도군, 청송군</td></tr>
<tr><td>경남(11)</td><td colspan="2">거창군, 고성군, 남해군, 밀양시, 산청군, 의령군, 창녕군, 하동군, 함안군, 함양군, 합천군</td></tr>
</table>

제2절 조세특례의 개관

Ⅰ 서 설

'조세특례(special tax treatment)'란 ① 일정한 요건에 해당하는 경우의 세액감면, 세액공제, 소득공제, 특례세율 적용 등의 조세감면(preferential tax treatment)과 ② 특정목적을 위한 익금산입, 손금불산입 등의 중과세(heavy tax treatment)를 말한다(조특법 2 ① (8)). 여기서 조세감면은 세부담의 영구적인 감소를 가져오는 직접감면과 세부담을 미루어 줌으로써 이자상당액만큼의 세부담 절감효과를 가져오는 간접감면으로 구분된다. 이하에서는 법인세와 소득세에 관한 조세특례제도를 개관해 보고자 한다.

[도 표] 조세감면제도의 개관

구분	감면의 유형
(1) 직접감면	영구적인 세부담의 감소효과를 가져오는 감면 • 과세표준 계산단계 : 소득공제, 비과세 • 세액 계산단계 : 세액감면, 세액공제, 경감세율 및 분리과세
(2) 간접감면	납부시기의 이연효과를 가져오는 감면 • 일시상각충당금 등의 손금산입 • 특정 양도차익의 3년(5년)거치 3년(5년)간 분할익금산입 • 양도소득세의 이월과세 및 과세이연

Ⅱ 조세감면제도

1. 직접감면

(1) 소득공제

'소득공제(tax deductions)'란 각 과세연도의 소득금액에서 일정액을 공제하는 것을 말한다. 즉 과세표준이 되는 소득의 일부를 공제하는 것이다. 이러한 소득공제로 인한 세부담 절감효과의 크기는 그 공제액에 한계세율을 곱한 금액으로서, 같은 소득공제액이라도 한계세율이 높은 납세의무자가 보다 큰 공제의 혜택을 누릴 수 있다.

법인의 경우 소득공제는 과세연도의 소득금액에서 이월결손금의 공제 및 비과세소득을 차감한 금액을 한도로 하며, 이월공제는 허용되지 않는다.

(2) 세액감면

'세액감면(exemption)'이란 특정소득에 실효세율을 곱하여 계산한 금액의 일부 또는 전부를 해당 과세연도 산출세액에서 공제하는 것을 말하며, 그 조세부담 절감효과의 크기는 감면대상소득에 실효세율을 곱하여 계산한 금액에 감면비율을 곱한 것과 같다. 감면세액은 특별한 경우를 제외하고는 다음 산식에 따라 계산한다(법인령 96, 소득법 13 ①,②).

$$\text{법인세 감면세액} = \text{법인세 산출세액} \times \frac{\text{감면소득} - \text{이월결손금 등 공제}}{\text{과세표준}} \times \text{감면율(100\% 면제)}$$

$$\text{소득세 감면세액} = \text{소득세 산출세액} \times \frac{\text{감면대상소득금액}}{\text{종합소득금액}} \times \text{감면율(100\% 면제)}$$

1) 기간제한이 있는 세액감면 : 감면대상소득이 최초로 발생한 과세연도와 그 후 일정한 과세연도까지 발생한 경우에 한정하여 감면하는 유형이다(예 : 창업중소기업 등에 대한 세액감면).

2) 기간제한이 없는 세액감면 : 감면대상소득이 발생하면 시기의 제한이 없이 감면하는 유형이다(예 : 중소기업 특별세액감면).

(3) 세액공제

'세액공제(tax credits)'란 해당 과세연도의 산출세액(개인사업자의 경우 사업소득에 대한 산출세액)에서 일정한 금액을 공제하는 것을 말한다. 즉 특정소득의 발생여부에 관계없이 일정한 투자액의 일정비율에 해당하는 금액을 산출세액에서 공제하는 것을 말한다. 그 세부담 절감효과의 크기는 세액공제액 그 자체가 된다. 그러므로 직면하는 한계세율이 서로 다르더라도 같은 세부담의 절감효과가 나타난다.

현행 조세특례제한법에 따른 세액공제는 ① 기업의 투자를 촉진하기 위한 투자세액공제, ② 특정지출을 장려하기 위한 세액공제가 있다.

(4) 그 밖의 직접감면

1) 비과세 : 일정한 소득에 대하여 과세소득에서 제외하는 것을 말한다. 처음부터 국가가 과세권을 포기한 것이므로 비과세를 받기 위한 신청절차를 필요로 하지 않는다. 이러한 비과세되는 소득은 과세표준에 합산되지 않으며, 그 세금혜택의 크기는 비과세금액에 한계세율을 곱하여 계산한 금액이 된다.

2) 경감세율 및 분리과세 : 일정한 이자소득 및 배당소득에 대한 저율과세 및 분리과세, 농업협동조합법인 등에 대한 당기순이익과세 등이 있다.

2. 간접감면

(1) 일시상각충당금과 압축기장충당금의 손금산입

본래 자산의 양도차익은 익금에 해당한다. 그러나 일정한 자산의 양도차익은 일시상각충당금 또는 압축기장충당금을 설정하여 손금에 산입할 수 있다. 이처럼 손금에 산입한 금액은 나중에 감가상각비와 상계되거나 처분이익에 포함되어 세부담의 증가를 초래하므로 법인세의 부담을 이연하는 제도라고 할 수 있다.

(2) 3년거치 3년간 등 분할 익금산입

법인이 자산을 양도함으로써 발생하는 양도차익은 해당 양도일이 속하는 사업연도의 익금에 해당한다. 그런데 조세특례제한법은 일정한 자산의 양도차익에 대하여 3년(4년 · 5년)거치 3년간 분할 익금산입하여 과세이연을 받을 수 있는 제도를 두고 있다.

[도 표] 3년거치 3년간 분할 익금산입

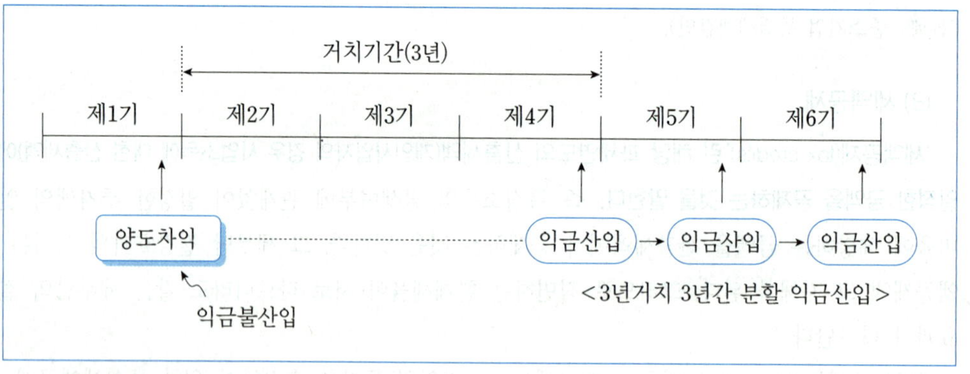

(3) 양도소득세 이월과세

1) 의 의 : '이월과세(移越課稅)'란 개인이 해당 사업에 사용되는 사업용고정자산 등(이하 '종전사업용고정자산 등'이라 한다)을 현물출자(現物出資) 등을 통하여 법인에 양도하는 경우, 이를 양도하는 개인에 대해서는 양도소득세를 과세하지 않고, 그 대신 이를 양수한 법인이 그 사업용고정자산 등을 양도하는 경우(개인이 종전사업용고정자산 등을 그 법인에 양도한 날이 속하는 과세기간에 다른 양도자산이 없다고 보아 계산한) 양도소득산출세액 상당액을 법인세로 납부하는 것을 말한다(조특법 2 ① (6)).

[도 표] 이월과세

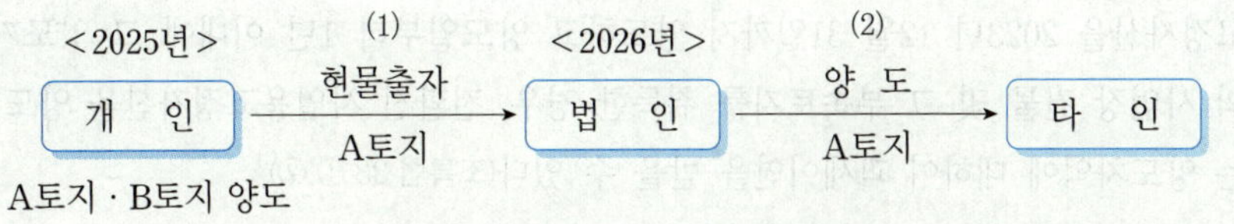

(1) 개인이 2025년 7월 1일에 A토지를 현물출자 등을 통하여 양도하는 경우, A토지를 양도하는 개인에 대해서는 양도소득세를 과세하지 않는다.

(2) 양수한 법인이 2026년에 A토지를 양도하는 경우, 개인이 법인에게 양도하였을 때 해당 양도일(2025년 7월 1일)이 속하는 과세기간에 개인에게 다른 양도자산(B토지)이 없다고 보아 계산한 양도소득산출세액 상당액을 법인세로 납부한다.

종류	적용대상
중소기업간 통합에 대한 양도소득세의 이월과세(조특법 31)	중소기업간 통합으로 인하여 소멸되는 중소기업(거주자가 경영)이 사업용고정자산을 신설 · 존속법인에게 양도하는 경우
법인전환에 대한 양도소득세의 이월과세(조특법 32)	거주자가 사업용고정자산을 현물출자하거나 사업양수도방법에 따라 법인으로 전환하는 경우
농업인의 현물출자에 대한 이월과세(조특법 66 ⑦, 68 ③)	농업인이 영농조합법인 또는 농업회사법인에게 농작물생산업 · 축산업 및 임업에 직접 사용되는 부동산(농지 · 초지는 제외)을 현물출자하는 경우

(4) 양도소득세 과세이연

1) 의 의 : '과세이연(課稅移延)'이란 공장의 이전 등을 위하여 개인이 해당 사업에 사용되는 사업용고정자산 등(이하 '종전사업용고정자산 등'이라 한다)을 양도하고 그 양도가액으로 다른 사업용고정자산 등(이하 '신사업용고정자산 등'이라 한다)을 대체 취득한 경우, 종전사업용고정자산 등의 양도에 따른 양도차익 중 다음의 과세이연금액에 대해서는 양도소득세를 과세하지 않되, 신사업용고정자산 등을 양도할 때 신사업용고정자산 등의 취득가액에서 과세이연금액을 뺀 금액을 취득가액으로 보고 양도소득세를 과세하는 것을 말한다(조특법 2 ① (7)).

$$\text{과세이연금액}^{*} = \frac{\text{종전사업용고정자산 등의}}{\text{양도에 따른 양도차익}} \times \frac{\text{신사업용고정자산 등의 취득가액}}{\text{종전사업용고정자산 등의 양도가액}}$$

* 신사업용고정자산 등의 취득가액이 종전 사업용고정자산 등의 양도가액을 초과하는 경우에는 종전 사업용고정자산 등의 양도에 따른 양도차익을 한도로 한다.

2) 과세이연의 적용례 : 사업전환 무역조정지원기업에 대한 과세특례

사업전환 무역조정지원기업을 영위하는 거주자가 제조업 등으로 전환하기 위하여 전환전 사업용고정자산을 2023년 12월 31일까지 양도하고 양도일부터 1년 이내에 그 양도가액으로 전환사업의 사업장 건물 및 그 부속토지를 취득한 경우, 전환전 사업용고정자산을 양도함에 따라 발생하는 양도차익에 대하여 과세이연을 받을 수 있다(조특법 33 ①,②).

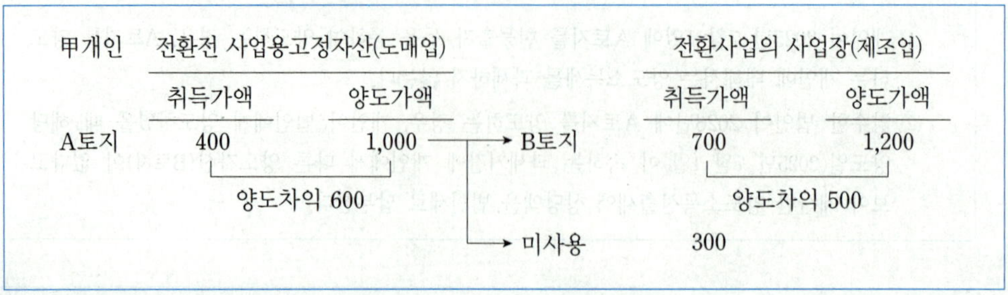

① 전환전 사업용 고정자산을 양도하고 대체취득한 경우

$$\text{과세이연금액} = \text{전환전 사업용고정자산의 양도차익} \times \frac{\text{전환사업의 건물 및 부속토지 취득가액}}{\text{전환전사업 양도가액}}$$

$$= 600 \times \frac{700}{1{,}000} = 420$$

즉 전환전 사업용고정자산의 양도차익 600 중

㉠ 건물 및 부속토지 대체취득에 사용한 부분 $600 \times \frac{700}{1{,}000} = 420$ → 과세이연

㉡ 대체취득에 사용하지 않은 부분 $600 \times \frac{300}{1{,}000} = 180$ → 해당 없음

② 전환사업장의 건물 및 부속토지를 양도하는 경우

- 이연취득가액 = 전환사업장의 건물 및 부속토지의 취득가액 − 과세이연금액
  = 700 − 420 = 280
- 전환사업장의 건물 및 부속토지의 양도차익 = 양도가액 − 이연취득가액
  = 1,200 − 280 = 920(500+420)

[도 표] 양도소득세 이월과세와 과세이연의 비교

양도소득세	납세의무자	과세대상자산
이월과세	甲개인 → K법인 (변경)	A토지 (동일)
과세이연	甲개인 (동일)	A토지 → B토지 (변경)

Ⅲ 조세중과제도

1. 임대보증금 등의 간주익금

차입금이 자기자본의 2배를 초과하는 영리내국법인으로서 부동산임대업을 주업으로 하는 법인이 주택을 제외한 부동산 등을 대여하고 보증금 또는 전세금을 받은 경우에는, 다음 금액을 익금에 가산한다(조특법 138).

$$\left(\text{해당 사업연도의 보증금 등의 적수} - \text{임대용부동산의 건설비상당액의 적수}\right) \times \frac{1}{365^{*}} \times \text{정기예금이자율} - \text{금융수익}$$

* 윤년에는 366으로 한다.

2. 정부투자기관 등의 업무추진비 한도 축소

정부투자기관 · 정부출자기관 등의 법인에 대해서는 각 사업연도 소득금액을 계산할 때 손금에 산입하는 업무추진비는 그 한도액의 70%에 상당하는 금액으로 한다(조특법 136 ②).

연습문제

1 조세특례제도를 이론상 직접감면과 간접감면으로 구분할 수 있다. 직접감면과 간접감면의 개념과 과세상 효과를 설명하고 그 대표적인 유형을 열거하시오. (2006년, 12점)

2 조세특례제한법은 내국법인이 자산을 양도함으로써 발생하는 양도차익에 대해 3년거치 3년간 익금산입하여 과세이연을 받을 수 있는 과세특례를 두고 있는데, 그 적용사례의 3가지를 설명하시오. (10점)

3 조세특례제한법에 따른 양도소득세 이월과세 · 과세이연의 개념과 그 적용사례를 설명하시오. (15점)

제4편 조세특례제한법

제2장 중소기업 및 연구인력개발에 대한 조세특례

제1절 중소기업에 대한 조세특례

Ⅰ 서 설

우리나라 기업환경에 있어서 중소기업은 자금력이나 인적자원면에서 대기업에 비해 취약하다고 할 수 있다. 하지만 중소기업은 급변하는 기업환경에 능동적으로 대처할 수 있는 기업형태이며, 국민경제의 기반이자 국제경쟁력의 원천이라고 할 수 있으므로, 중소기업의 육성 및 발전은 우리 경제의 매우 중요한 과제이다.

그리하여 현행 조세특례제한법에서는 중소기업의 육성 및 발전을 위하여 여러 가지 세제상 지원제도를 마련하고 있다.

Ⅱ 중소기업의 범위

'중소기업'이란 다음의 요건을 모두 갖춘 기업을 말한다. 다만, 자산총액이 5천억원 이상인 경우에는 중소기업으로 보지 않는다(중소기업 졸업기준, 조특령 2 ① 본문).

(1) 규모기준

매출액이 업종별로 「중소기업기본법 시행령」 [별표 1]*의 주된 업종별 평균매출액 등의 규모기준('평균매출액등'은 '매출액'으로 보며, 이하 '중소기업기준'이라 한다) 이내인 기업이어야 한다(조특령 2 ① (1)).

* p.20 참고사항을 말한다.

(2) 실질적 독립성기준

소유와 경영의 실질적인 독립성이 다음 모두의 기준에 적합해야 한다(조특령 2 ① (3), 중소기업기본법 시행령 3 ① (2)).

① 「독점규제 및 공정거래에 관한 법률(제31조 ①, 제33조)」에 따른 공시대상기업집단에 속하는 회사 또는 공시대상기업집단의 국내 계열회사로 편입·통지된 것으로 보는 회사에 해당하지 않을 것. 여기서 '공시대상기업집단'은 해당 기업집단에 속하는 국내 회사들의 공시대상기업집단 지정 직전 사업연도의 재무상태표상 자산총액의 합계액이 5조원 이상인 기업집단으로 한다(독점규제 및 공정거래에 관한 법률 시행령 38 ①).

② 자산총액이 5천억원 이상인 법인(외국법인을 포함하되, 비영리법인 및 벤처투자회사 등은 제외)이 주식등(의결권 없는 주식은 제외)의 30% 이상을 직접적 또는 간접적으로 소유한 경우로서 최다출자자인 기업이 아닐 것

③ 관계기업에 속하는 기업의 경우에는 관계기업의 매출액이 중소기업기준에 해당하는 기업일 것. 여기서 '관계기업'이란 「주식회사의 외부감사 법률」에 따라 외부감사의 대상이 되는 기업이 다른 국내기업을 지배함으로써 지배 또는 종속의 관계에 있는 기업의 집단을 말한다(지배기업과 종속기업).

(3) 제외업종 및 제외법인 기준

1) 제외업종 : 다음 사업을 주된 사업으로 영위하지 않아야 한다(조특령 2 ① (4)).

① 부동산임대업

② 소비성서비스업 : 다음 중 어느 하나에 해당하는 사업을 말한다(조특령 29 ③).

㉠ 호텔업 및 여관업(관광진흥법에 따른 관광숙박업은 제외)

㉡ 주점업[일반유흥주점업, 무도유흥주점업 및 「식품위생법 시행령(제21조)」에 따른 단란주점 영업만 해당하되, 관광진흥법에 따른 외국인전용유흥음식점업 및 관광유흥음식점업은 제외]

㉢ ⓐ 무도장 운영업, ⓑ 기타 사행시설 관리 및 운영업(관광진흥법 또는 「폐광지역 개발 지원에 관한 특별법」에 따라 허가를 받은 카지노업은 제외), ⓒ 유사 의료업 중 안마를 시술하는 업, ⓓ 마사지업(조특칙 17)

2) 제외법인 : 부동산임대업을 주된 사업으로 하는 등의 요건을 갖춘 소규모 법인*이 아닌 법인이어야 한다(조특령 2 ① (5)).

* 업무추진비 한도액 50% 축소 대상 법인과 같다.

NEW 개정사항 중소기업(또는 중견기업) 제외업종 및 제외법인 추가

<개정내용> 조세특례제한법상 개인사업자의 부동산임대업에서 발생하는 소득은 사업소득에서 제외되어 각종 과세특례 적용이 제한되는 점을 고려해서 '부동산임대업'을 중소기업(또는 중견기업)에서 제외하였다. 한편 법인을 활용한 개인의 조세회피를 방지하기 위해 '부동산임대업을 주된 사업으로 하는 등의 요건을 갖춘 소규모 법인'도 중소기업(또는 중견기업)에서 제외하였다(중견기업 제외업종 및 제외법인 추가 개정사항은 p.34 참조).

종전	개정
□ 조특법상 중소기업(또는 중견기업) 제외업종 ○ 제외업종 – 소비성서비스업	□ 제외업종 및 제외법인 추가 ○ (왼쪽과 같음)
<추가>	– 부동산임대업 – 부동산임대업을 주된 사업으로 하는 등의 요건을 갖춘 소규모 법인* * 업무추진비 한도액 50% 축소 대상 법인과 같음

<적용시기> 이 규정은 2025년 2월 영 시행일이 속하는 과세연도 분부터 적용한다. ■

참고사항 중소기업의 판정특례

1. 규모확대 등의 경우 : 중소기업이 그 규모의 확대 등으로 중소기업 졸업기준에 해당되거나 중소기업기준(또는 관계기업 매출액의 중소기업기준) 요건을 갖추지 못하게 되어 중소기업에 해당하지 않게 된 때에는 최초로 그 사유가 발생한 날이 속하는 과세연도와 그 다음 5개 과세연도*까지는 이를 중소기업으로 보고, 해당 기간(이하 '유예기간'이라 한다)이 경과한 후에는 과세연도별로 중소기업 해당 여부를 판정한다.

다만, 중소기업이 다음 중 어느 하나의 사유로 중소기업에 해당하지 않게 된 경우에는 유예기간을 적용하지 않고, 유예기간 중에 있는 기업에 대해서는 해당 사유가 발생한 날(아래 ②에 따른 유예기간 중에 있는 기업이 중소기업과 합병하는 경우에는 합병일로 한다)이 속하는 과세연도부터 유예기간을 적용하지 않는다(조특령 2 ②).

① 중소기업기본법의 규정에 따른 중소기업 외의 기업과 합병하는 경우
② 유예기간 중에 있는 기업과 합병하는 경우
③ 실질적 독립성 요건(관계기업 매출액의 중소기업기준 요건은 제외)을 갖추지 못하게 되는 경우
④ 창업일이 속하는 과세연도 종료일부터 2년 이내의 과세연도 종료일 현재 중소기업기준을 초과하는 경우

* 최초로 그 사유가 발생한 날이 속하는 과세연도 종료일부터 5년이 되는 날이 속하는 과세연도 종료일 현재 유가증권시장 및 코스닥시장에 상장되어 있는 경우에 위 '5개 과세연도' 대신에 '7개 과세연도'로 한다.

		최초	5년						
A기업 ······	×1	×2	×3	×4	×5	×6	×7	×8	×9
	900	1,100	1,200	1,300	1,400	1,340	1,250	940	1,300
중소기업 (식료품 제조업*)	○	○	○	○	○	○	○	○	×

5년 유예기간(딱 한번만 적용)
중소기업(간주)

* 아래 참고사항 9. 참조(중소기업기준 : 평균매출액 등 1,000억원 이하)

2. 범위기준이 개정되는 경우 : 기업이 중소기업기본법 시행령 별표의 개정으로 인하여 새로이 중소기업에 해당하게 되는 때에는 그 사유가 발생한 날이 속하는 과세연도부터 중소기업으로 보고, 중소기업에 해당하지 않게 되는 때에는 그 사유가 발생한 날이 속하는 과세연도와 그 다음 3개 과세연도까지 중소기업으로 본다(조특령 2 ⑤). ■

참고사항 「중소기업기본법 시행령」 [별표 1] 주된 업종별 평균매출액 등의 규모 기준('평균매출액 등'은 '매출액'으로 본다)

해당 기업의 주된 업종	규모 기준	해당 기업의 주된 업종	규모 기준
1. 의복, 의복액세서리 및 모피제품 제조업	평균매출액 등 1,500억원 이하	25. 음료 제조업	평균매출액 등 800억원 이하
2. 가죽, 가방 및 신발 제조업		26. 인쇄 및 기록매체 복제업	
3. 펄프, 종이 및 종이제품 제조업		27. 의료용 물질 및 의약품 제조업	
4. 1차 금속 제조업		28. 비금속 광물제품 제조업	

업종	기준	업종	기준
5. 전기장비 제조업		29. 의료, 정밀, 광학기기 및 시계 제조업	
6. 가구 제조업		30. 그 밖의 제품 제조업	
7. 농업, 임업 및 어업		31. 수도, 하수·폐기물 처리, 원료재생 및 환경복원업	평균매출액 등 800억원 이하
8. 광 업		32. 운수 및 창고업	
9. 식료품 제조업		33. 정보통신업	
10. 담배 제조업		34. 산업용 기계 및 장비 수리업	
11. 섬유제품 제조업(의복 제조업은 제외한다)		35. 전문, 과학 및 기술 서비스업	
12. 목재 및 나무제품 제조업(가구 제조업은 제외한다)		36. 사업시설관리 및 사업지원 서비스업	평균매출액 등 600억원 이하
13. 코크스, 연탄 및 석유정제품 제조업		37. 보건업 및 사회복지 서비스업	
14. 화학물질 및 화학제품 제조업(의약품 제조업은 제외한다)	평균매출액 등 1,000억원 이하	38. 예술, 스포츠 및 여가 관련 서비스업	
15. 고무제품 및 플라스틱제품 제조업		39. 수리(修理) 및 기타 개인 서비스업	
16. 금속가공제품 제조업(기계 및 가구 제조업은 제외한다)		40. 숙박 및 음식점업	
17. 전자부품, 컴퓨터, 영상, 음향 및 통신장비 제조업		41. 금융 및 보험업	평균매출액 등 400억원 이하
18. 그 밖의 기계 및 장비 제조업		42. 부동산업	
19. 자동차 및 트레일러 제조업		43. 임대업	
20. 그 밖의 운송장비 제조업		44. 교육 서비스업	
21. 전기, 가스, 증기 및 수도사업			
22. 수도업			
23. 건설업			
24. 도매 및 소매업			

※ 비고 : 해당 기업의 주된 업종의 분류 및 분류기호는 통계법(제22조)에 따라 통계청장이 고시한 한국표준산업분류에 따른다.

NEW 개정사항 중소기업 졸업 유예기간 연장

<개정내용> 중소기업이 그 규모의 확대 등으로 중소기업 졸업기준에 해당되거나 중소기업기준 요건을 갖추지 못하게 되어 중소기업에 해당하지 않게 되는 경우 중소기업의 세제상 혜택을 받을 수 있는 기간을 종전 '3년'에서 '5년(코스피 · 코스닥 상장 중소기업은 7년)'으로 확대하였다.

종전	개정
□ 중소기업 졸업 유예 ○ 졸업요건 : 규모기준 초과 ① 매출액이 기준금액* 초과 * 업종별 400~1,500억원 ② 자산총액 5,000억원 이상 ③ 관계기업과의 매출 합산액이 기준금액* 초과 * 업종별 400~1,500억원 ○ 유예기간 : 졸업 후 3년	□ 졸업 유예기간 확대 ○ (왼쪽과 같음) ○ 3년 → 5년(코스피 · 코스닥 상장법인은 7년)

<적용시기> 이 규정은 2024년 11월 12일이 속하는 과세연도에 최초로 중소기업에 해당하지 않게 된 사유가 발생하는 경우부터 적용한다. ■

Ⅲ 조세특례의 내용

1. 창업중소기업 등에 대한 세액감면

(1) 개 요

창업중소기업 등에 대해서는 일정기간 동안 법인세 또는 소득세의 50%~100%에 상당하는 세액을 감면한다. 그 취지는 중소기업의 창업을 촉진하여 우리 경제의 경쟁력을 높이는 데 있다.

(2) 감면대상기업의 범위

1) '창업중소기업'이란 2027년 12월 31일 이전에 제조업 등의 업종으로 창업한 중소기업을 말한다(조특법 6 ①,③).

여기서 '창업'이란 중소기업을 새로이 설립하여 사업을 개시하는 것을 말하는데, 다음에 해당하는 경우에는 창업으로 보지 않는다(조특법 6 ⑩).

① 합병 · 분할 · 현물출자 또는 사업의 양수를 통하여 종전의 사업을 승계하거나 종전의 사업에 사용되던 자산을 인수 또는 매입하여 같은 종류의 사업을 하는 경우. 다만, 다음 중 어느 하나에 해당하는 경우는 제외한다.

㉠ 종전의 사업에 사용되던 자산을 인수하거나 매입하여 같은 종류의 사업을 하는 경우 그 자산가액의 합계가 사업 개시 당시 사업용자산(토지와 감가상각자산을 말한다)의 총가액에서 차지하는 비율이 30% 이하인 경우

㉡ 사업의 일부를 분리하여 해당 기업의 임직원이 사업을 개시하는 경우로서 다음의 요건을 모두 갖춘 경우(조특령 5 ⑳)

• 기업과 사업을 개시하는 해당 기업의 임직원 간에 사업 분리에 관한 계약을 체결할 것
• 사업을 개시하는 임직원이 새로 설립되는 기업의 대표자로서 지배주주 등(법인령 43 ⑦)에 해당하는 해당 법인의 최대주주 또는 최대출자자(개인사업자의 경우에는 대표자를 말한다)일 것

② 거주자가 하던 사업을 법인으로 전환하여 새로운 법인을 설립하는 경우
③ 폐업 후 사업을 다시 개시하여 폐업 전의 사업과 같은 종류의 사업을 하는 경우
④ 사업을 확장하거나 다른 업종을 추가하는 경우 등 새로운 사업을 최초로 개시하는 것으로 보기 곤란한 경우

예규판례 창업의 범위에서 제외하는 취지 및 범위

본문 ①~④의 경우에는 창업의 범위에서 제외하고 있는데, 그 취지는 새로운 사업을 최초로 개시함으로써 원시적인 사업 창출의 효과가 있는 경우에만 소득세 또는 법인세의 감면혜택을 주려는 데 있다고 봄이 상당하다. 이러한 관련 규정의 취지 등에 비추어 보면, 종전의 사업에 사용되던 자산을 인수 또는 매입하여 같은 종류의 사업을 하는 경우에는 그것이 설령 종전 사업체의 유휴설비를 이용하거나 사실상 폐업한 업체의 자산을 이용하여 사업을 개시하는 경우에 해당하더라도 원시적인 사업창출의 효과가 없으므로, 위 ① 사유 본문이 창업의 범위에서 제외한 '종전의 사업에 사용되던 자산을 인수 또는 매입한 경우'에 해당한다고 봄이 타당하다. 그리고 여기에서 말하는 '자산을 인수한 경우'에는 자산을 임차하여 사용하는 경우도 포함된다(대법원 2014.3.27. 선고 2011두11549 판결). ■

참고사항 창업중소기업과 창업벤처중소기업의 범위

다음 각 호의 업종을 경영하는 중소기업으로 한다(조특법 6 ③).

구분	해당 업종
한국표준산업분류에 따른 다음의 업종	• 광업 • 제조업(제조업과 유사한 사업 포함) • 수도, 하수 및 폐기물 처리, 원료 재생업 • 건설업 • 통신판매업 • 육상 · 수상 · 항공운송업 · 보관 및 창고업 등의 물류산업 • 음식점업 • 정보통신업. 다만, 다음의 어느 하나에 해당하는 업종은 제외한다. ① 비디오물 감상실 운영업 ② 뉴스제공업 ③ 가상자산 매매 및 중개업 • 금융 및 보험업 중 정보통신을 활용하여 금융서비스를 제공하는 업종 • 전문, 과학 및 기술 서비스업(엔지니어링사업 포함). 다만, 다음의 어느 하나에 해당하는 업종은 제외한다. ① 변호사업 ② 변리사업 ③ 법무사업

	④ 공인회계사업 ⑤ 세무사업 ⑥ 수의업 ⑦ 행정사법에 따라 설치된 사무소를 운영하는 사업 ⑧ 건축사법에 따라 신고된 건축사사무소를 운영하는 사업 • 사업시설 관리, 사업 지원 및 임대 서비스업 중 다음의 어느 하나에 해당하는 업종 ① 사업시설 관리 및 조경 서비스업 ② 사업 지원 서비스업(고용 알선업 및 인력 공급업은 농업노동자 공급업 포함) • 사회복지 서비스업 • 예술, 스포츠 및 여가관련 서비스업. 다만, 다음의 어느 하나에 해당하는 업종은 제외한다. ① 자영예술가 ② 오락장 운영업 ③ 수상오락 서비스업 ④ 사행시설 관리 및 운영업 ⑤ 그 외 기타 오락관련 서비스업 • 협회 및 단체, 수리 및 기타 개인 서비스업 중 다음의 어느 하나에 해당하는 업종 ① 개인 및 소비용품 수리업 ② 이용 및 미용업
개별 법률의 규정에 따른 다음의 업종	• 직업기술 분야를 교습하는 학원을 운영하는 사업 또는 직업능력개발훈련시설을 운영하는 사업(직업능력개발훈련을 주된 사업으로 하는 경우로 한정한다) • 관광숙박업, 국제회의업, 유원시설업 및 관광객 이용시설업 • 노인복지시설을 운영하는 사업 • 전시산업

2) '창업벤처중소기업'이란 벤처기업 중 다음에 해당하는 기업으로서 창업 후 3년 이내에 관련 법률에 따라 2027년 12월 31일까지 벤처기업으로 확인받은 기업을 말하며, 그 업종은 창업중소기업의 업종과 같다.

① 「벤처기업육성에 관한 특별법」에 따른 벤처캐피털투자기업 · 기술우수평가기업

② 연구 · 인력개발을 위한 비용이 해당 과세연도 수입금액의 5% 이상인 중소기업(벤처기업으로 확인을 받은 날이 속하는 과세연도부터 연구개발비의 비율이 5% 이상 계속 유지되어야 한다)

참고사항 벤처기업의 요건

벤처기업은 다음의 요건을 모두 갖추어야 한다(벤처기업육성에 관한 특별법 2의2).

1. 중소기업기본법에 따른 중소기업일 것
2. 벤처기업평가기관*으로부터 기술 및 경영혁신에 관한 능력이 우수한 것으로 평가받을 것

* 중소기업진흥공단 · 기술신용보증기금 · 그 밖의 기술성 또는 사업화 능력을 평가할 수 있는 기관으로서 중소기업청장이 인정하는 기관

3. 다음 중 어느 하나에 해당할 것

① 벤처캐피털투자기업	다음 창투사 등의 주식인수금액이 자본금의 10%(벤처기업확인요청일 현재 6개월 이상 유지) 이상인 기업 • 벤처투자회사, 벤처투자조합 • 신기술사업금융업자, 신기술사업투자조합 • 한국벤처투자조합, 다산벤처주식회사
② 연구개발투자기업	「벤처기업육성에 관한 특별법」의 규정에 불구하고 연구 및 인력개발을 위한 비용이 해당 과세연도 수입금액의 5% 이상인 기업으로 조세특례제한법에서 별도로 정하고 있다.
③ 기술우수평가기업	특허권 또는 기술을 이용하여 사업화하는 기업으로서 벤처기업평가기관으로부터 기술성 또는 사업성이 우수한 것으로 평가받은 기업

3) '에너지신기술중소기업'이란 창업일이 속하는 과세연도와 그 다음 3개 과세연도가 지나지 않은 중소기업으로서 2027년 12월 31일까지 지정한 에너지신기술중소기업*을 말한다.

* '에너지신기술중소기업'이란 다음의 고효율제품 등을 제조하는 중소기업을 말한다(조특령 5 ⑪).
① 「에너지이용 합리화법」에 따른 에너지소비효율 1등급 제품 및 고효율에너지 기자재로 인증받은 제품
② 「신에너지 및 재생에너지 개발 · 이용 · 보급 촉진법」에 따라 신 · 재생에너지설비로 인증받은 제품

[도 표] 창업중소기업 등에 대한 세액감면

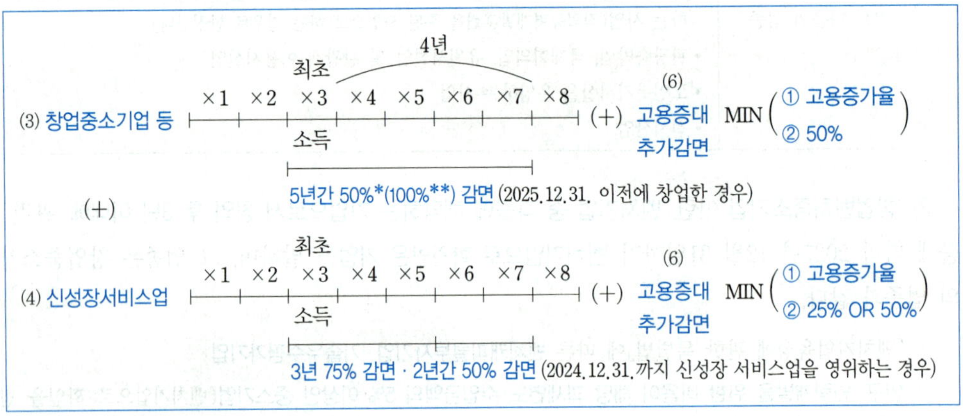

* 창업벤처중소기업 · 에너지신기술중소기업은 창업지역에 관계없이 50% 감면

** 100% 감면대상기업 : ① OR ②
① 수도권 과밀억제권역 외의 지역에서 창업한 청년창업중소기업
② 수도권 과밀억제권역 외의 지역에서 창업한 생계형 창업중소기업

(3) 세액감면의 내용

1) 창업중소기업 등에 대한 세액감면 : 창업중소기업과 창업보육센터사업자로 지정받은 내국인

에 대해서는 해당 사업에서 최초로 소득이 발생한 과세연도*와 그 다음 과세연도의 개시일부터 4년 이내에 끝나는 과세연도까지 해당 사업에서 발생한 소득에 대한 법인세 또는 소득세에 다음의 구분에 따른 비율을 곱한 금액에 상당하는 세액을 감면한다(5년간 100%·50% 감면, 감면한도 연간 5억원 적용, 조특법 6 ①).

* 만일 사업개시일부터 5년이 되는 날이 속하는 과세연도까지 해당 사업에서 소득이 발생하지 않은 경우에는 5년이 되는 날이 속하는 과세연도부터 감면기간을 기산한다.

(1) 창업중소기업의 경우 : 다음의 구분에 따른 비율

구분		감면비율
2025.12.31. 이전에 창업한 경우	① 수도권 과밀억제권역 외의 지역에서 창업한 청년창업중소기업(과밀 외 + 청년)	100%(*주) * 5년간 100% 감면
	② 수도권 과밀억제권역에서 창업한 청년창업중소기업(과밀 + 청년) ③ 수도권 과밀억제권역 외의 지역에서 창업한 창업중소기업(과밀 외 + 일반)	50% * 5년간 50% 감면
2026.1.1. 이후에 창업한 경우	① 수도권 외의 지역 또는 수도권의 인구감소지역에서 창업한 청년창업중소기업(수도권 외 or 수도권 인구감소 + 청년)	100%(*주) * 5년간 100% 감면
	② 수도권(수도권 과밀억제권역과 인구감소지역은 제외)에서 창업한 청년창업중소기업[수도권(과밀·인구감소 제외) + 청년]	75% * 5년간 75% 감면
	③ ㉠ 수도권 과밀억제권역에서 창업한 청년창업중소기업과 수도권 외의 지역 또는 ㉡ 수도권의 인구감소지역에서 창업한 창업중소기업[(과밀 + 청년), (수도권 외 or 수도권 인구감소 + 일반)]	50% * 5년간 50% 감면
	④ 수도권(수도권 과밀억제권역과 인구감소지역은 제외)에서 창업한 창업중소기업[수도권(과밀·인구감소 제외) + 청년]	25% * 5년간 25% 감면

(*주) 이처럼 100% 감면받은 과세연도의 경우 최저한세를 배제한다(조특법 132 ① (4), ② (4)).

(2) 창업보육센터사업자*의 경우 : 50%

* 중소기업 창업의 성공가능성을 높이기 위하여 창업기업에게 시설 및 장소 등의 지원을 주된 목적으로 하는 사업을 영위하는 사업자로서, 중소기업창업지원법 규정에 따라 지정받은 내국인을 말한다.

[도 표] 창업중소기업 등에 대한 감면

<table>
<tr><td rowspan="2">2025.12.31. 이전에
창업한 창업중소기업의 구분</td><td colspan="2">창업한 지역</td></tr>
<tr><td>수도권 과밀억제권역 외의 지역</td><td>수도권 과밀억제권역</td></tr>
<tr><td>청년</td><td>5년간 100% 감면
(위 도표 ①)</td><td>5년간 50% 감면
(위 도표 ②)</td></tr>
<tr><td>일반</td><td>5년간 50% 감면
(위 도표 ③)</td><td>(감면 없음)</td></tr>
</table>

<table>
<tr><td rowspan="4">2026.1.1. 이후에
창업한 창업중소기업의 구분</td><td colspan="3">창업한 지역</td></tr>
<tr><td colspan="2">수도권 과밀억제권역 외의 지역</td><td rowspan="3">수도권
과밀억제권역</td></tr>
<tr><td>수도권 외 지역</td><td rowspan="2">수도권
(성장관리+자연보전)</td></tr>
<tr><td>수도권 인구감소지역</td></tr>
<tr><td>청년</td><td>5년간 100% 감면
(위 도표 ①)</td><td>5년간 75% 감면
(위 도표 ②)</td><td>5년간 50% 감면
(위 도표 ③ · ㉠)</td></tr>
<tr><td>일반</td><td>5년간 50% 감면
(위 도표 ③ · ㉡)</td><td>5년간 25% 감면
(위 도표 ④)</td><td>(감면 없음)</td></tr>
</table>

참고사항 청년창업중소기업의 범위와 적용례

1. '청년창업중소기업'이란 2027년 12월 31일 이전에 창업한 중소기업으로서 대표자[소득세법에 따른 공동사업장의 경우에는 손익분배비율이 가장 큰 사업자(손익분배비율이 가장 큰 사업자가 둘 이상인 경우에는 그 모두를 말한다. 이하 같다)를 말한다]가 다음의 구분에 따른 요건을 충족하는 기업을 말한다(조특령 5 ①).

① 개인사업자로 창업하는 경우 : 창업 당시 15세 이상 34세 이하인 사람. 다만, 병역을 이행한 경우에는 그 기간(6년을 한도로 한다)을 창업 당시 현재 연령에서 빼고 계산한 연령이 34세 이하인 사람을 포함한다.

② 법인으로 창업하는 경우 : 다음의 요건을 모두 갖춘 사람

㉠ 위 ①의 요건을 갖출 것

㉡ 「법인세법 시행령(제43조 ⑦)」에 따른 지배주주 등으로서 해당 법인의 최대주주(또는 최대출자자)일 것

2. 청년창업중소기업의 대표자가 감면기간 중 위 ② · ㉡의 요건을 충족하지 못하게 되거나 개인사업자로서 손익분배비율이 가장 큰 사업자가 아니게 된 경우에는 해당 사유가 발생한 날이 속하는 과세연도부터 남은 감면기간 동안 해당 사업에서 발생한 소득에 대한 법인세 또는 소득세에 다음의 구분에 따른 비율을 곱한 금액에 상당하는 세액을 감면한다(조특령 5 ②).

<table>
<tr><td colspan="2">구분</td><td>감면비율</td></tr>
<tr><td rowspan="2">2025.12.31. 이전에
창업한 경우</td><td>수도권과밀억제권역 외의 지역에서 창업한 경우</td><td>50%</td></tr>
<tr><td>수도권과밀억제권역에서 창업한 경우</td><td>0%</td></tr>
<tr><td rowspan="3">2026.1.1. 이후에
창업한 경우</td><td>수도권 외의 지역 또는 수도권의 인구감소지역에서 창업한 경우</td><td>50%</td></tr>
<tr><td>수도권(수도권과밀억제권역과 인구감소지역은 제외)에서 창업한 경우</td><td>25%</td></tr>
<tr><td>수도권과밀억제권역에서 창업한 경우</td><td>0%</td></tr>
</table>

2) 창업벤처중소기업에 대한 세액감면 : 창업벤처중소기업의 경우에는 그 벤처기업으로 확인받은 날 이후 최초로 소득이 발생한 과세연도*와 그 다음 과세연도의 개시일부터 4년 이내에 끝나는 과세연도까지 해당 사업에서 발생한 소득에 대한 법인세 또는 소득세의 50%에 상당하는 세액을 감면한다(5년간 50% 감면). 다만, 창업중소기업에 대한 세액감면을 적용받는 경우는 제외하며, 감면기간 중 다음 중 어느 하나의 사유가 있는 경우에는 다음 구분에 따른 날이 속하는 과세연도부터 감면을 적용하지 않는다(조특법 6 ②).

* 만일 벤처기업으로 확인을 받은 날부터 5년이 되는 날이 속하는 과세연도까지 해당 사업에서 소득이 발생하지 않는 경우에는 5년이 되는 날이 속하는 과세연도부터 감면기간을 기산한다.

① 벤처기업의 확인이 취소된 경우 : 취소일

② 「벤처기업육성에 관한 특별법(제25조 ②)」에 따른 벤처기업확인서의 유효기간이 만료된 경우(해당 과세연도 종료일 현재 벤처기업으로 재확인받은 경우는 제외) : 유효기간 만료일

3) 에너지신기술중소기업에 대한 감면 : 에너지신기술중소기업에 해당하는 경우에는 그 해당하는 날 이후 최초로 해당 사업에서 소득이 발생한 과세연도*와 그 다음 과세연도의 개시일부터 4년 이내에 끝나는 과세연도까지 해당 사업에서 발생한 소득에 대한 법인세 또는 소득세의 50%에 상당하는 세액을 감면한다(5년간 50% 감면). 다만, 창업중소기업에 대한 세액감면 및 창업벤처중소기업에 대한 세액감면을 적용받는 경우는 제외하며, 감면기간 중 에너지신기술중소기업에 해당하지 않게 되는 경우에는 그 날이 속하는 과세연도부터 감면하지 않는다(조특법 6 ④).

* 만일 에너지신기술중소기업에 해당하는 날부터 5년이 되는 날이 속하는 과세연도까지 해당 사업에서 소득이 발생하지 않는 경우에는 5년이 되는 날이 속하는 과세연도부터 감면기간을 기산한다.

참고사항 해당 사업에서 발생한 소득의 계산(조특령 5 ⑮)

$$\text{해당 과세연도의 제조업에서 발생한 소득} \times \frac{\text{해당 과세연도의 고효율제품 등의 매출액}}{\text{해당 과세연도의 제조업에서 발생한 총매출액}}$$

참고사항 중소기업 유예기간 적용배제 사유 발생시 감면배제

창업중소기업 등에 대한 세액감면을 적용받은 기업이 다음 중 어느 하나에 해당하는 사유에 따라 중소기업에 해당하지 않게 된 경우에는 해당 사유 발생일이 속하는 과세연도부터 감면하지 않는다(조특법 6 ⑪, 조특령 5 ㉓).

① 중소기업기본법에 따른 중소기업이 아닌 기업과 합병하는 경우

② 유예기간 중에 있는 기업과 합병하는 경우

③ 실질적 독립성 요건(관계기업 매출액의 중소기업기준 요건은 제외)을 갖추지 못하게 되는 경우

④ 창업일이 속하는 과세연도 종료일부터 2년 이내의 과세연도 종료일 현재 중소기업기준을 초과하는 경우 ■

(4) 신성장서비스업에 대한 세액감면 우대

(3)의 세액감면 규정에도 불구하고 ① 2024년 12월 31일 이전에 수도권과밀억제권역 외의 지역에서 창업한 창업중소기업(청년창업중소기업은 제외), ② 2024년 12월 31일까지 벤처기업으로 확인받은 창업벤처중소기업 및 ③ 2024년 12월 31일까지 에너지신기술중소기업에 해당하는 경우로서, 신성장서비스업을 영위하는 기업의 경우에는 최초로 세액을 감면받는 과세연도와 그 다음 과세연도의 개시일부터 2년 이내에 끝나는 과세연도에는 법인세 또는 소득세의 75%에 상당하는 세액을 감면하고, 그 다음 2년 이내에 끝나는 과세연도에는 법인세 또는 소득세의 50%에 상당하는 세액을 감면한다(3년간 75% 감면 → 2년간 50% 감면, 감면한도 연간 5억원 적용, 조특법 6 ⑤).

참고사항 신성장서비스업을 영위하는 기업의 범위와 적용례

1. '신성장서비스업을 영위하는 기업'이란 다음 중 어느 하나에 해당하는 사업(이하 '신성장서비스업종'이라 한다)을 주된 사업으로 영위하는 중소기업을 말한다. 이 경우 둘 이상의 서로 다른 사업을 영위하는 경우에는 사업별 사업수입금액이 큰 사업을 주된 사업으로 본다(조특령 5 ⑫).

① 컴퓨터 프로그래밍, 시스템 통합 및 관리업, 소프트웨어 개발 및 공급업, 정보서비스업(뉴스제공업은 제외) 또는 전기통신업

② 창작 및 예술관련 서비스업(자영예술가는 제외), 영화 · 비디오물 및 방송 프로그램 제작업, 오디오물출판 및 원판 녹음업 또는 방송업

③ 엔지니어링사업, 전문 디자인업, 보안 시스템 서비스업 또는 광고업 중 광고물 문안, 도안, 설계 등 작성업

④ 서적, 잡지 및 기타 인쇄물 출판업, 연구개발업, 「학원의 설립 · 운영 및 과외교습에 관한 법률」에 따른 직업기술 분야를 교습하는 학원을 운영하는 사업 또는 「근로자직업능력 개발법」에 따른 직업능력개발훈련시설을 운영하는 사업(직업능력개발훈련을 주된 사업으로 하는 경우로 한정한다)

⑤ 물류산업

⑥ 관광진흥법에 따른 관광숙박업, 국제회의업, 유원시설업 또는 관광객이용시설업

⑦ 그 밖에 기획재정부령으로 정하는 신성장서비스업

2. 신성장서비스업에 대한 감면기간 중 신성장서비스업종 이외의 업종으로 주된 사업이 변경되는 경우에는 해당 세액감면을 적용하지 않고, 해당 사유가 발생한 날이 속하는 과세연도부터 남은 감면기간 동안 (3)에 따른 감면을 적용한다(조특령 5 ⑬). ■

(5) 생계형 창업중소기업에 대한 세액감면 우대

(3)의 1)과 (4)의 세액감면 규정에도 불구하고 2027년 12월 31일 이전에 창업한 창업중소기업(청년창업중소기업은 제외)에 대해서는 최초로 소득이 발생한 과세연도와 그 다음 과세연도의 개시일부터 4년 이내에 끝나는 과세연도까지의 기간에 속하는 과세연도의 수입금액*이 8,000만원 이하인 경우(이른바 '생계형 창업중소기업'인 경우) 그 과세연도에 대한 법인세 또는 소득세에 다음의 구분에 따른 감면비율을 곱한 금액에 상당하는 세액을 감면한다(5년간 100% · 50% 감면, 감면한도 연간 5억원 적용). 다만, 창업벤처중소기업에 대한 세액감면 또는 에너지신기술중소기업에 대한

세액감면을 적용받는 경우는 제외한다(조특법 6 ⑥).

* 과세기간이 1년 미만인 과세연도의 수입금액은 1년으로 환산한 총수입금액을 말한다.

구분		감면비율
2025.12.31. 이전에 창업한 경우	① 수도권 과밀억제권역 외의 지역에서 창업한 경우 (과밀 외 + 생계형)	100%(*주) * 5년간 100% 감면
	② 수도권 과밀억제권역에서 창업한 경우 (과밀 + 생계형)	50% * 5년간 50% 감면
2026.1.1. 이후에 창업한 경우	① 수도권 외의 지역 또는 수도권의 인구감소지역에서 창업한 경우(수도권 외 or 수도권 인구감소 + 생계형)	100%(*주) * 5년간 100% 감면
	② 수도권(수도권 과밀억제권역과 인구감소지역은 제외)에서 창업한 경우[수도권(과밀·인구감소 제외) + 생계형]	75% * 5년간 75% 감면
	③ 수도권 과밀억제권역에서 창업한 경우(과밀 + 생계형)	50% * 5년간 50% 감면

(*주) 이처럼 100% 감면받은 과세연도의 경우 최저한세를 배제한다(조특법 132 ① (4), ② (4)).

(6) 고용증대에 따른 추가 세액감면

앞의 (3), (4) 및 (5)에 따라 감면을 적용받는 업종별최소고용인원 이상을 고용하는 창업중소기업, 창업보육센터사업자, 창업벤처중소기업 및 에너지신기술중소기업의 앞의 (3), (4) 및 (5)의 감면기간 중 해당 과세연도의 상시근로자 수가 직전 과세연도의 상시근로자 수*보다 큰 경우에는 다음의 금액을 (3), (4) 및 (5)에 따른 감면세액에 더하여 감면한다(추가 세액감면, 감면한도 연간 5억원 적용). 다만, (3) · (5)에 따라 100%에 상당하는 세액을 감면받는 과세연도에는 고용증대에 따른 추가 세액감면을 적용하지 않는다(조특법 6 ⑦).

* 직전 과세연도의 상시근로자 수가 업종별최소고용인원에 미달하는 경우에는 업종별최소고용인원을 직전 과세연도의 상시근로자 수로 한다.

추가 세액감면* = 해당 사업에서 발생한 소득에 대한 법인세 또는 소득세 × 감면율[MIN(①, ②)]

* 추가 감면받은 부분은 최저한세를 적용하지 않는다(조특법 132 ① (4), ② (4)).

$$① \text{ 고용 증가율*} = \frac{(\text{해당 과세연도의 상시근로자 수} - \text{직전 과세연도의 상시근로자 수})}{\text{직전 과세연도의 상시근로자 수}}$$

* 1% 미만의 부분은 없는 것으로 한다.

② 한도율 = 50%[(3) · (4) · (5)에 따라 75% 세액감면받은 과세연도의 경우에는 25%]

여기서 '업종별최소고용인원'이란 다음의 업종 구분에 따른 상시근로자 인원수를 말한다(조특령 5 ⑭).

① 광업 · 제조업 · 건설업 및 물류산업의 경우 : 10명

② 그 밖의 업종의 경우 : 5명

(7) 감면한도

각 과세연도에 (3)~(6)에 따라 감면받는 세액의 합계액이 5억원을 초과하는 경우에는 그 초과하는 금액은 감면하지 않는다(조특법 6 ⑬).

각 과세연도 감면받은 세액의 합계액 − 5억원(감면한도) = 초과액 → 감면배제

참고사항 상시근로자의 범위 및 상시근로자 수의 계산방법

1. 상시근로자의 범위 : 상시근로자는 근로기준법에 따라 근로계약을 체결한 내국인 근로자로 한다. 다만, 다음 중 어느 하나에 해당하는 사람은 제외한다(조특령 5 ⑰, 23 ⑩).

① 근로계약기간이 1년 미만인 근로자. 다만, 근로계약의 연속된 갱신으로 인하여 그 근로계약의 총 기간이 1년 이상인 근로자는 상시근로자로 본다.

② 근로기준법(제2조 ① (8))에 따른 단시간근로자. 다만, 1개월 간의 소정근로시간이 60시간 이상인 근로자는 상시근로자로 본다.

③ 「법인세법 시행령(제40조 ①)」에서 정하는 임원

④ 해당 기업의 최대주주 또는 최대출자자(개인사업자의 경우에는 대표자를 말한다)와 그 배우자

⑤ 위 ④에 해당하는 자의 직계존비속(그 배우자 포함) 및 친족관계인 사람

⑥ 근로소득원천징수부(민령 196조)에 의해 근로소득세를 원천징수한 사실이 확인되지 않고, 다음 중 어느 하나에 해당하는 금액의 납부사실도 확인되지 않는 자

㉠ 「국민연금법(제3조 ① (11),(12))」에 따른 부담금 및 기여금

㉡ 「국민건강보험법(제69조)」에 따른 직장가입자의 보험료

2. 상시근로자수의 계산방법 : 상시근로자 수는 아래 ①의 계산식에 따라 계산한 수로 한다. 이 경우 1개월 간의 소정근로시간이 60시간 이상인 근로자(단시간근로자 중 상시근로자로 보는 자를 말한다) 1명은 0.5명으로 하여 계산하되, 아래 ②의 지원요건을 모두 충족하는 경우에는 0.75명으로 하여 계산한다(조특령 5 ⑰, 23 ⑪,⑫).

① 계산식

$$\text{상시근로자 수}^{*} = \frac{\text{해당 과세연도의 매월 말 현재 상시근로자 수의 합}}{\text{해당 과세연도의 개월 수}}$$

* 위에 따라 계산한 상시근로자 수 중 1/100 미만 부분은 없는 것으로 한다(조특령 23 ⑫).

② 지원요건

㉠ 해당 과세연도의 상시근로자 수(1개월 간의 소정근로시간이 60시간 이상인 근로자는 제외)가 직전 과세연도의 상시근로자 수(1개월 간의 소정근로시간이 60시간 이상인 근로자는 제외)보다 감소하지 않았을 것

㉡ 기간의 정함이 없는 근로계약을 체결하였을 것

㉢ 상시근로자와 시간당 임금(근로기준법에 따른 임금, 정기상여금 · 명절상여금 등 정기적으로 지급되는 상여금과 경영성과에 따른 성과금을 포함한다), 그 밖에 근로조건과 복리후생 등에 관한 사항에서 「기간제 및 단시간근로자 보호 등에 관한 법률(제2조 ⑶)」에 따른 차별적 처우가 없을 것

㉣ 시간당 임금이 최저임금법(제5조)에 따른 최저임금액의 130%(중소기업의 경우에는 120%) 이상일 것 ■

NEW 개정사항 창업중소기업 세액감면 제도 합리화

<개정내용> 지역균형발전 및 과세형평 제고를 위해 ① 과밀억제권역 밖인 수도권 내 창업중소기업에 대해 감면율을 25%p 축소하고(수도권의 인구감소지역 내 창업중소기업에 대해서는 감면율을 축소하지 않고, 수도권 밖 창업중소기업과 동일한 감면율을 적용하게 규정), 고용증가에 따른 추가감면율을 상향하며(고용증가율의 50%→100%), ② 감면한도를 연간 5억원으로 신규 설정하고, ③ 신성장서비스업 우대감면을 제외하는 등의 개정이 있었다.

종전	개정
□ 창업중소기업 세액감면	□ 감면율 정비 등 제도 합리화
○ 대상업종 : 제조업 등 20개	○ (왼쪽과 같음)
○ 감면율 : 업종 · 지역별 차등	○ 관련 개정내용 ① 업종 우대감면 적용기한 종료 ② 수도권 감면율 축소 (2026.1.1. 이후 창업하는 분부터 적용) ③ 고용증대 추가감면 상향
– 신성장서비스업 우대(2024년까지) : 초기 3년간 + 25%p	– 적용기한 종료
– 수도권 과밀억제권역 밖 : 일반 : 5년간 50% 청년 등 : 5년간 100%	– 수도권 밖* : (왼쪽과 같음) * 수도권의 인구감소지역 포함
<신설>	– 과밀억제권역 아닌 수도권 : 일반 : 5년간 50% → 25% 청년 등 : 5년간 100% → 75%
– 고용증대 추가감면 : 고용 증가율×50%	– 고용증대 추가감면 : 고용 증가율×100%

(종전)

구분	기본 감면		추가 감면
	수도권과밀억제권역	수도권 과밀억제권역 밖	
창업 중소기업	–	5년 50% (신성장서비스 우대)	고용 증가율 × 50%
청년 · 생계형	5년 50%	5년 100%	
벤처기업 등	5년 50% (신성장서비스업 우대)		

(개정)

구분	기본 감면			추가 감면
	수도권과밀억제권역	수도권과밀억제권역 밖		
		수도권	수도권 밖*	
창업 중소기업	–	5년 20%	5년 50%	고용 증가율 × 100%
청년 · 생계형	5년 50%	5년 75%	5년 100%	
벤처기업 등	5년 50%			

* 수도권의 인구감소지역 포함

<신설>	○ 감면한도 : 연간 5억원
○ 적용기한 : 2024.12.31.	○ 2027.12.31.

<적용시기> 이 규정은 2025년 1월 1일 이후 창업중소기업을 창업하는 경우, 창업보육센터사업자로 지정을 받는 경우, 벤처기업으로 확인받는 경우 또는 에너지신기술중소기업에 해당하게 되는 경우부터 적용한다. 다만, 수도권 감면율 축소에 관한 규정은 2026년 1월 1일 이후 창업하는 분부터 적용한다. ■

2. 중소기업에 대한 특별세액감면

제조업 등 감면업종을 경영하는 중소기업에 대해서는 2025년 12월 31일 이전에 끝나는 과세연도까지 다음의 세액상당액을 감면한다(조특법 7 ①).

> 세액감면액 = MIN(①, ②)
>
> ① 해당 사업장에서 발생한 소득에 대한 법인세 또는 소득세×감면비율(다음 도표, 5%~30%)
>
> ② 감면한도 : 다음의 구분에 따른 금액
>
> ㉠ 해당 과세연도의 상시근로자 수가 직전 과세연도의 상시근로자 수보다 감소한 경우(*주)
>
> : [1억원 – (감소한 상시근로자 수×1명당 500만원)]*
>
> * 해당 금액이 음수인 경우에는 영으로 한다.
>
> ㉡ 그 밖의 경우 : 1억원

(*주) 여기서 상시근로자의 범위 및 상시근로자 수의 계산방법은 p.30 참고사항의 규정을 준용한다(조특령 6 ⑦).

규모	사업장 소재	일반적인 감면업종(*주4)	도매업 등(*주2)	출판업
소 기 업(*주1)	수도권	20%(*주3)	10%	–
	수도권 외의 지역	30%(*주3)		
중 기 업	수도권	–	–	10%
	수도권 외의 지역	15%(*주3)	5%	–
성실중소기업	위 도표에 따른 감면비율에 '1.1'을 곱한 감면비율 적용			

(*주1) '소기업'이란 중소기업 중 매출액이 업종별로 「중소기업기본법 시행령」 [별표 3] (주된 업종별 평균매출액등의 소기업 규모 기준)을 준용하여 산정한 규모 기준 이내인 기업을 말한다. 이 경우 '평균매출액등'은 '매출액'으로 본다. 그리고 '중기업'은 소기업을 제외한 중소기업을 말한다(조특령 6 ⑤, 조특법 7 ① (2)).

(*주2) '도매업 등'이란 도매 및 소매업, 의료업을 말한다.

(*주3) 다만, 통관 대리 및 관련 서비스업을 경영하는 사업장의 경우 감면 비율은 (*주3)의 감면비율(20% · 30% · 15%)에 50%를 곱한 비율로 한다.

(*주4) '일반적인 감면업종'에는 자동차 임대업(자동차대여사업자로서 관련법에 따라 등록한 자동차 중 50% 이상을 전기자동차 또는 수소전기자동차로 보유한 경우로 한정한다)을 포함한다.

참고사항 성실중소기업에 대한 감면비율 10% 상향조정 특례

다음의 요건을 모두 충족하는 중소기업의 경우에는 위 도표에 따른 감면비율에 1.1을 곱한 감면비율을 적용한다(조특법 7 ②).

① 해당 과세연도 개시일 현재 10년 이상 계속하여 해당 업종을 경영한 기업일 것
② 해당 과세연도의 종합소득금액이 1억원 이하일 것
③ 소득세법에 따른 성실사업자로서 다음의 요건을 모두 갖춘 자일 것
  ㉠ 해당 과세기간의 수입금액으로 신고한 금액이 직전 3개 과세기간의 연평균수입금액의 50%를 초과할 것. 다만, 사업장의 이전 또는 업종의 변경 등 사유로 수입금액이 증가하는 경우는 제외한다.
  ㉡ 국세의 체납사실, 조세범처벌사실, 세금계산서 · 계산서 등의 발급 및 수령 의무 위반, 소득금액 누락사실 등을 고려하여 정하는 요건에 해당할 것 ■

한편 감면비율은 사업장 소재지에 따라 적용하는 것이 원칙이지만, 내국법인의 본점 또는 주사무소가 수도권에 있는 경우에는 모든 사업장이 수도권에 있는 것으로 보고 감면비율을 적용한다(조특법 7 ① 단서). 예컨대 중소기업으로서 제조업을 영위하는 甲법인의 경우 본점과 사업장(A공장, B공장) 소재지에 따라 다음과 같이 감면비율을 적용한다.

본점 소재지	규모	공장 소재지	
		A공장 소재지 : 수도권	B공장 소재지 : 지방
수도권 외의 지역(지방)	소기업	20% 감면	30% 감면
	중기업	감면배제	15% 감면
수도권 지역	소기업	20% 감면	20% 감면 (수도권 소재 간주)
	중기업	감면배제	감면배제 (수도권 소재 간주)

3. 상생결제 지급금액에 대한 세액공제

(1) 개 요

① 중소기업 및 중견기업을 경영하는 내국인이 2025년 12월 31일까지 ② 중소기업 및 중견기업에 지급한 구매대금 중 상생결제제도를 통하여 지급한 금액이 있는 경우로서 ③ 해당 과세연도에 지급한 구매대금 중 약속어음으로 결제한 금액이 차지하는 비율이 직전 과세연도보다 증가하지 않는 경우에는, (2)에 따라 계산한 금액을 법인세 또는 사업소득(부동산임대업에서 발생하는 소득은 포함하지 않는다. 이하 같다)에 대한 소득세에서 공제한다(조특법 7의4 ①).

이러한 상생결제 지급금액에 대한 세액공제는 결제기간 장기화, 연쇄부도 위험 등의 어음 거래에 따른 부작용을 최소화하기 위해 상생결제 활성화하려는데 그 취지가 있다. 상생결제제도는

결제기간이 짧으며, 은행이 현금지급을 보증하고, 낮은 할인율로 조기 현금화가 가능하며, 상환청구권이 없어 연쇄부도 위험도 없는 장점을 갖는다.

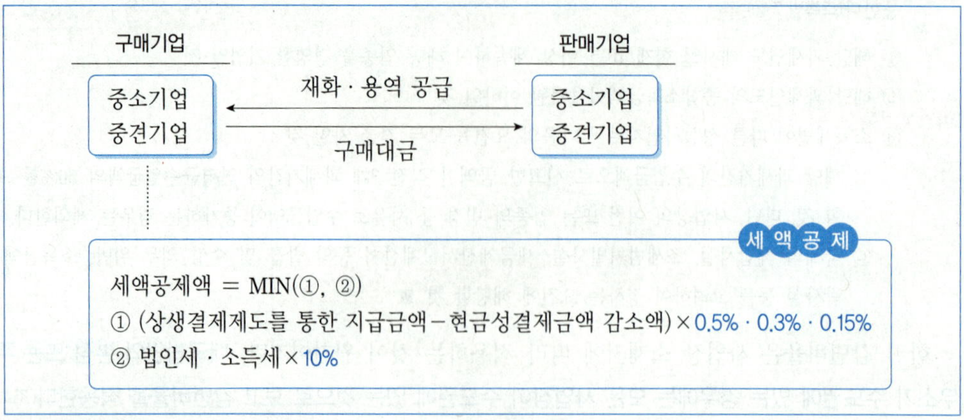

참고사항 조세특례제한법상 중견기업의 요건

조세특례제한법에 따른 '중견기업'이란 다음의 요건을 모두 갖춘 기업을 말한다(조특령 6의4 ①, 9 ③).

① 중소기업이 아닐 것

①-2 「공공기관의 운영에 관한 법률(제4조)」에 따른 공공기관 및 지방공기업법에 따른 지방공기업에 해당하는 기관이 아닐 것

② 다음 중 어느 하나에 해당하는 업종을 주된 사업으로 영위하지 않을 것. 이 경우 둘 이상의 서로 다른 사업을 영위하는 경우에는 사업별 사업수입금액이 큰 사업을 주된 사업으로 본다.

㉠ 소비성서비스업

㉡ 금융업, 보험 · 연금업, 금융 · 보험 관련 서비스업

㉢ 부동산임대업

③ 소유와 경영의 실질적인 독립성이 다음 중 어느 하나에 해당하지 않는 기업일 것

㉠ 상호출자제한기업집단에 속하는 기업

㉡ 상호출자제한기업집단 지정기준 자산총액 이상인 기업 또는 법인(외국법인 포함)이 해당 기업의 주식(의결권 없는 주식은 제외)의 30% 이상을 직접 · 간접적으로 소유하면서 최다출자자인 기업

④ 직전 3개 과세연도의 매출액(과세연도가 1년 미만인 과세연도의 매출액은 1년으로 환산한 매출액을 말한다)의 평균금액이 3,000억원(연구 · 인력개발비에 대한 세액공제 적용시 중견기업은 5,000억) 미만인 기업일 것

구분	위 ④의 매출액 기준
조세특례제한법상 일반적인 조세특례	직전 3개 과세연도의 매출액의 평균금액 < 3,000억원
연구 · 인력개발비에 대한 세액공제	직전 3개 과세연도의 매출액의 평균금액 < 5,000억원

⑤ 부동산임대업을 주된 사업으로 하는 등의 요건을 갖춘 소규모 법인*이 아닐 것

* 업무추진비 한도액 50% 축소 대상 법인과 같다. ■

(2) 세액공제액

세액공제액은 다음과 같이 계산한 금액으로 한다(조특법 7의4 ①,②).

> 상생결제 지급금액에 대한 세액공제액 = MIN[(1), (2)]
>
> (1) ① (상생결제제도를 통한 지급금액 중 지급기한이 세금계산서 등의 작성일부터 15일 이내인 금액 − 해당연도 현금성결제금액 감소액)×0.5%
>
> \+ ② (상생결제제도를 통한 지급금액 중 지급기한이 세금계산서 등의 작성일부터 15일 초과 30일 이내인 금액 − 해당연도 현금성결제금액 감소액 중 ①에서 공제한 후 잔액)×0.3%
>
> \+ ③ (상생결제제도를 통한 지급금액 중 지급기한이 세금계산서 등의 작성일부터 30일 초과 60일 이내인 금액 − 해당연도 현금성결제금액 감소액 중 ①·②에서 순서대로 공제한 후 잔액)×0.15%
>
> * 위 ①·②·③의 해당 금액이 0보다 작은 경우에는 0으로 한다.
>
> (2) 공제한도 : 해당 과세연도의 법인세·소득세×10%

여기서 '세금계산서 등'이란 세금계산서·계산서 및 영수증을 말하며, 해당연도 현금성결제금액 감소액은 다음과 같이 계산한다.

> 해당연도 현금성결제금액 감소액[(㉠ > ㉡) → (㉠ − ㉡)을 말한다]
> = (㉠ 직전 과세연도의 지급한 현금성결제금액 − ㉡ 해당 과세연도에 지급한 현금성결제금액)

* 현금성 결제 감소액을 공제대상에서 제외하는 이유 : 어음결제는 유지한 채 현금성 결제를 상생결제로 대체하여 세제혜택을 받는 경우를 방지하기 위해 현금성 결제 감소분을 공제대상에서 제외하는 것이다.

참고사항 용어의 정의

1. 구매대금 : 구매기업이 그 기업의 사업 목적에 맞는 경상적(經常的) 영업활동과 관련하여 판매기업으로부터 재화를 공급받거나 용역을 제공받고 그 대가로 지급하는 금액을 말한다(조특법 7의2 ③ (1)).

2. 상생결제제도 : 다음의 요건을 모두 충족하는 결제방법을 말한다(조특령 6의4 ②).

① 판매기업이 구매기업으로부터 판매대금으로 받은 외상매출채권을 담보로 다른 판매기업에 새로운 외상매출채권을 발행하여 구매대금을 지급할 것

② 여러 단계의 하위 판매기업들이 구매기업이 발행한 외상매출채권과 동일한 금리조건의 외상매출채권으로 판매대금을 지급할 것

③ 외상매출채권의 지급기한이 세금계산서 등의 작성일부터 60일 이내일 것

④ 금융기관이 판매기업에 대하여 상환청구권을 행사할 수 없는 것으로 약정될 것

3. 현금성결제금액 : 환어음 등 지급금액(환어음 및 판매대금추심의뢰서로 결제한 금액은 대금결제 기한이 세금계산서 등의 작성일부터 60일 이내이고 금융기관이 판매기업에 대하여 상환청구권을 행사할 수 없는 것으로 약정된 것에 한정한다)을 말한다(조특령 6의4 ③). ■

4. 상생협력을 위한 기금 출연 등에 대한 세액공제

(1) 개 요

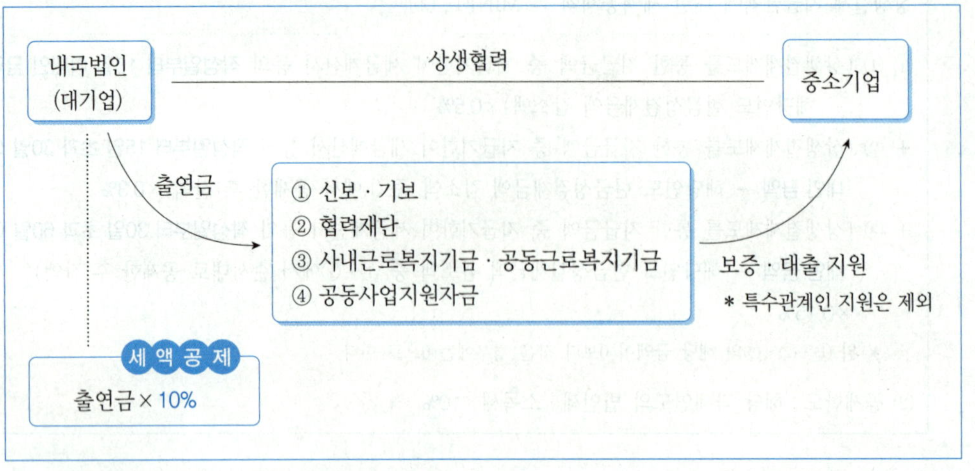

1) 출연금에 대한 세액공제 : 내국법인이 「대 · 중소기업 상생협력 촉진에 관한 법률(제2조 ③)*」 또는 「자유무역협정체결에 따른 농어업인 등의 지원에 관한 특별법(제2조 ⑲)」에 따른 상생협력을 위하여 2025년 12월 31일까지 다음 중 어느 하나에 해당하는 출연을 하는 경우에는, 해당 출연금의 10%에 상당하는 금액을 출연한 날이 속하는 사업연도의 법인세에서 공제한다. 다만, 해당 출연금이 특수관계인을 지원하기 위하여 사용된 경우 그 금액에 대해서는 공제하지 않는다(조특법 8의3 ①).

* '상생협력'이란 대기업과 중소기업 간, 중소기업 상호간 또는 위탁기업과 수탁기업(受託企業) 간에 기술, 인력, 자금, 구매, 판로 등의 부문에서 서로 이익을 증진하기 위하여 하는 공동의 활동을 말한다.

① 「대 · 중소기업 상생협력 촉진에 관한 법률」에 따른 협력중소기업에 대한 보증 또는 대출지원을 목적으로 신용보증기금 또는 기술보증기금에 출연하는 경우

② 「대 · 중소기업 상생협력 촉진에 관한 법률」에 따른 대 · 중소기업 · 농어업협력재단(「자유무역협정 체결에 따른 농어업인 등의 지원에 관한 특별법」에 따른 농어촌상생협력기금을 포함하며, 이하 '협력재단'이라 한다)에 출연하는 경우

③ 「대 · 중소기업 상생협력 촉진에 관한 법률(제2조 (1))」에 따른 중소기업(이하 '상생중소기업'이라 한다)이 설립한 사내근로복지기금에 출연하거나 상생중소기업 간에 공동으로 설립한 공동근로복지기금에 출연하는 경우(다만, 해당 내국법인이 설립한 사내근로복지기금 또는 해당 내국법인이 공동으로 설립한 공동근로복지기금에 출연하는 경우는 제외한다)

④ 중소기업협동조합법에 따른 공동사업지원자금에 출연하는 경우

2) 무상임대에 대한 세액공제 : 내국법인이 협력중소기업(해당 내국법인의 특수관계인인 경우는 제

외)을 지원하기 위하여 2025년 12월 31일까지 유형고정자산(연구개발을 위한 연구·시험용 자산을 말한다)을 무상으로 임대하는 경우에는, 유형고정자산 장부가액의 3%에 상당하는 금액을 무상임대를 개시하는 날이 속하는 사업연도의 법인세에서 공제한다(조특법 8의3 ②).

이 규정에 따라 내국법인이 유형고정자산을 무상으로 임대하는 경우에는 창업보육센터 등과 연계하여 지원하는 창업기업에 유형고정자산을 무상으로 5년 이상 계속 임대해야 한다(조특령 7의4 ⑥).

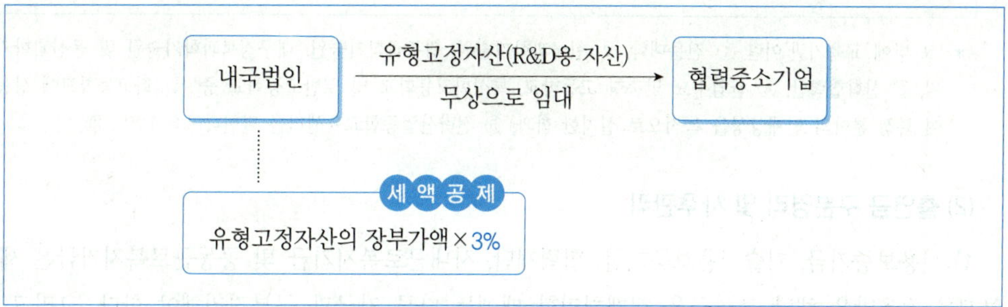

3) 수탁기업에 설치하는 시설에 대한 세액공제 : 내국인(위탁기업)이 「대·중소기업 상생협력 촉진에 관한 법률」에 따른 수탁·위탁거래의 상대방인 수탁기업에 설치(위 2)에 따라 무상임대하는 경우는 제외)하는 검사대 또는 연구시설에 2025년 12월 31일까지 투자(중고품 및 내국인에게 자산을 대여하는 것으로서 금융리스 외의 리스에 의한 투자는 제외)하는 경우에는, 다음의 금액을 법인세 또는 사업소득에 대한 소득세에서 공제한다(조특법 8의3 ③).

세액공제액 = 투자금액×1%(중견기업은 3%, 중소기업은 7%)

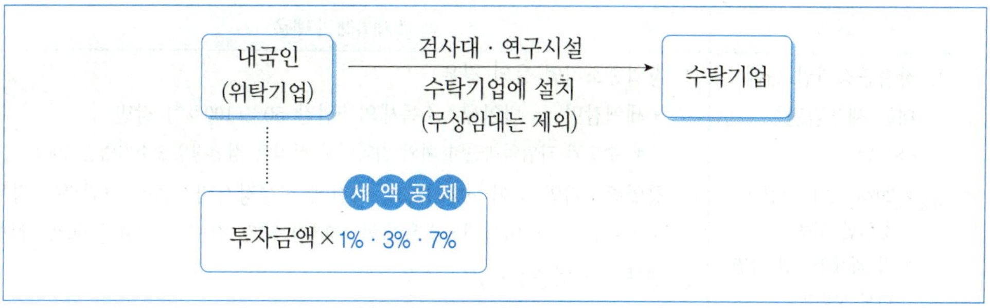

4) 대학 등에 중고자산 무상 기증에 대한 세액공제 : 내국법인이 사업에 사용하던 자산 중 반도체 관련 연구·교육에 직접 사용하기 위한 시설·장비(별표 1)에 따른 설비를 대학 및 그 밖에 교육기관에 2025년 12월 31일까지 무상으로 기증하는 경우에는 기증한 자산의 시가의 10%에 상당하는 금액을 기증하는 날이 속하는 사업연도의 법인세에서 공제한다(조특법 8의3 ④, 조특령 7의2 ⑬).

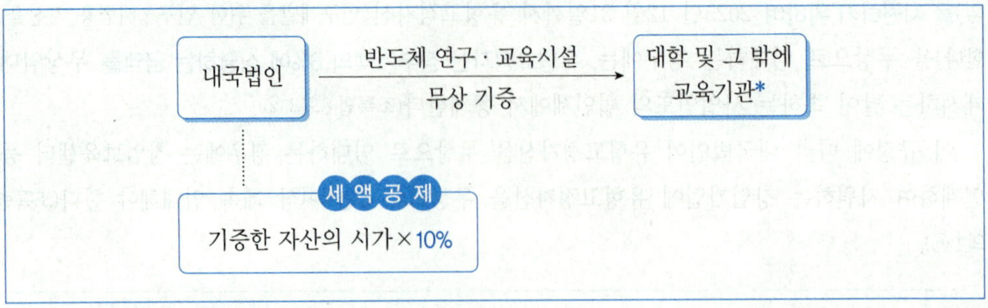

* '그 밖에 교육기관'이란 ① 전문대학, ② 한국과학기술원, 광주과학기술원, 대구경북과학기술원 및 울산과학기술원, ③ 산학협력단, ④ 산업수요 맞춤형 고등학교, 특성화고등학교 및 일반고등학교 중 특성화고등학교에 상응하여 특정 분야의 인재양성을 목적으로 설치한 학과, ⑤ 전략산업종합교육센터를 말한다(조특령 7의2 ⑭).

(2) 출연금 구분경리 및 사후관리

1) 신용보증기금, 기술신용보증기금, 협력재단, 사내근로복지기금 및 공동근로복지기금은 세액공제를 적용받은 해당 출연금을 회계처리할 때에는 다른 자금과 구분경리해야 한다. 그리고 신용보증기금 또는 기술신용보증기금은 받은 출연금을 지원목적 외의 용도로 사용한 경우에는 해당 사업연도의 과세표준신고를 할 때 내국법인이 공제받은 세액상당액을 법인세로 납부해야 한다(조특법 8의3 ⑤,⑥).

2) 내국법인이 무상임대 개시일 이후 5년 이내에 해당 유형고정자산의 무상임대를 종료하는 경우에는 해당 사업연도의 과세표준신고를 할 때 내국법인이 공제받은 세액상당액을 법인세로 납부해야 한다(조특법 8의3 ⑦).

[도 표] 중소기업에 대한 조세특례(2장 1절)

종류	조세특례의 내용
1. 창업중소기업 등에 대한 세액감면 (조특법 6) * 2025.12.31. 이전에 창업한 경우 * 각 과세연도별 감면 한도 5억원	(1) 창업중소기업 등의 경우 • 세액감면 = 법인세 · 소득세의 5년간 50%(100%*) 감면 * 수도권 과밀억제권역 외의 지역에서 창업한 청년창업중소기업은 100% (2) 창업중소기업 등이 2024.12.31. 이전에 신성장서비스업을 영위하는 경우 • 세액감면 = 법인세 · 소득세의 (3년간 75% 감면 → 2년간 50% 감면) (3) 생계형 창업중소기업의 경우 • 세액감면 = 법인세 · 소득세의 5년간 100%(50%*) 감면 * 수도권 과밀억제권역에서 창업한 창업중소기업은 50% (4) 고용증대에 따른 추가 세액감면 • 추가 세액감면 = 법인세 · 소득세×감면율[MIN(①, ②)] ① 고용증가율 ② 한도율 = 50%(25%)

2. 중소기업에 대한 특별세액감면 (조특법 7)	• 세액감면 = MIN[① 법인세 · 소득세×(5%~30%), ② 감면한도]
3. 상생결제 지급금액에 대한 세액공제 (조특법 7의4)	세액공제액 = MIN(①, ②) ① (상생결제제도를 통한 지급금액 – 현금성결제금액 감소액) ×0.5% · 0.3% · 0.15% ② 해당 과세연도의 법인세×10%
4. 상생협력을 위한 기금 출연 등에 대한 세액공제 (조특법 8의3)	1) 출연금에 대한 세액공제 = 상생협력 출연금×10% 2) 무상임대에 대한 세액공제 = 협력중소기업 지원을 위하여 무상임대한 유형고정자산 장부가액×3% 3) 수탁기업에 설치하는 시설에 대한 세액공제 = 투자금액×1%(중견기업은 3%, 중소기업은 7%) 4) 대학 등에 중고자산 무상 기증에 대한 세액공제 = 기증한 자산의 시가×10%

참고사항 일반기업보다 우대되는 그 밖의 중소기업에 대한 세제지원

1) 통합투자세액공제 적용시 높은 공제율(p.98 이하 참조)
2) 통합고용세액공제 적용시 높은 공제율(p.115)
3) 연구 및 인력개발비 세액공제 : 연구 및 인력개발비 세액공제에 대해 최저한세 적용배제
4) 기술이전 · 대여소득에 대한 세액감면 : 50% · 25% 세액감면(일반기업은 허용되지 않음)
5) 구조조정을 위한 조세특례
   ① 중소기업간 통합에 대한 사업용 자산에 대한 양도소득세 이월과세
   ② 사업전환중소기업에 대한 양도소득세 50% 세액감면 및 과세이연
6) 수도권 과밀억제권역 밖으로 공장 · 본사를 이전하는 중소기업 : 100%, 50% 세액감면
7) 조세특례의 제한 완화
   ① '90.1.1. 이후 사업개시한 중소기업의 경우 대체투자에 대한 세액공제 허용
   ② 법인세 최저한세 : 감면전 과세표준의 7%(일반기업은 감면전 과세표준 100억원 이하 10% 적용) ■

사례 1 창업중소기업 및 창업벤처중소기업을 위한 세액감면

창업중소기업 및 창업벤처중소기업을 위한 세액감면과 관련하여 다음의 물음에 답하시오.

(2007년 세무사2차 수정, 25점)

【물음 1】 창업의 의의와 감면의 취지, 그리고 세액감면 적용대상기업에 대하여 설명하시오.

【물음 2】 법인세 또는 소득세 세액감면의 내용에 대하여 설명하시오.

해 답

【물음 1】 창업, 감면의 취지 및 감면대상기업

1. 창업의 의의

'창업'이란 중소기업을 새로이 설립하여 사업을 개시하는 것을 말한다. 다만, 다음에 해당하는 경우에는 창업으로 보지 않는다.

① 합병 · 분할 · 현물출자 또는 사업의 양수를 통하여 종전의 사업을 승계하거나 종전의 사업에 사용되던 자산을 인수 또는 매입하여 동종의 사업을 영위하는 경우
② 거주자가 영위하던 사업을 법인으로 전환하여 새로운 법인을 설립하는 경우
③ 폐업 후 사업을 다시 개시하여 폐업 전의 사업과 동종의 사업을 영위하는 경우
④ 사업을 확장하거나 다른 업종을 추가하는 경우 등 새로운 사업을 최초로 개시하는 것으로 보기 곤란한 경우

2. 감면의 취지

그 취지는 중소기업의 창업을 촉진하고 창업 후 일정기간 성장 기반을 조성해 중소기업의 건실한 발전에 도움을 주려는데 있다.

3. 감면대상기업의 범위

1) 창업중소기업'이란 수도권 과밀억제권역 외의 지역에서 창업한 중소기업으로서 제조업 등 일정한 사업을 영위하는 중소기업으로 한다.
2) 창업벤처중소기업'이란 벤처기업 중 다음에 해당하는 기업으로서 창업 후 3년 이내에 벤처기업으로 확인받은 기업으로서 제조업 등 일정한 사업을 영위하는 중소기업을 말한다.
① 벤처캐피털투자기업 · 신기술개발기업 및 기술우수평가기업
② 연구 및 인력개발을 위하여 지출한 비용이 해당 과세연도 수입금액의 5% 이상인 중소기업

【물음 2】 세액감면의 내용(p.24~p.30 참조)

사례 2 창업중소기업에 대한 세액감면

다음 사례를 읽고 창업중소기업에 대한 세액감면과 관련하여 물음에 답하시오. (25점)

甲은 개인사업자로서 제조업을 경영하는 중소기업을 2025년 중에 창업을 위해서 귀하 세무사에 다음 두 가지 세무상담을 의뢰하였다.

(1) 조세감면을 적용받을 때 종전 사업에 사용하던 자산을 매입하여 사업을 시작하는 것이 유리할지 아니면 새로운 사업을 최초로 개시하여 사업을 시작하는 하는 것이 유리한 것인가?

(2) 조세감면을 적용받을 때 창업지역을 수도권 과밀억제권역으로 하는 것보다 수도권 과밀억제권역 외의 지역으로 하는 것인 유리한 것인가?

【물음 1】 창업중소기업에 대한 세액감면을 적용받기 위한 창업의 개념과 범위를 설명하고, 甲이 사업개시 당시 사업용 자산의 총액 100억원 중 20억원은 종전 사업에 사용하던 자산을 매입하여 같은 제조업을 개시하는 경우에도 창업에 포함되어 창업중소기업에 대한 세액감면을 적용받을 수 있는지를 검토하시오.

【물음 2】 甲이 수도권 과밀억제권역 외 지역에서 중소기업을 창업하는 경우 창업중소기업에 대한 세액감면으로 ① 일반적인 감면, ② 고용증대에 따른 추가 세액감면을 설명하시오. (다만, 해당 기업은 청년창업중소기업이나 생계형 창업중소기업에 해당하지 않는다고 가정하며, 답안 내용에 해당 세액감면에 대해 최저한세 적용 여부를 표시할 것)

【물음 3】 甲이 개인사업자로서 창업하는 경우 청년창업중소기업이 되기 위한 요건을 설명하고, 甲이 ① 수도권 과밀억제권역 외의 지역에서 창업하는 경우와 ② 수도권 과밀억제권역에서 창업한 경우로 구분하여 청년창업중소기업에 대한 세액감면을 설명하시오. (답안 내용에 해당 세액감면에 대한 최저한세 적용 여부를 표시할 것)

해 답

【물음 1】 창업

1. 창업의 개념과 범위

여기서 '창업'이란 중소기업을 새로이 설립하여 사업을 개시하는 것을 말하는데, 다음에 해당하는 경우에는 창업으로 보지 않는다.

① 합병 · 분할 · 현물출자 또는 사업의 양수를 통하여 종전의 사업을 승계하거나 종전의 사업에 사용되던 자산을 인수 또는 매입하여 같은 종류의 사업을 하는 경우. 다만, 다음 중 어느 하나에 해당하는 경우는 제외한다.

㉠ 종전의 사업에 사용되던 자산을 인수하거나 매입하여 같은 종류의 사업을 하는 경우 그 자산가액의 합계가 사업 개시 당시 사업용사산의 총가액에서 차지하는 비율이 30% 이하인 경우

㉡ 사업의 일부를 분리하여 해당 기업의 임직원이 사업을 개시하는 경우로서 다음의 요건을 모두 갖춘 경우

- 기업과 사업을 개시하는 해당 기업의 임직원 간에 사업 분리에 관한 계약을 체결할 것
- 사업을 개시하는 임직원이 새로 설립되는 기업의 대표자로서 지배주주에 해당하는 해당 법인의 최대주주(개인사업자의 경우에는 대표자를 말한다)일 것

② 거주자가 하던 사업을 법인으로 전환하여 새로운 법인을 설립하는 경우

③ 폐업 후 사업을 다시 개시하여 폐업 전의 사업과 같은 종류의 사업을 하는 경우

④ 사업을 확장하거나 다른 업종을 추가하는 경우 등 새로운 사업을 최초로 개시하는 것으로 보기 곤란한 경우

2. 사례의 경우

甲이 종전의 사업에 사용되던 자산을 매입하여 같은 종류의 제조업을 하는 경우 사업 개시 당시 사업용 자산의 총액에서 매입 자산가액이 차지하는 비율이 20%(20억원/100억원)로 30% 이하에 해당한다. 이 경우에는 창업에 포함되어 창업중소기업에 대한 세액감면을 적용받을 수 있다.

【물음 2】 창업중소기업에 대한 세액감면

1. 일반적인 감면

수도권 과밀억제권역 외의 지역에 창업한 창업중소기업은 해당 사업에서 최초로 소득이 발생한 과세연도와 그 다음 과세연도의 개시일로부터 4년 이내에 종료하는 과세연도까지 해당 사업에서 발생한 소득에 대한 소득세의 50%에 상당하는 세액을 감면한다(5년간 50% 감면, 최저한세 적용함).

2. 고용증대에 따른 추가 세액감면

위 1.에 따라 감면을 적용받는 업종별 최소고용인원 이상을 고용하는 창업중소기업이 그 감면기간 중 해당 과세연도의 상시근로자 수가 직전 과세연도의 상시근로자 수보다 큰 경우에는 다음의 금액을 감면세액에 더하여 감면한다(최저한세 적용하지 않음).

추가 세액감면 = 해당 사업에서 발생한 소득에 대한 법인세 또는 소득세×감면율[MIN(①, ②)]

① 고용 증가율* $= \dfrac{\text{(해당 과세연도의 상시근로자 수} - \text{직전 과세연도의 상시근로자 수)}}{\text{직전 과세연도의 상시근로자 수}}$

* 1% 미만의 부분은 없는 것으로 한다.

② 한도율 = 50%

여기서 '업종별 최소고용인원'이란 제조업의 경우 10명의 상시근로자 인원수를 말한다.

【물음 3】 청년창업중소기업

1. 청년창업중소기업의 요건

'청년창업중소기업'이란 창업한 중소기업으로서 대표자가 개인사업자로 창업하는 경우 창업 당시 15세 이상 34세 이하인 사람이 하는 기업을 말한다. 다만, 그 사람이 병역을 이행한 경우에는 그 기간(6년을 한도로 한다)을 창업 당시 현재 연령에서 빼고 계산한 연령이 34세 이하인 사람을 포함한다.

2. 청년창업중소기업에 대한 세액감면

(1) 수도권 과밀억제권역 외의 지역에서 창업한 경우

이 경우 청년창업중소기업은 해당 사업에서 최초로 소득이 발생한 과세연도와 그 다음 과세연도의 개시일로부터 4년 이내에 종료하는 과세연도까지 해당 사업에서 발생한 소득에 대한 소득세에

100%에 상당하는 세액을 감면한다(5년간 100% 감면, 최저한세 적용하지 않음).

(2) 수도권 과밀억제권역에서 창업한 경우

이 경우 청년창업중소기업은 해당 사업에서 최초로 소득이 발생한 과세연도와 그 다음 과세연도의 개시일로부터 4년 이내에 종료하는 과세연도까지 해당 사업에서 발생한 소득에 대한 소득세에 50%에 상당하는 세액을 감면한다(5년간 50% 감면, 최저한세 적용함).

제2절 연구 및 인력개발에 대한 조세특례

I 서 설

세계화 · 정보화시대에 우리나라 기업이 국제경쟁력을 갖기 위해서는 무엇보다 연구 및 인력개발에 대한 투자가 절실히 필요하다. 이를 위하여 현행 조세특례제한법에서는 연구 및 인력개발에 대해서 여러 가지 세제상 지원제도를 마련하고 있다.

[도 표] 연구 및 인력개발에 대한 조세특례 개관

구분	조세특례
Ⅱ. 연구 · 인력개발 지원특례	1. 연구 · 인력개발비에 대한 세액공제 2. 연구개발 관련 출연금 등의 과세특례
Ⅲ. 기술이전 등 지원특례	1. 기술이전에 대한 과세특례 2. 연구개발특구에 입주하는 첨단기술기업 등에 대한 세액감면 3. 기술혁신형 주식취득에 대한 세액공제
Ⅳ. 창업자금 등 지원특례	1. 벤처투자회사 등의 주식양도차익 등에 대한 비과세 2. 내국법인의 벤처기업 등에의 출자에 대한 과세특례 3. 내국법인의 소재 · 부품 · 장비전문기업 등에의 출자 · 인수에 대한 과세특례 3-2. 벤처투자회사 등의 소재 · 부품 · 장비전문기업 주식양도차익 등에 대한 비과세 4. 창업기업 등에의 출자에 대한 과세특례 5. 벤처투자조합 출자 등에 대한 소득공제
	6. 벤처기업 주식매수선택권 행사이익에 대한 비과세특례 7. 벤처기업 주식매수선택권 행사이익 납부특례 8. 벤처기업 주식매수선택권 행사이익에 대한 과세특례
	9. 벤처기업 출자자의 제2차납세의무 면제
Ⅴ. 외국인기술자 등 지원특례	1. 외국인기술자에 대한 소득세 감면 2. 외국인근로자에 대한 과세특례 3. 내국인 우수 인력의 국내복귀에 대한 소득세 감면 4. 성과공유 중소기업의 경영성과급에 대한 세액공제 등

Ⅱ 연구 · 인력개발 지원특례

1. 연구 · 인력개발비에 대한 세액공제

내국인이 연구 · 인력개발비가 있는 경우에는 다음의 금액을 해당 과세연도의 법인세 또는 사업소득에 대한 소득세에서 공제한다. 이 경우 아래 (1) · (2)는 2029.12.31.((2)의 국가전략기술 중 반도체 분야 기술의 경우 2031.12.31.)까지 발생한 해당 연구 · 인력개발비에 대해서만 적용하며, (1) · (2)를 동시에 적용받을 수 있는 경우에는 납세의무자의 선택에 따라 그 중 하나만을 적용한다(조특법 10 ①, 중소기업의 연구 · 인력개발비에 대한 세액공제액은 최저한세 배제, p.444 참조).

세액공제액 = (1) + (2) + (3)

(1) 해당 과세연도에 발생한 신성장 · 원천기술 연구개발비 × 공제율

구분	공제율
(1) 중소기업	$30\% + \text{MIN}\left(\text{해당 과세연도의 } \dfrac{\text{신성장 · 원천기술 연구개발비}}{\text{수입금액}^*} \times 3\text{배}, 10\%\right)$
(2) 중소기업 졸업 후 3년 이내 기업(*주)	$25\% + \text{MIN}\left(\text{해당 과세연도의 } \dfrac{\text{신성장 · 원천기술 연구개발비}}{\text{수입금액}^*} \times 3\text{배}, 10\%\right)$
(3) 위 (1) · (2)에 해당하지 않는 일반기업	$20\% + \text{MIN}\left(\text{해당 과세연도의 } \dfrac{\text{신성장 · 원천기술 연구개발비}}{\text{수입금액}^*} \times 3\text{배}, 10\%\right)$

* 수입금액 : 기업회계기준에 따라 계산한 매출액을 말한다(이하 같다).

(*주) 최초로 중소기업에 해당하지 않게 된 과세연도의 개시일부터 3년 이내에 끝나는 과세연도까지의 기업을 말한다.

(2) 해당 과세연도에 발생한 국가전략기술 연구개발비 × 공제율

구분	공제율
(1) 중소기업	$40\% + \text{MIN}\left(\text{해당 과세연도의 } \dfrac{\text{국가전략기술 연구개발비}}{\text{수입금액}} \times 3\text{배}, 10\%\right)$
(2) 중소기업 졸업 후 3년 이내 기업(*주)	$35\% + \text{MIN}\left(\text{해당 과세연도의 } \dfrac{\text{국가전략기술 연구개발비}}{\text{수입금액}} \times 3\text{배}, 10\%\right)$
(3) 위 (1) · (2)에 해당하지 않는 일반기업	$30\% + \text{MIN}\left(\text{해당 과세연도의 } \dfrac{\text{국가전략기술 연구개발비}}{\text{수입금액}} \times 3\text{배}, 10\%\right)$

(*주) 최초로 중소기업에 해당하지 않게 된 과세연도의 개시일부터 3년 이내에 끝나는 과세연도까지의 기업을 말한다.

(3) 위 (1) 및 (2)에 해당하지 않거나 (1)·(2)를 선택하지 않은 내국인의 연구·인력개발비(이하 '일반연구·인력개발비'라 한다)의 경우 : MAX(①, ②)(다만, ㉠ 해당 과세연도의 개시일부터 소급하여 4년간 일반연구·인력개발비가 발생하지 않거나 ㉡ 직전 과세연도에 발생한 일반연구·인력개발비가 '소급 4년간 발생한 일반연구·인력개발비의 연평균 발생액'보다 적은 경우에는 ②에 해당하는 금액)

$$① \left(\underbrace{\begin{matrix}\text{해당 과세연도에 발생한}\\ \text{일반연구·인력개발비}\end{matrix} - \begin{matrix}\text{직전 과세연도에 발생한}\\ \text{일반연구·인력개발비}\end{matrix}}_{\text{초과발생분}} \right) \times \text{공제율} \begin{pmatrix} \text{중소기업은 } 50\% \\ \text{중견기업은 } 40\% \\ \text{일반기업은 } 25\% \end{pmatrix}$$

② 해당 과세연도에 발생한 일반연구·인력개발비 × 공제율

구분	공제율(*주)
(1) 중소기업	25%
(2) 중소기업 졸업 후 5년 이내 기업	① 최초로 중소기업에 해당하지 않게 된 과세연도의 개시일부터 3년 이내에 끝나는 과세연도까지 : 20% ② 위 ①의 기간 이후부터 2년 이내에 끝나는 과세연도까지 : 15%
(3) 위 (2)에 해당하지 않는 중견기업	8%
(4) 위 (1)~(3)에 해당하지 않는 일반기업	$\text{MIN}\left(2\%,\ \text{해당 과세연도의 } \dfrac{\text{일반연구·인력개발비}}{\text{수입금액}} \times 50\%\right)$

(*주) 위 도표 (1)~(4)의 공제율 요약

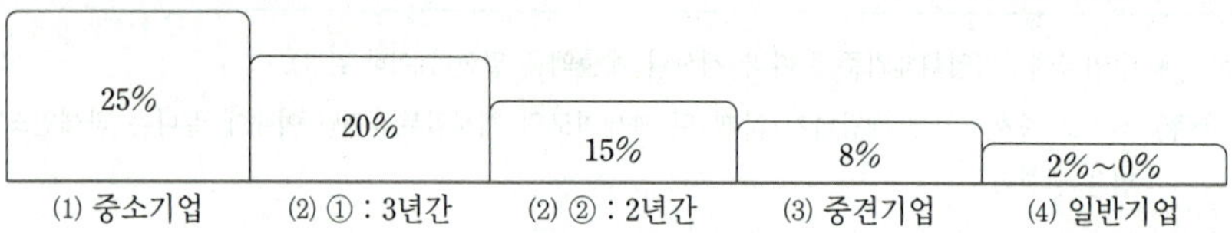

NEW 개정사항 연구·인력개발비에 대한 세액공제 확대

<개정내용> 중소기업이 매출액 증가 등으로 중소기업에 해당하지 않게 된 경우 그 해당하지 않게 된 과세연도 개시일부터 3년 이내에 끝나는 과세연도까지 연구·인력개발비에 대한 세액공제를 (1) 신성장·원천기술연구개발비는 20% → 25%로 (2) 국가전략기술연구개발비는 30% → 35%로 일반기업 대비 5%p 각각 상향하고, (3) 일반연구·인력개발비는 15%(10%) → 20%(15%)로 상향하였다.

종전

□ 연구 · 인력개발비 세액공제

○ 공제율

구분	기본			추가①
	중소	중견	일반	
신성장 · 원천기술	30	20	20	최대 10
국가전략기술	40	30		최대 10
일반연구인력	25	15~8②	2	–

① 추가분 : 최대 10%(연구개발 지출액/매출액×3배)

② 3년간 15% → 2년간 10% → 그 이후 8%

개정

□ 중소기업 졸업 후 공제율

○ 중소기업 졸업 후 3~5년간 점감구조 도입

구분	기본			추가①
	중소	중견	일반	
신성장 · 원천기술	30	25, 20③	20	최대 10
국가전략기술	40	35, 30④	30	최대 10
일반연구인력	25	20~8②	2	–

① (왼쪽과 같음)

② 3년간 20% → 2년간 15% → 그 이후 8%

③ 3년간 25% → 그 이후 20%

④ 3년간 35% → 그 이후 30%

<적용시기> 이 규정은 2025년 1월 1일 이후 개시하는 과세연도에 최초로 중소기업에 해당하지 않게 된 경우부터 적용한다. ■

참고사항 연구 및 인력개발비의 범위

1. 연구 및 인력개발비의 범위 : 연구개발 및 인력개발을 위한 비용으로서 [별표 6]의 연구 · 인력개발비 세액공제를 적용받는 비용을 말한다. 다만, 다음 중 어느 하나에 해당하는 비용은 제외한다(조특령 9 ①).

① 연구개발출연금 등을 지급받아 연구개발비로 지출하는 금액

② 국가, 지방자치단체, 공공기관 및 지방공기업으로부터 출연금 등의 자산을 지급받아 연구개발비 또는 인력개발비로 지출하는 금액

2. 신성장 · 원천기술 연구개발비의 범위 : 신성장 · 원천기술을 얻기 위한 연구개발비로서 다음 구분에 따른 비용을 말한다(조특령 9 ②,③).

구분	신성장 · 원천기술 연구개발비의 범위(*주1)
① 자체 연구개발의 경우(*주2)	• 연구소 또는 전담부서에서 [별표 7]에 따른 신성장 · 원천기술*의 연구개발업무(이하 '신성장 · 원천기술 연구개발업무'라 한다)에 종사하는 연구원 및 이들의 연구개발업무를 직접적으로 지원하는 사람에 대한 인건비 및 사회보험료 상당액 • 신성장 · 원천기술 연구개발업무를 위하여 지출하는 견본품, 부품, 원재료와 시약류 구입비 및 소프트웨어(인사, 급여 등 일반 사무에 사용하는 소프트웨어는 제외) · 서체 · 음원 · 이미지의 대여 · 구입비 등 • 신성장 · 원천기술 연구개발업무를 위하여 지출하는 종업원 또는 종업원 외의 자에 대한 직무발명 보상금 지급으로 발생한 금액, 기술정보비 또는 도입기술의 소화개량비 등 * 신성장 · 원천기술 : ① 자율 주행차, ② 인공지능, ③ 사물인터넷(IoT : Internet of Things), ④ 반도체 등 소재 · 부품, ⑤ 3D프린팅 등을 말한다.

② 위탁 및 공동연구개발의 경우	• 대학(또는 전문대학), 국공립연구기관 · 정부출연연구기관 등에 신성장 · 원천기술 연구개발업무를 위탁(재위탁 포함)함에 따라 발생하는 비용(전사적 기업자원 관리설비, 판매시점 정보관리 시스템 설비 등 기업의 사업운영 · 관리 · 지원 활동과 관련된 시스템 개발을 위한 위탁비용은 제외) 및 이들 기관과의 공동연구개발을 수행함에 따라 발생하는 비용

(*주1) 다만, ① 연구개발출연금 등을 지급받아 연구개발비로 지출하는 금액, ② 국가, 지방자치단체, 공공기관 및 지방공기업으로부터 출연금 등의 자산을 지급받아 연구개발비 또는 인력개발비로 지출하는 금액은 신성장 · 원천기술 연구개발비의 범위에서 제외한다.

(*주2) 자체 연구개발을 위한 연구개발비가 기업부설연구소 또는 연구개발전담부서의 인정이 취소되는 경우 등의 사유로 인하여 연구개발비에 해당하지 않게 되는 경우에는 인정일이 속하는 과세연도 개시일 등 이후 발생하는 비용에 대하여 연구 · 인력개발비에 대한 세액공제를 적용하지 않는다(조특법 10 ⑥, 조특령 9 ⑯,⑰).

3. 국가전략기술 연구개발비의 범위 : 국가전략기술을 얻기 위한 연구개발비는 다음의 구분에 따른 비용을 말한다(조특령 9 ⑥,⑦).

구분	국가전략기술 연구개발비의 범위
① 자체 연구개발의 경우	• 연구소 또는 전담부서에서 [별표 7의2]에 따른 국가전략기술*의 연구개발업무(이하 '국가전략기술 연구개발업무'라 한다)에 종사하는 연구원 및 이들의 연구개발업무를 직접적으로 지원하는 사람에 대한 인건비 및 사회보험료 상당액 • 국가전략기술 연구개발업무를 위하여 지출하는 본품, 부품, 원재료와 시약류 구입비 및 소프트웨어(인사, 급여 등 일반 사무에 사용하는 소프트웨어는 제외) · 서체 · 음원 · 이미지의 대여 · 구입비 등 • 국가전략기술 연구개발업무를 위하여 지출하는 종업원 또는 종업원 외의 자에 대한 직무발명 보상금 지급으로 발생한 금액, 기술정보비 또는 도입기술의 소화개량비 등 * 국가전략기술 : ① 첨단 메모리 반도체 설계 제조 기술, ② 2차전지(배터리) 부품 제조기술, 방어 항원(백신) 제조 기술, ③ 디스플레이 제조 기술, 수소, ④ 미래형 운송 및 이동수단, ⑤ 바이오 의약품, ⑥ 인공지능(AI) 및 ⑦ 그 밖에 분야와 관련된 기술을 말한다.
② 위탁 및 공동연구개발의 경우	• 대학(또는 전문대학), 국공립연구기관 · 정부출연연구기관 등에 국가전략기술 연구개발업무를 위탁(재위탁을 포함한다)함에 따라 발생하는 비용(전사적 기업자원 관리설비, 판매시점 정보관리 시스템 설비 등 기업의 사업운영 · 관리 · 지원 활동과 관련된 시스템 개발을 위한 위탁비용은 제외) 및 이들 기관과의 공동연구개발을 수행함에 따라 발생하는 비용

참고사항 구분경리

신성장 · 원천기술 연구개발비에 대한 세액공제, 국가전략기술 연구개발비에 대한 세액공제를 적용받으려는 내국인은 신성장 · 원천기술 연구개발비, 국가전략기술 연구개발비 및 일반연구 · 인력개발비를 각각 별개의 회계로 구분경리(區分經理)해야 한다. 이 경우 신성장 · 원천기술 연구개발비, 국가전략기술 연구개발비 및 일반연구 · 인력개발비가 공통되는 경우에는 해당 비용을 신성장 · 원천기술 연구개발비, 국가전략기술 연구개발비 및 일반연구 · 인력개발비로 안분하여 계산한다(조특법 10 ④, 조특령 9 ⑫). ■

참고사항 중견기업의 요건

연구 · 인력개발비에 대한 세액공제에서 '중견기업'이란 다음의 요건을 모두 갖춘 기업을 말한다(조특령 9 ④).

① 중소기업이 아닐 것

①-2 「공공기관의 운영에 관한 법률(제4조)」에 따른 공공기관 및 지방공기업법에 따른 지방공기업에 해당하는 기관이 아닐 것

② 다음 중 어느 하나에 해당하는 업종을 주된 사업으로 영위하지 않을 것. 이 경우 둘 이상의 서로 다른 사업을 영위하는 경우에는 사업별 사업수입금액이 큰 사업을 주된 사업으로 본다.

㉠ 소비성서비스업

㉡ 금융업, 보험 · 연금업, 금융 · 보험 관련 서비스업

㉢ 부동산임대업

③ 소유와 경영의 실질적인 독립성이 다음 중 어느 하나에 해당하지 않는 기업일 것

㉠ 상호출자제한기업집단에 속하는 기업

㉡ 상호출자제한기업집단 지정기준 자산총액 이상인 기업 또는 법인(외국법인 포함)이 해당 기업의 주식(의결권 없는 주식은 제외)의 30% 이상을 직접 · 간접적으로 소유하면서 최다출자자인 기업

④ 직전 3개 과세연도의 매출액(과세연도가 1년 미만인 과세연도의 매출액은 1년으로 환산한 매출액을 말한다)의 평균금액이 5,000억원 미만인 기업일 것(p.34 참조)

⑤ 부동산임대업을 주된 사업으로 하는 등의 요건을 갖춘 소규모 법인*이 아닐 것

* 업무추진비 한도액 50% 축소 대상 법인과 같다. ■

참고사항 소급 4년간 발생한 일반연구 · 인력개발비의 연평균 발생액(조특령 9 ⑨)

$$\text{해당 과세연도 개시일부터 소급하여}\left(\frac{\text{4년간 발생한 일반연구 · 인력개발비의 합계액}}{\text{4년간 발생한 일반연구 · 인력개발비가 발생한 과세연도의 수*}}\right)\times\frac{\text{해당 과세연도의 개월 수}}{12}$$

* 그 수가 4 이상인 경우 4로 한다. ■

2. 연구개발 관련 출연금 등의 과세특례

(1) 익금불산입

내국인이 2026년 12월 31일까지 연구개발 등을 목적으로 국가, 지방자치단체, 공공기관 또는 지방공기업으로부터 출연금 등의 자산(이하 '연구개발출연금 등'이라 한다)을 받아 구분경리하는 경우에는 연구개발출연금 등에 상당하는 금액을 해당 과세연도의 소득금액을 계산할 때 익금에 산입하지 않을 수 있다(조특법 10의2 ①).

(2) 익금산입

이처럼 익금에 산입하지 않은 금액은 다음의 방법에 따라 익금에 산입해야 한다(조특법 10의2 ②).

1) 연구개발출연금 등을 해당 연구개발비로 지출하는 경우 : 해당 지출액에 상당하는 금액을 해당 지출일이 속하는 과세연도의 소득금액을 계산할 때 익금에 산입하는 방법

2) 연구개발출연금 등으로 해당 연구개발에 사용되는 자산을 취득하는 경우 : 다음에 따라 익금에 산입하는 방법(조특령 9의2 ③).

① 감가상각자산 : 해당 과세연도의 소득금액을 계산할 때 손금에 산입하는 감가상각비에 상당하는 금액을 익금에 산입하는 방법. 다만, 해당 자산을 처분하는 경우에는 당초 익금에 산입하지 않은 금액 중 이미 익금에 산입하고 남은 잔액을 그 처분한 날이 속하는 과세연도에 전액 익금에 산입한다.

② 위 ① 외의 자산 : 해당 자산을 처분한 날이 속하는 과세연도의 소득금액을 계산할 때 당초 익금에 산입하지 않은 금액 전액을 익금에 산입하는 방법

(3) 사후관리

연구개발출연금 등에 상당하는 금액을 익금에 산입하지 않은 내국인이 그 연구개발출연금 등을 ① 해당 연구개발 목적 외의 용도로 사용하거나 ② 해당 연구개발에 사용하기 전에 폐업하거나 해산하는 경우 그 사용하지 않은 금액은 해당 사유가 발생한 날이 속하는 과세연도의 소득금액을 계산할 때 익금에 산입한다(다만, 합병하거나 분할하는 경우로서 합병법인 등이 그 금액을 승계한 경우는 제외하며, 그 금액은 합병법인 등이 위 (1)에 따라 익금에 산입하지 않은 것으로 본다).

참고사항 이자상당가산액(조특법 10의2 ④)

$$\text{이자상당가산액} = \text{익금불산입에 따른 세액의 차액} \times \text{기간}^{*} \times \text{1일 } \frac{2.2}{10,000}$$

* 기간 : 익금불산입한 과세연도 종료일의 다음 날부터 익금에 산입하는 과세연도의 종료일까지의 기간 ■

[도 표] 연구개발 관련 출연금에 대한 세무처리

(단위 : 원)

구분	장부상 회계처리	세무조정
(1) 출연금을 지급받은 경우	(차) 현 금 30,000,000 (대) 자산수증이익 30,000,000 (영업외수익)	30,000,000 차감조정 · △유보
(2) 가산조정하는 경우 1) 연구개발비로 지출하는 경우	(차) 연구개발비 10,000,000 (판매관리비) (대) 현 금 10,000,000	10,000,000 가산조정 · 유보

2) ① 기계장치를 취득 ·상각하는 경우	(차) 기계장치 20,000,000 (대) 현 금 20,000,000 (차) 감가상각비 5,000,000 (상각범위액) (대) 감가상각누계액 5,000,000	5,000,000 가산조정 · 유보
② 기계장치를 처분한 경우	(차) ┌ 현 금 16,000,000 └ 감가상각누계액 5,000,000 (대) ┌ 기계장치 20,000,000 └ 처분이익 1,000,000	15,000,000 가산조정 · 유보

Ⅲ 기술이전 등 지원특례

1. 기술이전에 대한 과세특례

(1) 기술이전소득에 대한 세액감면

중소기업 및 중견기업이 자체 연구 · 개발한 특허권, 실용신안권, 기술비법 또는 기술(이하 '특허권 등'이라 한다)을 2026년 12월 31일까지 내국인에게 이전(특수관계인에게 이전한 경우는 제외)함으로써 발생하는 소득[1)]에 대해서는 해당 소득에 대한 법인세 또는 소득세의 50%에 상당하는 세액을 감면한다(조특법 12 ①).

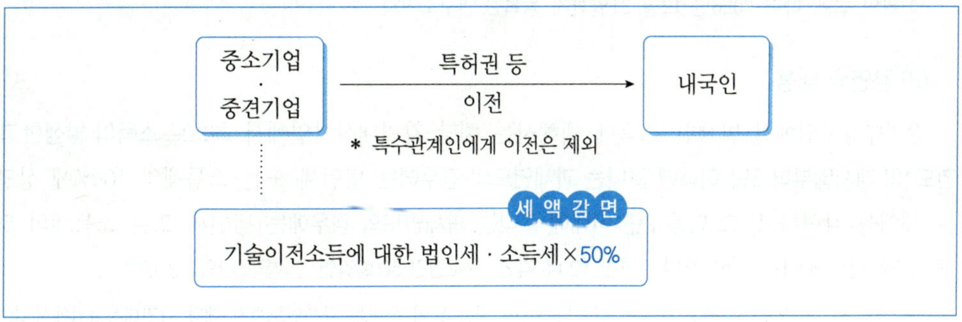

(2) 기술대여소득에 대한 세액감면

중소기업 및 중견기업이 자체 연구 · 개발한 특허권 등*을 2026년 12월 31일까지 대여(특수관계인에게 대여한 경우는 제외)함으로써 발생하는 소득[1)]에 대해서는 해당 소득에 대한 법인세 또는 소득

1) 해당 과세연도 및 직전 4개 과세연도에 특허권 등에서 발생한 손실이 있는 경우에는 특허권 등을 이전 또는 대여함으로써 발생하는 소득을 계산할 때 그 소득에서 해당 손실금액을 뺀다(조특법 12 ④).

세의 25%에 상당하는 세액을 감면한다(조특법 12 ③).

* '자체 연구 · 개발한 특허권 등'이란 특허법 및 실용신안법에 따라 해당 중소기업 · 중견기업이 최초로 설정 등록 받은 특허권 및 실용신안권과 기술비법을 말한다.

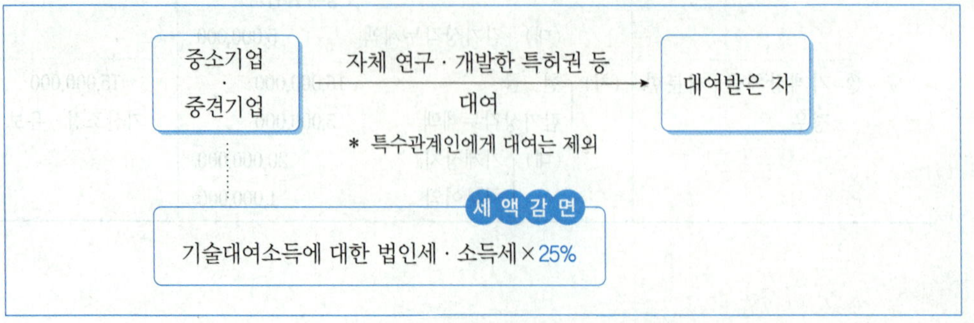

2. 연구개발특구에 입주하는 첨단기술기업 등에 대한 세액감면

(1) 개 요

대덕연구개발특구에 입주한 기업으로서 다음에 해당하는 기업이 해당 구역의 사업장에서 ① 생명공학산업(BT), ② 정보통신산업 · 정보통신서비스업을 제공하는 산업(IT) 및 ③ 첨단기술 · 첨단제품산업(Hi-Tek)과 관련된 사업을 하는 경우에는 법인세 또는 소득세를 감면한다(조특법 12의2 ①).

① 「대덕연구개발특구 등의 육성에 관한 특별법」에 따라 2026년 12월 31일까지 지정을 받은 첨단기술기업

② 위의 법에 따라 2026년 12월 31일까지 등록한 연구소기업

(2) 감면의 내용

감면대상사업에서 발생한 소득에 대해서는 해당 감면대상사업에서 최초로 소득이 발생한 과세연도*의 개시일부터 3년 이내에 끝나는 과세연도의 경우에는 법인세 또는 소득세의 100%에 상당하는 세액을 감면하고, 그 다음 2년 이내에 끝나는 과세연도의 경우에는 법인세 또는 소득세의 50%에 상당하는 세액을 감면한다(3년간 100% 감면 → 2년간 50% 감면, 조특법 12의2 ②).**

* 만일 지정을 받은 날 또는 등록한 날부터 5년이 되는 날이 속하는 과세연도까지 해당 감면대상사업에서 소득이 발생하지 않은 경우에는 5년이 되는 날이 속하는 과세연도부터 감면기간을 기산한다.

** 다만, 다음 중 어느 하나에 해당하는 사유가 발생한 경우에는 해당 사유가 발생한 날이 속하는 과세연도부터 감면을 적용하지 않는다(조특법 12의2 ② 단서, 조특령 11의2 ②).

① 첨단기술기업의 지정이 취소되는 경우 또는 연구소기업의 등록이 취소되는 경우

② 첨단기술기업 지정의 유효기간이 만료된 경우(다만, 해당 과세연도 종료일 현재 첨단기술기업으로 재지정된 경우는 제외한다)

(3) 감면한도

위 감면기간 동안 감면받는 법인세 또는 소득세의 총합계액은 다음 금액을 한도로 한다(조특법 12의2 ③).

> 감면한도** = ① 투자기준 감면한도 + ② 고용기준 감면한도
>
> ① 투자누계액* × 50%
>
> ② $\dfrac{\text{해당 과세연도의}}{\text{감면대상사업장의 상시근로자 수}}$ × 1,500만원(청년 및 서비스업 상시근로자는 2,000만원)

* 법인세 또는 소득세를 감면받는 해당 과세연도까지의 사업용자산에 대한 투자 합계액을 말한다.

** 각 과세연도에 감면받을 법인세 또는 소득세에 대하여 감면한도를 적용할 때에는 ①의 금액을 먼저 적용한 후 ②의 금액을 적용한다(조특법 12의2 ④).

참고사항 상시근로자 수가 감소한 경우 감면세액의 납부

고용기준 감면한도를 적용받아 법인세 또는 소득세를 감면받은 기업이 감면받은 과세연도 종료일부터 2년이 되는 날이 속하는 과세연도 종료일까지의 기간 중 각 과세연도의 감면대상사업장의 상시근로자 수가 감면받은 과세연도의 상시근로자 수보다 감소한 경우에는 다음 계산식에 따라 감면받은 세액에 상당하는 금액을 상시근로자 수가 감소된 과세연도의 과세표준을 신고할 때 법인세 또는 소득세로 납부해야 한다(조특법 12의2 ⑤, 조특령 11의3 ⑤).

> 납부할 세액 = ① − ②
>
> ① 해당 기업의 상시근로자 수가 감소된 과세연도의 직전 2년 이내의 과세연도에 고용기준 감면한도에 따라 감면받은 세액의 합계액
>
> ② 상시근로자 수가 감소된 과세연도의 감면대상 사업장의 상시근로자 수 × 1,500만원(서비스업 상시근로자는 2,000만원)

참고사항 상시근로자 및 청년상시근로자의 범위

1. 상시근로자 및 청년상시근로자의 범위는 다음의 구분에 따른다(조특령 11의2 ⑥).
① 상시근로자의 범위 : p.30 참고사항의 상시근로자
② 청년상시근로자의 범위 : p.116 참고사항의 청년상시근로자(①에 해당하는 사람을 말한다)

2. 상시근로자 수 및 청년상시근로자 수는 다음의 구분에 따른 계산식에 따라 계산한 수(1/100 미만의 부분은 없는 것으로 한다)로 한다(조특령 11의2 ⑦).

구분	계산식
① 상시근로자 수	$\dfrac{\text{해당 과세연도의 매월 말 현재 상시근로자 수의 합}}{\text{해당 과세연도의 개월 수}}$
② 청년상시근로자 수	$\dfrac{\text{해당 과세연도의 매월 말 현재 청년상시근로자 수의 합}}{\text{해당 과세연도의 개월 수}}$

이 경우 1개월 간의 소정근로시간이 60시간 이상인 근로자(단시간근로자 중 상시근로자로 보는 자를 말한다) 1명은 0.5명으로 하여 계산하되, 지원요건(p.30 참고사항 ② 지원요건 참고)을 모두 충족하는 경우에는 0.75명으로 하여 계산한다. ■

참고사항 사후관리

법인세 또는 소득세를 감면받은 기업이 다음 중 어느 하나에 해당하는 경우에는 그 사유가 발생한 과세연도의 과세표준신고를 할 때 감면받은 세액을 법인세 또는 소득세로 납부해야 한다(조특법 12의2 ⑦, 조특령 11의2 ⑧).

구분	납부해야 할 세액
① 감면대상사업장의 사업을 폐업하거나 법인이 해산한 경우(다만, 법인의 합병 · 분할 또는 분할합병으로 인한 경우는 제외)	폐업일 또는 법인해산일부터 소급하여 3년 이내에 감면된 세액
② 감면대상사업장을 연구개발특구 외의 지역으로 이전한 경우	이전일부터 소급하여 5년 이내에 감면된 세액

이처럼 감면받은 법인세액 또는 소득세액을 납부하는 경우에는 다음의 이자상당가산액을 법인세 또는 소득세에 가산하여 납부해야 하며, 해당 세액은 과세표준신고기한 이내에 납부해야 할 세액으로 본다(조특법 12의2 ⑧, 조특령 11의2 ⑨).

$$\text{이자상당액} = \text{납부해야 할 세액} \times \text{기간}^{*} \times \text{1일 } \frac{2.2}{10,000}$$

* 기간 : 감면을 받은 과세연도의 종료일 다음 날부터 납부사유가 발생한 날이 속하는 과세연도의 종료일까지의 기간을 말한다. ■

3. 기술혁신형 주식취득에 대한 세액공제

(1) 세액공제

내국법인(이하 '인수법인'이라 한다)이 2027년 12월 31일까지 기술혁신형 중소기업(이하 '피인수법인'이라 한다)의 주식 또는 출자지분(이하 '주식 등'이라 한다)을 다음의 요건을 모두 갖추어 취득(특수관계인으로부터 취득한 경우는 제외)하는 경우 매입가액 중 기술가치 금액의 5%에 상당하는 금액을 그 취득한 주식 등이 기준지분비율(50% · 30%)을 최초로 초과하는 사업연도(이하 '기준충족사업연도'라라 한다)의 법인세에서 공제한다(조특법 12의4 ①).

① 인수법인이 피인수법인의 주식 등을 최초 취득한 날*(이하 '최초취득일'이라 한다) 현재 1년 이상 사업을 계속하던 내국법인 간의 취득일 것

* '최초 취득한 날'이란 인수법인이 피인수법인의 주식 등을 취득일부터 직전 2년 이내의 기간동안 보유한 적이 없는 경우를 말한다. 다만, 인수법인이 「법인세법 시행령(제50조 ②)」에 따른 소액주주 등에 해당하는 기간은 주식 등을 보유한 것으로 보지 않는다(조특령 11의4 ①).

② ㉠ 인수법인이 최초취득일부터 2년이 되는 날이 속하는 사업연도의 종료일까지 취득한 주식 등이 해당 사업연도의 종료일 현재 피인수법인의 발행주식총수의 50%(인수법인이 피인수법인의 최대출자자로서 피인수법인의 경영권을 실질적으로 지배하는 경우는 30%로 하고, 이하 '기준지분비율'이라 한다)를 초과하고, ㉡ 인수법인이 해당 주식 등을 기준충족사업연도의 종료일까지 보유할 것

③ 인수법인이 최초취득일부터 기준충족사업연도의 종료일까지 취득한 주식 등의 매입가액이 다음의 금액 이상일 것

기준충족사업연도의 피인수법인의 순자산시가*의 130% × 취득한 당초 지분비율**

* '피인수법인의 순자산시가'란 기준충족사업연도의 피인수법인의 자산총액(특허권 등의 가액을 제외한다)에서 부채총액을 뺀 금액을 말한다(조특령 11의4 ⑤).

** 최초취득일부터 기준충족사업연도의 종료일까지 취득한 주식 등이 기준충족사업연도의 종료일 현재 피인수법인의 발행주식총수(또는 출자총액)에서 차지하는 비율(이하 '당초 지분비율'이라 한다)을 말한다.

④ 피인수법인의 일정한 지배주주 등*이 기준충족사업연도의 종료일에 인수법인 또는 피인수법인의 지배주주 등에 해당하지 않을 것

* '일정한 지배주주 등'이란 피인수법인의 지배주주 등(법인령 43 ③·⑦) 중 다음 중 어느 하나에 해당하는 자를 제외한 주주 등을 말한다(조특령 11의4 ⑥).

① 친족 중 4촌인 혈족

② 최초취득일 현재 피인수법인에 대한 지분비율이 1% 미만이면서 시가로 평가한 그 지분가액이 10억원 미만인 자

③ 최초취득일 기준 피인수법인의 지배주주 등이 기준충족사업연도 종료일 이후 인수법인의 임원에 해당하게 되는 경우로서 인수법인에 대한 지분비율이 1% 미만이면서 피인수법인에 대한 지분비율이 20% 미만인 자

⑤ 피인수법인이 기준충족사업연도의 종료일까지 종전에 영위하던 사업을 계속할 것[2)]

참고사항 기술혁신형 합병에 대한 세액공제 적용시한 종료

내국법인이 2024년 12월 31일까지 기술혁신형 중소기업을 일정한 요건을 갖추어 합병(특수관계인과의 합병은 제외)하는 경우 합병법인이 피합병법인에게 지급한 양도가액(이하 '양도가액'이라 한다) 중 기술가치 금액의 10%에 상당하는 금액을 해당 사업연도의 법인세에서 공제한다(조특법 12의3 ①). ■

참고사항 기술혁신형 중소기업과 기술가치 금액

1. '기술혁신형 중소기업'이란 다음 중 어느 하나에 해당하는 기업을 말한다(조특령 11의4 ②).

① 최초취득일까지 「벤처기업육성에 관한 특별법(제25조)」에 따라 벤처기업으로 확인받은 기업

② 최초취득일까지 「중소기업 기술혁신 촉진법(제15조)」에 따라 기술혁신형 중소기업으로 선정된 기업

---

2) 피인수법인의 사업의 계속 및 폐지 여부를 판정할 때 피인수법인이 취득일 현재 보유하는 고정자산가액의 1/2 이상을 처분하거나 사업에 사용하지 않는 경우에는 사업을 폐지한 것으로 본다(조특령 11의4 ⑧). 반면에 피인수법인이 파산하거나 「채무자 회생 및 파산에 관한 법률」에 따른 회생절차에 따라 법원의 허가를 받아 보유한 자산을 처분한 경우에는 사업을 계속하는 것으로 본다(조특령 11의4 ⑪).

③ 최초취득일이 속하는 사업연도의 직전 사업연도의 연구·인력개발비가 매출액의 5% 이상인 중소기업

④ 최초취득일까지 다음 중 어느 하나의 인증 등을 받은 중소기업

- 「산업기술혁신 촉진법(제15조의2)」에 따른 신기술 인증
- 「보건의료기술 진흥법(제8조)」에 따른 보건신기술 인증
- 「산업기술혁신 촉진법(제16조)」에 따른 신제품 인증
- 「제약산업 육성 및 지원에 관한 법률(제7조)」에 따른 혁신형 제약기업 인증
- 「중견기업 성장촉진 및 경쟁력 강화에 관한 특별법(제8조)」에 따른 유망기업 선정

2. '기술가치 금액'이란 벤처기업 평가기관(기술신용보증기금, 중소기업진흥공단, 한국산업기술진흥원, 기술평가기관 및 정보통신산업진흥원)이 최초취득일 전후 3개월 이내에 피인수법인이 보유한 특허권 등을 평가한 금액의 합계액에 기준충족사업연도 종료일 현재의 지분비율을 곱하여 계산한 금액을 말한다. 이 경우 그 계산한 금액은 인수법인이 피인수법인에 지급한 매입가액에서 기준충족사업연도의 피인수법인의 순자산시가에 해당 지분비율을 곱하여 계산한 금액을 뺀 금액을 한도로 한다(조특령 11의4 ④).

기술가치 금액 = MIN(①, ②)
① 피인수법인이 보유한 특허권 등을 평가한 금액의 합계액 × 지분비율 ② 한도 = [피인수법인에 지급한 매입가액 − (피인수법인의 순자산시가 × 지분비율)]*

* [ ]의 금액이 음수(陰數)인 경우에는 영으로 본다. ■

[도 표] 기술혁신형 주식취득에 대한 세액공제

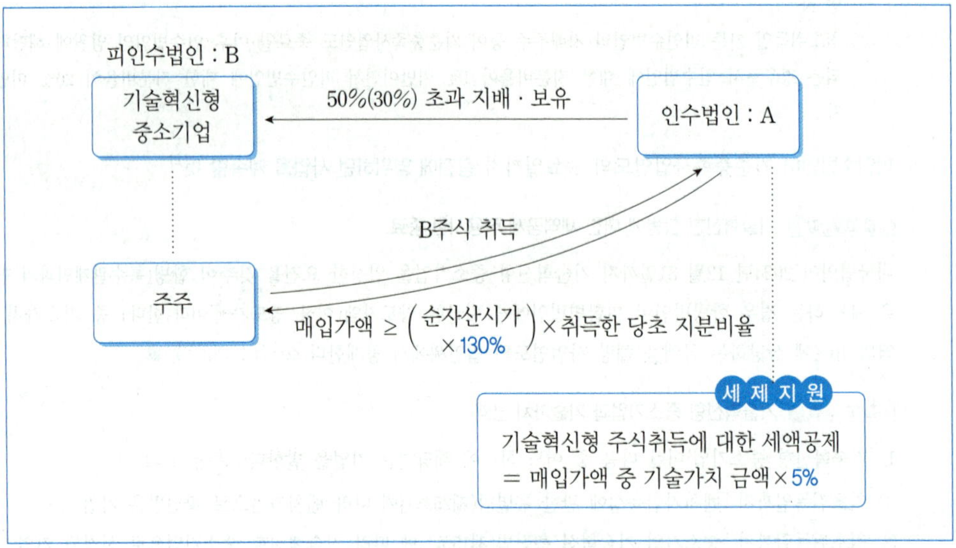

(2) 사후관리

법인세를 공제받은 내국법인이 기준충족사업연도가 속하는 사업연도의 다음 사업연도의 개시일부터 2년(아래 ③의 경우는 기준충족사업연도의 다음 사업연도의 개시일부터 4년) 이내에 다음 중

어느 하나에 해당하는 사유가 발생하는 경우에는 그 사유가 발생한 날이 속하는 사업연도의 과세표준신고를 할 때 공제받은 세액*에 이자상당액을 더한 금액을 법인세로 납부해야 한다(조특법 12의4 ②, 조특령 11의4 ⑨).

① 피인수법인의 일정한 지배주주 등이 인수법인 또는 피인수법인의 지배주주 등에 해당하는 경우

② 피인수법인이 종전에 영위하던 사업을 폐지하는 경우[2)]

③ 현재 지분비율이 당초 지분비율보다 낮아지는 경우

* 위 ③에 해당하는 경우로서 각 사업연도 종료일 현재 인수법인의 피인수법인 지분비율(이하 '현재 지분비율'이라 한다)이 기준지분비율을 초과하는 경우 : 다음의 금액(지분비율 감소로 이미 납부한 공제세액은 제외)을 말한다.

$$\text{공제받은 세액} \times \frac{(\text{당초 지분비율} - \text{현재 지분비율})}{\text{당초 지분비율}}$$

참 고 사 항 이자상당액의 계산(조특령 11의4 ⑩)

$$\text{이자상당액} = \text{공제받은 세액} \times \text{기간}^{*} \times \text{1일 } \frac{2.2}{10{,}000}$$

* 기간 : 공제받은 사업연도 종료일의 다음 날부터 납부사유가 발생한 날이 속하는 사업연도의 종료일까지의 기간 ■

Ⅳ 창업자금 등 지원특례

1. 벤처투자회사 등의 주식양도차익 등에 대한 비과세

(1) 주식양도차익에 대한 법인세 비과세

벤처투자회사 등이 다음 중 어느 하나에 해당하는 주식 또는 출자지분을 양도함으로써 발생하는 양도차익에 대해서는 법인세를 부과하지 않는다(조특법 13 ①).

① 벤처투자회사 및 창업기획자*가 창업기업, 벤처기업 또는 신기술창업전문회사(중소기업에 한정한다. 이하 같다)에 2025년 12월 31일까지 출자함으로써 취득한 주식 또는 출자지분

② 신기술사업금융업자가 신기술사업자, 벤처기업 또는 신기술창업전문회사에 2025년 12월 31일까지 출자함으로써 취득한 주식 또는 출자지분

③ 벤처투자회사, 창업기획자, 벤처기업출자유한회사 또는 신기술사업금융업자가 개인투자조합 및 벤처투자조합, 신기술사업투자조합, 전문투자조합, 농식품투자조합(이하 '벤처투자조합 등'이라 한다)을 통하여 창업기업, 신기술사업자, 벤처기업 또는 신기술창업전문회사에 2025년 12월 31일까지 출자함으로써 취득한 주식 또는 출자지분

④ 기금을 관리운용하는 법인 또는 공제사업을 하는 법인(이하 '기금운용법인 등'이라 한다)이 벤처투자조합 등을 통하여 창업기업, 신기술사업자, 벤처기업 또는 신기술창업전문회사에 2025년 12월 31일까지 출자함으로써 취득한 주식 또는 출자지분

⑤ 벤처투자회사 또는 신기술사업금융업자가 코넥스시장에 상장한 중소기업(이하 '코넥스상장기업'이라 한다)에 2025년 12월 31일까지 출자함으로써 취득한 주식 또는 출자지분

⑥ 벤처투자회사, 벤처기업출자유한회사 또는 신기술사업금융업자가 벤처투자조합 등을 통하여 코넥스상장기업에 2025년 12월 31일까지 출자함으로써 취득한 주식 또는 출자지분

* '창업기획자(액셀러레이터)'란 초기 창업기업 등의 선발 및 투자, 전문보육을 주된 업무로 하는 자로서 중소기업청장에게 등록한 자를 말한다. 여기서 '초기 창업기업'는 창업기업 중에서 중소기업을 창업하여 사업을 개시한 날부터 3년이 지나지 않은 자로 한다.

⑦ 민간재간접벤처투자조합의 업무집행조합원이 민간재간접벤처투자조합을 통하여 창업기업, 신기술사업자, 벤처기업 또는 신기술창업전문회사에 2025년 12월 31일까지 출자함으로써 취득한 주식 또는 출자지분

[도 표] 벤처투자회사 등의 출자에 대한 세제지원

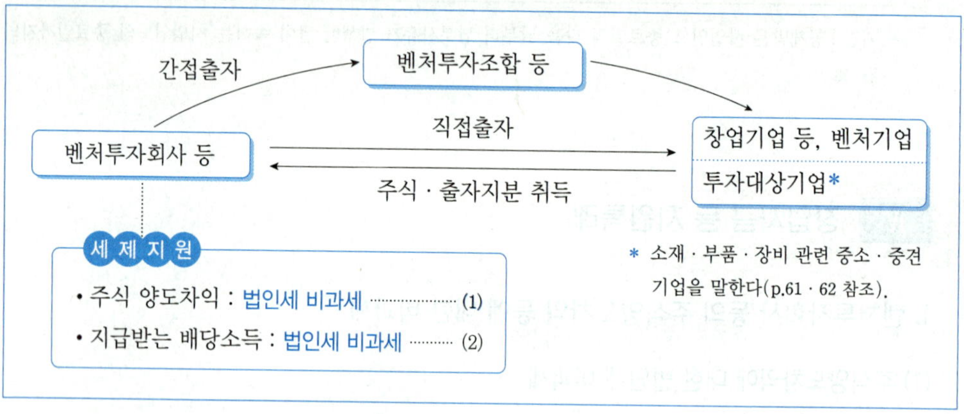

참고사항 주식 또는 출자지분 취득방법

1. 위의 ①~④ 및 ⑦의 출자의 경우 : 해당 출자는 벤처투자회사 · 창업기획자 · 벤처기업출자유한회사 · 신기술사업금융업자 또는 기금운용법인 등은 직접 또는 벤처투자조합 등을 통하여, 민간재간접벤처투자조합의 업무집행조합원은 민간재간접벤처투자조합을 통하여 각각 다음 중 어느 하나에 해당하는 방법으로 창업기업, 신기술사업자, 벤처기업 또는 신기술창업전문회사의 주식 또는 출자지분을 취득하는 것으로 한다. 다만, 아래 ①~④는 타인 소유의 주식 또는 출자지분을 매입에 의해 취득하는 경우는 제외한다(조특법 13 ②).

① 해당 기업의 설립시에 자본금으로 납입하는 방법

② 해당 기업이 설립된 후 7년 이내에 유상증자하는 경우로서 증자대금을 납입하는 방법

③ 해당 기업이 설립된 후 7년 이내에 잉여금을 자본으로 전입하는 방법

④ 해당 기업이 설립된 후 7년 이내에 채무를 자본으로 전환하는 방법

⑤ 위 ②에 따라 유상증자의 증자대금을 납입한 날부터 6개월 이내에 벤처투자조합 출자 등에 대한 소득공제 규정에 따라 거주자가 소득공제를 적용받아 소유하고 있는 해당 유상증자 기업의 주식 또는 출자지분으로서 해당 거주자의 출자일 또는 투자일로부터 3년이 지난 것을 매입하는 방법. 다만, 위 ②에 따라 납입한 증자대금의 30%를 한도로 한다.

2. 앞의 ⑤, ⑥의 출자의 경우 : 해당 출자는 벤처투자회사, 벤처기업출자유한회사 또는 신기술사업금융업자가 직접 또는 벤처투자조합 등을 통하여 다음 중 어느 하나에 해당하는 방법으로 코넥스상장기업의 주식 또는 출자지분을 취득하는 것으로 한다. 다만, 아래 ①~③은 타인 소유의 주식 또는 출자지분을 매입에 의해 취득하는 경우는 제외한다(조특법 13 ③).

① 해당 기업이 상장된 후 2년 이내에 유상증자(有償增資)하는 경우로서 증자대금을 납입하는 방법

② 해당 기업이 상장된 후 2년 이내에 잉여금을 자본으로 전입(轉入)하는 방법

③ 해당 기업이 상장된 후 2년 이내에 채무를 자본으로 전환하는 방법

④ 위 ①에 따라 유상증자의 증자대금을 납입한 날부터 6개월 이내에 벤처투자조합 출자 등에 대한 소득공제 규정에 따라 거주자가 소득공제를 적용받아 소유하고 있는 해당 유상증자 기업의 주식 또는 출자지분으로서 해당 거주자의 출자일 또는 투자일로부터 3년이 지난 것을 매입하는 방법. 다만, 위 ①에 따라 납입한 증자대금의 30%를 한도로 한다. ■

참고사항 비과세 양도차익의 계산

법인세가 부과되지 않는 주식 등의 양도차익의 계산은 양도시기마다 구분 가능한 종목별로 다음 산식에 따른다(조특령 11의2 ① (3)).

$$\text{비과세 양도차익} = \text{총양도차익} \times \frac{\text{법인세가 부과되지 않는 주식 등의 수}}{\text{양도주식 등의 수량}}$$

(2) 배당소득에 대한 법인세 비과세

벤처투자회사, 창업기획자, 벤처기업출자유한회사 또는 신기술사업금융업자가 주식양도차익의 비과세규정에 따른 출자로 인하여 창업기업, 신기술사업자, 벤처기업 또는 신기술창업전문회사 또는 코넥스상장기업으로부터 2025년 12월 31일까지 받는 배당소득에 대해서는 법인세를 부과하지 않는다(조특법 13 ④).

참고사항 비과세 배당소득의 계산

법인세가 부과되지 않는 배당소득의 계산은 구분 가능한 종목별로 다음 산식에 따른다(조특령 11의2 ③).

$$\text{비과세 배당소득} = \text{배당소득} \times \frac{\text{법인세가 부과되지 않는 주식 등의 수}}{\text{보유하고 있는 주식 등의 총수}}$$

2. 내국법인의 벤처기업 등에의 출자에 대한 과세특례

(1) 세액공제

내국법인*이 2025년 12월 31일까지 다음 중 어느 하나에 해당하는 주식 또는 출자지분을 취득하는 경우 주식 또는 출자지분 취득가액의 5%에 상당하는 금액을 해당 사업연도의 법인세에서 공제한다. 다만, 특수관계인의 주식 또는 출자지분을 취득하는 경우 그 금액에 대해서는 공제하지 않는다(조특법 13의2 ①).

① 창업기업, 신기술사업자, 벤처기업 또는 신기술창업전문회사에 출자함으로써 취득한 주식 또는 출자 지분

② 창업·벤처전문사모집합투자기구 또는 벤처투자조합 등(민간재간접벤처투자조합은 제외)을 통하여 창업기업, 신기술사업자, 벤처기업 또는 신기술창업전문회사에 출자함으로써 취득한 주식 또는 출자지분

* 벤처투자회사·창업기획자, 신기술사업금융업자, 벤처기업출자유한회사 및 기금운용법인 등을 제외한 내국법인을 말한다(조특령 12의2 ①).

세액공제액 = 세액공제 대상 주식 또는 출자지분 취득가액×5%

[도 표] 내국법인의 벤처기업 등에의 출자에 대한 세제지원

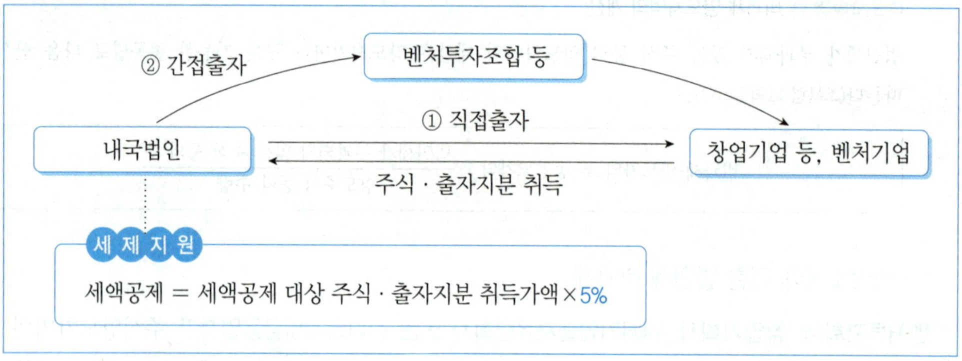

한편 내국법인이 2025년 12월 31일까지 민간재간접벤처투자조합을 통하여 창업기업, 신기술사업자, 벤처기업 또는 신기술창업전문회사에 출자함으로써 주식 또는 출자지분을 취득하는 경우 다음의 금액을 해당 사업연도의 법인세에서 공제한다. 다만, 특수관계인의 주식 또는 출자지분을 취득하는 경우 그 금액에 대해서는 공제하지 않는다(조특법 13의2 ②).

세액공제액 = (1) + (2)
(1) MAX (①, ②) 금액 × 5% ① 해당 주식·출자지분의 취득가액 ② 민간재간접벤처투자조합에 투자한 금액 × 60% (2) 직전 3개 사업연도의 해당 주식·출자지분 취득가액의 평균 초과금액* × 3%

* 직전 3개 사업연도의 해당 주식 · 출자지분 취득가액의 평균 초과금액

= (해당 사업연도에 취득한 해당 주식 · 출자지분의 취득가액 − 직전 3개 사업연도의 해당 주식 · 출자지분 취득가액의 평균액)

(2) 주식 또는 출자지분 취득방법

세액공제 대상인 출자는 내국법인이 다음 중 어느 하나에 해당하는 방법으로 주식 또는 출자지분을 취득하는 것으로 하되, 타인 소유의 주식 또는 출자지분을 매입에 의해 취득하는 경우는 제외한다(조특법 13의2 ③).

① 해당 기업의 설립시에 자본금으로 납입하는 방법

② 해당 기업이 설립된 후 7년 이내에 유상증자하는 경우로서 증자대금을 납입하는 방법

(3) 사후관리

법인세를 공제받은 내국법인이 주식 또는 출자지분을 취득한 후 5년 이내에 피출자법인의 지배주주 등에 해당하는 경우에는 지배주주 등이 되는 날이 속하는 사업연도의 과세표준신고를 할 때 주식 또는 출자지분에 대한 세액공제액 상당액에 이자상당가산액을 더하여 법인세로 납부해야 하며, 해당 세액은 과세표준 신고기한까지 납부해야 할 세액으로 본다(조특법 13의2 ④).

참고사항 이자상당가산액의 계산(조특령 12의2 ③)

$$\text{이자상당가산액} = \text{공제받은 세액} \times \text{기간}^{*} \times \text{1일 } \frac{2.2}{10{,}000}$$

* 기간 : 공제받은 사업연도의 과세표준신고일의 다음 날부터 납부사유가 발생한 날이 속하는 사업연도의 과세표준신고일까지의 기간을 말한다. ■

3. 내국법인의 소재 · 부품 · 장비전문기업 등에의 출자 · 인수에 대한 과세특례

(1) 출자에 대한 과세특례

1) 세액공제 : 둘 이상의 내국법인(이하 '두자기업'이라 한다)이 2025년 12월 31일까지 다음의 요건을 모두 갖추어 소재 · 부품 · 장비 관련 중소기업 · 중견기업(이하 '투자대상기업'이라 한다)의 주식 또는 출자지분(이하 '주식 등'이라 한다)을 공동으로 취득(이하 '공동투자'라 한다)하는 경우에는 주식 등의 취득가액의 5%에 상당하는 금액을 각 내국법인의 해당 사업연도의 법인세에서 공제한다(조특법 13의3 ①).

① 투자대상기업의 소재 · 부품 · 장비 관련 연구개발 · 인력개발 · 시설투자(이하 '소재 · 부품 · 장비 관련 연구 · 인력개발 등'이라 한다)를 통하여 투자기업의 제품 생산에 도움을 받기 위한 목적일 것

② 투자대상기업이 유상증자하는 경우로서 증자대금을 납입하는 방법으로 주식 등을 취득할 것

③ 투자기업 간, 투자기업과 투자대상기업의 관계가 특수관계인이 아닐 것. 다만, 이 규정에 따른 공동투자로 특수관계인이 된 경우는 제외한다.

세액공제액 = 주식 등의 취득가액×5%

[도 표] 내국법인의 소재·부품·장비 전문기업에의 출자에 대한 세액공제

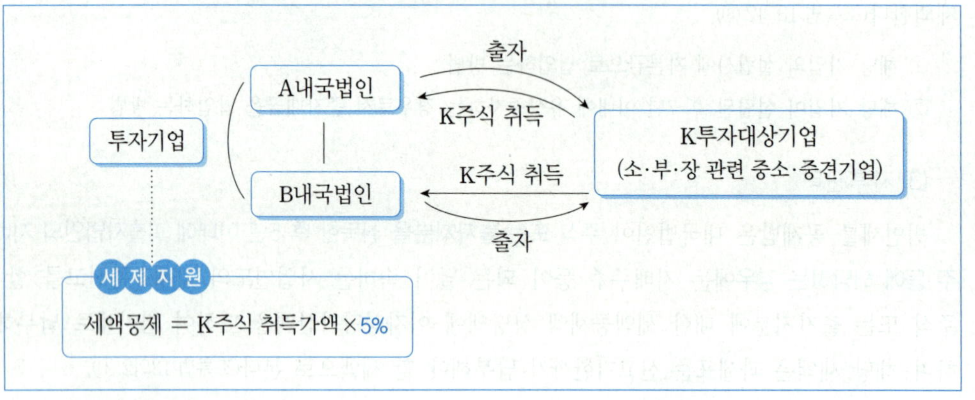

참고사항 관련 용어의 정의

1. '소재·부품·장비 관련 중소기업·중견기업'이란 「소재·부품·장비산업 경쟁력강화를 위한 특별조치법(제16조)」에 따른 특화선도기업 등으로서 중소기업 또는 중견기업에 해당하는 기업을 말한다(조특령 12의3 ①).

2. 앞의 본문에서 '공동으로 취득하는 경우(공동투자)'란 다음의 요건을 모두 충족하는 경우를 말한다(조특령 12의3 ②).

① 투자기업과 투자대상기업이 공동투자에 대해 체결한 협약에 따라 공동으로 주식 또는 출자지분(이하 '주식 등'이라 한다)을 취득(이하 '공동투자'라 한다)할 것

② 공동투자에 참여한 각 내국법인이 투자대상기업의 유상증자 금액의 25% 이상을 증자대금으로 납입할 것

3. 위 본문 ①에서 '소재·부품·장비 관련 연구개발·인력개발·시설투자'란 통합세액공제 대상자산에 대한 투자를 말한다(조특령 12의3 ③). ■

2) 사후관리 : 투자기업이 법인세를 공제받은 후에 다음 중 어느 하나에 해당하는 사유가 발생하는 경우에는 그 사유가 발생한 날이 속하는 사업연도의 과세표준신고를 할 때 주식 등에 대한 세액공제액 상당액에 이자상당가산액을 더하여 법인세로 납부해야 하며, 해당 세액은 과세표준 신고기한까지 납부해야 할 세액으로 본다(조특법 13의3 ②).

① 법인세를 공제받은 투자기업이 주식 등을 취득한 후 5년 이내에 투자대상기업의 지배주주 등에 해

당하는 경우

② 투자대상기업이 유상증자일부터 3년이 되는 날이 속하는 사업연도 종료일까지 투자기업이 납입한 증자대금의 80%에 상당하는 금액 이상을 소재 · 부품 · 장비 관련 연구 · 인력개발 등에 지출하지 않은 경우

③ 법인세를 공제받은 투자기업이 주식 등을 취득한 후 4년 이내에 해당 주식 등을 처분하는 경우. 이 경우 처분되는 주식 등은 먼저 취득한 주식 등이 먼저 처분되는 것으로 본다.

참고사항 사후관리 ③에 해당하는 경우 납부할 세액공제 상당액의 계산(조특령 12의3 ⑤)

구분	납부할 세액공제 상당액
① 투자기업이 주식 등 취득일부터 2년 이내에 주식 등을 처분하는 경우	공제받은 세액 전액
② 투자기업이 주식 등 취득일부터 2년이 경과한 날부터 2년 이내에 주식 등을 처분하는 경우	공제받은 세액 × $\frac{\text{해당 과세기간에 처분한 주식 등의 수}}{\text{공동투자로 각 내국법인이 취득한 주식 등의 수}}$

참고사항 이자상당가산액(조특령 12의3 ⑥)

$$\text{이자상당가산액} = \text{공제받은 세액} \times \text{기간}^{*} \times \text{1일 } \frac{2.2}{10,000}$$

* 공제받은 사업연도 종료일의 다음 날부터 납부사유가 발생한 날이 속하는 사업연도의 종료일까지의 기간 ■

(2) 인수에 대한 과세특례

1) 세액공제 : 내국법인(외국법인이 특수관계인인 법인과 금융 및 보험업을 영위하는 법인은 세외. 이하 같다)이 다음의 구분에 따라 정한 요건을 모두 갖추어 2025년 12월 31일까지 ① 소재 · 부품 · 장비 또는 국가전략기술 관련 외국법인(내국법인이 특수관계인인 경우는 제외하며, 이하 '인수대상외국법인'이라 한다)의 주식 등을 취득하거나 ② 인수대상외국법인의 소재 · 부품 · 장비 또는 국가전략기술 관련 사업의 양수 또는 사업의 양수에 준하는 자산의 양수(이하 '인수'라 한다)를 하는 경우[인수대상외국법인을 인수할 목적으로 설립된 특수목적법인(이하 '인수목적법인'이라 한다)을 통해 간접적으로 인수하는 경우 포함], ① 주식 등 취득가액 또는 ② 사업자산의 양수가액(이하 '인수가액'이라 한다)의 5%(중견기업의 경우에는 7%, 중소기업의 경우에는 10%)에 상당하는 금액을 해당 사업연도의 법인세에서 공제한다(조특법 13의3 ③).

구분	다음의 요건
(1) 주식 등을 취득하는 경우	① 해당 내국법인과 인수대상외국법인이 각각 1년 이상 사업을 계속하던 기업일 것

	② 인수대상외국법인의 발행주식총수의 50%(내국법인이 인수대상외국법인의 최대주주로서 그 인수대상외국법인의 경영권을 실질적으로 지배하는 경우는 30%로 하고, 이하 '기준지분비율'이라 한다) 이상을 직접 또는 간접적으로 취득하고, 해당 내국법인이 해당 주식 등을 취득일이 속하는 사업연도의 종료일까지 보유할 것 ③ 인수일 당시 인수대상외국법인의 주주 등이 해당 주식 등을 양도한 날부터 그 날이 속하는 내국법인의 사업연도 종료일까지 내국법인(또는 인수목적법인)의 지배주주 등에 해당하지 않을 것 ④ 내국법인의 주식 등 취득일이 속하는 사업연도의 종료일까지 인수대상외국법인이 종전에 영위하던 사업을 계속할 것
(2) 사업 또는 자산을 양수하는 경우	① 해당 내국법인과 인수대상외국법인이 각각 1년 이상 사업을 계속하던 기업일 것 ② 인수대상외국법인의 주주 등이 사업 또는 자산을 양도한 날부터 그날이 속하는 내국법인의 사업연도 종료일까지 내국법인(또는 인수목적법인)의 지배주주 등에 해당하지 않을 것 ③ 내국법인의 사업자산의 양수일이 속하는 사업연도의 종료일까지 양수를 통하여 승계된 종전의 사업을 계속할 것

세액공제액 = MIN(인수가액, 5천억원*)×5%(중견기업은 7%, 중소기업은 10%)

* 이 경우 인수건별 인수가액이 5천억원을 초과하는 경우 그 초과하는 금액은 없는 것으로 본다. 여기서 '인수건별 인수가액'이란 인수대상기술 관련 외국법인의 인수대상기술 관련 사업·자산의 양수일부터 3년 이내에 그 외국법인으로부터 인수대상기술 관련 사업·자산의 인수가 있는 경우 그 각각의 인수가액을 합한 금액을 말한다(조특령 12의3 ⑩).

참고사항 관련용어의 정의

1. **'소재·부품·장비 또는 국가전략기술(이하 '인수대상기술'이라 한다) 관련 외국법인'**이란 다음 중 어느 하나에 해당하는 외국법인을 말한다(조특령 12의3 ⑦).

① 해당 소재·부품·장비 관련 국내 산업 기반, 국내 특허 보유 여부, 해외 의존도 등을 고려하여 기획재정부령으로 정하는 소재·부품·장비 품목을 생산하는 외국법인. 이때 주식 등을 취득하는 방법으로 인수하는 경우에는 소재·부품·장비 품목의 매출액(주식 등의 취득일이 속한 사업연도 직전 3개 사업연도의 평균 매출액을 말하며, 사업연도가 1년 미만인 사업연도의 매출액은 1년으로 환산한 매출액을 말한다. 이하 같다)이 전체 매출액의 50% 이상인 외국법인을 말한다.

② 국가전략기술을 활용한 사업에서 발생한 매출액이 전체 매출액의 50% 이상인 외국법인

③ ①의 소재·부품·장비 품목의 매출액과 ②의 국가전략기술을 활용한 사업에서 발생한 매출액이 전체 매출액의 50% 이상인 외국법인

2. **'인수대상기술 관련 사업의 양수'**는 인수대상기술 관련 사업에 관한 권리와 의무를 포괄적 또는 부분적으로 승계하는 것을 말하며, **'사업의 양수에 준하는 자산의 양수'**는 양수 전에 인수대상기술 관련 외국법인이

영위하던 인수대상기술 관련 사업이 양수 후에도 계속될 수 있는 정도의 자산을 매입하는 것을 말한다(조특령 12의3 ⑧).

3. '인수목적법인'이란 다음의 요건을 모두 충족하는 법인을 말한다(조특령 12의3 ⑨).

① 인수대상기술 관련 외국법인을 인수하는 것을 사업목적으로 할 것

② 내국법인이 발행주식총수 또는 출자총액의 100%를 출자하고 있는 법인일 것 ■

[도 표] 내국법인의 인수대상외국법인의 인수에 대한 세액공제

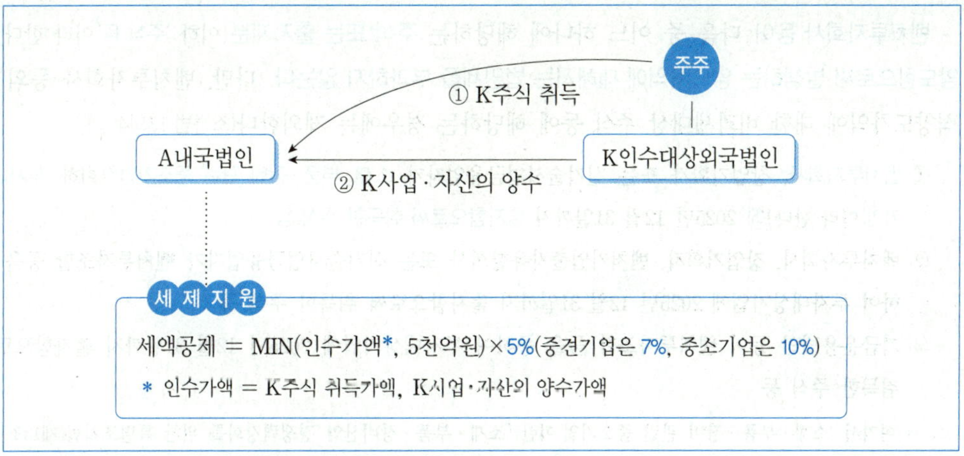

2) 사후관리 : 앞의 1)에 따라 법인세를 공제받은 내국법인은 인수일이 속하는 사업연도의 다음 사업연도의 개시일부터 4년 이내에 다음 중 어느 하나의 사유가 발생하는 경우에는 그 사유가 발생한 날이 속하는 사업연도의 과세표준신고를 할 때 공제받은 세액에 이자상당액을 더한 금액을 법인세로 납부해야 하며, 해당 세액은 과세표준 신고기한까지 납부해야 할 세액으로 본다. 다만, 사업 또는 자산을 양수한 경우에는 아래 ③은 적용하지 않는다(조특법 13의3 ④).

① 인수일 당시 인수대상외국법인의 주주 등이 내국법인 또는 인수목적법인의 지배주주 등에 해당하는 경우

② 인수대상외국법인이 종전에 영위하던 사업을 폐지하거나 양수를 통하여 승계된 종전의 사업을 폐지하는 경우

③ 각 사업연도 종료일 현재 내국법인이 직접 또는 간접적으로 보유하고 있는 인수대상외국법인의 지분비율(이하 '현재 지분비율'이라 한다)이 주식 등의 취득일 당시 지분비율(이하 '당초 지분비율'이라 한다)보다 낮아지는 경우

위 ③에 해당하는 경우로서 현재 지분비율이 기준 지분비율 이상인 경우에는 위의 규정에도 불구하고 다음의 계산식에 따라 계산한 금액(지분비율 감소로 이미 납부한 공제세액은 제외)에 이자상당액을 더한 금액을 법인세로 납부해야 한다(조특법 13의3 ⑤).

$$1)\text{에 따른 공제세액} \times \frac{(\text{당초 지분비율} - \text{현재 지분비율})}{\text{당초 지분비율}}$$

3-2. 벤처투자회사 등의 소재 · 부품 · 장비전문기업 주식양도차익 등에 대한 비과세

(1) 주식양도차익에 대한 법인세 비과세

벤처투자회사 등이 다음 중 어느 하나에 해당하는 주식 또는 출자지분(이하 '주식 등'이라 한다)을 양도함으로써 발생하는 양도차익에 대해서는 법인세를 부과하지 않는다. 다만, 벤처투자회사 등의 주식양도차익에 대한 비과세대상 주식 등에 해당하는 경우에는 제외한다(조특법 13의4 ①).

① 벤처투자회사, 창업기획자 또는 신기술사업금융업자가 소재 · 부품 · 장비 관련 중소기업*(이하 '투자대상기업'이라 한다)에 2025년 12월 31일까지 출자함으로써 취득한 주식 등

② 벤처투자회사, 창업기획자, 벤처기업출자유한회사 또는 신기술사업금융업자가 벤처투자조합 등을 통하여 투자대상기업에 2025년 12월 31일까지 출자함으로써 취득한 주식 등

③ 기금운용법인 등이 벤처투자조합 등을 통하여 투자대상기업에 2025년 12월 31일까지 출자함으로써 취득한 주식 등

* 여기서 '소재 · 부품 · 장비 관련 중소기업'이란 「소재 · 부품 · 장비산업 경쟁력강화를 위한 특별조치법(제13조)」에 따라 선정된 특화선도기업으로서 중소기업에 해당하는 기업을 말한다(조특령 12의4 ①).

참고사항 주식 또는 출자지분 취득방법

해당 출자는 벤처투자회사, 창업기획자, 벤처기업출자유한회사, 신기술사업금융업자 또는 기금운용법인 등이 직접 또는 벤처투자조합 등을 통하여 다음 중 어느 하나에 해당하는 방법으로 투자대상기업의 주식 등을 취득하는 것으로 한다. 이 경우 타인 소유의 주식 등을 매입으로 취득하는 경우는 제외한다(조특법 13의4 ②).

① 투자대상기업의 설립시에 자본금으로 납입하는 방법

② 투자대상기업이 유상증자하는 경우로서 증자대금을 납입하는 방법

③ 투자대상기업이 잉여금을 자본으로 전입하는 방법

④ 투자대상기업이 채무를 자본으로 전환하는 방법 ■

(2) 배당소득에 대한 법인세 비과세

벤처투자회사, 창업기획자, 벤처기업출자유한회사 또는 신기술사업금융업자가 주식양도차익의 비과세규정에 따른 출자로 인하여 투자대상기업으로부터 2025년 12월 31일까지 받는 배당소득에 대해서는 법인세를 부과하지 않는다(조특법 13의4 ③).

4. 창업기업 등에의 출자에 대한 과세특례

(1) 양도소득세 비과세

다음에 해당하는 주식 또는 출자지분을 양도하는 경우에는 그 양도소득에 대하여 양도소득세를 과세하지 않는다. 이 경우 주식 또는 출자지분은 전술한 창업기업 등의 주식 및 출자지분 취득방법으로 취득한 경우에만 해당한다(조특법 14 ①).

① 벤처투자회사 또는 신기술사업금융전문회사에 출자함으로써 취득한 주식 또는 출자지분

② 벤처투자조합, 민간재간접벤처투자조합 및 농식품투자조합이 창업기업, 벤처기업 또는 신기술창업전문회사에 출자함으로써 취득한 주식 또는 출자지분

③ 신기술사업투자조합이 신기술사업자, 벤처기업 또는 신기술창업전문회사에 출자함으로써 취득한 주식 또는 출자지분

④ 벤처기업에 출자함으로써 취득(개인투자조합을 통하여 벤처기업에 출자함으로써 취득하는 경우를 포함한다)한 주식 또는 출자지분(다음 ㉠ 및 ㉡에 적합한 출자에 따른 주식 또는 출자지분으로서 그 출자일로부터 3년이 경과된 것을 말한다)

㉠ 창업 후 5년 이내인 벤처기업 또는 벤처기업으로 전환한지 3년 이내인 벤처기업에 대한 출자일 것

㉡ 개인이 특수관계가 없는 벤처기업에 대하여 행한 출자이거나 개인들로 구성된 조합이 그 조합원과 특수관계가 없는 벤처기업에 대하여 행한 출자일 것

⑤ 창업기획자에 출자함으로써 취득한 주식 또는 출자지분

⑥ 전문투자조합이 창업기업, 신기술사업자, 벤처기업 또는 신기술창업전문회사에 출자함으로써 취득한 주식 또는 출자지분

⑦ 장외주식 호가중개시장(프리보드 ; Free Board)에서 거래되는 벤처기업의 주식[대주주(소유주식의 비율 4% 이상 또는 시가총액 40억원 이상)가 아닌 소액주주가 양도하는 것에 한정한다]

⑧ 자본시장법에 따라 온라인 소액투자중개의 방법으로모집(crowd-funding)하는 창업 후 3년 이내의 기술우수중소기업 등에 출자함으로써 취득하는 주식 또는 출자지분

위 ①은 2009년 12월 31일까지 취득하는 주식 또는 출자지분에 대해서만 적용하고, ②~⑧은 2025년 12월 31일까지 취득하는 주식 또는 출자지분에 대해서만 적용한다(조특법 14 ⑧).

[도 표] 거주자 및 벤처투자조합의 조합원 등에 대한 세제지원

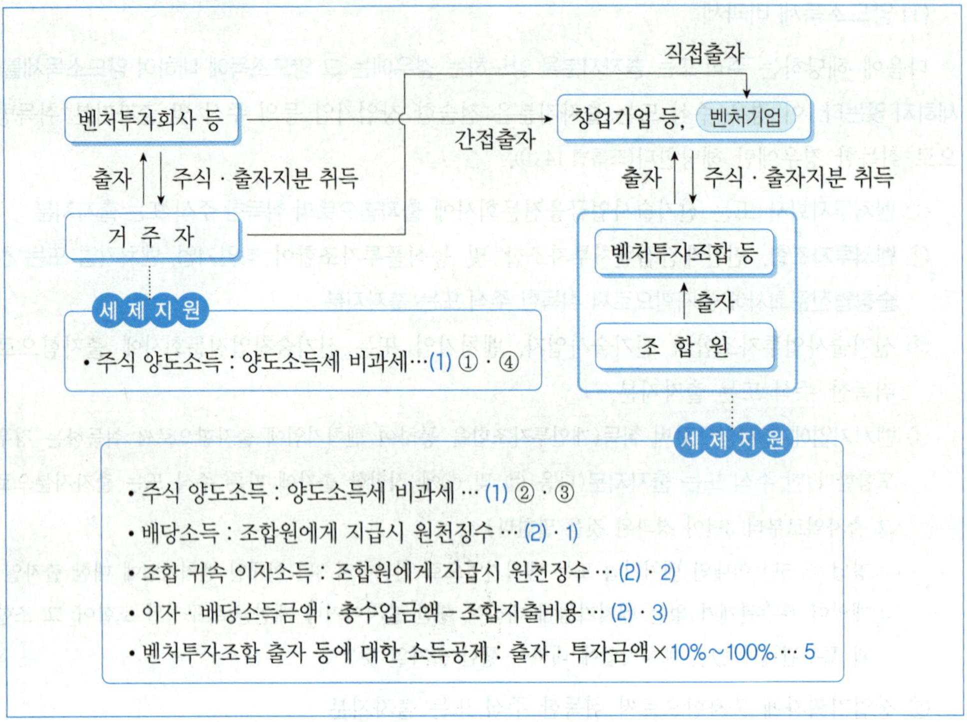

(2) 원천징수 및 소득금액계산의 특례

1) 다음에 해당하는 배당소득에 대해서는 해당 조합이 조합원에게 그 소득을 지급할 때 소득세를 원천징수한다(조특법 14 ④).

① 벤처투자조합, 민간재간접벤처투자조합 및 농식품투자조합이 창업기업, 벤처기업 또는 신기술창업전문회사에 출자함으로써 발생하는 배당소득

② 신기술사업투자조합이 신기술사업자, 벤처기업 또는 신기술창업전문회사에 출자함으로써 발생하는 배당소득

③ 전문투자조합이 창업기업, 신기술사업자, 벤처기업 또는 신기술창업전문회사에 출자함으로써 발생하는 배당소득

2) 벤처투자조합, 민간재간접벤처투자조합, 농식품투자조합 또는 전문투자조합에 귀속되는 소득으로서 이자소득 및 집합투자기구로부터의 이익에 대해서는 해당 조합이 조합원에게 그 소득을 지급할 때 소득세 또는 법인세를 원천징수한다(조특법 14 ⑤).

3) 위 1), 2)의 소득의 경우에는 소득세법의 규정에 불구하고 총수입금액에서 해당 조합이 지출한 비용(총수입금액에 대응되는 것에 한함)을 뺀 금액을 이자소득금액 또는 배당소득금액으로 한다(조특법 14 ⑥).

위 1)~3)의 규정은 2025년 12월 31일까지 발생하는 소득에 대해서만 적용한다(조특법 14 ⑦).

5. 벤처투자조합 출자 등에 대한 소득공제

(1) 소득공제

거주자가 벤처투자조합 등에 출자(또는 투자)를 하는 경우에는 2025년 12월 31일까지 다음의 금액을 그 출자일(또는 투자일)이 속하는 과세연도의 종합소득금액에서 공제한다. 다만, 거주자가 출자일(또는 투자일)이 속하는 과세연도부터 출자(또는 투자) 후 2년이 되는 날이 속하는 과세연도까지 하나의 과세연도를 선택하여 공제시기 변경을 신청하는 경우에는 신청한 과세연도의 종합소득금액에서 공제한다(조특법 16 ①).

> 소득공제액 = MIN(①, ②)
> ① 소득공제대상 출자 · 투자금액(*주) × 공제율(10% · 30% · 70% · 100%)
> ② 해당 과세연도의 종합소득금액 × 50%

(*주) 개인투자조합이 거주자로부터 출자받은 금액을 벤처기업에 투자한 경우 소득공제대상 투자액은 다음 산식에 따라 계산한 금액으로 한다(조특령 14 ③).

$$\text{거주자가 개인투자조합에 출자한 금액} \times \frac{\text{개인투자조합이 벤처기업에 투자한 금액}}{\text{개인투자조합의 출자액 총액}}$$

여기서 소득공제 대상 출자 · 투자와 공제율은 다음과 같다(조특법 16 ①). 다만, 타인의 출자지분(투자지분 · 수익증권)을 양수하는 방법으로 출자(투자)하는 경우에는 소득공제 대상에서 제외한다.

소득공제 대상 출자 · 투자	공제율
① 거주자가 벤처투자조합, 민간재간접벤처투자조합, 신기술사업투자조합 또는 전문투자조합에 출자하는 경우	• 10%
② 거주자가 벤처기업투자신탁의 수익증권에 투자하는 경우(*주1)	
③ 거주자가 창업 · 벤처전문사모집합투자기구에 투자하는 경우	

구분	공제율
④ 거주자로부터 출자받은 금액을 벤처기업 개인투자조합이 해당 출자일이 속하는 과세연도의 다음 과세연도 종료일까지 벤처기업 등(*주2)에 투자(이른바 '엔젤투자 angel investment')하는 경우(*주3)	• 3,000만원 이하분 : 100% • 3,000만원 초과 5,000만원 이하분 : 70% • 5,000만원 초과분 : 30%
⑤ 거주자가 벤처기업 등(*주2)에 투자하는 경우(*주3)	
⑥ 자본시장법(제117조의10)에 따라 온라인 소액투자중개의 방법으로 모집(crowd-funding)하는 창업 후 7년 이내의 중소기업으로서 기술성이 우수한 것으로 평가받은 기업의 지분증권에 투자하는 경우(*주3)	

(*주1) 벤처기업투자신탁의 수익증권에 투자한 경우 소득공제를 적용받을 수 있는 투자액(해당 거주자가 투자한 모든 벤처기업투자신탁의 합계액을 말한다)은 거주자 1명당 3천만원으로 한다(조특령 14 ②).

(*주2) '벤처기업 등'에는 창업 후 3년 이내 중소기업으로서 벤처기업확인기관으로부터 기술의 혁신성과 사업의 성장성이 우수한 것으로 평가받은 기업(창업 중인 기업 포함)을 포함한다(이하 같다).

(*주3) 벤처투자조합 출자 등에 대한 소득공제 투자 당시에는 위 ④ · ⑤ 또는 ⑥에 따른 기업에 해당하지 않았으나, 투자일부터 2년이 되는 날이 속하는 과세연도까지 ④ · ⑤ 또는 ⑥에 따른 기업에 해당하게 된 경우에도 적용한다(조특법 16 ③). 이 경우 소득공제액은 위 ④ · ⑤ 또는 ⑥에 따른 기업에 해당하게 된 날이 속하는 과세연도의 종합소득금액에서 공제한다(조특법 16 ① 본문).

(2) 사후관리

소득공제를 적용받은 거주자가 전문개인투자자로서 일정사유로 등록취소되거나 출자일 또는 투자일부터 3년이 지나기 전에 다음 중 어느 하나에 해당하게 되면 그 거주자의 주소지 관할세무서장, 원천징수의무자 또는 벤처기업투자신탁을 취급하는 금융기관은 거주자가 이미 공제받은 소득금액에 해당하는 세액을 추징한다. 다만, 출자자 또는 투자자의 사망이나 해외이주로 세대전원이 출국하는 경우 등에는 그렇지 않다(조특법 16 ②).

① 벤처투자조합 등 또는 창업 · 벤처전문 사모집합투자기구에 대한 출자지분 또는 투자지분을 이전하거나 회수하는 경우

② 벤처기업투자신탁의 수익증권을 양도하거나 환매(還買, 일부환매 포함)하는 경우

③ 벤처기업 등 및 온라인소액투자중개의 방법으로 모집(crowd-funding)하는 창업 후 7년 이내의 중소기업으로서 기술성이 우수한 것으로 평가받은 기업에 대한 출자지분 또는 투자지분을 이전하거나 회수하는 경우

6. 벤처기업 주식매수선택권 행사이익에 대한 비과세특례

벤처기업(또는 벤처기업이 발행주식총수의 30% 이상을 인수한 기업)의 임원 또는 종업원(이하 '벤처기업 임원 등'이라 한다)이 해당 벤처기업으로부터 2027년 12월 31일 이전에 부여받은 주식매수선택권을 행사(벤처기업 임원 등으로서 부여받은 주식매수선택권을 퇴직 후 행사하는 경우 포함)함으로써 얻

은 이익 중 연간 2억원 이내의 금액에 대해서는 소득세를 과세하지 않는다. 다만, 소득세를 과세하지 않는 벤처기업 주식매수선택권 행사이익의 벤처기업별 총 누적금액은 5억원을 초과하지 못한다(조특법 16의2 ①).

> 근로소득(또는 기타소득*)에 대한 소득세 비과세금액 = MIN(①, ②)
>
> ① 벤처기업 주식매수선택권 행사이익**
>
> = 주식매수선택권 행사 당시의 시가 − 실제 매수가액(행사가액)
>
> ② 비과세 한도액 : 연간 2억원(벤처기업별 총 누적금액 5억원)

* 벤처기업의 임원 또는 종업원이 부여받은 주식매수선택권을 퇴직 후 행사하는 경우에는 기타소득에 해당한다(여기서 주식에는 신주인수권을 포함한다).

** '행사이익'이란 주식매수선택권 행사 당시의 시가와 실제 매수가액과의 차액을 말하며, 주식에는 신주인수권을 포함한다.

이러한 비과세특례 적용대상 주식매수선택권은 ①「벤처기업 육성에 관한 특별법(제16조의3)」에 따라 벤처기업으로부터 부여받은 주식매수선택권 및 ② 상법(제340조의2 또는 제542조의3)에 따라 코넥스상장기업으로부터 부여받은 주식매수선택권으로 한정한다(조특법 16의2 ②).

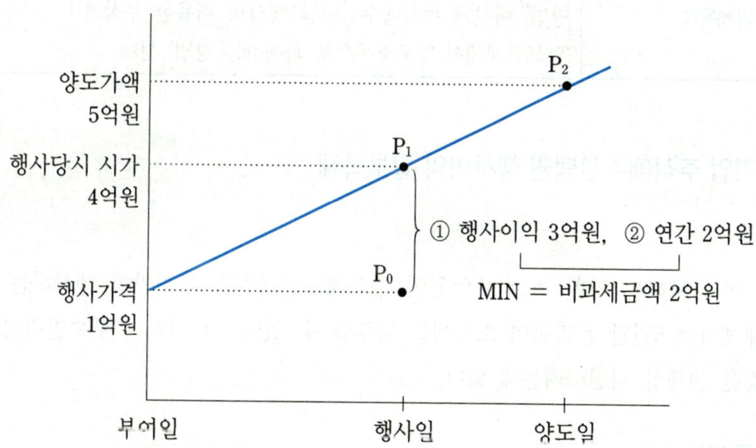

					과세
• 행사당시 : A주식	4억원	현 금	1억원		
		근로소득	3억원	1억원	○
				2억원	×
• 양도당시 : 현 금	5억원	A 주 식	4억원		
		양도소득	1억원		

참고사항 비과세특례 신청

벤처기업 주식매수선택권 행사이익에 대한 비과세특례를 적용하는 경우 원천징수의무자는 「비과세특례적용명세서」를 벤처기업 주식매수선택권 행사일이 속하는 연도의 다음 연도 2월 말일까지 원천징수 관할세무서장에게 제출해야 한다. 다만, 벤처기업 주식매수선택권 행사이익 납부특례(조특법 16의3) 또는 벤처기업 주식매수선택권 행사이익 과세특례(조특법 16의4)를 적용받기 위하여 특례적용대상명세서 또는 특례적용대상명세서를 원천징수 관할세무서장에게 제출한 경우에는 그렇지 않다(조특령 14의2). ■

[도 표] 주식매수선택권과 관련된 조세특례

구분	조세특례의 내용	근거규정
(1) 벤처기업 주식매수선택권 행사이익에 대한 비과세특례	벤처기업 주식매수선택권 행사이익 중 연간 2억원(벤처기업별 총 누적금액 5억원) 이내의 금액에 대해서 소득세 비과세	조특법 16의2
(2) 벤처기업 주식매수선택권 행사이익에 대한 납부특례	벤처기업 주식매수선택권 행사이익에 대한 소득세 5년간 분할납부	조특법 16의3
(3) 벤처기업 적격주식매수선택권 행사이익에 대한 과세특례	적격주식매수선택권에 대해서는 주식매수선택권 '행사단계에서 근로소득(또는 기타소득)으로 과세하는 방법' 대신에 주식매수선택권 행사로 취득한 주식의 '양도단계에서 양도소득으로 과세하는 방법' 선택	조특법 16의4

7. 벤처기업 주식매수선택권 행사이익 납부특례

(1) 개 요

벤처기업에 근무하는 임원 또는 종업원이 주식매수선택권을 부여받아 행사하는 경우 그 행사이익에 대해서는 5년간 분할하여 소득세를 납부할 수 있다. 그 취지는 우수인력이 벤처기업에 근무하는 것을 세제상 지원하려는데 있다.

(2) 납부특례의 내용

벤처기업 임원 등(벤처기업 또는 벤처기업이 발행주식총수의 30% 이상을 인수한 기업의 임원·종업원을 말한다)이 2027년 12월 31일 이전에 부여받은 주식매수선택권을 행사함으로써 발생한 벤처기업 주식매수선택권 행사이익(앞의 6.의 비과세특례 규정에 따라 비과세되는 금액은 제외)*에 대한 소득세는 다음과 같이 5년간 분할하여 소득세를 납부할 수 있다. 다만, 주식매수선택권의 행사가격과 시가와의 차액을 현금으로 교부받는 경우에는 그렇지 않다(조특법 16의3 ①).

* 여기서 '행사이익'이란 주식매수선택권 행사 당시의 시가와 실제 매수가액과의 차액을 말하며, 주식에는 신주인수권을 포함한다. 한편 분할납부 특례대상 주식매수선택권은 ① 「벤처기업 육성에 관한 특별법(제16조의3)」에 따

라 벤처기업으로부터 부여받은 주식매수선택권 및 ② 상법(제340조의2 또는 제542조의3)에 따라 코넥스상장기업으로부터 부여받은 주식매수선택권으로 한다.

[도 표] 벤처기업 주식매수선택권 행사이익 납부특례

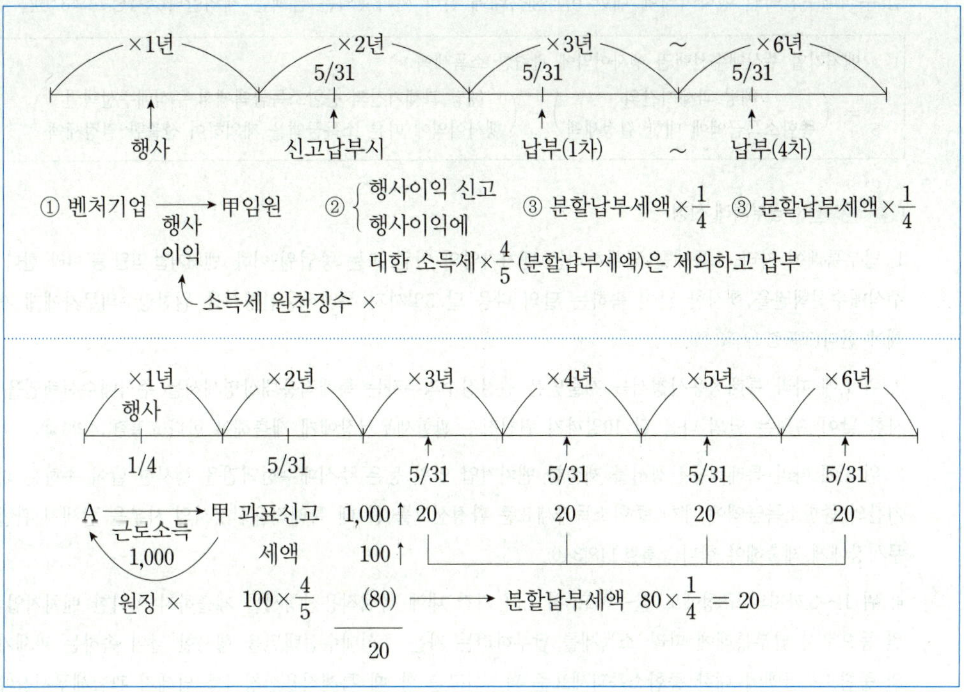

① 벤처기업 주식매수선택권 행사이익에 대하여 벤처기업 임원 등이 원천징수의무자에게 납부특례의 적용을 신청하는 경우 근로소득(또는 기타소득)에 대한 소득세를 원천징수하지 않는다.

② 위 ①에 따라 원천징수를 하지 않은 경우 벤처기업 임원 등은 주식매수선택권을 행사한 날이 속하는 과세기간의 종합소득금액에 대한 종합소득과세표준 확정신고 및 확정신고납부시 벤처기업 주식매수선택권 행사이익을 포함하여 종합소득 과세표준을 신고하되, 벤처기업 주식매수선택권 행사이익에 관련한 소득세액의 4/5에 해당하는 금액(이하 '분할납부세액'이라 한다)은 제외하고 납부할 수 있다.

③ 위 ②에 따라 소득세를 납부한 경우 벤처기업 임원 등은 주식매수선택권을 행사한 날이 속하는 과세기간의 다음 4개 연도의 종합소득과세표준 확정신고 및 확정신고납부시 분할납부세액의 1/4에 해당하는 금액을 각각 납부해야 한다. 한편 벤처기업 임원 등이 이처럼 소득세를 분할납부하는 중 출국하는 경우에는 출국일이 속하는 과세기간의 과세표준을 출국일의 전날까지 납부해야 한다(조특법 16의3 ②).

참고사항 벤처기업 주식매수선택권 행사이익에 관련한 소득세액 계산

'벤처기업 주식매수선택권 행사이익에 관련한 소득세액'이란 다음 계산식에 따라 계산한 금액을 말한다. 이 경우 해당 과세기간의 종합소득금액과 주식매수선택권 행사이익에 따른 소득금액을 계산할 때 벤처기업 주식매수선택권 행사이익에 대한 비과세특례에 따라 비과세되는 금액은 제외한다(조특령 14의3 ①).

> 벤처기업 주식매수선택권 행사이익에 관련한 소득세액
> = (해당 과세기간의 종합소득금액에 대한 결정세액) − (해당 과세기간의 종합소득금액에서 주식매수선택권 행사이익에 따른 소득금액을 제외하여 산출한 결정세액)

참고사항 납부특례 신청

1. 납부특례에 따라 소득세를 납부하려는 벤처기업의 임원 또는 종업원(이하 '벤처기업 임원 등'이라 한다)은 주식매수선택권을 행사한 날이 속하는 달의 다음 달 5일까지 특례적용신청서를 원천징수의무자에게 제출해야 한다(조특령 14의3 ②).

2. 위 1.에 따라 특례적용신청서를 제출받은 원천징수의무자는 특례적용대상명세서를 주식매수선택권을 행사한 날이 속하는 달의 다음 달 10일까지 원천징수 관할세무서장에게 제출해야 한다(조특령 14의3 ③).

3. 위 1.에 따라 특례적용신청서를 제출한 벤처기업 임원 등은 주식매수선택권을 행사한 날이 속하는 과세기간의 종합소득금액에 대한 종합소득과세표준 확정신고를 할 때 특례적용신청서의 사본을 납세지 관할세무서장에게 제출해야 한다(조특령 14의3 ④).

4. 위 1.~3.까지의 규정에도 불구하고 위 1.의 기간 내에 특례적용신청서를 제출하지 아니한 벤처기업 임원 등으로서 납부특례에 따라 소득세를 납부하려는 자는 주식매수선택권을 행사한 날이 속하는 과세기간의 종합소득금액에 대한 종합소득과세표준 확정신고를 할 때 특례적용신청서를 납세지 관할세무서장에게 제출해야 한다(조특령 14의3 ⑤). ■

8. 벤처기업 주식매수선택권 행사이익에 대한 과세특례

(1) 적격주식매수선택권

적격주식매수선택권에 대해서는 주식매수선택권 '행사단계에서 근로소득(또는 기타소득)으로 과세하는 방법' 대신에 주식매수선택권 행사로 취득한 주식의 '양도단계에서 양도소득으로 과세하는 방법'을 선택할 수 있다. 여기서 '적격주식매수선택권'이란 다음의 요건을 갖춘 것을 말한다(조특법 16의4 ①).

① 벤처기업(또는 벤처기업이 발행주식총수의 30% 이상을 인수한 기업)의 임원 또는 종업원(이하 '벤처기업 임직원'이라 한다)이 해당 벤처기업으로부터 부여받은 주식매수선택권일 것

② 다음의 요건을 갖춘 주식매수선택권일 것(조특령 14의4 ⑤)

㉠ 벤처기업이 주식매수선택권을 부여하기 전에 주식매수선택권의 수량 · 매수가액 · 대상자 및 기간 등에 관하여 주주총회의 결의를 거쳐 벤처기업 임직원과 약정할 것

㉡ 주식매수선택권을 다른 사람에게 양도할 수 없을 것

㉢ 사망, 정년 등 불가피한 사유가 있는 경우를 제외하고는 주식매수선택권 부여를 위한 주주총회의 결의가 있는 날부터 2년 이상 해당 법인에 재임 또는 재직한 후에 주식매수선택권을 행사할 것

참고사항 시가 이하 발행 주식매수선택권의 추가요건

주식매수선택권의 행사가격을 부여 당시 시가보다 낮은 가액으로 하는 주식매수선택권의 경우에는 다음의 요건을 모두 갖출 것

① 주식매수선택권의 행사가격이 해당 주식의 권면액 이상일 것

② 부여 당시 시가보다 낮은 행사가격으로 부여받았거나 부여받을 각 주식매수선택권에 대하여 다음 계산식에 따라 계산한 금액의 합계가 1명마다 5억원 이하일 것

(부여 당시 시가 – 행사가격) × 주식매수선택권 행사 대상 주식수

③ 해당 벤처기업으로부터 부여받은 주식매수선택권의 행사일부터 역산하여 2년이 되는 날이 속하는 과세기간부터 해당 행사일이 속하는 과세기간까지 전체 행사가액의 합계(이하 '선체 행사가액'이라 한다)가 5억원 이하일 것

참고사항 적격주식매수선택권을 부여받을 수 있는 벤처기업의 임직원의 범위

「벤처기업육성에 관한 특별법(제16조의3 ①)」에 따른 주식매수선택권을 부여받을 수 있는 임직원 중 주식매수선택권 부여를 위한 주주총회의 결의가 있는 날 현재 다음 중 어느 하나에 해당하는 자를 제외한 자를 말한다(조특령 14의4 ①).

① 부여받은 주식매수선택권을 모두 행사하는 경우 해당 법인의 발행주식총수의 10%를 초과하여 보유하게 되는 자

② 해당 법인의 주주로서 「법인세법 시행령(제43 ⑦)」에 따른 지배주주 등에 해당하는 자

③ 해당 법인의 발행주식총수의 10%를 초과하여 보유하는 주주

④ 위 ③의 주주와 친족관계 또는 경영지배관계에 있는 자 ■

(2) 적격주식매수선택권 과세특례

[도 표] 적격주식매수선택권 과세특례 이해도

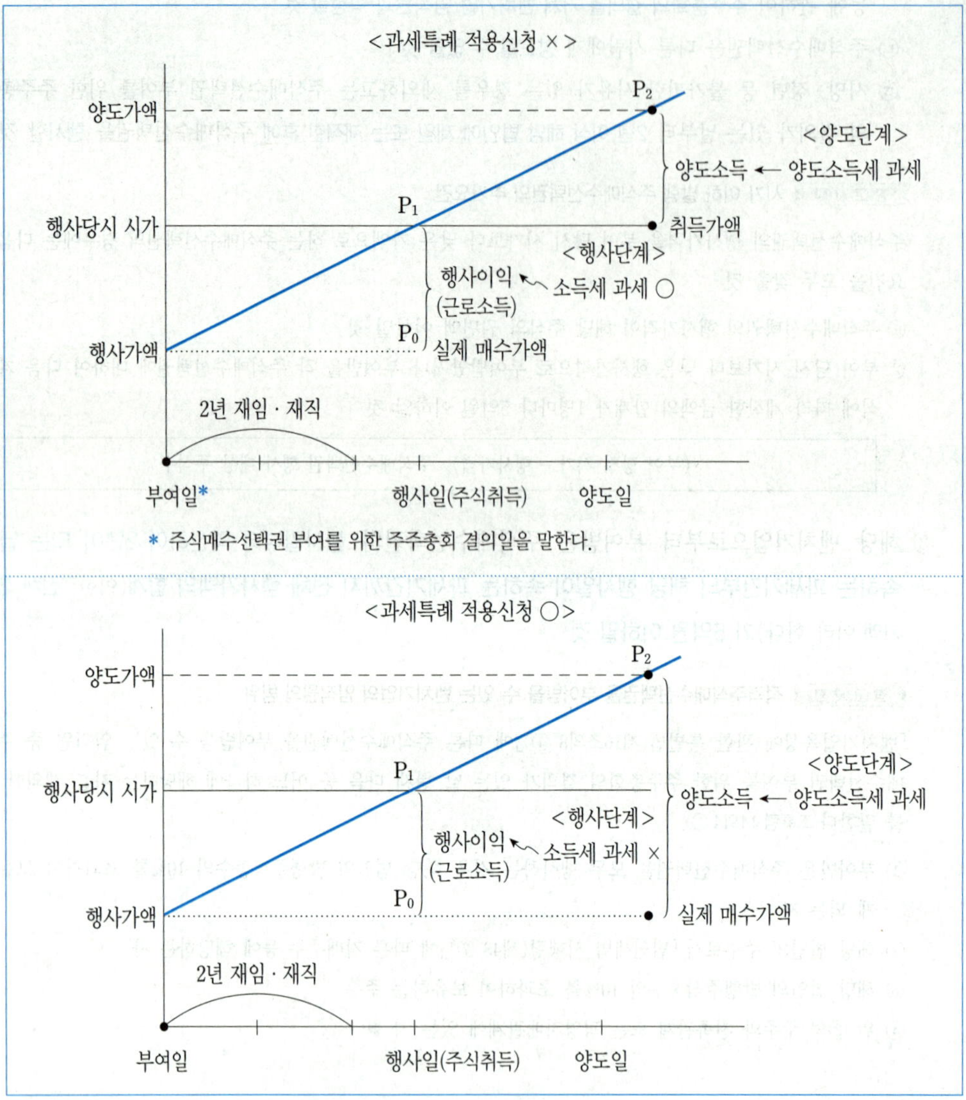

구분	원칙 : 과세특례 적용신청 ×				과세특례 적용신청 ○			
행사 당시	A 주 식	120	현 금 근로소득	100 20 (과세)	A 주 식	100	현 금 근로소득	100 ϕ (20 과세이연)
양도 당시	현 금	150	A 주 식 양도소득	120 30	현 금	150	A 주 식 양도소득	100 50

1) 행사단계 과세특례 : 근로소득(기타소득) 과세제외

벤처기업 임직원이 2027년 12월 31일 이전에 해당 벤처기업으로부터 부여받은 적격주식매수선택권을 행사함으로써 발생한 벤처기업 주식매수선택권 행사이익*에 대해서 벤처기업 임직원이 '행사 후 주식 양도단계 과세방법'을 신청한 경우에는 그 행사이익이 소득세법에 따른 근로소득(또는 기타소득)에 해당함에도 불구하고 주식매수선택권 행사단계에서 소득세를 과세하지 않을 수 있다(조특법 16의4 ①).

행사이익 = [주식매수선택권 행사* 당시의 시가 – 실제 매수가액(행사가격)]

* 여기서 '행사이익'이란 주식매수선택권 행사 당시의 시가와 실제 매수가액과의 차액을 말하며, 주식에는 신주인수권을 포함한다.

다만, 주식매수선택권의 행사 당시 실제 매수가액(행사가격)이 해당 주식매수선택권 부여 당시의 시가보다 낮은 경우 그 차액(이하 '시가 이하 발행이익'이라 한다)에 대해서는 주식매수선택권 행사시에 소득세법에 따라 근로소득(또는 기타소득)으로 소득세를 과세한다(조특법 16의4 ① 단서).

참고사항 벤처기업 주식매수선택권 행사이익에 대한 과세특례의 적용례

1. 과세특례를 적용받으려는 벤처기업 임직원은 주식매수선택권 행사로 취득한 주식만을 거래하는 전용계좌를 개설해야 한다(조특법 16의4 ⑧).
2. 과세특례는 벤처기업 임직원이 적격주식매수선택권을 행사하는 시점에 그 주식매수선택권을 부여한 기업이 더 이상 벤처기업에 해당하지 않게 된 경우에도 적용한다(조특법 16의4 ⑨). ■

2) 행사 후 주식 양도단계 : 양도소득세 과세

적격주식매수선택권 행사단계에서 근로소득(또는 기타소득)으로 소득세를 과세하지 않은 경우 적격주식매수선택권 행사에 따라 취득한 주식*을 양도하여 발생하는 양도소득(앞의 6.의 비과세특례 규정에 따라 비과세되는 금액은 제외)에 대해서는 무조건 양도소득세 과세대상주식에 해당하는 것으로 보아 양도소득세를 과세한다(조특법 16의4 ②).

이처럼 양도소득세를 과세하는 경우에는 양도소득금액은 다음과 같이 계산한 금액으로 한다(조특법 16의4 ③).

$$양도소득금액 = [P_2 - P_0] - (\pi - b)$$

P_2 : 적격주식매수선택권 행사에 따라 취득한 주식의 양도가액

P_0 : MAX (적격주식매수선택권 행사 당시의 실제 매수가액, 적격주식매수선택권 부여 당시의 시가)

π : 주식매수선택권 행사당시 근로소득(기타소득)으로 비과세되는 금액

b : 시가 이하 발행이익에 대하여 주식매수선택권 행사당시 근로소득(기타소득)으로 비과세되는 금액

한편 위와 같이 양도소득세를 과세하는 경우에는 장외주식 호가중개시장(Free Board)에서 벤

처기업의 주식을 소액주주(대주주가 아닌 자)가 양도하는 경우 양도소득세 과세제외규정을 적용하지 않는다(조특법 16의4 ⑦).

* 해당 주식의 보유를 원인으로 해당 벤처기업의 잉여금을 자본금에 전입함에 따라 무상으로 취득한 주식을 포함한다.

[도 표] 주식매수선택권의 행사가격을 부여 당시 시가보다 낮게 정한 경우의 과세

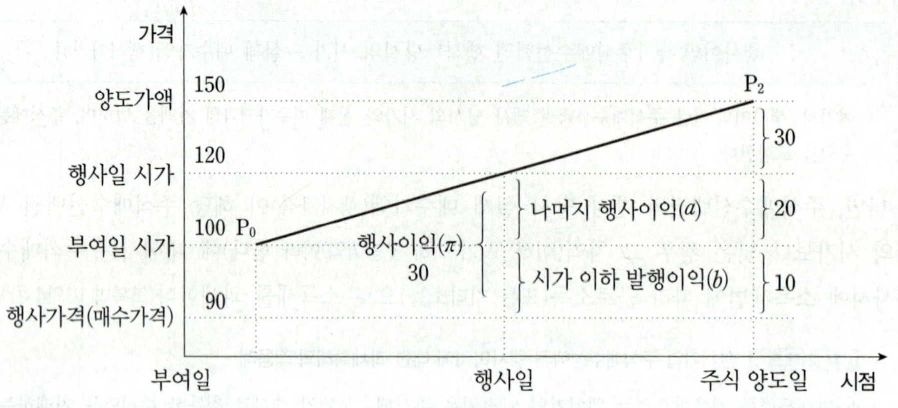

구분	과세특례 ×	과세특례 ○
행사단계	행사이익($\pi = 30$)은 근로소득(또는 기타소득)으로 과세됨	• 나머지 행사이익($a = 20$)은 과세특례 적용
양도단계		• 시가 이하 발행이익($b = 10$)은 근로소득(또는 기타소득)으로 과세됨

3) 벤처기업의 주식매수선택권 행사비용 : 손금불산입

행사단계 과세특례에 따라 근로소득(기타소득)으로 소득세를 과세하지 않은 경우(주식매수선택권 행사 이후 아래 사후관리 규정에 따라 소득세를 과세한 경우를 포함한다)에는 해당 주식매수선택권의 행사에 따라 발생하는 비용*을 법인세법 제19조(손비) 및 제52조(부당행위계산부인)에도 불구하고 해당 벤처기업의 각 사업연도의 소득금액을 계산할 때 손금에 산입하지 않는다(조특법 16의4 ④, 조특령 14의4 ⑦).

* 약정된 주식매수시기에 주식의 시가와 약정된 매수가액과의 차액을 말한다. 다만, 주식매수선택권의 행사 당시 실제 매수가액이 해당 주식매수선택권 부여 당시의 시가보다 낮은 주식매수선택권의 경우에는 앞의 차액에서 시가 이하 발행이익을 제외한 금액을 말한다.

(3) 사후관리

벤처기업 임직원이 다음 중 어느 하나에 해당하는 경우 행사단계 과세특례[근로소득(기타소득) 과세제외]에도 불구하고 전체 행사기간(해당 벤처기업으로부터 부여받은 주식매수선택권의 행사일부터

역산하여 2년이 되는 날이 속하는 과세기간부터 해당 행사일이 속하는 과세기간을 말한다) 내에 주식매수선택권을 행사함으로써 얻은 모든 이익(아래 ①의 경우에는 증여 또는 처분한 주식에 대한 벤처기업 주식매수선택권 행사이익)을 소득세법에 따라 근로소득(또는 기타소득)으로 소득세를 과세하며, 이 경우 소득의 귀속시기는 다음의 구분에 따른 날이 속하는 과세연도로 한다(조특법 16의4 ⑤).

① 적격주식매수선택권 행사로 취득한 주식을 증여하거나 행사일부터 1년이 지나기 전에 처분하는 경우(해당 벤처기업의 파산 등 대통령령으로 정하는 부득이한 사유가 있는 경우는 제외한다) : 증여일 또는 처분일

② 전체 행사가액이 5억원을 초과하는 경우 : 전체 행사가액이 5억원을 초과한 날

③ 과세특례 주식매수선택권 행사로 취득한 주식만을 거래하는 전용계좌를 통해 주식매수선택권 행사로 취득한 주식 외의 주식을 거래한 경우 : 주식매수선택권 행사로 취득한 주식 외의 주식을 최초로 거래한 날

참고사항 과세특례 신청

1. 과세특례를 적용받으려는 벤처기업 임직원은 금융투자업자를 통하여 주식매수선택권 전용계좌를 개설하고, 특례적용신청서에 주식매수선택권 전용계좌개설확인서를 첨부하여 주식매수선택권 행사일 전일까지 해당 벤처기업에 제출해야 한다(조특령 14의4 ②).

2. 위 1.에 따라 특례적용신청서를 제출받은 벤처기업은 주식매수선택권 행사로 시급하는 주식을 주식매수선택권 전용계좌로 입고하고, 주식매수선택권 행사주식지급명세서와 특례적용대상명세서를 주식매수선택권을 행사한 날이 속하는 달의 다음 달 10일까지 원천징수 관할세무서장에게 제출해야 한다(조특령 14의4 ③).

3. 금융투자업자는 주식매수선택권 전용계좌거래현황신고서를 매분기 종료일의 다음 달 말일까지 본점 또는 주사무소 소재지 관할세무서장에게 제출해야 한다(조특령 14의4 ④). ■

9. 벤처기업 출자자의 제2차납세의무 면제

(1) 제2차납세의무 면제

벤처기업이 2018년 1월 1일부터 2025년 12년 31일까지의 기간 중 법인세 납세의무가 성립한 사업연도에 다음의 요건을 모두 충족하는 경우에는 그 벤처기업의 출자자(무한책임사원과 과점주주를 말한다. 이하 같다)는 해당 사업연도의 법인세(이에 부가되는 농어촌특별세 포함) · 강제징수비(이하 '법인세 등'이라 한다)에 대하여 제2차납세의무를 지지 않는다. 이 경우 2018.1.1.부터 2025.12.31.까지의 기간에 납세의무가 성립한 법인세 등에 대한 제2차납세의무를 지지 않는 금액의 한도는 출자자 1명당 2억원으로 한다(조특법 15 ①, 조특령 13의2 ①).

① 수입금액(기업회계기준에 따라 계산한 매출액을 말한다)에서 연구 · 인력개발비가 차지하는 비율이 5% 이상일 것

② 중소기업 중 매출액이 업종별로 「중소기업기본법 시행령(별표 3 ; 주된 업종별 매출액의 소기업 규모 기준)」을 준용하여 산정한 소규모 기준 이내인 기업(구체적으로 주된 업종별로 매출액이 120억원, 80억원,

50억원, 30억원, 10억원 이내인 기업을 말한다)일 것

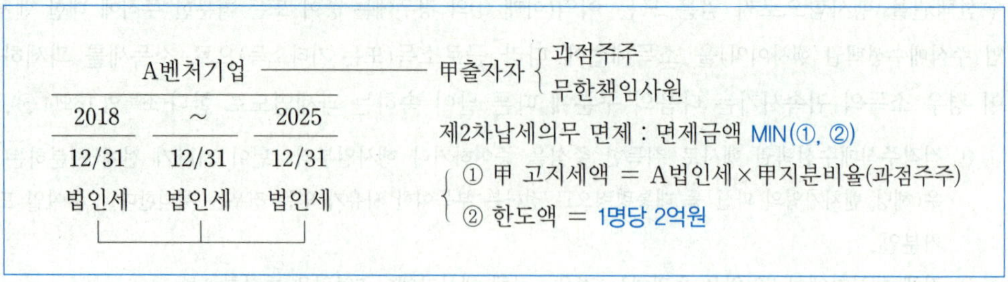

(2) 제2차납세의무 면제 배제

1) 벤처기업 또는 그 출자자가 해당 사업연도의 법인세 등에 대한 체납일* 현재 다음 중 어느 하나에 해당하는 경우에는 제2차납세의무 면제규정을 적용하지 않는다(조특법 15 ②).

① 직전 3년 이내에 조세범처벌법에 따른 처벌 또는 처분을 받은 사실이나 이와 관련된 재판이 진행 중인 사실이 있는 경우

② 조세범처벌법에 따른 범칙사건에 대한 조사가 진행 중인 사실이 있는 경우

③ 직전 3년 이내에 조세범처벌법(제3조 ⑥)에 따른 사기나 그 밖의 부정한 행위로 국세를 포탈하거나 환급 또는 공제받은 사실이 있는 경우

* 여기서 '체납일'이란 국세징수권 소멸시효의 기산일(① 신고세액은 법정신고납부기한의 다음 날, ② 결정 · 경정 고지한 세액은 고지서상 납부기한의 다음 날)을 말한다.

2) 벤처기업이 그 출자자가 제2차납세의무를 지지 않는 해당 사업연도의 법인세를 「조세범처벌법(제3조 ⑥)」에 따른 사기나 그 밖의 부정한 행위로 포탈하거나 환급 또는 공제받은 사실이 확인되는 경우에는 해당 사업연도의 법인세 등에 대하여 제2차납세의무 면제규정을 적용하지 않는다(조특법 15 ③).

(3) 면제의 절차

1) 제2차납세의무 면제를 적용받으려는 출자자는 국세징수법(제12조)에 따른 제2차납세의무자에 대한 납부고지를 받은 날부터 90일 이내에 「제2차납세의무 면제신청서」를 관할세무서장에게 제출해야 한다(조특령 13의2 ③).

2) 세무서장은 1)에 따른 제2차납세의무 면제신청을 받은 날부터 1개월 이내에 면제 여부를 해당 출자자에게 통지해야 한다(조특령 13의2 ④).

3) 세무서장은 2)에 따라 면제 결정을 통지한 이후 제2차납세의무 면제배제에 해당하여 제2차납세의무 면제를 적용하지 않게 된 경우에는 해당 출자자에게 그 사실을 통지해야 한다(조특령 13의2 ⑤).

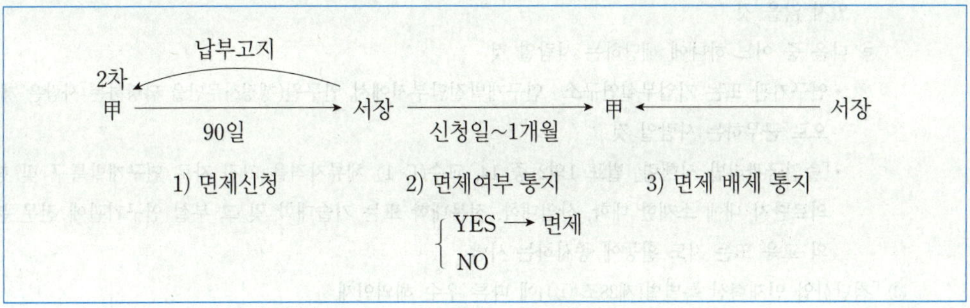

V 외국인기술자 등 지원특례

1. 외국인기술자에 대한 소득세 감면

(1) 세액감면

외국인기술자가 국내에서 내국인에게 근로를 제공하고 받는 근로소득으로서 그 외국인기술자가 국내에서 **최초로 근로를 제공한 날**(2026년 12월 31일 이전인 경우만 해당한다)**부터 10년이 되는 날이 속하는 달까지 발생한 근로소득에 대해서는 소득세의 50%에 상당하는 세액을 감면한다**(조특법 18 ① 본문).

> **일반 외국인기술자**에 대한 소득세 감면* : 최초 근로제공일부터 **10년간** 근로소득세 **50%** 감면

* 다만, 외국인기술자 중 소재·부품·장비 관련 외국인기술자의 경우에는 국내에서 내국인에게 근로를 제공하고 받는 근로소득으로서 그 외국인기술자가 국내에서 최초로 근로를 제공한 날(2022년 12월 31일 이전인 경우만 해당한다)부터 3년이 되는 날이 속하는 달까지 발생한 근로소득에 대해서는 소득세의 70%에 상당하는 세액을 감면하고, 그 다음 날부터 2년이 되는 날이 속하는 달까지 발생한 근로소득에 대해서는 소득세의 50%에 상당하는 세액을 감면한다(조특법 18 ① 단서).

참고사항 외국인기술자의 범위

1. '일반 외국인기술자'란 대한민국의 국적을 가지지 않은 사람으로서 다음 중 어느 하나에 해당하는 사람을 말한다(조특령 16 ① (1)).

① 엔지니어링기술도입계약에 따라 국내에서 기술을 제공하는 사람

② 다음의 요건을 모두 갖춘 사람

㉠ 자연계·이공계·의학계 분야의 학사 학위 이상을 소지한 사람일 것

㉡ 국외의 대학 및 연구기관 등에서 5년(박사 학위를 소지한 사람의 경우에는 박사 학위 취득 전 경력을 포함하여 2년) 이상 연구개발 및 기술개발 경험이 있을 것

㉢ 근로를 제공하는 기업과 「국세기본법 시행령(제1조의2 ①,③)」에 따른 친족관계 또는 경영지배관계에

있지 않을 것

㉣ 다음 중 어느 하나에 해당하는 사람일 것

- 연구기관 또는 기업부설연구소 · 연구개발전담부서에서 연구원(행정사무만을 담당하는 사람은 제외)으로 근무하는 사람일 것
- 「출입국관리법 시행령」 별표 1의2 중 14. 교수(E-1) 체류자격을 가진 자로 연구개발특구 및 첨단의료단지 내에 소재한 대학, 산업대학, 전문대학 또는 기술대학 및 그 부설 연구기관에 전문 분야의 교육 또는 지도 활동에 종사하는 사람

③ 「첨단산업 인재혁신 특별법(제28조 ①)」에 따른 우수 해외인재

2. '소재 · 부품 · 장비 관련 외국인기술자'란 「소재 · 부품 · 장비산업 경쟁력강화를 위한 특별조치법(제16조)」에 따른 특화선도기업 등에서 근무하는 사람을 말한다(조특령 16 ① (2)). ■

(2) 감면소득 지급시 원천징수세액

원천징수의무자가 소득세가 감면되는 근로소득을 지급할 때에는 소득세법에 따라 원천징수할 소득세에서 위 규정에 따라 감면하는 세액을 제외한 금액을 원천징수한다(조특법 18 ③).

2. 외국인근로자에 대한 과세특례

(1) 과세특례의 내용

1) 단일세율 적용특례 : 외국인근로자가 2026년 12월 31일 이전에 국내에서 최초로 근로를 제공하기 시작하는 경우 국내에서 근무(외국인투자기업을 제외한 특수관계기업에게 근로를 제공하는 경우는 제외)함으로써 받는 근로소득으로서 국내에서 최초로 근로를 제공한 날부터 20년 이내에 끝나는 과세기간까지 받는 근로소득에 대한 소득세는 소득세법의 규정(산출세액 = 과세표준×기본세율)에도 불구하고 해당 근로소득에 19%를 곱한 금액을 그 세액으로 할 수 있다. 다만, 「외국인투자 촉진법」에 따라 산업통상자원부장관이 지정하는 지역본부(헤드쿼터 인증기업)에 근무함으로써 받는 근로소득의 경우에는 국내에서 최초로 근로를 제공한 날부터 20년 이내에 끝나는 과세기간까지 받는 근로소득에 대한 소득세에 대하여 소득세법의 규정에도 불구하고 해당 근로소득에 19%를 곱한 금액을 그 세액으로 할 수 있다(조특법 18의2 ②).

여기서 '외국인근로자'란 대한민국의 국적을 가지지 않은 사람으로서 임원 · 사용인을 말하되, 일용근로자는 제외한다.

2) 비과세 등의 배제 및 분리과세 특례 : 위 특례를 적용할 때 소득세법 및 조세특례제한법에 따른 소득세와 관련된 비과세(복리후생적 성질의 급여 중 사택을 제공받음으로써 얻은 이익에 대한 비과세는 제외), 공제, 감면 및 세액공제에 관한 규정은 적용하지 않는다. 그리고 해당 근로소득은 종합소득과세표준에 합산하지 않는다(조특법 18의2 ③).

외국인근로자 19% 단일세율 분리과세 특례
: 외국인근로자의 소득세액 = 최초 근로제공일부터 20년간 근로소득×19%
(비과세 등 배제 및 분리과세)

3) 매월분 근로소득에 대한 원천징수 특례 : 원천징수의무자는 외국인근로자에게 매월분의 근로소득을 지급할 때 ① 근로소득간이세액표에 의한 세액과 ② 해당 근로소득의 19% 중 선택한 금액을 원천징수할 수 있다(조특법 18의2 ④).

3. 내국인 우수 인력의 국내복귀에 대한 소득세 감면

(1) 세액감면

내국인 우수 인력이 국내에 거주하면서 연구기관 등에 취업하여 받는 근로소득으로서 취업일(2025년 12월 31일 이전인 경우만 해당한다)부터 10년이 되는 날이 속하는 달까지 발생한 근로소득에 대해서는 소득세의 50%에 상당하는 세액을 감면한다. 이 경우 소득세 감면기간은 소득세를 감면받은 사람이 다른 연구기관 등*에 취업하는 경우에 관계없이 소득세를 감면받은 최초 취업일부터 계산한다(조특법 18의3 ①).

* 「기초연구진흥 및 기술개발지원에 관한 법률」에 따라 과학기술부장관의 인정을 받은 기업부설연구소 또는 연구개발전담부서를 말한다.

여기서 '내국인 우수 인력'이란 학위 취득 후 국외에서 5년 이상 거주하면서 연구 및 기술개발 경험을 가진 사람을 말한다.

내국인 우수 인력의 국내복귀에 대한 소득세 감면 : 취업일부터 10년간 근로소득세 50% 감면

(2) 감면소득 지급시 원천징수

원천징수의무자가 소득세가 감면되는 근로소득을 지급할 때에는 소득세법에 따라 원천징수할 소득세의 50%에 상당하는 세액을 원천징수한다(조특법 18의3 ②).

참고사항 내국인 우수 인력과 연구기관 등의 범위

1. '내국인 우수 인력'이란 다음의 요건을 모두 갖춘 사람을 말한다(조특령 16의3 ①).

① 자연계 · 이공계 · 의학계 분야의 박사학위를 소지한 사람일 것

② 아래 2.의 연구기관 등에 취업한 날 또는 소득세를 최초로 감면받는 날이 속하는 과세기간의 직전 5개 과세기간 동안 국외에서 거주했을 것. 이 경우 1개 과세기간에 183일 이상 국외에서 체류한 경우 해당 과세기간에는 국외에서 거주한 것으로 본다.

③ 국외의 대학 및 연구기관 등에서 5년 이상 연구개발 및 기술개발 경험이 있을 것

④ 근로를 제공하는 기업과 「국세기본법 시행령(1의2 ① 또는 ③)」에 따른 친족관계 또는 경영지배관계에 있지 않을 것
⑤ 해당 과세기간 종료일 현재 대한민국의 국적을 가진 사람일 것
⑥ 아래 2.의 연구기관 등에서 연구원(행정 사무만을 담당하는 사람은 제외)으로 근무하는 사람일 것

2. '연구기관 등'이란 다음 중 어느 하나에 해당하는 경우를 말한다(조특령 16의3 ②).
① 과학기술정보통신부장관의 인정을 받은 기업부설연구소 또는 연구개발전담부서
② 정부출연연구기관 및 과학기술분야 정부출연연구기관 및 그 부설 연구기관
③ 특정연구기관 및 그 부설 연구기관
④ 대학, 산업대학, 전문대학 또는 기술대학 및 그 부설 연구기관
⑤ 한국해양과학기술원, 국방과학연구소, 전문생산기술연구소, 산업기술연구조합 ■

4. 성과공유 중소기업의 경영성과급에 대한 세액공제 등

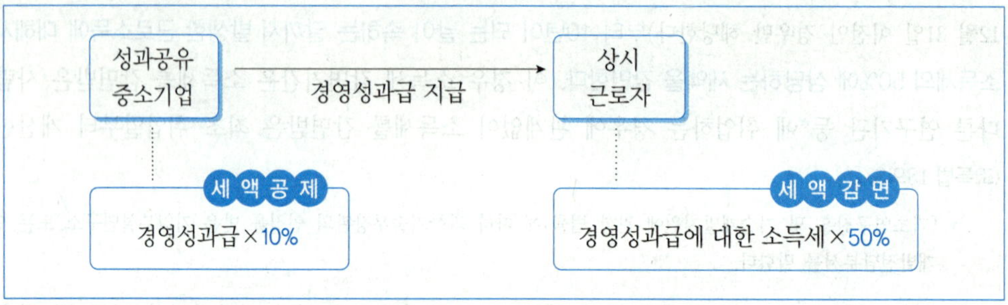

(1) 성과공유 중소기업에 대한 세액공제

성과공유 중소기업이 상시근로자에게 2027년 12월 31일까지 경영성과급을 지급하는 경우 그 경영성과급의 10%에 상당하는 금액을 해당 과세연도의 법인세 또는 사업소득에 대한 소득세에서 공제한다. 다만, 성과공유 중소기업의 해당 과세연도의 상시근로자 수가 직전 과세연도의 상시근로자 수보다 감소한 경우에는 공제하지 않는다(조특법 19 ①).

세액공제액 ＝ 경영성과급×10%

(2) 성과공유 중소기업의 근로자에 대한 세액감면

성과공유 중소기업의 근로자 중 일정한 근로자가 해당 중소기업으로부터 2027년 12월 31일까지 경영성과급을 지급받는 경우 그 경영성과급에 대한 소득세의 50%에 상당하는 세액을 감면한다(조특법 19 ②).

감면세액 ＝ 경영성과급에 대한 소득세×50%

여기서 '일정한 근로자'란 다음 중 어느 하나에 해당하는 사람을 제외한 근로자를 말한다(조특령 17 ⑥).

① 해당 기업의 최대주주 또는 최대출자자(개인사업자의 경우에는 대표자를 말한다)와 그 배우자
② 위 ①에 해당하는 자의 직계존비속(그 배우자를 포함한다) 또는 위 ①에 해당하는 사람과 친족관계에 있는 사람

NEW 개정사항 성과공유 중소기업 경영성과급에 대한 세액공제율 인하

<개정내용> 성과공유 중소기업 경영성과급에 대한 세액공제율을 15% → 10%로 인하하였다.

종전	개정
□ 성과공유 중소기업이 지급하는 경영성과급에 대한 세액공제 – 공제율 : 15% 공제 – 적용기한 : 2024.12.31.	□ 세액공제율 인하 등 – 15% → 10% – 2027.12.31.

<적용시기> 이 규정은 2025년 1월 1일부터 적용하되, 2025년 1월 1일 전에 경영성과급을 지급한 경우의 세액공제에 관하여는 개정규정에도 불구하고 종전의 규정에 따른다. ■

참고사항 구체적인 감면세액의 계산

1. 성과공유 중소기업의 근로자에 대한 감면세액은 다음 계산식에 따라 계산한 금액으로 한다(조특령 17 ⑦).

$$감면세액 = 종합소득산출세액 \times \left(\frac{근로소득금액}{종합소득금액}\right) \times \left(\frac{경영성과급}{해당\ 근로자의\ 총급여액}\right) \times 50\%$$

2. 위 1.의 규정에도 불구하고 성과공유 중소기업의 근로자에 대한 세액감면을 받으려는 사가 중소기업 취업자에 대한 소득세 감면(조특법 30 ①, p.118)을 받는 경우 성과공유 중소기업의 근로자에 대한 감면세액은 다음 계산식에 따라 계산한 금액으로 한다(조특령 17 ⑧).

$$감면세액 = \left\{\left(종합소득산출세액 \times \frac{근로소득금액}{종합소득금액}\right) - \frac{중소기업\ 취업자}{감면세액}\right\} \times \frac{경영성과급}{해당\ 근로자의\ 총급여액} \times 50\%$$

참고사항 상시근로자의 범위

'상시근로자'란 근로기준법에 따라 근로계약을 체결한 내국인 근로자를 말한다. 다만, 다음 중 어느 하나에 해당하는 사람은 제외한다(조특령 17 ①).

① 근로계약기간이 1년 미만인 근로자(근로계약의 연속된 갱신으로 인하여 그 근로계약의 총 기간이 1년 이상인 근로자는 제외)
② 「근로기준법(제2조 ① ⑼)」에 따른 단시간근로자로서 1개월간의 소정근로시간이 60시간 미만인 근로자
③ 「법인세법 시행령(제40조 ①)」에서 정하는 임원
④ 해당 기업의 최대주주 또는 최대출자자(개인사업자의 경우에는 대표자를 말한다)와 그 배우자
⑤ 위 ④에 해당하는 자의 직계존비속(그 배우자를 포함한다) 및 친족관계인 사람

⑥ 근로소득원천징수부(민령 196)에 의해 근로소득세를 원천징수한 사실이 확인되지 않고, 다음 중 어느 하나에 해당하는 금액의 납부사실도 확인되지 아니하는 자

㉠ 국민연금법(제3조 ① ⑪ 및 ⑫)에 따른 부담금 및 기여금

㉡ 국민건강보험법(제69조)에 따른 직장가입자의 보험료

⑦ 해당 과세기간의 총급여액이 7천만원을 초과하는 근로자 ■

참고사항 성과공유 중소기업이 상시근로자에게 지급하는 '경영성과급'의 개념

'경영성과급'이란 중소기업과 근로자가 경영목표 설정 및 그 목표 달성에 따른 성과급 지급에 관한 사항을 사전에 서면으로 약정하고 이에 따라 근로자에게 지급하는 성과급(우리사주조합을 통하여 성과급으로서 근로자에게 지급하는 우리사주를 포함한다)을 말한다(조특령 17 ②, 「중소기업 인력지원 특별법 시행령」 제26조의2 ① (1)). ■

참고사항 상시근로자의 수의 계산

상시근로자의 수는 다음의 계산식에 따라 계산한 수(1/100 미만의 부분은 없는 것으로 한다)로 한다(조특령 17 ③).

$$\text{상시근로자의 수} = \frac{\text{해당 과세연도의 매월 말 현재 상시근로자 수의 합}}{\text{해당 과세연도의 개월 수}}$$

이 경우 1개월 간의 소정근로시간이 60시간 이상인 근로자(단시간근로자 중 상시근로자로 보는 자를 말한다) 1명은 0.5명으로 하여 계산하되, 지원요건(p.30 참고사항 ② 지원요건 참고)을 모두 충족하는 경우에는 0.75명으로 하여 계산한다(조특령 17 ④, 23 ⑪). ■

참고사항 성과공유 중소기업의 근로자에 대한 감면신청

1. 세액감면을 받으려는 자는 경영성과급을 지급받은 날이 속하는 달의 다음 달 말일까지 세액감면신청서를 원천징수의무자에게 제출해야 한다(조특령 17 ⑨).

2. 위 1.에 따라 세액감면신청서를 제출받은 원천징수의무자는 감면대상 명세서를 신청을 받은 날이 속하는 달의 다음 달 말일까지 원천징수 관할세무서장에게 제출해야 한다(조특령 17 ⑩). ■

참고사항 성과공유 중소기업

'성과공유 중소기업'이란 중소기업에 근무하는 근로자의 임금 또는 복지 수준을 향상시키기 위하여 다음의 성과공유 유형 중 어느 하나에 해당하는 방법으로 근로자와 성과를 공유하고 있거나 공유하기로 약정한 중소기업을 말한다(「중소기업 인력지원 특별법」 27의2 ①).

① 중소기업과 근로자가 경영목표 설정 및 그 목표 달성에 따른 성과급 지급에 관한 사항을 사전에 서면으로 약정하고 이에 따라 근로자에게 지급하는 성과급(우리사주조합을 통하여 성과급으로서 근로자에게 지급하는 우리사주를 포함한다) 제도의 운영

② 중소기업 핵심인력에 대한 성과보상공제사업의 가입

③ 다음 중 어느 하나의 요건에 해당하는 임금수준의 상승

㉠ 근로자의 해당 연도 평균임금 증가율이 직전 3개 연도 평균임금 증가율의 평균보다 클 것

㉡ 근로자의 해당 연도 평균임금 증가율이 전체 중소기업의 임금증가율을 고려하여 중소벤처기업부장관이 정하여 고시하는 비율보다 클 것

④ 근로복지기본법에 따른 우리사주제도 · 사내근로복지기금 또는 공동근로복지기금의 운영

⑤ 상법 또는 「벤처기업 육성에 관한 특별법」에 따른 주식매수선택권의 부여

⑥ 그 밖에 성과공유 활성화를 위하여 중소벤처기업부장관이 정하여 고시하는 유형 ■

[도 표] 벤처기업의 투자자에 대한 조세특례

구분		조세특례의 내용
투자자	벤처투자회사 또는 신기술사업금융회사	• 법인세 비과세 : 벤처기업 주식의 양도차익, 벤처기업으로부터 받은 배당소득
	벤처투자조합 등	• 조합원에게 지급시 원천징수 : 벤처투자조합 등이 벤처기업으로부터 받은 금융소득 • 금융소득금액 = 총수입금액 − 조합지출비용
	개인투자자	• 벤처투자조합 등에 대한 소득공제 = MIN(①, ②) ① 소득공제대상 출자 · 투자금액×100% · 70% · 30% ② 해당 과세연도의 종합소득금액×50%
		• 양도소득세 비과세 : 벤처투자회사 등 주식의 양도소득, 벤처기업 주식의 양도소득
	법인투자자	• 법인세 세액공제 = 주식 또는 출자지분 취득가액×5%

사례 1 벤처기업 임직원과 출자자에 대한 과세특례

다음 사례를 읽고 조세특례제한법과 관련하여 물음에 답하시오. (25점)

(1) A벤처기업의 출자임원 甲은 A벤처기업의 발행주식총수의 60%를 설립 당시부터 계속적으로 소유하고 있다.

(2) 출자임원 甲은 4년 전에 A벤처기업으로부터 부여받은 주식매수선택권을 2025년 7월 4일에 처음으로 행사하여 A벤처기업 주식 10,000주를 매수하였다.

① 10,000주에 대한 A벤처기업 주식의 시가총액 : 3억1천만원

② 10,000주에 대한 매수가액(즉 행사가액) 총액 : 1억원

(3) 다음은 A벤처기업이 체납한 국세 내역이다.

① 2023년 귀속 사업연도(1.1.~12.31.) 법인세 체납액 : 3억원

② 2023년 제2기 부가가치세 체납액 : 1억원

【물음 1】 벤처기업 주식매수선택권 행사이익에 대한 비과세특례를 설명하고, 사례에서 甲임원의 근로소득에 대한 소득세 비과세금액을 제시하시오.

【물음 2】 벤처기업 주식매수선택권 행사이익의 납부특례를 설명하고, 사례에서 甲임원의 납부특례 대상 주식매수선택권 이익에 관련된 소득세액이 다음의 계산식에 따라 계산한 금액일 경우 구체적인 납부특례 내용을 제시하시오.

> 납부특례 대상 주식매수선택권 이익에 관련된 소득세액
> = 납부특례 대상 주식매수선택권 이익×20%(소득세율)

【물음 3】 벤처기업 출자자의 제2차납세의무 면제를 설명하고, 사례에서 2023년 A벤처기업이 체납한 국세를 A벤처기업의 재산으로 징수하여도 전부 징수부족할 경우 출자자 甲이 제2차납세의무를 지지 않는 금액을 제시하시오. 단, 벤처기업 출자자의 제2차납세의무 면제요건을 모두 갖춘 경우를 가정한다.

해 답

【물음 1】 비과세특례

1. 비과세특례

벤처기업(또는 벤처기업이 발행주식총수의 30% 이상을 인수한 기업)의 임원 또는 종업원이 해당 벤처기업으로부터 부여받은 주식매수선택권을 행사함으로써 얻은 이익 중 연간 2억원 이내의 금액에 대해서는 소득세를 과세하지 않는다. 다만, 소득세를 과세하지 않는 벤처기업 주식매수선택권 행사이익의 벤처기업별 총 누적금액은 5억원을 초과하지 못한다.

2. 甲임원 사례

> 甲임원의 근로소득에 대한 소득세 비과세금액 : MIN (①, ②) = 2억원
>
> ① A벤처기업 주식매수선택권 행사이익
> : 주식매수선택권 행사 당시의 시가 – 실제 매수가액(행사가액)
> : 3억1천만원 – 1억원 = 2억1천만원
>
> ② 비과세 한도액 : 연간 2억원(벤처기업별 총 누적금액 5억원)

【물음 2】 납부특례

1. 납부특례

벤처기업 임원 등(벤처기업 또는 벤처기업이 발행주식총수의 30% 이상을 인수한 기업의 임원·종업원을 말한다)이 부여받은 주식매수선택권을 행사함으로써 발생한 벤처기업 주식매수선택권 행사이익(비과세되는 금액은 제외)에 대한 소득세는 다음과 같이 5년간 분할하여 소득세를 납부할 수 있다. 다만, 주식매수선택권의 행사가격과 시가와의 차액을 현금으로 교부받는 경우에는 그렇지 않다.

구체적인 분할 납부특례의 방법은 다음과 같다.

① 벤처기업 주식매수선택권 행사이익에 대하여 벤처기업 임원 등이 원천징수의무자에게 납부특례의 적용을 신청하는 경우 근로소득(또는 기타소득)에 대한 소득세를 원천징수하지 않는다.

② 위 ①에 따라 원천징수를 하지 않은 경우 벤처기업 임원 등은 주식매수선택권을 행사한 날이 속하는 과세기간의 종합소득금액에 대한 종합소득과세표준 확정신고납부시 벤처기업 주식매수선택권 행사이익을 포함하여 종합소득과세표준을 신고하되, 벤처기업 주식매수선택권 행사이익에 관련한 소득세액의 4/5에 해당하는 금액(이하 '분할납부세액'이라 한다)은 제외하고 납부할 수 있다.

③ 위 ②에 따라 소득세를 납부한 경우 벤처기업 임원 등은 주식매수선택권을 행사한 날이 속하는 과세기간의 다음 4개 연도의 종합소득과세표준 확정신고납부시 분할납부세액의 1/4에 해당하는 금액을 각각 납부해야 한다. 한편 벤처기업 임원 등이 이처럼 소득세를 분할납부하는 중 출국(주소의 국외 이전을 위한 출국을 말한다)하는 경우에는 출국일이 속하는 과세기간의 과세표준을 출국일의 전날까지 납부해야 한다.

2. 甲임원 사례

(1) 납부특례 소득세액

① 납부특례 대상 주식매수선택권 이익
: (행사이익 2억1천만원 − 비과세금액 2억원) = 1,000만원

② 납부특례 대상 주식매수선택권 이익에 관련된 소득세액 : 1,000만원×20% = 200만원

(2) 납부특례 내용

① 납부특례 대상 행사이익 1,000만원에 대해 원천징수하지 않음

② 납부특례 대상 행사이익 1,000만원을 포함하여 2025년 귀속분 종합소득 과세표준을 2026년 5월에 신고하되, 관련 소득세액 200만원의 4/5에 해당하는 160만원(분할납부세액)을 제외하고 납부

③ 분할납부세액 160만원의 1/4에 해당 40만원을 다음 시기에 각각 납부
40만원 : 2027년 5월에 납부
40만원 : 2028년 5월에 납부
40만원 : 2029년 5월에 납부
40만원 : 2030년 5월에 납부

【물음 3】 제2차납세의무 면제

1. 면제규정

(1) 개요

벤처기업이 2018.1.1.부터 2025.12.31.까지의 기간 중 법인세 납세의무가 성립한 사업연도에 다음의 요건을 모두 충족하는 경우에는 그 벤처기업의 출자자(무한책임사원과 과점주주를 말한다. 이하 같다)

는 해당 사업연도의 법인세(이에 부가되는 농어촌특별세 포함) · 강제징수비(이하 '법인세 등'이라 한다)에 대하여 제2차납세의무를 지지 않는다. 이 경우 2018.1.1.부터 2025.12.31.까지의 기간에 납세의무가 성립한 법인세 등에 대한 제2차납세의무를 지지 않는 금액의 한도는 출자자 1명당 2억원으로 한다.

① 수입금액에서 연구 · 인력개발비가 차지하는 비율이 5% 이상일 것

② 중소기업 중 매출액이 업종별로 산정한 소규모 기준 이내인 기업일 것. 구체적으로 업종별로 매출액이 120억원, 80억원, 50억원, 30억원, 10억원 이내인 기업을 말한다.

(2) 제2차납세의무 면제 배제

1) 벤처기업 또는 그 출자자가 해당 사업연도의 법인세 등에 대한 체납일 현재 다음 중 어느 하나에 해당하는 경우에는 제2차납세의무 면제규정을 적용하지 않는다.

① 직전 3년 이내에 조세범처벌법에 따른 처벌 또는 처분을 받은 사실이나 이와 관련된 재판이 진행 중인 사실이 있는 경우

② 조세범처벌법에 따른 범칙사건에 대한 조사가 진행 중인 사실이 있는 경우

③ 직전 3년 이내에 부정한 행위로 국세를 포탈하거나 환급 또는 공제받은 사실이 있는 경우

2) 벤처기업이 그 출자자가 제2차납세의무를 지지 않는 해당 사업연도의 법인세를 부정한 행위로 포탈하거나 환급 또는 공제받은 사실이 확인되는 경우에는 해당 사업연도의 법인세 등에 대하여 제2차납세의무 면제규정을 적용하지 않는다.

(3) 면제의 절차

1) 제2차납세의무 면제를 적용받으려는 출자자는 제2차납세의무자에 대한 납부고지를 받은 날부터 90일 이내에 「제2차 납세의무 면제신청서」를 관할세무서장에게 제출해야 한다.

2) 세무서장은 1)에 따른 제2차납세의무 면제신청을 받은 날부터 1개월 이내에 면제 여부를 해당 출자자에게 통지해야 한다.

3) 세무서장은 2)에 따라 면제 결정을 통지한 이후 제2차납세의무 면제배제에 해당하여 제2차납세의무 면제를 적용하지 않게 된 경우에는 해당 출자자에게 그 사실을 통지해야 한다.

2. 출자자 甲

출자자 甲의 제2차납세의무 면제금액 : MIN (①, ②) = 1억8천만원 ① 甲에게 고지할 세액 : A벤처기업 법인세 체납액 3억원×60%(甲 과점주주 지분비율) = 1억8천만원 ② 한도액 : 1명당 2억원

사례 2 벤처기업 주식매수선택권 행사이익 특례제도

다음 사례를 읽고 물음에 답하시오. (2016년 세무사 2차, 25점)

> 「벤처기업육성에 관한 특별법」에 따른 벤처기업인 A회사는 회사의 기술혁신에 우수인력인 甲이 반드시 필요하다고 판단하고 甲을 상대로 영입조건을 협상하면서 주식매수선택권 부여를 제안하였다. 이에 甲은 주식매수선택권을 받더라도 그 행사에 따른 소득세가 부담이 된다고 하면서 절세대책에 관하여 문의해왔다.

【물음 1】 위 사례에서 甲에게 적용될 수 있는 조세특례제한법상의 벤처기업 주식매수선택권 행사이익에 대한 특례제도와 관련하여, 그 행사이익의 범위와 납부특례의 내용에 대하여 설명하시오. (10점)

【물음 2】 위 사례에서 甲에게 적용될 수 있는 조세특례제한법상의 벤처기업 주식매수선택권 행사이익에 대한 과세특례의 요건, 내용 및 사후관리에 대하여 설명하시오. (15점)

해 답

【물음 1】 벤처기업 주식매수 선택권 행사이익에 대한 납부특례

1. 벤처기업 주식매수선택권 행사이익의 범위

납부특례 대상 주식매수선택권 '행사이익'이란 주식매수선택권 행사 당시의 시가와 실제 매수가액과의 차액을 말한다. 다만, 주식매수선택권의 시가와 행사가격의 차액을 현금으로 교부받는 경우에는 특례 대상 주식매수선택권 '행사이익'에 해당하지 않는다.

2. 납부특례의 내용

벤처기업 임원 등(벤처기업의 임원 또는 종업원을 말한다)이 주식매수선택권을 행사함으로써 발생한 벤처기업 주식매수선택권 행사이익(비과세되는 금액은 제외)*에 대한 소득세는 다음과 같이 5년간 분할하여 소득세를 납부할 수 있다.

① 주식매수선택권을 행사함으로써 얻은 이익에 대하여 벤처기업 임원 등이 원천징수의무자에게 납부특례의 적용을 신청하는 경우 근로소득(또는 기타소득)에 대한 소득세를 원천징수하지 않는다.

② 위 ①에 따라 원천징수를 하지 않은 경우 벤처기업 임원 등은 주식매수선택권을 행사한 날이 속하는 과세기간의 종합소득금액에 주식매수선택권을 행사함으로써 얻은 이익을 포함하여 종합소득 과세표준을 신고하되, 주식매수선택권을 행사함으로써 얻은 이익에 관련한 소득세액의 4/5에 해당하는 금액(이하 '분할납부세액'라 한다)은 제외하고 납부할 수 있다.

③ 위 ②에 따라 소득세를 납부한 경우 벤처기업 임원 등은 주식매수선택권을 행사한 날이 속하는 과세기간의 다음 4개 연도의 종합소득과세표준 확정신고납부시 분할납부세액의 1/4에 해당하는 금액을 각각 납부해야 한다.

【물음 2】 벤처기업 주식매수선택권 행사이익에 대한 과세특례

1. 과세특례의 요건

(1) 특례대상 적격주식매수선택권 : 다음의 요건을 모두 갖춘 주식매수선택권을 말한다.

① 벤처기업의 임직원이 해당 벤처기업으로부터 부여받을 것

② 일정한 요건을 갖춘 주식매수선택권일 것(p.75 참조)

③ 해당 벤처기업으로부터 부여받은 주식매수선택권의 행사일부터 역산하여 2년이 되는 날이 속하는 과세기간부터 해당 행사일이 속하는 과세기간까지 전체 행사가액의 합계가 5억원 이하일 것

(2) 벤처기업 임직원의 범위(p.75 참고사항 참조)

2. 과세특례의 내용

(1) 행사단계 : 근로소득(기타소득) 과세제외

적격주식매수선택권을 행사함으로써 얻은 이익에 대해서 벤처기업 임직원이 '행사 후 주식 양도단계 과세방법'을 신청한 경우에는 그 행사이익이 소득세법에 따른 근로소득(또는 기타소득)에 해당함에도 불구하고 주식매수선택권 행사단계에서 소득세를 과세하지 않을 수 있다.

행사이익 = [주식매수선택권 행사 당시의 시가 − 실제 매수가액(행사가액)]

(2) 주식 양도단계 : 양도소득세 과세

적격주식매수선택권 행사단계에서 근로소득(또는 기타소득)으로 소득세를 과세하지 않은 경우 적격주식매수선택권 행사에 따라 취득한 주식을 양도하여 발생하는 양도소득(비과세되는 금액은 제외)에 대해서는 양도소득세 과세대상주식으로 보아 양도소득세를 과세한다. 이처럼 양도소득세를 과세하는 경우에는 적격주식매수선택권 행사 당시의 실제 매수가액을 양도가액에서 차감하는 취득가액으로 한다.

한편 위와 같이 양도소득세를 과세하는 경우에는 장외주식 호가중개시장(Free Board)에서 벤처기업의 주식을 소액주주(대주주가 아닌 자)가 양도하는 경우 양도소득세 과세제외규정을 적용하지 않는다.

3. 사후관리(p.78 · 79 참조)

❑ 출제위원 채점평

조세특례제한법상의 "벤처기업 주식매수청구권 행사이익에 대한 특례제도"에 관한 사항을 행사이익의 범위, 납부특례와 과세특례로 나누어 묻는 문제였다. 대부분의 수험생이 이러한 특례제도의 존재를 인지하고는 있었으나, 제대로 답안을 작성한 수험생이 많지는 않았다. 무엇보다도 문제를 집중해서 읽고 묻는 바를 정확하게 파악하는 것이 중요하다. 아울러 조세법 공부를 하면서는 최근에 개정된 사항이 있는지에 유의할 필요가 있다.

연습문제

1 조세특례제한법 제2장 제1절에 규정된 중소기업에 대한 조세특례를 설명하시오. (30점)

2 조세특례제한법에 따른 중소기업에 관한 세제상 지원제도를 설명하시오. (30점)

3 조세특례제한법에 따른 연구 및 인력개발에 대한 조세특례를 설명하시오. (20점)

4 창업기업, 신기술사업자 또는 벤처기업이 자금조달을 원활히 하기 위하여 현행 조세특례제한법에 규정된 투자자 또는 출자자에 대한 법인세 또는 소득세의 비과세를 비롯한 조세특례를 설명하시오. (30점)

5 중소기업은 국민경제의 기반이자 국제경쟁력의 원천이라고 할 수 있다. 그리하여 현행 조세특례제한법 제2장 제1절에서는 중소기업에 대한 조세특례제도를 마련하고 있는데, 다음의 물음에 답하시오.

【물음 1】 조세특례제한법 시행령에 규정된 중소기업의 범위에 대하여 설명하시오. (10점)

【물음 2】 조세특례제한법 제2장 제1절에 규정된 중소기업에 대한 조세특례의 내용을 설명하시오. (30점)

6 기술혁신형 주식취득에 대한 세액공제를 설명하시오. (10점)

제4편 조세특례제한법

제3장 투자촉진 등을 위한 조세특례

제1절 투자촉진을 위한 조세특례

Ⅰ 서 설

기업의 지속적인 투자는 국민경제의 성장 잠재력을 확충하고 국제 경쟁력을 제고하는데 있어서 매우 중요하다. 그리하여 현행 조세특례제한법에서는 투자촉진을 위한 조세특례를 마련하고 있다.

Ⅱ 투자촉진을 위한 조세특례

1. 통합투자세액공제

(1) 개 요

내국인이 통합투자세액공제 대상자산(중고품 및 임대용 자산*은 제외)에 투자(금융리스 외의 리스에 의한 투자는 제외)하는 경우에는 (① 기본공제 금액 + ② 추가공제 금액)의 금액을 해당 투자가 이루어지는 과세연도의 법인세(또는 사업소득에 대한 소득세)에서 공제한다(조특법 24 ①).

* '임대용 자산'이란 임대사업용 자산, 그 밖에 타인에게 임대할 목적으로 취득한 자산을 말한다(조특령 21 ① 후단).

(2) 적용요건

1) 적용대상자 : ① 소비성서비스업, ② 부동산임대 및 공급업에 해당하는 업종 외의 사업을 영위하는 내국인이 통합투자세액공제를 적용받을 수 있다(조특령 21 ①).

2) 공제 대상자산 : 다음의 자산에 투자하는 경우에 통합투자세액공제를 적용한다(조특령 21 ②, ③).

통합투자세액공제 대상자산	통합투자세액공제 적용 제외대상자산
(1) 기계장치 등 사업용 유형자산	토지와 건축물 등 사업용 유형자산 (시행규칙 별표 1)

(2) 다음 중 어느 하나에 해당하는 자산 • ① 연구·시험, ② 직업훈련, ③ 에너지 절약, ④ 환경보전 또는 ⑤ 근로자복지 증진 등의 목적으로 사용되는 사업용자산 • 운수업을 경영하는 자가 사업에 직접 사용하는 차량 및 운반구 등 • 중소기업 및 중견기업이 취득한 ① 특허권, ② 실용신안권, ③ 디자인권에 해당하는 자산(특수관계인으로부터 취득한 자산은 제외) * 내국인이 국내에서 연구·개발하여 관련법에 따라 최초로 설정등록받은 것에 한정한다.	–

(3) 공제금액

통합투자세액공제액은 일반 투자세액공제액 또는 임시 투자세액공제액을 공제한다. 이 경우 일반 투자세액공제액 및 임시 투자세액공제액을 동시에 적용받을 수 있는 경우에는 납세의무자의 선택에 따라 그 중 하나만을 적용한다(조특법 24 ①).

> 통합투자세액공제* = MAX[(1) 일반 투자세액공제액, (2) 임시 투자세액공제액]

* 투자가 2개 이상의 과세연도에 걸쳐서 이루어지는 경우에는 그 투자가 이루어지는 과세연도마다 해당 과세연도에 투자한 금액에 대하여 세액공제를 적용한다(조특법 24 ②).

(1) 일반 투자세액공제액
= ① 기본공제 금액(해당연도 투자분 공제) + ② 추가공제 금액(투자증가분 추가공제)

> ① 기본공제 금액 = 해당 과세연도 투자금액 × 기본공제율

1) 신성장사업화시설 및 신성장연구개발시설에 투자하는 경우

구분	기본공제율
(1) 중소기업의 경우	12%
(2) 중소기업 졸업 후 3년 이내 기업*의 경우	9%
(3) 위 (2)에 해당하지 않는 중견기업의 경우	6%
(4) 위 (1)~(3) 외의 경우	3%

* 중소기업이 최초로 중소기업에 해당하지 않게 된 경우로서 최초로 중소기업에 해당하지 않게 된 과세연도의 개시일부터 3년 이내에 끝나는 과세연도까지의 기업을 말한다(이하 같다).

2) 국가전략기술사업화시설 및 국가전략기술연구개발시설에 2029.12.31.까지 투자하는 경우 [3)에 해당하는 경우는 제외한다]

구분	기본공제율
(1) 중소기업의 경우	25%
(2) 중소기업 졸업 후 3년 이내 기업의 경우	20%
(3) 위 (1)·(2) 외의 일반기업의 경우	15%

3) 반도체 분야 국가전략기술사업화시설 및 반도체 분야 국가전략기술연구개발시설에 2029.12.31.까지 투자하는 경우

구분	기본공제율
(1) 중소기업의 경우	30%
(2) 중소기업 졸업 후 3년 이내 기업의 경우	25%
(3) 위 (1)·(2) 외의 경우	20%

4) 위 1)~3) 외의 일반적인 자산에 투자하는 경우

구분	기본공제율
(1) 중소기업의 경우	10%
(2) 중소기업 졸업 후 3년 이내 기업의 경우	7.5%
(3) 위 (2)에 해당하지 않는 중견기업의 경우	5%
(4) 위 (1)~(3) 외의 경우	1%

② 추가공제 금액 = 해당 과세연도 초과 투자금액* × 추가공제율(10%)
[다만, (추가공제 금액 > 기본공제 금액)인 경우에는 (기본공제 금액×2배)를 그 한도로 한다]

* 해당 과세연도 초과 투자금액

$$\left(\text{해당 과세연도에 투자한 금액} - \text{해당 과세연도의 직전 3년간 연평균 투자금액}^{(*주)}\right) = (+)\ \text{해당 과세연도 초과 투자금액}$$

(*주) '해당 과세연도의 직전 3년간 연평균 투자금액'은 다음과 같이 계산한다(조특령 21 ⑧). 이처럼 계산한 '해당 과세연도의 직전 3년간 연평균 투자금액'이 없는 경우에는 추가공제 금액이 없는 것으로 한다(조특령 21 ⑩).

$$\frac{\text{해당 과세연도의 개시일부터 소급하여 3년간 투자한 금액의 합계액}}{3} \times \frac{\text{해당 과세연도의 개월 수}}{12}$$

(2) 임시 투자세액공제액
= ① 기본공제 금액(해당연도 투자분 공제) + ② 추가공제 금액(투자증가분 추가공제)

① 기본공제 금액 = 해당 과세연도 투자금액 × 기본공제율

• 2024.12.31.이 속하는 과세연도

1) 신성장사업화시설에 투자하는 경우

구분	기본공제율
(1) 중소기업의 경우	14%
(2) 중견기업의 경우	8%
(3) 일반기업의 경우	3%

2) 국가전략기술사업화시설에 투자하는 경우 : (1) 일반 투자세액공제의 2) 도표 기본공제율(25% · 20% · 15%) 적용

3) 위 1) · 2) 외의 일반적인 자산에 투자한 경우

구분	기본공제율
(1) 중소기업의 경우	12%
(2) 중견기업의 경우	7%
(3) 일반기업의 경우	1%

• 2025.12.31.이 속하는 과세연도

1) 신성장사업화시설 및 신성장연구개발시설에 투자하는 경우

구분	기본공제율
(1) 중소기업의 경우	14%
(2) 중견기업의 경우	8%
(3) 일반기업의 경우	3%

2) 국가전략기술사업화시설 및 국가전략기술연구개발시설에 투자하는 경우[3)에 해당하는 경우는 제외] : (1) 일반 투자세액공제의 2) 도표 기본공제율(25% · 20% · 15%) 적용

3) 반도체 분야 국가전략기술사업화시설 및 반도체 분야 국가전략기술연구개발시설에 투자하는 경우 : (1) 일반 투자세액공제의 3) 도표 기본공제율(30% · 25% · 20%) 적용

4) 위 1)～3) 외의 일반적인 자산에 투자하는 경우

구분	기본공제율
(1) 중소기업의 경우	12%
(2) 중견기업의 경우	7%
(3) 일반기업의 경우	1%

② 추가공제 금액 = 각 과세연도 초과 투자금액 × 추가공제율(10%)
[다만, (추가공제 금액 > 기본공제 금액)인 경우에는 (기본공제 금액×2배)를 그 한도로 한다]

NEW 개정사항 통합투자세액공제 확대

<개정내용> 국가전략기술 반도체 투자에 대한 세액공제율 5%p 상향(15%·25%→20%·30%)하고, 국가전략기술 및 신성장·원천기술 관련 연구개발(R&D)시설 투자에 사업화시설 투자와 동일한 공제율을 적용하도록 하였다. 한편 중소기업과 중견기업에 대한 임시투자세액공제 적용기한을 2023년에서 2025년까지로 연장하였다.

<적용시기> 이 규정은 2025년 1월 1일 이후 투자 등을 하는 경우부터 적용한다. ■

참고사항 기본공제율이 우대 적용되는 시설의 범위(조특령 21 ④)

구분	기본공제율이 우대 적용되는 시설의 범위
① 신성장사업화시설	㉠ 신성장·원천기술을 사업화하는 시설(신성장·원천기술을 사용하여 생산하는 제품 외에 다른 제품의 생산에도 사용되는 시설을 포함한다) ㉡ 5G 이동통신 기지국 장비 기술, 5G 이동통신 코어네트워크의 기술이 적용된 5세대 이동통신 기지국(이와 연동된 교환시설을 포함한다)을 운용하기 위해 필요한 전기통신설비 중 교환설비, 전송설비 및 전원설비
② 국가전략기술사업화시설	국가전략기술을 사업화하는 시설(국가전략기술을 사용하여 생산하는 제품 외에 다른 제품의 생산에도 사용되는 시설을 포함한다)

이처럼 기본공제율이 우대되는 세액공제를 공제받았거나 받으려는 자는 공제대상 투자시설이 ① 신성장사업화시설 또는 ② 국가전략기술사업화시설인지 여부에 관하여 연구개발세액공제기술심의위원회의 심의를 받아야 한다(조특령 21 ⑤). ■

참고사항 해당 과세연도의 직전 3년간 연평균 투자금액의 계산

'해당 과세연도의 직전 3년간 연평균 투자금액'은 다음과 같이 계산한다. 이 경우 내국인의 투자금액이 최초로 발생한 과세연도의 개시일부터 세액공제를 받으려는 해당 과세연도 개시일까지의 기간이 36개월 미만인 경우에는 그 기간에 투자한 금액의 합계액을 36개월로 환산한 금액을 해당 과세연도의 개시일부터 소급하여 3년간 투자한 금액의 합계액으로 본다(조특령 21 ⑨).

$$\frac{\text{해당 과세연도의 개시일부터 소급하여 3년간 투자한 금액의 합계액}}{3} \times \frac{\text{해당 과세연도의 개월 수}}{12}$$

이처럼 계산한 '해당 과세연도의 직전 3년간 연평균 투자금액'이 없는 경우에는 추가공제 금액이 없는 것으로 한다(조특령 21 ⑪). ■

참고사항 투자금액의 계산

통합투자세액공제를 적용할 때 투자금액은 다음의 금액으로 한다(조특령 21 ⑧).

투자금액 = (1) − (2)
(1) MAX (총투자금액×작업진행률, 해당 과세연도까지 실제로 지출한 금액) (2) (① 해당 과세연도 전에 통합투자세액공제를 적용받은 투자금액 + ② 해당 과세연도 전의 투자분으로서 ①의 금액을 제외한 투자분에 대하여 위 (1)을 준용하여 계산한 금액)

(4) 사후관리

법인세 또는 소득세를 공제받은 자가 투자완료일부터 (① 사업용 자산으로서 건축물은 5년, ② 신성장사업화시설 및 국가전략기술 사업화시설 중 해당 기술을 사용하여 생산하는 제품 외의 다른 제품의 생산에도 사용되는 자산은 투자완료일이 속한 과세연도의 다음 3개 과세연도의 종료일까지의 기간, ③ 그 외의 사업용자산은 2년) 이내에 그 자산을 다른 목적으로 전용하는 경우에는 공제받은 세액공제액 상당액에 다음과 같이 계산한 이자상당가산액을 가산하여 법인세 또는 소득세로 납부해야 한다. 이 경우 해당 세액은 과세표준 신고기한까지 납부해야 할 세액으로 본다(조특법 24 ③, 조특령 21 ⑥,⑦).

$$\text{이자상당가산액} = \text{공제받은 세액} \times \text{기간}^{*} \times 1\text{일}\ \frac{2.2}{10,000}$$

* 여기서 '기간'이란 공제받은 과세연도의 과세표준신고일의 다음 날부터 납부사유가 발생한 날이 속하는 과세연도의 과세표준신고일까지의 기간을 말한다.

참고사항 신성장사업화시설 및 국가전략기술사업화시설을 다른 목적으로 전용하는 것으로 보는 경우

신성장사업화시설 또는 국가전략기술사업화시설이 다음에 해당하면 해당 호에서 정한 기간이 끝나는 날에 그 시설을 다른 목적으로 전용한 것으로 본다. 다만, 천재지변으로 인한 시설의 멸실, 그 밖에 기획재정부령으로 정하는 사유가 있는 경우에는 전용한 것으로 보지 않는다(조특령 21 ⑫).

① 신성장사업화시설의 경우 : 투자완료일부터 투자완료일이 속한 과세연도의 다음 3개 과세연도의 종료일까지의 기간 동안 해당 시설에서 생산된 모든 제품의 총생산량에서 신성장 · 원천기술을 사용하여 생산한 제품과 국가전략기술을 사용하여 생산한 제품의 생산량의 합이 차지하는 비율이 50% 이하인 경우

② 국가전략기술사업화시설의 경우 : 투자완료일부터 투자완료일이 속한 과세연도의 다음 3개 과세연도의

종료일까지의 기간 동안 해당 시설에서 생산된 모든 제품의 총생산량에서 국가전략기술을 사용하여 생산한 제품의 생산량이 차지하는 비율이 50% 이하인 경우 ■

2. 영상콘텐츠 제작비용에 대한 세액공제

내국인(영상콘텐츠 제작자를 말한다)이 2025년 12월 31일까지 영상콘텐츠의 제작을 위하여 국내외에서 발생한 비용(이하 '영상콘텐츠 제작비용'이라 한다)이 있는 경우에는 다음 금액을 해당 영상콘텐츠가 처음으로 방송되거나 영화상영관에서 상영 또는 온라인 동영상 서비스를 통하여 시청에 제공된 과세연도의 법인세 또는 사업소득에 대한 소득세에서 공제한다(조특법 25의6 ①).

세액공제액 = ① + ②
① 기본공제 금액 = 해당 영상콘텐츠 제작비용 × 기본공제율(15% · 10% · 5%) ② 추가공제 금액 = 추가공제 대상 영상콘텐츠의 제작비용 × 추가공제율(15% · 10%)

구분	중소기업	중견기업	일반기업
① 기본공제율	15%	10%	5%
② 추가공제율	15%	10%	

참고사항 공제대상 영상콘텐츠의 범위

'영상콘텐츠'란 다음 중 어느 하나에 해당하는 것을 말한다(조특법 25의6 ①, 조특령 22의10 ②).

① 다음 중 어느 하나에 해당하는 방송법에 따른 방송프로그램
   ㉠ 오락에 관한 방송프로그램
   ㉡ 교양에 관한 방송프로그램 중 다큐멘터리
   ㉢ 애니메이션 중 방송사업자의 텔레비전방송으로 방송된 애니메이션

② 「영화 및 비디오물의 진흥에 관한 법률」에 따른 영화로서 영화상영관에서 일정기간 이상 연속하여 상영된 것(이하 '영화'라 한다)

③ 「영화 및 비디오물의 진흥에 관한 법률」에 따른 비디오물로서 다음 중 어느 하나에 해당하는 등급분류를 받고 온라인 동영상 서비스(OTT : Over The Top)를 통해 시청에 제공된 비디오물
   ㉠ 「영화 및 비디오물의 진흥에 관한 법률(제50조)」에 따른 영상물등급위원회의 등급분류
   ㉡ 「영화 및 비디오물의 진흥에 관한 법률(제50조의2)」에 따른 자체등급분류사업자의 등급분류 ■

참고사항 추가공제 대상 영상콘텐츠의 범위

'추가공제 대상 영상콘텐츠'란 다음의 요건을 모두 충족하는 영상콘텐츠를 말한다(조특령 22의10 ④).

① 촬영제작에 든 비용 중 국내에서 지출한 비용이 차지하는 비율이 80% 이상일 것

② 다음의 요건 중 3개 이상 요건을 충족할 것

㉠ 작가 및 주요 스태프에게 지급한 인건비 중 내국인에게 지급한 인건비가 차지하는 비율이 80% 이상일 것

㉡ 배우 출연료 중 내국인에게 지급한 출연료가 차지하는 비율이 80% 이상일 것

㉢ 후반제작에 든 비용 중 국내에서 지출한 비용이 차지하는 비율이 80% 이상일 것

㉣ 저작권법에 따른 복제권, 공연권, 방송권, 전송권, 배포권 및 2차적저작물작성권 중 영상콘텐츠 제작자가 보유한 권리의 수가 3개 이상일 것 ■

3. 내국법인의 문화산업전문회사에의 출자에 대한 세액공제

중소기업 또는 중견기업(문화산업전문회사로부터 위탁을 받아 영상콘텐츠를 제작하여 영상콘텐츠 제작비용에 대한 세액공제를 적용받는 중소기업 또는 중견기업은 제외)이 영상콘텐츠를 제작하는 문화산업전문회사에 2025년 12월 31일까지 출자하는 경우 다음의 금액을 영상콘텐츠의 최초 방송·상영·제공일과 해당 문화산업전문회사의 청산일 중 빠른 날이 속하는 사업연도의 법인세에서 공제한다(조특법 25의7 ①, 조특령 22의11 ①).

세액공제액 = 세액공제 대상 출자금액 × 3%

세액공제 대상 출자금액

$$= \text{해당 중소기업 또는 중견기업이 문화산업전문회사에 출자한 금액} \times \frac{\left(\begin{array}{c}\text{해당 영상콘텐츠 제작을 위하여}\\ \text{국내외에서 발생한 비용 중 영상콘텐츠 제작비용}\end{array}\right)}{\text{해당 문화산업전문회사의 총출자금액}}$$

* (분자/분모)의 영상콘텐츠 제작비용과 출자금액은 세액공제되는 사업연도의 종료일을 기준으로 계산한다.

4. 투융자집합투자기구 투자자에 대한 과세특례

거주자가 다음의 요건을 모두 갖추어 2025년 12월 31일까지 「사회기반시설에 대한 민간투자법」에 따른 투융자집합투자기구(사모집합투자기구에 해당하는 투융자집합투자기구는 제외. 이하 '투융자집합투자기구'라 한다)로부터 받는 배당소득은 종합소득과세표준에 합산하지 않는다(14% 세율로 무조건 분리과세, 조특법 27 ①).

① 1명당 1개의 투융자집합투자기구전용계좌(이하 '전용계좌'라 한다)만 가입할 것. 여기서 '전용계좌'의 구체적 요건은 다음과 같다(조특령 24의2 ①).

㉠ 투융자집합투자기구 전용계좌의 명칭으로 개설한 계좌일 것

㉡ 계약기간이 1년 이상일 것

㉢ 투융자집합투자기구의 집합투자증권에만 투자할 것

㉣ 전용계좌 가입 전 보유 중인 투융자집합투자기구의 집합투자증권을 이체하는 것이 제한될 것

② 전용계좌를 통해 투융자집합투자기구의 집합투자증권에 투자하여 배당소득을 지급받을 것
③ 전용계좌의 납입한도가 1억원 이하일 것

5. 에너지절약시설의 감가상각비 손금산입 특례

(1) 개 요

내국인이 에너지절약시설을 2023.1.1.부터 2024.12.31.까지 취득하는 경우 해당 에너지절약시설에 대한 감가상각비는 각 과세연도의 결산을 확정할 때 손비로 계상하였는지와 관계없이 특례상각범위액에서 해당 과세연도의 소득금액을 계산할 때 손금에 산입할 수 있다(신고조정에 의한 손금산입 허용, 조특법 28의4 ①).

여기서 '에너지 절약시설'이란 다음 중 하나에 해당하는 자산을 말한다(조특령 25의4 ①).

① 「에너지이용 합리화법」에 따른 에너지절약형 시설(대가를 분할상환한 후 소유권을 취득하는 조건으로 에너지절약전문기업이 설치한 경우를 포함한다)
② 「물의 재이용 촉진 및 지원에 관한 법률」에 따른 중수도와 수도법에 따른 절수설비 및 절수기기
③ 「신에너지 및 재생에너지 개발 · 이용 · 보급 촉진법」에 따른 신에너지 및 재생에너지를 생산하는 설비의 부품 · 중간재 또는 완제품을 제조하기 위한 시설

(2) 특례상각범위액

특례상각범위액은 다음의 손금산입 특례 신고내용연수를 적용하여 법인세법상 상각방법으로 계산한 금액으로 한다(조특령 25의4 ②,③).

- 손금산입 특례 신고내용연수 : 자산별 · 업종별 기준내용연수에 그 기준내용연수의 50%(중소기업 · 중견기업이 취득하는 자산은 75%)를 더하거나 뺀 범위(1년 미만은 없는 것으로 한다)에서 내국인이 선택하여 관할세무서장에게 신고한 내용연수를 말한다.

에너지절약시설의 내용연수 범위 = [기준내용연수 ± 기준내용연수 × 50%(중소기업 · 중견기업은 75%)]

예를 들면, 기준내용연수가 8년인 경우 내용연수 범위는 [6년~10년]이지만, 손금산입 특례를 적용받는 에너지절약시설의 내용연수 범위는 [4년~12년(중소기업 · 중견기업은 2년~14년)]으로 확대된다. 내국인은 이러한 내용연수 범위에서 선택하여 신고한 내용연수, 즉 신고내용연수와 그에 따른 상각률을 적용한다. 이처럼 내국인이 에너지절약시설에 대하여 자산별 · 업종별로 적용한 신고내용연수는 이후의 과세연도에 계속하여 적용해야 한다(조특령 25의4 ④).

(3) 손금산입 특례 적용신청

감가상각비를 손금에 산입하려는 내국인은 손금산입 특례의 적용신청을 해야 한다(조특법 28의 4 ②).

제2절 고용지원을 위한 조세특례

I 서 설

근로자의 고용안정과 소득보장은 양극화 해소와 균형발전을 위해서 매우 중요하다. 그리하여 조세특례제한법은 고용 취약계층을 고용하는 기업과 고용을 증대 기업 등을 지원하기 위한 여러 가지 조세특례를 마련하고 있다.

Ⅱ 고용지원을 위한 조세특례

1. 근로소득을 증대시킨 기업에 대한 세액공제(근로소득 증대세제)

(1) 세액공제

중소기업 또는 중견기업이 근로소득을 증대시킨 기업에 해당하는 경우에는 2025년 12월 31일이 속하는 과세연도까지 다음 금액을 해당 과세연도의 법인세 또는 사업소득에 대한 소득세에서 공제한다(조특법 29의4 ①).

$$\text{세액공제액} = \text{직전 3년 평균 초과 임금증가분} \times \begin{bmatrix} \text{20\%(중소기업)} \\ \text{10\%(중견기업)} \end{bmatrix}$$

(2) 해당 요건

1) '근로소득을 증대시킨 기업'이란 다음의 요건을 모두 충족하는 기업을 말한다.

① 상시근로자의 해당 과세연도의 평균임금 증가율이 직전 3개 과세연도의 평균임금 증가율의 평균(이하 '직전 3년 평균임금 증가율의 평균'이라 한다)보다 클 것. 여기서 '상시근로자'란 근로기준법에 따라 근로계약을 체결한 근로자를 말하되, 다음 중 어느 하나에 해당하는 자는 제외한다(조특령 26의4 ②).

㉠ 「법인세법 시행령(제42조 ①)」에서 정하는 임원

㉡ 소득세법에 따른 근로소득(일반급여와 잉여금처분에 따른 상여를 말한다)의 금액(비과세소득은 제외)이 7,000만원 이상인 근로자

㉢ 해당 기업의 최대주주 또는 최대출자자(개인사업자의 경우에는 대표자를 말한다) 및 그와 친족관계인 근로자

㉣ 근로소득원천징수부(민령 196)에 의해 근로소득세를 원천징수한 사실이 확인되지 않는 근로자

㉤ 근로계약기간이 1년 미만인 근로자(다만, 근로계약의 연속된 갱신으로 인하여 그 근로계약의 총 기간이 1년 이상인 근로자는 제외)

㉥ 근로기준법(제2조 ① (9))에 따른 단시간근로자

② 해당 과세연도의 상시근로자 수가 직전 과세연도의 상시 근로자 수보다 크거나 같을 것

2) 그리고 '직전 3년 평균 초과 임금증가분'은 다음 계산식에 따라 계산한 금액으로 한다(조특법 29의4 ②).

> 직전 3년 평균 초과 임금증가분
> = [해당 과세연도 상시근로자의 평균임금 − 직전 과세연도 상시근로자의 평균임금 × (1 + 직전 3년 평균임금 증가율의 평균)] × 직전 과세연도 상시근로자 수

(3) 정규직 전환 근로자에 대한 임금증가분에 대한 세액공제

1) 세액공제 : 중소기업 또는 중견기업이 다음의 요건을 모두 충족하는 경우에는 2025년 12월 31일이 속하는 과세연도까지 해당 세액공제액을 해당 과세연도의 법인세 또는 사업소득에 대한 소득세에서 공제한다(조특법 29의4 ③).

① 해당 과세연도에 정규직 전환 근로자가 있을 것

② 해당 과세연도의 상시근로자 수가 직전 과세연도의 상시근로자 수보다 크거나 같을 것

$$\text{세액공제액} = \text{정규직 전환 근로자에 대한 임금증가분 합계액} \times \begin{bmatrix} 20\%(\text{중소기업}) \\ 10\%(\text{중견기업}) \end{bmatrix}$$

2) 사후관리 : 세액공제를 받은 중소기업 또는 중견기업이 공제를 받은 과세연도 종료일부터 1년이 되는 날이 속하는 과세연도의 종료일까지의 기간 중 정규직 전환 근로자와의 근로관계를 종료하는 경우에는 근로관계가 종료한 날이 속하는 과세연도의 과세표준신고를 할 때 다음과 같이 계산한 세액을 법인세 또는 소득세로 납부해야 한다(조특법 29의4 ④, 조특령 26의4 ⑮).

$$\text{납부세액} = \text{세액공제액} \times \frac{\text{공제받은 과세연도의 정규직 전환 근로자 중 근로관계를 끝낸 근로자 수}}{\text{공제받은 과세연도의 정규직 전환 근로자 수}}$$

(4) 중소기업에 대한 평균임금증가분을 초과하는 임금증가분에 대한 세액공제

(1)의 규정에도 불구하고 중소기업이 다음의 요건을 모두 충족하는 경우에는 2025년 12월 31일이 속하는 과세연도까지 전체 중소기업의 평균임금증가분을 초과하는 임금증가분의 20%에 상당하

는 금액을 (1)에 따른 금액 대신 해당 과세연도의 법인세 또는 사업소득에 대한 소득세에서 공제할 수 있다(조특법 29의4 ⑤,⑥,⑯).

① 상시 근로자의 해당 과세연도의 평균임금 증가율이 전체 중소기업 임금증가율보다 클 것
② 해당 과세연도의 상시근로자 수가 직전 과세연도의 상시근로자 수보다 크거나 같을 것
③ 직전 과세연도의 평균임금 증가율이 음수가 아닐 것

세액공제액 = 전체 중소기업의 평균임금증가분을 초과하는 임금증가분* × 20%

* 전체 중소기업의 평균임금증가분을 초과하는 임금증가분

$$= \left[\text{해당 과세연도 상시근로자의 평균임금} - \text{직전 과세연도 상시근로자의 평균임금} \times \left(1 + \text{전체 중소기업 임금증가율}\right) \right] \times \text{직전 과세연도 상시 근로자 수}$$

[도 표] 근로소득을 증대시킨 기업에 대한 세액공제 사례(전체 중소기업 임금증가율은 3%로 가정한다)

(1) 세액공제액 : [50 − 40×(1 + 10%)]×10명 ×20%(중소기업) = 60×20% = 12
직전 3년 평균 초과 임금증가분

(4) 세액공제액 : [50 − 40×(1 + 3%)]×10명 ×20%(중소기업) = 88×20% = 17.6
전체 중소기업의 평균임금증가분을 초과하는 임금증가분

2. 중소기업 청년근로자 및 핵심인력 성과보상기금 수령액에 대한 소득세 감면 등

(1) 근로소득세 부과와 세액감면

중소기업 청년근로자 및 핵심인력 성과보상기금(이하 '성과보상기금'이라 한다)의 공제사업[이른바 '내일채움공제(共濟)사업']에 2027년 12월 31일까지 가입한 중소기업 또는 중견기업의 근로자(해당 기업의 최대주주 등에 해당하는 사람은 제외한다. 이하 '핵심인력'이라 한다)가 공제납입금을 3년 이상 납입하고 그 성과보상기금으로부터 공제금을 수령하는 경우에 해당 공제금 중 해당 기업이 부담한 기여금(이하 '기여금'이라 한다) 부분에 대해서는 소득세법에 따른 근로소득으로 보아 소득세를 부과하되, 소득세에 다음의 구분에 따른 비율을 곱한 금액에 상당하는 세액을 감면한다(조특법 29의6 본문).

구분	감면율
중소기업 근로자의 경우	50%(청년은 90%)
중견기업 근로자의 경우	30%(청년은 50%)

다만, 해당 기업이 사업을 폐업하거나 법인을 해산하는 등 부득이한 사유로 공제납입금을 3년 이상 납입하지 못하고 핵심인력이 공제금을 수령하게 된 경우에도 세액을 감면한다(조특법

26의2 ① 단서).

참고사항 청년의 범위

'청년'이란 15세 이상 34세 이하인 사람(기간제근로자 및 단시간근로자, 파견근로자, 청소년유해업소에서 근무하는 19세 미만인 청소년은 제외)을 말한다. 다만, 해당 근로자가 병역을 이행한 경우에는 그 기간(6년을 한도로 한다)을 현재 연령에서 빼고 계산한 연령이 34세 이하인 사람을 포함한다(조특령 26의6 ②, 26의8 ③ (1)). ■

참고사항 핵심인력의 범위

'핵심인력'이란 직무 기여도가 높아 해당 중소기업의 대표자가 장기재직이 필요하다고 지정하는 근로자를 말한다(중소기업 인력지원 특별법 제2조). 핵심인력에는 ① 해당 기업의 최대주주 또는 최대출자자(개인사업자의 경우에는 대표자를 말한다)와 그 배우자, ② ①에 해당하는 자의 직계존비속(그 배우자 포함) 및 친족관계인 사람은 제외한다(조특령 26의6 ②). ■

참고사항 감면세액의 계산

감면세액은 다음 계산식에 따라 계산한 금액으로 한다. 이 경우 감면율은 중소기업 근로자의 경우에는 50%(청년은 90%), 중견기업 근로자의 경우에는 30%(청년은 50%)로 한다(조특령 26의6 ④).

$$\text{감면세액} = \text{종합소득산출세액} \times \frac{\text{근로소득금액}}{\text{종합소득금액}} \times \frac{\text{부담한 기여금}}{\text{총급여액}} \times 50\%(\text{청년은 }90\%) \cdot 30\%(\text{청년은 }50\%)$$

(2) 이자소득으로 소득세 부과

공제금 중 핵심인력이 납부한 공제납입금과 기여금을 제외한 금액은 이자소득으로 보아 소득세를 부과한다(조특법 29의6 ②).

[도 표] 청년근로자 및 핵심인력 성과보상기금(내일채움공제)

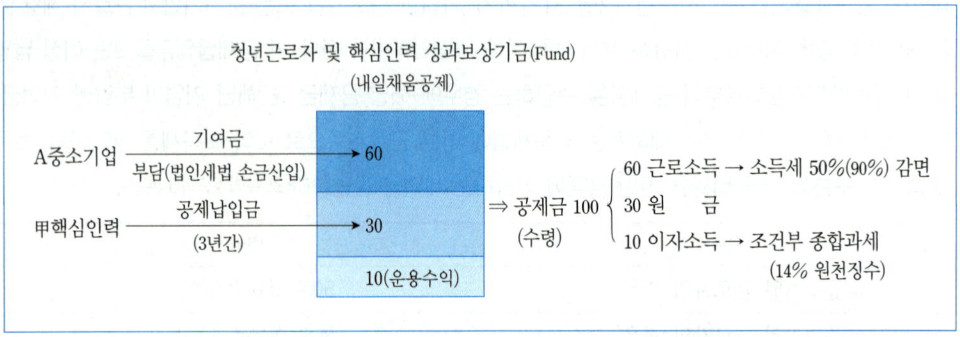

NEW 개정사항 핵심인력 성과보상기금 소득세 감면 가입기간 요건 완화

<개정내용> 중소기업 인력 유입 촉진 및 자산형성 확대 지원하기 위해서 가입기간 요건을 '5년 이상'에서 '3년 이상'으로 완화하였다.

종전	개정
□ 핵심인력 성과보상기금 수령액에 대한 소득세 감면	□ 감면대상 범위 위임근거 마련, 감면요건 완화 및 적용기한 연장
○ 감면대상 : 성과보상기금의 공제사업에 가입한 중소·중견기업 근로자	○ 성과보상기금의 기획재정부 장관이 고시하는 공제사업에 가입한 중소·중견기업 근로자
○ 감면요건 : 성과보상기금에 5년 이상 가입한 중소·중견 기업 근로자	○ 5년 이상 → 3년 이상
○ 감면율 – 청년 : 중소기업 : 90% 중견기업 : 50% – 그 외 : 중소기업 : 50% 중견기업 : 30% ○ 감면대상소득 : 만기 수령한 공제금 중 기업기여금	○ (왼쪽과 같음)
○ 적용기한 : 2024.12.31.까지 가입한 경우	○ 2027.12.31.까지 가입한 경우

<적용시기> 이 규정은 2025년 1월 1일 전에 공제사업에 가입한 근로자에 대한 소득세의 부과 및 세액 감면에 관하여는 개정규정에도 불구하고 종전의 규정에 따른다. ■

참고사항 중소기업 청년근로자 및 핵심인력 성과보상기금 공제사업(내일채움공제)

'중소기업 청년근로자 및 핵심인력 성과보상기금 공제사업(共濟事業)'이란 중소기업 근로자의 장기재직 촉진 및 자산형성을 지원하기 위하여 중소기업과 근로자가 공동으로 적립한 성과보상기금을 장기재직한 근로자에게 지급하는 공제사업으로서 기획재정부 장관이 고시하는 공제사업을 말한다(조특령 26의6 ①). 그 근거 법률은 다음과 같다.

【중소기업 인력지원 특별법(제5장의2)】

제35조의2(중소기업 청년근로자 및 핵심인력 성과보상기금의 설치) 중소벤처기업부장관은 중소기업 청년근로자의 고용과 핵심인력의 장기재직 촉진 및 중소기업 인력양성을 위하여 중소기업 청년근로자 및 핵심인력 성과보상기금(이하 "성과보상기금"이라 한다)을 설치한다.

제35조의3(성과보상기금의 조성) ① 성과보상기금은 다음 각 호의 재원으로 조성한다.

1. 중소기업이 부담하는 기여금
2. 중소기업 청년근로자 및 핵심인력이 납부하는 공제납입금
3. 성과보상기금의 관리 및 운용에 필요한 차입금
4. 성과보상기금의 운용으로 발생하는 수익금
5. 중소기업 또는 그 밖의 자의 출연금

② 정부 또는 지방자치단체는 필요한 경우 예산의 범위에서 성과보상기금에 출연할 수 있다.

제35조의4(성과보상기금의 관리 및 운용) ① 성과보상기금은 「중소기업진흥에 관한 법률」 제68조에 따른 중소벤처기업진흥공단(이하 "중소벤처기업진흥공단"이라 한다)이 관리·운용한다.

② 성과보상기금의 운용에 관한 사항을 심의하기 위하여 중소벤처기업진흥공단에 기금운용위원회를 둔다.

③ 중소벤처기업진흥공단은 대통령령으로 정하는 바에 따라 회계연도마다 기금운용계획안을 작성하고 기금운용위원회의 의결을 거쳐 회계연도 개시 20일 전까지 중소벤처기업부장관에게 보고해야 한다. 이를 변경하려는 때에도 또한 같다.

④ 중소벤처기업부장관은 성과보상기금의 관리 · 운용에 필요한 비용을 지원할 수 있다.

⑤ 그 밖에 기금운용위원회의 구성 및 운영, 성과보상기금의 관리 및 운용에 필요한 사항은 대통령령으로 정한다.

제35조의5(성과보상기금의 용도) 성과보상기금은 다음 각 호의 사업을 위하여 사용할 수 있다.

1. 중소기업 청년근로자 및 핵심인력에 대한 성과보상 공제사업(이하 "공제사업"이라 한다)
2. 중소기업 청년근로자 및 핵심인력의 직무역량 강화 및 전수를 위한 교육사업
3. 중소기업 청년근로자 및 핵심인력에 대한 복지사업
4. 성과보상기금의 관리 및 운용
5. 제1호부터 제4호까지의 사업과 관련된 사업

제35조의6(공제사업의 운영) ① 중소벤처기업진흥공단은 공제사업을 하려면 공제규정을 제정하여 중소벤처기업부장관의 승인을 받아야 한다. 공제규정을 변경하려는 경우에도 또한 같다.

② 제1항의 공제규정에는 대통령령으로 정하는 바에 따라 공제사업의 범위, 공제계약 중도해지시 환급금 처리, 회계기준 및 책임준비금의 적립비율 등 공제사업의 운영에 필요한 사항이 포함되어야 한다.

③ 중소벤처기업진흥공단은 공제사업을 다른 회계와 구분하여 별도의 회계로 관리해야 한다.

[도 표] 중소기업 청년근로자 및 핵심인력 성과보상기금 공제사업의 유형

구분		핵심인력 내일채움공제	청년재직자 내일채움공제	청년재직자 내일채움공제 플러스
대상	근로자	핵심인력	6개월 이상 재직한 청년근로자	6개월 이상 재직한 연소득 3,600만원 이하 청년근로자
	기업	중소 · 중견기업	중소 · 중견기업	50인 미만의 제조업 · 건설업 중소기업
요건		해당 기업의 대표가 지정한 인력	청년(만 15세~34세)	
가입기간		3년(종전 5년)	3년(종전 5년)	3년
납입비율		1 : 2 이상 (근로자 : 기업)	월 12만원 : 월 20만원 : 정액 7회 (근로자 : 기업 : 정부)	월 16.7만원 : 월 16.7만원 : 정액 6회 (근로자 : 기업 : 정부)
적립금액		2,000만원 이상	3,000만원 이상	1,800만원 이상
운영기간		2014년 8월 ~	2018년 ~ 2022년	2023년(한시사업)

* 자료 : 중소벤처기업부 제출 자료를 토대로 재구성

3. 고용을 증대시킨 기업에 대한 세액공제(고용증대세제)

(1) 세액공제

내국인(소비성서비스업을 경영하는 내국인은 제외. 이하 같다)의 2024년 12월 31일이 속하는 과세연도까지의 기간 중 해당 과세연도의 상시근로자(p.30 참조)의 수가 직전 과세연도의 상시근로자의 수보다 증가한 경우에는 다음의 금액을 해당 과세연도와 해당 과세연도의 종료일부터 1년(중소기업 및 중견기업의 경우에는 2년)이 되는 날이 속하는 과세연도까지의 법인세 또는 사업소득에 대한 소득세에서 공제한다(조특법 29의7 ①).

고용을 증대시킨 기업에 대한 세액공제액 = (1) + (2)

(1) ① 청년 정규직 근로자, ② 장애인 근로자 등 상시근로자, ③ 60세 이상인 근로자(이하 '청년 등 상시근로자'라 한다)의 증가한 인원 수(증가한 상시근로자의 인원 수를 한도로 한다) ×1인당 연간 공제액

구분	1인당 연간 공제액	
	수도권 내에서 증가한 경우	수도권 밖의 지역에서 증가한 경우
중소기업	1,100만원	1,200만원
중견기업	800만원	800만원
일반기업	400만원	400만원

(2) 청년 등 상시근로자 외 상시근로자의 증가한 인원 수(증가한 상시근로자의 인원 수를 한도로 한다) ×1인당 연간 공제액

구분	1인당 연간 공제액	
	수도권 내에서 증가한 경우	수도권 밖의 지역에서 증가한 경우
중소기업	700만원	770만원
중견기업	450만원	450만원
일반기업	0원	0원

참고사항 청년 등 상시근로자의 범위

'청년 등 상시근로자'란 상시근로자 중 다음 중 어느 하나에 해당하는 사람을 말한다(조특령 26의7 ③).

① 청년 정규직 근로자 : 15세 이상 29세 이하인 사람 중 다음 중 어느 하나에 해당하는 사람을 제외한 사람. 다만, 해당 근로자가 병역을 이행한 경우에는 그 기간(6년을 한도로 한다)을 현재 연령에서 빼고 계산한 연령이 29세 이하인 사람을 포함한다.

㉠ 「기간제 및 단시간근로자 보호 등에 관한 법률」에 따른 기간제근로자 및 단시간근로자

㉡ 「파견근로자보호 등에 관한 법률」에 따른 파견근로자

㉢ 「청소년 보호법」에 따른 청소년유해업소에서 근무하는 19세 미만인 청소년

② 장애인 근로자 등 : 장애인복지법의 적용을 받는 장애인과 「국가유공자 등 예우 및 지원에 관한 법률」에 따른 상이자, 「5 · 18민주유공자예우에 관한 법률」에 따른 5 · 18민주화운동 부상자, 「고엽제후유의증 등 환자지원 및 단체설립에 관한 법률」에 따른 고엽제후유의증환자로서 장애등급 판정을 받은 사람

③ 60세 이상인 근로자 : 근로계약 체결일 현재 연령이 60세 이상인 사람 ■

[도 표] 고용을 증대시킨 기업에 대한 세액공제

A중소기업	×1	×2	×3	×4
상시근로자 수	7명	10명	10명	10명
(청년)	(2명)	(4명)	(4명)	(4명)

(1) 세액공제	×2	×3	×4
(+) 3명* ① 청년 : 2명×1,100 =	2,200	2,200	2,200
② 일반 : 1명× 700 =	700	700	700
	2,900	2,900	2,900

* 수도권 내 증가

(2) 사후관리 ㉠ *if* ×3 상시근로자 수가 9명인 경우 : ×3부터 (①+②) 적용 ×
(청년 4명)

㉡ *if* ×3 청년근로자 수가 3명인 경우 : ×3부터 ① 적용 ×
(전체 상시근로자 수 10명)

* 납부세액 사후관리 ㉠ : 일반 1명× 700 = 700
㉡ : 청년 1명×1,100 = 1,100

(2) 사후관리

법인세 또는 소득세를 공제받은 내국인이 최초로 공제를 받은 과세연도의 종료일부터 2년이 되는 날이 속하는 과세연도의 종료일까지의 기간 중 ㉠ 전체 상시근로자의 수가 최초로 공제를 받은 과세연도에 비하여 감소한 경우에는 감소한 과세연도부터 고용을 증대시킨 기업에 대한 세액공제(①+②)를 적용하지 않고, ㉡ 청년 등 상시근로자의 수가 최초로 공제를 받은 과세연도에 비하여 감소한 경우에는 감소한 과세연도부터 고용을 증대시킨 기업에 대한 세액공제(①)를 적용하지 않는다. 이 경우 공제받은 세액에 상당하는 금액을 법인세 또는 소득세로 납부해야 한다(조특법 29의7 ②).

참고사항 상시근로자 수와 청년 등 상시근로자 수의 계산

상시근로자 수, 청년 등 상시근로자 수는 다음의 계산식에 따라 계산한 수(1/100 미만의 부분은 없는 것으로 한다)로 한다(조특령 26의7 ⑦).

$$① \text{ 상시근로자 수} = \frac{\text{해당 과세연도의 매월 말 현재 상시근로자 수의 합}}{\text{해당 과세연도의 개월 수}}$$

$$② \text{ 청년 등 상시근로자 수} = \frac{\text{해당 과세연도의 매월 말 현재 청년 등 상시근로자 수의 합}}{\text{해당 과세연도의 개월 수}}$$

4. 통합고용세액공제

(1) 개 요

통합고용세액공제 = [+ (1) 고용증대기업 기본세액공제 / (2) 고용증대기업 추가세액공제]

(+ ① 정규직 근로자로의 전환 추가세액공제* / ② 육아휴직 복귀자 복직 추가세액공제)

* 2024.12.31.까지 전환한 경우에 적용한다.

(2) 고용증대기업 기본세액공제

1) 개 요 : 내국인(소비성서비스업을 경영하는 내국인은 제외. 이하 같다)이 2025년 12월 31일이 속하는 과세연도까지의 기간 중 해당 과세연도의 상시근로자의 수가 직전 과세연도의 상시근로자의 수보다 증가한 경우에는 다음의 금액을 해당 과세연도와 해당 과세연도의 종료일부터 1년(중소기업 및 중견기업의 경우에는 2년)이 되는 날이 속하는 과세연도까지의 법인세 또는 사업소득에 대한 소득세에서 공제한다(조특법 29의8 ①).

고용증대기업 기본세액공제 = [(1) + (2)]

(1) ① 청년 정규직 근로자, ② 장애인 근로자, ③ 60세 이상인 근로자 또는 ④ 경력단절 근로자 등(이하 '청년등상시근로자'라 한다)의 증가 인원 수(전체 상시근로자의 증가 인원 수를 한도로 한다) × 1인당 연간 공제액

구분	1인당 연간 공제액	
	수도권 내에서 증가한 경우	수도권 밖에서 증가한 경우
중소기업	1,450만원	1,550만원
중견기업	800만원	800만원
일반기업	400만원	400만원

(2) 청년등상시근로자를 제외한 상시근로자의 증가 인원 수(전체 상시근로자의 증가 인원 수를 한도로 한다) × 1인당 연간 공제액

구분	1인당 연간 공제액	
	수도권 내에서 증가한 경우	수도권 밖에서 증가한 경우
중소기업	850만원	950만원
중견기업	450만원	450만원
일반기업	0원	0원

참고사항 상시근로자 및 청년등상시근로자의 범위

1. 상시근로자의 범위 : p.30 참고사항과 같다(조특령 26의8 ②).
2. '청년등근로자'란 상시근로자 중 다음 중 어느 하나에 해당하는 사람을 말한다(조특령 26의8 ③).

① 청년 정규직 근로자 : 15세 이상 34세 이하인 사람 중 다음 중 어느 하나에 해당하는 사람을 제외한 사람. 다만, 해당 근로자가 병역을 이행한 경우에는 그 기간(6년을 한도로 한다)을 현재 연령에서 빼고 계산한 연령이 34세 이하인 사람을 포함한다.

㉠ 「기간제 및 단시간근로자 보호 등에 관한 법률」에 따른 기간제근로자 및 단시간근로자

㉡ 「파견근로자보호 등에 관한 법률」에 따른 파견근로자

㉢ 「청소년 보호법」에 따른 청소년유해업소에서 근무하는 19세 미만인 청소년

② 장애인 근로자 : 「장애인복지법」의 적용을 받는 장애인, 「국가유공자 등 예우 및 지원에 관한 법률」에 따른 상이자, 「5 · 18민주유공자예우 및 단체설립에 관한 법률」에 따른 5 · 18민주화운동부상자와 「고엽제후유의증 등 환자지원 및 단체설립에 관한 법률」에 따른 고엽제후유의증환자로서 장애등급 판정을 받은 사람

③ 60세 이상 근로자 : 근로계약 체결일 현재 연령이 60세 이상인 사람

④ 경력단절 근로자 : 다음의 요건을 모두 충족하는 근로자를 말한다(조특법 29의6 ②).

㉠ 임금을 목적으로 같은 기업에서 1년 이상 계속하여 근로를 제공*한 후 결혼 · 임신 · 출산 · 육아 · 자녀교육 · 가족돌봄의 사유로 퇴직하였을 것

* 경력단절 근로자의 근로소득세가 원천징수되었던 사실이 확인되는 경우로 한정한다.

㉡ 위 ㉠에 따른 사유로 퇴직한 날부터 2년 이상 15년 미만의 기간이 지났을 것

㉢ 내국인의 최대주주(개인사업자의 경우에는 대표자를 말한다) 또는 그와 특수관계인이 아닐 것

⑤ 「북한이탈주민의 보호 및 정착 지원에 관한 법률」에 따른 북한이탈주민 ■

참고사항 결혼 · 임신 · 출산 · 육아 및 자녀교육 등의 사유의 범위(조특령 26의3 ④)

① 퇴직한 날부터 1년 이내에 혼인한 경우(가족관계기록사항에 관한 증명서를 통하여 확인되는 경우에 한정한다)

② 퇴직한 날부터 2년 이내에 임신하거나 난임시술을 받은 경우(의료기관의 진단서 또는 확인서를 통하여 확인되는 경우에 한정한다)

③ 퇴직일 당시 8세 이하의 자녀가 있는 경우

④ 퇴직일 당시 「초 · 중등교육법(제2조)」에 따른 학교에 재학 중인 자녀가 있는 경우 ■

NEW 개정사항 통합고용세액공제 등 세제지원 대상 경력단절자 범위 확대

<개정내용> 통합고용세액공제 및 중소기업 취업자에 대한 소득세 감면 대상 경력단절자를 '경력단절 여성'에서 '경력단절 근로자(남성 포함)'로 확대하고 퇴직 사유에 가족돌봄을 추가하는 한편 동일 업종 취업요건을 폐지하였다.

<적용시기> 통합고용세액공제에 관한 규정은 2025년 1월 1일 이후 개시하는 과세연도를 최초 공제연도로 하여 통합고용세액공제를 신청하는 경우부터 적용한다. 한편 중소기업 취업자에 대한 소득세 감면에 관한 규정은 2025년 3월 #일 이후 취업하여 지급받은 소득부터 적용한다. ■

2) 사후관리 : 위 1)에 따라 세액공제를 받은 내국인이 ① 최초로 공제를 받은 과세연도의 종료일부터 2년이 되는 날이 속하는 과세연도의 종료일까지의 기간 중 전체 상시근로자의 수가 최초로 공제를 받은 과세연도에 비하여 감소한 경우에는 감소한 과세연도부터 고용증대기업 기본세액공제 [(1)+(2)]를 적용하지 않고, ② 청년등상시근로자의 수가 최초로 공제를 받은 과세연도에 비하여 감소한 경우에는 감소한 과세연도부터 고용증대기업 기본세액공제 [(1)]을 적용하지 않는다. 이 경우 공제받은 세액에 상당하는 금액(세액공제금액 중 이월공제 규정에 따라 공제받지 못하고 이월된 금액이 있는 경우에는 그 금액을 차감한 후의 금액을 말한다)을 법인세 또는 소득세로 납부해야 한다(조특법 29의8 ③).

3) 고용 관련 세액공제 상호간 중복지원 배제 : 통합고용세액공제 중 고용증대기업 기본세액공제(제29조의8 ①)는 ① 고용을 증대시킨 기업에 대한 세액공제(제29조의7) 또는 ② 중소기업 사회보험료 세액공제(제30조의4)를 받지 않은 경우에만 적용한다(조특법 127 ⑪).

(3) 고용증대기업 추가세액공제

1) 정규직 근로자로의 전환 추가세액공제 : 중소기업 또는 중견기업이 다음의 ① 또는 ②와 같이 비정규직 근로자를 정규직 근로자로의 전환하는 경우에는 추가세액공제액을 해당 과세연도의 법인세 또는 사업소득에 대한 소득세에서 공제한다. 다만, 해당 과세연도에 해당 중소기업 또는 중견기업의 상시근로자의 수가 직전 과세연도의 상시근로자의 수보다 감소한 경우에는 공제하지 않는다(조특법 29의8 ④).

① 2023년 6월 30일 당시 고용하고 있는 기간제근로자 및 단시간근로자, 파견근로자를 2024년 1월 1일부터 2024년 12월 31일까지 기간의 정함이 없는 근로계약을 체결한 근로자로 전환하는 경우

② 2023년 6월 30일 당시 고용하고 있는 수급사업자에게 고용된 기간제근로자 및 단시간근로자를 2024년 1월 1일부터 2024년 12월 31일까지 사용사업주가 직접 고용하거나 원사업자가 기간의 정함이 없는 근로계약을 체결하여 직접 고용하는 경우

$$\text{추가세액공제액} = \text{정규직 근로자로의 전환에 해당하는 인원*} \times \begin{bmatrix} \text{중소기업은 1,300만원} \\ \text{중견기업은 900만원} \end{bmatrix}$$

* 위 '정규직 근로자로의 전환에 해당하는 인원'에는 해당 기업의 최대주주 또는 최대출자자(개인사업자의 경우에는 대표자를 말한다)나 그와 친족관계인 사람은 제외한다.

2) 육아휴직 복귀자 복직 추가세액공제 : 중소기업 또는 중견기업이 육아휴직 복귀자를 2025년 12월 31일까지 복직시키는 경우에는 다음의 금액을 해당 과세연도의 법인세 또는 사업소득에 대한 소득세에서 공제한다. 다만, 해당 과세연도에 해당 중소기업 또는 중견기업의 상시근로자 수가 직전 과세연도의 상시근로자 수보다 감소한 경우에는 공제하지 않는다(조특법 29의8 ⑤).

추가세액공제액 = 육아휴직 복귀자 인원×	중소기업은 1,300만원 중견기업은 900만원

여기서 '육아휴직 복귀자'란 다음의 요건을 모두 충족하는 사람을 말한다.

① 해당 기업에서 1년 이상 근무하였을 것(해당 기업이 육아휴직 복귀자의 근로소득세를 원천징수하였던 사실이 확인되는 경우로 한정한다)

② 「남녀고용평등과 일 · 가정 양립 지원에 관한 법률(제19조 ①)」에 따라 육아휴직한 경우로서 육아휴직 기간이 연속하여 6개월 이상일 것

③ 해당 기업의 최대주주(개인사업자의 경우에는 대표자를 말한다)나 그와 특수관계인(친족관계인 사람을 말한다)이 아닐 것

한편 이처럼 육아휴직자를 복직시킨 기업에 대한 세액공제는 육아휴직 복귀자의 자녀 1명당 한차례에 한정하여 적용한다(조특법 29의8 ⑥).

3) 사후관리 : 위 1) · 2)에 따라 세액공제를 받은 자가 각각 정규직 근로자로의 전환일 또는 육아휴직 복직일부터 2년이 지나기 전에 해당 근로자와의 근로관계를 종료하는 경우에는 근로관계가 종료한 날이 속하는 과세연도의 과세표준신고를 할 때 공제받은 세액에 상당하는 금액(위 1) · 2)에 따른 세액공제금액 중 이월공제 규정에 따라 공제받지 못하고 이월된 금액이 있는 경우에는 그 금액을 차감한 후의 금액을 말한다)을 법인세 또는 소득세로 납부해야 한다(조특법 29의8 ⑦).

5. 중소기업 취업자에 대한 소득세 감면

(1) 세액감면

① 청년, ② 60세 이상인 사람, ③ 장애인 및 ④ 경력단절 근로자 등에 해당하는 사람이 중소기업체[중소기업기본법에 따른 중소기업(비영리기업을 포함한다)]에 2026년 12월 31일까지 취업하는 경우 그 중소기업체로부터 받는 근로소득으로서 그 취업일부터 3년(청년의 경우에는 5년)이 되는 날이 속하는 달까지 발생한 소득에 대해서는 소득세의 70%(청년의 경우에는 90%)에 상당하는 세액을 감면(과세기간별로 200만원을 한도로 한다)한다(조특법 30 ①).

세액감면 = MIN(①, ②)
① 취업일부터 3년(청년은 5년)이 되는 날*이 속하는 달까지 발생하는 근로소득에 대한 소득세 ×70%(청년은 90%) ② 한도액 : 과세기간별로 200만원

* 청년으로서 병역을 이행한 후 1년 이내에 병역 이행 전에 근로를 제공한 중소기업체에 복직하는 경우에는 복직한 날부터 2년이 되는 날을 말하며, 그 복직한 날이 최초 취업일부터 5년이 지나지 않은 경우에는 최초 취업일부터 7년이 되는 날을 말한다.

이 경우 소득세 감면기간은 소득세를 감면받은 사람이 다른 중소기업체에 취업하거나 해당 중소기업체에 재취업하는 경우 또는 합병 · 분할 · 사업 양도 등으로 다른 중소기업체로 고용이 승계되는 경우에 관계없이 소득세를 감면받은 최초 취업일부터 계산한다(조특법 30 ① 후단).

(2) 청년 및 중소기업체

1) '청년'이란 근로계약 체결일 현재 연령이 15세 이상 34세 이하인 사람을 말한다. 다만, 병역을 이행한 경우에는 그 기간(6년을 한도로 한다)을 근로계약 체결일 현재 연령에서 빼고 계산한 연령이 34세 이하인 사람을 포함한다(조특령 27 ①).

2) '중소기업체'란 중소기업기본법에 따른 중소기업(비영리기업 포함)으로서 제조업, 사회복지서비스업 등의 일정한 사업을 주된 사업으로 하는 기업을 말한다. 다만, 국가, 지방자치단체(지방자치단체조합 포함), 공공기관 및 지방공기업은 제외한다(조특법 30 ①, 조특령 27 ③).

참고사항 청년에서 제외하는 사람

청년 가운데 다음 중 어느 하나에 해당하는 사람은 제외한다(조특령 27 ②).

① 「법인세법 시행령」에서 정하는 임원
② 해당 기업의 최대주주(개인사업자의 경우에는 대표자)와 그 배우자
③ 위 ②에 해당하는 자의 직계존속 · 비속(그 배우자 포함) 및 친족관계인 사람
④ 소득세법에 따른 일용근로자
⑤ 국민연금 부담금, 직장가입자의 국민건강보험료 등의 납부사실이 확인되지 않은 사람 ■

참고사항 사후관리

1. 세액감면을 적용받으려는 근로자는 원천징수의무자에게 감면신청을 해야 한다. 다만, 퇴직한 근로자의 경우 해당 근로자의 주소지 관할세무서장에게 감면신청을 할 수 있다(조특법 30 ②).

2. 원천징수의무자는 감면신청을 받은 경우 그 신청을 한 근로자의 명단을 신청을 받은 날이 속하는 달의 다음 달 10일까지 원천징수 관할세무서장에게 제출해야 한다(조특법 30 ③).

3. 원천징수 관할세무서장은 감면신청을 한 근로자의 명단을 받은 경우 해당 근로자가 감면요건에 해당하지 않은 사실 확인되는 때에는 원천징수의무자에게 그 사실을 통지해야 한다(조특법 30 ④).

4. 감면신청을 한 근로자가 감면요건을 갖추지 못한 사실을 통지받은 원천징수의무자는 그 통지를 받은 날 이후 근로소득을 지급하는 때에 당초 원천징수하였어야 할 세액에 미달하는 금액의 합계액에 105%를 곱한 금액을 해당 월의 근로소득에 대한 원천징수세액에 더하여 원천징수해야 한다. 다만, 해당 근로자가 퇴직한 경우 원천징수의무자는 그 사실을 원천징수 관할세무서장에게 통지해야 한다(조특법 30 ⑤).

5. 퇴직한 사실이 통지된 근로자에 대해서는 해당 근로자의 주소지 관할세무서장이 세액감면을 받음에 따라 과소징수된 금액에 105%를 곱한 금액을 해당 근로자에게 소득세로 즉시 부과·징수해야 한다(조특법 30 ⑥).

6. 위 1.의 단서에 따라 감면신청을 한 근로자가 감면요건에 해당하지 않은 사실이 확인되는 때에는 해당 근로자의 주소지 관할세무서장이 세액감면을 적용받음에 따라 과소징수된 금액에 105%를 곱한 금액을 해당 근로자에게 소득세로 즉시 부과·징수해야 한다(조특법 30 ⑦). ■

6. 고용유지중소기업 등에 대한 과세특례

(1) 고용유지중소기업의 범위

'고용유지중소기업[일자리나누기(Job sharing) 중소기업]'이란 중소기업기본법(제2조)에 따른 중소기업으로서 다음의 요건을 모두 충족하는 기업을 말한다(조특법 30의3 ①).

① 해당 과세연도의 상시근로자(해당 과세연도 중에 근로관계가 성립한 상시근로자는 제외) 1인당 시간당 임금이 직전 과세연도에 비하여 감소하지 않은 경우(1인당 시간당 임금 유지)

② 해당 과세연도의 상시근로자 수가 직전 과세연도의 상시근로자수와 비교하여 0% 이상 감소하지 않은 경우(고용 유지)

③ 해당 과세연도의 상시근로자(해당 과세연도 중에 근로관계가 성립한 상시근로자는 제외) 1인당 연간 임금총액이 직전 과세연도에 비하여 감소한 경우(1인당 연간 임금 감소)

참고사항 상시근로자 1인당 시간당 임금

직전 또는 해당 과세연도의 상시근로자 1인당 시간당 임금은 ①에 따른 임금총액을 ②에 따른 근로시간 합계로 나눈 금액으로 한다(조특령 27의3 ①).

① 임금총액 : 직전 또는 해당 과세연도에 상시근로자에게 지급한 통상임금과 정기상여금 등 고정급 성격의 금액을 합산한 금액

② 근로시간 합계 : 직전 또는 해당 과세연도의 상시근로자의 근로계약상 근로시간(단시간근로자로서 1개월간의 소정근로시간이 60시간 이상인 상시근로자의 경우에는 실제 근로시간)의 합계 ■

(2) 고용유지중소기업에 대한 세액공제

고용유지중소기업은 다음의 금액을 2026년 12월 31일이 속하는 과세연도까지 각 과세연도의 법인세 또는 사업소득에 대한 소득세에서 공제한다(조특법 30의3 ②).

세액공제액 = ① + ②

① 임금감소분 세액공제 :

$$\left(\begin{matrix}\text{직전 과세연도} \\ \text{상시근로자 1인당} \\ \text{연간 임금총액}\end{matrix} - \begin{matrix}\text{해당 과세연도} \\ \text{상시근로자 1인당} \\ \text{연간 임금총액}\end{matrix} \right) \times \begin{matrix}\text{해당 과세연도} \\ \text{상시근로자 수}\end{matrix} \times 10\%$$

② 임금보전분 세액공제* :

$$\left(\begin{matrix}\text{해당 과세연도} \\ \text{상시근로자 1인당} \\ \text{시간당 임금}\end{matrix} - \begin{matrix}\text{직전 과세연도} \\ \text{상시근로자 1인당} \\ \text{시간당 임금}\end{matrix} \times 105\% \right) \times \begin{matrix}\text{해당 과세연도} \\ \text{전체 상시근로자의} \\ \text{근로시간 합계}\end{matrix} \times 15\%$$

* 해당 금액이 음수인 경우에는 영으로 본다. 위 ②는 근로시간 단축 비율만큼 임금이 하락하지 않은 경우 해당 임금보전분에 대한 세액공제를 의미한다.

(3) 고용유지중소기업의 상시근로자에 대한 소득공제

고용유지중소기업에 근로를 제공하는 상시근로자에 대하여 2026년 12월 31일이 속하는 과세연도까지 다음의 금액을 해당 과세연도의 근로소득금액에서 공제할 수 있다(조특법 30의3 ③).

소득공제액 = MIN(①, ②)

$$① \left(\begin{matrix}\text{직전 과세연도의} \\ \text{해당 근로자 연간 임금총액}\end{matrix} - \begin{matrix}\text{해당 과세연도의} \\ \text{해당 근로자 연간 임금총액}\end{matrix} \right) \times 50\%$$

② 공제한도 : 1,000만원

(4) 위기지역 중견기업의 사업장에 과세특례 적용

고용유지중소기업 등에 대한 과세특례는 위기지역 내 중견기업의 사업장에 대하여 위기지역으로 지정 또는 선포된 기간이 속하는 과세연도에도 적용한다(조특법 30의3 ⑤).

참고사항 위기지역의 범위

'위기지역'이란 다음 중 어느 하나에 해당하는 지역을 말한다(조특법 30의3 ⑤, 조특령 27의3 ⑪)[현재 고용위기지역 또는 산업위기대응특별지역(9개 지역) : 군산시, 거제시, 통영시, 고성군, 창원시 진해구, 울산시 동구, 목포시, 영암군, 해남군].

① 「고용정책 기본법(제32조 ①)」에 따라 지원할 수 있는 지역으로서 고용노동부장관이 지정·고시한 지역
② 「고용정책 기본법(제32조의2 ②)」에 따라 선포된 고용재난지역
③ 「지역 산업위기 대응 및 지역경제 회복을 위한 특별법(제10조 ①)」에 따라 지정된 산업위기대응특별지역 ■

[도 표] 고용유지중소기업 등에 대한 과세특례

전연도	해당연도		
20,000/hr	22,000/hr	① 요건충족	고용유지중소기업
×8시간	×6시간		
160,000/일	132,000/일		
×250일	×250일		
40	33	③ 요건충족	
×10명	×10명	② 요건충족	
400	330		

• 고용유지중소기업에 대한 세액공제 : ① + ② = 9.25

① 임금감소분 세액공제

(40 − 33)×10명×10% = 7

② 임금보전분 세액공제

(22,000/hr − 20,000/hr×1.05)×(6시간×250일×10명)×15% = 2.25

• 고용유지중소기업의 상시근로자에 대한 소득공제 : MIN(①, ②) = 3.5

① (40 − 33)×50% = 3.5

② 공제한도 : 10

7. 중소기업 사회보험료 세액공제

(1) 세액공제

중소기업이 2024년 12월 31일이 속하는 과세기간까지의 기간 중 해당 과세연도의 상시근로자 수가 직전 과세연도의 상시근로자 수보다 증가한 경우에는 다음 금액을 과세연도와 해당 과세연도의 종료일부터 1년이 되는 날이 속하는 과세연도까지의 법인세 또는 사업소득에 대한 소득세에서 공제한다(조특법 30의4 ①).

세액공제 = ① + ②

① 청년 및 경력단절 여성(이하 '청년 등'이라 한다) 상시근로자 고용증가 인원에 대하여 사용자가 부담하는 사회보험료 상당액×100%

② 청년 등 외 상시근로자 고용증가 인원에 대하여 사용자가 부담하는 사회보험료 상당액 ×50%(신성장 서비스업을 영위하는 중소기업은 75%)

참고사항 위 계산식의 내용

위 계산식의 내용을 구체적으로 설명하면 다음과 같다.

① '청년 등 상시근로자'는 15세 이상 29세 이하인 상시근로자(병역을 이행한 경우에는 그 기간을 근로계약 체결일 현재 연령에서 빼고 계산한 연령이 29세 이하인 사람 포함)로 하고, '청년 등 외 상시근로자'는 청년 상시근로자가 아닌 상시근로자로 한다(조특령 27의4 ②).

② '청년 등 상시근로자 고용증가 인원'이란 해당 과세연도에 직전 과세연도 대비 증가한 청년 등 상시근로자수(그 수가 음수인 경우 영으로 본다)를 말한다(조특령 27의4 ③).

* 다만, 해당 과세연도에 직전 과세연도 대비 증가한 상시근로자 수를 한도로 한다.

③ '청년 등 외 상시근로자 고용증가 인원'이란 해당 과세연도에 직전 과세연도 대비 증가한 상시근로자 수에서 청년 상시근로자 고용증가 인원의 수를 뺀 수(그 수가 음수인 경우 영으로 본다)를 말한다(조특령 27의4 ④).

④ '신성장 서비스업을 영위하는 중소기업'이란 신성장서비스업종(p.28 참조)에 해당하는 사업을 주된 사업으로 영위하는 중소기업을 말한다. 이 경우 둘 이상의 서로 다른 사업을 영위하는 경우에는 사업별 사업수입금액이 큰 사업을 주된 사업으로 본다(조특령 24의5 ⑤).

⑤ '사용자가 부담하는 사회보험료'란 다음의 계산식에 따라 계산한 금액(사회보험에 사용자가 부담하는 사회보험료 상당액에 대하여 국가 및 공공기관이 지급했거나 지급하기로 한 보조금 및 감면액의 합계액은 제외)을 말한다(조특령 27의4 ⑧,⑨).

구분	사용자가 부담하는 사회보험료
청 년	$\frac{\text{해당 과세연도에 청년 등 상시근로자에게 지급하는 총급여액}}{\text{해당 과세연도의 청년 상시근로자 수}}$ × 사회보험료율*
청년 외 자	$\frac{\text{해당 과세연도에 청년 등 외 상시근로자에게 지급하는 총급여액}}{\text{해당 과세연도의 상시근로자 수} - \text{해당 과세연도의 청년 상시근로자 수}}$ × 사회보험료율*

* '사회보험료율'은 해당 과세연도 종료일 현재 적용되는 (①+②+③+④+⑤)의 수로 한다(조특령 27의4 ⑩).

① 「국민건강보험법 시행령(제43조의2 ①)」에 따른 보험료율의 1/2

② 위 ①의 수에 「노인장기요양보험법 시행령(제4조)」에 따른 장기요양보험료율의 1/2

③ 국민연금법(제88조)에 따른 보험료율

④ 「고용보험 및 산업재해보상보험의 보험료 징수 등에 관한 법률(제13조 ④)」에 따른 수를 합한 수

⑤ 「고용보험 및 산업재해보상보험의 보험료 징수 등에 관한 법률(제14조 ③)」에 따른 산재보험료율 ■

참고사항 상시근로자의 범위, 상시근로자 수 및 청년 등 상시근로자 수의 계산방법

1. 상시근로자의 범위 : 상시근로자는 근로기준법에 따라 근로계약을 체결한 내국인 근로자로 한다. 다만, 다음 중 어느 하나에 해당하는 사람은 제외한다(조특령 27의4 ①).

① 근로계약기간이 1년 미만인 근로자(근로계약의 연속된 갱신으로 인하여 그 근로계약의 총 기간이 1년 이상인 근로자는 제외)

② 「근로기준법(제2조 ① (9))」에 따른 단시간근로자로서 1개월간의 소정근로시간이 60시간 미만인 근로자

③ 「법인세법 시행령(제40조 ①)」에서 정하는 임원

④ 해당 기업의 최대주주 또는 최대출자자(개인사업자의 경우에는 대표자를 말한다)와 그 배우자

⑤ 위 ④에 해당하는 자의 직계존비속(그 배우자 포함) 및 친족관계인 사람

⑥ 근로소득원천징수부(민령 196조)에 의해 근로소득세를 원천징수한 사실이 확인되지 않는 사람

⑦ 사회보험에 대하여 사용자가 부담해야 하는 부담금 또는 보험료의 납부 사실이 확인되지 않는 근로자

2. 상시근로자수와 청년 등 상시근로자 수의 계산방법 : 상시근로자 수와 청년 등 상시근로자 수는 아래 ①의 계산식에 따라 계산한 수로 한다. 이 경우 1개월 간의 소정근로시간이 60시간 이상인 근로자(단시간근로자 중 상시근로자로 보는 자를 말한다) 1명은 0.5명으로 하여 계산하되, 아래 ②의 지원요건을 모두 충족하는 경우에는 0.75명으로 하여 계산하고 1/100 미만의 부분은 없는 것으로 한다(조특령 27의4 ⑥).

① 계산식

$$① \text{ 상시근로자 수} = \frac{\text{해당 과세연도의 매월 말 현재 상시근로자 수의 합}}{\text{해당 과세연도의 개월 수}}$$

$$② \text{ 청년 등 상시근로자 수} = \frac{\text{해당 과세연도의 매월 말 현재 청년 등 상시근로자 수의 합}}{\text{해당 과세연도의 개월 수}}$$

② 지원요건

㉠ 해당 과세연도의 상시근로자 수(1개월 간의 소정근로시간이 60시간 이상인 근로자는 제외)가 직전 과세연도의 상시근로자 수(1개월 간의 소정근로시간이 60시간 이상인 근로자는 제외)보다 감소하지 않았을 것

㉡ 기간의 정함이 없는 근로계약을 체결하였을 것

㉢ 상시근로자와 시간당 임금(근로기준법에 따른 임금, 정기상여금 · 명절상여금 등 정기적으로 지급되는 상여금과 경영성과에 따른 성과금을 포함한다), 그 밖에 근로조건과 복리후생 등에 관한 사항에서 「기간제 및 단시간근로자 보호 등에 관한 법률(제2조 (3))」에 따른 차별적 처우가 없을 것

㉣ 시간당 임금이 최저임금법(제5조)에 따른 최저임금액의 120% 이상일 것 ■

(2) 사후관리

법인세 또는 소득세를 공제받은 중소기업이 최초로 공제를 받은 과세연도의 종료일부터 1년이 되는 날이 속하는 과세연도의 종료일까지의 기간 중 ㉠ 전체 상시근로자의 수가 최초로 공제를 받은 과세연도에 비하여 감소한 경우에는 감소한 과세연도에 대하여 전체 세액공제(① + ②)를 적용하지 않고, ㉡ 청년등상시근로자의 수가 최초로 공제를 받은 과세연도에 비하여 감소한 경우에는 감소한 과세연도에 대하여 청년 등에 대한 세액공제(①)를 적용하지 않는다. 이 경우 공제받은 세액에 상당하는 금액을 법인세 또는 소득세로 납부해야 한다(조특법 30의4 ②).

[도 표] 중소기업 사회보험료 세액공제

	2023	2024
상시근로자 수	50명	60명

(+)10명 ─ { ① 청년 등 : 4명 × 100 × 100% = 400
　　　　　　② 일　반 : 6명 × 100 × 50% = 300

고용증가 연도 세액공제 (2024) 700

2024	2025
60명	60명
(청년 등 20명)	(청년 등 ?)

고용유지 연도(2025)

		청년 등 유지	청년 등 감소*
고용유지	① 청년 등	400	×
	② 일　반	300	300
고용유지 연도 세액공제 (2025)		700	300

* 이 경우 2024년도 공제받은 세액을 납부해야 한다.

사례 1 통합고용세액공제

정부는 기업의 고용 활성화를 지원하기 위하여 몇가지 고용 관련 세액공제 제도를 통합고용세액공제로 일원화하여 근로자 수 증가에 대해 기본공제를 적용하고, 일 · 가정 양립의 지원을 위하여 육아휴직 복귀자에 대하여 추가공제를 적용하도록 하였다. 이와 관련하여 아래 물음에 답하시오. (25점)

【물음 1】 다음의 통합고용세액공제 중 고용증대기업 기본세액공제에 관한 조세특례제한법 제29조의8 제1항을 읽고 아래 (요구사항)에 답하시오.

<조세특례제한법 제29조의8 제1항>

> 내국인(소비성서비스업을 경영하는 내국인은 제외. 이하 같다)이 2025년 12월 31일이 속하는 과세연도까지의 기간 중 해당 과세연도의 상시근로자의 수가 직전 과세연도의 상시근로자의 수보다 증가한 경우에는 다음의 금액을 해당 과세연도와 해당 과세연도의 종료일부터 1년(중소기업 및 중견기업의 경우에는 2년)이 되는 날이 속하는 과세연도까지의 법인세 또는 사업소득에 대한 소득세에서 공제한다.

고용증대기업 기본세액공제 = [(1) + (2)]
(1) ① (　　), ② (　　), ③ (　　) 또는 ④ (　　)(이하 '청년등상시근로자'라 한다)의 증가 인원 수(전체 상시근로자의 증가 인원 수를 한도로 한다) × 1인당 연간 공제액

구분	1인당 연간 공제액	
	수도권 내에서 증가한 경우	수도권 밖에서 증가한 경우
중소기업	1,450만원	1,550만원
중견기업	800만원	800만원
일반기업	400만원	400만원

(2) 청년등상시근로자를 제외한 상시근로자의 증가 인원 수(전체 상시근로자의 증가 인원 수를 한도로 한다) × 1인당 연간 공제액

구분	1인당 연간 공제액	
	수도권 내에서 증가한 경우	수도권 밖에서 증가한 경우
중소기업	850만원	950만원
중견기업	450만원	450만원
일반기업	0원	0원

(요구사항) ①부터 ④까지 (괄호)에 들어갈 '청년등상시근로자'의 구체적 범위를 설명하시오.

【물음 2】 통합고용세액공제 중 고용증대기업 추가세액공제(육아휴직 복직자에 대한 추가공제를 말한다)를 설명하시오.

해 답

【물음 1】 청년등상시근로자의 범위

'청년등근로자'란 상시근로자 중 다음 중 어느 하나에 해당하는 사람을 말한다.

(1) 청년 정규직 근로자

15세 이상 34세 이하인 사람 중 다음 중 어느 하나에 해당하는 사람을 제외한 사람을 말한다. 다만, 해당 근로자가 병역을 이행한 경우에는 그 기간(6년을 한도로 한다)을 현재 연령에서 빼고 계산한 연령이 34세 이하인 사람을 포함한다.

① 기간제근로자 및 단시간근로자

② 파견근로자

③ 청소년유해업소에서 근무하는 19세 미만인 청소년

(2) 장애인 근로자

「장애인복지법」의 적용을 받는 장애인, 「국가유공자 등 예우 및 지원에 관한 법률」에 따른 상이자, 「5 · 18민주유공자예우 및 단체설립에 관한 법률」에 따른 5 · 18민주화운동부상자와 「고엽제후유의증 등 환자지원 및 단체설립에 관한 법률」에 따른 고엽제후유의증환자로서 장애등급 판정을 받은 사람을 말한다.

(3) 60세 이상 근로자

근로계약 체결일 현재 연령이 60세 이상인 사람을 말한다.

(4) 경력단절 여성

다음의 요건을 모두 충족하는 여성을 말한다.

① 해당 기업 또는 해당 기업과 한국표준산업분류상의 중분류를 기준으로 동일한 업종의 기업에서 1년이상 근무*한 후 결혼 · 임신 · 출산 · 육아 및 자녀교육의 사유로 퇴직하였을 것

* 경력단절 여성의 근로소득세가 원천징수되었던 사실이 확인되는 경우로 한정한다.

② 위 ①의 사유로 퇴직한 날부터 2년 이상 15년 미만의 기간이 지났을 것

③ 해당 기업의 최대주주(개인사업자의 경우에는 대표자를 말한다)나 그와 특수관계인(친족관계인 사람을 말한다)이 아닐 것

【물음 2】 고용중대기업 추가세액공제

1. 육아휴직 복귀자 복직 추가세액공제

중소기업 또는 중견기업이 육아휴직 복귀자를 2025년 12월 31일까지 복직시키는 경우에는 다음의 금액을 해당 과세연도의 법인세 또는 사업소득에 대한 소득세에서 공제한다. 다만, 해당 과세연도에 해당 중소기업 또는 중견기업의 상시근로자 수가 직전 과세연도의 상시근로자 수보다 감소한 경우에는 공제하지 않는다.

$$\text{세액공제액} = \text{육아휴직 복귀자 인원} \times \begin{pmatrix} \text{중소기업은 1,300만원} \\ \text{중견기업은 900만원} \end{pmatrix}$$

여기서 '육아휴직 복귀자'란 다음의 요건을 모두 충족하는 사람을 말한다.

① 해당 기업에서 1년 이상 근무하였을 것(해당 기업이 육아휴직 복귀자의 근로소득세를 원천징수하였던 사실이 확인되는 경우로 한정한다)

② 육아휴직한 경우로서 육아휴직기간이 연속하여 6개월 이상일 것

③ 해당 기업의 최대주주(개인사업자의 경우에는 대표자를 말한다)나 그와 특수관계인(친족관계인 사람을 말한다)이 아닐 것

한편 위 세액공제는 육아휴직 복귀자의 자녀 1명당 한차례에 한정하여 적용한다.

2. 사후관리

추가세액공제를 받은 자가 각각 정규직 근로자로의 전환일 또는 육아휴직 복직일부터 2년이 지나기 전에 해당 근로자와의 근로관계를 종료하는 경우에는 근로관계가 종료한 날이 속하는 과세연도의 과세표준신고를 할 때 공제받은 세액에 상당하는 금액을 법인세 또는 소득세로 납부해야 한다.

사례 2 근로소득을 증대시킨 기업에 대한 세액공제제도 등

A는 조세특례제한법에서 규정하는 중소기업인 내국법인이고, 甲은 A가 고용한 종업원으로 내국인인 거주자이다. 아래 물음에 답하시오. (2018년 세무사 2차, 25점)

【물음 1】 A는 상시근로자에 대한 임금을 인상하고, 일부 비정규직 근로자를 정규직으로 전환하여 조세특례제한법의 '근로소득을 증대시킨 기업에 대한 세액공제제도'를 적용받고자 한다.

이 제도의 ① 운용취지, ② 상시근로자의 임금인상 관련 적용요건, ③ 정규직 전환근로자 관련 적용요건을 각각 설명하시오. (단, 3년 평균 초과임금 증가분과 전체 중소기업의 평균임금 증가분을 초과하는 임금증가분의 계산방식은 설명에서 제외한다.) (10점)

【물음 2】 甲이 조세특례제한법의 '월세액에 대한 세액공제제도'를 적용받고자 한다. 이 제도의 ① 운용취지, ② 적용대상자, ③ 적용대상자의 소득금액별 공제액, ④ 월세액의 적용요건을 각각 설명하시오. (10점)

【물음 3】 A는 조세특례제한법의 '상생결제 지급금액에 대한 세액공제'를 적용받고자 한다. 이 제도의 적용요건을 설명하시오. (5점)

해 답

【물음 1】 근로소득을 중대시킨 기업에 대한 세액공제(p.107 참조)

1. 운용취지

이 제도는 근로소득을 중대시키는 기업에 대해 세액공제의 혜택을 부여하여 기업의 유보이익이 가계소득으로 환류되어 선순환 경제성장을 도모하려는데 그 취지가 있다.

2. 상시근로자의 임금인상 관련 적용요건

근로소득을 중대시킨 기업에 대한 세액공제을 적용받기 위해서는 다음의 요건을 모두 충족해야 한다.

① 상시근로자의 해당 과세연도의 평균임금 증가율이 직전 3개 과세연도의 평균임금 증가율의 평균(이하 '직전 3년 평균임금 증가율의 평균'이라 한다)보다 클 것. 여기서 '상시근로자'란 근로기준법에 따라 근로계약을 체결한 근로자를 말하되, 다음 중 어느 하나에 해당하는 자는 제외한다.

㉠ 「법인세법 시행령」에서 정하는 임원

㉡ 소득세법에 따른 근로소득(일반급여와 잉여금처분에 따른 상여를 말한다)의 금액(비과세소득은 제외) 7,000만원 이상인 근로자

㉢ 해당 기업의 최대주주 또는 최대출자자(개인사업자의 경우에는 대표자를 말한다) 및 그와 친족관계인 근로자

㉣ 근로소득원천징수부에 의해 근로소득세를 원천징수한 사실이 확인되지 않는 근로자

㉤ 근로계약기간이 1년 미만인 근로자(다만, 근로계약의 연속된 갱신으로 인하여 그 근로계약의 총 기간이 1년 이상인 근로자는 제외)

ⓗ 근로기준법에 따른 단시간근로자

② 해당 과세연도의 상시근로자 수가 직전 과세연도의 상시근로자 수보다 크거나 같을 것

3. 정규직 전환근로자 관련 적용요건

정규직 근로자로 전환한 부분에 대한 세액공제를 받기 위해서는 다음의 요건을 모두 충족해야 한다.

① 해당 과세연도에 정규직 전환 근로자가 있을 것

② 해당 과세연도의 상시근로자 수가 직전 과세연도의 상시근로자 수보다 크거나 같을 것

【물음 2】 월세액에 대한 세액공제제도(p.309 참조)

1. 운영취지

이 제도는 서민 · 중산층 근로소득자의 전세에서 월세로의 전환에 따른 주거비 부담을 덜어주려는 데 그 취지가 있다.

2. 적용대상자

월세액에 대한 세액공제는 다음의 요건을 모두 충족하는 자가 월세액을 지급하는 경우에 적용한다.

① 과세기간 종료일 현재 주택을 소유하지 않는 세대의 세대주(세대주가 월세 세액공제 및 주택자금 소득공제를 받지 않은 경우에는 세대의 구성원을 말한다)일 것

② 해당 과세기간의 총급여액이 8천만원 이하인 근로소득이 있는 거주자(해당 과세기간에 종합소득 과세표준을 계산할 때 합산하는 종합소득금액이 7천만원을 초과하는 사람은 제외)일 것

3. 적용대상자의 소득금액별 공제액

월세액에 대한 세액공제액은 다음의 금액으로 한다.

월세에 대한 세액공제액 = (주택을 임차하기 위하여 지급하는 월세액, 1,000만원) × 공제율

구분	공제율
① 해당 과세기간의 총급여액이 5,500만원 이하인 근로소득이 있는 근로자(해당 과세기간의 종합소득금액이 4,500만원을 초과하는 사람은 제외)	17%
② 해당 과세기간의 총급여액이 5,500만원 초과 8,000만원 이하인 근로소득이 있는 근로자(해당 과세기간의 종합소득금액이 7,000만원을 초과하는 사람은 제외)	15%

4. 월세액의 적용요건

'주택을 임차하기 위하여 지급한 월세액'이란 다음의 요건을 충족하는 주택(오피스텔 및 고시원업의 시설 포함)을 임차하기 위하여 지급하는 월세액(사글세액 포함)을 말한다.

① 주택법에 따른 ㉠ 국민주택규모이거나 ㉡ 기준시가가 4억원 이하인 주택일 것(이 경우 해당 주택이 다가구주택이면 가구당 전용면적을 기준으로 한다)

② 주택 및 오피스텔에 딸린 토지가 도시지역의 토지는 5배(그 밖의 토지는 10배)를 초과하지 않을 것

③ 임대차계약증서의 주소지와 주민등록표 등본의 주소지가 같을 것

④ 해당 거주자 또는 해당 거주자의 기본공제대상자가 임대차계약을 체결할 것

【물음 3】 상생결제 지급금액에 대한 세액공제(p.33 참조)

① 중소기업 및 중견기업을 경영하는 내국인이 ② 중소기업 및 중견기업에 지급한 구매대금 중 상생결제제도를 통하여 지급한 금액이 있는 경우로서 ③ 해당 과세연도에 지급한 구매대금 중 약속어음으로 결제한 금액이 차지하는 비율이 직전 과세연도보다 증가하지 않는 경우에 상생결제금액에 대한 세액공제를 적용한다.

❑ 출제위원 채점평

조세특례제한법의 문제는 현재 조세정책의 가장 중요한 세제에 대해 설명을 하는 문제였다. 상당 수 수험생들은 해당 주제에 대해 어렴풋이 인지는 하고 있었지만, 정작 그 제도가 도입된 취지에 대해서는 피상적인 답에 그쳤다. 그 원인으로는 수험생들이 조세특례제한법과 관련된 시사적 이슈가 무엇인지를 고민하기 보다는 세부적인 계산방법 등에 대해서는 단순암기를 바탕으로 답안을 작성했기 때문이다. 보다 고득점을 하기 위해서는 조세특례제한법상 특정 주제에 대해 왜 도입되었는지, 조세특례제도의 내용이 무엇인지, 문제점은 없는지 및 그에 대한 해결방안을 염두에 두고 공부하는 학습이 필요하다고 본다. 단순 암기식 공부 방법으로는 고득점이 어렵다고 본다.

제3절 창업 및 가업승계 지원을 위한 증여세 과세특례

I 서 설

고령화 시대에 대응하고 가업의 원활한 승계를 지원하기 위해서 조세특례제한법은 ① 창업자금에 대한 증여세 과세특례, ② 가업승계에 대한 증여세 과세특례, ③ 가업승계시 증여세의 납부유예 제도를 마련하고 있다.

II 창업자금에 대한 증여세 과세특례

1. 개 요

'창업자금에 대한 증여세 과세특례'란 거주자가 노부모로부터 창업자금을 증여받은 경우 10%의 낮은 세율로 증여세를 부과하고, 증여한 직계존속의 사망시 창업자금을 상속재산가액에 가산하여 상속세로 정산하여 과세하는 제도(창업자금 사전상속제도)를 말한다. 이 제도는 고령화시대에 대응하여 젊은 세대로의 부(富)의 조기이전을 촉진하여 경제활력의 증진을 도모하려는데 그 취지가 있다.

2. 증여세 과세특례

(1) 과세특례의 요건

18세 이상인 거주자가 창업중소기업 해당 업종을 영위하는 중소기업을 창업할 목적으로 60세 이상의 부모[1]로부터 창업자금을 증여받아야 하는데(조특법 30의5 ① 전단), 구체적인 내용은 다음과 같다.

1) '창업자금'이란 양도소득세 과세대상재산을 제외한 재산을 증여받은 경우로서 해당 증여받은 재산의 가액 중 창업자금*[증여세 과세가액 50억원(창업을 통하여 10명 이상을 신규 고용한 경우에는 100억원)을 한도로 한다]을 말한다(조특법 30의5 ①, 조특령 27의5 ②).

* 여기서 '창업자금'이란 창업에 직접 사용되는 ① 사업용자산의 취득자금과 ② 사업장의 임차보증금(전세금) 및 임차료 지급액을 말한다(조특령 27의5 ②).

---

1) 증여 당시 부 또는 모가 사망한 경우에는 사망한 부 또는 모의 부모를 말한다.

2) 창업자금을 증여받은 자는 증여받은 날부터 2년 이내에 창업(관할세무서장에게 사업자등록하는 것을 말한다)해야 한다. 이 경우 사업을 확장하기 위하여 사업용자산을 취득하거나 확장한 사업자의 임차보증금 및 임차료를 지급하는 경우에는 창업으로 보며, 다음 중 어느 하나에 해당하는 경우는 창업으로 보지 않는다(조특법 30의5 ②, 조특령 27의5 ③).

① 합병 · 분할 · 현물출자 또는 사업의 양수를 통하여 종전의 사업을 승계하여 같은 종류의 사업을 하는 경우

①-2 종전의 사업에 사용되던 자산을 인수 또는 매입하여 같은 종류의 사업을 하는 경우로서 인수 또는 매입한 자산가액의 합계액이 사업개시일이 속하는 과세연도의 종료일 또는 그 다음 과세연도의 종료일 현재 사업용자산의 총가액에서 차지하는 비율이 30%를 초과하는 경우

② 거주자가 하던 사업을 법인으로 전환하여 새로운 법인을 설립하는 경우

③ 폐업 후 사업을 다시 개시하여 폐업 전의 사업과 같은 종류의 사업을 하는 경우

④ 사업을 확장하거나 다른 업종을 추가하는 등 새로운 사업을 최초로 개시하는 것으로 보기 곤란한 경우 그 밖에 창업자금을 증여받기 이전부터 영위한 사업의 운용자금과 대체설비자금 등으로 사용하는 경우(조특령 27의5 ⑦)

이처럼 창업자금을 증여받아 창업한 자가 새로 창업자금을 증여받아 당초 창업한 사업과 관련하여 사용하는 경우에는 창업으로 보지 않는 위 ③ · ④의 규정을 적용하지 않는다(조특법 30의5 ③).

3) 창업자금을 증여받은 자는 증여받은 날부터 4년이 되는 날까지 창업자금을 모두 해당 목적에 사용해야 한다(조특법 30의5 ④).

4) 창업자금에 대한 증여세 과세특례를 적용받으려는 자는 증여세과세표준 신고기한까지 창업자금 특례신청을 해야 한다. 이 경우 그 신고기한까지 특례신청을 하지 않은 경우에는 이 특례규정을 적용하지 않는다(조특법 30의5 ⑪).

(2) 과세특례의 내용

1) 거주자가 증여받은 창업자금에 대해서는 상증세법 규정에 불구하고 다음과 같이 증여세를 부과한다(조특법 30의5 ① 전단).

창업자금에 대한 증여세액 = [증여세과세가액 − 5억원(사전증여특별공제)] × 10%(증여세율)

이 경우 창업자금을 2회 이상 증여받거나 부모로부터 각각 증여받는 경우에는 각각의 증여세 과세가액을 합산하여 적용한다(조특법 30의5 ① 후단).

2) 창업자금에 대하여 증여세를 부과하는 경우에는 ① 동일인(그 배우자 포함)으로부터 증여받은 창업자금 외의 다른 증여재산의 가액은 창업자금에 대한 증여세 과세가액에 가산하지 않으며, ② 창업자금에 대한 증여세과세표준을 신고하는 경우에도 신고세액공제를 적용하지 않는다(조특법 30의5 ⑩).

(3) 창업자금명세 제출

창업자금을 증여받은 자가 창업하는 경우 다음에 정하는 날에 창업자금 사용명세(증여받은 창업자금이 50억원을 초과하는 경우에는 고용명세 포함)[2]를 증여세 관할세무서장에게 제출해야 한다(조특법 30의5 ⑤ 전단, 조특령 27의5 ⑥).

① 창업일이 속하는 달의 다음 달 말일

② 창업일이 속하는 과세연도부터 4년 이내의 과세연도(창업자금을 모두 사용한 경우에는 그 날이 속하는 과세연도)까지 매 과세연도의 과세표준신고기한

이 경우 창업자금사용명세를 제출하지 않거나 제출된 창업자금사용명세가 불분명한 경우에는 다음 금액을 가산세로 부과한다(조특법 30의5 ⑤).

$$\text{창업자금사용명세서 미제출가산세} = \text{미제출분·불분명한 분의 금액} \times \frac{3}{1,000}$$

(4) 창업자금에 대한 사후관리

창업자금에 대한 증여세 과세특례를 적용받은 경우로서 다음 중 어느 하나에 해당하는 경우에는 창업자금 등에 대하여 상증세법에 따라 증여세와 상속세를 각각 부과한다. 이 경우에는 이자상당액을 그 부과하는 증여세에 가산하여 부과한다(조특법 30의5 ⑥).

부과사유	부과대상 금액
① 증여받은 날부터 2년 이내에 창업하지 않는 경우	창업자금
② 창업자금으로 창업중소기업 해당 업종 외의 업종을 경영하는 경우	창업중소기업 해당 업종 외의 업종에 사용된 창업자금
③ 창업자금을 증여받아 창업을 한 자가 새로 증여받은 창업자금을 당초 창업한 사업에 사용하지 않은 경우	해당 목적에 사용되지 않은 창업자금
④ 창업자금을 증여받은 날부터 4년이 되는 날까지 모두 해당 목적에 사용하지 않은 경우	

2) 창업자금사용명세에는 ① 증여받은 창업자금의 명세, ② 증여받은 창업자금의 사용명세 및 이를 확인할 수 있는 사항, ③ 증여받은 창업자금이 50억원을 초과하는 경우에는 고용 내역을 확인할 수 있는 사항이 포함되어야 한다(조특령 27의5 ⑧).

⑤ 증여받은 후 10년 이내에 창업자금 등(창업으로 인한 가치증가분 포함. 이하 같다)을 해당 사업용도 외의 용도로 사용한 경우	해당 사업용도 외의 용도로 사용된 창업자금 등
⑥ 창업 후 10년 이내에 수증자의 사망, 해당 사업을 폐업하거나 휴업한 경우	창업자금(창업으로 인한 가치증가분을 포함)
⑦ 증여받은 창업자금이 50억원을 초과하는 경우로서 창업한 날이 속하는 과세연도의 종료일부터 5년 이내에 각 과세연도의 근로자 수가 다음 계산식에 따라 계산한 수보다 적은 경우 $$\text{창업한 날의 근로자 수} - \left(\frac{\text{창업을 통하여}}{\text{신규 고용한 인원 수}} - 10\text{명}\right)$$	50억원을 초과하는 창업자금

참고사항 창업자금에 대한 사후관리 적용시 증여세 신고납부

창업자금에 대한 사후관리 규정에 해당하는 거주자는 위 도표의 부과사유 중 어느 하나에 해당하는 날이 속하는 달의 말일부터 3개월 이내에 관할세무서장에게 신고하고 해당 증여세와 이자상당액을 관할세무서, 한국은행 또는 체신관서에 납부해야 한다. 다만, 위 사후관리 규정에 따라 이미 증여세와 이자상당액이 부과되어 이를 납부한 경우에는 그렇지 않다(조특법 30의5 ⑦). ■

참고사항 이자상당액

증여세액에 가산하여 부과하는 이자상당액은 다음의 금액으로 한다(조특령 27의5 ⑨).

$$\text{이자상당액} = \text{결정한 증여세액} \times \text{기간}^{*} \times 1\text{일}\ \frac{2.2}{10,000}$$

* 기간 : 당초 증여받은 창업자금에 대한 증여세의 과세표준신고기한의 다음 날부터 추징사유가 발생한 날까지의 기간 ■

참고사항 부과사유의 예외

부과사유(⑤)에 해당하는 경우에는 증여세와 상속세를 부과하지만, 다음 중 어느 하나에 해당하는 경우에는 제외한다(조특령 27의5 ⑩).

부과사유	예외
수증자의 사망	① 수증자가 창업자금을 증여받고 창업하기 전에 사망한 경우로서 수증자의 상속인이 당초 수증자의 지위를 승계하여 창업하는 경우 ② 수증자가 창업자금을 증여받고 창업한 후 창업목적에 사용하기 전에 사망한 경우로서 수증자의 상속인이 당초 수증자의 지위를 승계하여 창업하는 경우 ③ 수증자가 창업자금을 증여받고 창업을 완료한 후 사망한 경우로서 수증자의 상속인이 당초 수증자의 지위를 승계하여 창업하는 경우
폐업 · 휴업	① 부채가 자산을 초과하여 폐업하는 경우 ② 최초 창업 이후 영업상 필요 또는 사업전환을 위하여 1회에 한정하여 2년 이내의 기간 동안 휴업하거나 폐업하는 경우

[도 표] 창업자금에 대한 증여세 과세특례

父母 → 甲(자)				父母 → 상속인
	증여		상속	
창업자금	10억	무조건 합산과세 →	20억	상속재산
증여공제	(5억)		(10억)	상속공제
과세표준	5억		10억	과세표준
×세율	×10%		×세율	×세율(10%~50%)
증여세액	50		240	상속세액
신고세액공제(3%)	×	→	(50)	증여세액공제(한도 ×)
			190	납부세액

3. 창업자금에 대한 상속세 정산과세

(1) 창업자금의 합산과세

창업자금은 상속재산에 가산하는 증여재산으로 본다(조특법 30의5 ⑧). 이 경우 ① 창업자금은 증여받은 날부터 상속개시일까지의 기간과 관계없이 상속세과세가액에 가산하되, ② 상속공제의 종합한도를 계산할 때에는 상속세과세가액에서 차감하는 증여재산가액으로 보지 않는다(조특법 30의5 ⑨). 따라서 창업자금은 증여재산의 합산기간(10년)과 관계없이 상속세과세가액에 합산하여 과세한다.

(2) 창업자금에 대한 증여세액공제

창업자금에 대한 증여세액에 대하여 상증세법에 따른 증여세액공제를 적용하는 경우에는 그 공제한도액의 규정에 불구하고 상속세산출세액에서 창업자금에 대한 증여세액을 공제한다. 이 경우 공제할 증여세액이 상속세산출세액보다 많은 경우 그 차액에 상당하는 증여세액은 환급하지 않는다(조특법 30의5 ⑩).

상속세산출세액 − 창업자금에 대한 증여세액 = [(+) 상속세액 납부 ○ / (−) 증여세액 환급 ×]

4. 준용규정 및 중복적용 배제

증여세 및 상속세를 과세하는 경우 창업자금에 대한 증여세 과세특례에서 달리 정하지 않은 것은 상증세법에 따른다(조특법 30의5 ⑬). 한편 창업자금에 대한 증여세 과세특례를 적용받는 거주자는 가업의 승계에 대한 증여세 과세특례를 적용하지 않는다(조특법 30의5 ⑭).

[도 표] 창업자금에 대한 증여세 과세특례

구분		상증세법의 내용	창업자금 과세특례의 내용
증여세 과세	증여재산공제	10년간 5천만원	10년간 5억원
	증 여 세 율	10%~50%의 초과누진세율	10% 세율
	합 산 과 세	동일인으로부터 증여받은 재산은 다른 증여재산가액에 10년간 합산과세함	동일인으로부터 증여받은 창업자금은 다른 증여재산가액에 합산과세하지 않음
	신고세액공제	적용 ○	적용 ×
상속세 과세	증여재산의 합산과세	10년간 합산과세	합산기간과 관계없이 합산과세
	증여세액공제	공제한도 안에서 세액공제	공제한도와 관계없이 세액공제

Ⅲ 가업의 승계에 대한 증여세 과세특례

1. 개 요

'가업의 승계에 대한 증여세 과세특례'란 거주자가 노부모로부터 중소기업 · 중견기업의 주식을 증여받아 가업을 승계하는 경우 10%의 낮은 세율로 증여세를 부과하고, 증여한 노부모의 사망시 중소기업 · 중견기업의 주식가액을 상속재산가액에 가산하여 상속세로 정산하여 과세하는 제도(사전상속제도)를 말한다. 그 취지는 기업의 사전상속에 대한 세부담을 완화하여 기업의 계속성을 유지하고 경제활력을 높이는데 있다.

2. 증여세 과세특례

(1) 과세특례의 요건

18세 이상인 거주자가 60세 이상의 부모*로부터 가업의 승계를 목적으로 해당 가업의 주식 또는 출자지분(이하 '주식 등'이라 한다)을 증여받고 가업을 승계해야 하는데(조특법 30의6 ① 전단), 구체적인 내용은 다음과 같다.

* '부모'에는 증여 당시 아버지나 어머니가 사망한 경우에는 그 사망한 아버지나 어머니의 부모를 포함한다(이하 같다).

1) '주식 등'이란 거주자가 부모로부터 해당 가업의 승계를 목적으로 증여받은 주식 등의 가

액 중 가업자산상당액에 대한 증여세 과세가액을 말한다. 여기서 ① '가업'이란 중소기업 또는 중견기업(증여받은 날이 속하는 법인세 사업연도의 직전 3개 법인세 사업연도의 매출액 평균금액이 5천억원 이상인 기업은 제외)으로서 부모가 10년 이상 계속하여 경영한 기업을 말하며, ② 가업자산상당액에 대한 증여세 과세가액은 다음의 구분에 따른 금액을 한도로 한다(조특법 30의6 ①).

① 부모가 10년 이상 20년 미만 계속하여 경영한 경우 : 300억원
② 부모가 20년 이상 30년 미만 계속하여 경영한 경우 : 400억원
③ 부모가 30년 이상 계속하여 경영한 경우 : 600억원

2) 가업을 승계해야 하는데, '가업을 승계한 경우'란 다음의 요건을 모두 갖춘 경우를 말한다(조특령 27의6 ①).

구분	가업승계의 요건
증여자인 부모의 요건	부모가 다음의 요건을 모두 갖춘 경우 ① 중소기업 또는 중견기업의 최대주주인 경우로서 부모와 그의 특수관계인의 주식 등을 합하여 해당 기업의 발행주식총수의 40%(거래소에 상장되어 있는 법인이면 20%) 이상을 10년 이상 계속하여 보유할 것 ② 가업의 영위기간* 중 다음의 어느 하나에 해당하는 기간을 대표이사로 재직할 것 ㉠ 50% 이상의 기간 ㉡ 증여일부터 소급하여 10년 중 5년 이상의 기간 * 상증령 별표에 따른 업종으로서 한국표준산업분류상 동일한 대분류 내의 다른 업종으로 주된 사업을 변경하여 영위한 기간은 합산한다.
수증자의 요건	해당 가업의 주식을 증여받은 자(이하 '수증자'라 한다) 또는 그 배우자가 ① 증여세 과세표준 신고기한까지 가업에 종사하고 ② 증여일부터 3년 이내에 대표이사에 취임할 것

3) 가업승계 주식 등에 대한 증여세 과세특례를 적용받고자 하는 자는 증여세 과세표준신고기한까지 주식 등 특례신청을 해야 한다. 이 경우 그 신고기한까지 특례신청을 하지 않은 경우에는 이 특례규정을 적용하지 않는다(조특법 30의6 ④, 30의5 ⑪).

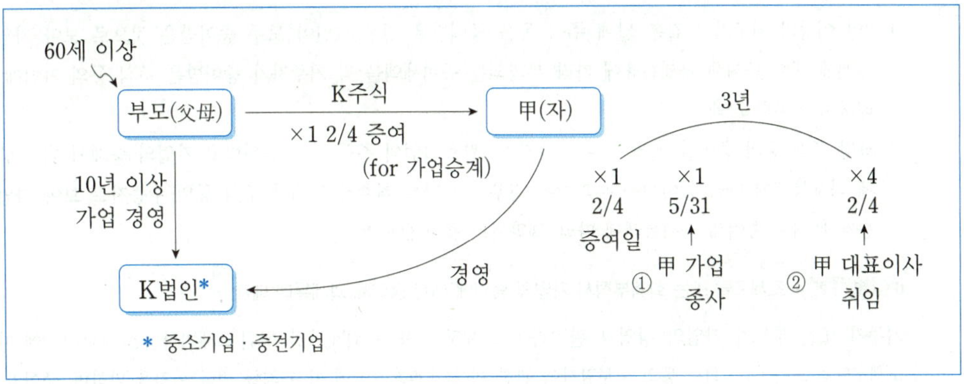

참고사항 가업의 승계에 대한 증여세 과세특례를 적용받는 중소기업과 중견기업의 범위*

* 상증세법상 가업상속공제를 적용받는 중소기업과 중견기업의 범위와 같다.

1. '중소기업'이란 증여일이 속하는 소득세 과세기간(또는 법인세 사업연도)의 직전 소득세 과세기간(또는 법인세 사업연도) 말 현재 다음의 요건을 모두 갖춘 기업을 말한다(조특령 27의6 ①, 상증령 15 ⑭).

① 별표(가업상속공제를 적용받는 중소·중견기업의 해당 업종)에 따른 업종을 주된 사업으로 영위할 것
② 「조세특례제한법 시행령(제2조)」의 규모기준 요건과 실질적인 독립성기준 요건을 충족할 것
③ 자산총액이 5천억원 미만일 것

2. '중견기업'이란 증여일이 속하는 소득세 과세기간(또는 법인세 사업연도)의 직전 소득세 과세기간(또는 법인세 사업연도) 말 현재 다음의 요건을 모두 갖춘 기업을 말한다(조특령 27의6 ②, 상증령 15 ⑮).

① 별표(가업상속공제를 적용받는 중소·중견기업의 해당 업종)에 따른 업종을 주된 사업으로 영위할 것
② 「조세특례제한법 시행령(제9조 ④)」의 중소기업이 아닌 기업으로서 실질적 독립성기준 요건을 충족할 것
③ 증여일의 직전 3개 소득세 과세기간(또는 법인세 사업연도)의 매출액의 평균금액이 5천억원 미만인 기업일 것 ■

(2) 과세특례의 내용

1) 거주자가 가업승계 목적으로 증여받은 주식 등에 대해서는 상증세법 규정에 불구하고 다음과 같이 증여세를 부과한다(조특법 30의6 ①).

> 주식 등에 대한 증여세액
> = [증여세과세가액 − 10억원(사전증여특별공제)] × 10%(과세표준 120억원 초과분은 20%)

* 다만, 가업의 승계 후 가업의 승계 당시 최대주주에 해당하는 자(가업의 승계 당시 해당 주식 등의 증여자 및 해당 주식 등을 증여받은 자는 제외)로부터 증여받는 경우에는 과세특례를 적용하지 않는다(조특법 30의6 ① 단서).

참고사항 주식 등을 증여받고 가업을 승계한 거주자가 2인 이상인 경우 증여세액 계산

주식 등을 증여받고 가업을 승계한 거주자가 2인 이상인 경우에는 각 거주자가 증여받은 주식 등을 1인이 모두 증여받은 것으로 보아 증여세를 부과한다. 이 경우 각 거주자가 납부해야 하는 증여세액은 다음과 같이 계산한 금액으로 한다(조특법 30의6 ②, 조특령 27의6 ②).

① 2인 이상의 거주자가 같은 날에 주식 등을 증여받은 경우 : 1인이 모두 증여받은 것으로 보아 가업의 승계에 대한 증여세 과세특례에 따라 부과되는 증여세액을 각 거주자가 증여받은 주식 등의 가액에 비례하여 안분한 금액
② 해당 주식 등의 증여일 전에 다른 거주자가 해당 가업의 주식 등을 증여받고 가업의 승계에 대한 증여세 과세특례에 따라 증여세를 부과받은 경우 : 그 다른 거주자를 해당 주식 등의 수증자로 보아 가업의 승계에 대한 증여세 과세특례에 따라 부과되는 증여세액 ■

참고사항 조세포탈 또는 회계부정시 가업의 승계에 대한 증여세 과세특례 배제

거주자 또는 부모가 가업의 경영과 관련하여 조세포탈 또는 회계부정 행위[조세범처벌법(제3조 ①)에 따른 조세포탈범 또는 「주식회사 등의 외부감사에 관한 법률(제39조 ①)」에 따른 죄를 범하는 것을 말하며, 증여일 전

10년 이내 또는 증여일부터 5년 이내의 기간 중의 행위로 한정한다]로 징역형 또는 벌금형을 선고받고 그 형이 확정된 경우에는 다음의 구분에 따른다(조특법 30의6 ④).

① 관할세무서장의 과세표준과 세율의 결정이 있기 전에 피상속인 또는 상속인에 대한 형이 확정된 경우 : 가업의 승계에 대한 증여세 과세특례를 적용하지 않을 것

② 가업의 승계에 대한 증여세 과세특례를 적용받은 후에 거주자 또는 부모에 대한 형이 확정된 경우 : 증여받은 주식 등의 가액에 대하여 증여세를 부과한다. 이 경우 이자상당액을 증여세에 가산하여 부과한다. ■

2) 주식 등에 대하여 증여세를 부과하는 경우에는 상증세법의 동일인(그 배우자 포함)으로부터 증여받은 주식 등 외의 다른 증여재산의 가액은 주식 등에 대한 증여세 과세가액에 가산하지 않으며, 주식 등에 대한 증여세과세표준을 신고하는 경우에도 신고세액공제를 적용하지 않는다(조특법 30의6 ⑤, 30의5 ⑪).

한편 증여세 과세특례 적용대상 주식 등을 증여받은 후 해당 주식 등의 증여에 대한 상증세법의 주식의 상장에 따른 이익의 증여규정 또는 합병에 따른 상장이익의 증여규정에 따른 증여이익은 증여세 과세특례 대상 주식 등의 과세가액과 증여이익을 합하여 100억원까지 납세자의 선택에 따라 가업의 승계에 대한 증여세 과세특례를 적용받을 수 있다. 이 경우 증여세 과세특례 적용을 받은 증여이익은 상속세 과세가액에 가산한다(조특령 27의6 ⑧).

참고사항 증여세 과세특례 적용 후 상속이 개시되는 경우 가업상속공제 적용

증여세 특례대상인 주식 등을 증여받은 후 상속이 개시되는 경우 상속개시일 현재 다음 ①·②의 요건을 모두 갖춘 경우에는 가업상속으로 보아 관련 가업상속공제 규정을 적용한다(조특령 28의6 ⑨).

① 상증령(제15조 ③)에 따른 가업에 해당할 것[가업승계에 대한 증여세 과세특례에 따라 피상속인이 보유한 가업의 주식 등의 전부를 증여하여 지분비율 40%(상장법인은 20%)의 요건을 충족하지 못하는 경우에는 상속인이 증여받은 주식 등을 상속개시일 현재까지 피상속인이 보유한 것으로 보아 같은 목의 요건을 적용하며, 상증세법에 따른 가업의 해당 여부는 가업승계에 대한 증여세 과세특례에 따라 주식 등을 증여받은 날이 포함되는 법인세 사업연도의 직전 3개 법인세 사업연도의 매출액 평균금액 기준으로 판단한다]. 다만, 피상속인의 요건 중 대표이사 재직기간 요건은 적용하지 않는다.

② 수증자가 증여받은 주식 등을 처분하거나 지분율이 낮아지지 않은 경우로서 가업에 종사하거나 대표이사로 재직하고 있을 것 ■

(3) 사후관리

주식 등을 증여받은 자가 다음 중 어느 하나에 해당하는 경우에는 그 주식 등의 가액에 대하여 상증세법에 따라 증여세를 부과한다. 이 경우 이자상당액을 증여세에 가산하여 부과한다(조특법 30의6 ③).

① 가업을 승계하지 않은 경우. 이는 과세특례의 요건 중 2)에 따라 가업을 승계하지 않은 경우를 말한다(조특령 27의6 ③).

② 가업을 승계한 후 주식 등을 증여받은 날부터 5년 이내에 정당한 사유 없이 다음 중 어느 하나에 해당하게 된 경우

㉠ 가업에 종사하지 않거나 가업을 휴업하거나 폐업하는 경우. 여기에는 다음 중 어느 하나에 해당하는 경우를 포함한다(조특령 27의6 ⑥).

- 수증자(수증자의 배우자 포함)가 주식 등의 증여를 받은 날부터 5년까지 대표이사직을 유지하지 않은 경우
- 가업의 주된 업종을 변경하는 경우(다만, ⓐ 한국표준산업분류에 따른 대분류 내에서 업종을 변경하는 경우와 ⓑ 평가심의위원회의 심의를 거쳐 업종의 변경을 승인하는 경우는 제외)
- 가업을 1년 이상 휴업(실적이 없는 경우 포함)하거나 폐업하는 경우

㉡ 증여받은 주식 등의 지분이 줄어드는 경우. 여기에는 다음 중 어느 하나에 해당하는 경우를 포함한다(조특령 27의6 ⑦).

- 수증자가 증여받은 주식 등을 처분하는 경우(다만, 합병 · 분할 등 조직변경에 따른 처분으로서 수증자가 최대주주 등에 해당하는 경우와 자본시장법에 따른 상장규정의 상장요건을 갖추기 위하여 지분을 감소시킨 경우는 제외)
- 증여받은 주식 등을 발행한 법인이 유상증자 등을 하는 과정에서 실권 등으로 수증자의 지분율이 낮아지는 경우(다만, 해당 법인의 시설투자 · 사업규모의 확장 등에 따른 유상증자로서 수증자의 특수관계인 외의 자에게 신주를 배정하기 위하여 실권하는 경우로서 수증자가 최대주주 등에 해당하는 경우, 해당 법인의 채무가 출자전환됨에 따라 수증자의 지분율이 낮아지는 경우로서 수증자가 최대주주 등에 해당하는 경우는 제외)
- 수증자와 특수관계에 있는 자의 주식처분 또는 유상증자시 실권 등으로 지분율이 낮아져 수증자가 최대주주 등에 해당되지 않은 경우
- 해당 법인의 감자(지분비율에 따라서 무상으로 균등하게 감자하는 경우는 제외)로 인하여 수증자의 보유주식 수가 감소한 경우

앞 사후관리에 해당하는 거주자는 그 사유 중 어느 하나에 해당하게 되는 날이 속하는 달의 말일부터 3개월 이내에 관할세무서장에게 신고하고 해당 증여세와 이자상당액을 납세지 관할세무서, 한국은행 또는 체신관서에 납부해야 한다. 다만, 위 규정에 따라 이미 증여세와 이자상당액이 부과되어 납부된 경우에는 그렇지 않다(조특법 30의6 ⑧).

3. 가업승계 주식 등에 대한 상속세 정산과세

(1) 주식 등의 합산과세

주식 등은 상속재산에 가산하는 증여재산으로 본다(조특법 30의6 ④, 30의5 ⑦). 이 경우 주식 등은 증여받은 날부터 상속개시일까지의 기간과 관계없이 상속세과세가액에 가산하되, 상속공제의 종합한도를 계산할 때에는 상속세과세가액에 차감하는 증여재산가액으로 보지 않는다(조특법 30의6

⑤, 30의5 ⑧). 따라서 주식 등은 증여재산의 합산기간(10년)과 관계없이 상속세과세가액에 합산하여 과세한다.

(2) 주식 등에 대한 증여세액공제

주식 등에 대한 증여세액에 대하여 상증세법에 따른 증여세액공제를 하는 경우에는 그 공제한도액의 규정에 불구하고 상속세산출세액에서 주식 등에 대한 증여세액을 공제한다. 이 경우 공제할 증여세액이 상속세산출세액보다 많은 경우 그 차액에 상당하는 증여세액은 환급하지 않는다(조특법 30의6 ⑤, 30의5 ⑨).

상속세산출세액 − 주식 등에 대한 증여세액 = (+) 상속세 납부 ○ / (−) 증여세 환급 ×

4. 준용규정 및 중복적용 배제

증여세 및 상속세를 과세하는 경우 기업의 승계에 대한 증여세 과세특례에서 달리 정하지 않은 것은 상증세법에 따른다(조특법 30의6 ⑤, 30의5 ⑫). 한편 가업의 승계에 대한 증여세 과세특례를 적용받는 거주자는 창업자금에 대한 증여세 과세특례를 적용하지 않는다(조특법 30의6 ⑦).

[도 표] 가업상속공제와 가업승계 증여세 과세특례 비교

구분		가업상속공제(상증법)	가업승계 증여세 과세특례(조특법)
적용 요건		중소기업 또는 중견기업(매출액 5천억원 미만)으로서 피상속인이 10년 이상 계속하여 경영한 기업의 상속	중소기업 또는 중견기업(매출액 5천억원 미만)으로서 부모가 10년 이상 계속하여 경영한 기업의 승계를 목적으로 주식을 증여받고 가업을 승계
적용 혜택		가업상속공제 : MIN(①, ②) ① 가업상속 재산가액 ② 한도액 : 피상속인의 가업영위기간에 따라 300억원 · 400억원 · 600억원	사전증여특별공제(10억원) 10% · 20% 저율과세
		가업영위기간 한도액 10년 이상 : 300억원 20년 이상 : 400억원 30년 이상 : 600억원	가업영위기간 한도액 10년 이상 : 300억원 20년 이상 : 400억원 30년 이상 : 600억원
사후관리 기간		5년	5년
사후 관리	지분유지	상속받은 지분 유지	증여받은 지분 유지
	고용유지	5년간 정규직 근로자 수의 평균의 90%	(없음)

Ⅳ 가업승계시 증여세의 납부유예

1. 개 요

중소기업의 원활한 가업승계를 위해서 중소기업에 해당하는 가업의 주식을 증여받은 경우 증여세의 납부유예하는 제도를 2023년부터 도입하였다.

2. 증여세의 납부유예

(1) 납부유예의 요건

관할세무서장은 거주자가 다음의 요건을 모두 갖추어 증여세의 납부유예를 신청하는 경우에는 가업승계에 대한 증여세액에 대해 납부유예를 허가할 수 있다(조특법 30의7 ①).

① 18세 이상인 거주자가 60세 이상의 부모로부터 가업(중소기업으로 한정한다)의 승계를 목적으로 해당 가업의 주식 또는 출자지분(이하 '주식 등'이라 한다)을 증여받았을 것. 여기서 '가업을 승계한 경우'란 해당 가업의 주식 등을 증여받은 자 또는 그 배우자가 증여세 과세표준 신고기한까지 가업에 종사하고 증여일부터 3년 이내에 대표이사에 취임하는 경우를 말한다(조특령 27의7 ⑥).

② 창업자금에 대한 증여세 과세특례(제30조의5) 또는 가업의 승계에 대한 증여세 과세특례(제30조의6)를 적용받지 않았을 것

이러한 가업승계에 대한 증여세의 납부유예 허가를 받으려는 자는 담보를 제공해야 한다(조특법 30의7 ②).

참고사항 납부유예할 수 있는 금액(조특령 27의7 ⑤)

$$\text{납부유예할 수 있는 증여세 납부세액} = \text{증여세 납부세액} \times \frac{\text{가업자산상당액}}{\text{총증여재산가액}}$$

참고사항 가업승계 대상 중소기업의 범위

'중소기업'이란 상속개시일이 속하는 소득세 과세기간(또는 법인세 사업연도)의 직전 소득세 과세기간(또는 법인세 사업연도) 말 현재 다음의 요건을 모두 갖춘 기업을 말한다(조특령 27의7 ⑦, 상증령 15 ①).

① 별표(가업상속공제를 적용받는 중소·중견기업의 해당 업종)에 따른 업종을 주된 사업으로 영위할 것

② 「조세특례제한법 시행령(제2조)」의 규모기준 요건과 실질적인 독립성기준 요건을 충족할 것

③ 자산총액이 5천억원 미만일 것 ■

(2) 증여세 납부유예 절차

1) 납부유예 신청 : 증여세의 납부유예를 신청하려는 자는 증여세 과세표준신고를 하는 경우(국세기본법에 따른 수정신고 또는 기한후신고를 하는 경우 포함)에는 납부해야 할 세액에 대하여 「납부유예신청서」를 증여세 과세표준신고와 함께 관할세무서장에게 제출해야 한다. 다만, 증여세 과세표준과 세액의 결정통지를 받은 자는 해당 납부고지서의 납부기한*까지 납부유예신청서를 제출할 수 있다(조특령 27의7 ①).

* 상증세법에 따른 수증자가 납부할 증여세를 연대하여 납부할 의무가 있는 증여자인 연대납세의무자가 세무서장으로부터 연대납부의무 사유에 대해 통지를 받은 경우에는 해당 납부고지서상의 납부기한을 말한다.

2) 납부유예 허가 여부 결정·통지 : 납부유예신청서를 받은 세무서장은 다음 기간 이내에 신청인에게 허가 여부를 서면으로 결정·통지해야 한다. 이 경우 해당 기간까지 허가 여부에 대한 서면을 발송하지 않은 때에는 허가를 한 것으로 본다(조특령 27의7 ②).

납부유예 신청시기	납부유예 허가 여부 결정·통지 기간
① 증여세 과세표준신고시	증여세 과세표준신고기한이 경과한 날부터 6개월
② 수정신고 또는 기한후신고시	신고한 날이 속하는 달의 말일부터 6개월
③ 증여세 과세표준과 세액 결정통지시	납부고지서에 따른 납부기한이 경과한 날부터 14일

이 경우에 위 ③에 따라 납부기한을 경과하여 납부유예 허가 여부를 통지하여 그 납부유예 세액을 징수할 때에는 납부유예 허가여부 통지일 이전에 한정하여 ① 1일당 2.2/10,000의 지연일수분(납부고지서에 따른 납부기한의 다음 날부터 성립하는 부분으로 한정한다) 납부지연가산세와 ② 체납분(미납세액의 3%) 납부지연가산세를 부과하지 않는다(조특령 27의2 ③).

(3) 사후관리

관할세무서장은 거주자가 정당한 사유 없이 다음 중 어느 하나에 해당하는 경우 가업승계시 증여세의 납부유예 허가를 취소하거나 변경하고, 해당 호에 따른 세액과 이자상당액을 징수한다(조특법 30의7 ③).

징수사유	납부세액
① 해당 거주자가 가업에 종사하지 않게 된 경우	납부유예된 세액의 전부
② 주식 등을 증여받은 거주자의 지분이 감소한 경우	다음의 구분에 따른 세액 ㉠ 증여일부터 5년 이내에 감소한 경우 : 납부유예된 세액의 전부 ㉡ 증여일부터 5년 후에 감소한 경우 : 납부유예된 세액×(감소한 지분율/증여일 현재 지분율)

③ 다음 ㉠·㉡ 모두 해당하는 경우 ㉠ 증여일부터 5년간 정규직 근로자 수의 전체 평균이 증여일이 속하는 사업연도의 직전 2개 사업연도의 정규직근로자 수의 평균의 70%에 미달하는 경우 ㉡ 증여일부터 5년간 총급여액의 전체 평균이 증여일이 속하는 사업연도의 직전 2개 사업연도의 총급여액 평균의 70%에 미달하는 경우	납부유예된 세액의 전부
④ 해당 거주자가 사망하여 상속이 개시되는 경우	납부유예된 세액의 전부

한편 가업승계시 증여세의 납부유예 허가를 받은 자는 위 징수사유 중 어느 하나에 해당하는 경우 그날이 속하는 달의 말일부터 3개월 이내에 관할세무서장에게 신고하고 해당 증여세와 이자상당액을 납세지 관할세무서, 한국은행 또는 체신관서에 납부해야 한다. 다만, 위의 징수규정에 따라 이미 증여세와 이자상당액이 징수된 경우에는 그렇지 않다(조특법 30의7 ④).

참고사항 이자상당액의 계산(조특령 27의7 ⑭)

$$이자상당액 = 결정한\ 납부세액 \times 기간^{*} \times \left(이자율^{**} \times \frac{1}{365}\right)$$

* 기간 : 당초 증여받은 가업 주식 등에 대한 증여세 과세표준 신고기한의 다음 날부터 징수사유가 발생한 날까지의 기간

** 이자율 : 사후관리에 따라 증여세 부과 당시의 국세환급가산금의 기본이자율을 말한다. 아래 참고사항의 납부세액과 이자상당액의 납부유예 허가신청을 한 경우에는 위 계산식에서 (이자율/365) 대신에 (이자율/365)×50%를 곱하여 계산한다.

3. 증여세의 징수

관할세무서장은 가업승계에 대한 증여세의 납부유예 허가를 받은 자가 다음 중 어느 하나에 해당하는 경우 그 허가를 취소하거나 변경하고, 납부유예된 세액의 전부 또는 일부와 이자상당액을 징수할 수 있다(조특법 30의7 ⑤).

① 담보의 변경 또는 그 밖의 담보 보전에 필요한 관할세무서장의 명령에 따르지 않은 경우
② 국세징수법에 따른 납부기한 전 징수사유 중 어느 하나에 해당되어 납부유예된 세액의 전액을 징수할 수 없다고 인정되는 경우

참고사항 납부세액과 이자상당액의 납부유예 허가 신청

① 주식 등을 증여받은 거주자의 지분이 감소하거나 ② 해당 거주자가 사망하여 상속이 개시되는 경우에 해당하여 납부유예된 세액과 이자상당액을 납부해야 하는 자는 다음 중 어느 하나에 해당하는 경우 상속세 징수 및 신고납부 규정에도 불구하고 관할세무서장에게 해당 세액과 이자상당액의 납부유예 허가를 신청할 수 있다(조특법 30의7 ⑥).

① 주식 등을 증여받은 거주자의 지분이 감소한 경우로서 수증자가 승계에 대한 증여세 과세특례 규정(제30조의6)에 따른 과세특례를 적용받거나 가업승계시 증여세의 납부유예 규정(제30조의7)에 따른 납부유예 허가를 받은 경우

② 해당 거주자가 사망하여 상속이 개시되는 경우로서 상속인이 상속받은 가업에 대하여 상증세법에 따른 가업상속공제를 받거나 가업상속에 대한 상속세의 납부유예 허가를 받은 경우

한편 위 규정에 따른 납부유예에 관하여는 앞의 담보제공, 증여세 징수 및 신고납부, 납부유예의 사후관리 규정을 준용한다(조특법 30의7 ⑦). ■

[도 표] 가업상속공제와 가업승계 증여세 과세특례 비교

구분		가업승계 증여세 과세특례(조특법)	가업승계시 증여세의 납부유예(조특법)
적용 요건		중소기업 또는 중견기업(매출액 5천억원 미만)으로서 부모가 10년 이상 계속하여 경영한 기업의 승계를 목적으로 주식을 증여받고 가업을 승계	거주자가 중소기업인 가업의 승계를 목적으로 주식을 증여
적용 혜택		사전증여특별공제(10억원) 10% · 20% 저율과세	수증자가 양도 · 상속 · 증여하는 시점까지 확정된 증여세 금액 납부유예
		가업영위기간 한도액 10년 이상 : 300억원 20년 이상 : 400억원 30년 이상 : 600억원	(없음)
사후관리 기간		5년	5년
사후관리	업종변경	대분류 내 허용	(없음)
	지분유지	증여받은 지분 유지	증여받은 지분 유지
	고용유지	(없음)	5년간 정규직 근로자 수의 평균의 70%

사례 3 가업승계와 창업자금에 대한 과세특례

다음 사례를 읽고 물음에 답하시오. (2021년 세무사 2차, 25점)

2025년 현재 甲(65세)의 가족관계는 배우자 乙(61세), 장남 丙(30세), 차남 丁(28세)이다. 이들은 모두 소득세법상 거주자이다.

(1) 甲은 2011년 8월경부터 중소기업(상속세 및 증여세법령상 가업상속공제요건을 갖춤)인 A주식회사(이하 'A회사'라 함)의 대표이사이며 발행주식총수의 100분의 40에 해당하는 주식을 소유한 최대주주로 10년 이상 계속하여 A회사를 경영해 왔고, 丙에게 가업을 승계시키려고 하였다. 이에 甲은 2025년 5월 30일 乙이 10년 이상 보유하던 A회사 발행주식총수의 100분의 20에 해당하는 주식을 증여받고, 그 다음 날 자신이 보유하던 주식과 乙로부터 받은 주식을 丙에게 모두 증여하였다. 2025년 8월 20일 丙은 증여세과세표준신고와 함께 주식 등 특례신청서를 관할세무서장에게 제출하였다.

(2) 丁은 평소 소프트웨어와 앱 개발에 관심을 가지고 사업을 준비하던 중 2025년 6월 15일 甲에게 중소기업(제조업) 창업을 위한 자금을 부탁하였다. 2025년 6월 20일 甲은 丁에게 창업자금으로 현금 10억원을 증여하였다. 2025년 8월 25일 丁은 증여세과세표준신고와 함께 창업자금 특례신청서 및 사용내역서를 관할세무서장에게 제출하였다.

【물음 1】 지문 (1)에서 조세특례제한법상 '가업의 승계에 대한 증여세 과세특례'의 취지, 증여자, 수증자, 특례내용을 설명하고, 丙이 과세특례를 적용받을 수 있는지에 대하여 판단하시오. (15점)

【물음 2】 지문 (2)에서 조세특례제한법상 '창업자금에 대한 증여세 과세특례'의 취지, 증여자, 수증자, 특례내용을 설명하고, 丁이 과세특례를 적용받을 수 있는지에 대하여 판단하시오. (10점)

해 답

【물음 1】 가업의 승계에 대한 증여세 과세특례

1. 증여세 과세특례

(1) 취 지

이 특례는 기업의 사전상속에 대한 세부담을 완화하여 기업의 계속성을 유지하고 경제활력을 높이려는데 그 취지가 있다.

(2) 증여자

60세 이상의 부모가 가업의 승계를 목적으로 해당 가업의 주식 또는 출자지분(이하 '주식 등'이라 한다)을 증여해야 한다. 여기서 '가업'이란 중소기업 · 중견기업으로서 부모가 10년 이상 계속하여 경영한 기업을 말한다. 그리고 가업승계 대상 '주식 등'이란 거주자가 부모로부터 해당 가업의 승계를 목적으로 증여받은 주식 등의 가액 중 가업자산상당액에 대한 증여세 과세가액(300억원 · 400억원 · 600억원을 한도로 한다)을 말한다.

(3) 수증자

18세 이상의 거주자가 가업을 승계해야 한다. 여기서 '가업을 승계한 경우'란 해당 가업의 주식 또는 출자지분을 증여받은 자 또는 그 배우자가 ① 증여세 과세표준 신고기한까지 가업에 종사하고 ② 증여일부터 3년 이내에 대표이사에 취임하는 경우를 말한다.

(4) 특례내용

1) 증여세 과세특례

① 거주자가 가업승계 목적으로 증여받은 주식 등에 대해서는 상증세법 규정에 불구하고 다음과 같이 증여세를 부과한다.

> 주식 등에 대한 증여세액
> = [증여세과세가액 − 10억원(사전증여특별공제)] × 10%(과세표준 120억원 초과분은 20%)

② 주식 등에 대하여 증여세를 부과하는 경우에는 상증세법의 동일인(그 배우자 포함)으로부터 증여받은 주식 등 외의 다른 증여재산의 가액은 주식 등에 대한 증여세 과세가액에 가산하지 않으며, 주식 등에 대한 증여세과세표준을 신고하는 경우에도 신고세액공제를 적용하지 않는다.

2) 상속세 정산과세

① 주식 등은 상속재산에 가산하는 증여재산으로 본다. 이 경우 주식 등은 증여받은 날부터 상속개시일까지의 기간과 관계없이 상속세과세가액에 가산하되, 상속공제의 종합한도를 계산할 때에는 상속세과세가액에 차감하는 증여재산가액으로 보지 않는다.

② 주식 등에 대한 증여세액에 대하여 상증세법에 따른 증여세액공제를 하는 경우에는 그 공제한도액의 규정에 불구하고 상속세산출세액에서 주식 등에 대한 증여세액을 공제한다. 이 경우 공제할 증여세액이 상속세산출세액보다 많은 경우 그 차액에 상당하는 증여세액은 환급하지 않는다.

2. 丙에 대한 과세특례 적용 여부

18세 이상인 장남 丙(30세)이 60세 이상인 부모인 甲(65세)으로부터 가업의 승계를 목적으로 해당 가업의 주식을 증여받고 가업을 승계하였으므로 丙에게 증여세 과세특례가 적용된다. 그 구체적인 특례요건 충족 여부는 다음과 같다.

① 증여자인 甲이 중소기업인 A회사의 대표이사이며 발행주식총수의 40%에 해당하는 주식을 소유한 최대주주로 10년 이상 계속하여 A회사를 경영하여 승계대상 '가업'에 해당한다.

② 丙이 甲이 보유하던 A회사 주식의 60%를 가업 승계목적으로 증여받았다.

③ 2025.8.20.에 丙은 증여세 과세표준신고와 함께 주식 등 특례신청서를 관할세무서장에게 제출하여 증여세 과세표준신고기한(2025.8.31.)까지 특례신청을 하였다.

【물음 2】 창업자금에 대한 증여세 과세특례

1. 증여세 과세특례

(1) 취 지

이 특례는 고령화시대에 대응하여 젊은 세대로의 부(富)의 조기이전을 촉진하여 경제활력의 증진을 도모하려는데 그 취지가 있다.

(2) 증여자

60세 이상의 부모가 창업자금을 증여해야 한다. 여기서 '창업자금'이란 양도소득세 과세대상재산을 제외한 재산을 증여받은 경우로서 해당 증여받은 재산의 가액 중 창업자금[증여세 과세가액 50억원(창업을 통하여 10명 이상을 신규 고용한 경우에는 100억원)을 한도로 한다]을 말한다.

(3) 수증자

18세 이상의 거주자가 창업자금을 증여받은 날부터 2년 이내에 창업을 해야 한다. 합병·분할·현물출자 또는 사업의 양수를 통하여 종전의 사업을 승계하거나 종전의 사업에 사용되던 자산을 인수 또는 매입하여 동종의 사업을 영위하는 경우 등에 해당하는 때에는 이를 창업으로 보지 않는다.

(4) 특례내용

1) 증여세 과세특례

① 거주자가 증여받은 창업자금에 대해서는 상증세법 규정에 불구하고 다음과 같이 증여세를 부과한다.

창업자금에 대한 증여세액 = [증여세과세가액 – 5억원(사전증여특별공제)] × 10%(증여세율)

이 경우 창업자금을 2회 이상 증여받거나 부모로부터 각각 증여받는 경우에는 각각의 증여세과세가액을 합산하여 적용한다.

② 창업자금에 대하여 증여세를 부과하는 경우에는 상증세법의 동일인(그 배우자 포함)으로부터 증여받은 창업자금 외의 다른 증여재산의 가액은 창업자금에 대한 증여세 과세가액에 가산하지 않으며, 창업자금에 대한 증여세 과세표준을 신고하는 경우에도 신고세액공제를 적용하지 않는다.

2) 상속세 정산과세

① 창업자금은 상속재산에 가산하는 증여재산으로 본다. 이 경우 창업자금은 증여받은 날부터 상속개시일까지의 기간과 관계없이 상속세과세가액에 가산하되, 상속공제의 종합한도를 계산할 때 상속세과세가액에서 차감하는 증여재산가액으로 보지 않는다.

② 창업자금에 대한 증여세액에 대하여 증여세액공제를 적용하는 경우에는 그 공제한도액의 규정에 불구하고 상속세산출세액에서 창업자금에 대한 증여세액을 공제한다. 이 경우 공제할 증여세액이 상속세산출세액보다 많은 경우 그 차액에 상당하는 증여세액은 환급하지 않는다.

2. 丁에 대한 과세특례 적용 여부

18세 이상인 차남 丁(28세)이 60세 이상인 부모인 甲(65세)으로부터 중소기업을 창업할 목적으로 창업자금을 증여받았으므로 증여세 과세특례가 적용된다. 구체적인 특례요건 충족 여부는 다음과 같다.

① 증여세 과세가액 50억원 한도 내에서 현금 10억원을 증여받아 '창업자금'의 요건을 충족하였다.

② 丁이 중소기업(제조업) 창업을 위한 자금을 증여받았다.

③ 2025.8.25.에 丁은 증여세과세표준신고와 함께 창업자금 특례신청서 및 사용내역서를 관할세무서장에게 제출하여 증여세 과세표준신고기한(2025.9.30.)까지 특례신청을 하였다.

사례 4 조세특례와 고용창출투자세액공제

다음 사례를 읽고 물음에 답하시오. (2017년 세무사 2차, 25점)

> 도매업을 영위하는 내국법인 A회사는 수도권과밀억제권역 내에 있는 사업에 사용하기 위하여 사업용 자산에 해당하는 유통산업합리화시설을 2017년 8월 현재 새로 취득하는 투자를 하려고 한다. 이에 A회사는 세무사 甲에게 어떠한 조세특례가 있는지를 문의하면서 고용창출투자세액공제를 적용받을 수 있는지에 대한 자문을 구하였다. (단, 2017년도 상시근로자 수는 2016년의 상시근로자 수보다 증가할 것으로 가정한다)

【물음 1】 조세특례제한법상 조세특례의 정의(定意)에 대해서 설명하시오. (5점)

【물음 2】 조세특례제한법상 고용창출투자세액공제*의 적용요건을 대상자, 적용대상업종, 투자대상 자산의 범위 및 고용 요건으로 구분하여 설명하시오. (15점)

【물음 3】 위 사례에서 A회사가 조세특례제한법상 고용창출투자세액공제*를 적용받을 수 있는지에 대하여 설명하시오. (5점)

* 이 세액공제는 2017.12.31.까지 투자한 분에 대해서만 적용되고 2018년부터는 폐지되었는데, 수험목적상 종전 규정에 따라 해답을 작성하였다.

해 답

【물음 1】 조세특례

'조세특례(special tax treatment)'란 일정한 요건에 해당하는 경우의 세액감면, 세액공제, 소득공제, 특례세율 적용 등의 조세감면(preferential tax treatment)과 특정목적을 위한 익금산입, 손금불산입 등의 중과세(heavy tax treatment)를 말한다. 여기서 조세감면은 세부담의 영구적인 감소를 가져오는 직접감면과 세부담을 미루어 줌으로써 이자상당액만큼의 세부담 절감효과를 가져오는 간접감면으로 구분된다.

현재 중과세로 정한 것은 임대보증금에 대한 간주익금이 있다.

【물음 2】 고용창출투자세액공제

1. 대상자와 적용대상업종

고용창출투자세액공제는 소비성서비스업 외의 사업을 영위하는 내국인에 대해서 적용한다. 여기서 '소비성서비스업'이란 다음 중 어느 하나에 해당하는 사업을 말한다.

① 호텔업 및 여관업(관광숙박업은 제외)

② 주점업(일반유흥주점업, 무도유흥주점업 및 단란주점 영업만 해당하되, 외국인전용유흥음식점업 및 관광유흥음식점업은 제외)

③ 그 밖에 오락 · 유흥 등을 목적으로 하는 사업으로서 기획재정부령으로 정하는 사업

2. 투자대상 자산의 범위

고용창출투자세액공제는 사업용자산에 해당하는 시설을 새로 취득하여 해당 사업에 사용하기 위한 투자에 대해서 적용한다. 다만, 중고품 및 금융리스 외의 리스에 의한 투자와 수도권과밀억제권역 내에 투자하는 경우는 세액공제의 대상투자에서 제외한다.

3. 고용요건

고용창출투자세액공제는 해당 과세연도의 상시근로자 수가 직전 과세연도의 상시근로자 수보다 감소하지 않은 경우에 적용한다.

【물음 3】 A회사 고용창출투자세액공제 적용여부

1. 적용요건 검토

회사가 조세특례제한법상 고용창출투자세액공제를 적용받을 수 있는지 그 적용요건을 살펴보면 다음과 같다.

1) 대상자와 적용대상업종 : A회사가 도매업을 영위하는 내국법인에 해당하여 이 요건은 충족하였다.
2) 투자대상자산의 범위 : A회사가 사업용자산에 해당하는 유통산업합리화시설을 2017년 8월 현재 새로 취득하는 투자를 하였으나, 세액공제 대상에 제외되는 수도권과밀억제권역 내에 있는 사업에 사용하기 위한 투자를 하였다.
3) 고용요건 : 2017년도 상시근로자 수는 2016년의 상시근로자 수보다 증가할 것으로 가정하여 고용요건을 충족하였다.

2. 결 론

A회사는 세액공제 대상에 제외되는 수도권과밀억제권역 내에 있는 사업에 사용하기 위한 투자를 하였으므로 고용창출투자세액공제를 적용받을 수 없다.

❑ 출제위원 채점평

조세특례제한법상 '고용창출투자세액공제'를 중심으로 조세특례의 정의를 포함하여 설명하는 문제였다. 대부분의 수험생들이 해당내용을 인지하고는 있었던 반면에 출제자가 의도하는 답안을 제시하는 데에는 다소 어려움이 있었던 것으로 보였다. 해당 세액공제에 대한 세부물음에 있어서는 일부 핵심적인 내용이 제시되지 않아 많이 아쉬웠다. 특정 내용에 대한 전반적인 이해력과 더불어 세부적인 분석력을 키우는 방향으로 학습이 필요하다고 생각한다.

연습문제

1 통합투자세액공제 제도와 관련하여 ① 세액공제 적용대상자, ② 세액공제 대상자산, ③ 세액공제액, ④ 세액공제를 받은 후 사후관리를 설명하시오. (15점)

2 조세특례제한법은 고용지원을 위한 조세특례를 지속적으로 강화해 오고 있다. 고용지원을 위한 다음의 특례제도를 설명하시오. (25점)

(1) 중소기업 취업자에 대한 소득세 감면

(2) 고용유지중소기업에 대한 세액공제와 그 고용유지중소기업의 상시근로자에 대한 소득공제

3 창업자금에 대한 증여세 과세특례를 설명하시오. (20점)

4 가업의 승계에 대한 증여세 과세특례를 설명하시오. (20점)

제4편 조세특례제한법

제4장 기업구조조정을 위한 조세특례

제1절 중소기업의 구조조정을 위한 조세특례

I 중소기업 간의 통합에 대한 세제지원

1. 개 요

중소기업 간 통합으로 인하여 소멸되는 중소기업이 사업용고정자산을 통합법인(통합으로 설립된 법인 또는 통합 후 존속하는 법인)에 양도하는 경우 그 사업용고정자산에 대해서는 이월과세 등의 세제지원을 적용받을 수 있다(조특법 31).

[도 표] 중소기업 간 통합에 대한 항구적 세제지원

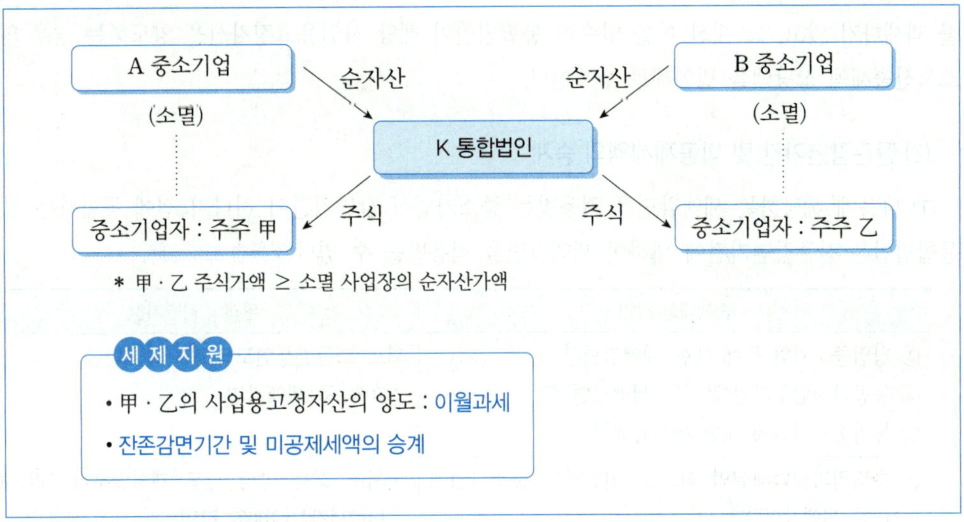

2. 요 건

1) 소비성서비스업을 제외한 사업을 하는 중소기업기본법에 따른 중소기업 간에 통합해야 한다.

2) '중소기업 간 통합'이란 통합법인이 사업장별로 그 사업에 관한 주된 자산을 모두 승계하여 사업의 동일성이 유지되는 것으로서 다음의 요건을 갖춘 것을 말한다. 이 경우 설립 후 1년이 경과되지 않은 법인이 국세기본법에 따른 과점주주의 사업을 승계하는 것은 통합으로 보지 않는다(조특령 28 ①).

① 통합으로 인하여 소멸되는 사업장의 중소기업자가 통합법인의 주주 또는 출자자일 것

② 통합으로 인하여 소멸하는 사업장의 중소기업자가 해당 통합으로 인하여 취득하는 주식 또는 지분의 가액이 통합으로 인하여 소멸하는 사업장의 순자산가액 이상일 것. 여기서 '순자산가액'은 통합일 현재의 시가로 평가한 자산의 합계액에서 부채(충당금 포함)의 합계액을 공제한 금액으로 한다.

3) 이월과세 적용대상이 되는 사업용고정자산은 해당 사업에 직접 사용하는 유형자산 및 무형자산(업무와 관련없는 부동산은 제외)으로 한다.

3. 조세특례의 내용

(1) 양도소득세의 이월과세

중소기업 간의 통합으로 인하여 소멸되는 중소기업이 사업용고정자산을 통합법인에 양도하는 경우 그 사업용고정자산에 대해서는 이월과세를 적용받을 수 있다(조특법 31 ①). 즉 중소기업자가 사업용고정자산을 통합법인에게 양도하는 경우 이를 양도하는 중소기업자에 대해서는 양도소득세를 과세하지 않고, 그 대신 이를 양수한 통합법인이 해당 사업용고정자산을 양도하는 경우 양도소득산출세액 상당액을 법인세로 납부한다.

(2) 잔존감면기간 및 미공제세액의 승계

1) 다음에 해당하는 세액감면을 적용받는 중소기업이 감면기간이 지나기 전에 통합하는 경우, 통합법인은 잔존감면기간에 대하여 세액감면을 적용받을 수 있다(조특법 31 ④,⑤).

승계대상 감면	본래의 감면기간
① 창업중소기업 등에 대한 세액감면(*주1) ② 농공단지입주기업에 대한 세액감면(*주1) ③ 농업회사법인에 대한 세액감면(*주2)	최초 소득발생연도 · 그 다음 4년간 : 50% 등 세액감면
④ 수도권과밀억제권역 밖으로 이전하는 중소기업에 대한 세액감면(*주2)	• 최초 소득 발생 연도 개시일부터 5년 · 10년(7년간) : 100% 감면 → 그 다음 2년(3년간) : 50% 감면

(*주1) 이 경우 잔존감면기간에 대한 감면대상이 되는 자는 통합으로 인하여 소멸되는 창업중소기업 또는 창업벤처중소기업이나 농공단지 및 중소기업특별지원지역의 입주기업으로부터 승계받은 사업에서 발생하는 소득에 대하여 통합당시의 잔존감면기간내에 종료하는 각 과세연도분까지 그 감면을 받을 수 있다(조특령 28 ④).

(*주2) 이 경우 잔존감면기간에 대한 감면대상이 되는 자는 통합으로 인하여 소멸되는 중소기업자로부터 승계받은 사업에서 발생하는 소득에 관하여 통합당시 잔존감면기간 내에 종료하는 각 과세연도분까지 그 감면을 받을 수 있다(조특령 28 ⑥).

2) 조세특례제한법에 따른 세액공제의 규정에 따라 공제할 세액 중 해당 과세연도에 납부할

세액이 없거나 최저한세의 적용으로 공제받지 못한 미공제세액이 있는 중소기업이 통합하는 경우, 통합법인은 중소기업의 미공제세액을 승계하여 이월공제잔여기간(p.449 참조)에 대하여 세액공제를 받을 수 있다(조특령 28 ⑧).

4. 이월과세의 중단

이월과세를 적용받은 내국인이 사업용고정자산을 양도한 날부터 5년 이내에 다음 중 어느 하나에 해당하는 사유가 발생하는 경우에는 해당 내국인은 사유발생일이 속하는 달의 말일부터 2개월 이내에 이월과세액(통합법인이 이미 납부한 세액을 제외한 금액을 말한다)을 양도소득세로 납부해야 한다(조특법 31 ⑦).

① 통합법인이 소멸되는 중소기업으로부터 승계받은 사업을 폐지하는 경우(사업의 계속성 중단)

② 이월과세를 적용받은 내국인이 통합으로 취득한 통합법인의 주식 또는 출자지분의 50% 이상을 처분하는 경우(지분의 연속성 중단)

예규판례 사업용 고정자산의 양도인이 구 조세특례제한법 제31조 제1항, 제3항에 따라 통합일이 속하는 과세연도의 과세표준신고시까지 이월과세적용신청을 함으로써 양도소득세 이월과세가 적용되는 경우, 이월과세의 적용범위(= 양도소득세 전부)

1. 중소기업 간 통합에 대한 양도소득세 이월과세의 취지는 ① 개인이 중소기업 간의 통합을 위하여 사업용 고정자산을 양도함으로써 발생하는 소득에 대한 과세시기를 통합법인이 이를 양도하는 시점으로 늦추고 아울러 ② 그 납세의무자도 개인이 아닌 통합법인으로 변경함으로써 중소기업 간의 원활한 구조조정을 지원하려는 데 있는 점, 조특법 규정에서 장래에 통합법인이 납부해야 할 세액은 '소득세법 제104조에 따른 양도소득 산출세액 전부'로 해석되는 점 등을 종합하여 보면, 사업용 고정자산의 양도인이 조특법에 따라 통합일이 속하는 과세연도의 과세표준신고시까지 이월과세적용신청을 함으로써 양도소득세 이월과세가 적용되는 경우에는 그 사업용 고정자산의 양도에 따른 양도소득세 전부에 대하여 이월과세가 적용된다고 봄이 타당하고, 양도인이 양도소득 과세표준이나 양도소득세액을 적게 신고하였다고 하여 달리 볼 것은 아니다.

2. 그럼에도 원심은 이와 달리, 사업용 고정자산의 양도인이 통합일이 속하는 과세연도의 과세표준신고시까지 이월과세적용신청을 하였더라도 양도소득 과세표준신고 당시 양도소득세액을 적게 신고한 경우에는 신고한 양도소득세액에 한하여 이월과세가 적용되고 신고하지 아니한 양도소득세액에 대하여는 이월과세가 적용되지 아니한다고 전제한 다음, 원고가 사업용 고정자산인 이 사건 부동산을 주식회사 아트모아에게 현물출자하고 그에 따른 양도소득 과세표준 예정신고를 하면서 이 사건 부동산의 취득가액을 과다하게 계산하여 양도소득세를 73,433,400원으로 적게 신고한 이상 위 세액에 대하여만 이월과세가 적용된다고 보아, 피고가 나머지 양도소득세액에 대하여 조특법에서 정한 이월과세의 적용을 부인하여 원고에게 한 이 사건 양도소득세 부과처분이 적법하다고 판단하였다. 이러한 원심판단에는 구 조특법에서 이월과세의 적용범위 등에 관한 법리를 오해하여 판결에 영향을 미친 위법이 있다(대법원 2014.12.24. 선고 2014두40661 판결). ■

예규판례 사업양수도에 따라 취득하는 사업용 재산에 대해 등록세와 취득세 면제를 규정한 구 조세특례제한법의 취지 및 기존 사업장의 자산과 부채 중 일부가 사업양수도 대상에서 제외되는 경우 '법인으로 전환하는 사업장의 순자산가액'의 의미

1. 구 조세특례제한법(2009.5.21. 법률 제9671호로 개정되기 전의 것, 이하 '법'이라 한다) 제32조는 거주자가 사업용고정자산을 현물출자하거나 대통령령이 정하는 사업양수도 방법에 따라 법인으로 전환하는 경우 당해 사업용 고정자산에 대하여 이월과세를 적용받을 수 있도록 하되(제1항), 새로이 설립되는 법인의 자본금이 대통령령이 정하는 금액 이상인 경우에 한하여 이를 적용한다고 규정하고 있다(제2항). 법 제119조 제4항은 법 제32조의 규정에 따른 현물출자 또는 사업양수도에 따라 취득하는 사업용 재산에 관한 등기에 대하여 등록세를, 법 제120조 제5항은 그 사업용 재산에 대하여 취득세를 면제하도록 규정하고 있다. 그리고 구 조세특례제한법 시행령(2009.6.19. 대통령령 제21545호로 개정되기 전의 것, 이하 '시행령'이라 한다) 제29조 제2항은 법 제32조 제1항에서 말하는 '대통령령이 정하는 사업양수도 방법'에 관하여 '법인설립일부터 소급하여 1년 이상 당해 사업을 영위하던 자가 발기인이 되어 제4항의 규정에 의한 금액 이상을 출자하여 법인을 설립하고, 그 법인설립일부터 3월 이내에 당해 법인에 사업에 관한 모든 권리와 의무를 포괄적으로 양도하는 것을 말한다'라고 규정하고, 시행령 제29조 제4항은 법 제32조 제2항에서 말하는 '대통령령이 정하는 금액'에 관하여 '사업용 고정자산을 현물출자하거나 사업양수도하여 법인으로 전환하는 사업장의 순자산가액(시가로 평가한 자산의 합계액에서 충당금을 포함한 부채의 합계액을 공제한 금액을 말한다)을 말한다'라고 규정하고 있다.

2. 원심은 그 채택 증거에 의하여, ① 소외인이 개인기업인 '대호전자'를 운영하다가 168,000,000원을 출자하여 주식회사인 원고를 설립한 후 원고와 이 사건 사업양수도계약을 체결하여 '대호전자'의 자산과 부채를 원고에게 포괄적으로 양도하기로 한 사실, ② 그 당시 '대호전자'의 시가에 의한 순자산가액이 36,302,256원(= 자산 2,030,231,069원 − 부채 1,993,928,813원, 원심판결의 30,302,256원은 오기임이 명백하다)이었으나 사업양수도 대상에서 일부 현금, 미수금, 퇴직예치금 등 자산 10,503,871원과 일부 차입금, 예수금, 미지급비용 등 부채 147,489,441원을 제외함으로써 실제 사업양수도 대상에 포함된 것의 순자산가액은 173,287,826원이었고, 그에 따라 소외인이 원고로부터 173,287,826원을 받기로 한 사실 등을 인정하였다. 나아가 원심은 이 사건 사업양수도 대상에서 '대호전자'의 자산과 부채 중 일부가 제외되었다고 하더라도 원고로 이전되는 영업이 유기적 일체로서의 동일성이 유지되므로 시행령 제29조 제2항의 '당해 법인에 사업에 관한 모든 권리와 의무를 포괄적으로 양도'하는 경우에 해당한다고 전제한 다음, 시행령 제29조 제4항의 '법인으로 전환하는 사업장의 순자산가액'이란 개인기업의 순자산가액으로서 '대호전자'의 순자산가액인 36,302,256원이 여기에 해당하므로, 소외인의 원고에 대한 출자금 168,000,000원이 이를 초과하는 이상 그 출자에 따른 원고의 자본금이 이 사건 사업양수도 대상의 순자산가액인 173,287,826원에 미달하더라도 원고가 이 사건 사업양수도계약에 따라 취득한 이 사건 부동산에 대해서는 법 제119조 제4항, 제120조 제5항에 따라 등록세와 취득세가 면제된다고 판단하였다.

3. 그러나 소외인의 출자에 따른 원고의 자본금이 기존 사업장의 순자산가액을 초과하지만, 실제 사업양수도 대상의 순자산가액에 미치지 못한 이 사건에서 원심이 기존 사업장의 순자산가액을 기준으로 법 제119조 제4항, 제120조 제5항의 적용 여부를 판단한 것은 다음 이유로 수긍하기 어렵다.

법 제119조 제4항, 제120조 제5항이 사업양수도에 따라 취득하는 사업용 재산에 대하여 등록세와 취득세를 면제

하는 취지는, 개인이 권리 · 의무의 주체가 되어 경영하던 기업을 개인 기업주와 독립된 법인이 권리 · 의무의 주체가 되어 경영하도록 기업의 조직 형태를 변경하는 경우 실질적으로 동일한 사업주가 사업의 운영 형태만 바꾸는 것에 불과하여 재산 이전에 따르는 등록세, 취득세 등을 부과할 필요가 적다는 데에 있다. 이처럼 실질적으로 동일한 사업주가 사업의 운영 형태만 바꾼 것으로 평가되기 위해서는 사업양수도 대상의 순자산가액이 신설 법인에 그대로 승계되어야 한다. 사업양도인의 출자에 따른 신설 법인의 자본금이 그 순자산가액에 미달하면 신설 법인으로서는 사업양수도 대가를 지급할 재원이 부족하여 그 순자산가액의 일부가 사업양수도 대가 지급을 위해 유출될 수밖에 없어 신설 법인이 사업양수도 대상의 순자산가액을 그대로 승계할 수 없게 되는 점 등을 고려해 보면, 기존 사업장의 자산과 부채 중 일부가 사업양수도 대상에서 제외되는 경우에 시행령 제29조 제4항의 '법인으로 전환하는 사업장의 순자산가액'이란 기존 사업장의 순자산가액이 아니라 같은 조 제2항에 의한 사업양수도 대상에 포함된 것의 순자산가액을 의미한다고 해석함이 타당하다.

이러한 법리에 비추어 앞서 본 사실관계를 살펴보면, 소외인의 출자에 따른 원고의 자본금 168,000,000원은 이 사건 사업양수도 대상에 포함된 것의 순자산가액 173,287,826원에 미달하므로 시행령 제29조 제4항의 요건을 충족하지 못한다. 따라서 원고가 이 사건 사업양수도계약에 따라 취득한 이 사건 부동산은 법 제119조 제4항, 제120조 제5항의 적용 대상에 해당하지 않는다고 할 것이다.

그럼에도 원심은 이와 달리 소외인의 원고에 대한 출자금이 '대호전자'의 순자산가액을 초과한다는 이유만으로 이 사건 사업양수도 대상의 순자산가액에 미달하더라도 이 사건 부동산이 법 제119조 제4항, 제120조 제5항의 적용 대상에 해당한다고 판단하고 말았으니, 이러한 원심판단에는 시행령 제29조 제4항의 '법인으로 전환하는 사업장의 순자산가액'에 관한 법리를 오해함으로써 판결 결과에 영향을 미친 잘못이 있다(대법원 2012.12.13. 선고 2012두17865 판결). ■

사례 1 중소기업 간 통합에 대한 양도소득세 이월과세

다음 사례와 관련 조문을 읽고 물음에 답하시오. (2015년 세무사 2차, 25점)

> 개인사업장 甲은 내국법인 A와 통합하기 위하여 자신이 영위하고 있는 사업에 사용하고 있는 사업용 고정자산인 부동산을 A에게 현물출자하고, A의 출자자가 되었다. 한편 甲은 현물출자로 발생한 양도소득세를 1억원으로 예정신고하고, A와 함께 관할세무서장 乙에게 이월과세 적용신청을 하였다. 그 이후 甲은 현물출자한 부동산의 취득가액에 대한 오류를 발견하고 양도소득세를 3억원으로 증액하여 수정신고를 하였다. 이에 乙은 甲이 당초 예정신고한 양도소득세액 1억원에 대해서만 이월과세를 적용하고, 수정신고로 증액된 양도소득세액 2억원에 대해서는 甲에게 양도소득세 부과처분을 하였다.(단, 甲과 A는 중소기업기본법상 중소기업자에 해당하고, 甲과 A의 사업은 동일한 제조업에 해당한다)

【물음 1】 중소기업 간 통합에 대한 양도소득세 이월과세의 취지에 관하여 설명하시오. (10점)

【물음 2】 위 사례에서 乙이 A에게 이월과세되는 양도소득세액을 甲이 당초 예정신고한 양도소득세액으로 한정하고, 수정신고로 증액된 양도소득세액에 대하여는 이월과세를 부인하여 甲에게 양도소득세 부과처분을 하는 것이 적합한 지에 대해서 설명하시오. (15점)

※ 관련조문

【조세특례제한법】 제2조 제1항 제6호 : "이월과세(移越課稅)"란 개인이 해당 사업에 사용되는 사업용 고정자산 등(이하 "종전 사업용 고정자산 등"이라 함)을 현물출자(現物出資) 등을 통하여 법인에 양도하는 경우 이를 양도하는 개인에 대해서는 「소득세법」 제94조에 따른 양도소득에 대한 소득세를 과세하지 아니하고, 그 대신 이를 양수한 법인이 그 사업용 고정자산 등을 양도하는 경우 개인이 종전 사업용 고정자산 등을 그 법인에 양도한 날이 속하는 과세기간에 따른 양도자산이 없다고 보아 계산한 같은 법 제104조에 따른 양도소득 산출세액 상당액을 법인세로 납부하는 것을 말한다.

제31조 제1항 : 대통령령으로 정하는 업종을 경영하는 중소기업 간의 통합으로 인하여 소멸되는 중소기업이 대통령령으로 정하는 사업용 고정자산을 통합에 의하여 설립된 법인 또는 통합 후 존속하는 법인에 양도하는 경우 그 사업용 고정자산에 대해서는 이월과세를 적용받을 수 있다.

해 답

【물음 1】 이월과세의 취지

중소기업 간 통합은 중소기업자의 사업을 통합법인이 사업에 관한 주된 자산을 모두 승계되고 사업의 동일성이 계속유지 되는 것으로 형식적인 조직개편(껍질의 변경)에 불과한데, 통합단계에서 사업용고정자산의 미실현이익에 대해서 양도소득세를 과세하면 중소기업 간 통합에 걸림돌이 될 수 있다.

이러한 점을 고려하여 중소기업 간 통합에 대해서 양도소득세를 이월과세 하는데, 그 취지는 개인이 중소기업 간의 통합을 위하여 사업용고정자산을 양도함으로써 발생하는 소득에 대한 과세시기를 통합법인이 이를 양도하는 시점으로 늦추고, 그 납세의무자도 개인이 아닌 통합법인으로 변경함으로써 중소기업 간의 원활한 구조조정을 지원하려는 데 있다.

【물음 2】 이월과세 세액

1. 사례의 경우 이월과세 요건과 효과

(1) 이월과세 요건 충족

1) 소비성서비스업을 제외한 사업을 하는 중소기업기본법에 따른 중소기업 간 통합을 해야 하는데, 사례에서 甲과 A는 중소기업자에 해당하고, 甲과 A의 사업은 동일한 제조업을 영위하여 이 요건에 해당한다.

2) '중소기업 간 통합'이란 통합법인이 사업장별로 그 사업에 관한 주된 자산을 모두 승계하여 사업의 동일성이 유지되는 것으로서 통합으로 인하여 소멸되는 사업장의 중소기업자가 통합법인의 출자자가 되어야 한다. 사례에서 개인사업자 甲은 내국법인 A와 통합하기 위하여 자신이 영위하고 있는 사업에 사용하고 있는 사업용 고정자산을 A에게 현물출자하고 A의 출자자가 되어 이 요건에 해당한다.

3) 甲이 사업에 사용하고 있는 사업용 고정자산인 부동산을 A법인에게 현물출자하여 이월과세 적용대상에 해당한다.

⑵ 효 과

중소기업자인 개인 甲이 사업용 고정자산을 통합법인 A에게 양도하는 경우 이를 양도하는 개인 甲에 대해서는 양도소득세를 과세하지 않고, 그 대신 이를 양수한 통합법인 A가 그 사업용고정자산을 양도하는 경우 개인의 당초 양도소득세 산출세액 상당액을 법인세로 납부한다. 여기서 '당초 양도소득세 산출세액'이란 그 사업용 고정자산을 양도하는 경우 개인이 종전 사업용 고정자산을 그 법인에 양도한 날이 속하는 과세기간에 따른 양도자산이 없다고 보아 계산한 양도소득 산출세액을 말한다.

⑶ 이월과세 적용대상 세액의 범위

위 ⑵ 효과에서 살펴본 바와 같이 이월과세 적용대상 사업용고정자산을 양도하는 경우 통합법인이 납부해야 할 세액은 '양도소득 산출세액 전액'이다.

따라서 사업용 고정자산의 양도인이 예정신고시 이월과세 적용신청을 하여 양도소득세 이월과세가 적용되는 경우에는 그 사업용 고정자산의 양도에 따른 양도소득세 전부에 대하여 이월과세가 적용되는 것이고, 양도인이 양도소득세액을 적게 신고한 경우에도 양도소득세 전액을 이월과세 적용 대상세액으로 삼아야 한다.

2. 사례의 경우 양도소득세 부과처분의 정당성

사례에서 甲이 당초 양도소득세를 1억원으로 예정신고하였다가 양도소득세를 3억원으로 증액하여 수정신고한 경우에도 양도소득세 3억원 전액에 대해서 이월과세가 적용되어 통합단계에서 甲에게 과세되지 않아야 한다. 그럼에도 불구하고 수정신고로 증액된 양도소득세액 2억원(과세되지 않아야 할 세액)에 대해서도 甲에게 양도소득세 부과처분한 것은 위법하다.

❑ 출제위원 채점평

전반적으로 수험생들이 법조문이 주어졌음에도 불구하고 조문의 내용을 활용하지 못하고 답안을 작성한 느낌을 받았다. 1번 문항의 중소기업 통합의 이월과세 취지에 관하여는 중소기업이 통합하는 이유와 이월과세의 의미를 생각하면 대답할 수 있을 것이라 믿었으나 시험문제로 나올 조문만을 암기하여 시험에 응한 수험생들이 많은 지 한누 줄에 그친 답안이 있었고, 2번 문항의 과세당국의 이월과세 부인에 대한 적법여부를 묻는 것에서도 수험생들이 이월과세의 법문을 활용하지 못하고 답안을 작성하여 득점에 어려움이 있었던 것으로 판단된다. 앞으로 조문이 제시되는 문제의 경우에는 조문의 내용을 파악하고 그 내용에 따라 답안을 작성하는 요령이 필요하다.

Ⅱ 법인전환에 대한 세제지원

1. 개 요

거주자가 사업용고정자산을 현물출자하거나 사업양수도방법에 따라 법인(소비성서비스업을 경영하는 법인은 제외)으로 전환하는 경우 해당 사업용고정자산에 대해서는 이월과세 등의 세제지원을 적용받을 수 있다(조특법 32).

[도 표] 법인전환에 대한 항구적 세제지원

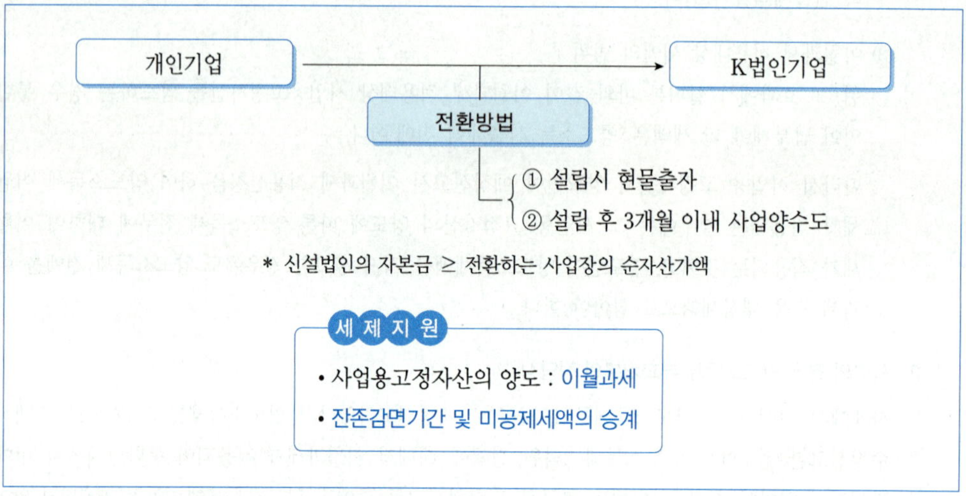

2. 요 건

1) 거주자가 소비성서비스업을 제외한 사업을 하는 법인으로 전환해야 한다.

2) 거주자가 ① 사업용고정자산을 현물출자하거나 ② 사업양수도방법에 따라 법인으로 전환해야 한다. 여기서 ② '사업양수도방법'이란 해당 사업을 영위하던 자가 발기인이 되어 전환하는 사업장의 순자산가액 이상을 출자하여 법인을 설립하고, 그 법인 설립등기일부터 3개월 이내에 해당 법인에게 사업에 관한 모든 권리와 의무를 포괄적으로 양도하는 것을 말한다(조특령 29 ②).

3) 새로 설립되는 법인의 자본금이 사업용자산을 현물출자하거나 사업양수도하여 법인으로 전환하는 사업장의 순자산가액 이상인 경우에만 적용한다. 여기서 '순자산가액'은 전환일 현재의 시가로 평가한 사업용자산의 합계액에서 부채(충당금 포함)의 합계액을 공제한 금액을 말한다(조특법 32 ②).

4) 이월과세 적용대상이 되는 사업용고정자산은 해당 사업에 직접 사용하는 유형자산 및 무

형자산(업무와 관련없는 부동산은 제외)으로 한다. 다만, 해당 사업용고정자산이 주택 또는 주택을 취득할 수 있는 권리인 경우는 제외한다(조특법 32 ① 단서).

참고사항 소비성서비스업의 범위(조특령 29 ③)

① 호텔업 및 여관업(「관광진흥법」에 따른 관광숙박업은 제외)

② 주점업(일반유흥주점업, 무도유흥주점업 및 단란주점 영업만 해당하되, 외국인전용유흥음식점업 및 관광유흥음식점업은 제외)

③ ㉠ 무도장 운영업, ㉡ 기타 사행시설 관리 및 운영업(관광진흥법 또는 「폐광지역 개발 지원에 관한 특별법」에 따라 허가를 받은 카지노업은 제외), ㉢ 유사 의료업 중 안마를 시술하는 업, ㉣ 마사지업(조특칙 17) ■

3. 조세특례의 내용

(1) 양도소득세의 이월과세

이상의 요건을 충족하여 법인으로 전환하는 경우 해당 사업용고정자산에 대해서는 양도소득세의 이월과세를 적용받을 수 있다(조특법 32 ①). 즉 거주자가 사업용고정자산을 법인에게 양도하는 경우 이를 양도하는 거주자에 대해서는 양도소득세를 과세하지 않고, 그 대신 이를 양수한 법인이 해당 사업용고정자산을 양도하는 경우(거주자가 사업용고정자산을 법인에게 양도한 날이 속하는 과세기간에 다른 양도자산은 없다고 보아 계산한) 양도소득산출세액 상당액을 법인세로 납부한다.

(2) 잔존감면기간 및 미공제세액의 승계

다음에 해당하는 세액감면을 적용받는 거주자가 감면기간이 지나기 전에 법인으로 전환하는 경우 신설법인은 잔존감면기간에 대하여 세액감면을 적용받을 수 있다(조특법 31 ④,⑤).

① 창업중소기업 등에 대한 세액감면

② 농공단지입주기업에 대한 세액감면

③ 수도권과밀억제권역 밖으로 이전하는 중소기업에 대한 세액감면

한편 조세특례제한법에 따른 세액공제의 규정에 따라 공제할 세액 중 해당 과세연도에 납부할 세액이 없거나 최저한세의 적용으로 공제받지 못한 미공제세액이 있는 거주자가 법인으로 전환하는 경우 신설법인은 거주자의 미공제세액을 승계하여 이월공제잔여기간(p.449 참조)에 대하여 세액공제를 받을 수 있다(조특법 31 ⑥).

4. 이월과세의 중단

신설법인의 설립등기일부터 5년 이내에 다음 중 어느 하나에 해당하는 사유가 발생하는 경우

에는 이월과세를 적용받은 거주자가 사유발생일이 속하는 달의 말일부터 2개월 이내에 이월과세액(해당 법인이 이미 납부한 세액을 제외한 금액을 말한다)을 양도소득세로 납부해야 한다(조특법 32 ⑤).

① 신설법인이 이월과세를 적용받은 거주자로부터 승계받은 사업을 폐지하는 경우(사업의 계속성 중단)

② 이월과세를 적용받은 거주자가 법인전환으로 취득한 주식 또는 출자지분의 50% 이상을 처분하는 경우(지분의 연속성 중단)

Ⅲ 내국법인의 금융채무 상환을 위한 자산매각에 대한 과세특례

1. 개 요

내국법인이 재무구조를 개선하기 위하여 2026년 12월 31일 이전에 재무구조개선계획에 따라 자산을 양도하는 경우에는 해당 자산을 양도함으로써 발생하는 양도차익상당액에 대해서는 과세이연을 받을 수 있다(조특법 34, 사업재편계획은 p.196 참조).

2. 과세이연의 요건

내국법인이 자산을 양도한 날부터 3개월 이내에 채무를 상환한다는 내용이 포함되어 있는 재무구조개선계획에 따라 자산을 양도해야 한다(조특법 34 ①, 조특령 34 ④).

참고사항 재무구조개선계획 및 금융채권자채무

1. '재무구조개선계획'이란 다음 중 어느 하나에 해당하는 것으로서 금융채권자채무의 총액, 내용, 상환계획 및 양도할 자산의 내용, 양도 계획을 명시한 것을 말한다(조특법 34 ①, 조특령 34 ⑥).

① 「기업구조조정 촉진법」에 따른 채권은행협의회, 주채권은행 또는 채권금융기관협의회가 기업과 체결한 경영정상화계획의 이행을 위한 약정

② 재무구조개선 대상기업에 대한 채권을 가진 은행 간 재무구조개선 대상기업의 신용위험평가 및 구조조정방안 등에 대한 협의를 위하여 설치한 협의회(이하 '채권은행자율협의회'라 한다)가 그 설치 근거 및 재무구조개선 대상기업에 대한 채권을 가진 은행의 공동관리절차를 규정한 협약에 따라 재무구조개선 대상기업과 체결한 경영정상화계획의 이행을 위한 특별약정

③ 「금융산업의 구조개선에 관한 법률」에 따라 금융위원회가 해당 금융기관에 대하여 권고·요구 또는 명령하거나 그 이행계획을 제출할 것을 명한 적기시정조치

④ 「채무자 회생 및 파산에 관한 법률」에 따른 회생계획으로서 같은 법에 따라 법원이 인가 결정을 선고한 것

⑤ 「금융회사부실자산 등의 효율적 처리 및 한국자산관리공사의 설립에 관한 법률」에 따른 한국자산관리공사가 같은 법에 따른 부실징후기업 및 구조개선기업에 해당하는 중소기업과 체결한 재무구조개선을 위한 약정

2. 위 규정을 적용할 때 채무의 범위는 재무구조개선계획에 채무의 내용 및 자산의 양도를 통한 상환계획이 명시되어 있는 것으로서 다음 중 어느 하나에 해당하는 금액(금융채권자채무)으로 한다(조특령 34 ⑤).

① 금융채권자로부터 사업과 관련하여 차입한 차입금

② 위 ①의 차입금에 대한 이자

③ 해당 기업이 자금조달의 목적으로 발행한 회사채로서 금융채권자가 매입하거나 보증한 것

④ 해당 기업이 자금조달의 목적으로 발행한 기업어음으로서 금융채권자가 매입한 것 ■

3. 과세이연 방법

내국법인이 해당 자산을 양도함으로써 발생하는 양도차익상당액에 대해서는 해당 사업연도와 해당 사업연도의 종료일 이후 3개 사업연도의 기간 중 익금에 산입하지 않고 그 다음 3개 사업연도의 기간 동안 균분한 금액 이상을 익금에 산입한다(4년거치 3년간 분할익금산입, 조특법 34 ①).

참고사항 양도차익상당액의 계산(조특령 34 ⑧)

$$\text{양도차익상당액} = (\text{해당 자산 양도차익} - \text{이월결손금*}) \times \frac{\text{채무상환액**}}{\text{양도가액}}$$

* 이월결손금 : 자산양도일이 속하는 과세연도의 직전 사업연도 종료일 현재 이월결손금(과세표준 계산을 할 때 공제대상이 되는 금액)을 말한다. 이 경우 해당 기업이 자산수증이익이나 채무면제이익으로 먼저 이월결손금을 보전하는 경우에는 이월결손금에서 그 보전액을 뺀 금액으로 한다.

** 채무상환액 : 재무구조개선계획에 따라 양도한 자산의 양도가액 중 금융채권자채무를 상환한 금액을 말한다. 이 경우 자산양도일이 속하는 과세연도 종료일까지 금융채권자채무를 상환하지 않은 경우의 채무상환액은 기획재정부령으로 정하는 채무상환(예정)명세서의 채무상환 예정가액으로 한다. ■

4. 사후관리

과세이연을 적용받은 내국법인이 다음 중 어느 하나에 해당하게 된 경우에는 해당 사유가 발생한 사업연도의 소득금액을 계산할 때 과세이연받은 금액을 익금에 산입해야 한다. 이 경우 이자상당가산액을 법인세에 가산하여 납부해야 하며 해당 세액은 과세표준 신고기한까지 납부해야 할 세액으로 본다(조특법 34 ②).

① 재무구조개선계획에 따라 채무를 상환하지 않은 경우

② 자산을 양도한 내국법인의 부채비율이 자산 양도 후 3년 이내의 기간 중 기준부채비율보다 증가하게 된 경우

③ 해당 자산을 양도한 날부터 3년 이내에 해당 사업을 폐업하거나 해산한 경우로서 합병법인, 분할로 인하여 신설되는 법인 또는 분할합병의 상대방 법인이 해당 사업을 승계한 경우가 아닌 경우. 다만, 파산 등 부득이한 사유가 있는 경우에는 이자상당가산액을 가산하지 않는다.

Ⅳ 내국법인의 피출자법인 금융채무 상환을 위한 자산매각에 대한 과세특례

1. 개 요

내국법인이 피출자법인의 재무구조를 개선하기 위하여 재무구조개선계획에 따라 2026년 12월 31일 이전에 자산을 양도함으로써 발생하는 양도차익 상당액에 대해서는 과세이연을 적용받을 수 있다(조특법 34의2).

2. 과세이연의 요건

(1) 적용대상 법인

내국법인이 해당 법인(이하 '출자법인'이라 한다)이 출자한 내국법인으로서 재무구조개선계획 승인일 현재 출자법인이 지배주주 등(법인령 43 ③)인 법인(이하 '피출자법인'이라 한다)의 재무구조를 개선하기 위해서 자산을 양도한 출자법인에 대해서 과세이연을 적용한다(조특법 34의2, 조특령 34의2 ①). 여기서 '재무구조개선계획'이란 피출자법인의 금융채권자채무의 총액, 내용, 상환계획 및 출자법인이 자산을 양도하고 그 양도대금을 피출자법인에 출자 · 대여 등의 방법으로 지원하는 내용이 명시되어 있는 것을 말한다(조특령 34의2 ③).

(2) 피출자법인 지원요건

출자법인이 다음 중 어느 하나에 해당하는 방식으로 피출자법인의 재무구조 개선을 지원해야 한다(조특법 34의2 ①).

① 출자법인이 재무구조개선계획에 따라 자산을 양도한 날부터 3개월 이내에 그 양도대금을 피출자법인에 출자한 경우

② 출자법인이 재무구조개선계획에 따라 자산을 양도한 날부터 3개월 이내에 그 양도대금을 피출자법인에 대여하고, 재무구조개선계획에 따라 그 대여금을 출자전환하거나 채권*으로 전환한 경우

③ 출자법인이 재무구조개선계획에 따라 자산을 양도한 날이 속하는 사업연도 종료일부터 1년 이내에 그 양도대금을 다음 중 어느 하나에 해당하는 차입금(재무구조개선계획 승인일 전후 2년 이내에 차입한 금액으로 한정한다. 이하 같다)의 상환에 사용한 경우

㉠ 차입일로부터 3개월 이내에 피출자법인에 출자한 차입금

㉡ 차입일로부터 3개월 이내에 피출자법인에 대여하고, 재무구조개선계획에 따라 그 대여금을 출자전환하거나 채권*으로 전환한 차입금

* 여기서 '채권'이란 다음의 요건을 모두 충족하는 채권을 말한다(조특령 34의2 ⑥).

① 출자법인의 피출자법인에 대한 채권으로서 한국채택국제회계기준에 따른 자본 요건을 충족할 것

② 만기가 30년 이상인 채권으로서 출자법인이 중도상환을 요구할 권리가 없을 것

③ 해당 채권과 관련하여 담보가 설정되어 있지 않을 것

3. 과세이연 방법

출자법인이 해당 자산을 양도함으로써 발생하는 양도차익 중 피출자법인의 채무상환액에 상당하는 금액(결손금을 초과하는 금액에 한정한다)(이하 '양도차익상당액'이라 한다)에 대해서는 해당 사업연도와 그 다음 사업연도의 익금에 산입하지 않고 그 다음 3개 사업연도의 기간 동안 균분한 금액 이상을 익금에 산입한다(2년거치 3년 분할익금산입, 조특법 34의2 ①, 조특령 34의2 ④).

참고사항 양도차익상당액의 계산(조특령 34의2 ⑤)

$$\text{양도차익상당액} = (\text{해당 자산 양도차익} - \text{이월결손금}^{①}) \times \frac{\text{피출자법인의 재무구조개선 금액}^{②}}{\text{출자법인의 자산 양도가액}}$$

① 출자법인의 자산양도일이 속하는 사업연도의 직전 사업연도 종료일 현재 이월결손금(과세표준 계산을 할 때 공제대상이 되는 금액)을 말한다.

② 피출자법인의 재무구조개선 금액 : MIN(㉠, ㉡)

㉠ 피출자법인 재무구조개선 지원금액 : 피출자법인 지원방식 ①·②·③에 따른 (출자금액＋출자전환·채권 전환 금액)

㉡ 피출자법인의 금융채권자채무 상환액[이 경우 출자법인의 자산양도일이 속하는 사업연도 종료일까지 피출자법인이 금융채권자채무를 상환하지 아니한 경우의 상환액은 채무상환(예정)명세서의 채무상환 예정가액으로 한다] ■

4. 사후관리

출자법인이 다음 중 어느 하나에 해당하게 된 경우에는 해당 사유가 발생한 사업연도의 소득금액을 계산할 때 과세이연받은 금액을 익금에 산입해야 한다. 이 경우 이자상당가산액을 법인세에 가산하여 납부해야 하며 해당 세액은 과세표준 신고기한까지 납부해야 할 세액으로 본다(조특법 34의2 ②).

① 피출자법인이 재무구조개선계획에 따라 채무를 상환하지 않은 경우

② 출자법인이 피출자법인 지원방식 ② 또는 ③·㉡에 따라 대여한 날이 속하는 사업연도의 종료일로부터 1년 이내에 그 대여금을 출자전환하지 않거나 채권으로 전환하지 않은 경우

③ 출자법인이 피출자법인 지원방식 ③에 따라 자산을 양도한 날이 속하는 사업연도의 종료일부터 1년 이내에 차입금을 상환하지 않은 경우

참고사항 과세이연받은 금액의 익금에 산입하는 방법과 이자상당액의 계산

1. 위 사후관리에 따라 과세이연받은 금액을 익금에 산입하는 경우에는 다음의 구분에 따라 계산한 금액을 익금에 산입하는 방법에 따른다(조특령 34의2 ⑦).

사후관리 사유	익금산입액
①·②에 해당하는 경우	양도차익상당액 중 익금에 산입하지 않은 금액 전액
③에 해당하는 경우	양도차익상당액 × $\frac{\text{피출자법인의 (채무상환예정액 − 채무상환액)}}{\text{피출자법인의 채무상환예정액}}$

2. 법인세에 가산하여 납부해야 하는 이자상당가산액은 다음과 같이 계산한 금액으로 한다(조특령 34의2 ⑧).

$$\text{이자상당가산액} = \text{법인세액의 차액}^{*} \times \text{기간}^{**} \times 1\text{일 } \frac{2.2}{10,000}$$

* 출자법인이 자산양도일이 속하는 사업연도에 과세이연받은 금액을 익금에 산입하지 않아 발생한 법인세액의 차액을 말한다.

** 출자법인의 자산양도일이 속하는 사업연도 종료일의 다음 날부터 위 1.에 따른 금액을 익금에 산입하는 사업연도의 종료일까지의 기간을 말한다.

사례 2 법인전환에 대한 세제지원

다음 사례를 읽고 물음에 답하시오. (2020년 세무사 2차, 25점)

(1) 甲은 A시 소재 토지 및 그 지상건물(이하 '이 사건 부동산'이라고 함)에서 B공업사라는 상호의 자동차 부품 제조업을 영위하다가 2012년 12월 24일 이 사건 부동산을 현물출자하여 2013년 3월 7일 주식회사 C를 설립하였다.

(2) 甲은 2013년 1월 31일 조세특례제한법상 법인전환에 대한 양도소득세 이월과세특례 규정을 근거로 양도소득세 이월과세 적용신청을 하였다.

(3) 甲은 2013년 1월 3일 현물출자로 인수할 주식회사 C의 주식 20만주 가운데 19만8천주(이하 '쟁점주식'이라 함)를 처와 자녀 등에게 증여하는 계약을 수증자들과 체결하고, 2013년 4월 30일 증여세를 신고·납부하였다.

(4) 주식회사 C는 설립등기 전인 2012년 12월 29일 사업자등록을 마치고, 2013 사업연도 법인세 신고서에 수증자들이 쟁점 주식을 증여받은 내역을 반영한 주식변동 상황명세서를 첨부하였다.

(5) 乙세무서장은 2017년 3월 8일 甲에게 이월과세 특례를 적용받은 양도소득세를 납부할 의무가 있다는 이유로 2013년 귀속 양도소득세 7억원을 결정·고지하였다.

【물음 1】 지문 (2)에서 甲이 양도소득세 이월과세 적용신청을 하기 위한 요건 및 그 과세특례의 취지에 대하여 설명하시오. (10점)

【물음 2】 조세특례제한법이 2013년 1월 1일 개정되어 법인전환에 대한 양도소득세 이월과세특례를 적용받은 거주자가 법인설립일부터 5년 이내에 법인전환으로 취득한 주식의 50% 이상을 처분하는 경우 이월과세액을 양도소득세로 납부해야 한다는 규정(이하 '사후관리 규정'이라 함)이 신설되었고, 동 법률 부칙 제11조는 이 조항을 2013년 1월 1일 이후 취득한 주식을 처분하는 분부터 적용한다고 규정하고 있다. 사후관리 규정의 의의 및 적용요건에 대하여 설명하고, 위 사례에서 乙세무서장의 甲에 대한 2013년 귀속 양도소득세 과세처분을 정당화할 수 있는 근거를 설명하시오. (15점)

해 답

【물음 1】 이월과세의 요건 및 과세특례의 취지

1. 이월과세의 요건

거주자가 사업용고정자산을 현물출자하거나 사업양수도방법에 따라 법인으로 전환하는 경우 해당 사업용고정자산에 대해서는 이월과세를 적용받을 수 있는데, 사례에서 甲이 양도소득세 이월과세 적용신청을 하기 위한 요건은 다음과 같다.

1) 소득세법상 거주자인 甲이 소비성서비스업이 아닌 업종으로 법인전환해야 한다.

2) 甲이 다음 중 어느 하나에 해당하는 방법에 따라 법인으로 전환해야 한다.

① 사업용고정자산을 현물출자하여 법인을 설립하는 경우

② 사업양수도방법에 따라 법인으로 전환하는 경우. 이때 '사업양수도방법'이란 해당 사업을 영위하던 자가 발기인이 되어 전환하는 사업장의 순자산가액 이상을 출자하여 법인을 설립하고, 그 법인 설립등기일부터 3개월 이내에 해당 법인에게 사업에 관한 모든 권리와 의무를 포괄적으로 양도하는 것을 말한다.

사례에서 위 ①의 방법에 따라 甲이 이 사건 부동산을 현물출자하여 주식회사 C를 설립하였다.

3) 새로 설립되는 법인의 자본금이 사업용자산을 현물출자하거나 사업양수도하여 법인으로 전환하는 사업장의 순자산가액 이상인 경우에만 해당한다. 여기서 '순자산가액'은 전환일 현재의 시가로 평가한 사업용자산의 합계액에서 부채(충당금을 포함한다)의 합계액을 공제한 금액을 말한다.

4) 이월과세 적용대상이 되는 사업용고정자산은 해당 사업에 직접 사용하는 유형자산 및 무형자산(업무와 관련없는 부동산은 제외)으로 한다. 다만, 해당 사업용고정자산이 주택 또는 주택을 취득할 수 있는 권리인 경우는 제외한다.

5) 양도소득세의 이월과세를 적용받고자 하는 자는 현물출자 또는 사업양수도를 한 날이 속하는 과세연도의 과세표준신고(예정신고 포함)시 새로이 설립되는 법인과 함께 이월과세적용신청서를 관할세무서장에게 제출해야 한다.

2. 이월과세의 취지

법인전환에 대한 양도소득세 이월과세 특례를 적용하는 취지, 개인이 권리 · 의무의 주체가 되어 경영하던 기업을 개인 기업주와 독립된 법인이 권리 · 의무의 주체가 되어 경영하도록 기업의 조직형태를 변경(즉 법인전환)하는 것은 형식적인 조직개편에 불과하다. 따라서 법인전환을 위한 사업용고정자산을 현물출자 등을 통해서 양도하는 개인에 대해서는 양도소득세를 과세하는 대신에 신설법인이 사업용고정자산을 양도하는 시점으로 늦추고, 납세의무자도 개인이 아닌 신설법인으로 변경함으로써 개인사업의 법인전환을 지원하려는 것이다.

【물음 2】 사후관리

1. 사후관리 규정의 의의 및 적용요건

(1) 사후관리 규정의 의의

개인사업이 법인전환으로 전환된 후에도 승계받은 사업이 일정기간 계속되고(사업의 계속성), 개인사업자의 지배력이 유지(지분의 연속성)될 때 사업조직의 동일성이 연속된다고 볼 수 있다. 그런데 사업의 계속성과 지분의 연속성이 깨지는 경우에는 당초 양도소득세 이월과세의 취지에 부합하지 않기 때문에 사후관리 규정에 따라 이월과세를 중단하고 거주자로 하여금 양양도소득세를 납부하도록 한 것이다.

한편 사후관리 규정이 없다면 법인전환에 따른 이월과세 제도가 사업용고정자산에 대한 양도소득세 회피수단으로 악용되는 문제가 발생한다. 이러한 문제를 예방하기 위해서도 사후관리 규정이 필요한 것이다.

(2) 적용요건

신설법인(주식회사 C)의 설립등기일부터 5년 이내에 다음 중 어느 하나에 해당하는 사유가 발생하는 경우에는 이월과세를 적용받은 거주자가 해당 사유가 발생하는 날이 속하는 달의 말일부터 2개월 이내에 이월과세액(이미 신설법인이 납부한 금액을 제외한 금액)을 양도소득세로 납부해야 한다.

1) 신설법인이 이월과세를 적용받은 거주자로부터 승계받은 사업을 폐지하는 경우(사업의 계속성 중단)

2) 이월과세를 적용받은 거주자가 법인전환으로 취득한 주식 등의 50% 이상을 처분하는 경우(지분의 연속성 중단). 여기서 '처분'은 주식의 유상이전, 무상이전, 유상감자 및 무상감자(주주의 소유주식 비율에 따라 균등하게 소각하는 경우는 제외)를 포함하되, 거주자가 사망하거나 파산하여 주식을 처분하는 경우 등은 제외한다.

2. 과세처분의 근거

[도 표] 사실관계 이해도

현물출자	주식 증여계약	양도소득세 이월과세	법인설립	주식 증여일	〰	양도소득세
2012.12.24.	2013.1.3.	1.31. 신청	3.7.	2013.? 처분		2017.3.8. 결정고지

이 사례에서 乙세무서장이 2017년 3월 8일에 甲에게 2013년 귀속 양도소득세 7억원을 결정 · 고지(과세처분)한 것은 적법한 것으로 판단된다. 그 과세처분의 근거는 다음과 같다.

1) 신설법인(주식회사 C)의 설립등기일(2013.3.7.)부터 5년 이내인 2013년 중에 甲이 법인전환으로 취득한 주식 20만주 중 19만8천주를 증여(처분비율 99.9%)한 것은 '이월과세를 적용받은 거주자가 법인전환으로 취득한 주식의 50% 이상을 처분한 경우'에 해당한다.

2) 사례에서 甲은 이 사건 부동산을 2012년 12월 24일에 현물출자하여 2013년 1월 31일에 이월과세를 적용받았다. 그런데 甲이 사후관리 규정의 시행일(2013.1.1.) 전인 2012년 12월 24일에 이 사건 부동산을 현물출자하여 취득한 주식을 2013년 중에 처분한 경우에도 부칙 규정(2013년 1월 1일 이후 취득한 주식을 처분하는 분부터 적용한다)의 적용으로 甲이 양도소득세를 납부해야 하는지 문제가 된다.

다음과 같은 논거로 甲이 사후관리 규정에 따라 양도소득세를 납부해야 한다고 보는 것이 타당하다.

① 사후관리 규정의 입법취지는 법인전환에 따른 이월과세제도가 사업용고정자산에 대한 양도소득세 회피수단으로 악용되는 것을 방지하려는데 있다. 만약 사후관리 규정의 시행일(2013.1.1.) 전인 2012년 12월 24일에 현물출자로 취득한 주식이었다는 이유로 사후관리 규정을 적용하지 않으면, 2013년 1월 1일 이후에 50% 이상 주식처분 요건에 해당하는 경우에도 양도소득세 납부를 면제받아 사후관리 규정을 신설한 입법취지에 맞지 않는 문제점이 발생한다.

② 사후관리 규정에 따른 양도소득세 납부의무의 성립일은 법인전환으로 취득한 '주식의 50% 이상을 처분하는 날'이다. 본 사례는 사후관리 규정의 시행일(2013.1.1.) 이후인 2013년도 중에 주식의 50% 이상을 처분하여 양도소득세 납부의무가 성립하였다. 따라서 사후관리 규정에 따라 甲이 양도소득세를 납부하는 것은 적법한 것이며, 2012년 12월 31일 이전에 현물출자로 이월과세를 적용받은 甲의 사례에 대해서 사후관리 규정을 적용한다고 해서 소급과세금지의 원칙에 위배되는 것도 아니다.

※ **필자주** : 지문에서 제시한 바와 같이 당초 법률 부칙 제11조는 '사후관리 개정규정은 2013년 1월 1일 이후 취득한 주식을 처분하는 분부터 적용한다.'고 규정되어 있었으나, 2014년 12월말에 '사후관리 개정규정은 2013년 1월 1일 이후 주식을 처분하는 분부터 적용한다.'로 자구수정('취득한' 문구가 삭제)되었다. 그 취지는 2013년 1월 1일 이후 '취득한 주식'에 대해서만 양도소득세 납부에 관한 사후관리 규정이 적용된다는 해석상 오류를 방지하려는데 있었다.

제2절 조직개편을 위한 조세특례

I 주식의 포괄적 교환 · 이전에 대한 과세특례

1. 개 요

'주식의 포괄적 교환 · 이전'이란 B회사의 주주가 보유하는 B회사 주식 전부를 A회사에 양도하고 그 대가로 A회사의 주식 등을 배정받는 것을 말한다(A회사가 기존회사이면 주식의 포괄적 교환이고, 주식을 이전받고 A회사가 새로 설립되면 주식의 포괄적 이전에 해당한다). 이 경우 A회사는 B회사의 발행주식총수를 소유하여 완전모회사가 되고, B회사는 A회사의 완전자회사가 된다. 이러한 주식의 포괄적 교환 · 이전시 B회사의 주주에게는 주식양도차익에 대한 법인세(법인주주인 경우) 또는 양도소득세(개인주주인 경우)가 과세문제가 발생한다.

[도 표] 주식의 포괄적 교환 · 이전에 대한 과세문제

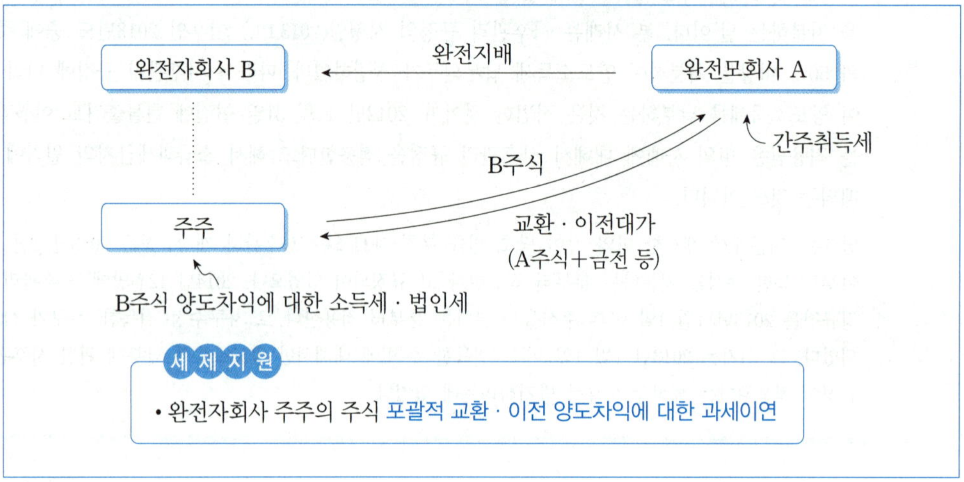

그런데 주식의 포괄적 교환 · 이전은 형식적인 주식의 종목교체에 불과한 점을 고려하여 과세이연요건을 갖춘 경우에는 주식양도차익에 대한 과세를 이연하는 특례를 두고 있다.

2. 주식의 포괄적 교환 · 이전에 대한 과세이연요건

다음의 요건을 갖추어 주식의 포괄적 교환 · 이전하는 경우 그로 인하여 발생한 완전자회사

주주의 주식양도차익에 대한 법인세 또는 양도소득세는 완전자회사의 주주가 완전모회사(또는 그 완전모회사의 완전모회사)의 주식을 처분할 때까지 과세를 이연받을 수 있다(조특법 38 ①).

① 사업목적의 교환 · 이전 : 주식의 포괄적 교환 · 이전일 현재 1년 이상 계속하여 사업을 하던 내국법인 간의 주식의 포괄적 교환 · 이전일 것. 다만, 주식의 포괄적 이전으로 신설되는 완전모회사는 제외한다.

② 지분의 연속성 : ㉠ 완전자회사의 주주가 완전모회사로부터 교환 · 이전대가를 받은 경우 그 교환 · 이전대가의 총합계액 중 완전모회사 주식의 가액이 80% 이상(또는 그 완전모회사의 완전모회사 주식의 가액이 80% 이상)이고, ㉡ 완전모회사 및 완전자회사의 일정한 지배주주 등이 주식의 포괄적 교환 등으로 취득한 주식의 50% 이상을 교환 · 이전일이 속하는 사업연도 종료일까지 처분하지 않을 것

③ 사업의 계속성 : 완전자회사가 교환 · 이전일이 속하는 사업연도의 종료일까지 사업을 계속할 것

참고사항 부득이한 사유가 있는 경우 과세이연

다음 중 어느 하나에 해당하는 부득이한 사유로 취득한 주식을 보유할 수 없거나 사업을 계속할 수 없는 경우에는 지분의 연속성요건 또는 또는 사업의 계속성요건을 갖추지 못한 경우에도 취득한 주식을 처분할 때까지 과세를 이연받을 수 있다(조특법 38 ① 단서, 조특령 35의2 ⑬).

(1) **지분의 연속성요건에 대한 부득이한 사유** : 다음 중 어느 하나에 해당하는 경우(법인령 80의2 ① (1)).

① 완전모회사 및 완전자회사의 일정한 지배주주 등이 주식의 포괄적 교환 · 이전으로 교부받은 전체 주식의 50% 미만을 처분한 경우

② 완전자회사의 일정한 지배주주 등이 사망하거나 파산하여 주식을 처분한 경우

③ 완전자회사의 일정한 지배주주 등이 과세이연을 받는 적격합병, 적격분할, 적격물적분할 또는 적격현물출자에 따라 주식을 처분한 경우 등

(2) **사업의 계속성요건에 대한 부득이한 사유** : 다음 중 어느 하나에 해당하는 경우(법인령 80의2 ① (2)).

① 완전자회사가 파산함에 따라 자산을 처분한 경우

② 완전자회사가 과세이연을 받는 적격합병, 적격분할, 적격물적분할 또는 적격현물출자에 따라 사업을 폐지한 경우

③ 완전자회사가 기업개선계획의 이행을 위한 약정 또는 기업개선계획의 이행을 위한 특별약정에 따라 승계받은 자산을 처분한 경우 등 ■

3. 완전자회사의 주주에 대한 과세이연

(1) 법인주주인 경우

1) 손금산입 : 완전자회사의 주주인 법인(내국법인 및 국내원천소득이 종합과세되는 외국법인을 말한다. 이하 같다)이 주식의 포괄적 교환 · 이전으로 취득한 완전모회사 주식의 가액 중 다음의 금액을 주

식의 포괄적 교환·이전일이 속하는 사업연도의 소득금액을 계산할 때 손금에 산입할 수 있다. 이 경우 손금에 산입하는 금액은 해당 주식의 압축기장충당금으로 계상해야 한다(조특령 35의2 ①).

> 손금산입액 = (1) − (2)
> (1) 실현된 양도차익 = 교환·이전대가(*주1) − 양도한 완전자회사의 주식의 취득가액
> (2) 과세되는 금액 = MIN(위 실현된 이익, 받은 금전 등(*주2))

(*주1) 주식의 포괄적 교환·이전으로 취득한 완전모회사 주식가액, 금전, 그 밖의 재산가액의 합계액을 말한다.
(*주2) 교환·이전대가로 받은 완전모회사의 주식 외의 금전, 그 밖의 재산가액의 합계액을 말한다.

2) 익금산입 : 위 1)에 따라 계상한 압축기장충당금은 법인이 해당 완전모회사의 주식을 처분하는 사업연도에 다음의 금액을 익금에 산입한다(조특령 35의2 ②).

$$\text{익금산입액} = \text{압축기장충당금} \times \frac{\text{처분한 주식 수}}{\text{주식의 포괄적 교환·이전으로 취득한 주식 수}}$$

* 자기주식으로 소각되는 경우에 압축기장충당금은 익금에 산입하지 않고 소멸하는 것으로 한다. 이 경우 주식의 포괄적 교환·이전 외의 다른 방법으로 취득한 완전모회사의 주식이 있으면 주식의 포괄적 교환·이전으로 취득한 주식을 먼저 양도한 것으로 본다.

(2) 개인주주인 경우

1) 교환·이전시 과세 : 완전자회사의 주주인 거주자 등(비거주자 또는 국내원천소득이 분리과세되는 외국법인을 포함한다)이 보유주식을 완전모회사에 주식의 포괄적 교환·이전하는 경우에는 다음의 금액을 양도소득으로 보아 양도소득세를 과세한다(조특령 35의2 ③).

> 양도소득 = MIN(①, ②)
> ① 실현된 양도차익 = 교환·이전대가 − 양도한 완전자회사 주식의 취득가액
> ② 받은 금전 등(*주)

(*주) 교환·이전대가 중 완전모회사의 주식 외의 금전, 그 밖의 재산가액의 합계액을 말한다.

2) 완전모회사의 주식 양도시 과세 : 거주자 등이 완전모회사의 주식의 전부 또는 일부를 양도하는 때에는 다음의 금액을 취득가액으로 보아 양도소득세를 과세한다(조특령 35의2 ④).

$$\text{취득가액} = \left(\frac{\text{완전자회사}}{\text{주식의 취득가액}} + \frac{\text{앞의}}{\text{양도소득}} - \text{받은 금전 등}\right) \times \frac{\text{처분한 주식 수}}{\text{주식의 포괄적 교환·이전으로 취득한 주식 수}}$$

* 이 경우 주식의 포괄적 교환·이전 외의 다른 방법으로 취득한 완전모회사의 주식이 있으면 주식의 포괄적 교환·이전으로 취득한 주식을 먼저 양도한 것으로 본다.

4. 완전모회사 : 완전자회사 주식의 취득가액(시가)

완전자회사의 주주가 과세이연을 받은 경우 완전모회사는 완전자회사 주식을 시가로 취득한다(조특법 38 ②).

5. 완전자회사의 주주에 대한 과세이연의 중단

(1) 개 요

주식의 포괄적 교환 · 이전일이 속하는 사업연도의 다음 사업연도 개시일부터 2년 이내에 다음 중 어느 하나의 사유가 발생하는 경우 완전모회사는 해당 사유의 발생 사실을 발생일부터 1개월 이내에 완전자회사의 주주에게 알려야 하며, 완전자회사의 주주는 과세이연을 받은 법인세 또는 양도소득세를 납부해야 한다(조특법 38 ②, 조특령 35의2 ⑪).

① 완전자회사가 사업을 폐지하는 경우(사업의 계속성 중단)

② 완전모회사 또는 완전자회사의 일정한 지배주주 등이 주식의 포괄적 교환 · 이전으로 취득한 주식의 50% 이상을 처분하는 경우(지분의 연속성 중단)

다만, ① 사업의 계속성요건과 ② 지분의 연속성요건에 대한 부득이한 사유가 있는 경우(p.173 참조)에는 과세이연을 계속 적용한다(조특법 38 ② (1) 단서, (2) 단서, 조특령 35의2 ⑮,⑯).

(2) 과세이연받은 세액의 납부

1) 완전자회사의 주주가 법인인 경우 : 과세이연 중단사유가 발생한 날이 속하는 사업연도의 소득금액을 계산할 때 당초 압축기장충당금으로 손금에 산입한 금액 중 완전모회사의 주식 처분으로 익금에 산입하고 남은 금액을 익금에 산입한다(조특령 35의2 ⑫ (2)).

2) 완전자회사의 주주가 거주자인 경우 : 과세이연 중단사유가 발생한 날이 속하는 반기(半期)의 말일부터 2개월 이내에 과세이연받은 세액(이연받은 세액 중 이미 납부한 부분과 완전모회사의 주식 처분으로 납부한 세액은 제외)을 납부해야 한다. 이 경우 완전모회사의 주식을 양도하는 경우에는 그 주식의 취득가액을 주식의 포괄적 교환 · 이전일 현재 완전모회사 주식의 시가로 한다(조특령 35의2 ⑫ (1)).

사례 1 주식의 포괄적 교환에 따른 과세이연

다음의 자료를 토대로 요구사항에 답하시오.

(1) B회사의 유일한 주주인 X(지분비율 100%)는 보유주식 전부를 A회사의 주식과 포괄적으로 교환하고 A회사로부터 다음과 같이 교환대가를 받았다.

① A회사 주식의 시가총액	₩3,600(액면가액과 일치)	
② 주식 외의 금전	400	
교환대가의 합계액	₩4,000	

(2) X주주는 B회사 주식의 100%를 ₩3,000에 취득하여 보유하고 있었다.

(3) A회사가 주식의 포괄적 교환으로 취득하는 B회사 주식의 시가는 ₩4,000이다.

위 자료가 과세이연요건을 충족하지 못한 경우와 과세이연요건을 충족한 경우를 각각 가정하여 다음의 물음에 답하시오.

【물음 1】 B회사의 주주 X가 법인인 경우 주식의 포괄적 교환 당시 세무상 회계처리와 교환으로 취득한 완전모회사인 A회사 주식 전부를 4년 후에 ₩4,500에 양도한 경우 세무상 회계처리를 표현하시오.

【물음 2】 B회사의 주주 X가 개인인 경우 주식의 포괄적 교환 당시 양도소득과 교환으로 취득환 완전모회사인 A회사 주식 전부를 4년 후에 ₩4,500에 양도한 경우 양도차익을 계산하시오.

【물음 3】 A회사의 B회사 주식취득에 관한 세무상 회계처리를 표현하시오.

해 답

【물음 1】 X가 법인인 경우

1. 과세이연요건 불충족

① 주식의 포괄적 교환 당시

(차)	A회사 주식	3,600	(대)	B회사 주식	3,000
	현 금	400		주식처분이익	1,000

② 완전모회사 주식의 양도 당시

(차)	현 금	4,500	(대)	A회사 주식	3,600
				주식처분이익	900

2. 과세이연요건 충족

① 주식의 포괄적 교환 당시

(차)	A회사 주식	3,600	(대)	B회사 주식	3,000
	현 금	400		주식처분이익	1,000
(차)	압축기장충당금전입	600	(대)	압축기장충당금	600*

* 손금산입액 : (1) − (2) = 600

(1) 실현된 이익 : (3,600 + 400) − 3,000 = 1,000

(2) 차감액 : MIN(실현된 이익 1,000, 받은 금전 400) = 400

② 완전모회사 주식의 양도 당시

(차)	현 금	4,500	(대) A회사 주식	3,600
	압축기장충당금	600	주식처분이익	1,500

【물음 2】 X가 개인인 경우

1. 과세이연요건 불충족

(1) 주식 교환 당시 양도소득(실현된 이익) : (3,600 + 400) − 3,000 = 1,000

(2) 완전모회사 주식의 양도 당시 양도차익 : 4,500 − 3,600 = 900

2. 과세이연요건 충족

(1) 주식 교환 당시 양도소득 : MIN(①, ②) = 400

① 실현된 이익 : (3,600 + 400) − 3,000 = 1,000

② 받은 금전 : 400

(2) 완전모회사 주식의 양도 당시 양도차익 : 4,500 − 3,000* = 1,500

* 취득가액 = 취득가액 + 위 양도소득 − 받은 금전
= 3,000 + 400 − 400 = 3,000

【물음 3】 A회사의 B회사 주식 취득가액

1. 과세이연요건 불충족

(차)	B회사 주식	4,000	(대) 자본금	3,600
			현 금	400

2. 과세이연요건 충족

(차)	B회사 주식	4,000	(대) 자본금	3,600
			현 금	400

사례 2 개인주주의 주식의 포괄적 교환

조세특례제한법과 관련하여 다음 사례를 읽고 물음에 답하시오. (2023년 세무사 2차, 25점)

(1) 거주자인 甲과 乙은 3년 전에 각각 ㈜A와 ㈜B를 자본금 1억원으로 하여 설립한 후 1인 주주이자 대표이사로서 운영하여 왔다. ㈜A와 ㈜B는 설립 이후 각 사업연도의 소득이나 배당과 관련하여 세무상의 상이점 없이 각각 2억원의 세후 이익을 실현하였고, 그 결과 자산은 현금 3억원으로만 구성되어 있으며 부채는 없다.

(2) 甲과 乙은 사업을 같이 하기로 합의하였는 바, 이를 위하여 각각 보유하는 ㈜A와 ㈜B의 발행 주식 전부를 신설하는 ㈜C에게 양도하고, ㈜C가 발행하는 주식 50%씩 취득하였다.

> (3) 甲과 乙은 「조세특례제한법」 제38조 및 관련 법령에 따라 '주식의 포괄적 교환 등 과세특례신청서'를 제출하였다.

【물음 1】 주식의 포괄적 교환이전에 따라 甲과 乙의 주식 양도차익에 상당하는 금액에 대한 양도소득세 과세를 이연받는 경우 ㈜A와 ㈜B의 발행 주식 양도일이 속하는 과세기간의 양도소득 계산방법에 대하여 설명하시오. (9점)

【물음 2】 甲 또는 乙이 취득한 ㈜C의 발행 주식 전부 또는 일부를 양도함으로써 양도소득세가 과세되는 경우 ㈜C의 발행 주식의 취득가액에 대하여 설명하시오. (8점)

【물음 3】 甲 또는 乙이 과세를 이연받은 양도소득세를 납부해야 하는 사유에 대하여 설명하시오. (8점)

해 답

<사실관계 파악>

(1) 각 주주의 당초 A · B주식의 취득가액

주주(지분비율)	각 주식의 취득가액
거주자 甲(100%)	A주식의 취득가액 : 1억원
거주자 乙(100%)	B주식의 취득가액 : 1억원

(2) 주식의 포괄적 이전 직전 ㈜A와 ㈜B의 재무상태

법인	재무상태			
㈜A	자산(현금)	3억원	부채 순자산(자기자본)	0원 3억원(시가)
㈜B	자산(현금)	3억원	부채 순자산(자기자본)	0원 3억원(시가)

(3) 주식의 포괄적 이전* 직후 완전모회사인 ㈜C의 재무상태

신설법인	재무상태			
완전모회사 ㈜C	자산 (완전자회사 A주식 3억원 완전자회사 B주식 3억원)	6억원	부채 순자산(자기자본)	0원 6억원(시가)

* 필자 주 : 甲과 乙이 각각 보유하는 ㈜A와 ㈜B의 주식 전부를 신설하는 ㈜C에게 양도하였으므로 '주식의 포괄적 이전'에 해당한다.

(4) 주식의 포괄적 이전 직후 각 주주가 취득하는 완전모회사인 ㈜C주식의 시가

주주(지분비율)	C주식의 시가
거주자 甲(50%)	C주식의 시가 : 3억원
거주자 乙(50%)	C주식의 시가 : 3억원

【물음 1】 양도소득

1. 관련규정

완전자회사의 주주인 거주자가 보유주식을 완전모회사에 주식의 포괄적 이전하는 경우 다음 금액을 양도소득으로 보아 양도소득세를 과세한다.

양도소득 : MIN (①, ②)
① 실현된 이익 = 이전대가 – 완전자회사 주식의 취득가액 ② 받은 금전 등

위 ①에서 '이전대가'는 주식의 포괄적 이전으로 취득한 완전모회사 주식가액, 금전, 그 밖의 재산가액의 합계액을 말하며, 위 ②에서 '받은 금전 등'은 이전대가로 받은 완전모회사의 주식 외의 금전, 그 밖의 재산가액의 합계액을 말한다.

2. 사례의 경우

사례에서 주식의 포괄적 이전에 따라 거주자 甲과 乙이 주식 양도소득세 과세를 이연받는 경우 다음과 같이 A주식과 B주식 양도소득을 없는 것(0원)으로 계산한다.

(1) 거주자 甲

양도소득 : MIN (①, ②) = 0원(없음)
① 실현된 이익 : 이전대가(C주식 가액 = 3억원) – 완전자회사 A주식의 취득가액(1억원) = 2억원 ② 받은 금전 등(0원)

위 ①에서 거주자 甲이 받은 '이전대가'는 주식의 포괄적 이전으로 취득한 완전모회사인 ㈜C의 주식가액(50%)뿐이고 ㈜C의 주식가액은 완전자회사인 ㈜A의 순자산 시가 3억원과 일치할 수 밖에 없다. 그리고 거주자 甲은 완전모회사인 ㈜C가 발행하는 주식 50%를 이전대가로 받았으므로 위 ②에서 '받은 금전'은 없다(0원).

(2) 거주자 乙

양도소득 : MIN (①, ②) = 0원(없음)
① 실현된 이익 : 이전대가(C주식 가액 = 3억원) − 완전자회사 B주식의 취득가액(1억원) = 2억원 ② 받은 금전 등(0원)

위 ①에서 거주자 乙이 받은 '이전대가'는 주식의 포괄적 이전으로 취득한 완전모회사인 ㈜C의 주식가액(50%)뿐이고 ㈜C의 주식가액은 완전자회사인 ㈜B의 순자산 시가 3억원과 일치할 수밖에 없다. 그리고 거주자 乙은 완전모회사인 ㈜C가 발행하는 주식 50%를 이전대가로 받았으므로 위 ②에서 '받은 금전'은 없다(0원).

※ 필자 주 : 【물음 1】의 배점이 9점이나 되므로 관련규정만 적는 것만으로 부족하고 사실관계를 파악해서 사례 내용을 답안에 적어야 고득점할 것이다.

【물음 2】 완전모회사 주식의 취득가액

1. 관련규정

거주자가 완전모회사의 주식의 전부 또는 일부를 양도하는 때에는 다음 금액을 취득가액으로 보아 양도소득세를 과세한다.

취득가액
$: \left(\text{완전자회사 주식의 취득가액} + \text{종전의 양도소득} - \text{받은 금전 등}\right) \times \dfrac{\text{처분한 주식 수}}{\text{주식의 포괄적 이전으로 취득한 주식 수}}$

2. 사례의 경우

사례에서 주식의 포괄적 이전에 따라 거주자 甲과 乙이 완전모회사의 주식의 전부 또는 일부를 양도하는 때에는 다음 금액을 취득가액으로 보아 양도소득세를 과세한다.

(1) 거주자 甲

완전모회사 C주식의 취득가액
$: \left(\text{완전자회사 A주식의 취득가액 1억원} + \text{종전의 양도소득 0원} - \text{받은 금전 등 0원}\right) \times \dfrac{\text{처분한 주식 수}}{\text{주식의 포괄적 이전으로 취득한 주식 수}}$

(2) 거주자 乙

완전모회사 C주식의 취득가액
$: \left(\text{완전자회사 B주식의 취득가액 1억원} + \text{종전의 양도소득 0원} - \text{받은 금전 등 0원}\right) \times \dfrac{\text{처분한 주식 수}}{\text{주식의 포괄적 이전으로 취득한 주식 수}}$

※ 필자 주 : 【물음 2】도 배점이 8점이나 되므로 관련규정만 적는 것만으로 부족하고 사실관계를 파악해서 사례 내용을 답안에 적어야 높은 점수를 받을 것으로 생각된다.

【물음 3】 과세를 이연받은 양도소득세 납부사유

주식의 포괄적 이전일이 속하는 사업연도의 다음 사업연도 개시일부터 2년 이내에 다음 중 어느 하나의 사유가 발생하는 경우 완전모회사인 ㈜C는 해당 사유의 발생 사실을 발생일부터 1개월 이내에 완전자회사의 주주인 甲과 乙에게 알려야 하며, 완전자회사의 주주인 甲과 乙은 과세이연을 받은 양도소득세를 납부해야 한다.

① 완전자회사인 ㈜A와 ㈜B가 사업을 폐지하는 경우(사업의 계속성 중단)

② 완전모회사인 ㈜C 또는 완전자회사의 지배주주인 ㈜C가 주식의 포괄적 이전으로 취득한 주식의 50% 이상을 처분하는 경우(지분의 연속성 중단)

이처럼 과세이연이 중단되면 甲과 乙이 완전모회사의 주식을 양도하는 경우에 그 주식의 취득가액을 주식의 포괄적 이전일 현재 완전모회사 주식의 시가로 한다.

※ 필자 주 : 위와 같이 사례 내용을 결합해서 답안을 작성하면 출제자의 의도대로 답안을 작성했다고 보고 높은 점수를 받을 것이다.

Ⅱ 지주회사의 설립 등에 대한 과세특례

1. 서 설

'지주회사'란 주식의 소유를 통하여 다른 회사의 사업내용을 지배하는 회사를 말한다. 이러한 지주회사에 의해 그 사업내용을 지배받는 회사를 '자회사'라고 한다. 공정거래법 및 금융지주회사법은 사업부문의 분리 · 매각을 통한 원활한 기업구조조정 및 외국자본의 유치를 위하여 지주회사의 설립 및 기존법인의 지주회사로의 전환을 허용하고 있다. 조세특례제한법도 내국인이 지주회사의 설립 및 지주회사로의 전환을 지원하기 위하여 주식을 양도하는 경우에 발생하는 양도차익에 대한 과세이연제도를 마련하고 있다.

참고사항 2027.1.1.부터 적용되는 주식의 현물출자 등에 의한 지주회사의 설립 등에 대한 과세특례

내국법인의 내국인 주주가 2029년 12월 31일까지 과세특례 요건을 모두 갖추어 주식을 현물출자함에 따라 지주회사(금융지주회사 포함)를 새로 설립하거나 기존의 내국법인을 지주회사로 전환하는 경우 그 현물출자로 인하여 취득한 주식의 가액 중 그 현물출자로 인하여 발생한 양도차익에 상당하는 금액은 법인세 또는 양도소득세의 과세를 이연받거나 분할납부할 수 있다(조특법 38의2 ①). ■

2. 과세특례

(1) 지주회사의 설립 등에 대한 과세특례

내국법인의 내국인 주주가 2026년 12월 31일까지 다음의 요건을 모두 갖추어 주식을 현물출자함에 따라 지주회사(금융지주회사 포함)를 새로 설립하거나 기존의 내국법인을 지주회사로 전환하는 경우 그 현물출자로 인하여 취득한 주식의 가액 중 그 현물출자로 인하여 발생한 양도차익에 상당하는 금액에 대해서는 그 주주가 해당 지주회사의 주식을 처분할 때까지 법인세 또는 양도소득세의 과세를 이연받을 수 있다(조특법 38의2 ①).

① 지주회사 및 현물출자를 한 주주 중 일정한 지배주주가 현물출자로 취득한 주식을 현물출자일이 속하는 사업연도의 종료일까지 보유할 것

② 현물출자로 인하여 지주회사의 자회사로 된 내국법인(이하 '자회사'라 한다)이 현물출자일이 속하는 사업연도의 종료일까지 사업을 계속할 것

[도 표] 지주회사의 설립 등에 대한 조세특례

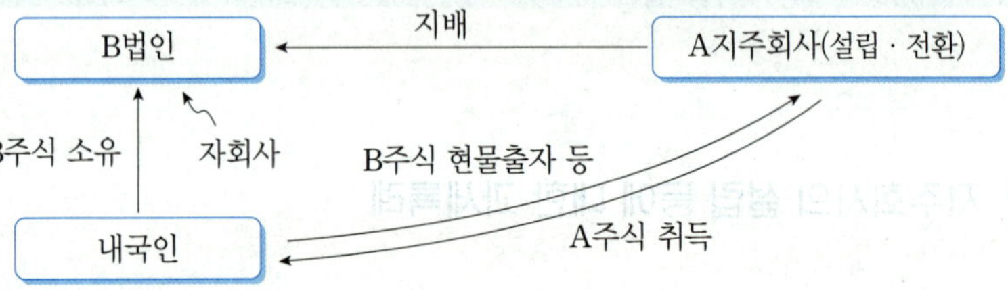

세제지원

(1) 법인주주에 대한 과세이연

• (차)	A주식	×××	(대)	B주식	×××
				양도차익	×××
	전 입	×××		압충A	××× <손금산입>
• (차)	현 금	×××	(대)	A주식	×××
	압충A	×××		환 입	××× <익금산입>

(손금산입·익금산입: 과세이연)

(2) 개인주주에 대한 과세이연

• B주식 현물출자 · 주식의 포괄적 교환시 양도소득 : 양도소득세 과세 ×

(과세이연)

• A주식 양도시 취득가액 = A주식 취득가액 − 주식과세이연금액

(2) 전환지주회사의 자회사 편입에 대한 과세특례

현물출자 또는 적격분할에 따라 지주회사로 전환한 내국법인(위 (1)에 따라 지주회사로 전환한 내국법인을 포함한다)을 '전환지주회사'라고 한다. 내국법인의 내국인 주주가 이러한 전환지주회사에 다음의 요건을 모두 갖추어 2026년 12월 31일까지 주식을 현물출자하거나 그 전환지주회사의 자기주식과 교환하는 경우 그 현물출자 또는 자기주식교환으로 인하여 취득한 전환지주회사의 주식가액 중 현물출자 또는 자기주식교환으로 발생한 양도차익에 상당하는 금액에 대해서는 그 주주가 해당 전환지주회사의 주식을 처분할 때까지 법인세 또는 양도소득세의 과세를 이연받을 수 있다(조특법 38의2 ②).

① 전환지주회사 및 현물출자·자기주식교환을 한 주주 중 일정한 지배주주가 현물출자·자기주식교환으로 취득한 주식을 현물출자·자기주식교환일이 속하는 사업연도의 종료일까지 보유할 것

② 현물출자·자기주식교환으로 인하여 전환지주회사의 지분미달자회사로 된 내국법인(이하 '지분미달자회사'라 한다)이 현물출자·자기주식교환일이 속하는 사업연도의 종료일까지 사업을 계속할 것

③ 전환지주회사의 주식소유비율이 20%(자회사가 주권상장법인인 경우와 벤처지주회사의 자회사인 경우), 40%(자회사가 비상장법인인 경우) 미만인 법인(이하 '지분비율미달자회사'라 한다)으로서 다음 중 어느 하나에 해당하는 법인의 주식을 현물출자하거나 자기주식교환하는 것일 것

㉠ 전환지주회사가 될 당시 해당 전환지주회사가 출자하고 있는 다른 내국법인

㉡ 전환지주회사의 분할로 신설·합병되는 법인 및 분할 후 존속하는 법인

④ 전환지주회사가 된 날부터 2년 이내에 현물출자하거나 자기주식교환하는 것일 것

⑤ 자기주식교환의 경우에는 지분비율미달자회사의 모든 주주가 그 자기주식교환에 참여할 수 있어야 하며, 그 자기주식교환사실을 공시하였을 것(신문에 1회 이상 게재)

3. 주주에 대한 과세이연 및 사후관리

(1) 법인주주의 경우

1) 손금산입 : 내국법인의 주주인 법인(내국법인 및 국내원천소득을 종합과세하는 외국법인에 한정한다)이 보유주식을 지주회사 또는 전환지주회사에 현물출자하거나 지주회사 또는 전환지주회사의 주식과 교환하고 과세를 이연받는 경우 다음의 금액(이하 '주식양도차익'이라 한다)을 그 사업연도의 소득금액을 계산할 때 손금에 산입한다. 이 경우 그 금액은 해당 주식의 압축기장충당금으로 계상해야 한다(조특령 35의3 ①).

$$\text{손금산입액*} = \left(\frac{\text{현물출자 등으로 취득한}}{\text{지주회사의 주식의 시가}} - \frac{\text{현물출자 등을 한 날 전일의}}{\text{해당 보유주식의 장부가액}}\right)$$

* 그 금액이 해당 보유주식의 시가에서 장부가액을 뺀 금액을 초과하는 경우 그 초과한 금액을 제외한다.

2) 익금산입 : 계상한 압축기장충당금은 해당 지주회사 또는 전환지주회사의 주식을 처분하는 사업연도에 이를 익금에 산입하되, 일부 주식을 처분하는 경우에는 다음의 금액을 익금에 산입한다(조특령 35의3 ②).

$$\text{익금산입액} = \text{압축기장충당금} \times \frac{\text{주식의 현물출자 등으로 취득한 지주회사 등의 주식 중 처분*한 주식수}}{\text{주식의 현물출자 등으로 취득한 지주회사 등의 주식수}}$$

* 현물출자 등으로 인하여 취득한 주식 외에 다른 방법으로 취득한 주식이 있는 경우에는 주식의 현물출자 등으로 인하여 취득한 주식을 먼저 처분한 것으로 본다.

(2) 개인주주의 경우

내국법인의 주주인 거주자 등(비거주자 또는 국내원천소득이 분리과세되는 외국법인을 포함한다)이 보유주식을 지주회사 또는 전환지주회사에 현물출자하거나 지주회사 또는 전환지주회사의 주식과 교환하고 과세를 이연받는 경우 해당 보유주식의 현물출자 등에 따라 발생하는 소득(이하 '주식과세이연금액'이라 한다)에 대해서는 양도소득세를 과세하지 않되, 그 지주회사 또는 전환지주회사의 주식의 처분*에 대해서는 지주회사 또는 전환지주회사의 주식의 취득가액에서 주식과세이연금액을 뺀 금액을 취득가액으로 보아 양도소득세를 과세한다(조특령 35의4 ①).

* 현물출자 등으로 인하여 취득한 주식 외에 다른 방법으로 취득한 주식이 있는 경우에는 주식의 현물출자 등으로 인하여 취득한 주식을 먼저 처분한 것으로 본다.

4. 지주회사 등에 대한 사후관리

(1) 현물출자 등을 받은 주식의 취득가액

내국법인의 주주가 과세를 이연받은 경우 지주회사(전환지주회사 포함)는 현물출자 또는 자기주식교환(이하 '현물출자 등'이라 한다)으로 취득한 자회사의 주식을 주주의 장부가액(현물출자 등을 한 법인주주의 장부가액 또는 개인주주의 취득가액을 말한다)으로 취득한다. 이 경우 현물출자 등으로 취득한 자회사의 주식의 가액을 현물출자 등을 한 날 현재의 시가로 계상하되, 시가에서 자회사의 주식의 장부가액 합계액을 뺀 금액을 자산조정계정으로 계상해야 한다. 이처럼 계상한 자산조정계정은 다음의 금액을 익금 또는 손금에 산입한다(조특법 38의2 ③, 조특령 35의3 ⑥).

$$\text{익금(또는 손금산입액)} = \text{자산조정계정} \times \frac{\text{처분한 주식수}}{\text{주식의 현물출자 등으로 취득한 주식수}}$$

(2) 과세이연의 중단

법인이 주식양도차익상당액을 손금에 산입한 후 현물출자 등을 한 날이 속하는 사업연도의 다음 사업연도 개시일부터 2년 이내에 다음 중 어느 하나에 해당하는 사유가 발생한 경우에는 자산조정계정의 잔액(△유보인 경우에 한정하며, 유보인 경우에는 없는 것으로 본다)을 익금에 산입한다. 이 경우 당초 계상한 자산조정계정은 소멸하는 것으로 한다(조특법 38의2 ③, 조특령 35의3 ⑧).

① 신설되거나 전환된 지주회사 또는 전환지주회사가 지주회사에 해당하지 않게 되는 경우. 다만, 「독점규제 및 공정거래에 관한 법률」 등 지주회사의 기준을 정한 법령의 개정으로 지주회사에 해당하지 않게 된 경우는 제외한다.

② 전환지주회사가 지주회사로 전환한 날의 다음 날부터 2년이 되는 날까지 지분비율미달자회사의 주식을 20%(자회사가 주권상장법인인 경우와 벤처지주회사의 자회사인 경우), 40%(자회사가 비상장법인인 경우) 미만으로 소유하는 경우

③ 자회사(지분비율미달자회사 포함)가 사업을 폐지하는 경우

④ 지주회사(전환지주회사 포함) 또는 현물출자 등을 한 주주 중 일정한 지배주주가 현물출자 등으로 취득한 주식을 처분하는 경우

이 경우 위 ②의 사유에 해당하는 경우에는 다음의 이자상당액을 법인세 납부금액에 가산하여 납부해야 한다(조특법 38의2 ③ 후단, 조특령 35의3 ⑩).

$$\text{이자상당가산액} = \text{법인세액의 차액}^{*} \times \text{기간}^{**} \times \text{1일 } \frac{2.2}{10,000}$$

* 위 ②에 해당하는 사유로 익금에 산입하는 자산조정계정 잔액을 현물출자 등을 한 날이 속하는 사업연도에 익금에 산입하지 않음에 따라 발생한 법인세액의 차액

** 현물출자 등을 한 날이 속하는 사업연도의 다음 사업연도의 개시일부터 자산조정계정 잔액을 익금에 산입한 사업연도의 종료일까지의 기간

제3절 재무구조개선을 위한 조세특례

Ⅰ 채무의 인수 · 변제에 대한 과세특례

1. 개 요

모기업이 부실 자회사를 다른 기업에 양도하기 위하여 부실 자회사의 채무를 인수 · 변제하는 경우, ① 채무를 인수 · 변제한 모기업은 그 채무 인수 · 변제금액을 손금에 산입하고 ② 부실 자회사는 채무감소액을 4년거치 3년간 분할 익금산입한다.

[도 표] 채무의 인수 · 변제에 대한 과세특례(사업재편계획 p.199 참조)

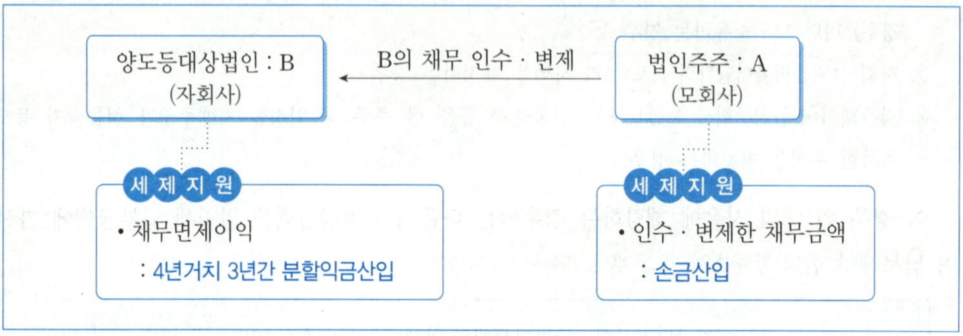

2. 과세특례의 요건

내국법인의 주주(법인인 경우에 한정한다. 즉 모회사)가 해당 법인(즉 자회사)의 채무를 인수 · 변제하는 경우로서 다음 중 어느 하나에 해당하는 요건을 갖추어야 한다(조특법 39 ①).

① 재무구조개선계획에 따라 2026년 12월 31일까지 해당 내국법인의 지배주주 · 출자자 및 그 특수관계인(이하 '지배주주 등'이라 한다)의 소유주식 또는 출자지분을 특수관계인 외의 자에게 전부 양도할 것

② 법인청산계획서를 해당 내국법인의 관할세무서장에게 제출하고 2027년 12월 31일까지 해당 내국법인의 청산을 종결할 것

3. 과세특례의 내용

(1) 채무를 인수 · 변제한 법인인 주주(모회사)

내국법인의 주주 또는 출자자(법인인 경우에 한정한다. 이하 '주주 등'이라 한다)가 해당 법인의 채무를 인수 · 변제하는 경우로서 과세특례의 요건을 갖춘 경우에는 해당 법인의 채무금액 중 해당 주주 등이 인수 · 변제한 금액은 해당 연도 주주 등의 소득금액을 계산할 때 해당 주주 등이 인수 · 변제한 양도등대상법인의 금융채권자채무 금액(이하 '채무인수 · 변제액'이라 한다)을 한도로 손금에 산입한다(조특법 39 ①, 조특령 36 ③).

(2) 양도등대상법인

채무가 인수 · 변제되어 채무가 감소한 법인(이하 '양도등대상법인'이라 한다)은 소득금액을 계산할 때 채무의 감소액(이월결손금을 초과하는 금액에 한정한다. 이하 '채무감소액'이라 한다)을 해당 사업연도와 해당 사업연도의 종료일 이후 3개 사업연도의 기간 중 익금에 산입하지 않고 그 다음 3개 사업연도의 기간 동안 균분한 금액 이상을 익금에 산입한다. 다만, 과세특례의 ②의 요건에 해당되는 양도등대상법인의 경우에는 해산하는 날이 속하는 사업연도의 소득금액을 계산할 때 채무감소액을 익금에 산입한다(4년거치 3년간 분할익금산입, 조특법 39 ②).

(3) 그 밖의 특례

1) 과세특례의 요건 ①에 따른 법인의 양도 · 양수에 있어서 양도등대상법인의 자산부족액을 익금에 산입하여 이를 법인세법에 따라 소득처분하는 경우 해당 양도등대상법인은 소득세법에도 불구하고 그 처분금액에 대한 소득세를 원천징수하지 않는다(조특법 39 ④).

2) 과세특례에 따라 법인의 채무가 인수 · 변제됨에 따라 해당 법인의 다른 주주 등이 얻는 이익에 대해서는 상증세법에 따른 증여로 보지 않는다. 다만, 채무를 인수 · 변제한 주주 등의 특수관계인에 대해서는 그렇지 않다(조특법 39 ④).

4. 사후관리

과세특례를 적용받은 양도등대상법인이 다음 중 어느 하나에 해당하게 된 경우에는 해당 사유가 발생한 과세연도에 양도등대상법인의 소득금액을 계산할 때 익금에 산입하지 않은 금액을 익금에 산입해야 한다. 이 경우 주주 등이 감면받은 법인세액 및 이자상당가산액을 법인세에 가산하여 납부해야 한다(조특법 39 ③).

① 양도등대상법인의 부채비율이 채무 인수 · 변제 후 3년 이내의 기간 중 기준부채비율보다 증가하게 된 경우(과세특례 요건 ①에 해당되는 양도등대상법인에 한정한다)

② 채무를 인수 · 변제한 날부터 3년 이내에 해당 사업을 폐업하거나 해산한 경우로서 합병법인, 분할로

인하여 신설되는 법인 또는 분할합병의 상대방 법인이 해당 사업을 승계한 경우가 아닌 경우(과세특례 요건 ①에 해당되는 양도등대상법인에 한정한다)

③ 과세특례의 요건 ① 또는 ②를 충족하지 못한 경우

Ⅱ 주주 등의 자산양도에 관한 법인세 등 과세특례

1. 과세특례의 요건

내국법인이 주주 또는 출자자(이하 '주주 등'이라 한다)로부터 2026년 12월 31일 이전에 다음의 요건을 모두 갖추어 자산을 무상으로 받은 경우에 과세특례를 적용받을 수 있다(조특법 40 ①).

① 재무구조개선계획에 따라 주주 등의 자산증여 및 법인의 채무상환이 이루어질 것

② 재무구조개선계획에는 ㉠ 금전의 경우 법인이 해당 금전을 받은 날부터 2026년 12월 31일 이내에서 금전을 받은 날부터 3개월이 되는 날[②]까지, ㉡ 금전 외의 자산의 경우에는 해당 자산을 양도한 날[①]부터 2026년 12월 31일 이내에서 자산양도일부터 3개월이 되는 날[②]까지 그 양도대금을 금융채권자에 대한 부채의 상환에 전액 사용[③]한다는 내용이 포함되어 있을 것

① 장기할부조건의 경우에는 각 회의 부불금(계약금은 첫 회의 부불금에 포함되는 것으로 한다)을 받은 날을 말한다.

② 금융채권자가 채무상환액을 수령할 수 없는 사정이 있어서 상환이 불가능한 경우로서 그 사유가 종료된 날이 자산양도일부터 3개월에 해당하는 날보다 나중에 오는 경우에는 그 사유가 종료된 날의 다음 날을 말한다.

③ 금융채권자가 채무상환액을 수령할 수 없는 사정이 있어서 상환이 불가능한 경우에는 그 사유가 종료한 날의 다음 날에 부채의 상환에 전액 사용을 말한다.

2. 과세특례의 내용

[도 표] 주주 등의 자산양도에 대한 과세특례(사업재편계획 p.203 참조)

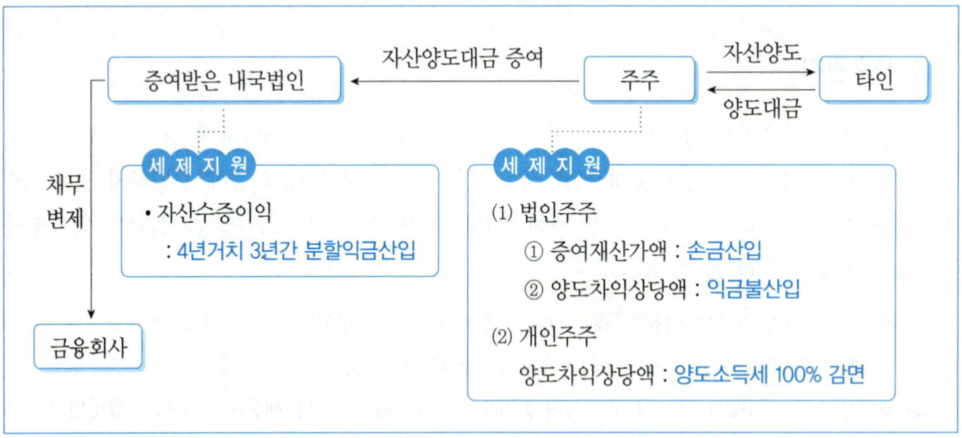

(1) 증여받은 내국법인

내국법인이 과세특례의 요건을 갖추어 주주 등으로부터 자산을 무상으로 받은 경우에는 해당 사업연도의 소득금액을 계산할 때 해당 자산가액은 자산을 증여받은 날이 속하는 사업연도의 종료일 이후 3개 사업연도의 기간 중 익금에 산입하지 않고 그 다음 3개 사업연도의 기간 중 균분한 금액 이상을 익금에 산입해야 한다(4년거치 3년간 분할익금산입, 조특법 40 ①).

(2) 증여한 주주인 법인

자산을 증여한 주주 등(법인인 경우에 한정한다)의 경우 증여한 자산의 장부가액을 해당 사업연도의 소득금액을 계산할 때 손금에 산입한다(조특법 40 ②).

(3) 증여한 주주 등(거주자 또는 내국법인)

주주 등이 법인에 자산을 증여할 때 소유하던 자산을 양도하고 2026년 12월 31일 이전에 그 양도대금을 해당 법인에 증여하는 경우에는 해당 자산을 양도함으로써 발생하는 양도차익 중 증여금액에 상당하는 금액(이하 '양도차익상당액'이라 한다)은 다음에 해당하는 방법으로 양도소득세를 감면하거나 같은 금액을 익금에 산입하지 않을 수 있다(조특법 40 ③).

① 거주자 : 양도차익상당액에 대한 양도소득세의 100% 상당하는 세액을 감면하는 방법
② 내국법인 : 양도차익상당액을 해당 사업연도의 소득금액을 계산할 때 익금에 산입하지 않는 방법

참고사항 양도차익상당액의 계산(조특령 37 ⑫)

$$\text{양도한 자산의 양도차익} \times \frac{\text{해당 자산의 양도가액 중 재무구조개선계획승인법인에게 증여한 금액}}{\text{해당 자산의 양도가액} - \text{양도차익에 대한 농어촌특별세}}$$

(4) 그 밖의 과세특례

과세특례에 따라 법인이 주주 등으로부터 자산을 무상으로 받음으로써 해당 법인의 다른 주주 등이 얻는 이익은 상증세법에 따른 증여로 보지 않는다. 다만, 자산을 증여한 주주 등과 특수관계인에 대해서는 그렇지 않다(조특법 40 ⑥).

3. 사후관리

자산을 증여받은 법인이 다음 중 어느 하나에 해당하는 경우에는 해당 사유가 발생한 사업연도의 소득금액을 계산할 때 과세특례에 따라 익금에 산입하지 않은 금액을 익금에 산입한다. 이 경우 과세특례 (2) · (3)에 따라 감면한 세액을 해당 법인이 납부할 법인세액에 가산하여 징수한다(조특법 40 ④).

① 재무구조개선계획에 따라 채무를 상환하지 않은 경우
② 해당 법인의 부채비율이 채무 상환 후 3년 이내의 기간 중 기준부채비율보다 증가하게 된 경우
③ 과세특례 (1)에 따라 자산을 증여받은 날부터 3년 이내에 해당 사업을 폐업하거나 해산한 경우로서 합병법인, 분할로 인하여 신설되는 법인 또는 분할합병의 상대방 법인이 해당 사업을 승계한 경우가 아닌 경우. 다만, 파산 등 부득이한 사유가 있는 경우에는 과세특례 (2) · (3)에 따라 감면한 세액을 가산하지 않는다.

Ⅲ 재무구조개선계획 등에 따른 기업의 채무면제익에 대한 과세특례

1. 과세특례의 요건

2026년 12월 31일까지 내국법인이 금융채권자로부터 채무의 일부를 면제받은 경우로서 다음 중 어느 하나에 해당해야 한다(조특법 44 ①, 조특령 41 ②,③).

① 「채무자 회생 및 파산에 관한 법률」에 따른 회생계획인가의 결정을 받은 법인이 금융채권자로부터 채무의 일부를 면제받은 경우로서 그 결정에 채무의 면제액이 포함된 경우
② 「기업구조조정 촉진법」에 따른 기업개선계획의 이행을 위한 약정을 체결한 부실징후기업이 같은 법에 따른 금융채권자로부터 채무의 일부를 면제받은 경우로서 그 약정에 채무의 면제액이 포함된 경우 및 같은 법에 따른 반대채권자의 채권매수청구권의 행사와 관련하여 채무의 일부를 면제받은 경우
③ 내국법인이 채권을 보유한 금융채권자 간의 합의에 따라 채무를 면제받은 경우(경영정상화계획 이행을 위한 특별약정에 따라 채무를 면제받은 경우를 말한다)
④ 그 밖에 내국법인이 관계 법률에 따라 채무를 면제받은 경우로서 적기시정조치에 따라 채무를 면제받은 경우

[도 표] 채무면제에 대한 과세특례(사업재편계획 p.206 참조)

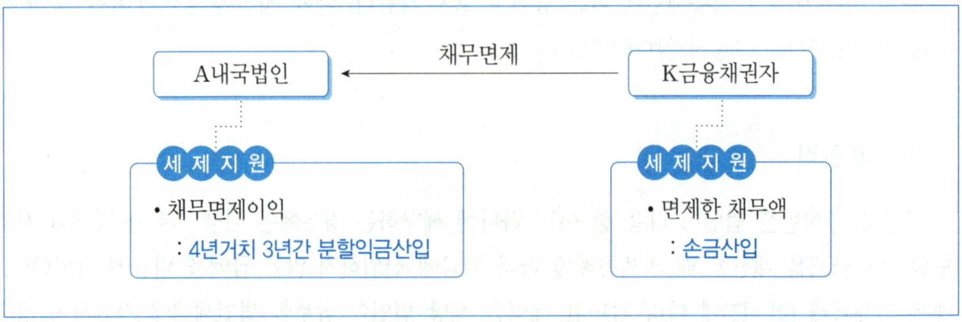

2. 과세특례의 내용

1) 채무를 면제받은 법인 : 내국법인이 금융채권자로부터 채무의 일부를 면제받은 경우 소득금액을 계산할 때 그 면제받은 채무에 상당하는 금액(이월결손금을 초과하는 금액에 한정한다. 이하 '채무면제익'이라 한다)은 해당 사업연도와 해당 사업연도의 종료일 이후 3개 사업연도의 기간 중 익금에 산입하지 않고 그 다음 3개 사업연도의 기간 중 균분한 금액 이상을 익금에 산입한다(4년거치 3년간 분할익금산입, 조특법 44 ①).

한편 「기업구조조정 투자회사법」에 따른 약정체결기업이 기업구조조정투자회사로부터 채무를 출자로 전환받는 과정에서 채무의 일부를 면제받는 경우 그 채무면제익은 위 규정을 준용하여 익금에 산입한다(조특법 44 ②).

2) 채무를 면제한 채권금융자 : 이러한 채무를 면제(채무의 출자전환으로 채무를 면제한 경우를 포함한다)한 금융채권자(「기업구조조정 촉진법」에 따른 기업구조조정투자회사는 제외)는 해당 사업연도의 소득금액을 계산할 때 그 면제한 채무에 상당하는 금액을 손금에 산입한다(조특법 44 ④).

3. 사후관리

채무를 면제받은 법인이 채무면제익 전액을 익금에 산입하기 전에 사업을 폐업하거나 해산하는 경우에는 그 사유가 발생한 날이 속하는 사업연도의 소득금액을 계산할 때 익금에 산입하지 않은 금액 전액을 익금에 산입한다(조특법 44 ③).

Ⅳ 전략적 제휴를 위한 비상장 주식교환 등에 대한 과세특례

1. 개 요

개인주주가 벤처기업 등과 제휴법인 간의 전략적 제휴를 위해서 벤처기업 등의 주주가 주식교환 등으로 인하여 취득한 제휴법인의 주식을 처분할 때까지 양도소득세의 과세를 이연받을 수 있다.

2. 과세이연의 요건

주권상장법인(코넥스상장기업이 아닌 경우만 해당한다)을 제외한 벤처기업 등*의 주주(그 법인의 의결권 있는 발행주식총수의 10% 이상을 보유한 주주를 말한다. 이하 같다)가 소유하는 벤처기업 등의 주식을 다음의 요건을 갖추어 2027년 12월 31일 이전에 ㉠ 주식회사인 법인(이하 '제휴법인'이라 한다)이 보유한 자기주식 또는 제휴법인의 주주(의결권 있는 발행주식총수의 10% 이상을 보유한 주주를 말한다. 이하 같다)의 주식과 교환하거나 ㉡ 제휴법인에 현물출자하고 그 제휴법인으로부터 출자가액에 상당하는 주식을 새로 받아야 한다(조특법 46의7 ①). 여기서 주식교환 또는 주식의 현물출자를 '주식교환 등'이라 한다.

* 여기서 '벤처기업 등'에는 ① 주식교환일이 속하는 사업연도의 직전 사업연도의 연구인력개발비가 매출액의 5% 이상인 중소기업과 ② 기술우수중소기업을 포함한다(조특령 43의7 ①).

① 벤처기업 등과 제휴법인 간의 전략적 제휴계획을 추진하고 그 계획에 따라 주식교환 등이 이루어질 것

② 벤처기업 등의 주주 1인과 특수관계인이 제휴법인의 최대주주와 특수관계에 있지 않을 것

③ 벤처기업 등의 주주가 주식교환 등으로 인하여 취득한 주식과 제휴법인 또는 제휴법인의 주주가 주식교환 등으로 취득한 주식을 각각 1년 이상 보유하도록 하는 계약을 벤처기업 등과 제휴법인 간에 체결할 것

참고사항 전략적 제휴계획의 범위

'전략적 제휴계획'은 벤처기업(중소기업을 포함하며, 이하 '벤처기업 등'이라 한다)이 생산성 향상과 경쟁력 강화 등을 목적으로 주식회사인 법인(이하 '제휴법인'이라 한다)과의 계약을 통하여 협력관계를 형성하려는 계획을 말한다. 여기서 계약은 다음의 요건을 갖추어야 한다(조특령 43의7 ③,④).

① 벤처기업 등과 제휴법인이 계약당사자가 될 것

② 제휴대상 사업내용이 실현가능하고 구체적일 것

③ 제휴사업에서 발생하는 손익의 분배방법을 정할 것

④ 기술 · 정보 · 시설 · 인력 및 자본 등의 협력에 관한 사항을 포함하고 있을 것 ■

3. 양도소득세의 과세이연

벤처기업 등의 주주가 주식교환 등으로 인하여 취득한 제휴법인의 주식을 처분할 때까지 양도소득세의 과세를 이연받을 수 있다. 그 구체적인 과세이연 방법은 다음과 같다.

즉 벤처기업 등의 주주가 제휴법인 또는 제휴법인의 주주와 주식교환 등을 함에 따라 발생하는 소득(이하 '주식과세이연금액'이라 한다)에 대해서는 양도소득세를 과세하지 아니하되, 주식교환 등으로 인하여 취득한 제휴법인의 주식을 양도한 때에는 주식교환 등으로 취득한 주식의 취득가액에서 과세이연금액*을 차감한 금액을 취득가액으로 보아 양도소득세를 과세한다(조특령 43의7 ⑦,⑧).

* 취득가액에서 차감하는 과세이연금액 = 주식과세이연금액×주식양도비율(벤처기업 등의 주주가 보유주식을 제휴법인 또는 제휴법인의 주주와 주식교환 등을 하고 취득한 주식 중 양도하는 주식이 차지하는 비율)

4. 사후관리

벤처기업 등의 주주가 양도소득세의 과세를 이연받은 후 주식교환 등으로 취득한 주식을 각각 1년 이상 보유하도록 하는 계약을 위반하는 사유(즉 벤처기업 등의 주주, 제휴법인 또는 제휴법인의 주주가 주식교환 등으로 취득한 주식을 취득 후 1년 내에 양도)가 발생한 때에는 [(주식과세이연금액 × 주식교환 등으로 취득한 주식 중에서 해당 사유가 발생한 날 현재 남아 있는 주식이 차지하는 비율) × (해당 주식교환 등을 한 당시의 양도소득세율)] 금액을 해당 사유발생일이 속하는 과세연도의 과세표준신고와 함께 납부해야 한다(조특령 43의7 ⑧).

V 벤처기업 복수의결권주식 취득에 대한 과세특례

1. 개 요

「벤처기업육성에 관한 특별법(제16조의11 ⑤)」의 창업주가 복수의결권주식에 대한 납입을 함으로써 발생하는 양도차익에 대해서는 해당 복수의결권주식이 보통주식으로 전환될 때까지 양도소득세의 과세를 이연받을 수 있다(조특법 47 ①). 이 규정은 2025년 1월 1일 이후 보통주식으로 복수의결권주식에 대한 납입을 하는 경우부터 적용한다.

참고사항 복수의결권주식과 창업주

1. 복수의결권주식은 다음의 요건을 모두 갖춘 주주(이하 '창업주'라 한다)에게 발행한다(벤처기업육성에 관한 특별법 16의11 ⑤).

① 주식회사인 벤처기업 설립 당시 상법에 따라 작성된 정관에 기재된 발기인일 것

② 상법에 따라 주주총회에서 선임되고 복수의결권주식 발행 당시 회사의 상무(常務)에 종사하는 이사일 것

③ 금고 이상의 실형을 선고받고 그 집행이 끝나거나 면제된 날부터 2년이 지나지 않은 자에 해당하지 않을 것

④ 주식회사인 벤처기업 설립 당시부터 가장 나중의 투자를 받기 전까지 계속하여 의결권 있는 발행주식 총수의 30% 이상으로서 가장 많은 주식을 소유한 자일 것

2. 복수의결권주식의 의결권의 수는 1주마다 1개 초과 10개 이하의 범위에서 정관으로 정해야 한다(벤처기업육성에 관한 특별법 16의11 ⑦). ■

2. 창업주가 보통주식으로 현물출자함으로서 발생한 양도차익에 대한 과세이연

(1) 과세이연

창업주가 보통주식으로 복수의결권주식에 대한 납입(이하 '현물출자'라 한다)을 함으로써 발생하는 양도차익(이하 '과세이연금액'이라 한다)에 대해서는 양도소득세를 과세하지 않되, 창업주가 복수의결권주식을 양도*한 경우에는 다음 계산식에 따라 계산한 금액을 취득가액으로 보아 양도소득세를 과세한다(조특령 44 ①).

* 현물출자 외의 다른 방법으로 취득한 복수의결권주식이 있는 경우에는 현물출자로 취득한 복수의결권주식을 먼저 양도한 것으로 본다.

$$\text{현물출자로 취득한 전체 복수의결권주식 중 양도한 복수의결권주식의 취득가액}$$

$$(-)\ \text{과세이연금액} \times \frac{\text{현물출자로 취득한 전체 복수의결권주식 중 양도한 복수의결권주식 수}}{\text{현물출자로 취득한 전체 복수의결권주식 수}}$$

$$= \text{취득가액}$$

(2) 과세이연 중단

양도소득세의 과세를 이연받은 후 다음 중 어느 하나에 해당하는 사유가 발생하여 복수의결권주식이 보통주식으로 전환된 경우에는 해당 호의 구분에 따라 양도소득세를 납부해야 한다(조특령 44 ②).

1) 다음 중 어느 하나에 해당하는 사유가 발생하는 경우 : 해당 목의 구분에 따른 날을 양도일로 보아 양도소득과세표준 예정신고와 함께 다음 계산식에 따라 계산한 금액을 양도소득세로 납부할 것

양도소득세로 납부할 세액

$$= \text{과세이연금액} \times \frac{\text{보통주식으로 전환된 복수의결권주식 수}}{\text{현물출자로 취득한 전체 복수의결권주식 수}} \times \text{현물출자 한 당시의 양도소득세율}$$

① 복수의결권주식의 존속기간이 만료된 경우 : 만료일의 다음 날

② 창업주가 「벤처기업육성에 관한 특별법(제16조의11 ⑤ (2))」에 따른 이사의 직을 상실한 경우 : 상실일

③ 주식회사인 벤처기업이 자본시장법(제8조의2 ④ (1))에 따른 증권시장에 상장된 경우 : 해당 벤처기업이 상장된 날부터 3년이 지난 날(복수의결권주식의 존속기간이 그 전에 만료되는 경우에는 그 만료일의 다음 날)

④ 주식회사인 벤처기업이 공정거래법(제31조 ①)에 따라 공시대상기업집단 지정 사실의 통지를 받거나 같은 법(제32조 ①)에 따라 공시대상기업집단 국내 계열회사 편입의 통지를 받은 경우 : 통지일

⑤ 주식회사인 벤처기업이 공정거래법(제32조 ①)에 따라 공시대상기업집단의 국내 계열회사로 편입되어야 할 사유가 있음에도 불구하고「벤처기업육성에 관한 특별법 시행령(제11조의9 ①)」의 경우에 해당하여 제외 통지를 받은 경우 : 통지일

2) 복수의결권주식에 대한 상속이 이루어지는 경우 : 상속인은 상속개시일이 속하는 달의 말일부터 6개월 이내에 위 1)의 계산식에 따른 계산한 금액을 양도소득세로 납부할 것

참고사항 특수한 경우 양도소득세 납부

양도소득세의 과세를 이연받은 창업주는「벤처기업육성에 관한 특별법(제16조의12 ②)」에 해당하는 경우* 에는 복수의결권주식이 보통주식으로 발행된 것으로 보는 통지일을 양도일로 보아 다음 금액을 양도소득과세표준 예정신고와 함께 납부해야 한다(조특령 44 ②).

양도소득세로 납부할 세액 ＝ 과세이연금액 × 양도소득세율

* 「벤처기업육성에 관한 특별법」 제16조의12 ② : 복수의결권주식이 허위 또는 부정한 방법으로 발행된 경우에는 그 발행일에 같은 수의 보통주식으로 발행된 것으로 본다. ■

3. 과세이연의 신청

양도소득세의 과세이연 신청을 하려는 자는 양도소득과세표준 예정신고와 함께「벤처기업 복수의결권주식 취득에 따른 양도차익 과세이연신청서」에 과세특례 대상 여부를 확인할 수 있는 서류를 첨부하여 관할세무서장에게 제출해야 한다(조특법 47 ③, 조특령 44 ③).

제4절 사업재편계획을 위한 조세특례

I 내국법인의 금융채무 상환 및 투자를 위한 자산매각에 대한 과세특례

1. 개 요

내국법인이 금융채무 상환 및 투자를 위하여 사업재편계획에 따라 2026년 12월 31일 이전에 자산을 양도하는 경우에는 해당 자산을 양도함으로써 발생하는 양도차익상당액에 대해서는 과세이연을 받을 수 있다(조특법 121의26, 재무구조개선계획은 p.166 참조).

참 고 사 항 **사업재편과 사업재편계획**[기업 활력 제고를 위한 특별법(제2조 (2),(3))]

1. '사업재편'이란 기업이 사업의 전부 또는 일부의 생산성을 상당 정도 향상시키는 것을 목적으로 하는 활동으로서 다음 요건을 모두 갖춘 것을 말한다.

① 합병, 분할, 주식의 이전 · 취득 · 소유, 회사의 설립 등의 방식에 따라 사업의 전부 또는 일부의 구조를 변경하는 것

② 기업이 사업의 전부 또는 일부의 분야나 방식을 변경하여 신사업에 진출하거나 신기술을 도입하는 등 사업의 혁신을 추진하는 활동

2. '사업재편계획'이란 기업이 사업재편을 추진하기 위하여 주무부처의 장으로부터 승인을 받을 목적으로 작성한 계획을 말한다. ■

2. 과세이연의 요건

내국법인이 금융채무 상환 및 투자를 위하여 다음 중 어느 하나에 해당하는 내용이 포함되어 있는 사업재편계획에 따라 2026년 12월 31일 이전에 자산을 양도해야 한다(조특법 121의26 ①, 조특령 116의30 ③,⑥).

① 자산을 양도한 날*부터 3개월** 이내에 채무를 상환한다는 내용

② 자산양도일부터 1년 이내에 통합투자세액공제 대상자산에 투자한다는 내용

* 장기할부조건의 경우에는 각 회의 할부금(계약금은 첫 회의 할부금에 포함되는 것으로 한다)을 받은 날을 말하며, 금융채권자가 금융채권자채무를 상환한 금액(이하 '채무상환액'이라 한다)을 수령할 수 없는 사정이 있어서 상환이 불가능한 경우에는 그 부득이한 사유가 종료된 날을 말한다(조특령 116의30 ①,②).

** 위의 부득이한 사유가 있는 경우로서 그 사유가 종료된 날이 자산을 양도한 날(이하 '자산양도일'이라 한다)부터 3개월이 되는 날보다 나중에 오는 경우에는 '그 사유가 종료된 날의 다음 날'을 말한다(조특령 116의30 ③).

여기서 '사업재편계획'이란 다음의 내용이 포함되어 있는 것으로서 주무부처의 장이 승인한 계획을 말한다(조특령 116의30 ⑤).

① 자산의 양도를 통하여 상환할 금융채권자채무 총액 및 내용

② 자산의 양도를 통하여 투자할 자산 총액 및 내용

③ 위 ①에 따른 금융채권자채무 상환계획 또는 ②에 따른 투자계획

④ 양도할 자산의 내용 및 양도계획

3. 과세이연 방법

내국법인이 해당 자산을 양도함으로써 발생하는 양도차익상당액에 대해서는 해당 사업연도와 해당 사업연도의 종료일 이후 3개 사업연도의 기간 중 익금에 산입하지 않고 그 다음 3개 사업연도의 기간 동안 균분한 금액 이상을 익금에 산입할 수 있다(4년거치 3년간 분할익금산입, 조특법 121의26 ①).

참고사항 양도차익상당액의 계산(조특령 116의30 ⑥)

$$양도차익상당액 = (해당\ 자산\ 양도차익 - 이월결손금^{①}) \times \frac{(계획채무상환액 + 계획투자금액^{②})}{양도가액}$$

① 이월결손금 : 자산양도일이 속하는 과세연도의 직전 사업연도 종료일 현재 이월결손금(과세표준 계산을 할 때 공제대상이 되는 금액)을 말한다. 이 경우 해당 기업이 자산수증이익이나 채무면제이익으로 먼저 이월결손금을 보전하는 경우에는 이월결손금에서 그 보전액을 뺀 금액으로 한다.

② (계획채무상환액 + 계획투자금액) : [양도가액 중 채무상환 및 투자(계획)명세서의 계획채무상환액 + 양도가액 중 채무상환 및 투자(계획)명세서의 계획투자금액] ■

4. 사후관리

과세이연을 적용받은 내국법인이 다음 중 어느 하나에 해당하게 된 경우에는 해당 사유가 발생한 사업연도의 소득금액을 계산할 때 과세이연받은 금액을 익금에 산입해야 한다. 이 경우 이자상당가산액을 법인세에 가산하여 납부해야 하며, 해당 세액은 과세표준 신고기한까지 납부해야 할 세액으로 본다(조특법 121의26 ②).

① 사업재편계획에 따라 채무를 상환하지 않거나 투자가 이루어지지 않은 경우

② 자산을 양도한 내국법인의 부채비율이 자산 양도 후 3년[둘 이상의 내국법인이 공동으로 수립한 사업재편계획(이하 '공동사업재편계획'이라 한다)에 따라 자산을 양도하는 경우에는 1년] 이내의 기간 중 기준부채비율보다 증가하게 된 경우*

* 이 규정은 자산을 양도한 날부터 3개월 이내에 채무를 상환한다는 내용이 포함되지 않은 사업재편계획에 따라 자산을 양도하고 금융채무 상환을 위한 자산매각에 대한 과세특례를 적용받은 내국법인에 대해서는 적용하지 않는다(조특법 121의26 ③).

③ 사업재편계획에 따른 투자로 취득한 자산을 제1항에 따른 자산 양도 후 4년 이내에 처분한 경우

④ 해당 자산을 양도한 날부터 3년 이내에 해당 사업을 폐업하거나 해산한 경우로서 합병법인 등이 해당 사업을 승계한 경우가 아닌 경우. 다만, 파산 등 부득이한 사유가 있는 경우에는 이자상당가산액을 가산하지 않는다.

⑤「기업 활력 제고를 위한 특별법(제13조 ①)」에 따라 사업재편계획의 승인이 취소된 경우

참고사항 과세이연받은 금액의 익금에 산입하는 방법과 이자상당액의 계산

1. 위 사후관리에 따라 과세이연받은 금액을 익금에 산입하는 경우에는 다음의 구분에 따라 계산한 금액을 익금에 산입하는 방법에 따른다(조특령 116의30 ⑨).

사후관리 사유	익금산입액
①에 해당하는 경우	양도차익상당액 × $\frac{(\text{채무상환예정가액} - \text{양도가액 중 채무상환액})}{\text{채무상환예정가액}}$
②에 해당하는 경우	양도차익상당액 × $\frac{(\text{부채비율} - \text{기준부채비율})^{*}}{\text{부채비율}}$ * 이 비율이 1을 초과하는 경우에는 1로 본다.
③·④에 해당하는 경우	양도차익상당액 중 익금에 산입하지 않은 금액 전액

2. 법인세에 가산하여 납부해야 하는 이자상당가산액은 다음과 같이 계산한 금액으로 한다(조특령 116의30 ⑩).

$$\text{이자상당가산액} = \text{법인세액의 차액}^{*} \times \text{기간}^{**} \times 1\text{일 } \frac{2.2}{10,000}$$

* 자산양도일이 속하는 사업연도에 과세이연받은 금액을 익금에 산입하지 않아 발생한 법인세액의 차액을 말한다.

** 자산양도일이 속하는 사업연도 종료일의 다음 날부터 위 1.에 따른 금액을 익금에 산입하는 사업연도의 종료일까지의 기간을 말한다. ■

Ⅱ 채무의 인수·변제에 대한 과세특례

1. 개 요

모기업이 부실 자회사를 다른 기업에 양도하기 위하여 부실 자회사의 채무를 인수·변제하는 경우, ① 채무를 인수·변제한 모기업은 그 채무 인수·변제금액을 손금에 산입하고 ② 부실 자회사는 채무감소액을 4년거치 3년간 분할익금산입한다.

[도 표] 채무의 인수·변제에 대한 과세특례(재무구조개선계획 p.186 참조)

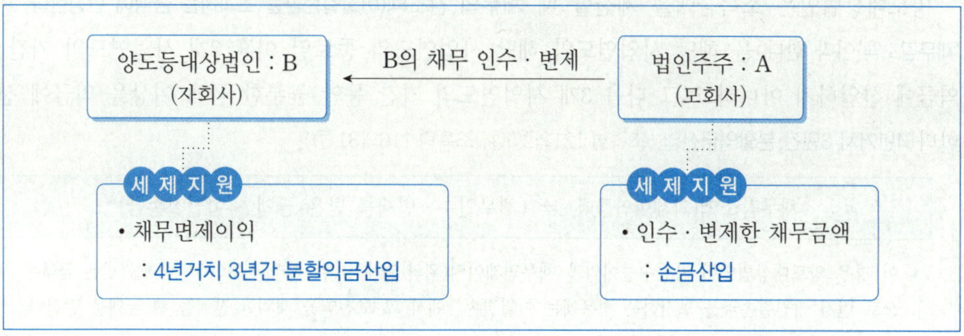

2. 과세특례의 요건

내국법인의 주주 또는 출자자(법인인 경우로 한정한다. 이하 '주주 등'이라 한다. 즉 모회사)가 해당 내국법인(즉 자회사)의 채무를 인수·변제하는 경우로서 사업재편계획에 따라 2026년 12월 31일까지 해당 내국법인(즉 자회사)의 지배주주 및 그 특수관계인(이하 '지배주주 등'이라 한다)의 소유 주식을 특수관계인* 외의 자에게 전부 양도해야 한다(조특법 121의27 ①).

* 해당 내국법인 또는 지배주주 등과 특수관계에 있는 자를 말한다(조특령 116의31 ⑤).

여기서 '사업재편계획'이란 다음의 내용이 포함되어 있는 것으로서 주무부처의 장이 승인한 계획을 말한다(조특령 116의31 ③).

① 주주(즉 모회사)가 인수·변제할 금융채권자채무의 총액 및 내용
② 주주(즉 모회사)의 채무인수·변제 계획
③ 지배주주 등의 소유 주식 또는 출자지분 양도 계획

3. 과세특례의 내용

(1) 채무를 인수·변제한 법인인 주주(모회사) : 채무인수·변제액 손금산입

과세특례의 요건을 갖춘 경우에는 해당 내국법인(즉 자회사)의 채무금액 중 해당 주주 등(즉 모회사)이 인수·변제한 금액은 해당 연도 주주 등의 소득금액을 계산할 때 채무가 인수·변제되어 채무가 감소한 내국법인(이하 '양도대상법인'이라 한다)의 금융채권자채무 중 해당 주주 등이 인수·변제한 금액(이하 '채무인수·변제액'이라 한다)을 한도로 손금에 산입한다(조특법 121의27 ①, 조특령 116의31 ⑥).

(2) 양도대상법인 : 채무감소액 과세이연

양도대상법인은 소득금액을 계산할 때 채무의 감소액(이월결손금을 초과하는 금액에 한정한다. 이하 '채무감소액'이라 한다)을 해당 사업연도와 해당 사업연도의 종료일 이후 3개 사업연도의 기간 중 익금에 산입하지 아니하고 그 다음 3개 사업연도의 기간 동안 균분한 금액 이상을 익금에 산입한다(4년거치 3년간 분할익금산입, 조특법 121의27 ②, 조특령 116의31 ⑦).

채무감소액(과세이연금액) = (채무인수 · 변제를 받은 금액 – 이월결손금)*

* 이 경우 양도대상법인이 자산수증이익과 채무면제이익(위의 과세특례에 따라 채무인수 · 변제를 받은 금액은 제외)으로 먼저 이월결손금을 보전하는 경우에는 이월결손금에서 그 보전액을 제외한 잔액을 뺀 금액을 말한다.

(3) 그 밖의 특례

1) 과세특례의 요건에 따른 법인의 양도 · 양수에 있어서 양도대상법인의 자산부족액을 익금에 산입하여 이를 법인세법에 따라 소득처분하는 경우 해당 양도대상법인은 소득세법에도 불구하고 그 처분금액에 대한 소득세를 원천징수하지 않는다(조특법 121의27 ④).

2) 과세특례에 따라 내국법인의 채무가 인수 · 변제됨에 따라 해당 내국법인의 다른 주주 등이 얻는 이익에 대해서는 상증세법에 따른 증여로 보지 않는다. 다만, 채무를 인수 · 변제한 주주 등의 특수관계인에 대해서는 그렇지 않다(조특법 121의27 ⑤).

4. 사후관리

과세특례를 적용받은 양도대상법인이 다음 중 어느 하나에 해당하게 된 경우에는 해당 사유가 발생한 사업연도에 양도대상법인의 소득금액을 계산할 때 과세이연받은 금액을 익금에 산입해야 한다. 이 경우 주주 등이 감면받은 법인세액 및 이자상당가산액을 법인세에 가산하여 납부해야 하며, 해당 세액은 과세표준 신고기한까지 납부해야 할 세액으로 본다(조특법 121의27 ③).

① 양도대상법인의 부채비율이 채무 인수 · 변제 후 3년 이내의 기간 중 기준부채비율보다 증가하게 된 경우

② 채무를 인수 · 변제한 날부터 3년 이내에 해당 사업을 폐업하거나 해산한 경우로서 합병법인 등이 해당 사업을 승계한 경우가 아닌 경우. 다만, 파산 등 부득이한 사유가 있는 경우에는 주주 등이 감면받은 법인세액 및 이자상당가산액을 가산하지 않는다.

③ 사업재편계획에 따라 지배주주 등의 소유 주식 또는 출자지분을 특수관계인 외의 자에게 전부 양도하지 않은 경우

④ 「기업 활력 제고를 위한 특별법(제13조 ①)」에 따라 사업재편계획의 승인이 취소된 경우

참고사항 과세이연받은 금액의 익금에 산입하는 방법과 이자상당액의 계산

1. 위 사후관리에 따라 양도대상법인이 과세이연받은 금액을 익금에 산입하는 경우에는 다음의 구분에 따라 계산한 금액을 익금에 산입하는 방법에 따른다(조특령 116의31 ⑧).

사후관리 사유	익금산입액
①에 해당하는 경우	$양도차익상당액 \times \frac{(부채비율 - 기준부채비율)^{*}}{부채비율}$ * 이 비율이 1을 초과하는 경우에는 1로 본다.
②·③·④에 해당하는 경우	채무감소액 중 익금에 산입하지 않은 금액 전액

이 경우 법인세에 가산하여 납부해야 하는 이자상당가산액은 다음과 같이 계산한 금액으로 한다(조특령 116의31 ⑩ (1)).

$$이자상당가산액 = 법인세액의\ 차액^{*} \times 기간^{**} \times 1일\ \frac{2.2}{10,000}$$

* 채무인수·변제를 받은 날이 속하는 사업연도에 위의 도표에 따라 익금에 산입해야 할 금액을 익금에 산입하지 않음에 따라 발생한 법인세액의 차액을 말한다.

** 채무인수·변제를 받은 날이 속하는 사업연도의 종료일의 다음 날부터 위의 도표에 따라 익금에 산입해야 할 금액을 익금에 산입하는 사업연도의 종료일까지의 기간을 말한다.

2. 주주 등이 법인세에 가산하여 납부해야 할 세액은 다음의 방법에 따라 계산한다(조특령 116의31 ⑨).

사후관리 사유	납부해야 할 세액
①에 해당하는 경우	법인세 차액(*주) $\times \frac{(부채비율 - 기준부채비율)^{*}}{부채비율}$ * 이 비율이 1을 초과하는 경우에는 1로 본다.
②·③·④에 해당하는 경우	법인세 차액(*주)

(*주) '법인세 차액'이란 채무인수·변제액을 손금에 산입한 사업연도에 채무인수·변제액을 손금에 산입함에 따라 발생한 법인세 차액을 말한다.

이 경우 법인세에 가산하여 납부해야 하는 이자상당가산액은 다음과 같이 계산한 금액으로 한다(조특령 116의31 ⑩ (2)).

$$이자상당가산액 = 납부해야\ 할\ 세액 \times 기간^{*} \times 1일\ \frac{2.2}{10,000}$$

* 채무인수·변제를 한 날이 속하는 사업연도의 종료일의 다음 날부터 위 도표에 따라 납부해야 할 세액을 납부하는 사업연도의 종료일까지의 기간을 말한다. ■

Ⅲ 주주 등의 자산양도에 관한 법인세 등 과세특례

1. 과세특례의 요건

내국법인이 주주 또는 출자자(이하 '주주 등'이라 한다)로부터 다음의 요건을 모두 갖추어 2026년 12월 31일 이전에 자산을 무상으로 받은 경우에는 과세특례를 적용받을 수 있다(조특법 121의28 ①).

① 사업재편계획에 따라 주주 등의 자산증여 및 법인의 채무상환이 이루어질 것. 여기서 '사업재편계획'이란 다음의 내용이 포함되어 있는 것으로서 주무부처의 장이 승인한 계획을 말한다(조특령 116의32 ③).

㉠ 주주 등의 자산양도 또는 자산증여 계획

㉡ 위 ㉠에 따른 자산양도 또는 자산증여를 통하여 상환할 채무의 총액 및 내용

㉢ 위 ㉡에 따른 채무의 상환계획

② 사업재편계획에는 ㉠ 금전의 경우 법인이 해당 금전을 받은 날부터 2026년 12월 31일 이내에서 금전을 받은 날부터 3개월이 되는 날[②]까지, ㉡ 금전 외의 자산의 경우에는 해당 자산을 양도한 날[①]부터 2026년 12월 31일 이내에서 자산양도일부터 3개월이 되는 날[②]까지 그 양도대금을 금융채권자에 대한 부채의 상환에 전액 사용[③]한다는 내용이 포함되어 있을 것

① 장기할부조건의 경우에는 각 회의 할부금(계약금은 첫 회의 할부금에 포함되는 것으로 한다)을 받은 날을 말한다(조특령 116의32 ⑤).

② 금융채권자가 채무상환액을 수령할 수 없는 사정이 있어서 상환이 불가능한 경우로서 그 사유가 종료된 날이 금전을 받은 날 또는 자산을 양도한 날부터 3개월이 되는 날보다 나중에 오는 경우에는 그 사유가 종료된 날의 다음 날을 말한다(조특령 116의32 ④ (1)).

③ 금융채권자가 채무상환액을 수령할 수 없는 사정이 있어서 상환이 불가능한 경우에는 그 사유가 종료한 날의 다음 날에 부채의 상환에 전액 사용하는 것을 말한다(조특령 116의32 ⑦).

2. 과세특례의 내용

(1) 증여받은 내국법인

내국법인이 과세특례의 요건을 갖추어 주주 등으로부터 자산을 무상으로 받은 경우에는 해당 사업연도의 소득금액을 계산할 때 해당 자산가액(이월결손금을 초과하는 금액으로 한정한다)은 자산을 증여받은 날이 속하는 사업연도의 종료일 이후 3개 사업연도의 기간 중 익금에 산입하지 않고 그 다음 3개 사업연도의 기간 동안 균분한 금액 이상을 익금에 산입해야 한다(4년거치 3년간 분할익금산입, 조특법 121의28 ①).

자산수증이익 ＝ (증여받은 자산가액 − 이월결손금)*

* 이 경우 해당 내국법인이 자산수증이익과 채무면제이익(위 과세특례에 따라 증여받은 자산가액은 제외한다)으로 먼저 이월결손금을 보전하는 경우에는 이월결손금에서 그 보전액을 제외한 잔액을 뺀 금액을 말한다(조특령 116의32 ②).

[도 표] 주주 등의 자산양도에 대한 과세특례(재무구조개선계획 p.188 참조)

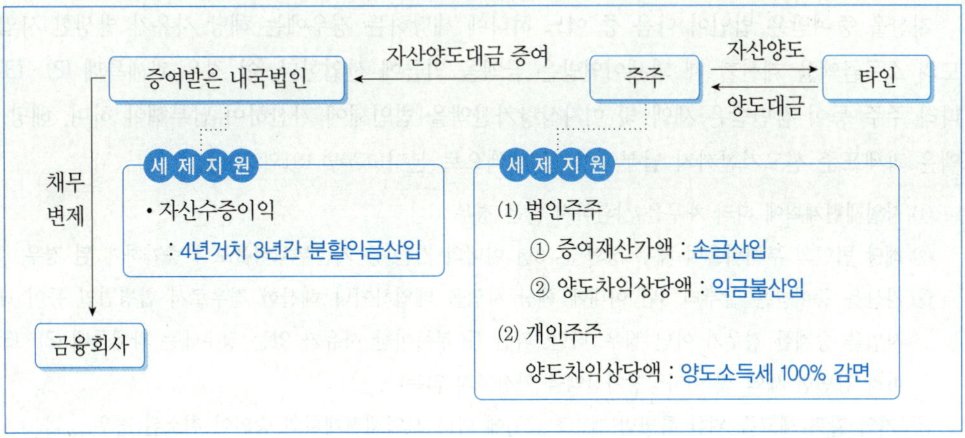

(2) 증여한 주주인 법인

자산을 증여한 주주 등(법인인 경우로 한정한다)의 경우 증여한 자산의 장부가액(이하 '자산증여액'이라 한다)을 해당 사업연도의 소득금액을 계산할 때 손금에 산입한다(조특법 121의28 ②, 조특령 116의32 ⑨).

(3) 양도대금을 증여한 주주 등(거주자 또는 내국법인)

주주 등이 법인에 자산을 증여할 때 소유하던 자산을 양도하고 2026년 12월 31일 이전에 그 양도대금을 해당 법인에 증여하는 경우에는 해당 자산을 양도함으로써 발생하는 양도차익 중 증여금액에 상당하는 금액(이하 '양도차익상당액'이라 한다)은 다음의 구분에 따라 양도소득세를 감면하거나 같은 금액을 익금에 산입하지 않을 수 있다(조특법 121의28 ③).

① 거주자 : 양도차익상당액에 대한 양도소득세의 100%에 상당하는 세액감면

② 내국법인 : 양도차익상당액을 해당 사업연도의 소득금액을 계산할 때 익금에 불산입

참고사항 양도차익상당액의 계산(조특령 116의32 ⑪)

$$\text{양도한 자산의 양도차익} \times \frac{\text{해당 자산의 양도가액 중 증여한 금액}}{(\text{해당 자산의 양도가액} - \text{양도차익에 대해 법인이 납부한 농어촌특별세액})}$$

(4) 그 밖의 과세특례

법인이 주주 등으로부터 자산을 무상으로 받음으로써 해당 법인의 다른 주주 등이 얻는 이익은 상증세법에 따른 증여로 보지 않는다. 다만, 자산을 증여한 주주 등의 특수관계인에 대해서는 그렇지 않다(조특법 121의28 ⑤).

3. 사후관리

자산을 증여받은 법인이 다음 중 어느 하나에 해당하는 경우에는 해당 사유가 발생한 사업연도의 소득금액을 계산할 때 과세이연받은 금액을 익금에 산입한다. 이 경우 과세특례 (2)·(3)에 따라 주주 등이 감면받은 세액 및 이자상당가산액을 법인세에 가산하여 납부해야 하며, 해당 세액은 과세표준 신고기한까지 납부해야 할 세액으로 본다(조특법 121의28 ④).

① 사업재편계획에 따라 채무를 상환하지 않은 경우

② 해당 법인의 부채비율이 채무 상환 후 3년 이내의 기간 중 기준부채비율보다 증가하게 된 경우

③ 자산을 증여받은 날부터 3년 이내에 해당 사업을 폐업하거나 해산한 경우로서 합병법인 등이 해당 사업을 승계한 경우가 아닌 경우. 다만, 파산 등 부득이한 사유가 있는 경우에는 과세특례 (2)·(3)에 따라 감면한 세액 및 이자상당가산액을 가산하지 않는다.

④「기업 활력 제고를 위한 특별법(제13조 ①)」에 따라 사업재편계획의 승인이 취소된 경우

참고사항 익금산입액, 납부해야 할 세액 및 이자상당가산액의 계산

1. 위 사후관리에 따라 자산을 증여받은 법인이 과세이연받은 금액을 익금에 산입하는 경우에는 다음의 구분에 따라 계산한 금액을 익금에 산입하는 방법에 따른다(조특령 116의32 ⑫).

사후관리 사유	익금산입액
①에 해당하는 경우	자산수증이익 × $\frac{(\text{양수자산가액}^{*} - \text{양수자산가액 중 채무상환에 사용한 금액})}{\text{양수자산가액}^{*}}$ * 양수자산가액 : 증여받은 자산의 가액(금전이 아닌 자산의 경우에는 양도가액을 말한다)
②에 해당하는 경우	자산수증이익 × $\frac{(\text{부채비율} - \text{기준부채비율})^{*}}{\text{부채비율}}$ * 이 비율이 1을 초과하는 경우에는 1로 본다.
③·④에 해당하는 경우	자산수증이익 중 익금에 산입하지 않은 금액 전액

이 경우 법인세에 가산하여 납부해야 하는 이자상당가산액은 다음과 같이 계산한 금액으로 한다(조특령 116의32 ⑮ (1)).

$$\text{이자상당가산액} = \text{법인세액의 차액}^{*} \times \text{기간}^{**} \times \text{1일 } \frac{2.2}{10,000}$$

* 자산증여일이 속하는 사업연도에 위 도표에 따른 금액을 익금에 산입하지 않음에 따라 발생한 법인세액의 차액을 말한다.

** 자산증여일이 속하는 사업연도 종료일의 다음 날부터 위 도표에 따른 금액을 익금에 산입하는 사업연도의 종료일까지의 기간을 말한다.

2. 과세특례 (2)에 따라 주주 등이 감면받은 세액으로서 위 사후관리에 따라 법인세에 가산하여 납부해야 하는 세액은 다음의 구분에 따른 방법에 따라 계산한다(조특령 116의32 ⑬).

사후관리 사유	납부해야 할 세액
①에 해당하는 경우	주주 등이 자산증여액을 손금에 산입한 사업연도에 다음의 금액을 손금에 산입함에 따라 발생한 법인세액의 차액 $$\text{자산증여액} \times \frac{(\text{양수자산가액} - \text{양수자산가액 중 채무상환에 사용한 금액})}{\text{양수자산가액}}$$
②에 해당하는 경우	$$\text{법인세 차액}^{(*주)} \times \frac{(\text{부채비율} - \text{기준부채비율})^{*}}{\text{부채비율}}$$ * 이 비율이 1을 초과하는 경우에는 1로 본다.
③ · ④에 해당하는 경우	법인세 차액(*주)

(*주) '법인세 차액'이란 자산증여액을 손금에 산입한 사업연도에 자산증여액을 손금에 산입함에 따라 발생한 법인세액의 차액을 말한다.

이 경우 법인세에 가산하여 납부해야 하는 이자상당가산액은 다음과 같이 계산한 금액으로 한다(조특령 116의32 ⑮ (2)).

$$\text{이자상당가산액} = \text{납부해야 할 세액} \times \text{기간}^{*} \times \text{1일 } \frac{2.2}{10,000}$$

* 위 도표에 따른 세액을 납부하지 않은 사업연도의 종료일의 다음 날부터 위 도표에 따라 납부해야 할 세액을 납부하는 사업연도의 종료일까지의 기간을 말한다.

3. 과세특례 (3)에 따라 주주 등이 감면받은 세액으로서 위 사후관리에 따라 법인세에 가산하여 납부해야 하는 세액은 다음의 구분에 따른 방법에 따라 계산한다(조특령 116의32 ⑭).

(1) 주주 등이 거주자인 경우 : 다음의 구분에 따라 계산한 금액

사후관리 사유	납부해야 할 세액
①에 해당하는 경우	양도차익상당액에 대한 양도소득세를 납부하지 않은 과세기간에 다음의 금액을 양도차익상당액 산정시 포함함에 따른 양도소득세액의 차액 $$\text{양도차익상당액} \times \frac{(\text{양수자산가액} - \text{양수자산가액 중 채무상환에 사용한 금액})}{\text{양수자산가액}}$$
②에 해당하는 경우	$$\text{양도차익에 대하여 납부하지 않은 양도소득세} \times \frac{(\text{부채비율} - \text{기준부채비율})^{*}}{\text{부채비율}}$$ * 이 비율이 1을 초과하는 경우에는 1로 본다.
③ · ④에 해당하는 경우	양도차익상당액에 대하여 납부하지 않은 양도소득세 전액

(2) 주주 등이 내국법인인 경우 : 다음 구분에 따라 계산한 금액

사후관리 사유	납부해야 할 세액
①에 해당하는 경우	양도차익상당액을 익금에 산입하지 않은 사업연도에 다음의 금액을 익금에 산입하지 않음에 따라 발생한 법인세액의 차액

	양도차익상당액 × $\frac{\text{(양수자산가액 − 양수자산가액 중 채무상환에 사용한 금액)}}{\text{양수자산가액}}$
②에 해당하는 경우	법인세 차액(*주) × $\frac{\text{(부채비율 − 기준부채비율)*}}{\text{부채비율}}$ * 이 비율이 1을 초과하는 경우에는 1로 본다.
③ · ④에 해당하는 경우	법인세 차액(*주)

(*주) '법인세 차액'이란 양도차익상당액을 익금에 산입하지 않은 사업연도에 양도차익상당액을 익금에 산입하지 않음에 따라 발생한 법인세액의 차액을 말한다.

이 경우 법인세에 가산하여 납부해야 하는 이자상당가산액은 다음과 같이 계산한 금액으로 한다(조특령 116의32 ⑮ (2)).

$$\text{이자상당가산액} = \text{납부해야 할 세액} \times \text{기간*} \times \text{1일 } \frac{2.2}{10{,}000}$$

* 위 도표에 따른 세액을 납부하지 않은 사업연도의 종료일의 다음 날부터 위 도표에 따라 납부해야 할 세액을 납부하는 사업연도의 종료일까지의 기간을 말한다. ■

Ⅳ 사업재편계획에 따른 기업의 채무면제익에 대한 과세특례

1. 과세특례의 요건

사업재편계획을 이행 중인 내국법인이 금융채권자로부터 채무의 일부를 2026년 12월 31일까지 면제받아야 한다(조특법 121의29 ①). 여기서 '사업재편계획'이란 채무면제의 내용이 포함되어 있는 것으로서 주무부처의 장이 승인한 계획을 말한다(조특령 116의33 ①).

2. 과세특례의 내용

[도 표] 채무면제에 대한 과세특례(재무구조개선계획 p.190 참조)

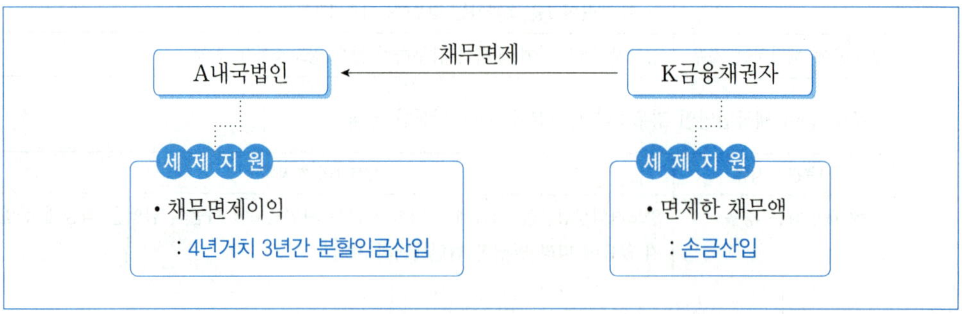

1) 채무를 면제받은 법인 : 내국법인이 금융채권자로부터 채무의 일부를 2026년 12월 31일까지 면제받은 경우 그 면제받은 채무에 상당하는 금액(이월결손금을 초과하는 금액에 한정한다. 이하 '채무면제이익'이라 한다)은 소득금액을 계산할 때 해당 사업연도와 해당 사업연도의 종료일 이후 3개 사업연도의 기간 중 익금에 산입하지 않고 그 다음 3개 사업연도의 기간 동안 균분한 금액 이상을 익금에 산입한다(4년거치 3년간 분할익금산입, 조특법 121의29 ①).

채무면제이익(과세이연금액) = (금융채권자로부터 면제받은 채무에 상당하는 금액 − 이월결손금)*

* 이 경우 해당 법인이 자산수증이익과 채무면제이익(위의 과세특례에 따라 금융채권자로부터 면제받은 채무에 상당하는 금액은 제외)으로 먼저 이월결손금을 보전하는 경우에는 이월결손금에서 그 보전액을 제외한 잔액을 뺀 금액을 말한다(조특령 116의33 ②).

2) 채무를 면제한 금융채권자 : 채무를 면제(채무의 출자전환으로 채무를 면제한 경우를 포함한다)한 금융채권자는 해당 사업연도의 소득금액을 계산할 때 그 면제한 채무에 상당하는 금액을 손금에 산입한다(조특법 121의29 ③).

3. 사후관리

채무를 면제받은 내국법인이 다음 중 어느 하나에 해당하는 경우에는 그 사유가 발생한 날이 속하는 사업연도의 소득금액을 계산할 때 과세이연받은 금액 전액을 익금에 산입한다. 이 경우 이자상당가산액을 법인세에 가산하여 납부해야 하며, 해당 세액은 과세표준 신고기한까지 납부해야 할 세액으로 본다(조특법 121의29 ②).

① 채무면제이익 전액을 익금에 산입하기 전에 사업을 폐업하거나 해산하는 경우로서 합병법인 등이 해당 사업을 승계한 경우가 아닌 경우. 다만, 파산 등 부득이한 사유가 있는 경우에는 이자상당가산액을 가산하지 않는다.

② 「기업 활력 제고를 위한 특별법(제13조 ①)」에 따라 사업재편계획의 승인이 취소된 경우

참고사항 이자상당가산액의 계산

채무를 면제받은 법인이 법인세에 가산하여 납부해야 하는 이자상당가산액은 다음과 같이 계산한 금액으로 한다(조특령 116의33 ③).

$$\text{이자상당가산액} = \text{법인세액의 차액}^{*} \times \text{기간}^{**} \times \text{1일 } \frac{2.2}{10,000}$$

* 채무면제를 받은 날이 속하는 사업연도에 익금에 산입해야 할 금액을 익금에 산입하지 아니함에 따라 발생한 법인세액의 차액을 말한다.

** 채무면제를 받은 날이 속하는 사업연도 종료일의 다음 날부터 익금에 산입해야 할 금액을 익금에 산입하는 사업연도 종료일까지의 기간을 말한다. ■

V 기업 간 주식 등의 교환에 대한 과세특례

1. 개 요

‘기업 간 주식 등의 교환(Big deal)’이란 둘 이상의 기업집단이 특정 계열사의 주식을 교환하는 방법으로 기업을 양수도하여 부실사업을 정비하는 사업재편을 말한다. 조세특례제한법은 이러한 사업재편을 세제상 지원하기 위하여 주식을 교환하는 과정에서 발생하는 양도차익에 대한 양도소득세 또는 법인세에 대해서는 양수한 주식을 처분할 때까지 과세를 이연하는 제도를 두고 있다.

[도 표] 기업 간 주식 등 교환에 대한 조세특례

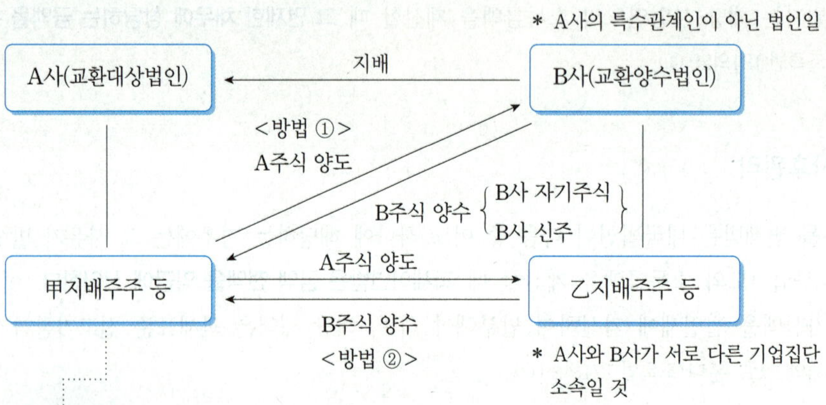

세 제 지 원

(1) 甲지배주주 : 법인인 경우

	차변	금액		대변	금액	
• (차)	B주식	100	(대)	A주식	80	
				양도차익	20 (익금)	과세 × ┐
	전 입	20		압충B	20 (손금)	과세 이연
• (차)	현 금	100	(대)	B주식	100	
	압충B	20		환 입	20 (익금)	– 과세 ○ ←

(2) 甲지배주주 : 거주자인 경우

- A주식 양도소득 : 20(100 − 80) ← 양도소득세 과세 ×
  (과세이연금액)
- B주식 양도시 : 양도가액 100 − 취득가액 80(100 − 20)
  → 양도소득 20 ← 양도소득세 과세 ○

2. 과세이연의 요건

내국법인(이하 '교환대상법인'이라 한다)의 지배주주 · 출자자 및 그 특수관계인(이하 '지배주주 등'이라 한다)이 2026년 12월 31일 이전에 사업재편계획에 따라 그 소유 주식 또는 출자지분(이하 '주식 등'이라 한다) 전부를 양도하고 교환대상법인의 특수관계인이 아닌 다른 내국법인(이하 '교환양수법인'이라 한다)의 주식 등을 다음 중 어느 하나에 해당하는 방법으로 그 소유비율에 따라 양수해야 한다(조특법 121의30 ①).

① 교환양수법인이 이미 보유하거나 새롭게 발행한 주식 등을 양수하는 방법
② 교환양수법인의 지배주주 등이 보유한 주식 등의 전부를 양수하는 방법(교환대상법인 및 교환양수법인이 서로 다른 기업집단에 소속되어 있는 경우로 한정한다)

여기서 '사업재편계획'이란 교환대상법인의 지배주주 등이 보유한 주식 등의 양도 · 양수계획이 포함되어 있는 것으로서 주무부처의 장이 승인한 계획을 말한다(조특령 116의34 ②). 그리고 '주식 등의 양도 · 양수'는 교환대상법인의 주식 등을 양도한 지배주주 등 간의 해당 법인 주식 등의 보유비율에 따라 교환양수법인의 주식 등이 배분되어야 한다(조특령 116의34 ④).

3. 과세이연의 내용

(1) 주식양도차익에 대한 과세이연

과세이연의 요건을 갖춘 경우에는 주식 등을 양도함에 따라 발생한 양도차익(교환양수법인 및 교환양수법인의 지배주주 등에 발생하는 양도차익을 포함한다)에 상당하는 금액에 대한 법인세 또는 양도소득세에 대해서는 양수한 주식 등을 처분(상속 · 증여를 포함한다)할 때까지 과세를 이연받을 수 있는데, 그 구체적인 방법은 다음과 같다(조특법 121의30 ①, 조특령 116의34 ④).

1) 지배주주 등이 법인인 경우 : 다음과 같이 과세를 이연받는 방법을 말한다.

① 주식 등을 양도함에 따라 발생한 양도차익은 주식 등의 [양도 당시의 시가 − 양도일 전일의 장부가액]의 금액(양수한 교환양수법인의 주식 등의 가액을 한도로 한다. 이하 '과세이연금액'이라 한다)으로 하되, 그 금액은 양수한 교환양수법인의 주식 등의 압축기장충당금으로 계상해야 한다.

② 위 ①에 따라 계상한 압축기장충당금은 양수한 교환양수법인의 주식 등을 처분*하는 사업연도에 이를 익금에 산입하되, 일부 주식 등을 처분하는 경우에는 다음의 금액을 익금에 산입한다.

$$\text{익금산입액} = \text{압축기장충당금} \times \frac{\text{양수한 교환양수법인의 주식 등 중 처분*한 주식 등의 수}}{\text{양수한 교환양수법인의 주식 등의 수}}$$

* 주식 등을 양도, 상속 또는 증여(양수한 주식 등 외에 다른 방법으로 취득한 주식 등이 있으면 양수한 주식 등을 먼저 양도, 상속 또는 증여한 것으로 본다)하는 것을 말한다.

2) 지배주주 등이 거주자인 경우 : 주식 등을 양도할 때 양도소득세를 납부하지 않고 양수한 교환양수법인의 주식 등을 처분할 때에 다음의 금액을 취득가액으로 보아 양도소득세를 납부하는 방법을 말한다.

$$\text{이연취득가액} = \text{양수한 교환양수법인의 주식 등 중 양도한 주식 등의 취득가액} - \left\{\begin{array}{c}\text{주식 등을 양도할 때 발생하는 소득}\\\text{(이하 '과세이연소득'이라 한다)}\end{array}\right\} \times \frac{\text{양도한 교환양수법인의 주식 등의 수}}{\text{양수한 교환양수법인의 주식 등의 수}}$$

참고사항 현물출자 또는 물적분할 당시 양도차익에 대한 다시 과세이연

내국법인이 법인세법에 따른 과세특례를 적용받은 물적분할 또는 현물출자로 취득한 주식 등의 전부를 위 과세특례에 따라 다른 법인의 주식 등과 교환하는 경우에 현물출자 또는 물적분할 당시 자산의 양도차익에 상당하는 금액으로서 손금에 산입하여 과세를 이연받은 금액은 다시 과세를 이연받을 수 있다(조특법 121의30 ④). ■

(2) 그 밖의 과세특례

1) 교환대상법인의 양도 · 양수에 있어서 나타난 해당 법인의 자산부족액을 익금에 산입하여 이를 법인세법에 따라 소득처분하는 경우 해당 법인은 소득세법에도 불구하고 그 처분금액에 대한 소득세를 원천징수하지 않는다(조특법 121의30 ②).

2) 과세이연의 요건에 따라 주권을 양도하는 경우에는 증권거래세를 면제한다(조특법 117 ① ㉔).

4. 사후관리

주식 등을 양도한 교환대상법인의 주주 등이 다음 중 어느 하나에 해당하게 된 경우에는 ① 내국법인은 해당 사유가 발생한 사업연도의 소득금액을 계산할 때 손금에 산입한 금액을 익금에 산입해야 하며, ② 거주자는 해당 사유 발생일이 속하는 반기의 말일부터 2개월 이내에 납부하지 않은 세액을 납부해야 한다. 이 경우 이자상당가산액을 가산하여 법인세 또는 양도소득세로 납부해야 하며, 해당 세액은 과세표준 신고기한까지 납부해야 할 세액으로 본다(조특법 121의30 ③).

① 주식 등을 양도한 사업연도의 종료일 이후 5년 이내에 교환대상법인이 속하였던 기업집단에 교환대상법인과 동일한 업종을 경영하는 법인이 속하게 되는 경우

② 주식 등을 양도한 사업연도의 종료일 이후 5년 이내에 지배주주 등이 교환대상법인의 주식 등을 다시 보유하게 되는 경우

③ 「기업 활력 제고를 위한 특별법(제13조 ①)」에 따라 사업재편계획의 승인이 취소된 경우

참 고 사 항 이자상당가산액의 계산

법인세 또는 양도소득세에 가산하여 납부해야 하는 이자상당가산액은 다음의 구분에 따라 계산한 금액을 말한다(조특령 116의34 ⑦).

1. 지배주주 등이 내국법인인 경우

$$\text{이자상당가산액} = \text{주식 등을 양도할 때 납부하지 않은 양도소득세액} \times \text{기간}^{*} \times \text{1일 } \frac{2.2}{10,000}$$

* 과세이연금액을 익금에 산입하지 아니한 사업연도에 과세이연금액을 익금에 산입하지 않음에 따라 발생한 법인세액의 차액을 말한다.

** 과세이연금액을 익금에 산입하지 않은 사업연도 종료일의 다음 날부터 사후관리 사유가 발생하여 과세이연금액을 익금에 산입하는 사업연도의 종료일까지의 기간을 말한다.

2. 지배주주 등이 거주자인 경우

$$\text{이자상당가산액} = \text{주식 등을 양도할 때 납부하지 않은 양도소득세액} \times \text{기간}^{*} \times \text{1일 } \frac{2.2}{10,000}$$

* 주식 등을 양도할 때 과세이연소득에 대한 당초 양도소득세 예정신고 납부기한의 다음 날부터 세액의 납부일까지의 기간을 말한다. ■

Ⅵ 합병에 따른 중복자산의 양도에 대한 과세특례

1. 과세특례의 요건

사업재편계획에 따라 내국법인 간에 2026년 12월 31일까지 합병(분할합병을 포함하며, 같은 업종 간의 합병으로 한정한다)함에 따라 중복자산이 발생한 경우로서 합병법인이 합병등기일부터 1년 이내에 그 중복자산을 양도해야 한다(조특법 121의31 ①).

여기서 '사업재편계획'이란 합병당사법인 간의 합병계획이 포함되어 있는 것으로서 주무부처의 장이 승인한 계획을 말한다(조특령 116의35 ①). 그리고 '중복자산의 범위'는 합병당사법인(분할합병의 경우를 포함한다)의 사업에 직접 사용되던 자산으로서 그 용도가 동일하거나 유사한 사업용 유형고정자산으로 한다(조특령 116의35 ①,②,③).

2. 과세특례의 내용

과세특례의 요건에 따라 중복자산을 양도함에 따라 발생하는 양도차익(그 중복자산에 대한 합병평가차익 및 분할평가차익을 포함한다)에 대해서는 다음의 금액을 해당 사업연도의 소득금액을 계산할 때 익금에 산입하지 않을 수 있다. 이 경우 해당 금액은 양도일이 속하는 사업연도의 종료일 이후 3년이 되는 날이 속하는 사업연도부터 3개 사업연도의 기간 동안 균분한 금액 이상을 익금에 산입해야 한다(3년 거치 3년간 분할익금산입, 조특법 121의31 ①, 조특령 116의35 ④).

> 과세이연금액 = ① + ②
>
> ① [중복자산의 (양도가액 − 장부가액) − 이월결손금*]
>
> ② 피합병법인으로부터 승계받은 중복자산의 경우 해당 자산에 대한 합병평가차익 상당액 및 분할평가차익 상당액

* 중복자산의 양도일이 속하는 사업연도의 직전 사업연도 종료일 현재 이월결손금을 말한다.

3. 사후관리

과세특례를 적용받은 내국법인이 다음 중 어느 하나에 해당하는 경우에는 그 사유가 발생한 날이 속하는 사업연도의 소득금액을 계산할 때 익금에 산입하지 않은 금액 전액을 익금에 산입한다. 이 경우 이자상당가산액을 법인세에 가산하여 납부해야 하며, 해당 세액은 과세표준 신고기한까지 납부해야 할 세액으로 본다(조특법 121의31 ②, 조특령 116의25 ⑥).

① 합병등기일부터 3년 이내에 해당 사업을 폐업하거나 해산한 경우

② 「기업 활력 제고를 위한 특별법(제13조 ①)」에 따라 사업재편계획의 승인이 취소된 경우

참고사항 이자상당액의 계산

법인세에 가산하여 납부해야 하는 이자상당가산액은 다음의 금액으로 한다(조특령 116의25 ⑦).

$$\text{이자상당가산액} = \text{법인세액의 차액}^{*} \times \text{기간}^{**} \times 1\text{일 } \frac{2.2}{10,000}$$

* 양도차익을 익금에 산입하지 않은 사업연도에 과세이연금액을 익금에 산입하지 않음에 따라 발생한 법인세액의 차액을 말한다.

** 양도차익을 익금에 산입하지 않은 사업연도 종료일의 다음 날부터 과세이연금액을 익금에 산입하는 사업연도의 종료일까지의 기간을 말한다. ■

연습문제

1 중소기업간 통합에 대한 양도소득세의 이월과세 등의 세제상 지원제도에 대하여 설명하시오. (20점)

2 법인전환에 대한 양도소득세의 이월과세 등의 세제상 지원제도에 대하여 설명하시오. (20점)

3 사업전환 무역조정지원기업에 대한 과세특례를 설명하시오. (20점)

4 내국법인이 외국자회사의 주식을 외국법인에 현물출자한 경우 그 현물출자에 대한 과세특례(조특법 38의2조)에 대하여 설명하시오. (20점)

5 주식의 현물출자 등에 따른 지주회사 설립 등에 대한 조세특례에 대하여 설명하시오. (20점)

6 주식의 포괄적 교환 · 이전에 대한 과세특례에 대해서 설명하시오. (25점)

7 조세특례제한법상 재무구조개선계획 등에 따른 기업의 채무면제익에 대한 과세특례의 내용 및 사후관리에 대하여 설명하시오. (2010년, 20점)

제4편 조세특례제한법

제5장 지역간의 균형개발을 위한 조세특례

제1절 공장 및 본사의 수도권 밖 이전에 대한 지원제도

I 공장의 대도시 밖 이전에 대한 법인세 과세특례

1. 개 요

대도시에서 공장시설을 갖추고 사업을 하는 내국법인이 대도시에 있는 공장을 대도시 밖(이하 '지방'이라 한다)으로 이전(수도권 밖에 있는 공장을 수도권으로 이전하는 경우는 제외)하기 위하여 해당 공장의 대지와 건물을 2025년 12월 31일까지 양도함으로써 발생하는 양도차익에 대해서는 5년거치 5년간 분할 익금산입하여 과세이연을 받을 수 있다(조특법 60 ②).

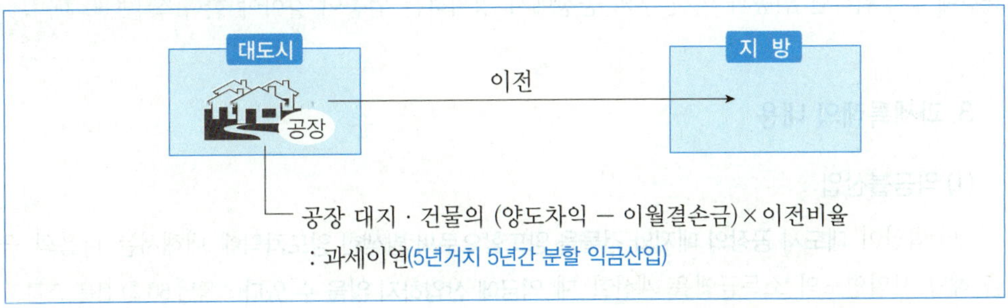

2. 과세특례의 요건

(1) 대상법인

대도시에서 공장시설을 갖추고 사업을 하는 내국법인이어야 한다. 여기서 '대도시'란 ① 수도권과밀억제권역과 ② 5대 광역시 지역[부산(기장군은 제외) · 대구(달성군은 제외) · 광주 · 대전 및 울산의 관할구역을 말한다. 다만, 산업단지는 제외한다*]을 말한다. 한편 '공장'이란 제조장 또는 자동차종합정비업 · 소형자동차정비업의 사업장으로서 제조 또는 사업단위로 독립된 것을 말한다.

* 다만, 산업단지로 지정되기 전부터 해당 지역에서 공장시설을 갖추고 사업을 하는 내국법인이 그 공장을 지방으로 이전하기 위하여 해당 공장의 대지와 건물을 양도하는 경우에는 해당 지역을 대도시로 보아 과세이연을 적용한다(조특법 60 ⑤).

(2) 이전요건

지방(광역시로 이전하는 경우에는 산업단지에 한함)으로의 이전은 다음 중 어느 하나에 해당해야 한다(조특령 56).

① 지방으로 공장을 이전하여 사업을 개시한 날부터 2년 이내에 대도시 공장을 양도하는 경우(先 이전 2년 이내 양도)

② 대도시 공장을 양도한 날부터 1년 이내에 지방에서 기존공장을 취득하여 사업을 개시하거나, 대도시 공장을 양도한 날부터 3년 이내에 지방의 공장을 준공하여 사업을 개시한 경우(先 양도 1년·3년 이내 이전)

다만, 위 이전요건을 갖춘 경우라도 대도시 또는 지방에서 공장의 대지가 공장입지기준면적을 초과하는 경우 그 초과하는 부분에 대해서는 과세이연에 관한 규정을 적용하지 않는다(조특령 56 ① 단서).

(3) 이전 후 같은 업종 영위

과세특례를 적용받으려는 내국법인은 한국표준산업분류표상의 세분류를 기준으로 이전 전의 공장에서 영위하던 업종과 이전 후의 공장에서 영위하는 업종이 같아야 한다(조특법 60 ③).

3. 과세특례의 내용

(1) 익금불산입

내국법인이 대도시 공장의 대지와 건물을 양도함으로써 발생한 양도차익에 대해서는 다음의 금액을 해당 사업연도의 소득금액을 계산할 때 익금에 산입하지 않을 수 있다(조특법 60 ② 전문, 조특령 56 ③).

$$\text{과세이연금액} = (\text{양도차익} - \text{이월결손금})^{*} \times \frac{\text{지방이전에 소요된 금액}^{**}}{\text{대도시 공장의 양도가액}} (100\%\ \text{한도})$$

* 양도차익 : 대도시 공장의 양도가액 − 해당 공장의 장부가액
이월결손금 : 양도일이 속하는 사업연도의 직전 사업연도 종료일 현재 법인세법에 따른 이월결손금(공제기간 이내 발생분)

** 지방이전에 소요된 금액 : (이전한 공장건물 및 그 부속토지와 기계장치 취득에 소요된 금액 + 공장시설의 이전비용), 선양도 후이전의 경우에는 지방 공장의 사업개시일까지는 이전계획서상 예정가액에 따른다.

(2) 익금산입

이처럼 익금불산입한 과세이연금액은 양도일이 속하는 사업연도 종료일 이후 5년이 되는 날이 속하는 사업연도부터 5개 사업연도의 기간 동안 균분한 금액 이상을 익금에 산입해야 한다(5년거치 5년간 분할익금산입, 조특법 60 ② 후단).

[도 표] 5년거치 5년간 분할익금산입

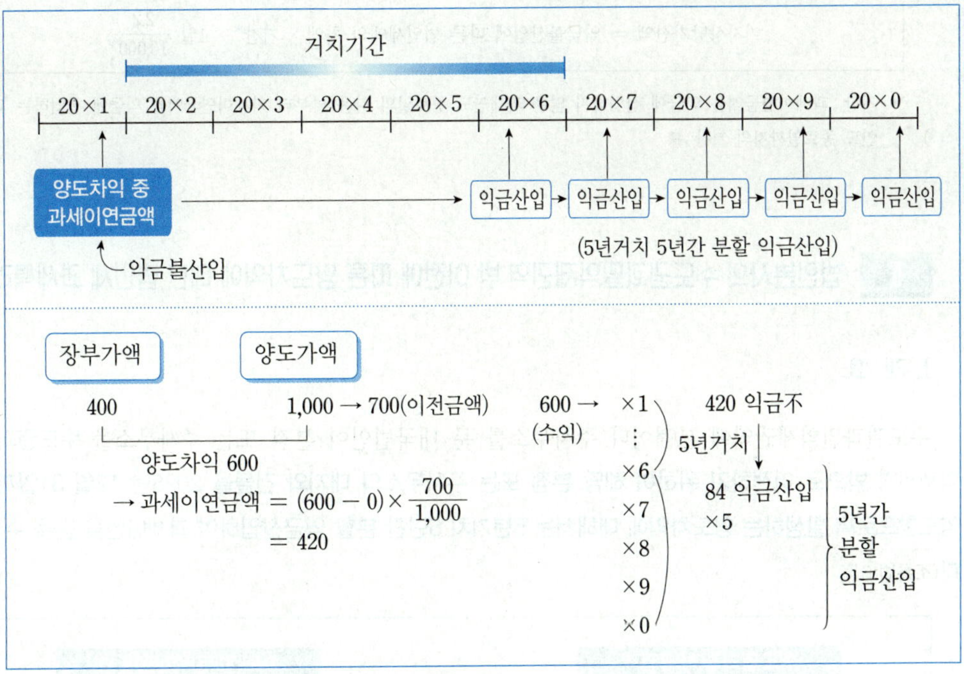

4. 과세이연의 중단

과세이연을 적용받은 내국법인이 해당 익금불산입액의 전액을 익금에 산입하기 전에 다음에 해당하는 사유가 발생한 때에는 그 사유발생일이 속하는 사업연도의 소득금액을 계산할 때 익금에 산입하지 않은 금액 중 다음 금액을 익금에 산입한다(조특법 60 ④).

중단사유	익금산입액
① 지방에 공장을 취득하여 사업을 개시하지 않은 때	익금에 산입하지 않은 금액
② 예정가액에 따른 과세이연금액이 실제사용액에 따른 과세이연금액을 초과하는 때	(당초 과세이연금액) − (실제사용액에 따른 과세이연금액)
③ 해당 사업을 폐업하거나 해산한 때	그 당시 익금에 산입하지 않은 금액

이 경우 익금에 산입한 금액(합병 · 분할에 따라 사업을 폐업 · 해산함으로써 익금에 산입한 금액은 제외)에 대해서는 이자상당가산액을 법인세로 납부해야 한다.

참고사항 이자상당가산액의 계산

$$이자상당가산액 = 익금불산입에\ 따른\ 법인세액의\ 차액 \times 기간^{*} \times 1일\ \frac{2.2}{10,000}$$

* 기간 : 과세이연금액을 익금에 산입하지 않은 과세연도 종료일의 다음 날부터 과세이연금액을 익금에 산입하는 과세연도 종료일까지의 기간 ■

Ⅱ 법인본사의 수도권과밀억제권역 밖 이전에 따른 양도차익에 대한 법인세 과세특례

1. 개 요

수도권과밀억제권역에 본점이나 주사무소를 둔 내국법인이 본점 또는 주사무소를 수도권과밀억제권역 밖으로 이전하기 위하여 해당 본점 또는 주사무소의 대지와 건물을 2025년 12월 31일까지 양도함으로써 발생하는 양도차익에 대해서는 5년거치 5년간 분할 익금산입하여 과세이연을 받을 수 있다(조특법 61).

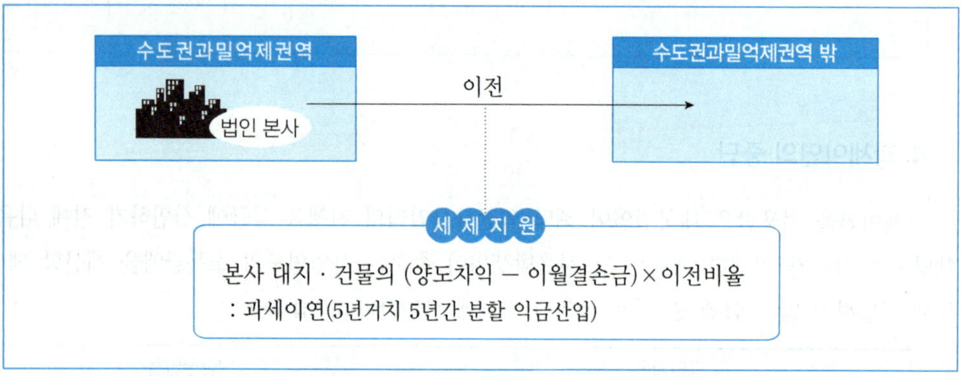

2. 과세특례의 요건

(1) 대상법인

수도권과밀억제권역에 본점이나 주사무소(이하 '수도권과밀억제권역 본사'라 한다)를 둔 내국법인에 대하여 적용한다.

(2) 이전요건

수도권과밀억제권역 밖으로의 이전은 다음 중 어느 하나에 해당하는 경우로 한다(조특령 57 ②).

① 수도권과밀억제권역 밖으로 수도권과밀억제권역 본사를 이전한 날부터 2년 이내에 수도권과밀억제권역 본사의 대지와 건물을 양도하는 경우(先 이전 2년 이내 양도)
② 수도권과밀억제권역 본사의 대지와 건물을 양도한 날부터 3년 이내에 수도권과밀억제권역 밖으로 본사를 이전하는 경우(先 양도 3년 이내 이전)

(3) 이전 후 같은 업종 영위

과세특례를 적용받으려는 내국법인은 한국표준산업분류표상의 세분류를 기준으로 이전 전의 본점 또는 주사무소에서 영위하던 업종과 이전 후의 본점 또는 주사무소에서 영위하는 업종이 같아야 한다(조특법 61 ④).

3. 과세특례의 내용

(1) 익금불산입

내국법인이 수도권과밀억제권역 본사의 대지와 건물을 양도하여 발생한 양도차익에 대해서는 다음의 금액을 해당 사업연도의 소득금액을 계산할 때 익금에 산입하지 않을 수 있다(조특법 61 ③, 조특령 57 ④).

$$\text{과세이연금액} = (\text{양도차익} - \text{이월결손금})^{*} \times \frac{\text{수도권과밀억제권역 밖으로 이전에 소요된 금액}^{**}}{\text{수도권과밀억제권역 본사의 양도가액}} (100\%\ \text{한도})$$

* 양도차익 : 수도권과밀억제권역 본사의 양도가액 − 해당 자산의 장부가액
이월결손금 : 양도일이 속하는 사업연도의 직전 사업연도 종료일 현재 법인세법에 따른 이월결손금(공제기간 이내 발생분)

** 수도권과밀억제권역 밖으로 이전에 소요된 금액 : (① + ② + ③), 선양도 후이전의 경우에는 이전완료 · 사용완료시까지 이전계획서 · 처분대금사용계획서상 예정가액에 따른다.
① 수도권과밀억제권역 밖에 소재하는 법인본사의 대지와 건물의 취득가액 또는 임차보증금(전세금 포함)
② 수도권과밀억제권역 본사의 양도일부터 1년 이내에 과밀억제권역 외의 본사의 사업용 고정자산가액(①은 제외)
③ 수도권과밀억제권역 본사의 이전비용

(2) 익금산입

이처럼 익금불산입한 과세이연금액은 양도일이 속하는 사업연도 종료일 이후 5년이 되는 날이 속하는 사업연도부터 5개 사업연도의 기간 동안 균분한 금액 이상을 익금에 산입해야 한다(5년거치 5년간 분할익금산입, 조특법 60 ②).

4. 과세이연의 중단

과세이연을 적용받은 내국법인이 익금불산입액의 전액을 익금에 산입하기 전에 다음에 해당하는 사유가 발생하는 경우에는 해당 사유발생일이 속하는 사업연도의 소득금액을 계산할 때 익금에 산입하지 않은 금액 중 다음 금액을 익금에 산입한다(조특법 61 ⑤ 전단, 조특령 57 ⑩).

중단사유	익금산입액
① 수도권과밀억제권역 본사를 수도권과밀억제권역 밖으로 이전하지 않는 경우(본사의 이전요건을 갖추지 않은 때를 말한다)	해당 사유발생일 현재 익금에 산입하지 않은 금액
② 수도권과밀억제권역에 일정기준* 이상의 사무소를 둔 경우	
③ 수도권과밀억제권역 본사의 대지와 건물의 처분대금을 수도권과밀억제권역 밖으로의 이전에 사용하지 않은 경우 및 선양도 후이전의 경우 이전계획서상 예정가액에 따른 당초 과세이연금액이 실제 사용액에 따른 과세이연금액을 초과하는 경우	(당초 과세이연금액) − (실제사용액에 따른 과세이연금액)
④ 해당 사업을 폐업하거나 해산한 때	그 당시 익금에 산입하지 않은 금액

* '일정기준 이상의 사무소를 둔 때'란 수도권과밀억제권역 밖으로 수도권과밀억제권역 내 본사를 이전한 날부터 3년이 되는 날이 속하는 과세연도가 지난 후 수도권과밀억제권역 안의 사무소에서 본사업무에 종사하는 연평균 상시근무인원(∑해당 과세연도의 매월 말일 현재의 인원/해당 월수)이 본사업무에 종사하는 전체 연평균 상시근무인원의 50% 이상인 경우를 말한다(조특령 57 ⑧).

이 경우 익금에 산입한 금액(합병 · 분할에 따라 사업을 폐업 · 해산함으로써 익금에 산입한 금액은 제외)에 대해서는 이자상당가산액을 법인세로 납부해야 한다(조특법 61 ⑤ 후단).

참고사항 이자상당가산액의 계산

$$\text{이자상당가산액} = \text{익금불산입에 따른 법인세액의 차액} \times \text{기간}^{*} \times \text{1일 } \frac{2.2}{10,000}$$

* 기간 : 과세이연금액을 익금에 산입하지 않은 과세연도 종료일의 다음 날부터 과세이연금액을 익금에 산입하는 과세연도 종료일까지의 기간 ■

[도 표] 공장 또는 본사의 이전에 대한 과세이연제도의 비교

구분		공장의 지방이전	법인본사의 수도권과밀억제권역 밖으로 이전
요건	대상법인	대도시에 공장을 갖추고 사업을 하는 내국법인 * 사업기간 불문	수도권과밀억제권역에 본사를 둔 내국법인 * 본사를 둔 기간 불문
	이전요건	대도시 → 지방 • 선이전 후 2년 내 양도 • 선양도 후 1년(기존공장) 내 이전 • 선양도 후 3년(공장신설) 내 이전	수도권과밀억제권역 → 수도권과밀억제권역 밖 • 선이전 후 2년 내 양도 • 선양도 후 3년 내 이전
	업종요건	이전 후 동일업종 영위	
과세이연		(공장 또는 본사의 양도차익 − 이월결손금)×이전비율 = 과세이연금액 → 익금불산입(최저한세 적용) 후 5년거치 5년간 분할 익금산입	

Ⅲ 수도권 밖으로 공장을 이전하는 기업에 대한 세액감면 등

1. 개 요

수도권 밖으로 공장을 이전하는 기업은 이전 후 공장에서 발생하는 소득에 대하여 법인세 또는 소득세의 100% 또는 50%를 감면한다(조특법 63).

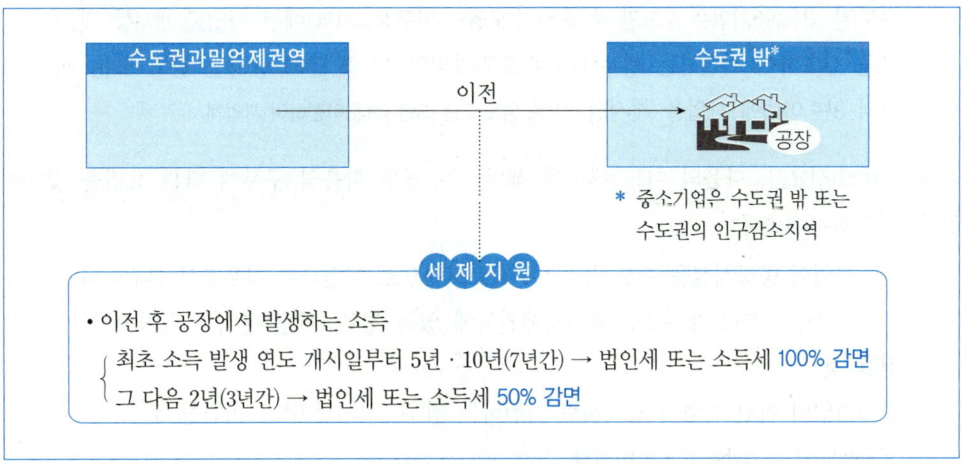

2. 세액감면의 요건

다음의 요건을 모두 갖춘 내국인(이하 '공장이전기업'이라 한다)이 공장을 이전하여 2025년 12월 31일까지 사업을 개시하는 경우*에 세액감면을 적용한다(조특법 63 ①).

* 공장을 신축하는 경우로서 공장의 부지를 2025.12.31.까지 보유하고 2025.12.31.이 속하는 과세연도의 과세표준신고를 할 때 이전계획서를 제출하는 경우에는 2028.12.31.까지 사업을 개시하는 경우에 세액감면을 적용한다.

1) 이전대상기업 : 수도권과밀억제권역에 3년(중소기업은 2년) 이상 계속하여 공장시설을 갖추고 사업을 한 기업*이어야 한다(조특법 63 ① (1),(가)). 다만, 공장시설을 이전하기 위하여 조업을 중단한 날이 속하는 과세연도 개시일부터 소급하여 10년 이내에 동일한 공장에 대해 수도권 밖으로 공장을 이전하는 기업에 대한 세액감면을 적용받은 기업은 제외한다(조특법 63 ① 단서, 조특령 60 ①).

* 이는 수도권과밀억제권역 안에 소재하는 공장시설을 수도권 밖(중소기업의 경우 수도권 밖 또는 수도권의 인구감소지역)으로 이전하기 위하여 조업을 중단한 날부터 소급하여 3년(중소기업의 경우 2년) 이상 계속 조업한 실적이 있을 것을 말한다(조특령 60 ②).

2) 이전요건 : 공장시설의 전부를 이전하는 기업은 다음 중 어느 하나의 요건을 갖추어야 한다(조특령 60 ③).

① 수도권 밖(중소기업은 수도권과밀억제권역 밖 또는 수도권의 인구감소지역)으로 공장을 이전하여 사업을 개시한 날부터 2년 이내에 수도권과밀억제권역 안의 공장을 양도하거나 수도권과밀억제권역 안에 남아 있는 공장시설의 전부를 철거 또는 폐쇄하여 해당 공장시설에 의한 조업이 불가능한 상태일 것(先 이전 2년 이내 양도 등)

② 수도권과밀억제권역 안의 공장을 양도 또는 폐쇄한 날(공장의 대지 또는 건물을 임차하여 자기 공장시설을 갖추고 있는 경우에는 공장이전을 위하여 조업을 중단한 날을 말한다)부터 2년 이내에 수도권 밖(중소기업은 수도권 밖 또는 수도권의 인구감소지역)에서 사업을 개시할 것. 다만, 공장을 신축하여 이전하는 경우에는 수도권과밀억제권역 안의 공장을 양도 또는 폐쇄한 날부터 3년 이내에 사업을 개시할 것(先 양도 2년 · 3년 이내 이전하여 사업개시)

3) 추가 이전요건 : 다음의 어느 하나에 해당하는 경우 다음의 구분에 따른 요건을 갖추어야 한다(조특법 63 ① (1),(다)).

① 중소기업이 공장시설을 수도권의 인구감소지역으로 이전하는 경우로서 본점이나 주사무소(이하 '본사'라 한다)가 수도권과밀억제권역에 있는 경우 : 해당 본사도 공장시설과 함께 이전할 것

② 중소기업이 아닌 기업이 광역시로 이전하는 경우 : 산업단지*로 이전할 것

* 「산업입지 및 개발에 관한 법률(제2조 (8))」에 따른 산업단지를 말한다.

4) 이전 후 같은 업종 영위 : 세액감면을 적용받으려는 공장이전기업은 한국표준산업분류표상의

세분류를 기준으로 이전 전의 공장에서 공장시설을 이전하기 위하여 조업을 중단한 날부터 소급하여 2년(중소기업은 1년) 이상 계속 영위하던 업종과 이전 후의 공장에서 영위하는 업종이 같아야 한다(조특법 63 ⑦, 60 ⑪).

3. 세액감면의 내용

이상의 요건을 갖춘 공장이전기업은 이전 후의 공장에서 발생한 소득*에 대해서 다음의 구분에 따라 법인세 또는 소득세를 감면한다(조특법 63 ① (2)).

* '감면대상소득'에는 공장이전기업이 이전 후 합병 · 분할 · 현물출자 또는 사업의 양수를 통하여 사업을 승계하는 경우 승계한 사업장에서 발생한 소득은 제외한다.

감면기간	감면세액
(1) 공장 이전일 이후 해당 공장에서 최초로 소득이 발생한 과세연도*의 개시일부터 다음의 구분에 따른 기간 이내에 끝나는 과세연도 ① 수도권 인접지역(*주1)으로 이전하는 경우 : 5년 ② 수도권 밖에 소재하는 광역시 등 지역(*주2)으로 이전하는 경우 ㉠ 위기지역, 성장촉진지역 또는 인구감소지역(이하 '성장촉진지역등'이라 한다)으로 이전하는 경우 : 7년 ㉡ 위 ㉠의 지역 외의 지역으로 이전하는 경우 : 5년 ③ 위 ① · ②의 지역 외의 지역으로 이전하는 경우 ㉠ 성장촉진지역등으로 이전하는 경우 : 10년 ㉡ 위 ㉠의 지역 외의 지역으로 이전하는 경우 : 7년 * 공장 이전일부터 5년이 되는 날이 속하는 과세연도까지 소득이 발생하지 아니한 경우에는 이전일부터 5년이 되는 날이 속하는 과세연도부터 감면기간을 기산한다.	법인세 또는 소득세의 100%에 상당하는 세액
(2) 위 (1)에 따른 과세연도의 다음 2년[위 (1)의 ② · ㉠ 또는 ③ · ㉡에 해당하는 경우(즉 7년을 적용받는 경우)에는 3년] 이내에 끝나는 과세연도	법인세 또는 소득세의 50%에 상당하는 세액

(*주1) 수도권 인접지역 : 다음 ① · ②의 지역을 말한다. 다만, ②의 수도권의 인구감소지역은 해당 지역으로 이전하는 기업이 중소기업인 경우로 한정한다(소특령 60 ④).
① 당진시, 아산시, 원주시, 음성군, 진천군, 천안시, 춘천시, 충주시, 홍천군(내면은 제외) 및 횡성군의 관할구역
② 수도권의 인구감소지역

(*주2) 광역시 등 지역 : 수도권 밖의 지역에 소재하는 광역시 또는 구미시, 김해시, 전주시, 제주시, 진주시, 창원시, 청주시 및 포항시의 관할구역을 말한다(조특령 60 ⑤).

참고사항 중소기업 유예기간 적용배제 사유 발생시 감면배제

세액감면을 적용받은 중소기업이 다음 중 어느 하나에 해당하는 사유로 중소기업에 해당하지 않게 된 경우에는 해당 사유발생일이 속하는 과세연도부터 감면하지 않는다(조특법 63 ⑧, 조특령 60 ⑬).

① 중소기업기본법에 따른 중소기업이 아닌 기업과 합병하는 경우
② 유예기간 중에 있는 기업과 합병하는 경우
③ 실질적 독립성 요건(관계기업 매출액의 중소기업기준 요건은 제외)을 갖추지 못하게 되는 경우
④ 창업일이 속하는 과세연도 종료일부터 2년 이내의 과세연도 종료일 현재 중소기업기준을 초과하는 경우 ■

4. 사후관리

세액감면을 적용받은 공장이전기업이 다음 중 어느 하나에 해당하는 경우에는 그 사유가 발생한 과세연도의 과세표준신고를 할 때 다음의 세액을 법인세 또는 소득세로 납부해야 한다(조특법 63 ②, 조특령 60 ⑥,⑦).

납부사유	납부세액
① 공장을 이전하여 사업을 개시한 날부터 3년 이내에 해당 사업을 폐업하거나 해산한 경우(합병·분할 또는 분할합병으로 인한 경우는 제외)	폐업일 또는 법인해산일부터 소급하여 3년 이내에 감면된 세액
② 공장을 수도권 밖(중소기업은 수도권 밖 또는 수도권의 인구감소지역)으로 이전하여 사업을 개시하지 않은 경우(공장의 이전요건을 갖추지 않게 된 경우를 말한다)	공장 이전요건을 갖추지 못하게 된 날부터 소급하여 5년 이내에 감면된 세액
③ 수도권(중소기업은 수도권 중 인구감소지역을 제외한 지역)에 이전한 공장에서 생산하는 제품과 같은 제품을 생산하는 공장(중소기업이 수도권의 인구감소지역으로 이전한 경우에는 공장 또는 본사)을 설치한 경우	공장설치일(중소기업이 본점·주사무소를 이전한 경우에는 본점·주사무소 설치일 포함)부터 소급하여 5년 이내에 감면된 세액*

* 이 경우 이전한 공장이 둘 이상이고 해당 공장에서 서로 다른 제품을 생산하는 경우에는 수도권(중소기업은 수도권 중 인구감소지역을 제외한 지역) 안의 공장에서 생산하는 제품과 동일한 제품을 생산하는 공장의 이전으로 인하여 감면받은 분에 한정한다.

이처럼 감면받은 법인세액 또는 소득세액을 납부하는 경우에는 이자상당가산액을 법인세 또는 소득세에 가산하여 납부해야 하며, 해당 세액은 과세표준신고기한 내에 납부해야 할 세액으로 본다(조특법 63 ③).

참고사항 이자상당가산액의 계산(조특령 60 ⑧)

$$\text{이자상당가산액} = \text{납부해야 할 세액상당액} \times \text{기간}^{*} \times \text{1일} \ \frac{2.2}{10{,}000}$$

* 기간 : 감면받은 과세연도 종료일의 다음 날부터 납부사유가 발생한 과세연도 종료일까지의 기간 ■

NEW 개정사항 중소기업의 수도권 내 공장 이전에 대한 감면대상 축소

<개정내용> 종전에는 중소기업이 본사와 함께 수도권과밀억제권역 내 공장을 수도권 내 다른 지역(성장관리지역 + 자연보전권역)으로 이전하는 경우에도 공장이전 세액감면을 적용하였으나, 지역 균형발전을 위해서 수도권의 경우 수도권 내 인구감소지역으로 공장을 이전하는 경우만 감면하도록 그 감면대상을 축소하였다.

종전	개정
□ 공장을 지방으로 이전한 기업에 대해 법인세·소득세 감면	□ 이전지역 범위 합리화
○ 대상 : 수도권 과밀억제권역에서 3년(중소기업은 2년) 이상 사업 영위한 기업	○ (왼쪽과 같음)
○ 감면율 : 이전지역에 따라 차등 – 수도권 내(과밀억제권역 밖)* : 5년 100% + 2년 50% * 중소기업이 공장과 본사를 모두 이전시키는 경우로 한정	○ (왼쪽과 같음) – 수도권의 인구감소지역* : 5년 100% + 2년 50% * 중소기업이 공장과 본사를 모두 이전시키는 경우로 한정
– 지방광역시, 수도권 연접지역, 대도시(인구 30만 이상) : 5년 100% + 2년 50% – 지방광역시 및 대도시 중 낙후지역* : 7년 100% + 3년 50% * 위기지역, 성장촉진지역, 인구감소지역 – 그 외 낙후지역 : 10년 100% + 2년 50%	– (왼쪽과 같음)

<적용시기> 이 규정은 2025년 1월 1일부터 적용한다. 한편 2025년 1월 1일 전에 공장을 이전한 경우의 세액감면에 관하여는 개정규정에도 불구하고 종전의 규정에 따른다. 한편 2025년 1월 1일 이후 공장을 이전하는 경우로서 공장이전기업이 종전의 규정을 적용받기 위하여 2025년 1월 1일 전에 실질적으로 이전에 착수한 것으로 볼 수 있는 행위를 한 경우에는 개정규정에도 불구하고 종전의 규정에 따른다. ■

NEW 개정사항 공장·본사 지방이전 감면요건 정비

<개정내용> 중복감면 및 조세회피를 방지하기 위해 공장 또는 본사 이전 전 10년 내에 감면을 적용받은 기업은 관련 세액감면을 적용받을 수 있는 대상에서 제외하고, 동일업종 영위기간 요건(2년, 공장이전 중소기업은 1년)을 추가하였다.

종전	개정
□ 공장·본사를 지방으로 이전한 기업에 대해 소득·법인세 감면	□ 대상 및 업종 요건 합리화
○ 대상 : 과밀억제권역에서 3년(공장이전 중소기업은 2년) 이상 사업을 영위한 기업	○ (왼쪽과 같음)
<단서 신설>	– 다만, 이전 전 10년 내에 감면을 적용받은 기업은 제외
○ 업종 : 이전 전·후 동일한 업종* 영위 * 한국표준산업분류표 세분류 기준	○ 이전 전 2년(공장을 이전한 중소기업은 1년) 이상 영위한 업종과 동일한 업종 영위

<적용시기> 이 규정은 2025년 1월 1일부터 적용한다. 한편 2025년 1월 1일 전에 공장 · 본사를 이전한 경우의 세액감면에 관하여는 개정규정에도 불구하고 종전의 규정에 따른다. 그리고 2025년 1월 1일 이후 공장 · 본사를 이전하는 경우로서 공장이전기업 · 본사이전법인이 종전의 규정을 적용받기 위하여 2025년 1월 1일 전에 실질적으로 이전에 착수한 것으로 볼 수 있는 행위를 한 경우에는 개정규정에도 불구하고 종전의 규정에 따른다. ■

5. 공장이전법인에 대한 그 밖의 특례

(1) 공장 양도차익에 대한 과세이연

공장이전기업 중 법인(이하 '공장이전법인'이라 한다)이 공장을 수도권 밖으로 이전한 경우에는 수도권과밀억제권역에 있는 공장을 양도함으로써 발생한 양도차익에 대한 법인세에 관하여는 공장의 대도시 밖 이전에 따른 양도차익에 대한 5년거치 5년간 분할 익금산입 및 과세이연의 중단에 관한 규정(p.218 이하 참조)을 준용한다(조특법 63 ④). 이 규정은 수도권과밀억제권역 안의 공장을 양도하는 경우로 한정한다(조특령 60 ③ 후단).

(2) 재산세 저율 분리과세

공장을 수도권 밖으로 이전한 공장이전법인이 소유(합병 · 분할 또는 분할합병으로 소유권이 이전된 경우 포함)하는 이전 전 공장용 건축물의 부속토지로서 공장 이전일 현재 저율분리과세대상 토지(공장용지)는 공장을 전부 이전한 날부터 5년간 저율 분리과세대상 토지(공장용지)로 본다. 다만, 공장을 이전하여 사업을 개시한 후 그 사업을 폐업한 이후에는 그렇지 않다(조특법 63 ⑤).

참고사항 사후관리

이전한 날부터 5년간 이전 전 공장용 건축물 부속토지에 대하여 저율 분리과세를 적용받은 공장이전법인이 사후관리 사유(①~③)에 해당하는 경우에는 재산세액 및 종합부동산세액과 이자상당가산액을 추징한다(조특법 63 ⑥). ■

Ⅳ 수도권 밖으로 본사를 이전하는 법인에 대한 세액감면 등

1. 개 요

수도권 밖으로 본사를 이전하는 법인은 본사 이전 후 발생하는 소득에 대하여 법인세의 100% 또는 50%를 감면한다(조특법 63의2).

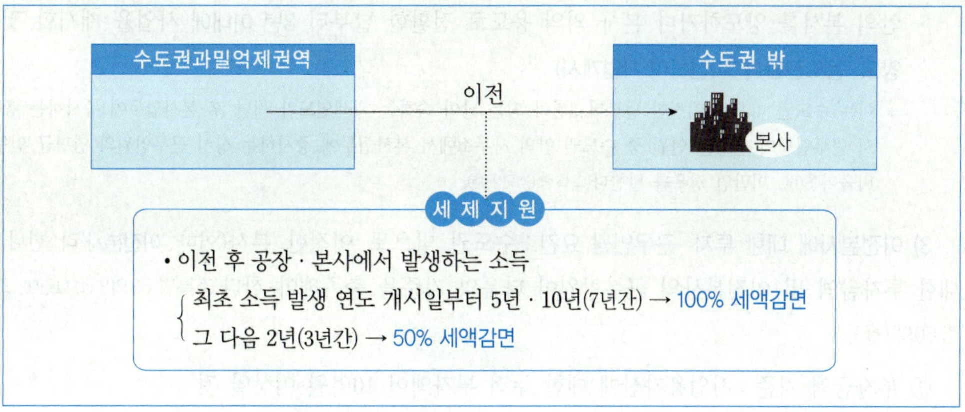

2. 세액감면의 요건

다음의 요건을 모두 갖추어 본사를 이전하여 2025년 12월 31일까지 사업을 개시하는 법인*(이하 '본사이전법인'이라 한다)에 대해서 세액감면을 적용한다(조특법 63의2 ①).

* 본사를 신축하는 경우로서 본사의 부지를 2025.12.31.까지 보유하고 2025.12.31.이 속하는 과세연도의 과세표준신고를 할 때 이전계획서를 제출하는 경우에는 2028.12.31.까지 사업을 개시하는 법인에 대해서 세액감면을 적용한다.

1) 이전대상법인 : 수도권과밀억제권역에 3년 이상 계속하여 본점 또는 주사무소(이하 '본사'라 한다)를 둔 법인*이어야 한다. 다만, 본사의 이전등기일이 속하는 과세연도 개시일부터 소급하여 10년 이내에 수도권 밖으로 본사를 이전하는 법인에 대한 세액감면을 받은 법인은 제외한다(조특법 63의2 ① (1), ㈎). 한편 ① 건설업, 부동산임대업, 주거용 건물 개발 및 공급업(구입한 주거용 건물을 재판매하는 경우는 제외), 부동산 중개 및 대리업, 부동산매매업, ② 소비성서비스업, ③ 무점포판매에 해당하는 사업, ④ 해운중개업을 경영하는 내국인인 경우에는 감면규정을 적용하지 않는다(다만, 이전공공기관은 예외로 한다)(조특법 63의2 ① 단서, 조특령 60의2 ①).

* 이는 본사의 이전등기일부터 소급하여 3년 이상 계속하여 수도권과밀억제권역 안에 본사를 두고 사업을 경영한 실적이 있을 것을 말한다(조특령 60의2 ②).

2) 이전요건 : 본사를 수도권 밖으로 이전하는 법인은 다음 중 어느 하나의 요건을 갖추어야 한다(조특법 63의2 ① (1),㈏, 조특령 60의2 ③).

① 수도권 밖으로 본사를 이전하여 사업을 개시한 날부터 2년 이내에 수도권과밀억제권역의 본사를 양도하거나 본사 외의 용도(일정기준 미만의 사무소로 사용하는 경우*를 포함한다)로 전환할 것 (先 이전 후 2년 이내 양도 · 용도 전환)

② 수도권과밀억제권역 안의 본사를 양도하거나 본사 외의 용도로 전환한 날부터 2년 이내에 수도권 밖에서 사업을 개시할 것. 다만, 본사를 신축하여 이전하는 경우에는 수도권과밀억제권역

안의 본사를 양도하거나 본사 외의 용도로 전환한 날부터 3년 이내에 사업을 개시할 것(先양도·용도전환 후 이전하여 사업개시)

* 이는 수도권 밖으로 이전한 날부터 3년이 되는 날이 속하는 과세연도가 지난 후 본사업무에 종사하는 총 상시 근무인원의 연평균 인원 중 수도권 안의 사무소에서 본사업무에 종사하는 상시 근무인원의 연평균 인원의 비율이 50% 미만인 경우를 말한다(조특령 60의2 ⑬).

3) 이전본사에 대한 투자·근무인원 요건 : 수도권 밖으로 이전한 본사(이하 '이전본사'라 한다)에 대한 투자금액 및 이전본사의 근무인원이 다음의 기준을 충족해야 한다(조특법 63의2 ① (1),(다), 조특령 60의2 ④).

① 투자금액 기준 : 사업용자산에 대한 누적 투자액이 10억원 이상일 것

② 근무인원 기준* : 해당 과세연도에 이전본사의 근무인원이 20명 이상일 것

* 근무인원 기준을 충족하지 못한 경우 해당 과세연도부터 법인세를 감면받을 수 없다(조특령 60의2 ⑭ (1)).

4) 이전 후 같은 업종 영위 : 본사이전법인은 한국표준산업분류표상의 세분류를 기준으로 이전 전의 본사에서 본사의 이전등기일부터 소급하여 2년 이상 영위하던 업종과 이전 후의 본사에서 영위하는 업종이 각각 같아야 한다(조특법 63의2 ⑤, 조특령 60의2 ⑰).

3. 세액감면의 내용

(1) 감면세액

이상의 요건을 갖춘 본사이전법인은 그 감면대상소득에 대하여 다음의 구분에 따라 법인세를 감면한다(조특법 63의2 ① (3)).

감면기간	감면세액
(1) 본사 이전일 이후 본사이전법인에서 최초로 소득이 발생한 과세연도* 의 개시일부터 다음의 구분에 따른 기간 이내에 끝나는 과세연도 ① 수도권 인접지역(*주1)으로서 수도권 밖의 지역으로 이전하는 경우 : 5년 ② 수도권 밖에 소재하는 광역시 등 지역(*주2)으로 이전하는 경우 ㉠ 위기지역, 성장촉진지역 또는 인구감소지역(이하 '성장촉진지역등'이라 한다)으로 이전하는 경우 : 7년 ㉡ 위 ㉠의 지역 외의 지역으로 이전하는 경우 : 5년 ③ 위 ①·②의 지역 외의 지역으로서 수도권 밖의 지역으로 이전하는 경우 ㉠ 성장촉진지역등으로 이전하는 경우 : 10년 ㉡ 위 ㉠의 지역 외의 지역으로 이전하는 경우 : 7년 * 본사 이전일부터 5년이 되는 날이 속하는 과세연도까지 소득이 발생하지 않은 경우에는 이전일부터 5년이 되는 날이 속하는 과세연도부터 감면기간을 기산한다.	감면대상소득에 대한 법인세의 100%에 상당하는 세액

(2) 위 (1)에 따른 과세연도의 다음 2년[위 (1)의 ② · ㉠ 또는 ③ · ㉡에 해당하는 경우(즉 7년을 적용받는 경우)에는 3년] 이내에 끝나는 과세연도	감면대상소득에 대한 법인세의 50%에 상당하는 세액

(*주1) 수도권 인접지역 : 당진시, 아산시, 원주시, 음성군, 진천군, 천안시, 춘천시, 충주시, 홍천군(내면은 제외) 및 횡성군의 관할구역을 말한다(조특령 60 ④).

(*주2) 광역시 등 지역 : 수도권 밖의 지역에 소재하는 광역시 또는 구미시, 김해시, 전주시, 제주시, 진주시, 창원시, 청주시 및 포항시의 관할구역을 말한다(조특령 60 ⑤).

(2) 감면대상소득

본사이전법인의 감면대상소득은 다음과 같이 산출한 금액에 상당하는 금액으로 한다(조특법 63의2 ① (2)).

$$\text{감면대상 소득}^{(*주1)} = \left(\text{해당 과세연도의 과세표준} - \text{토지·건물 및 부동산을 취득할 수 있는 권리의 양도차익 등}^{(*주2)}\right) \times (\text{① 비율} \times \text{② 비율})$$

$$\text{① 비율} = \text{해당 과세연도의 } \frac{\text{이전본사의 근무인원}}{\text{법인 전체 근무인원}}$$

* 감면기간 중 다음의 이전본사 근무임원비율이 50%에 미달하게 된 경우에는 해당 과세연도부터 감면을 받을 수 없다(조특령 60의2 ⑭).

> 이전본사 임원비율 = (이전본사 근무임원)/(수도권 본사 임원 + 이전본사 근무임원)

$$\text{② 비율} = \text{해당 과세연도의 } \left[\frac{(\text{전체 매출액} - \text{위탁가공무역에서 발생한 매출액 등})^{(*주3)}}{\text{전체 매출액}}\right]$$

(*주1) '감면소득'에는 이전 후 합병 · 분할 · 현물출자 또는 사업의 양수를 통하여 사업을 승계하는 경우 승계한 사업장에서 발생한 소득은 제외한다.

(*주2) 여기에는 (① 고정자산처분익, 유가증권처분익, 수입이자, 수입배당금 및 자산수증익을 합한 금액 – ② 고정자산처분손, 유가증권처분손 및 지급이자를 합한 금액)(이 경우 그 차액이 음수일 경우에는 0원으로 본다)을 포함한다(조특령 60의2 ⑤).

(*주3) '위탁가공무역'이란 가공임(加工賃)을 지급하는 조건으로 외국에서 가공(제조, 조립, 재생 및 개조를 포함한다. 이하 같다)할 원료의 전부 또는 일부를 거래 상대방에게 수출하거나 외국에서 조달하여 가공한 후 가공물품 등을 수입하거나 외국으로 인도하는 것을 말한다(조특령 60의2 ⑧).

한편 공장과 본사를 함께 이전하는 경우에는 다음의 금액을 감면대상소득으로 한다(조특법 62의2 ⑧ ⑥ (1)).

> 감면대상소득
> = [이전공장에서 발생하는 소득 + 본사이전법인의 감면대상소득](한도액 : 해당 과세연도 소득금액)

참고사항 이전본사의 근무인원 및 법인 전체 근무인원

해당 과세연도에 수도권 밖으로 이전한 본사(이하 '이전본사'라 한다)의 근무인원 및 법인 전체 근무인원은 다음과 같이 계산한 인원으로 한다(조특령 60의2 ⑥).

1. 이전본사의 근무인원 = (① - ②) 인원
① 이전본사에서 본사업무에 종사하는 상시 근무인원의 연평균 인원(∑매월 말 현재의 인원 / 해당 개월 수). 다만, 이전일부터 소급하여 2년이 되는 날이 속하는 과세연도 이후 수도권 외의 지역에서 본사업무에 종사하는 근무인원이 이전본사로 이전한 경우는 제외한다. ② 이전일부터 소급하여 3년이 되는 날이 속하는 과세연도에 이전본사에서 본사업무에 종사하던 상시 근무인원의 연평균 인원
2. 법인 전체 근무인원 = 법인 전체의 상시 근무인원의 연평균 인원

4. 사후관리

세액감면을 적용받는 본사이전법인이 다음 중 어느 하나에 해당하는 경우에는 그 사유가 발생한 과세연도의 과세표준신고를 할 때 다음의 세액을 법인세로 납부해야 한다(조특법 63의2 ②, 조특령 60의2 ⑩,⑭).

납부사유	납부세액
① 본사를 이전하여 사업을 개시한 날부터 3년 이내에 그 사업을 폐업하거나 법인이 해산한 경우(합병·분할 또는 분할합병으로 인한 경우는 제외)	폐업일 또는 법인해산일부터 소급하여 3년 이내에 감면된 세액
② 본사를 수도권 밖으로 이전하여 사업을 개시하지 않은 경우(본사의 이전요건을 갖추지 않은 경우를 말한다)	본사의 이전요건을 갖추지 못한 날부터 소급하여 5년 이내에 감면된 세액
③ 본사를 이전한 경우로서 수도권에 일정기준 이상의 사무소를 둔 경우(*주1)	본사설치일 또는 일정기준 이상의 사무소를 둔 날부터 소급하여 5년 이내에 감면된 세액
④ 감면기간에 이전본사 근무 임원비율(이전본사의 근무 임원 수/수도권 안의 사무소에서 근무하는 임원과 이전본사 근무 임원의 합계 인원)이 50%에 미달하게 되는 경우(*주2)	이전본사 근무 임원비율에 미달하게 되는 날부터 소급하여 5년 이내에 감면된 세액 * ④에 해당하는 경우 해당 과세연도부터 법인세를 감면받을 수 없다(조특령 60의2 ⑭ (2)).

(*주1) '일정기준 이상'이란 본사를 수도권 밖으로 이전한 날부터 3년이 되는 날이 속하는 과세연도가 지난 후 본사업무에 종사하는 총 상시 근무인원의 연평균 인원 중 수도권 안의 사무소에서 본사업무에 종사하는 상시 근무인원의 연평균 인원의 비율이 50% 이상인 경우를 말한다(조특령 60의2 ⑬).

(*주2) 여기서 '임원'이란 「법인세법 시행령(제40조 ①)」에 해당하는 자를 말한다. 다만, 상시 근무하지 않는 임원을 제외한다(조특령 60의2 ⑭).

이처럼 감면받은 법인세액을 납부하는 경우에는 이자상당가산액을 가산하여 법인세로 납부해야 한다. 이때 해당 세액은 과세표준신고기한 내에 납부해야 할 세액으로 본다(조특법 63의2 ③).

참고사항 이자상당가산액의 계산(조특령 60 ⑦)

$$\text{이자상당가산액} = \text{납부해야 할 세액상당액} \times \text{기간}^{*} \times \text{1일 } \frac{2.2}{10{,}000}$$

* 기간 : 감면받은 과세연도 종료일의 다음 날부터 납부사유가 발생한 과세연도 종료일까지의 기간 ■

5. 본사이전법인의 본사 양도차익에 대한 과세이연

본사이전법인이 수도권과밀억제권역에 있는 본사를 양도함으로써 발생한 양도차익에 대한 법인세에 관하여는 법인본사의 수도권과밀억제권역 밖 이전에 따른 양도차익에 대한 5년거치 5년간 분할 익금산입 및 과세이연의 중단에 관한 규정(p.221 이하 참조)을 준용한다(조특법 63의2 ④). 이 규정은 수도권과밀억제권역 안의 본사를 양도하는 경우로 한정한다(조특령 60의2 ③ 후단).

[도 표] 수도권 밖으로 공장 또는 본사를 이전하는 경우 세액감면

구분		수도권 밖으로 공장을 이전하는 기업에 대한 법인세·소득세 감면 등(조특법 63)	수도권 밖으로 본사를 이전하는 법인에 대한 법인세 세액감면 등(조특법 63의2)
감면요건	대 상 자	수도권과밀억제권역에 3년(중소기업은 2년) 이상 계속하여 공장시설을 갖추고 사업을 한 기업	수도권과밀억제권역에 3년 이상 계속하여 본사를 둔 법인
	이전요건	수도권과밀억제권역 → 수도권 밖(중소기업은 수도권 밖 또는 수도권의 인구감소지역) • 이전 후 2년 이내 양도 · 철거 · 폐쇄 • 양도 · 폐쇄 후 2년(공장신축시 3년) 이내 사업개시	수도권과밀억제권역 → 수도권 밖 • 이전 후 2년 이내 양도 · 용도전환 • 양도 · 용도전환 후 2년(본사신축시 3년) 이내 사업개시 • 이전 본사에 대한 투자 · 근무인원 요건 추가
감면대상소득		이전 후의 공장에서 발생한 소득	이전 후 본사 이전비율에 따라 계산한 소득(공장도 함께 이전시 이전공장에서 발생한 소득 포함)

<table>
<tr><td rowspan="2">조세
특례</td><td>세액감면</td><td colspan="2">이전 후 최초 소득 발생 연도 개시일부터 5년·10년(7년간) : 100% 세액감면
→ 그 다음 2년(3년간) : 50% 세액감면</td></tr>
<tr><td>그 밖의
특례</td><td>• 수도권과밀억제권역에 있는 공장을 양도함으로써 발생한 양도차익 : 5년거치 5년간 분할 익금산입
• 이전 전 공장용 건축물의 부속토지 : 이전 후 5년간 저율 분리과세대상</td><td>• 수도권과밀억제권역에 있는 본사를 양도함으로써 발생한 양도차익 : 5년거치 5년간 분할 익금산입</td></tr>
<tr><td colspan="2">세액감면
최저한세 적용</td><td>• 공장을 수도권 밖으로 이전 : 적용 ×
• 중소기업이 공장을 수도권의 인구감소지역으로 이전 : 적용 ○</td><td>• 본사 수도권 밖으로 이전 : 적용 ×</td></tr>
</table>

[도 표] 공장·본사의 지방이전에 대한 조세특례

<table>
<tr><th>종류</th><th>과세특례의 내용</th></tr>
<tr><td>공장의 대도시 밖 이전에 대한 법인세 과세특례(조특법 60)</td><td>공장의 대지와 건물의 양도차익 : 5년거치 5년간 분할 익금산입(과세이연)</td></tr>
<tr><td>법인본사의 수도권과밀억제권역 밖 이전에 따른 양도차익에 대한 법인세 과세특례(조특법 61)</td><td>본사의 대지와 건물의 양도차익 : 5년거치 5년간 분할 익금산입(과세이연)</td></tr>
<tr><td>수도권 밖으로 공장을 이전하는 기업에 대한 세액감면 등
(조특법 63)</td><td>(1) 법인세 세액감면
이전 후 최초 소득 발생 연도 개시일부터 5년·10년(7년간) : 100% → 그 다음 2년(3년간) : 50%
(2) 그 밖의 특례
• 공장의 수도권 밖 이전에 따른 양도차익 : 5년거치 5년간 분할 익금산입
• 이전 전 공장용 건축물의 부속토지 : 이전 후 5년간 저율 분리과세대상</td></tr>
<tr><td>수도권 밖으로 본사를 이전하는 법인에 대한 세액감면 등
(조특법 63의2)</td><td>(1) 법인세 세액감면
이전 후 최초 소득 발생 연도 개시일부터 5년·10년(7년간) : 100% → 그 다음 2년(3년간) : 50%
(2) 그 밖의 특례
수도권과밀억제권역에 있는 본사를 양도함으로써 발생한 양도차익에 : 5년거치 5년간 분할 익금산입</td></tr>
</table>

V 고향사랑 기부금에 대한 세액공제

1. 개 요

'고향사랑 기부금'이란 지방자치단체가 주민복리 증진 등의 용도로 사용하기 위한 재원을 마련하기 위하여 해당 지방자치단체의 주민이 아닌 사람으로부터 자발적으로 제공받거나 모금을 통하여 취득하는 금전을 말하며, 개인별 고향사랑 기부금의 연간 상한액은 2,000만원으로 한다(「고향사랑 기부금에 관한 법률」 2 (1), 8 ③). 고향에 대한 건전한 기부문화를 조성하기 위해서 이 제도를 도입하였다.

2. 세액공제

(1) 개 요

거주자가 고향사랑 기부금을 지방자치단체에 기부한 경우 이를 지출한 해당 과세연도에 다음과 같이 처리한다(조특법 58 ①).

구분	고향사랑 기부금에 대한 조세특례
① 10만원 이하의 금액을 기부한 경우	• 세액공제 = 고향사랑 기부금 × $\frac{100}{110}$ * 사업자인 거주자의 경우에도 10만원 이하의 금액에 대해서는 위 금액을 세액공제한다.
② 10만원 초과 2,000만원* 이하의 금액을 기부한 경우 * 2025.1.1. 이후 기부하는 경우부터 '500만원'에서 '2,000만원'으로 확대되었다.	• 일반 거주자의 경우 세액공제 = 10만원 × $\frac{100}{110}$ + (고향사랑 기부금 − 10만원) × 15%(30%*) * 특별재난지역으로 선포된 지방자치단체에 특별재난지역 선포일부터 일정 기간 이내에 기부한 경우에는 '30%'로 한다. • 사업자인 거주자의 경우 : (고향사랑 기부금 − 10만원)에 대해서는 필요경비산입 필요경비산입 한도액 = (기준소득금액 − 이월결손금) × 100%

위 규정에 따라 세액공제 받는 금액은 해당 과세기간의 종합소득산출세액을 한도로 한다(조특법 58 ②).

NEW 개정사항 특별재난지역 선포 지역에 고향사랑기부금 세액공제율 상향 조정

<개정내용> 특별재난지역으로 선포된 지방자치단체에 특별재난지역 선포일부터 일정기간 이내에 기부한 경우에 10만원 초과분(고향사랑기부금 – 10만원)에 대한 세액공제율을 '15%'에서 '30%'로 상향 조정하였다.

<적용시기> 이 규정은 2025년 3월 #일이 속하는 과세기간에 기부하는 경우부터 적용한다. ■

(2) 중복적용 배제

위 규정에 따라 ① 세액공제 받거나 필요경비에 산입한 고향사랑 기부금과 ② 세액공제·필요경비산입 한도를 초과한 고향사랑 기부금에 대해서는 소득세법에 따른 특례기부금 필요경비산입 또는 기부금 세액공제를 적용하지 않는다(조특법 58 ③).

제2절 농어촌소득원 창출을 위한 지원제도

I 서 설

지역간 균형적 발전을 위해서는 기업이 농공단지 등에 입주하여 사업을 함으로써 농어촌지역의 소득원을 창출하고, 농·어업을 법인형태로 영위하도록 함으로써 농·어업의 경쟁력을 제고할 필요가 있다. 이를 세제상 지원하기 위하여 조세특례제한법은 조세지원제도를 두고 있다.

II 지원의 내용

1. 농공단지 입주기업 등에 대한 세액감면

(1) 감면대상자

다음 중 어느 하나에 해당하는 자에 대해서는 감면대상사업에서 발생한 소득에 대한 법인세 또는 소득세를 감면한다(조특법 64 ①).

① 2025년 12월 31일까지 농공난시*에 입주하여 농어촌소득원개발사업을 하는 내국인. 다만, 농공단지 개발사업의 준공인가를 받은 날부터 3년 이내에 입주한 기업만 해당한다.

* 수도권 과밀억제권역 외의 지역으로서 농공단지지정일 현재 인구 20만 미만의 시·군·구(자치구인 구를 말한다. 이하 같다)의 지역에 소재하는 농공단지를 말한다(조특령 61 ①).

② 2025년 12월 31일까지 「지역균형개발 및 지방중소기업 육성에 관한 법률(제50조)」에 따른 지방중소기업 특별지원지역*에 입주하여 사업을 하는 중소기업

* 수도권과밀억제권역 외의 지역으로서 중소기업특별지원지역의 지정일 현재 인구 20만 미만의 시·군·구의 지역에 소재하는 중소기업특별지원지역을 말한다(조특령 61 ②).

(2) 세액감면

감면대상자의 감면대상사업에서 발생한 소득에 대해서는 해당 감면대상사업에서 최초로 소득이 발생한 과세연도*의 개시일부터 5년 이내에 끝나는 과세연도까지 법인세 또는 소득세의 50%에 상당하는 세액을 감면한다(5년간 50% 감면, 조특법 64 ②).

* 만일 사업개시일부터 5년이 되는 날이 속하는 과세연도까지 해당 사업에서 소득이 발생하지 않은 경우에는 5년이 되는 날이 속하는 과세연도부터 감면기간을 기산한다.

(3) 감면한도

위의 감면규정이 적용되는 감면기간 동안 감면받는 법인세 또는 소득세의 총합계액은 다음 금액을 한도로 한다(조특법 64 ③).

감면한도** = ① 투자기준 감면한도 + ② 고용기준 감면한도
① 투자누계액* × 50% ② 해당 과세연도의 감면대상사업장의 상시근로자 수 × 1,500만원(청년 및 서비스업 상시근로자는 2,000만원)

* 법인세 또는 소득세를 감면받는 해당 과세연도까지의 사업용자산에 대한 투자 합계액을 말한다(조특령 61 ③).

** 각 과세연도에 감면받을 법인세 또는 소득세에 대하여 감면한도를 적용할 때에는 ①의 금액을 먼저 적용한 후 ②의 금액을 적용한다(조특법 64 ④).

참고사항 | 상시근로자 수가 감소한 경우 감면세액의 납부

고용기준 감면한도를 적용받아 법인세 또는 소득세를 감면받은 기업이 감면받은 과세연도 종료일부터 2년이 되는 날이 속하는 과세연도 종료일까지의 기간 중 각 과세연도의 감면대상사업장의 상시근로자 수가 감면받은 과세연도의 상시근로자 수보다 감소한 경우에는 다음 계산식에 따라 감면받은 세액에 상당하는 금액을 상시근로자 수가 감소된 과세연도의 과세표준을 신고할 때 법인세 또는 소득세로 납부해야 한다(조특법 64 ⑤, 조특령 61 ⑤).

납부할 세액 = ① − ②
① 해당 기업의 상시근로자 수가 감소된 과세연도의 직전 2년 이내의 과세연도에 고용기준 감면한도에 따라 감면받은 세액의 합계액 ② 상시근로자 수가 감소된 과세연도의 감면대상 사업장의 상시근로자 수 × 1,500만원(서비스업 상시근로자는 2,000만원)

참고사항 | 사후관리

법인세 또는 소득세를 감면받은 자가 다음 중 어느 하나에 해당하는 경우에는 그 사유가 발생한 과세연도의 과세표준신고를 할 때 감면된 세액을 법인세 또는 소득세로 납부해야 한다. 이 경우에는 법인세 또는 소득세에 이자상당가산액을 가산하여 납부해야 한다(조특법 64 ⑦, 조특령 61 ⑦).

사유	납부해야 할 세액
① 감면대상사업장의 사업을 폐업하거나 법인이 해산한 경우. 다만, 법인의 합병·분할 또는 분할합병으로 인한 경우는 제외한다.	폐업일 또는 법인해산일부터 소급하여 3년 이내에 감면된 세액
② 감면대상사업장을 다음 중 어느 하나에 해당하는 곳 외의 지역으로 이전한 경우 ㉠ 감면대상자 (1)·①에 해당하여 소득세 또는 법인세를 감면받은 자인 경우 : 농공단지 ㉡ 감면대상자 (1)·②에 해당하여 법인세 또는 소득세 를 감면받은 자인 경우 : 중소기업특별지원지역	이전일부터 소급하여 5년 이내에 감면된 세액

2. 영농조합법인 등에 대한 지원

[도 표] 영농조합법인에 대한 지원

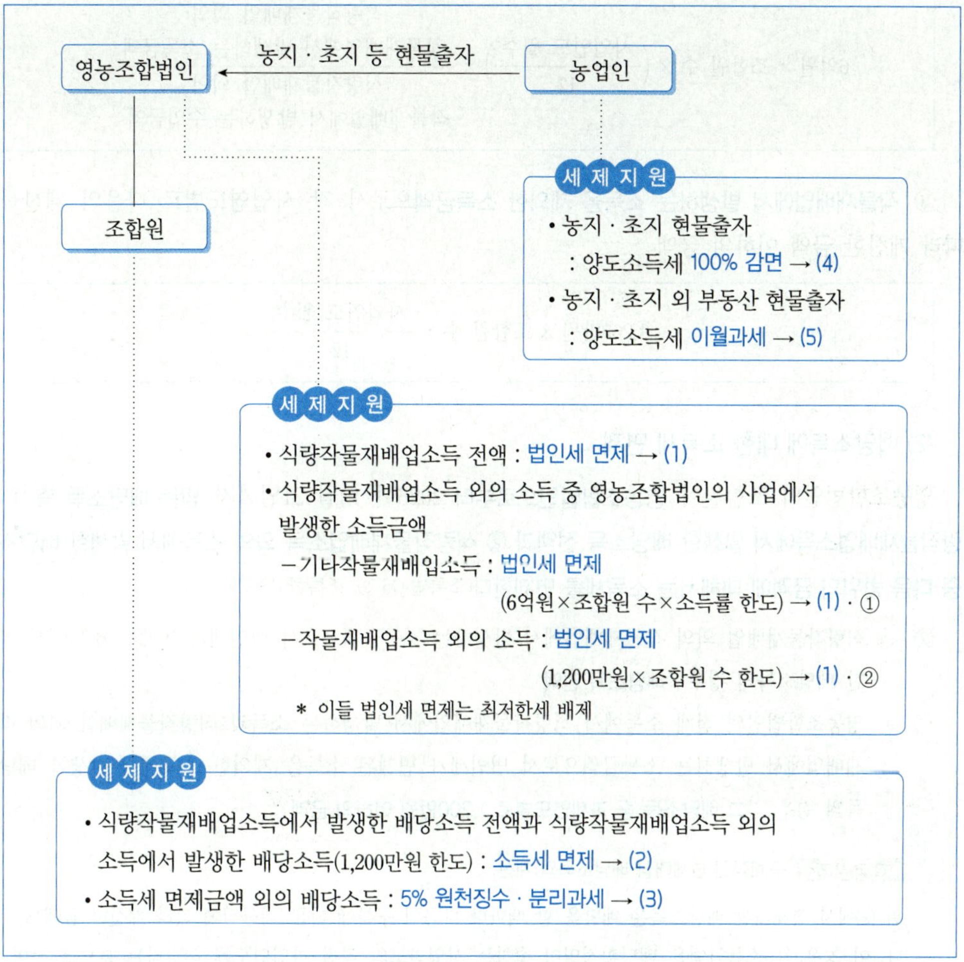

(1) 법인세 면제

영농조합법인*에 대해서는 2026년 12월 31일 이전에 끝나는 과세연도까지 곡물 및 기타 식량작물재배업에서 발생하는 소득(이하 '식량작물재배업소득'이라 한다) 전액과 식량작물재배업소득 외의 소득 중 영농조합법인의 사업에서 발생한 소득으로서 다음 중 어느 하나에 해당하는 소득금액에 대하여 법인세를 면제한다(조특법 66 ①, 조특령 63 ①).

* 여기서 '영농조합법인'이란 「농어업경영체 육성 · 지원법(제4조)」에 따라 농어업경영정보를 등록한 영농조합법인을 말한다(이하 같다).

① 식량작물재배업 외의 작물재배업에서 발생하는 소득금액으로서 각 사업연도별로 다음의 계산식에 따라 계산한 금액 이하의 금액

$$6억원 \times 조합원\ 수 \times \left(\frac{사업연도\ 월수}{12}\right) \times \frac{식량작물재배업\ 외의\ 작물재배업에서\ 발생하는\ 소득금액}{식량작물재배업\ 외의\ 작물재배업에서\ 발생하는\ 수입금액}$$

② 작물재배업에서 발생하는 소득을 제외한 소득금액으로서 각 사업연도별로 다음의 계산식에 따라 계산한 금액 이하의 금액

$$1{,}200만원 \times 조합원\ 수 \times \frac{사업연도\ 월수}{12}$$

(2) 배당소득에 대한 소득세 면제

영농조합법인의 조합원이 영농조합법인으로부터 2026년 12월 31일까지 받는 배당소득 중 ① 식량작물재배업소득에서 발생한 배당소득 전액과 ② 식량작물재배업소득 외의 소득에서 발생한 배당소득 중 다음 범위의 금액에 대해서는 소득세를 면제한다(조특법 66 ②, 조특령 63 ②).

②·㉠ 식량작물재배업 외의 작물재배업에서 발생하는 소득금액으로서 법인세가 면제된 소득에서 발생한 배당소득의 경우 : 배당소득 전액

②·㉡ 영농조합법인의 전체 소득에서 식량작물재배업에서 발생하는 소득과 식량작물재배업 외의 작물재배업에서 발생하는 소득금액으로서 법인세가 면제된 소득을 제외한 소득에서 발생한 배당소득의 경우 : 그 배당소득 중 과세연도별로 1,200만원 이하의 금액

참고사항 구체적인 면제대상 배당소득의 계산

위 (2)에서 면제대상 배당소득은 배당을 할 때마다 다음의 구분에 따른 계산식에 따라 계산한 금액으로 한다. 이 경우 각 소득금액은 배당확정일이 속하는 사업연도의 직전 사업연도에 해당하는 분으로 하며, 각 소득금액이 음수(陰數)인 경우에는 영(0)으로 본다.

구분	면제대상 배당소득
(1) 본문 ①의 배당소득	$영농조합법인으로부터\ 지급받은\ 배당소득 \times \frac{식량작물재배업에서\ 발생하는\ 소득금액}{총소득금액}$
(2) 본문 ②·㉠의 배당소득	$영농조합법인으로부터\ 지급받은\ 배당소득 \times \frac{기타\ 작물재배업에서\ 발생하는\ 소득\ 중\ 법인세가\ 면제되는\ 소득금액}{총소득금액}$
(3) 본문 ②·㉡의 배당소득	$영농조합법인으로부터\ 지급받은\ 배당소득 \times \left(1 - \frac{위\ (1)\cdot(2)\ 분자의\ 소득금액의\ 합계액}{총소득금액}\right)$

(3) 원천징수세율의 특례

영농조합법인이 조합원에게 지급하는 배당소득 중 위의 소득세가 면제되는 금액을 제외한 배당소득으로서 2026년 12월 31일까지 받는 소득에 대한 소득세의 원천징수세율은 소득세법에 따른 규정에도 불구하고 5%로 하고 그 배당소득은 종합소득과세표준에 합산하지 않는다(조특법 66 ③).

(4) 양도소득세 감면

농업인[1]이 2026년 12월 31일 이전에 농지 또는 초지조성허가를 받은 초지를 영농조합법인에 현물출자함으로써 발생하는 소득*에 대해서는 양도소득세의 100%에 상당하는 세액을 감면한다. 다만, 해당 농지 또는 초지가 주거지역 · 상업지역 및 공업지역(이하 '주거지역 등'이라 한다)에 편입되거나 도시개발법 또는 그 밖의 법률에 따라 환지처분 전에 농지 또는 초지 외의 토지로 환지예정지 지정을 받은 경우에는 주거지역 등에 편입되거나, 환지예정지 지정을 받은 날까지 발생한 소득(그 감면소득금액은 p.248 계산식과 같음)에 대해서만 양도소득세의 100%에 상당하는 세액을 감면한다.

* 현물출자와 관련하여 영농조합법인이 인수한 채무가액에 상당하는 소득[양도소득금액×(현물출자한 자산에 담보된 채무/양도가액)]은 제외한다.

이처럼 양도소득세를 감면받은 자가 그 출자지분을 출자일부터 3년 이내에 다른 사람에게 양도하는 경우에는 해당 양도일이 속하는 과세연도의 과세표준신고를 할 때 그 감면받은 세액을 양도소득세(이자상당액 가산)로 납부해야 한다(조특법 66 ④,⑤,⑥).

(5) 양도소득세 이월과세

농업인[1]이 2026년 12월 31일 이전에 영농조합법인에게 농작물재배업 · 축산업 및 임업에 직접 사용되는 부동산(농지 · 초지는 제외)을 현물출자하는 경우에는 이월과세를 적용받을 수 있다(조특법 66 ⑦). 이러한 이월과세를 적용받은 농업인이 현물출자로 취득한 주식 또는 출자지분의 50% 이상을 출자일부터 3년 이내에 처분하는 경우에는 처분일이 속하는 달의 말일부터 2개월 이내에 이월과세액(해당 영농조합법인이 이미 납부한 세액을 제외한 금액을 말한다)을 양도소득세(이자상당액 가산)로 납부해야 한다(조특법 66 ⑨,⑩).

1) '농업인'이란 농업인으로서 현물출자하는 농지 · 초지 또는 부동산(이하 '농지 등'이라 한다)이 소재하는 시(특별자치시와 행정시를 포함한다. 이하 같다) · 군 · 구(자치구인 구를 말한다. 이하 같다), 그와 연접한 시 · 군 · 구 또는 해당 농지 등으로부터 직선거리 30킬로미터 이내에 거주하면서 4년 이상 직접 경작한 자를 말한다(조특령 63 ④).

3. 영어조합법인 등에 대한 지원

[도 표] 영어조합법인 등에 대한 지원

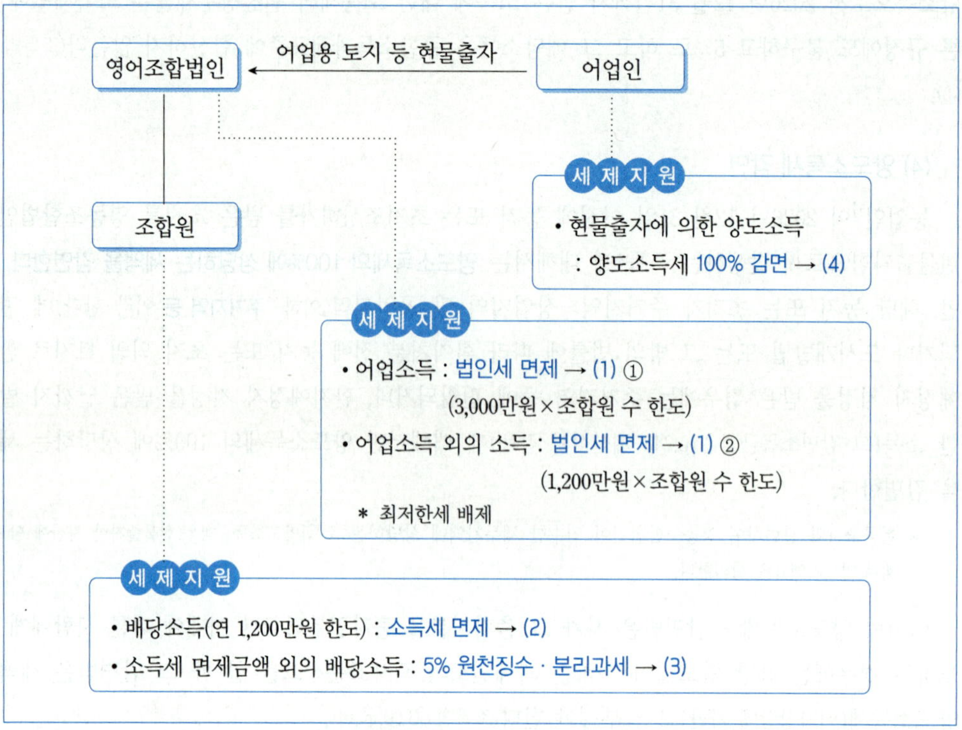

(1) 법인세 면제

영어조합법인*에 대해서는 2026년 12월 31일 이전에 끝나는 과세연도까지 각 사업연도 소득 중 영어조합법인의 사업에서 발생한 소득으로서 각 사업연도별로 다음 중 어느 하나에 해당하는 소득금액에 대하여 법인세를 면제한다(조특법 67 ①, 조특령 64 ①).

* 여기서 '영어조합법인'이란 「농어업경영체 육성 · 지원법(제4조)」에 따라 농어업경영정보를 등록한 영어조합법인을 말한다(이하 같다).

① 한국표준산업분류에 따른 연근해어업 · 내수면어업 및 양식어업에서 발생하는 소득금액(이하 '어업소득'이라 한다)으로서 각 사업연도별로 다음의 금액 이하의 금액

$$3{,}000\text{만원} \times \text{조합원 수} \times \frac{\text{사업연도 월수}}{12}$$

② 어업소득을 제외한 소득금액으로서 각 사업연도별로 다음의 금액 이하의 금액

$$1{,}200\text{만원} \times \text{조합원 수} \times \frac{\text{사업연도 월수}}{12}$$

(2) 배당소득에 대한 소득세 면제

영어조합법인의 조합원이 영어조합법인으로부터 2026년 12월 31일까지 받는 배당소득(과세연도별로 1,200만원 이하의 금액)에 대해서는 소득세를 면제한다(조특법 67 ②).

(3) 원천징수세율의 특례

영어조합법인이 조합원에게 지급하는 배당소득 중 위의 소득세가 면제되는 금액을 제외한 배당소득으로서 2026년 12월 31일까지 받는 소득에 대한 소득세의 원천징수세율은 소득세법의 규정에도 불구하고 5%로 하고, 이에 대해서는 개인지방소득세를 부과하지 않으며, 그 배당소득은 종합소득과세표준에 합산하지 않는다(조특법 67 ③).

(4) 양도소득세 감면

어업인[2)]이 2026년 12월 31일 이전에 어업용 토지 등(토지 또는 건물을 말한다)을 영어조합법인과 어업회사법인에 현물출자함으로써 발생하는 소득*에 대해서는 양도소득세의 100%에 상당하는 세액을 감면한다. 다만, 해당 어업용 토지 등이 주거지역 등에 편입되거나 도시개발법 또는 그 밖의 법률에 따라 환지처분 전에 어업용 토지 등 외의 토지로 환지예정지 지정을 받은 경우에는 주거지역 등에 편입되거나, 환지예정지 지정을 받은 날까지 발생한 소득(그 감면소득금액은 p.248 계산식과 같음)에 대해서만 양도소득세의 100%에 상당하는 세액을 감면한다(조특법 67 ④).

* 현물출자와 관련하여 영어조합법인이 인수한 채무가액에 상당하는 소득[양도소득금액×(현물출자한 자산에 담보된 채무/양도가액)]은 제외한다.

이처럼 양도소득세를 감면받은 자가 그 출자지분을 출자일부터 3년 이내에 다른 사람에게 양도하는 경우에는 그 양도일이 속하는 과세연도의 과세표준신고를 할 때 그 감면받은 세액을 양도소득세(이자상당액 가산)로 납부해야 한다(조특법 67 ⑤,⑥).

---

2) '어업인'이란 현물출자하는 어업용 토지 등이 소재하는 시·군·구, 그와 연접한 시·군·구 또는 그와 연접한 시·군·구 또는 해당 어업용 토지 등으로부터 직선거리 30킬로미터 이내에 거주하면서 해당 어업용 토지를 어업에 4년 이상 직접 사용한 자를 말한다(조특령 64 ③).

4. 농업회사법인에 대한 지원

[도 표] 농업회사법인에 대한 지원

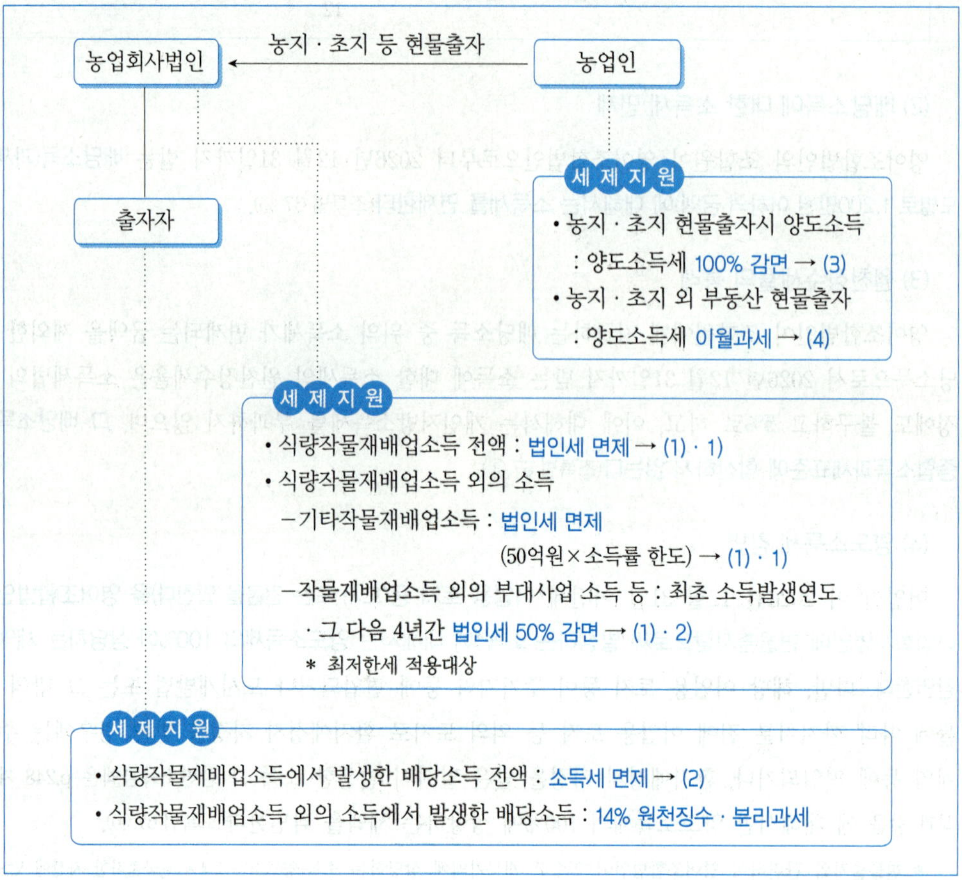

(1) 법인세 면제

1) 농업회사법인*에 대해서는 2026년 12월 31일 이전에 끝나는 과세연도까지 식량작물재배업소득 전액과 식량작물재배업소득 외의 작물재배업에서 발생하는 소득 중 다음의 계산식에 따라 계산한 금액 이하의 금액에 대하여 법인세를 면제한다(조특법 68 ①, 조특령 65 ①).

* 여기서 '농업회사법인'이란 「농어업경영체 육성 · 지원법(제4조)」에 따라 농어업경영정보를 등록한 농업회사법인을 말한다(이하 같다).

$$50억원 \times \left(\frac{사업연도\ 월수}{12}\right) \times \frac{식량작물재배업\ 외의\ 작물재배업에서\ 발생하는\ 소득금액}{식량작물재배업\ 외의\ 작물재배업에서\ 발생하는\ 수입금액}$$

2) 한편 농업회사법인에 대해서는 2026년 12월 31일 이전에 끝나는 과세연도까지 작물재배업

에서 발생하는 소득 외의 소득 중 부대사업 등 소득[① 축산업 · 임업에서 발생한 소득, ② 농업회사법인의 부대사업에서 발생한 소득, ③ 농산물 유통 · 가공 · 판매 및 농작업 대행에서 발생한 소득(수입 농산물의 유통 · 판매에서 발생하는 소득은 제외)을 말한다]에 대해서는 최초 소득이 발생한 과세연도*와 그 다음 과세연도 개시일부터 4년 이내에 끝나는 과세연도까지 해당 사업에서 발생한 소득에 대한 법인세 또는 소득세의 50%에 상당하는 세액을 감면한다(조특법 68 ①, 조특령 65 ②).

* 만일 사업개시일부터 5년이 되는 날이 속하는 과세연도까지 해당 사업에서 소득이 발생하지 않은 경우에는 5년이 되는 날이 속하는 과세연도부터 감면기간을 기산한다.

(2) 배당소득에 대한 소득세 면제 등

농업회사법인에 출자한 거주자가 2026년 12월 31일까지 받는 배당소득 중 식량작물재배업소득에서 발생한 배당소득 전액에 대해서는 소득세를 면제하고, 식량작물재배업소득 외의 소득에서 발생한 배당소득은 종합소득과세표준에 합산하지 않는다(조특법 68 ④).

(3) 양도소득세 감면

농업인[3]이 2026년 12월 31일 이전에 농지 또는 초지를 농업회사법인에 현물출자함으로서 발생하는 소득*에 대해서는 양도소득세의 100%에 상당하는 세액을 감면한다. 다만, 해당 농지 또는 초지가 주거지역 등에 편입되거나 도시개발법 또는 그 밖의 법률에 따라 환지처분 전에 농지 또는 초지 외의 토지로 환지예정지 지정을 받은 경우에는 주거지역 등에 편입되거나, 환지예정지 지정을 받은 날까지 발생한 소득(그 감면소득금액은 p.248 계산식과 같음)에 대해서만 양도소득세의 100%에 상당하는 세액을 감면한다.

* 현물출자와 관련하여 농업회사법인이 인수한 채무가액에 상당하는 소득[양도소득금액×(현물출사한 사산에 담보된 채무/양도가액)]은 제외한다.

이처럼 양도소득세를 감면받은 자가 그 출자지분을 출자일부터 3년 이내에 다른 사람에게 양도하는 경우에는 그 양도일이 속하는 과세연도의 과세표준신고를 할 때 그 감면받은 세액을 양도소득세(이자상당액 가산)를 납부해야 한다(조특법 68 ②,⑤,⑥).

(4) 양도소득세 이월과세

농업인[3]이 2026년 12월 31일 이전에 농업회사법인에게 농작물생산업 · 축산업 및 임업에 직접 사용되는 부동산(농지 · 초지는 제외)을 현물출자하는 경우에는 이월과세를 적용받을 수 있다(조특법 68 ③). 이러한 이월과세를 적용받은 농업인이 현물출자로 취득한 주식 또는 출자지분의 50% 이상을 출자일부터 3년 이내에 처분하는 경우에는 처분일이 속하는 달의 말일부터 2개월 이내에

---

3) '농업인'이란 농업인으로서 현물출자하는 농지 · 초지 또는 부동산(이하 '농지 등'이라 한다)이 소재하는 시(특별자치시와 행정시를 포함한다. 이하 같다) · 군 · 구(자치구인 구를 말한다. 이하 같다), 그와 연접한 시 · 군 · 구 또는 해당 농지 등으로부터 직선거리 30킬로미터 이내에 거주하면서 4년 이상 직접 경작한 자를 말한다(조특령 63 ④).

이월과세액(해당 농업회사법인이 이미 납부한 세액을 제외한 금액을 말한다)을 양도소득세(이자상당액 가산)로 납부해야 한다(조특법 68 ③ 후단, 66 ⑨,⑩).

5. 자경농지에 대한 양도소득세 감면

(1) 개 요

농지소재지에서 거주하는 거주자가 8년 이상 직접 경작한 농지의 양도로 인하여 발생하는 소득에 대해서는 양도소득세의 100%에 상당하는 세액을 감면한다(조특법 69).

(2) 감면의 요건

1) 감면대상자 : 농지소재지가 소재하는 시* · 군 · 구(자치구인 구를 말한다) 안의 지역(이와 연접한 시 · 군 · 구 안의 지역과 해당 농지로부터 직선거리 30km 이내의 지역 포함)에서 거주하면서 경작한 자로서 농지 양도일 현재 거주자인 자(비거주자가 된 날부터 2년 이내인 자를 포함한다)를 말한다(조특법 66 ①).

* 「제주특별자치도 설치 및 국제자유도시 조성을 위한 특별법」에 따라 설치된 행정시를 포함한다(이하 같다).

2) 감면대상 농지의 범위 : 거주자가 농지를 취득한 때부터 양도한 때까지의 사이에 8년 이상* 자기가 직접 경작한 사실이 있는 농지를 말한다(조특법 69 ①, 조특령 66 ④).

* 경영이양 직접지불보조금의 지급대상이 되는 농지를 한국농어촌공사 또는 농업법인에 2026.12.31.까지 양도하는 경우에는 '3년 이상'으로 한다.

한편 농지의 경작기간을 계산할 때 다음과 같은 특례가 적용된다.

① 농지를 교환 · 분합 및 대토한 경우로서 새로이 취득하는 농지가 「공익사업을 위한 토지 등의 취득 및 보상에 관한 법률」에 따른 협의매수 · 수용 및 그 밖의 법률에 따라 수용되는 경우에 있어서는 교환 · 분합 및 대토 전의 농지에서 경작한 기간을 해당 농지에서 경작한 기간으로 본다(조특령 66 ⑥).

② 경작한 기간을 계산할 때 상속인이 상속받은 농지를 1년 이상 계속하여 경작하는 경우 다음의 기간은 상속인이 이를 경작한 기간으로 본다(조특령 66 ⑪).

㉠ 피상속인이 취득하여 경작한 기간

㉡ 피상속인이 배우자로부터 상속받아 경작한 사실이 있는 경우에는 피상속인의 배우자가 취득하여 경작한 기간

다만, 상속인이 상속받은 농지를 1년 이상 계속하여 경작하지 않더라도 ① 상속받은 날부터 3년이 되는 날까지 양도하거나 ② 법률에 따라 협의매수 또는 수용되는 경우로서 상속받은 날부터 3년이 되는 날까지 택지개발예정지구 또는 산업단지로 지정(관계 행정기관의 장이 관보 또는 공보에 고시한 날을 말한다)되는 경우(상속받은 날 전에 지정된 경우를 포함한다)에는, 위 ㉠, ㉡의 경작기간을 상속인이 경작한 기간으로 본다(조특령 66 ⑫).

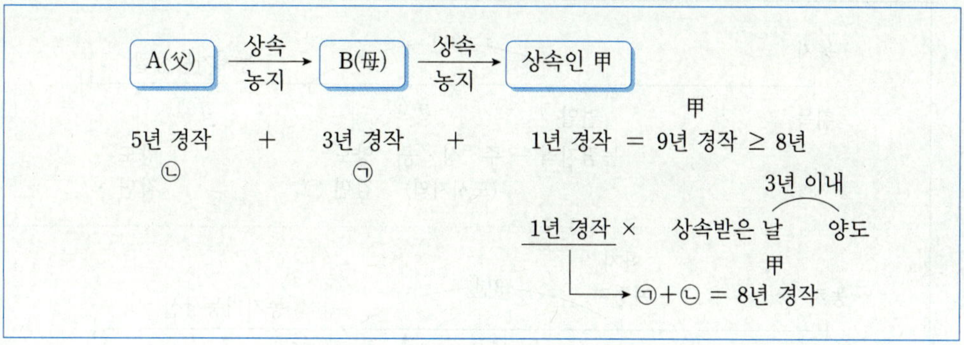

3) 직접 경작의 범위 : '직접 경작'이란 다음 중 어느 하나에 해당하는 것을 말한다(조특령 66 ⑬).

① 거주자가 그 소유농지에서 농작물의 경작 또는 다년생식물의 재배에 상시 종사하는 것

② 거주자가 그 소유농지에서 농작업의 '1/2 이상을 자기의 노동력*'에 의해 경작 또는 재배하는 것

* 여기에서 말하는 '1/2 이상의 자기 노동력'의 의미는, 농작업의 1/2 이상을 자신이 직접 또는 손수 담당해야만 자경 요건을 충족한다고 보아야 하고, '자기 노동력'의 의미를 생계나 세대를 같이하는 가족의 도움을 받아 경작하는 경우 또는 자기의 책임·계산 하에 다른 사람을 고용하는 경우까지 포함하는 것으로 볼 수는 없다(대법원 2010.9.30. 선고 2010두8423 판결 참조).

4) 자경기간에서 제외되는 기간 : 경작한 기간 중 해당 피상속인(그 배우자 포함) 또는 거주자의 각각에 대하여 다음 중 어느 하나에 해당하는 과세기간이 있는 경우 그 기간은 해당 피상속인 또는 거주자가 경작한 기간에서 제외한다(조특령 66 ⑭).

① 소득세법에 따른 총급여액과 사업소득금액(농업·임업에서 발생하는 소득, 부동산임대업에서 발생하는 소득과 비과세되는 농가부업소득은 제외)의 합계액이 3,700만원 이상인 과세기간이 있는 경우(이 경우 사업소득금액이 음수인 경우에는 해당 금액을 0으로 본다)

② 소득세법에 따른 사업소득 총수입금액(농업·임업에서 발생하는 소득, 부동산임대업에서 발생하는 소득과 비과세되는 농가부업소득은 제외)이 복식부기의무자 수입금액 기준금액(3억원·1억5천만원·7천5백만원) 이상인 과세기간이 있는 경우

5) 감면배제 : 다음에 해당하는 농지는 감면대상에서 제외한다.

구분	감면대상 제외
주거지역 등 편입농지	양도일 현재 특별시·광역시 또는 시*에 있는 농지 중 주거지역·상업지역 및 공업지역(이하 '주거지역 등') 안에 있는 농지로서 이들 지역에 편입된 날부터 3년이 지난 농지 * 지방자치법에 따라 설치된 도농(都農) 복합형태의 시의 읍·면 지역 및 「제주특별자치도 설치 및 국제자유도시 조성을 위한 특별법」에 따라 설치된 행정시의 읍·면 지역은 제외한다.
환지예정지	환지처분 이전에 농지 외의 토지로 환지예정지를 지정하는 경우에는 그 환지예정지 지정일부터 3년이 지난 농지

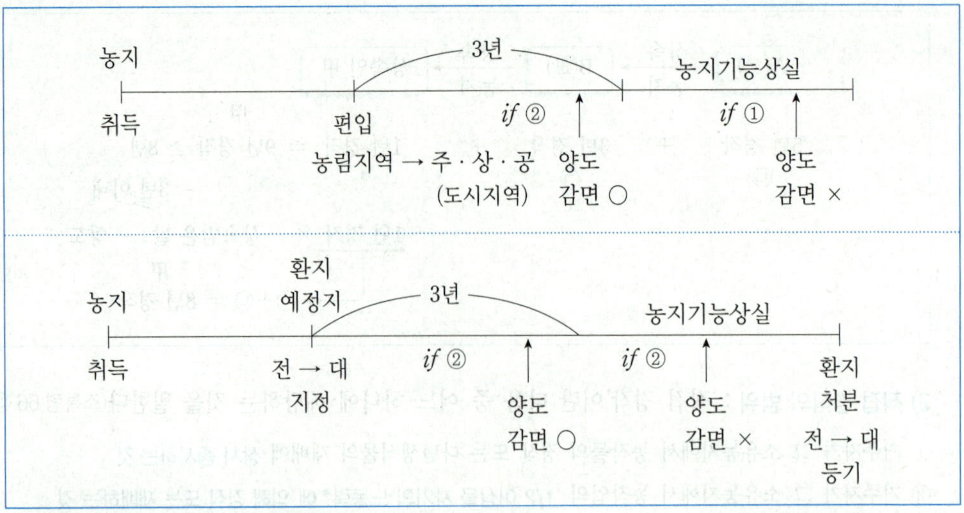

참고사항 | 8년 이상 자경하였는지 판단

농업에 상시 종사하는 것이 아니라 다른 직업을 가지는 등의 이유로 부분적으로 종사하는 사람에 대해서는 전체 농작업 중 가족 등을 제외한 자기의 노동력 투입비율이 1/2 이상인 경우에 한하여 직접 경작한 것으로 인정할 것인 바(대법원 2010두8423), 청구인이 제출한 증빙만으로는 청구인의 노동력이 1/2 이상 직접 투입되었다는 사실을 확인하기 어려운 점, 1983년부터 공인회계사로 회계법인에 근무하면서 근로소득이 상당한 점 등을 고려할 때 처분청이 쟁점토지에 대해 8년 이상 자경한 농지에 대한 양도소득세 감면을 부인하고 2012년 과세연도 양도소득세 3,027,270원을 과세한 처분은 달리 잘못이 없는 것으로 판단된다(심사양도 2013-0164, 2013.10.24.). ■

(3) 감면의 내용

감면대상 농지의 양도로 인하여 발생하는 소득에 대해서는 양도소득세의 100%에 상당하는 세액을 감면한다. 다만 해당 농지가 주거지역 등에 편입되거나 환지처분 전에 농지 외의 토지로 환지예정지 지정을 받은 경우에는 주거지역 등에 편입되거나 환지예정지 지정을 받은 날까지 발생한 다음의 소득에 대해서만 양도소득세의 100%에 상당하는 세액을 감면한다(조특법 69 ① 후단, 조특령 66 ⑦).

$$\text{양도소득금액} \times \frac{\left(\begin{array}{c}\text{편입 · 환지예정지 지정을}\\ \text{받은 날의 기준시가}(P_1)\end{array}\right) - \left(\begin{array}{c}\text{취득 당시의}\\ \text{기준시가}(P_0)\end{array}\right)}{\text{양도 당시의 기준시가}(P_2) - \text{취득 당시의 기준시가}(P_0)}$$

* 이 경우 법률에 따라 협의매수되거나 수용되는 경우에는 보상가액 산정의 기초가 되는 기준시가를 양도 당시의 기준시가로 보며, 새로운 기준시가가 고시되기 전에 취득하거나 양도한 경우 또는 주거지역 등에 편입되거나 환지예정지 지정을 받은 날이 도래하는 경우에는 직전의 기준시가를 적용한다.

[도 표] 편입·지정일부터 3년 내 양도하는 농지

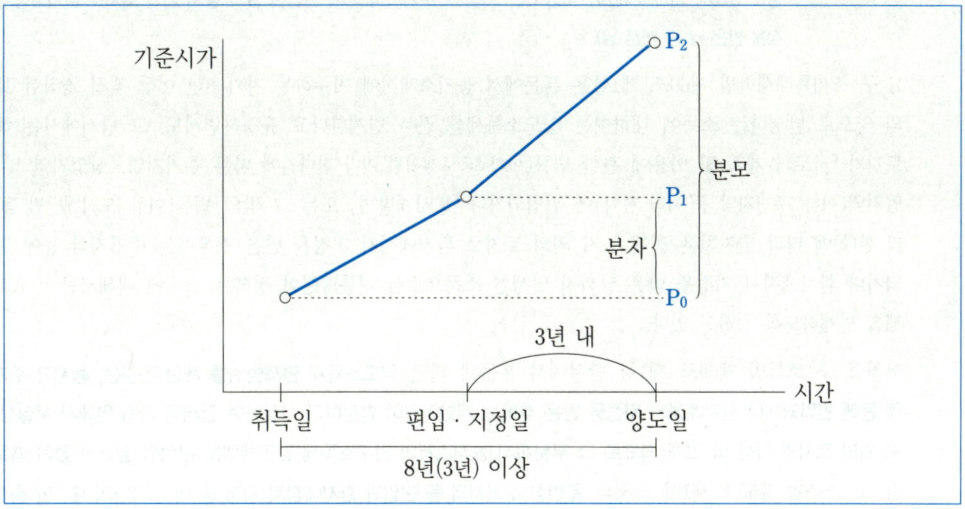

(4) 사후관리

농업법인에게 다음에 해당하는 사유가 발생한 경우에는 그 법인이 그 사유가 발생한 과세연도의 과세표준신고를 할 때 감면된 세액에 상당하는 금액을 법인세로 납부해야 한다(조특법 69 ②, 조특령 66 ⑧).

① 해당 토지를 취득한 날부터 3년 이내에 해당 토지를 양도한 경우
② 해당 토지를 취득한 날부터 3년 이내에 휴업·폐업하거나 해산하는 경우
③ 해당 토지를 3년 이상 경작하지 않고 다른 용도로 사용하는 경우

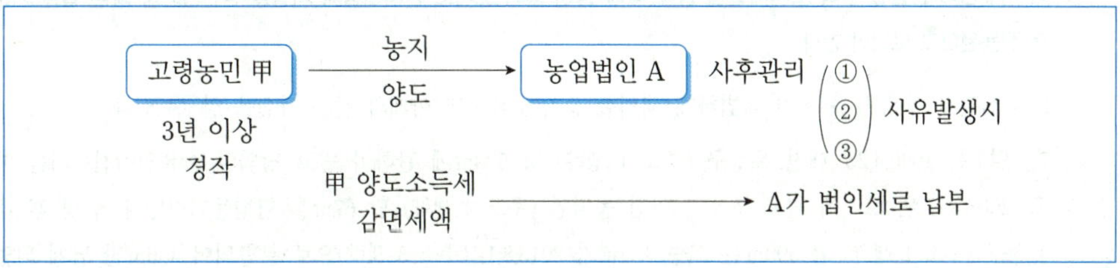

(5) 감면신청

양도소득세의 감면을 받으려는 자는 해당 농지를 양도한 날이 속하는 과세연도의 과세표준신고(예정신고 포함)와 함께 세액감면신청서를 관할세무서장에게 제출해야 한다. 이 경우 농업법인에게 양도한 경우에는 해당 양수인과 함께 세액감면신청서를 제출해야 한다(조특령 66 ⑨).

예규판례 **농지가 주거지역 등에 편입되고 또한 환지처분 전에 농지 외의 토지로 환지예정지 지정을 받은 경우, 양도소득세 면제 제한이 적용되는 시점(= 주거지역 등에 편입된 날과 농지 외의 토지로 환지예정지 지정을 받은 날 중 빠른 날)**

1. 구 조세특례제한법 제69조 제1항은 본문에서 농지소재지에 거주하는 자가 8년 이상 직접 경작한 토지의 양도로 발생하는 소득에 대하여는 양도소득세를 전부 면제한다고 규정하면서도, 그 단서에서는 해당 토지가 「국토의 계획 및 이용에 관한 법률(이하 '국토계획법'이라 한다)」에 따른 주거지역·상업지역 및 공업지역(이하 '주거지역 등'이라 한다)에 편입되거나 「도시개발법」 또는 그 밖의 법률(이하 '도시개발법 등'이라 한다)에 따라 환지처분 전에 농지 외의 토지로 환지예정지 지정을 받은 경우에는 주거지역 등에 편입되거나 환지예정지 지정을 받은 날까지 발생한 소득으로서 대통령령이 정하는 소득에 대해서만 양도소득세를 면제하도록 정하고 있다.

이처럼 구 조특법 제69조 제1항 단서에서 본문에 의한 양도소득세 면제범위를 제한한 것은, 농지가 주거지역 등에 편입되거나 환지예정지 지정을 받은 후에는 개발이익이 발생하기 시작하여 경제적 가치 면에서 사실상 농지 외의 토지와 다를 바 없게 되므로 그 부분까지 농지로서의 양도소득세 감면혜택을 부여할 필요가 없기 때문이다. 구 조특법 제69조 제1항 단서의 문언상 주거지역 등 편입과 환지예정지 지정 중 어느 하나의 요건만 충족되면 양도소득세 면제범위가 제한된다고 볼 수 있을 뿐만 아니라, 농지가 국토계획법에 따른 주거지역 등에 편입된 후 순차로 도시개발법 등에 따른 환지예정지 지정을 받은 경우 주거지역 등에 편입된 때부터 이미 사실상 농지 외의 토지로 취급되어 거래가 이루어지므로, 이 경우에는 환지예정지 지정이 아니라 그에 앞서 이루어진 주거지역 등 편입 전까지 발생한 양도소득에 대하여만 양도소득세 면제대상이 된다고 봄이 타당하다. 한편 여기에서 '주거지역 등'은 주거지역·상업지역 및 공업지역만을 의미하는데, 농지가 국토계획법에 따른 녹지지역에 편입되었다가 이후 도시개발법 등에 따른 환지예정지 지정을 받은 경우와 같이 주거지역 등에 편입됨이 없이 곧바로 환지예정지 지정이 이루어지는 경우도 있을 수 있으므로, 이와 같이 본다고 하여 구 조특법 제69조 제1항 단서 중 '환지예정지 지정을 받은 날까지' 부분이 불필요하거나 무의미하게 되는 것도 아니다. 이러한 점들을 종합하여 보면, 구 조특법 제69조 제1항 단서에 따른 양도소득세 면제 제한은 국토계획법에 의하여 주거지역 등에 편입된 날과 도시개발법 등에 따라 농지 외의 토지로 환지예정지 지정을 받은 날 중 빠른 날을 기준으로 적용된다고 보아야 한다.

2. 원심판결 이유 및 원심이 적법하게 채택한 증거에 의하면 아래와 같은 사실을 알 수 있다.

가. 원고는 1990.4.23. 대전 유성구 (주소 1 생략) 답 523㎡에 관하여 원고 명의의 소유권이전등기를 마치고, 2003.8.7. 위 토지에 원고 소유의 인접 농지인 (주소 2 생략) 답 67㎡를 합병등기하였다. 합병 후 대전 유성구 (주소 1 생략) 답 590㎡는 그중 104㎡가 2013.8.1. (주소 3 생략)으로 분할되어 486㎡만 남게 되었다(이하 이처럼 분할되고 남은 토지를 '이 사건 토지'라 한다).

나. 미래창조과학부장관은 2009.7.21. 구 대덕연구개발특구 등의 육성에 관한 특별법(2012.1.26. 법률 제11232호로 법률 제명 변경되기 전의 것, 이하 '구 연구개발특구법'이라 한다)에 따라 이 사건 토지가 포함된 대전 유성구 ㅇㅇ동 일대의 토지를 토지소유자에 의한 환지방식의 사업추진방식으로 개발한다는 내용으로 대덕연구개발특구 2단계 ㅇㅇ지구 개발계획을 고시하였다.

다. 대전광역시장은 2011.12.28. 구 연구개발특구법 제27조 제1항 등에 따라 '대덕연구개발특구2단계(○○지구) 개발사업 실시계획 승인고시'를 하였고, 이에 따라 이 사건 토지는 국토계획법상 대전광역시 공업지역으로 편입되었다.

라. 대전광역시 유성구청장은 2012.10.25. ○○지구 개발사업조합장에게 '대덕연구개발특구2단계(○○지구) 환지계획 인가통보'를 하였고, ○○지구 개발사업조합은 2012.11.1. 조합원들에게 환지예정지 지정조서 및 환지예정지 지정설명서를 발송하였는데, 이에 따르면 이 사건 토지의 환지예정지는 △△블럭(가지번 ㅁㅁㅁ) 229.9㎡였다.

마. 대전광역시 유성구청장은 2013.6.21. 그 효력 발생일을 공고 당일로 하는 대덕연구개발특구 2단계(○○지구) 환지예정지 지정 공고를 하였으며, 이때 이 사건 토지의 환지예정지는 위 환지예정지 지정조서와 동일하게 지정되었다.

바. 원고는 2014.9.5. 주식회사 부원유앤아이에 이 사건 토지에 관하여 2014.9.1.자 매매를 원인으로 한 소유권이전등기를 마쳐 주었고, 2014.9.26. 피고에게 이 사건 토지가 주거지역 등에 편입된 날을 기준으로 감면세액을 29,858,108원으로 계산하여 양도소득세를 신고하였다.

사. 원고는 2014.12.31. 피고에게 이 사건 토지에 관한 환지예정지 지정일을 기준으로 감면세액을 43,964,080원으로 계산해야 한다는 이유로 과다납부한 양도소득세 14,105,972원을 환급하여 달라는 경정청구를 하였으나, 피고는 2015.2.25. 이를 거부하는 이 사건 처분을 하였다.

3. 이러한 사실관계를 앞서 본 법리에 비추어 살펴보면, 이 사건 토지는 2013.6.21. 도시개발법 등에 따라 농지 외의 토지로 환지예정지 지정을 받기에 앞서 2011.12.28. 이미 국토계획법에 따른 공업지역으로 편입되었으므로, 구 조특법 제69조 제1항 단서에 따라 원고의 이 사건 토지 양도소득 중 공업지역 편입일인 2011.12.28.까지 발생한 부분에 대해서만 양도소득세 면제대상이 될 수 있다고 보아야 한다.

그럼에도 원심은 그 판시와 같은 이유만으로 이 사건 토지에 관한 환지예정지 지정일인 2013.6.21.까지 발생한 양도소득에 대하여도 양도소득세가 면제된다고 보아 이 사건 처분이 위법하다고 판단하였다. 이러한 원심판단에는 구 조특법 제69조 제1항 단서의 적용범위에 관한 법리를 오해하여 판결에 영향을 미친 잘못이 있다(대법원 2017.3.30. 선고 2016두57038 판결). ■

사례 1 자경농지에 대한 양도소득세 감면

조세특례제한법상 자경농지에 대한 양도소득세 감면에 관하여 다음 물음에 답하시오.

(2012년 세무사 2차, 15점)

【물음 1】 거주자가 자경농지에 대한 양도소득세를 감면받기 위한 요건을 설명하시오.

【물음 2】 거주자 甲은 아버지인 거주자 乙이 7년간 소유하며 자경하던 농지를 증여받아 3년간 계속 자경한 후 해당 농지를 개인 丙에게 양도하였다. 甲이 양도소득세를 감면받을 수 있는지에 대해서 논하시오.

해 답

【물음 1】 감면요건(p.246 이하 참조)

1. 감면대상자

농지소재지가 소재하는 시 · 군 · 구 안의 지역(이와 연접한 시 · 군 · 구 안의 지역과 해당 농지로부터 직선거리 30km 이내의 지역 포함)에서 거주하면서 경작한 자를 말한다.

2. 감면대상 농지의 범위

거주자가 농지를 취득한 때부터 양도한 때까지의 사이에 8년 이상 자기가 직접 경작한 사실이 있는 농지를 말한다. 여기서 '직접 경작'이란 거주자가 그 소유농지에서 농작물의 경작 또는 다년성(多年性) 식물의 재배에 상시 종사하거나 농작업의 1/2 이상을 자기의 노동력으로 경작 또는 재배하는 것을 말한다.

다만, 다음에 해당하는 농지는 감면대상에서 제외한다.

구분	감면대상 제외
주거지역 등 편입농지	양도일 현재 특별시 · 광역시 또는 시에 있는 농지 중 도시계획법에 의한 주거지역 · 상업지역 및 공업지역(이하 주거지역 등) 안에 있는 농지로서 이들 지역에 편입된 날부터 3년이 지난 농지
환지예정지	환지처분 이전에 농지 외의 토지로 환지예정지를 지정하는 경우에는 그 환지예정지 지정일부터 3년이 지난 농지

경작기간을 계산할 때 상속인이 상속받은 농지를 1년 이상 계속 경작한 경우 피상속인이 취득하여 경작한 기간(피상속인의 배우자로부터 상속받아 경작한 사실이 있는 경우에는 피상속인의 배우자가 경작한 기간을 포함한다)은 상속인이 경작한 것으로 본다.

【물음 2】 양도소득세 감면여부

증여받는 농지는 증여받은 날부터 자경기간을 기산한다. 따라서 증여자의 경작기간은 수증자의 경작기간에 포함하지 않는다.

사례에서 거주자 甲은 아버지인 거주자 乙이 7년간 소유하며 자경하던 농지를 증여받아 3년간 계속 자경한 후 해당 농지를 개인 丙에게 양도하였는데, 거주자 甲의 경작기간은 증여받은 날부터 3년간이므로 8년 이상 자경요건을 갖추지 못하였으므로 양도소득세를 감면받을 수 없다.

6. 축사용지 등에 대한 양도소득세 감면

(1) 축사용지에 대한 양도소득세의 감면

축산에 사용하는 축사와 이에 딸린 토지(이하 '축사용지'라 한다) 소재지에 거주하는 거주자가 8년 이상 직접 축산에 사용한 축사용지를 폐업을 위하여 2025년 12월 31일까지 양도함에 따라 발생하는 소득에 대하여는 양도소득세의 100%에 상당하는 세액을 감면한다. 다만, 해당 토지가 주거지역 등에 편입되거나 법률에 따라 환지처분 전에 해당 축사용지 외의 토지로 환지예정지 지정을 받은 경우에는 주거지역 등에 편입되거나, 환지예정지 지정을 받은 날까지 발생한 소득에 대해서만 양도소득세의 100%에 상당하는 세액을 감면한다(조특법 69조의2 ①).

이처럼 양도소득세를 감면받은 거주자가 해당 축사용지 양도 후 5년 이내에 축산업을 다시 하는 경우에는 감면받은 세액을 추징한다. 다만, 축사용지에 대한 양도소득세 감면을 받은 사람이 그 이후에 상속으로 인하여 축산업을 하게 되는 경우에는 그렇지 않다(조특법 69조의2 ②, 조특령 66의2 ⑪).

(2) 어업용 토지 등에 대한 양도소득세 감면

어업용 토지 등 소재지에 거주하는 거주자가 8년 이상 직접 어업에 사용한 어업용 토지 등을 2025년 12월 31일까지 양도함에 따라 발생하는 소득에 대해서는 양도소득세의 100%에 상당하는 세액을 감면한다. 다만, 해당 어업용 토지 등이 주거지역 등에 편입되거나 법률에 따라 환지처분 전에 해당 어업용 토지 등 외의 토지로 환지예정지 지정을 받은 경우에는 주거지역 등에 편입되거나 환지예정지 지정을 받은 날까지 발생한 소득(그 감면소득금액은 p.248 계산식과 같음)에 대해서만 양도소득세의 100%에 상당하는 세액을 감면한다(조특법 69의3 ①).

(3) 자경산지에 대한 양도소득세의 감면

산지 소재지에 거주하는 거주자가 산림경영계획인가를 받아 10년 이상 직접 경영한 산지를 양도함에 따라 발생하는 소득에 대해서는 다음 표에 따른 세액을 감면한다. 다만, 해당 산지가 주거지역 등에 편입되거나 법률에 따라 환지처분 전에 산지 외의 토지로 환지예정지 지정을 받은 경우에는 주거지역 등에 편입되거나 환지예정지 지정을 받은 날까지 발생한 소득(그 감면소득금액은 p.248 계산식과 같음)에 대해서만 세액을 감면한다(조특법 69의4 ①).

직접 경영한 기간	감면세액
10년 이상 20년 미만	양도소득세의 10%에 상당하는 세액
20년 이상 30년 미만	양도소득세의 20%에 상당하는 세액
30년 이상 40년 미만	양도소득세의 30%에 상당하는 세액
40년 이상 50년 미만	양도소득세의 40%에 상당하는 세액
50년 이상	양도소득세의 50%에 상당하는 세액

7. 농지대토에 대한 양도소득세 감면

(1) 개 요

거주자가 경작상 필요에 따라 농지를 대토(代土)함으로써 발생하는 소득에 대해서는 양도소득세의 100%를 감면한다(조특법 70). 종전에는 소득세법에 따라 양도소득세를 비과세하였으나, 지가상승 요인인 농지의 대토수요를 억제하여 지가안정을 도모하고자 조세특례제한법에 따른 양도소득세의 감면제도로 개정하였다.

(2) 감면의 요건

1) 감면대상자 : 대토 전의 농지 양도일 현재 4년 이상 농지소재지[해당 농지가 소재하는 시* · 군 · 구(자치구인 구를 말한다) 안의 지역(이와 연접한 시 · 군 · 구 안의 지역과 해당 농지로부터 직선거리 30km 이내의 지역 포함)]에 거주하고 있는 자로서 농지대토일 현재 거주자인 자(비거주자가 된 날부터 2년 이내인 자를 포함한다)를 말한다(조특령 67 ①).

* 「제주특별자치도 설치 및 국제자유도시 조성을 위한 특별법」에 따른 행정시를 포함한다(이하 같다).

2) 직접 경작의 범위 : '직접 경작'이란 다음 중 어느 하나에 해당하는 것을 말한다(조특령 67 ②).

① 거주자가 그 소유농지에서 농작물의 경작 또는 다년생식물의 재배에 상시 종사하는 것
② 거주자가 그 소유농지에서 농작업의 1/2 이상을 자기의 노동력에 의해 경작 또는 재배하는 것

3) 대토의 요건 : '대토'란 종전 농지를 양도하고 새로운 농지를 취득하는 것을 말하는데, 감면을 받기 위해서는 다음 중 어느 하나에 해당하는 요건을 갖추어야 한다(조특령 67 ③).

구분	대체취득의 요건
⑴ 선양도 후 취득	감면대상자가 종전의 농지의 양도일부터 1년* 내에 새로운 농지를 취득(상속 · 증여받은 경우는 제외. 이하 같다)한 후 1년 내에 새로운 농지소재지에 거주하면서 경작을 개시하고, 그 후 계속하여 경작한 기간이 종전의 농지 경작기간과 합산하여 8년 이상인 경우로서 다음 중 어느 하나에 해당하는 경우 ① 새로 취득하는 농지의 면적이 양도하는 농지의 면적의 2/3 이상일 것 ② 새로 취득하는 농지의 가액이 양도하는 농지의 가액의 1/2 이상일 것 * 「공익사업을 위한 토지 등의 취득 및 보상에 관한 법률」에 따른 협의매수 · 수용 및 그 밖의 법률에 따라 수용되는 경우에는 2년으로 한다.
⑵ 선취득 후 양도	감면대상자가 새로운 농지의 취득일부터 1년 내에 종전의 농지를 양도한 후 종전의 농지 양도일부터 1년 내에 새로운 농지 소재지에 거주하면서 경작을 개시하고, 그 후 계속하여 경작한 기간이 종전의 농지 경작기간과 합산하여 8년 이상인 경우로서 다음 중 어느 하나에 해당하는 경우 ① 새로 취득하는 농지의 면적이 양도하는 농지의 면적의 2/3 이상일 것 ② 새로 취득하는 농지의 가액이 양도하는 농지의 가액의 1/2 이상일 것

위 (1), (2)의 새로운 농지의 경작요건을 적용할 때 다음과 같은 특례가 있다(조특령 67 ④,⑤).

① 새로운 농지를 취득한 후 4년 이내에 「공익사업을 위한 토지 등의 취득 및 보상에 관한 법률」에 따른 협의매수 · 수용 및 그 밖의 법률에 따라 수용되는 경우에는 4년 동안 농지소재지에 거주하면서 경작한 것으로 본다.

② 새로운 농지를 취득한 후 3년 이내에 농지 소유자가 사망한 경우로서 상속인이 농지소재지에 거주하면서 계속 경작한 때에는 피상속인의 경작기간과 상속인의 경작기간을 통산한다.

4) 자경기간에서 제외되는 기간 규정 준용 : 앞의 3)을 적용할 때 종전의 농지 경작기간과 새로운 농지 경작기간의 계산에 관하여는 자경농지에 대한 양도소득세 감면규정에서 살펴본 자경기간에 제외되는 기간에 관한 규정(조특령 66 ⑭, p.247 4) 자경기간에서 제외되는 기간 참조)을 준용한다. 이 경우 새로운 농지의 경작기간을 계산할 때 새로운 농지의 경작을 개시한 후 종전의 농지 경작기간과 새로운 농지 경작기간을 합산하여 8년이 지나기 전에 자경기간에서 제외되는 기간이 있는 경우에는 새로운 농지를 계속하여 경작하지 않은 것으로 본다(조특령 67 ⑥).

5) 감면배제 : 다음 중 어느 하나에 해당하는 농지의 경우에는 대토로 인한 양도소득세의 감면규정을 적용하지 않는다(조특법 70 ②, 조특령 67 ⑦).

구분	감면대상 제외
주거지역 등 편입농지	양도일 현재 특별시 · 광역시 또는 시*지역에 있는 농지 중 주거지역 · 상업지역 또는 공업지역 안의 농지로서 이들 지역에 편입된 날부터 3년이 지난 농지
환지예정지	환지처분 이전에 농지 외의 토지로 환지예정지의 지정이 있는 경우로서 그 환지예정지 지정일부터 3년이 지난 농지

* 지방자치법에 따라 설치된 도농(都農) 복합형태의 시의 읍 · 면 지역 및 「제주특별자치도 설치 및 국제자유도시 조성을 위한 특별법」에 따라 설치된 행정시의 읍 · 면 지역은 제외한다.

(3) 감면의 내용

감면대상 농지를 대토(代土)함으로써 발생하는 소득에 대해서는 양도소득세의 100%에 상당하는 세액을 감면한다. 다만, 해당 토지가 주거지역 등에 편입되거나 환지처분(換地處分) 전에 농지 외의 토지로 환지예정지 지정을 받은 경우에는 주거지역 등에 편입되거나, 환지예정지 지정을 받은 날까지 발생한 다음의 소득에 대해서만 양도소득세를 감면한다(조특법 70 ①).

$$\text{양도소득금액} \times \frac{\left(\begin{array}{c}\text{편입 · 환지예정지 지정을}\\ \text{받은 날의 기준시가}(P_1)\end{array}\right) - \left(\begin{array}{c}\text{취득 당시의}\\ \text{기준시가}(P_0)\end{array}\right)}{\text{양도 당시의 기준시가}(P_2) - \text{취득 당시의 기준시가}(P_0)}$$

* 이 경우 법률에 따라 협의매수되거나 수용되는 경우에는 보상가액 산정의 기초가 되는 기준시가를 양도 당시의 기준시가로 보며, 새로운 기준시가가 고시되기 전에 취득하거나 양도한 경우 또는 주거지역 등에 편입되거나 환지예정지 지정을 받은 날이 도래하는 경우에는 직전의 기준시가를 적용한다.

(4) 사후관리

양도소득세의 감면을 적용받은 거주자가 다음 중 어느 하나에 해당하는 사유가 발생하여 감면요건을 충족하지 못하는 경우에는 그 사유가 발생한 날이 속하는 달의 말일부터 2개월 이내에 감면받은 양도소득세(이자상당액 가산)를 납부해야 한다(조특법 70 ④,⑤).

① 종전의 농지의 양도일부터 1년 내에 새로운 농지를 취득하지 않거나, 새로이 취득하는 농지의 면적 또는 가액이 그 요건에 해당하지 않는 경우

② 새로운 농지의 취득일부터 1년(선취득 후 양도에 해당하는 경우에는 종전의 농지의 양도일부터 1년) 이내에 새로운 농지소재지에 거주하면서 경작을 개시하지 않는 경우

8. 경영회생 지원을 위한 농지 매매 등에 대한 양도소득세 과세특례

(1) 개 요

농업인이 자연재해, 병충해, 부채의 증가 또는 그 밖의 사유로 일시적으로 경영위기에 처한 경우 농지 등을 한국농어촌공사에 양도한 다음 다시 환매(還買)하는 경우 당초 납부한 양도소득세를 환급받을 수 있다.

참고사항 경영회생 지원을 위한 농지 매입 등(「한국농어촌공사 및 농지관리기금법(제24조의3)」)

① 한국농어촌공사는 자연재해, 병충해, 부채의 증가 또는 그 밖의 사유로 일시적으로 경영위기에 처한 농업인 또는 농업법인의 경영회생을 지원하기 위하여 그 농업인 또는 농업법인이 소유한 농지 및 농지에 딸린 농업용시설(이하 '농지 등'이라 한다)을 매입하여 그 농업인 또는 농업법인에게 임대할 수 있다.

② 한국농어촌공사는 ①에 따라 매입한 농지 등을 임대하는 경우 임대기간 중에는 그 농지 등을 제3자에게 매도해서는 안 된다.

③ ①에 따라 농지 등을 공사에 매도하고 다시 임차한 그 농지 등의 전 소유자 또는 포괄승계인은 임차기간이 끝나기 전에 공사에 대하여 그 농지 등의 환매(還買)를 요구할 수 있고, 공사는 그 농지 등이 공익사업에 필요하여 수용되는 등 특별한 사유가 없으면 요구에 따라야 한다. ■

(2) 양도소득세 환급

농업인이 「한국농어촌공사 및 농지관리기금법(제24조의3 ①)」에 따라 직접 경작하거나 직접 축산에 사용한 농지 및 그 농지에 딸린 농업용 시설(이하 '농지 등'이라 한다)을 한국농어촌공사에 양도한 후 같은 법(제24조의3 ③)에 따라 임차하여 직접 경작하거나 직접 축산에 사용한 경우로서 해당 농지 등을 같은 법(제24조의3 ③)에 따른 임차기간 내에 환매(還買)한 경우 해당 농지 등의 양도소득에 대하여 납부한 양도소득세를 환급받을 수 있다(조특법 70의2 ①).

참고사항 양도소득세 환급신청

양도소득세 환급신청을 하려는 자는 농지 등을 한국농어촌공사에 양도한 매매계약서 사본, 해당 농지 등

을 한국농어촌공사로부터 환매한 환매계약서 사본에 해당하는 서류와 환급신청서를 관할세무서장에게 제출해야 한다. 이처럼 환급신청을 받은 경우 관할세무서장은 국세기본법(제51조)의 국세환급금의 충당과 환급에 관한 규정을 준용하여 환급한다. 이 경우 국세기본법(제52조)의 국세환급가산금의 규정은 적용하지 않는다(조특령 67의2 ①,②). ■

(3) 환매 후 다시 양도하는 경우 취득가액 등의 특례

이처럼 양도소득세를 환급받은 농업인이 환매한 해당 농지 등을 다시 양도하는 경우 그 농지 등에 대한 양도소득세액은 소득세법 규정에도 불구하고 다음의 취득가액 및 취득시기를 적용하여 계산하되, 해당 농지등이 한국농어촌공사에 양도되기 전에 영농자녀 등이 증여받는 농지 등에 대한 증여세를 감면받은 농지 등에 해당하는 경우에는 해당 규정에 따른 취득시기 및 필요경비(p.260 참조)를 적용하여 계산한다(조특법 70의2 ②).

① 취득가액 : 한국농어촌공사에 양도하기 전 농업인의 해당 농지 등 취득 당시의 취득가액

② 취득시기 : 한국농어촌공사에 양도하기 전 해당 농지 등의 취득일

한편 양도소득세를 환급받은 자가 환매한 농지 등을 다시 양도하는 경우 임차기간 내에 직접 경작하거나 직접 축산에 사용한 기간은 해당 농지 등을 한국농어촌공사에 양도한 자가 직접 농시 등을 경작하거나 직접 축산에 사용한 것으로 보아 자경농지에 대한 양도소득세 감면(제66조) 또는 축사용지에 대한 양도소득세의 감면(제66조의2)을 적용한다(조특령 67의2 ③).

9. 영농자녀 등이 증여받는 농지 등에 대한 증여세의 감면

(1) 개 요

자경농민이 농지 등을 영농자녀에게 2025년 12월 31일까지 증여하는 경우에는 해당 농지 등의 가액에 대한 증여세의 100%에 상당하는 세액을 감면한다(조특법 71 ①). 그 취지는 영농자녀 등의 영농승계를 세제상 지원하려는 데 있다.

(2) 감면의 요건

1) 감면대상 농지 등 : 다음의 요건을 모두 충족하는 농지 등(해당 농지 등을 영농조합법인 또는 영어조합법인에 현물출자하여 취득한 출자지분을 포함한다. 이하 '농지 등'이라 한다)을 감면대상으로 한다(조특법 71 ①).

① 다음 중 어느 하나에 해당하는 농지 등

㉠ 농 지 : 농지로서 4만㎡ 이내의 것

㉡ 초 지 : 초지조성허가를 받은 초지로서 14만8천500㎡ 이내의 것

㉢ 산림지 : 「산지관리법」에 따른 보전산지 중 「산림자원의 조성 및 관리에 관한 법률」에 따라 산림

경영계획을 인가받거나 특수산림사업지구로 지정받아 새로 조림한 기간이 5년 이상인 산림지(보안림 · 채종림 및 산림유전자원보호림 포함)로서 29만7천㎡ 이내의 것. 다만, 조림기간이 20년 이상인 산림지의 경우에는 조림기간이 5년 이상인 29만7천㎡ 이내의 산림지를 포함하여 99만㎡ 이내의 것으로 한다.

㉣ 축사용지 : 축사 및 축사에 딸린 토지로서 해당 축사의 실제 건축면적을 건폐율로 나눈 면적의 범위 이내의 것

㉤ 어선 : 총톤수 20톤 미만의 어선

㉥ 어업권 · 양식업권 : 어업권 · 양식업권으로서 10만㎡ 이내의 것

㉦ 어업용 토지 등 : 4만㎡ 이내의 것

㉧ 염전 : 염전으로서 6만㎡ 이내의 것

② 주거지역 · 상업지역 및 공업지역 외에 소재하는 농지 등

③ 택지개발예정지구나 그 밖에 개발사업지구로 지정된 지역 외에 소재하는 농지 등

2) 증여자와 수증자의 관계 : 농지 등의 소재지에 거주하면서 영농(營農)*에 종사하는 거주자(이하 '자경농민 등'이라 한다)가 직계비속(이하 '영농자녀 등'이라 한다)에게 증여해야 한다. 여기서 자경농민 등과 영농자녀 등은 다음의 요건을 갖춘 자를 말한다(조특법 71 ①, 조특령 68 ①,③).

* 여기서 '영농(營農)'이란 상증세법(제18조의3 ①)에 따른 영농(營農)[양축(養畜), 영어(營漁) 및 영림(營林)을 포함한다. 이하 같다]을 말한다.

구분	요 건
자경농민 등	① 농지 등이 소재하는 시 · 군 · 구(자치구를 말한다), 그와 연접한 시 · 군 · 구 또는 해당 농지 등으로부터 직선거리 30km 이내에 거주할 것 ② 농지 등의 증여일부터 소급하여 3년 이상 계속하여 직접 영농에 종사하고 있을 것
영농자녀 등	① 농지 등의 증여일 현재 18세 이상인 직계비속일 것 ② 증여세 과세표준 신고기한까지 위 ①의 요건을 갖추고 증여받은 농지 등에서 직접 영농에 종사할 것

참고사항 직접 '영농에 종사하는 경우'에 대한 판단기준

'영농에 종사하는 경우'는 자경농민 등 또는 영농자녀 등이 다음 중 어느 하나에 해당하는 경우로 한다. 다만, 해당 자경농민 등 또는 영농자녀 등의 소득세법에 따른 사업소득금액(농업 · 축산업 · 어업 및 임업에서 발생하는 소득, 부동산임대업에서 발생하는 소득과 농가부업소득은 제외)과 총급여액의 합계액이 3,700만원 이상인 과세기간이 있는 경우에는 자경농민 등 또는 영농자녀 등이 영농에 종사하지 않은 것으로 본다(조특령 68 ⑭, 상증령 16 ⑥).

① 영농 : 소유 농지 등 자산을 이용하여 농작물의 경작 또는 다년생식물의 재배에 상시 종사하거나 농작업의 1/2 이상을 자기의 노동력으로 수행하는 경우

② 양축 : 소유 초지 등 자산을 이용하여 가축의 사육에 상시 종사하거나 축산작업의 1/2 이상을 자기의

노동력으로 수행하는 경우

③ 영어 : 소유 어선 및 어업권 등 자산을 이용하여 허가를 받아 어업에 상시 종사하거나 어업작업의 1/2 이상을 자기의 노동력으로 수행하는 경우

④ 영림 : 소유 산림지 등 자산을 이용하여 산림경영계획 인가 또는 특수산림사업지구 사업에 따라 산림조성에 상시 종사하거나 산림조성작업의 1/2 이상을 자기의 노동력으로 수행하는 경우 ■

(3) 사후관리

1) 증여세 감면세액의 징수 : 증여세를 감면받은 농지 등을 ① 영농자녀 등이 사망하는 등 정당한 사유 없이 해당 농지 등을 증여받은 날부터 5년 이내에 양도하거나 ② 질병 · 취학 등 해당 농지 등에서 정당한 사유 없이 직접 영농에 종사하지 않게 된 경우에는 즉시 그 농지 등에 대한 증여세의 감면세액에 상당하는 금액에 이자상당가산액을 가산하여 징수한다(조특법 71 ②).

참고사항 조세포탈 또는 회계부정시 영농자녀 등이 증여받는 농지 등에 대한 증여세의 감면 배제

영농자녀 등 또는 자경농민 등이 영농과 관련하여 조세포탈 또는 회계부정 행위로 징역형 또는 벌금형을 선고받고 그 형이 확정된 경우에는 다음의 구분에 따른다(조특법 71 ③).

① 관할세무서장의 과세표준과 세율의 결정이 있기 전에 영농자녀 등 또는 자경농민 등에 대한 형이 확정된 경우 : 영농자녀 등이 증여받는 농지 등에 대한 증여세의 감면을 적용하지 않는다.

② 영농자녀 등이 증여받는 농지 등에 대한 증여세를 감면받은 후에 영농자녀 등 또는 자경농민 등에 대한 형이 확정된 경우 : 증여받은 농지 등에 대한 증여세의 감면세액에 상당하는 금액에 이자상당액을 가산하여 징수한다. ■

참고사항 징수사유 발생시 증여세 신고납부

위 1)에 해당하는 영농자녀 등은 그 징수사유에 해당하게 되는 날이 속하는 날의 말일부터 3개월 이내에 세무서장에게 신고하고 해당 증여세와 이자상당액을 관할세무서, 한국은행 또는 체신관서에 납부해야 한다. 다만, 1)에 따라 이미 증여세와 이자상당액이 징수된 경우에는 그렇지 않다(조특법 71 ④). ■

참고사항 정당한 사유의 범위

1. 위 ①에서 '영농자녀 등의 사망 등 정당한 사유'란 다음 중 어느 하나에 해당하는 경우를 말한다(조특령 68 ⑤).

① 「공익사업을 위한 토지 등의 취득 및 보상에 관한 법률」에 따른 협의매수 · 수용 및 그 밖의 법률에 따라 수용되는 경우

② 국가 · 지방자치단체에 양도하는 경우

③ 농어촌정비법 그 밖의 법률에 따른 환지처분에 따라 해당 농지 등이 농지 등으로 사용될 수 없는 다른 지목으로 변경되는 경우

④ 영농자녀 등이 해외이주법에 따른 해외이주를 하는 경우

2. 위 ②에서 '질병 · 취학 등 정당한 사유'란 다음 중 어느 하나에 해당하는 경우를 말한다(조특령 68 ⑥).

① 영농자녀 등이 1년 이상의 치료나 요양을 필요로 하는 질병으로 인하여 치료나 요양을 하는 경우
② 영농자녀 등이 고등교육법에 따른 학교 중 농업계열(영어의 경우에는 제외) 또는 수산계열(영어의 경우에 한정한다)의 학교에 진학하여 일시적으로 영농에 종사하지 못하는 경우
③ 병역법에 따라 징집되는 경우
④ 공직선거법에 따른 선거에 의해 공직에 취임하는 경우
⑤ 그 밖에 기획재정부령이 정하는 부득이한 사유가 있는 경우 ■

2) 양도소득세 이월과세 : 증여세를 감면받은 농지 등을 양도하여 양도소득세를 부과하는 경우 소득세법의 규정에 불구하고 ① 취득시기는 자경농민 등이 그 농지 등을 취득한 날로 하고, ② 필요경비는 자경농민 등의 취득 당시 필요경비로 한다(조특법 71 ⑤).

3) 합산배제증여재산 : ① 증여세를 감면받은 농지 등은 상속재산에 가산하는 증여재산으로 보지 않는다. 따라서 상속세 과세가액에 가산하는 증여재산가액에 포함시키지 않는다(조특법 71 ⑥). 한편 ② 증여세를 감면받은 농지 등은 해당 증여일 전 10년 이내에 자경농민 등(자경농민 등의 배우자 포함)으로부터 증여받아 합산하는 증여재산가액에 포함시키지 않는다(조특법 71 ⑦).

10. 인구감소지역 주택 취득자에 대한 양도소득세 및 종합부동산세 과세특례

(1) 양도소득세 과세특례

주택, 조합원입주권 또는 분양권 중 1채 또는 1개를 보유한 1세대가 인구감소지역 주택 1채를 취득한 후 인구감소지역 주택을 취득하기 전에 보유한 주택, 조합원입주권 또는 분양권을 양도하는 경우에는 그 인구감소지역 주택을 해당 1세대의 소유주택이 아닌 것으로 보아 1세대 1주택 비과세규정(또는 1세대 1조합원입주권 비과세규정)*을 적용한다(조특법 71의2 ①). 그 취지는 인구감소지역 지역경제 활성화를 지원하려는 데 있다.

* 1세대 1주택에 대한 장기보유특별공제 최대 80% 공제 적용

[도 표] 인구감소지역 주택 취득자에 대한 특례

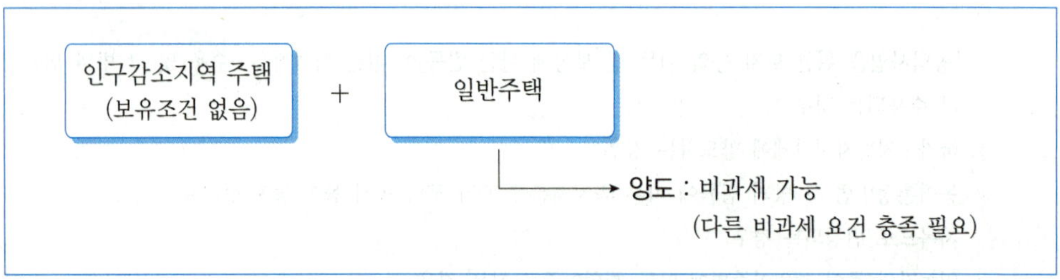

여기서 '인구감소지역 주택'이란 1세대가 2024.1.4.부터 2026.12.31.까지의 기간 중에 취득한 다음 요건을 모두 갖춘 주택을 말한다(조특법 71의2 ①, 조특령 68의2 ①).

구분	인구감소지역 주택의 범위
소재지역	① 취득 당시 인구감소지역에 소재할 것. 다만, 다음 중 어느 하나에 해당하는 지역에 소재하는 주택은 제외한다. ㉠ 수도권(접경지역은 제외) ㉡ 광역시(광역시에 있는 군을 제외) ㉢ 해당 주택 취득 전에 보유한 주택*과 동일한 시 · 군 · 구 * 해당 주택 취득 전에 조합원입주권 또는 분양권을 보유한 경우에는 해당 조합원입주권 또는 분양권을 통해 공급하는 주택을 말한다.
금액기준	② 주택 및 이에 딸린 토지의 가액(기준시가를 말한다)의 합계액이 해당 주택 취득일(종합부동산세는 과세기준일) 현재 4억원을 초과하지 않을 것

참고사항 양도소득세 과세특례 신청

양도소득세 과세특례를 적용받으려는 자는 과세표준신고(예정신고 포함)와 함께 양도소득세 과세특례신고서를 관할세무서장에게 제출해야 한다. 이 경우 관할세무서장은 행정정보의 공동이용을 통하여 다음의 서류를 확인해야 한다(조특령 68의2 ②).

① 인구감소지역 주택의 토지대장 및 건축물대장

② 인구감소지역 주택 취득 전에 보유한 다른 주택의 토지대장 및 건축물대장 ■

(2) 종합부동산세 과세특례

1주택을 보유한 1세대가 인구감소지역 주택 1채를 취득한 경우에는 종합부동산세법상 1세대 1주택자*로 본다(조특법 71의2 ②).

* 1세대 1주택에 기본공제 12억원(다주택자 9억원) 및 1세대 1주택에 대한 고령자 · 장기보유 세액공제(최대 80%) 적용

참고사항 종합부동산세 과세특례 신청

종합부동산세 과세특례의 적용을 신청하려는 1세대 1주택자(공동명의 1주택자를 포함한다)는 해당 연도 9월 16일부터 9월 30일까지 종합부동산세 과세특례 신청서를 관할세무서장에게 제출해야 한다(조특법 71의2 ③, 조특령 68의2 ④). 이처럼 과세특례 신청을 한 납세의무자는 최초의 신청을 한 연도의 다음 연도부터는 그 신청 사항에 변동이 없으면 신청하지 않을 수 있다(조특령 68의2 ⑤). ■

NEW 개정사항 인구감소지역 주택 취득자에 대한 과세특례 신설

<개정내용> 주택, 조합원입주권, 분양권 중 1개를 보유한 1세대가 인구감소지역의 주택 1개를 취득하는 경우에는 양도소득세를 과세할 때 1세대 1주택자로 보도록 하였다.

종전	개정
<신설>	□ 기존 1주택자*가 다음 요건을 충족하는 주택 1채를 신규 취득 시 1주택자로 간주, 1세대 1주택 특례 적용 * 주택이 아닌 분양권 또는 조합원입주권을 1개 보유한 경우도 포함

○ 주택요건 : 아래 요건을 모두 충족

① 소재지 : 인구감소지역(다만, 수도권 · 광역시는 제외하되 수도권 내 접경지역 및 광역시 내 군지역은 포함)

- 기존 1주택과 동일한 시 · 군 · 구 소재 신규 주택 취득은 제외

② 가액 상한 : 기준시가(공시가격) 4억원*

* 양도소득세 : 취득시 기준시가
종합부동산세 : 과세기준일 기준시가

③ 취득기간 : 2024.1.4.부터 2026.12.31.

* 2024.1.1.이 인구감소지역 주택 취득자에 대한 양도소득세 과세특례 정부발표일임

○ 특례내용 : 양도소득세, 종합부동산세에 대해 1세대 1주택 특례* 적용

* 양도소득세 : 12억원 비과세 및 장기보유특별공제 최대 80%
종합부동산세 : 기본공제 12억원(다주택자 9억원) 및 고령자 · 장기보유 세액공제 최대 80%

<적용시기> 이 규정은 2025년 1월 1일 이후 결정하거나 경정하는 경우부터 적용한다. ■

사례 2 영농조합법인에 대한 지원

조세특례제한법과 관련하여 다음 사례를 읽고 물음에 답하시오. (2024년 세무사 2차, 25점)

(1) A는 「농어업경영체 육성 및 지원에 관한 법률」 제4조에 따라 농어업경영정보를 등록한 영농조합법인이다. A의 소득은 식량작물재배업소득과 식량작물재배업소득 외의 소득으로 이루어진다.

(2) 법령으로 정하는 농업인에 해당하는 甲은 농작물재배업 등에 직접 사용되는 부동산을 A에 현물출자하였다. 해당 부동산은 관련법에 따른 주거지역 등에 편입되거나 환지예정지 지정을 받은 바 없고, 현물출자와 관련하여 A가 인수한 채무가액은 없다.

(3) 조합원인 乙은 A로부터 받은 배당소득이 있다.

【물음 1】 사례에서 A의 법인세 면제에 대하여 서술하시오. (5점)

【물음 2】 사례에서 甲이 현물출자한 부동산이 농지(초지 포함)인 경우와 농지(초지 포함) 외의 부동산인 경우로 구분하여 양도소득세 감면 또는 이월과세에 대하여 서술하시오. (10점)

【물음 3】 사례에서 乙이 받은 배당소득에 대한 소득세의 면제 범위에 대하여 서술하고, 소득세가 면제되지 않는 배당소득에 대한 원천징수세율과 종합소득과세표준 합산 여부를 서술하시오. (10점)

해 답

【물음 1】 법인세 면제(5점)

영농조합법인 A에 대해서는 ① 식량작물재배업소득 전액과 ② 식량작물재배업소득 외의 소득 중 영농조합법인의 사업에서 발생한 소득으로서 다음 중 어느 하나에 해당하는 소득금액에 대하여 법인세를 면제한다.

㉠ 식량작물재배업 외의 작물재배업에서 발생하는 소득금액으로서 각 사업연도별로 다음과 같이 계산한 금액 이하의 금액

$$6억원 \times 조합원\ 수 \times \left(\frac{사업연도\ 월수}{12}\right) \times \frac{식량작물재배업\ 외의\ 작물재배업에서\ 발생하는\ 소득금액}{식량작물재배업\ 외의\ 작물재배업에서\ 발생하는\ 수입금액}$$

㉡ 작물재배업에서 발생하는 소득을 제외한 소득금액으로서 각 사업연도별로 다음과 같이 계산한 금액 이하의 금액

$$1{,}200만원 \times 조합원\ 수 \times \frac{사업연도\ 월수}{12}$$

【물음 2】 양도소득세 특례(10점)

1. 甲이 농지를 현물출자한 경우

(1) 양도소득세 감면

농업인 甲이 농지(또는 초지조성허가를 받은 초지)를 영농조합법인 A에게 현물출자함으로써 발생하는 소득에 대해서는 양도소득세의 100%에 상당하는 세액을 감면한다. 여기서 '농업인'이란 농업인으로서 현물출자하는 농지·초지 또는 부동산이 소재하는 시·군·구, 그와 연접한 시·군·구 또는 해당 농지 등으로부터 직선거리 30킬로미터 이내에 거주하면서 4년 이상 직접 경작한 자를 말한다(이하 같다).

(2) 사후관리

양도소득세를 감면받은 甲이 그 출자지분을 출자일부터 3년 이내에 다른 사람에게 양도하는 경우에는 해당 양도일이 속하는 과세연도의 과세표준신고를 할 때 그 감면받은 세액을 양도소득세(이자상당액 가산)로 납부해야 한다.

2. 甲이 농지 외의 부동산을 현물출자한 경우

(1) 이월과세

농업인 甲이 영농조합법인 A에게 작물재배업에 직접 사용되는 부동산(농지·초지는 제외)을 현물출자하는 경우에는 이월과세를 적용받을 수 있다. 여기서 '이월과세'란 농업인 甲이 농작물재배업·축산업 및 임업에 직접 사용되는 부동산(농지·초지는 제외)을 현물출자를 통하여 영농조합법인 A에게 양도하는 경우, 이를 양도하는 농업인 甲에 대해서는 양도소득세를 과세하지 않고, 그 대신 이를 양수한 영농조합법인 A가 그 부동산을 양도하는 경우 양도소득산출세액 상당액을 법인세로 납부하는 것을 말한다.

(2) 사후관리

이월과세를 적용받은 농업인 甲이 현물출자로 취득한 주식 또는 출자지분의 50% 이상을 출자일부터 3년 이내에 처분하는 경우에는 처분일이 속하는 달의 말일부터 2개월 이내에 이월과세액(영농조합법인이 이미 납부한 세액은 제외)을 양도소득세(이자상당액 가산)로 납부해야 한다.

【물음 3】 조합원 乙의 배당소득에 대한 특례(10점)

1. 소득세 면제

영농조합법인 A의 조합원 乙이 영농조합법인 A로부터 받은 배당소득 중 ① 식량작물재배업소득에서 발생한 배당소득 전액과 ② 식량작물재배업소득 외의 소득에서 발생한 배당소득 중 다음 범위의 금액에 대해서는 소득세를 면제한다.

㉠ 식량작물재배업 외의 작물재배업에서 발생하는 소득금액으로서 법인세가 면제된 소득에서 발생한 배당소득의 경우 : 배당소득 전액

㉡ 영농조합법인의 전체 소득에서 식량작물재배업에서 발생하는 소득과 식량작물재배업 외의 작물재배업에서 발생하는 소득금액으로서 법인세가 면제된 소득을 제외한 소득에서 발생한 배당소득의 경우 : 그 배당소득 중 과세연도별로 1,200만원 이하의 금액

2. 소득세 면제금액 외 배당소득에 대한 특례

영농조합법인 A가 조합원 乙에게 지급하는 배당소득 중 위의 소득세가 면제되는 금액을 제외한 배당소득에 대한 소득세의 원천징수세율은 소득세법에 따른 규정에도 불구하고 5%로 하고 그 배당소득은 종합소득과세표준에 합산하지 않는다(5% 분리과세 특례).

연습문제

1 공장의 대도시 밖 이전에 대한 법인세 과세특례(조특법 60)에 대하여 설명하시오. (20점)

2 법인본사의 수도권과밀억제권역 밖 이전에 따른 양도차익에 대한 법인세 과세특례(조특법 61)에 대하여 설명하시오. (20점)

3 법인의 공장 및 본사를 수도권 밖으로 이전하는 경우 법인세 등 감면(조특법 63의2)에 대하여 설명하시오. (25점)

4 수도권과밀억제권역 외 지역이전 중소기업에 대한 세액감면에 대하여 설명하시오. (20점)

5 농민들의 협업적 농업경영을 위해 조직된 영농조합법인 등에 대한 세제상 지원제도(조특법 66)에 대하여 설명하시오. (20점)

6 자경농지에 대한 양도소득세의 감면규정(조특법 69)에 대하여 설명하시오. (15점)

7 농공단지 입주기업, 영농조합법인 및 농업회사법인이 각각 조세특례제한법에 따른 규정된 소득세 및 법인세의 조세특례에 관한 자문을 구하고 있다. 이 경우 각 납세자에게 설명할 내용을 쓰시오. (2002년, 25점)

8 조세특례제한법에 따른 지역간의 균형발전을 위한 조세특례와 관련하여 다음 물음에 답하시오. (2004년, 25점)

【물음 1】 공장의 대도시 밖 이전에 대한 법인세 과세특례에서 법인세 과세이연을 받을 수 있는 대도시 공장의 지방이전에 해당되기 위한 요건은?

【물음 2】 법인본사의 수도권과밀억제권역 밖 이전에 따른 양도차익에 대한 법인세 과세특례에서 법인세 과세이연을 받을 수 있는 요건은?

【물음 3】 자경농지에 대한 양도소득세의 감면에서 농업법인이 감면된 세액상당액을 법인세로 납부해야 하는 경우는?

【물음 4】 영어조합법인에 대한 법인세의 면제 등(조특법 제67조) 조세특례의 내용을 설명하시오.

9 자경농지 및 농지대토에 대한 양도소득세 감면규정과 농지감면한도액에 대하여 설명하시오. (20점)

10 영농자녀가 증여받는 농지 등에 대한 증여세의 감면규정과 증여세 감면의 종합한도액에 대하여 설명하시오. (20점)

제4편 조세특례제한법

제6장 그 밖의 직접국세의 특례

제1절 공익사업지원을 위한 조세특례

I 공익사업용 토지 등에 대한 양도소득세 감면

1. 개 요

공익사업용 토지를 2026년 12월 31일 이전에 양도함으로써 발생하는 소득에 대해서는 양도소득세의 다음 감면비율에 상당하는 세액을 감면한다(조특법 77 ①).

구분	감면율
① 현금보상의 경우	15%
② 채권보상의 경우	20%
	채권을 만기까지 보유하기로 특약을 체결한 경우* • 만기가 3년 이상 5년 미만인 경우 : 35% • 만기가 5년 이상인 경우 : 45%

* 「보금자리주택 건설 등에 관한 특별법」 등 법률에 따라 협의매수 또는 수용됨으로써 발생하는 소득으로서 보상채권을 해당 사업시행자를 예탁자로 하여 개설된 계좌를 통하여 한국결제원에 만기까지 예탁하는 방법으로 해당 채권을 만기까지 보유하기로 특약을 체결하는 경우를 말한다.

공익사업을 위한 토지의 양도 또는 수용은 양도자의 자유로운 의사결정에 따라 양도가 아닌 점을 고려하여 15% 세액감면을 두는 것이고, 현금보상과 달리 채권보상은 환금성에 제약이 있는 점을 고려하여 감면비율을 높인 것이다.

NEW 개정사항 공익사업용 토지 등에 대한 양도소득세 감면율 상향

<개정내용> 공익사업용 토지 등에 대한 양도소득세 감면율을 '현금보상 : 10%, 채권보상 : 15%(3년 만기 채권 : 30%, 5년 만기 채권 : 40%)'에서 '현금보상 : 15%, 채권보상 : 20%(3년 만기 채권 : 35%, 5년 만기 채권 : 45%)'로 5%p씩 상향 조정하였다.

<적용시기> 이 규정은 2025년 3월 #일이 속하는 과세연도에 양도하는 경우부터 적용한다. ■

2. 감면대상소득

'감면대상소득'이란 해당 토지 등이 속한 사업지역에 대한 사업인정고시일(고시일 전에 양도하는 경우에는 양도일)부터 2년 이전에 취득한 토지 등을 양도함으로써 발생하는 다음의 소득을 말한다(조특

법 77 ①).

① 「공익사업을 위한 토지 등의 취득 및 보상에 관한 법률」이 적용되는 공익사업에 필요한 토지 등을 그 공익사업의 시행자에게 양도함으로써 발생하는 소득
② 「도시 및 주거환경정비법」에 따른 정비구역(정비기반시설을 수반하지 않는 정비구역은 제외)의 토지 등을 사업시행자에게 양도함으로써 발생하는 소득
③ 「공익사업을 위한 토지 등의 취득 및 보상에 관한 법률」이나 그 밖의 법률에 따른 토지 등의 수용으로 인하여 발생하는 소득

이러한 세액감면을 적용하는 경우 상속받거나 소득세법에 따른 이월과세가 적용되는 증여받은 토지 등은 피상속인 또는 증여자가 해당 토지 등을 취득한 날을 해당 토지 등의 취득일로 본다(조특법 77 ⑨).

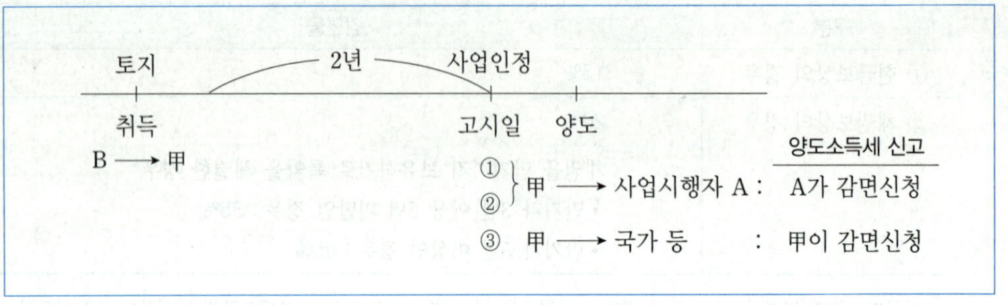

3. 감면신청

(1) 사업시행자에게 양도하는 경우

해당 공익사업 또는 정비사업의 시행자는 해당 토지 등을 양도한 날이 속하는 과세연도의 과세표준신고와 함께 세액감면신청서에 해당 공익사업 또는 정비사업의 시행자임을 확인할 수 있는 서류(특약체결자의 경우에는 특약체결 사실 및 보상채권 예탁사실을 확인할 수 있는 서류 포함)를 첨부하여 양도자의 관할세무서장에게 제출해야 한다(조특령 72 ⑦).

(2) 토지 등이 수용되는 경우

감면을 적용받고자 하는 자는 해당 토지 등을 양도한 날이 속하는 과세연도의 과세표준신고(예정신고)와 함께 세액감면신청서에 수용된 사실을 확인할 수 있는 서류(특약체결자의 경우에는 특약체결 사실 및 보상채권 예탁사실을 확인할 수 있는 서류 포함)를 첨부하여 관할세무서장에게 제출해야 한다(조특령 72 ⑧).

4. 사후관리

1) 다음에 해당하는 경우 해당 사업시행자는 감면된 세액에 상당하는 금액을 그 사유가 발생한 과세연도의 과세표준신고를 할 때 소득세 또는 법인세로 납부해야 한다(조특법 77 ③).

① 공익사업의 시행자가 사업시행인가 등을 받은 날부터 3년 이내에 그 공익사업에 착수하지 아니하는 경우

② 정비사업시행자가 다음의 기한까지 「도시 및 주거환경정비법」에 따른 사업시행인가를 받지 않거나 그 사업을 완료하지 않는 경우

㉠ 사업시행인가의 경우 사업시행자의 지정을 받은 날부터 1년이 되는 날

㉡ 사업완료의 경우 사업인가를 받은 사업시행계획서상 공사완료일

조특 06

이 경우 다음의 이자상당가산액을 소득세 또는 법인세로 납부해야 한다(조특법 77 ⑤). 이때 납부할 세액은 법인세 과세표준신고시 자진납부해야 할 세액으로 본다.

$$\text{이자상당가산액} = \text{납부할 세액} \times \text{기간}^{*} \times \text{1일 } \frac{2.2}{10{,}000}$$

* 감면을 받은 과세연도 종료일 다음 날부터 납부사유가 발생한 과세연도 종료일까지의 기간

2) 채권을 만기까지 보유하기로 특약을 체결하고 양도소득세의 35%(만기가 5년 이상인 경우에는 45%)에 상당하는 세액을 감면받은 자가 그 특약을 위반하게 된 경우에는 즉시 감면받은 세액 중 양도소득세의 15%(만기가 5년 이상인 경우에는 25%)에 상당하는 금액을 징수한다(조특법 77 ④).

Ⅱ 대토보상에 대한 양도소득세 과세특례

1. 개 요

거주자가 공익사업에 필요한 토지 등을 사업시행자에게 양도하여 대토보상(代土補償)받는 부분에 대해서는 양도소득세의 40%에 상당하는 세액을 감면받거나 양도소득세의 과세를 이연받을 수 있다. 그 취지는 공익사업의 시행에 따른 현금보상의 규모를 축소함으로써 부동산 시장에 미치는 영향을 최소화하려는데 있다.

2. 과세특례의 요건

1) 거주자가 「공익사업을 위한 토지 등의 취득 및 보상에 관한 법률」에 따른 공익사업의 시행으로 해당 사업지역에 대한 사업인정고시일(사업인정고시일 전에 양도하는 경우에는 양도일)부터 소급하여 2년 이전에 취득한 토지 등을 2026년 12월 31일 이전에 해당 공익사업의 시행자에게 양도

하고 토지 등의 양도대금을 해당 공익사업의 시행으로 조성한 토지로 보상(이하 '대토보상'이라 한다)받아야 한다(조특법 77의2 ①).

2) 공익사업의 시행자는 거주자가 양도소득세의 세액을 감면받거나 해당 과세를 이연받으려는 경우에는 대토보상자에 대한 대토보상 명세를 보상계약의 체결일이 속하는 다음 달 말일까지 대토보상자의 관할세무서장에게 통보해야 한다(조특법 77의2 ②, 조특령 73 ②).

3. 과세특례의 내용

거주자가 토지 등을 사업시행자에게 양도하고 토지 등의 양도대금의 전부 또는 일부를 해당 공익사업의 시행으로 조성한 토지(이하 '대토'라 한다)로 보상받은 경우에는 다음의 구분에 따라 양도소득세 과세특례를 적용한다(조특령 73 ①).

1) 세액의 감면을 신청하는 경우 : 거주자가 해당 토지 등을 사업시행자에게 양도하여 발생하는 양도차익 중 다음의 금액에 대한 양도소득세의 40%에 상당하는 세액을 감면한다.

$$\text{감면대상소득} = (\text{해당 토지 등의 양도차익} - \text{장기보유특별공제}) \times \frac{\text{대토보상 상당액}}{\text{총보상액}}$$

2) 과세이연을 신청하는 경우 : 거주자가 해당 토지 등을 사업시행자에게 양도하여 발생하는 양도차익 중 다음의 금액(이하 '과세이연금액'이라 한다)에 대해서는 양도소득세를 과세하지 않되, 해당 대토를 양도할 때에 대토의 취득가액에서 과세이연금액을 뺀 금액을 취득가액으로 보아 양도소득세를 과세한다. 이 경우 대토를 양도할 때는 장기보유특별공제액을 계산할 때 보유기간은 대토의 취득시부터 양도시까지로 본다.

$$\text{과세이연금액} = (\text{해당 토지 등의 양도차익} - \text{장기보유특별공제}) \times \frac{\text{대토보상 상당액}}{\text{총보상액}}$$

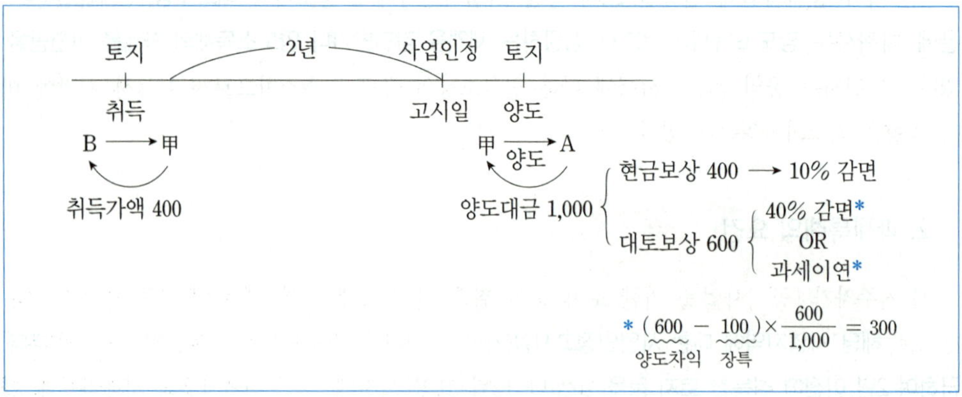

4. 사후관리

1) 양도소득세를 감면받거나 과세이연을 받은 거주자는 다음 중 어느 하나에 해당하면 양도소득세 감면세액 전액(과세이연을 받은 경우에는 과세이연금액 상당 세액)에 이자상당액을 가산하여 해당 사유가 발생한 날이 속하는 달의 말일부터 2개월 이내에 양도소득세로 신고·납부해야 한다(조특령 73④).

① 「공익사업을 위한 토지 등의 취득 및 보상에 관한 법률」에 따른 전매금지를 위반하여 현금보상으로 전환된 경우

② 해당 대토에 대한 소유권 이전등기를 완료한 후 3년 이내에 해당 대토를 양도하는 경우. 다만, 대토를 취득한 후 3년 이내에 「공익사업을 위한 토지 등의 취득 및 보상에 관한 법률」에 따른 협의매수·수용, 그 밖의 법률에 따라 협의매수·수용되는 경우에는 그렇지 않다.

2) 양도소득세를 감면받거나 과세이연을 받은 거주자(아래 ③의 상속의 경우에는 해당 거주자의 상속인을 말한다)는 다음 중 어느 하나에 해당하면 대토보상과 현금보상(④는 만기보유특약을 체결하지 않은 경우의 채권보상)의 양도소득세 감면세액의 차액(과세이연을 받은 경우에는 과세이연금액 상당 세액)을 사유가 발생한 날이 속하는 달의 말일부터 2개월(증여의 경우에는 3개월, 상속의 경우에는 6개월) 이내에 양도소득세로 신고·납부해야 한다(조특령 73⑤).

① 해당 대토에 관한 소유권 이전등기의 등기원인이 대토보상으로 기재되지 않는 경우(④를 적용받는 경우는 제외)

② 위 1) ① 외의 사유로 현금보상으로 전환된 경우

③ 해당 대토에 대한 소유권 이전등기를 완료한 후 3년 이내에 그 대토의 증여 또는 상속이 이루어지는 경우

④ 「공익사업을 위한 토지 등의 취득 및 보상에 관한 법률(제63조 ①)」에 따라 토지로 보상받기로 결정된 권리를 부동산투자회사에 현물출자 하는 경우

사 례 **공익사업용 토지와 농지에 대한 양도소득세 지원제도**

조세특례제한법상 공익사업용 토지에 대한 조세지원제도와 영농사업용 토지에 대한 조세지원제도에 관한 다음 물음에 답하시오. (2019년 세무사 2차, 25점)

【물음 1】 공익사업용 토지 등에 대한 양도소득세의 감면규정의 취지·감면요건·감면내용·사후관리와 대토보상에 대한 양도소득세 과세특례 규정의 취지·감면요건·감면내용·사후관리에 대하여 비교·설명하시오. (20점)

【물음 2】 자경농지에 대한 양도소득세 감면규정의 경작기간과 농지대토에 대한 양도소득세 감면규정의 경작기간을 비교·설명하시오. (5점)

해 답

【물음 1】 규정의 비교

1. 취 지

(1) 전자 감면규정

공익사업용 토지 등에 대한 양도소득세의 감면규정(이하 '전자 감면규정')은 공익사업을 위한 토지의 양도 또는 수용은 양도자의 자유로운 의사결정에 따라 양도가 아닌 점을 고려하여 세액감면을 통해 공익사업용 토지 양도를 세제상 지원하려는데 그 취지가 있다.

(2) 후자 감면규정

대토보상에 대한 양도소득세 과세특례 규정(이하 '후자 감면규정')은 대토보상을 지원하여 공익사업의 시행에 따른 현금보상의 규모를 축소함으로써 부동산시장에 미치는 영향을 최소화하려는데 그 취지가 있다.

2. 감면요건

(1) 전자 감면규정

1) 감면대상소득 : 해당 토지 등이 속한 사업지역에 대한 사업인정고시일(고시일 전에 양도하는 경우에는 양도일)부터 2년 이전에 취득한 토지 등을 양도함으로써 발생하는 다음의 소득을 말한다.

① 법률이 적용되는 공익사업에 필요한 토지 등을 그 공익사업의 시행자에게 양도함으로써 발생하는 소득

② 법률에 따른 정비구역의 토지 등을 사업시행자에게 양도함으로써 발생하는 소득

③ 법률에 따른 토지 등의 수용으로 인해 발생하는 소득

2) 감면신청

① 해당 공익사업·정비사업의 시행자는 해당 토지 등을 양도한 날이 속하는 과세연도의 과세표준신고와 함께 세액감면신청서에 해당 공익사업·정비사업의 시행자임을 확인할 수 있는 서류를 첨부하여 양도자의 관할세무서장에게 제출해야 한다.

② 감면을 적용받고자 하는 자는 해당 토지 등을 양도한 날이 속하는 과세연도의 과세표준신고(예정신고)와 함께 세액감면신청서에 수용된 사실을 확인할 수 있는 서류를 첨부하여 관할세무서장에게 제출해야 한다.

(2) 후자 감면규정

1) 대토보상 : 거주자가 법률에 따른 공익사업의 시행으로 해당 사업지역에 대한 사업인정고시일(고시일 전에 양도하는 경우에는 양도일)부터 소급하여 2년 이전에 취득한 토지 등을 해당 공익사업의 시행자에게 양도하고 토지 등의 양도대금을 해당 공익사업의 시행으로 조성한 토지로 보상(이하 '대토보상'이라 한다)받아야 한다.

2) 보상명세 통보 : 공익사업의 시행자는 거주자가 양도소득세의 세액을 감면받거나 해당 과세를 이연받으려는 경우에는 대토보상 명세를 보상계약체결일이 속하는 다음 달 말일까지 대토보상자의 관할세무서장에게 통보해야 한다.

3. 감면내용

(1) 전자 감면규정

공익사업용 토지를 양도함으로써 발생하는 소득에 대해서는 다음 감면비율에 상당하는 세액을 감면한다.

① 현금보상의 경우 : 15%

② 채권보상의 경우 : 20%(채권을 만기까지 보유하기로 특약을 체결한 경우 : 채권 만기 3년 이상 5년 미만은 35%, 5년 이상은 45%)

(2) 후자 감면규정

1) 세액의 감면을 신청하는 경우 : 해당 토지 등을 사업시행자에게 양도하여 발생하는 양도차익 중 다음의 금액에 대한 양도소득세의 40%에 상당하는 세액을 감면한다.

$$감면대상소득 = (해당\ 토지\ 등의\ 양도차익 - 장기보유특별공제) \times \frac{대토보상\ 상당액}{총보상액}$$

2) 과세이연을 신청하는 경우 : 해당 토지 등을 사업시행자에게 양도하여 발생하는 양도차익 중 다음의 금액(이하 '과세이연금액')에 대해서는 양도소득세를 과세하지 않되, 해당 대토를 양도할 때에 대토의 취득가액에서 과세이연금액을 뺀 금액을 취득가액으로 보아 양도소득세를 과세한다. 이 경우 대토를 양도할 때에는 장기보유특별공제액을 계산할 때의 보유기간을 대토의 취득시로부터 양도시까지로 본다.

$$과세이연금액 = (해당\ 토지\ 등의\ 양도차익 - 장기보유특별공제) \times \frac{대토보상\ 상당액}{총보상액}$$

4. 사후관리

(1) 전자 감면규정

1) 다음에 해당하는 경우 해당 사업시행자는 감면된 세액에 상당하는 금액을 그 사유가 발생한 과세연도의 과세표준신고를 할 때 소득세 · 법인세로 납부해야 한다.

① 공익사업의 시행자가 사업시행인가 등을 받은 날부터 3년 이내에 그 공익사업에 착수하지 않은 경우

② 정비사업시행자가 다음의 기한까지 법률에 따른 사업시행인가를 받지 않거나 그 사업을 완료하지 않은 경우

㉠ 사업시행인가의 경우 사업시행자의 지정을 받은 날부터 1년이 되는 날

㉡ 사업완료의 경우 사업인가를 받은 사업시행계획서상 공사완료일

이 경우 이자상당액을 가산하여 납부해야 한다. 이때 납부할 세액은 법인세 과세표준신고시 자진납부해야 할 세액으로 본다.

2) 채권을 만기까지 보유하기로 특약을 체결하고 양도소득세의 30%(만기 5년 이상은 40%)에 상당하는 세액을 감면받은 자가 그 특약을 위반하게 된 경우에는 즉시 감면받은 세액 중 양도소득세의

15%(만기 5년 이상은 25%)에 상당하는 금액을 징수한다.

(2) 후자 감면규정

1) 양도소득세를 감면·과세이연을 받은 거주자는 다음 중 어느 하나에 해당하면 양도소득세 감면세액 전액(또는 과세이연금액에 상당하는 세액)에 이자상당액을 가산하여 해당 사유가 발생한 날이 속하는 달의 말일부터 2개월 이내에 양도소득세로 신고·납부해야 한다.

① 법률에 따른 전매금지를 위반하여 현금보상으로 전환된 경우

② 해당 대토에 대한 소유권 이전등기를 완료한 후 3년 이내에 해당 대토를 양도하는 경우

2) 양도소득세를 감면·과세이연을 받은 거주자(아래 ③의 상속의 경우에는 해당 거주자의 상속인)는 다음 중 어느 하나에 해당하면 대토보상과 현금보상의 양도소득세 감면세액의 차액(과세이연을 받은 경우에는 과세이연금액 상당 세액)을 사유가 발생한 날이 속하는 달의 말일부터 2개월(증여의 경우에는 3개월, 상속의 경우에는 6개월) 이내에 양도소득세로 신고·납부해야 한다.

① 해당 대토에 관한 소유권 이전등기의 등기원인이 대토보상으로 기재되지 않는 경우

② 위 1) ① 외의 사유로 현금보상으로 전환된 경우

③ 해당 대토를 증여·상속하는 경우

【물음 2】 경작기간

1. 자경농지에 대한 양도소득세 감면규정

1) 경작기간 : 거주자가 농지를 취득한 때부터 양도한 때까지의 사이에 8년(경영이양 직접지불보조금의 지급대상이 되는 농지를 한국농어촌공사·농업법인에게 양도하는 경우에는 3년) 이상 자기가 직접 경작한 사실이 있는 농지에 대해서 세액감면을 적용한다.

2) 자경기간에서 제외되는 기간 : 경작한 기간 중 해당 피상속인(그 배우자 포함) 또는 거주자의 각각에 대하여 다음 중 어느 하나에 해당하는 과세기간이 있는 경우 그 기간은 해당 피상속인 또는 거주자가 경작한 기간에서 제외한다(조특령 66 ⑭).

① 소득세법에 따른 총급여액과 사업소득금액(농업·임업에서 발생하는 소득, 부동산임대업에서 발생하는 소득과 비과세되는 농가부업소득은 제외)의 합계액이 3,700만원 이상인 과세기간이 있는 경우(이 경우 사업소득금액이 음수인 경우에는 해당 금액을 0으로 본다)

② 소득세법에 따른 사업소득 총수입금액(농업·임업에서 발생하는 소득, 부동산임대업에서 발생하는 소득과 비과세되는 농가부업소득은 제외)이 복식부기의무자 수입금액 기준금액(3억원·1억5천만원·7천5백만원) 이상인 과세기간이 있는 경우

2. 농지대토에 대한 양도소득세 감면규정

1) 경작기간

① 선양도 후취득 : 감면대상자가 종전의 농지의 양도일부터 1년 내에 다른 농지를 취득한 후 1년 내에 새로운 농지소재지에 거주하면서 경작을 개시하고, 그 후 계속하여 경작한 기간이 종전의 농지 경작기간과 합산하여 8년 이상인 경우에 세액감면을 적용한다.

② 선취득 후양도 : 감면대상자가 새로운 농지의 취득일부터 1년 내에 종전의 농지를 양도한 후 종전의 농지 양도일부터 1년 내에 새로운 농지 소재지에 거주하면서 경작을 개시하고, 그 후 계속하여 경작한 기간이 종전의 농지 경작기간과 합산하여 8년 이상인 경우에 세액감면을 적용한다.

2) 자경기간에서 제외되는 기간 규정 준용 : 위 1)의 경작기간을 적용할 때 종전의 농지 경작기간과 새로운 농지 경작기간의 계산에 관하여는 자경농지에 대한 양도소득세 감면규정에서 살펴본 2)의 자경기간에 제외되는 기간에 관한 규정을 준용한다. 이 경우 새로운 농지의 경작기간을 계산할 때 새로운 농지의 경작을 개시한 후 종전의 농지 경작기간과 새로운 농지 경작기간을 합산하여 8년이 지나기 전에 자경기간에서 제외되는 기간이 있는 경우에는 새로운 농지를 계속하여 경작하지 않은 것으로 본다.

❑ 출제위원 채점평

> 올해 조세특례제한법의 문제는 공익사업용 토지에 대한 조세지원제도와 영농사업용 토지에 대한 조세지원제도가 출제되었다.
>
> 1)은 시사적 이슈가 있는 내용이라서 상당수 수험생들이 답안을 잘 작성하였다. 하지만 대토보상에 대한 내용을 2)의 농지대토에 대한 내용과 혼동하여 작성한 답안들도 있어서 아쉬운 마음이 들었다.
>
> 2)는 자경농지와 농지대토에 대한 경작기간에 대해 비교 · 설명하라는 문제인데 배점에 비해 너무 많은 시간과 답안 분량을 할애한 수험생들이 많았다.
>
> 출제자의 의도와 묻는 물음에 적합한 답안을 작성하는 것이 무엇보다 중요하다고 생각한다. 모든 수험생 여러분의 합격을 기원하며 훌륭한 전문가로 성장하길 바란다.

Ⅲ 조합법인 등에 대한 법인세 과세특례

농협, 수협, 산림조합, 새마을금고, 신협 등에 해당하는 법인의 각 사업연도의 소득에 대한 법인세는 2025년 12월 31일 이전에 끝나는 사업연도까지 법인세법 규정에도 불구하고 다음과 같이 계산하여 과세한다(당기순이익과세). 다만, 해당 법인이 당기순이익과세를 포기한 경우에는 그 이후의 사업연도에 대하여 당기순이익과세를 하지 않는다(조특법 72 ①, 조특령 69 ①).

	법인세 차감전 당기순이익
+	업무추진비 · 기부금 손금불산입액
+	인건비 등 과다경비 손금불산입액
+	업무무관비용 손금불산입액
+	채무보증 구상채권 · 가지급금 관련 대손금 · 대손충당금의 손금불산입액
=	과 세 표 준
×	특례세율 : 9%(20억원 초과분은 12%)
=	당기순이익과세 법인세액

(업무추진비 · 기부금 손금불산입액 ~ 대손금 · 대손충당금의 손금불산입액: 해당 법인의 수익사업과 관련된 것만 해당한다.)

이처럼 당기순이익과세를 적용받는 법인에 대해서는 조세특례제한법에 따른 대부분의 조세혜택을 적용하지 않는다(조특법 72 ②).

Ⅳ 기부장려금 제도

1. 개 요

[도 표] 기부장려금 지급

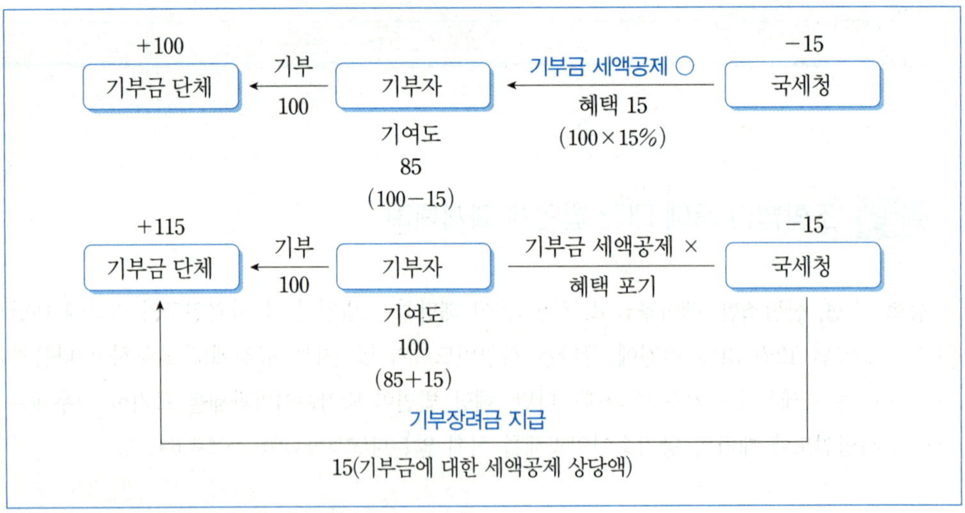

소득세법에 따라 기부금 세액공제를 신청할 수 있는 거주자(이하 '기부자'라 한다)는 본인이 기부금 세액공제를 받는 대신 그 기부금에 대한 세액공제 상당액(이하 '기부장려금'이라 한다)을 당초 기부금을 받은 자가 지급받을 수 있도록 기부장려금을 신청할 수 있다(조특법 75 ①). 이러한 기부장려금 제

도는 진정한 기부문화를 정착시키고 기부금 단체의 재정을 확충하기 위하여 마련된 제도이다.

이처럼 기부자가 기부금에 대한 세액공제 상당액을 당초 기부금을 받은 기부장려금단체가 지급받을 수 있도록 하기 위해서는 「기부장려금 신청서」를 해당 기부장려금단체에 제출해야 한다(조특령 71 ⑩).

[도 표] 기부장려금 절차

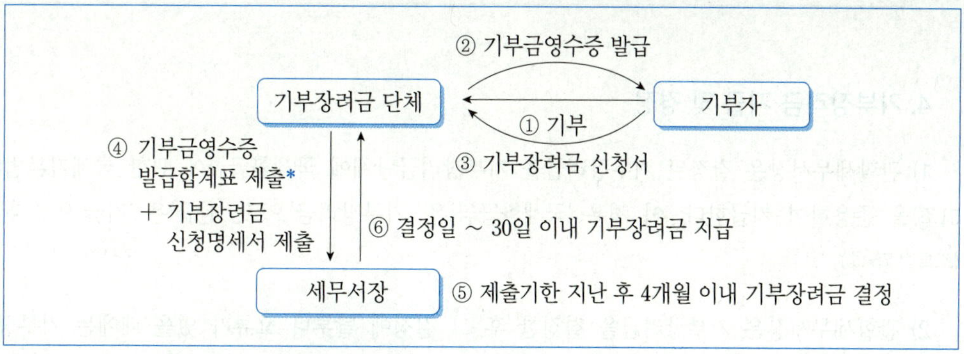

* 해당 과세기간의 다음 연도 6월 30일까지 제출

2. 기부장려금단체의 지정 및 기부장려금 신청명세 제출

기획재정부장관은 기부금영수증을 발급하는 자로서 기부금영수증 발급명세서의 작성 · 보관 의무 등 납세협력의무의 이행과 회계 투명성 등 요건을 갖춘 것으로 인정되어 국세청장이 추천하는 자를 기부장려금단체로 지정할 수 있다(조특법 75 ②). 지정된 기부장려금단체는 기부자에게 기부금영수증을 발급할 때 기부장려금 신청 여부를 확인하여 기부금영수증 발급합계표를 관할 세무서장에게 제출할 때 기부장려금 신청명세를 제출해야 한다(조특법 75 ③).

3. 기부장려금 결정

기부장려금단체로부터 기부장려금 신청명세를 제출받은 관할세무서장은 다음의 금액을 기부장려금으로 결정한다. 이 경우 관할세무서장은 기부장려금 신청명세 제출기한이 지난 후 4개월 이내에 기부장려금을 결정해야 한다(조특법 75 ④).

> 기부장려금 = (기부장려금을 신청한 기부자의 해당 과세기간의 종합소득 결정세액 − 기부자가 기부장려금을 신청한 기부금에 대하여 소득세법에 따른 기부금 세액공제를 신청한 것으로 보아 계산한 종합소득결정세액*)

* 이 경우 소득세법에 따른 기부금 세액공제액을 계산할 때 기부장려금을 신청한 기부금에 대해서는 세액공제 대상 일반기부금의 한도액(소득금액의 30% 등)을 적용하지 않는다.

참고사항 2개 이상 기부장려금단체에 기부장려금을 신청하는 경우 기부장려금의 결정

기부자가 2개 이상의 기부장려금단체에 대하여 기부장려금을 신청한 경우에는 관할세무서장은 다음의 금액을 해당 기부장려금단체의 기부장려금으로 각각 결정한다(조특령 71 ⑤).

$$\text{해당 기부금장려단체의 기부장려금} = \text{위의 기부장려금} \times \frac{\text{기부자의 해당 기부장려금단체에 대한 기부장려금 신청 기부금액}}{\text{기부자의 기부장려금 신청 기부금 총액}}$$

4. 기부장려금 지급 및 경정

1) 관할세무서장은 결정된 기부장려금을 기부장려금단체에 국세환급금에 관한 국세기본법(제51조)을 준용하여 지급한다. 이 경우 '국세환급금'은 '기부장려금'으로, '환급'은 '지급'으로 본다(조특법 75 ⑤).

2) 관할세무서장은 기부장려금을 결정한 후 그 결정에 탈루나 오류가 있을 때에는 기부장려금을 경정해야 한다(조특법 75 ⑥).

5. 부정지급에 대한 사후관리

1) 관할세무서장은 기부장려금단체가 기부장려금 신청명세를 사실과 다르게 작성하여 경정으로 기부장려금이 줄어든 경우에는 초과하여 지급받은 기부장려금(이하 '초과지급금'이라 한다)에 다음 금액을 합한 금액을 징수해야 한다(조특법 75 ⑦).

$$\text{가산금액} = \text{초과지급금} \times 3\% + \text{초과지급금} \times \text{기간}^{*} \times 1\text{일} \ \frac{2.2}{10,000}$$

* 기간 : 기부장려금을 환급받은 날의 다음 날부터 자진납부일 또는 납부고지일까지의 기간

2) 기획재정부장관은 기부장려금단체가 다음 중 어느 하나에 해당하는 경우에는 기부장려금단체의 지정을 취소할 수 있다(조특법 75 ⑧).

① 기부장려금단체가 기부장려금 신청명세를 사실과 다르게 작성한 경우

② 국세기본법(제85조의5)에 따라 불성실기부금수령단체로 명단이 공개된 경우

③ 기부장려금단체가 해산한 경우

④ 그 밖에 법령을 위반하거나 목적 외 사업을 하는 등 사유가 있는 경우

위 ①·② 및 ④에 따라 기부장려금단체의 지정이 취소된 경우 그 지정이 취소된 날이 속하는 과세연도부터 5년간 기부장려금단체로 지정하지 않는다(조특법 75 ⑨).

6. 기부금 세액공제와 기부장려금을 중복신청한 경우

기부자가 소득세법에 따른 기부금 세액공제와 기부장려금을 중복하여 신청한 경우에는 기부금 세액공제를 신청한 것으로 보아 소득세법에 따른 기부금 세액공제 규정을 적용한다. 다만, 기부장려금을 신청한 기부자가 기부장려금 신청명세 제출기한이 지난 후에 기부금 세액공제를 중복하여 신청한 경우에는 기부장려금을 신청한 것으로 보아 기부장려금의 규정을 적용한다(조특법 75 ⑩).

V 정치자금의 손금산입특례 등

1. 정치자금의 손금산입특례 등

거주자가 정치자금법에 따라 정당(같은 법에 따른 후원회 및 선거관리위원회 포함)에 기부한 정치자금은 이를 지출한 해당 과세연도에 ① 10만원까지는 그 기부금액의 100/110을, ② 10만원을 초과한 금액에 대해서는 해당 금액의 15%(해당 금액이 3천만원을 초과하는 경우 그 초과분에 대해서는 25%)에 해당하는 금액을, 종합소득산출세액에서 공제한다. 다만, 사업자인 거주사가 정치자금을 기부한 경우 10만원을 초과한 금액에 대해서는 이월결손금을 뺀 후의 소득금액의 범위에서 필요경비에 산입한다(조특법 76 ①).

구분	거주자의 기부 정치자금에 대한 조세특례
① 기부한 정치자금 ≤ 10만원	• 기부정치자금 세액공제액 = 기부한 정치자금 × $\frac{100}{110}$ * 해당 거주자가 사업자인지 여부를 묻지 않고 세액공제한다.
② 기부한 정치자금 > 10만원	• 일반 거주자의 경우 세액공제액 = (기부한 정치자금 − 10만원) × 15%* * 해당 금액이 3천만원을 초과하는 경우 그 초과분에 대해서는 25% • 사업자인 거주자의 경우 : (기부한 정치자금 − 10만원)에 대해서 필요경비산입 필요경비산입 한도액 = (기준소득금액 − 이월결손금) × 100%

2. 정치자금 기부금의 상속세및증여세 비과세

거주자가 「정치자금에 관한 법률」에 따라 정당에 기부하는 정치자금에 대해서는 상속세 또는 증여세를 부과하지 않는다(조특법 76 ②).

3. 위법 정치자금에 대한 상속세및증여세 과세

거주자가 「정치자금에 관한 법률」에 따라 정당에 기부하는 정치자금 외의 정치자금에 대해서는 상증세법의 비과세 규정* 및 다른 세법의 규정에도 불구하고 그 기부받은 자가 상속받거나 증여받은 것으로 보아 상속세 또는 증여세를 부과한다(조특법 76 ③).

* 이는 정당법 규정에 따라 정당에 유증 등을 한 재산에 대한 상속세 비과세 규정 및 정당법의 규정에 따라 정당이 증여받은 재산에 대한 증여세 비과세 규정을 말한다(상증법 12 (4), 46 (3)).

4. 고유목적사업준비금 손금산입특례

법인세법에 따른 고유목적사업준비금의 손금산입범위액은 소득금액의 50% 수준으로 하지만, 다음에 해당하는 경우에는 50% 대신에 다음의 특례비율을 적용한다(조특법 74, 조특령 70).

구분	특례비율	적용시기
① ㉠ 사립학교법인, 산학협력단, 원격대학 형태의 평생교육시설을 운영하는 비영리법인, 국립대학법인 서울대학교 및 발전기금, 국립대학법인 울산과학기술대학교, ㉡ 사회복지법인, ㉢ 국립대학교병원, 서울대학교(치과)병원, 국립암센터, 지방의료원, 대한적십자사가 운영하는 병원, 국립중앙의료원, ㉣ 학교법인·사회복지법인·㉢에 해당하는 법인이 설립하는 의료기술협력단, ㉤ 도서관·박물관·미술관 운영법인(해당 사업과 해당 사업시설에서 그 시설을 이용하는 자를 대상으로 영위하는 수익사업 사업에만 해당함), 정부로부터 인가 또는 허가를 받은 문화예술단체 및 체육단체 등, ㉥ 「공익법인의 설립·운영에 관한 법률」에 따라 설립된 법인으로서 해당 과세연도의 고유목적사업이나 일반기부금에 대한 지출액 중 80% 이상의 금액을 장학금으로 지출한 법인(장학재단)	100%	2025.12.31.
② 공무원연금공단, 사립학교교직원연금공단		
③ 수도권 과밀억제권역 및 광역시를 제외하고 인구 등을 고려하여 지정한 지역에 의료기관을 개설하여 의료업을 영위하는 비영리내국법인(위 ①이 적용되는 비영리내국법인은 제외)		

Ⅵ 그 밖의 공익사업지원을 위한 과세특례

1. 사회적기업 및 장애인 표준사업장에 대한 법인세 등의 감면

(1) 감면내용

1) 사회적기업에 대한 감면 : 「사회적기업 육성법」에 따라 2025년 12월 31일까지 사회적기업[1]으로 인증받은 내국인은 ① 해당 사업에서 최초로 소득이 발생한 과세연도*와 그 다음 과세연도의 개시일부터 2년 이내에 끝나는 과세연도까지 해당 사업에서 발생한 소득에 대한 법인세 또는 소득세의 100%에 상당하는 세액을 감면하고, ② 그 다음 2년 이내에 끝나는 과세연도에는 법인세 또는 소득세의 50%에 상당하는 세액을 감면한다(3년간 100% 감면 → 2년간 50% 감면, 조특법 85의6 ①).

* 인증을 받은 날부터 5년이 되는 날이 속하는 과세연도까지 해당 사업에서 소득이 발생하지 않은 경우에는 5년이 되는 날이 속하는 과세연도부터 기산한다.

2) 장애인 표준사업장에 대한 감면 : 「장애인고용촉진 및 직업재활법」에 따라 2025년 12월 31일까지 장애인 표준사업장[2]으로 인증받은 내국인은 ① 해당 사업에서 최초로 소득이 발생한 과세연도*와 그 다음 과세연도의 개시일부터 2년 이내에 끝나는 과세연도까지 해당 사업에서 발생한 소득에 대한 법인세 또는 소득세의 100%에 상당하는 세액을 감면하고, ② 그 다음 2년 이내에 끝나는 과세연도에는 법인세 또는 소득세의 50%에 상당하는 세액을 감면한다(3년간 100% 감면 → 2년간 50% 감면, 조특법 85의6 ②).

* 인증을 받은 날부터 5년이 되는 날이 속하는 과세연도까지 해당 사업에서 소득이 발생하지 않은 경우에는 5년이 되는 날이 속하는 과세연도부터 감면기간을 기산한다.

(2) 감면한도

앞의 감면기간 동안 해당 과세연도에 감면받는 법인세 또는 소득세는 다음의 금액을 한도로 한다(조특법 85의6 ③).

구분	감면한도
① 사회적기업으로 인증받은 내국인의 경우	1억원 + 「사회적기업 육성법(제2조 (2))」에 따른 취약계층에 해당하는 상시근로자 수 × 2,000만원
② 장애인 표준사업장으로 인증받은 내국인의 경우	1억원 + 「장애인고용촉진 및 직업재활법(제2조 (1))」에 따른 장애인에 해당하는 상시근로자 수 × 2,000만원

1) '사회적기업'이란 취약계층에게 사회서비스 또는 일자리를 제공하여 지역주민의 삶의 질을 높이는 등의 사회적 목적을 추구하면서 재화 및 서비스의 생산 · 판매 등 영업활동을 수행하는 기업으로서 노동부장관의 인증을 받은 자를 말한다(사회적기업 육성법(제2조 제1호)).

2) '장애인 표준사업장'이란 장애인 고용인원 · 고용비율 및 시설 · 임금에 관하여 고용노동부령으로 정하는 기준에 해당하는 사업장을 말한다(「장애인고용촉진 및 직업재활법」 제2조 제8호).

(3) 감면배제

1) 사회적기업의 경우 : 세액감면기간 중 다음 중 어느 하나에 해당하여 사회적기업의 인증이 취소되었을 때에는 해당 과세연도부터 법인세 또는 소득세를 감면받을 수 없다(조특법 86의6 ④).

① 거짓이나 그 밖의 부정한 방법으로 인증을 받은 경우

② 「사회적기업 육성법」의 인증요건을 갖추지 못하게 된 경우

2) 장애인 표준사업장의 경우 : 세액감면기간 중 해당 장애인 표준사업장이 다음 중 어느 하나에 해당하는 경우에는 해당 과세연도부터 법인세 또는 소득세를 감면받을 수 없다(조특법 86의4 ⑤).

① 장애인 고용 사업주와 장애인 표준사업장에 대한 융자 또는 지원을 거짓이나 그 밖의 부정한 방법으로 받은 경우

② 사업주가 받은 융자금 또는 지원금을 장애인 고용 등의 용도에 사용하지 않은 경우

③ 「장애인고용촉진 및 직업재활법(제22조의4 ②)」에 따라 인증이 취소된 경우

(4) 감면세액의 납부

세액감면받은 내국인이 위 1)의 ① 또는 위 2)의 ①에 해당하는 경우에는 그 사유가 발생한 과세연도의 과세표준신고를 할 때 감면받은 세액에 이자상당가산액을 가산하여 법인세 또는 소득세로 납부해야 한다(조특법 85의6 ⑥).

(5) 최저한세 배제

사회적기업 및 장애인 표준사업장에 대한 법인세 등의 감면에 대해서는 최저한세를 적용하지 않는다(조특법 132 ①,②).

2. 공익사업을 위한 수용 등에 따른 공장이전에 대한 과세특례

(1) 개 요

「공익사업을 위한 토지 등의 취득 및 보상에 관한 법률」에 따른 공익사업의 시행으로 해당 공익사업지역에서 그 사업인정고시일(사업인정고시일 전에 양도하는 경우에는 양도일)부터 소급하여 2년 이상 가동한 공장*을 공익사업 시행지역 밖의 지역**으로서 다음 중 어느 하나에 해당하지 않는 지역(이하 '지방'이라 한다)으로 이전하기 위하여 그 공장의 대지와 건물을 그 공익사업의 사업시행자에게 2026년 12월 31일까지 양도(공장의 대지의 일부만 양도하는 경우를 포함한다)함으로써 발생하는 양도차익에 상당하는 금액은 과세이연을 적용받을 수 있다(조특법 85의7 ①).

① 수도권과밀억제권역

② 부산광역시(기장군은 제외) · 대구광역시(달성군은 제외) · 광주광역시 · 대전광역시 및 울산광역시의 관할구역. 다만, 산업단지는 제외한다.

③ 행정중심복합도시 등

* 공장을 사업인정고시일부터 소급하여 2년 미만 가동한 경우 양도일 현재 1년 이상 가동한 공장의 토지로서 사업인정고시일부터 소급하여 5년 이상 보유한 토지를 포함한다.

** 공익사업의 시행으로 조성한 공익사업 지역 안의 토지를 사업시행자로부터 직접 취득하여 해당 공장의 용지로 사용하는 경우에는 그 공익사업 시행지역을 포함한다.

(2) 이전요건

지방이전은 다음 중 어느 하나에 해당하는 경우로 한다. 다만, 기존공장 또는 지방공장의 대지가 공장입지기준면적을 초과하는 경우 그 초과하는 부분에 대해서는 과세이연을 적용하지 않는다(조특령 79의8 ⑤).

① 지방공장을 취득하여 사업을 개시한 날부터 2년 이내에 기존 공장을 양도하는 경우

② 기존공장을 양도한 날부터 3년(공사의 허가 또는 인가의 지연 등 부득이한 사유가 있는 경우에는 6년) 이내에 지방공장을 취득하여 사업을 개시하는 경우

(3) 과세이연 방법

1) 내국법인 : 다음의 금액을 해당 사업연도의 소득금액을 계산할 때 익금에 산입하지 않는 방법(조특령 79의8 ②).

$$\text{과세이연금액} = \left(\begin{matrix}\text{기존공장의}\\\text{양도차익}\end{matrix} - \text{이월결손금}\right)^{(*주1)} \times \frac{\text{지방공장의 취득가액}^{(*주2)}}{\text{기존공장의 양도가액}}\ (100\%\ \text{한도})$$

(*주1) 해당 공익사업 시행지역에 소재하는 공장(이하 '기존공장'이라 한다)의 양도가액에서 장부가액과 직전 사업연도 종료일 현재 법인세법에 따른 이월결손금의 합계액을 뺀 금액을 말한다.

(*주2) 기존공장의 양도일이 속하는 과세연도 종료일까지 지방공장을 취득하지 않은 경우 지방공장의 취득가액은 이전(예정)명세서상의 예정가액으로 한다.

이 경우 해당 과세이연금액은 양도일이 속하는 사업연도 종료일 이후 5년이 되는 날이 속하는 사업연도부터 5개 사업연도 기간 동안 균분한 금액 이상을 익금에 산입해야 한다(5년 거치 5년간 분할익금산입, 조특법 85의7 ① (1)).

2) 거주자 : 다음의 양도소득세를 양도일이 속하는 해당 연도의 양도소득세 과세표준확정신고 기한까지 납부해야 할 양도소득세로 보지 않는 방법(조특령 79의8 ③)

$$\text{과세이연세액} = \left[\begin{matrix}\text{소득세법에}\\\text{따른 양도차익}\end{matrix} \times \frac{\text{지방공장의 취득가액}^{(*주)}}{\text{기존공장의 양도가액}}\ (100\%\ \text{한도})\right]\text{에 대한 양도소득세}$$

(*주) 기존공장의 양도일이 속하는 과세연도 종료일까지 지방공장을 취득하지 않은 경우 지방공장의 취득가액은 이전(예정)명세서상의 예정가액으로 한다.

이 경우 해당 과세이연세액은 양도일이 속하는 해당 연도의 양도소득세 과세표준확정신고기한 종료일 이후 5년이 되는 날부터 5년의 기간 동안 균분한 금액 이상을 납부해야 한다(5년거치 5년간 분할납부, 조특법 85의7 ① (2)).

(4) 사후관리

과세이연을 적용받은 내국인이 공장을 이전하지 않거나 해당 공장의 양도일부터 3년 이내에 해당 사업을 폐업하거나 해산한 경우에는 그 사유가 발생한 날이 속하는 사업연도의 소득금액을 계산할 때 다음 금액을 익금에 산입하거나 분할납부할 세액을 양도소득세로 납부해야 한다. 이 경우 익금에 산입할 금액 또는 납부할 세액에 대해서는 이자상당가산액을 가산하여 법인세 또는 양도소득세로 납부해야 한다(조특법 85의7 ②).

① 내국법인이 양도차익을 익금에 산입하지 않은 경우 : 익금에 산입하지 않은 금액 전액

② 거주자가 양도소득세의 분할납부를 적용받은 경우 : 분할납부할 세액 전액

3. 중소기업의 공장이전에 대한 과세특례

(1) 개 요

① 2년 이상 계속하여 공장시설을 갖추고 사업을 하는 중소기업이 수도권 과밀억제권역(산업단지는 제외) 외의 지역으로 공장을 이전하거나 ② 산업단지에서 2년 이상 계속하여 공장시설을 갖추고 사업을 하는 중소기업이 동일한 산업단지 내 다른 공장으로 이전하는 경우, 해당 공장의 대지와 건물을 2025년 12월 31일까지 양도함으로써 발생하는 양도차익에 상당하는 금액은 과세이연을 받을 수 있다(조특법 85의8 ①).

(2) 이전요건

공장이전은 다음 중 어느 하나에 해당하는 경우로 한다. 다만, 기존공장 또는 신규공장의 대지가 공장입지기준면적을 초과하는 경우 그 초과하는 부분에 대해서는 과세이연을 적용하지 않는다(조특령 79의9 ⑤).

① 신규공장을 취득하여 사업을 개시한 날부터 2년 이내에 기존 공장을 양도하는 경우

② 기존공장을 양도한 날부터 3년(공사의 허가 또는 인가의 지연 등 부득이한 사유가 있으면 6년) 이내에 신규공장을 취득하여 사업을 개시하는 경우

(3) 과세이연 방법

1) 내국법인 : 다음 금액을 해당 사업연도의 소득금액을 계산할 때 익금불산입하는 방법

$$과세이연금액 = (기존공장의\ 양도차익 - 이월결손금)^{(*주1)} \times \frac{신공장의\ 취득가액^{(*주2)}}{기존공장의\ 양도가액}\ (100\%\ 한도)$$

(*주1) 이전하기 직전 지역에 소재하는 공장(기존공장)의 양도가액에서 장부가액과 직전 사업연도 종료일 현재 이월결손금(공제기간 이내의 발생분)의 합계액을 뺀 금액을 말한다.

(*주2) 기존공장의 양도일이 속하는 과세연도 종료일까지 신규공장을 취득하지 않은 경우 신규공장의 취득가액은 이전(예정)명세서상의 예정가액으로 한다.

이 경우 해당 금액은 양도일이 속하는 사업연도가 끝나는 날 이후 5년이 되는 날이 속하는 사업연도부터 5개 사업연도의 기간 동안 균분한 금액 이상을 익금에 산입해야 한다(5년 거치 5년 분할익금산입, 조특법 86의8 ① (1)).

2) 거주자 : 다음의 양도소득세를 양도일이 속하는 해당 연도의 양도소득세 과세표준 확정신고기한까지 납부해야 할 양도소득세로 보지 않는 방법

$$과세이연세액 = \left[\begin{array}{l}소득세법에\\ 따른\ 양도차익\end{array} \times \frac{신규\ 공장의\ 취득가액^{(*주)}}{기존공장의\ 양도가액}\ (100\%\ 한도)\right]에\ 대한\ 양도소득세$$

(*주) 기존공장의 양도일이 속하는 과세연도 종료일까지 신규공장을 취득하지 아니한 경우 신규공장의 취득가액은 이전(예정)명세서상의 예정가액으로 한다.

이 경우 해당 세액은 양도일이 속하는 해당 연도의 양도소득세 과세표준 확정신고기한이 끝나는 날 이후 5년이 되는 날부터 5년의 기간 동안 균분한 금액 이상을 납부해야 한다(5년 거치 5년 분할납부, 조특법 85의8 ① (2)).

(4) 사후관리

과세이연을 적용받은 내국인이 공장을 이전하지 않거나 해당 공장의 양도일부터 3년 이내에 해당 사업을 폐업하거나 해산한 경우에는 해당 사유가 발생한 날이 속하는 사업연도의 소득금액을 계산할 때 다음 금액을 익금에 산입하거나 분할납부할 세액을 양도소득세로 납부해야 한다. 이 경우 익금에 산입할 금액 또는 납부할 세액에 관하여는 해당 과세연도의 과세표준신고시 이자상당가산액을 가산하여 법인세 또는 양도소득세로 납부해야 한다(조특법 85의8 ②, 조특령 79의9 ⑥).

① 내국법인이 양도차익을 익금에 산입하지 않은 경우 : 익금에 산입하지 않은 금액 전액

② 거주자가 양도소득세의 분할납부를 적용받은 경우 : 분할납부할 세액 전액

제2절 저축지원을 위한 조세특례

I 주요 조세특례

1. 소기업 · 소상공인 공제부금에 대한 소득공제 등

(1) 공제부금에 대한 소득공제

거주자가 중소기업협동조합법에 따른 소기업 · 소상공인공제(이른바 '노란우산공제')에 가입하여 납부하는 공제부금(共濟賦金, 분기별로 300만원 이하의 공제부금을 납입하는 공제를 말한다)에 대해서는 다음의 금액을 해당 과세연도의 사업소득금액(법인의 대표자로서 해당 과세기간의 총급여액이 8천만원 이하인 거주자의 경우에는 근로소득금액으로 한다. 이하 같다)에서 공제한다(조특법 86의3 ①).

$$\text{공제부금에 대한 소득공제액} = \begin{cases} \text{공제대상금액} \times \left(1 - \dfrac{\text{부동산임대업의 소득금액}}{\text{사업소득금액}}\right) \\ \text{공제한도} = \text{사업소득금액} - \text{부동산임대업의 소득금액} \end{cases}$$

해당 과세연도의 사업소득금액		공제대상금액
	4천만원 이하	MIN(해당 연도 공제부금 납부액, 600만원)
4천만원 초과	6천만원 이하	MIN(해당 연도 공제부금 납부액, 500만원)
6천만원 초과	1억원 이하	MIN(해당 연도 공제부금 납부액, 400만원)
1억원 초과		MIN(해당 연도 공제부금 납부액, 200만원)

(2) 소득의 귀속시기

소기업 · 소상공인공제에서 발생하는 소득은 소기업 · 소상공인 공제가입자가 실제로 그 소득을 받을 때 발생한 것으로 본다(조특법 86의3 ②).

(3) 소득세 과세

1) 퇴직소득 : 폐업 등 사유가 발생하여 소기업 · 소상공인 공제에서 공제금(共濟金)을 지급받는 경우에는 다음과 같이 계산한 금액을 소득세법상 퇴직소득으로 보아 소득세를 부과한다. 이 경우 퇴직소득공제(근속연수에 따른 공제) 및 퇴직소득산출세액을 계산할 때 '근속연수'는 공제부금 납입월수를 12로 나누어 계산한 납입연수(1년 미만의 기간은 1년으로 본다)로 한다(조특법 86의3 ③, 조특령

80의3 ③). 이 규정은 2016.1.1. 이후 가입분부터 적용된다.

퇴직소득* = (공제금 – 실제 소득공제받은 금액을 초과하여 납입한 금액의 누계액)

* 2015.12.31. 이전에 가입한 소기업·소상공인 공제에서 발생하는 소득은 소득세법에 따른 이자소득으로 보아 소득세를 과세한다.

여기서 '폐업 등 사유'란 다음 중 어느 하나에 해당하는 것을 말한다(조특령 80의3 ④).

① 소기업·소상공인이 폐업(개인사업자의 지위에서 공제에 가입한 자가 법인을 설립하기 위하여 현물출자를 함으로써 폐업한 경우와 개인사업자의 지위에서 공제에 가입한 자가 그 배우자 또는 자녀에게 사업의 전부를 양도함으로써 폐업한 경우를 포함한다) 또는 해산(법인에 한정한다)한 때

② 공제 가입자가 사망한 때

③ 법인의 대표자의 지위에서 공제에 가입한 자가 그 법인의 대표자의 지위를 상실한 때

④ 만 60세 이상으로 공제부금 납입월수가 120개월 이상인 공제 가입자가 공제금의 지급을 청구한 때

⑤ ㉠ 자연재난 또는 사회재난으로 인해 사업장에 피해를 입은 소기업·소상공인공제 가입자가 소기업·소상공인공제금의 지급을 청구한 경우, ㉡ 질병이나 부상으로 인해 6개월 이상 요양을 필요로 하는 소기업·소상공인공제 가입자가 소기업·소상공인공제금의 지급을 청구한 경우, ㉢ 회생절차개시의 결정을 받은 소기업·소상공인공제 가입자가 소기업·소상공인공제금의 지급을 청구한 경우

조특 06

2) 기타소득 : 거주자가 폐업 등 사유가 발생하기 전에 소기업·소상공인공제계약이 해지된 경우에는 다음의 금액을 소득세법에 따른 기타소득으로 보고 소득세를 부과한다(조특법 86의3 ④).

해지일시금* = (해지로 인하여 받은 환급금 – 실제 소득공제받은 금액을 초과하여 납입한 금액의 누계액)

* 실제 소득공제받은 금액을 초과하여 납입한 금액의 누계액(해당 공제금 수령자가 제출한 증빙에 따라 확인되는 금액으로 한정한다)이 해지로 인하여 받은 환급금보다 많은 경우에는 해당 기타소득을 영(0)으로 본다(조특령 80의3 ⑧).

다만, 다음의 사유에 해당하는 경우에는 1)의 퇴직소득 과세 규정을 적용한다(조특법 86의3 ④ 단서, 조특령 80의2 ⑤).

① 공제부금 납입월수가 120개월 이상인 소기업·소상공인 공제 가입자가 경영악화를 사유로 계약을 해지한 경우

② 해지 전 6개월 이내에 다음 중 어느 하나의 사유로 계약이 해지된 경우

㉠ 천재·지변의 발생

㉡ 공제가입자의 해외이주

㉢ 공제가입자의 3개월 이상의 입원치료 또는 요양을 요하는 상해·질병의 발생

㉣ 중소기업협동조합법에 따른 중소기업중앙회의 해산

㉤ 공제가입자가 특별재난지역으로 선포된 지역의 재난으로 15일 이상의 입원 치료가 필요한 피해를 입은 경우

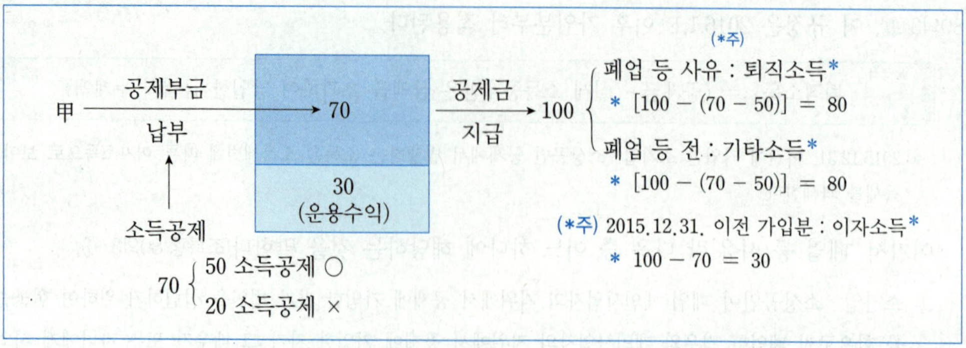

[도 표] 소기업·소상공인공제(共濟)에 대한 과세체계

<table>
<tr><th colspan="2">구분</th><th>취급</th></tr>
<tr><td colspan="2">① 소기업·소상공인공제에 납부하는 공제부금</td><td>해당 연도 공제부금 납부액 소득공제</td></tr>
<tr><td rowspan="2">② 나중에 공제금·해지일시금을 받는 경우</td><td>폐업 등 사유로 공제금을 지급받는 경우</td><td>지급받은 공제금 → 퇴직소득으로 과세*
* 2015.12.31. 이전 가입분 : 소기업·소상공인 공제에서 발생하는 소득을 이자소득으로 과세</td></tr>
<tr><td>폐업 등 사유가 발생하기 전에 공제계약이 해지된 경우</td><td>해지일시금 → 기타소득으로 과세(*주)</td></tr>
</table>

(*주) 해지 전 6개월 이내에 천재·지변의 발생 등의 사유로 해지된 경우에는 퇴직소득으로 과세한다.

NEW 개정사항 소기업·소상공인 공제부금에 대한 소득공제 한도 확대

<개정내용> ① 소기업·소상공인 공제부금에 대한 소득공제 한도를 사업소득금액 구간별로 '500만원∼200만원'에서 '600만원∼200만원'으로 상향 조정하고, ② 법인 대표자에 대한 소득공제 적용대상 기준을 총급여액 7천만원에서 8천만원으로 상향하였다.

<table>
<tr><th>종전</th><th>개정</th></tr>
<tr><td>□ 소기업·소상공인 공제부금(노란우산공제)에 대한 소득공제
○ 공제부금 납입한도 : 분기별 300만원(연 1,200만원)
○ 공제 적용소득 : ① 또는 ②
① 개인사업자 : 사업소득
② 총급여 7천만원 이하 법인 대표자 : 근로소득
○ 소득공제 한도
<table>
<tr><th>사업소득금액</th><th>공제한도</th></tr>
<tr><td>4천만원 이하</td><td>500만원</td></tr>
<tr><td>4천만원 ∼ 1억원</td><td>300만원</td></tr>
<tr><td>1억원 초과</td><td>200만원</td></tr>
</table></td><td>□ 적용대상 확대 및 공제한도 상향
○ (왼쪽과 같음)
○ 법인 대표자 적용기준 완화
① (왼쪽과 같음)
② 총급여 7천만원 → 8천만원 이하 법인 대표자
○ 소득공제 한도 상향
<table>
<tr><th>사업소득금액</th><th>공제한도</th></tr>
<tr><td>4천만원 이하</td><td>600만원</td></tr>
<tr><td>4천만원 ∼ 6천만원</td><td>500만원</td></tr>
<tr><td>6천만원 ∼ 1억원</td><td>400만원</td></tr>
<tr><td>1억원 초과</td><td>200만원</td></tr>
</table></td></tr>
</table>

<적용시기> 이 규정은 2025년 3월 #일이 속하는 과세기간에 납부하는 공제부금부터 적용한다. ■

NEW 개정사항 퇴직소득으로 과세되는 해약환급금 대상 추가

<개정내용> 공제부금 납입월수가 120개월 이상인 가입자가 경영악화로 인해 공제계약을 해지하는 경우 환급금을 기타소득이 아닌 퇴직소득으로 과세하도록 하였다.

종전	개정
□ 노란우산공제를 통해 수령하는 공제금·환급금에 대한 과세	□ 해약환급금에 대한 퇴직소득 과세 사유 추가
○ 폐업 등 공제사유로 지급받는 공제금은 퇴직소득 과세 ○ 공제사유 발생 전 계약 해지시 해약환급금은 기타소득 과세 – 단, 아래 사유로 해약환급금을 지급받는 경우 퇴직소득 과세 ① 천재·지변, ② 해외이주, ③ 3월 이상 입원치료·요양, ④ 중기중앙회 해산	○ (왼쪽과 같음)
<추가>	⑤ 10년 이상 공제 가입자가 경영악화를 사유로 공제계약을 해지한 경우

<적용시기> 이 규정은 2025년 7월 1일 이후 소기업·소상공인 공제계약을 해지하는 경우부터 적용한다. ■

참고사항 소기업·소상공인공제(共濟, 이른바 '노란우산공제')

'소기업·소상공인공제'란 소기업과 소상공인이 폐업이나 노령 등의 생계위협으로부터 생활의 안정을 기하고 사업재기의 기회를 제공받을 수 있도록 소기업과 소상공인을 위한 공제사업을 말한다. 이러한 소기업·소상공인공제에 가입하려는 자는 공제부금을 낼 것과 공제금의 지급을 받을 것을 약정하는 계약을 공제사업단과 체결해야 하고, 소기업·소상공인공제에 가입한 자는 매월 공제부금을 중앙회에 내야 한다. 가입 후 소기업과 소상공인이 다음 중 어느 하나에 해당하는 공제사유가 발생한 경우 공제금을 지급받는다(중소기업협동조합법 115,117,118).

① 소기업·소상공인이 폐업(개인사업자의 지위에서 소기업·소상공인공제에 가입한 자가 그 배우자 또는 자녀 외의 자에게 사업의 전부를 양도한 경우를 포함한다) 또는 해산(법인만을 말한다)한 경우
② 소기업·소상공인공제 가입자가 사망한 경우
③ 법인의 대표자의 지위에서 소기업·소상공인공제에 가입한 자가 질병 또는 부상으로 그 대표자의 지위에서 퇴임한 경우
④ 만 60세 이상으로 소기업·소상공인공제부금 납부월수가 120개월 이상인 소기업·소상공인공제 가입자가 소기업·소상공인공제금의 지급을 청구한 경우

한편 소기업·소상공인의 수급권 보호를 위해 공제금을 지급받을 권리는 이를 양도 또는 압류하거나 담보로 제공할 수 없다(중소기업협동조합법 119). ■

조특 06

2. 주택청약종합저축 등에 대한 소득공제 등

(1) 소득공제

근로소득이 있는 거주자(일용근로자는 제외)로서 해당 과세기간의 총급여액이 7천만원 이하이며 해당 과세기간 중 주택을 소유하지 않은 세대의 세대주 또는 세대주의 배우자(이하 '세대주 등'이라 한다)가 2025년 12월 31일까지 해당 과세기간에 청약저축·주택청약종합저축에 납입한 금액이 있는 경우에는 다음 금액을 해당 과세기간의 근로소득금액에서 공제한다(조특법 87 ② 본문).

주택청약저축 소득공제액(*주1) = 주택청약저축 납입액(*주2) × 40%

(*주1) (위 주택청약저축 소득공제액 + 국민주택규모의 주택임차자금 원리금 상환액×40%)이 연 800만원을 초과하는 경우 그 초과하는 금액은 해당 연도의 근로소득금액에서 공제하지 않는다(조특법 87 ⑤).

(*주2) 연 300만원을 납입한도로 하며, 주택청약종합저축의 경우 소득공제 적용 과세기간 이후에 납입한 금액만 해당한다.

다만, 과세기간 중에 주택 당첨 등 외의 사유로 중도해지한 경우에는 해당 과세기간에 납입한 금액은 공제하지 않는다. 한편 주택청약종합저축에 납입한 금액에 대하여 소득공제를 적용받으려는 사람은 해당 저축 취급기관에 주택을 소유하지 않은 세대의 세대주임을 확인하는 서류(무주택 확인서)를 소득공제를 적용받으려는 과세기간의 다음 연도 2월 말까지 제출해야 한다(조특법 87 ② 단서, ④ (1)).

(2) 청년우대형 주택청약종합저축 이자소득에 대한 비과세

1) 개 요 : 청년우대형 주택청약종합저축에 2026년 12월 31일까지 가입하는 경우 해당 저축에서 발생하는 이자소득의 합계액에 대해서는 500만원까지 소득세를 부과하지 않는다. 이 경우 비과세를 적용받을 수 있는 납입금액은 모든 금융회사에 납입한 금액을 합하여 연 600만원을 한도로 한다(조특법 87 ③).

여기서 '청년우대형 주택청약종합저축'이란 다음의 요건을 모두 갖춘 저축을 말한다(조특법 87 ③).

① 가입 당시 청년에 해당하고 주택을 소유하지 않은 세대의 세대주 등으로서 다음 중 어느 하나에 해당하는 거주자를 가입대상으로 할 것. 여기서 '청년'이란 저축 가입일 현재 19세 이상 34세 이하인 사람[병역을 이행한 경우에는 그 기간(6년을 한도로 한다)을 저축 가입일 현재 연령에서 빼고 계산한 연령이 34세 이하인 사람을 포함한다]을 말한다(조특령 81 ⑭).

㉠ 직전 과세기간의 총급여액이 3,600만원 이하인 근로소득자(직전 과세기간에 근로소득만 있거나 근로소득 및 종합소득과세표준에 합산되지 않은 종합소득이 있는 자로 한정하고, 비과세소득만 있는 자는 제외)

㉡ 직전 과세기간의 종합소득과세표준에 합산되는 종합소득금액이 2,600만원 이하인 자(직전 과세기간의 총급여액이 3,600만원을 초과하는 근로소득이 있는 자 및 비과세소득만 있는 자는 제외)

② 계약기간이 2년 이상일 것

한편 청년우대형 주택청약종합저축의 이자소득에 대한 비과세를 적용받으려는 사람은 해당 저축 취급기관에 취급기관에 주택을 소유하지 않은 세대의 세대주 등에 해당하는지 여부를 확인하는 서류(이하 '무주택 확인서'라 한다)를 저축가입 후 2년 이내 제출해야 한다(조특법 87 ④ (2)).

2) 사후관리 : 청년우대형 주택청약종합저축의 계약을 체결한 자가 해당 저축의 계약일부터 2년 이내에 원금이나 이자 등을 인출하거나 계약을 해지한 경우 그 저축을 취급하는 금융기관은 이자소득과 배당소득에 대하여 소득세가 부과되지 않음으로써 감면받은 세액을 추징해야 한다. 다만, 저축자의 사망, 해외이주 등의 사유로 저축계약을 해지하는 경우에는 그렇지 않다(조특법 87 ⑥).

3. 우리사주조합원 등에 대한 과세특례

우리사주제도는 근로자로 하여금 우리사주조합을 통하여 자사주를 취득하게 하고 이를 장기간 보유하게 하는 제도로서, 근로자의 재산 형성, 기업 생산성 향상, 협력적 노사관계 조성 등 근로자 복지와 기업발전을 목적으로 한다. 이러한 목적을 달성하기 위하여 다음과 같은 과세특례를 마련하고 있다.

(1) 우리사주조합 출자금액에 대한 소득공제

우리사주조합원이 자사주(自社株)를 취득하기 위하여 우리사주조합에 출자하는 경우에는 다음의 금액을 해당 연도의 근로소득금액에서 공제한다(조특법 88의4 ①).

소득공제액 = MIN [① 해당 연도의 출자금액
② 공제한도 : 400만원(벤처기업*의 우리사주조합원의 경우에는 1,500만원)]

* '벤처기업'에는 창업 후 3년 이내 중소기업으로서 벤처기업확인기관으로부터 기술의 혁신성과 사업의 성장성이 우수한 것으로 평가받은 기업(창업 중인 기업 포함)을 포함한다.

(2) 우리사주조합기부금에 대한 특례

1) 거주자가 우리사주조합에 지출하는 기부금(우리사주조합원이 지출하는 기부금은 제외)은 다음의 구분에 따른 금액을 한도로 하여 ① 해당 과세연도의 사업소득금액을 계산할 때 해당 기부금을 필요경비에 산입하거나 ② 해당 기부금에 대하여 해당 과세연도의 종합소득산출세액에서 기부금 세액공제를 할 수 있다(조특법 88의4 ⑬ 전단 (1),(2)).

구분	한도액
① 필요경비산입의 경우	필요경비산입한도액 = (기준소득금액* − 이월결손금 − 특례기부금 필요경비산입액) × 30% * 기준소득금액 = 기부금을 필요경비에 산입하기 전의 소득금액

② 기부금세액공제의 경우	세액공제 대상 기부금의 한도액 = (기준소득금액* − 한도 내의 특례기부금) × 30% * 기준소득금액 = 종합소득금액 + 필요경비에 산입한 기부금 − 원천징수세율 금융소득금액

2) 법인이 우리사주조합에 지출하는 기부금은 다음의 금액을 한도로 하여 해당 과세연도의 소득금액을 계산할 때 손금에 산입할 수 있다(조특법 88의4 ⑬ 후단 (3)).

손금산입한도액 = (기준소득금액* − 이월결손금 공제액** − 특례기부금 손금산입액) × 30%

* 기준소득금액 = 기부금을 손금에 산입하기 전의 소득금액

** 이월결손금 공제액

일반기업	MIN (① 공제대상 이월결손금, ② 기준소득금액×80%)
중소기업과 회생계획을 이행 중인 기업 등	MIN (① 공제대상 이월결손금, ② 기준소득금액×100%)

[도 표] 우리사주조합 관련 기부금과 출연금의 세무처리

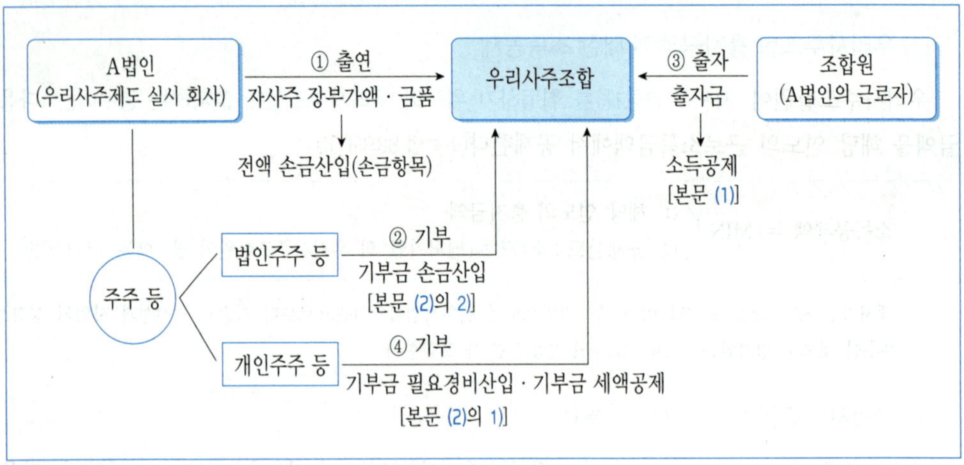

(3) 조합기금 및 조합보유 자사주 소득 비과세

우리사주조합기금에서 발생하거나 우리사주조합이 보유하고 있는 자사주에서 발생하는 소득에 대해서는 소득세를 부과하지 않는다(조특법 88의4 ②).

(4) 법인의 출연으로 배정받은 자사주에 대한 소득세 비과세

우리사주조합원이 ㉠ 법인(법인의 대주주 포함)이 우리사주조합에 출연한 자사주, ㉡ 법인의 출연금으로 우리사주조합이 증권시장 등에서 매입으로 취득한 자사주를 우리사주조합을 통하여 배정받은 경

우에는 소득세를 부과하지 않는다. 다만, 우리사주조합원이 우리사주조합을 통하여 배정받은 자사주가 해당 법인이 출연하거나 해당 법인의 출연금으로 취득한 것으로서 다음의 한도를 초과하는 부분에 대해서는 소득세를 부과한다(조특법 88의4 ③,④).

비과세 한도액 (자사주 매입가액 등* 기준)	= MAX(조합원의 직전연도 총급여액×20%, 연간 500만원)

* 매입가액 등 : ㉠ 법인 출연금으로 취득한 경우에는 우리사주조합의 자사주 취득에 소요된 실지거래가액을 말하며, ㉡ 법인(법인의 대주주)으로부터 출연받거나 시가의 70%보다 낮은 가액으로 취득한 자사주는 출연일 · 취득일 현재 시가의 70%를 말한다.

이처럼 우리사주조합원이 소득세를 부과받은 자사주를 양도하는 경우에는 해당 자사주의 매입가액 등을 양도소득세 양도차익을 계산할 때 취득가액으로 한다(조특령 82의4 ⑧).

> • 법인(대주주) 출연 자사주 비과세 한도 이내분 배정시 : 과세 × vs 인출시 과세 ○(과세이연)
> • 출연금으로 매입한 자사주 비과세 한도 초과분 배정시 : 과세 ○ vs 인출시 과세 ×

(5) 인출한 자사주에 대한 소득세 부과

1) 인출시 근로소득에 대한 소득세 부과 : 우리사주조합원이 우리사주조합으로부터 배정받은 자사주를 인출하는 경우에는 다음에 따른 과세인출주식에 대한 인출금을 소득세법에 따른 근로소득으로 보고 소득세를 부과한다. 이 경우 근로소득의 수입시기는 그 자사주의 인출일로 하고, 해당 법인은 인출금에 소득세법에 따른 기본세율을 적용하여 계산한 금액을 원천징수해야 한다(조특법 84의4 ⑤).

	우리사주조합원이 인출하는 자사주
(−)	우리사주조합 출연금액 중 소득공제받지 않은 출자금액으로 취득한 자사주 법인의 출연으로 배정받은 자사주에 대한 소득세 비과세 한도초과분에 대한 자사주 잉여금을 자본전입함에 따라 우리사주조합원에게 무상주로 지급된 자사주
(=)	과세인출주식(이는 과거에 세제혜택을 받은 유상으로 취득한 자사주를 의미한다) 과세인출주식에 대한 인출금* = MIN(주식의 매입가액 등, 주식 인출일 현재 시가)

* 조합원이 출연금을 자사주 취득에 사용하지 않고 인출하는 경우 출연금 중 소득공제를 받은 금액은 인출금에 포함한다(조특법 84의4 ⑦).

2) 2년 이상 보유 후 인출시 비과세 : 우리사주조합원의 과세인출주식에 대한 인출금의 경우 우리사주의 보유기간과 법인의 규모에 따라 다음의 구분에 따른 금액에 대해서는 소득세를 부과하지 않는다(조특법 88의4 ⑥).

과세인출주식의 보유기간*	비과세 금액	
	중소기업 우리사주	일반기업 우리사주
2년 이상 4년 미만	인출금의 50%	인출금의 50%
4년 이상 6년 미만	인출금의 75%	인출금의 75%
6년 이상	인출금의 100%	

* 이 경우 자사주의 보유기간은 증권금융회사의 우리사주조합원별 계정에 의무적으로 예탁해야 하는 기간의 종료일의 다음 날부터 인출한 날까지의 기간으로 한다.

(6) 자사주 저가취득에 대한 소득세 부과

우리사주조합원이 우리사주조합에 출자하고 그 조합을 통하여 자사주를 취득하는 경우 그 주식의 시가와 취득가액의 차액에 대한 소득세 과세는 다음에 따른다(조특법 88의4 ⑧).

구분	소득세 과세
① 출자금액이 400만원(벤처기업*의 우리사주조합원의 경우에는 1,500만원) 이하인 경우	해당 차액에 대하여 과세하지 않는다.
② 출자금액이 400만원(벤처기업*의 우리사주조합원의 경우에는 1,500만원)을 초과하는 경우	그 초과금액으로 취득한 자사주의 취득가액이 기준가액(자사주 취득일 현재 시가의 70%)**보다 낮은 경우에는 기준가액과 해당 취득가액의 차액에 대하여 근로소득으로 보아 과세한다.

* '벤처기업'에는 창업 후 3년 이내 중소기업으로서 벤처기업확인기관으로부터 기술의 혁신성과 사업의 성장성이 우수한 것으로 평가받은 기업(창업 중인 기업 포함)을 포함한다.

** 주식을 법인이 모집 · 매출하거나 유상증자를 할 때 소액주주에 해당하는 우리사주조합원이 근로자복지기본법(제32조)에 따라 자사주를 우선배정받는 경우에는 자사주의 취득일 현재 시가의 70%에 상당하는 가액과 액면가액 중 낮은 금액을 기준가액으로 한다(조특령 82의4 ⑨).

(7) 자사주 배당소득에 대한 소득세 비과세

우리사주조합원이 우리사주조합을 통하여 취득한 후 증권금융회사에 예탁한 우리사주의 배당소득에 대해서는 다음의 요건을 갖춘 경우에는 소득세를 과세하지 않는다(조특법 84의4 ⑨).

① 증권금융회사가 발급한 주권예탁증명서에 의해 우리사주조합원이 보유하고 있는 자사주가 배당지급기준일 현재 증권금융회사에 예탁되어 있음이 확인될 것

② 우리사주조합원이 소액주주에 해당할 것

③ 우리사주조합원이 보유하고 있는 자사주의 액면가액의 개인별 합계액이 1,800만원 이하일 것

다만, 예탁일부터 1년 이내에 인출하는 경우 그 인출일 이전에 지급된 배당소득에 대해서는 인출일에 배당소득이 지급된 것으로 보아 소득세를 과세한다(조특법 84의4 ⑧ 단서).

(8) 자사주 양도소득에 대한 소득세 비과세

우리사주조합원이 보유하고 있는 자사주로서 다음의 요건을 갖춘 주식을 해당 조합원이 퇴직을 원인으로 인출하여 우리사주조합에 양도하는 경우 그 양도차익에 대해서는 양도소득세를 과세하지 않는다. 이 경우 양도차익이 3,000만원을 초과할 때에는 그 초과금액에 대해서는 그러하지 않는다(조특법 88의4 ⑭).

① 우리사주조합원이 자사주를 우리사주조합을 통하여 취득한 후 1년 이상 보유할 것
② 우리사주조합원이 보유하고 있는 자사주가 양도일 현재 증권금융회사에 1년 이상 예탁된 것일 것
③ 우리사주조합원이 보유하고 있는 자사주의 액면가액 합계액이 1,800만원 이하일 것

[도 표] 우리사주제도 이해도

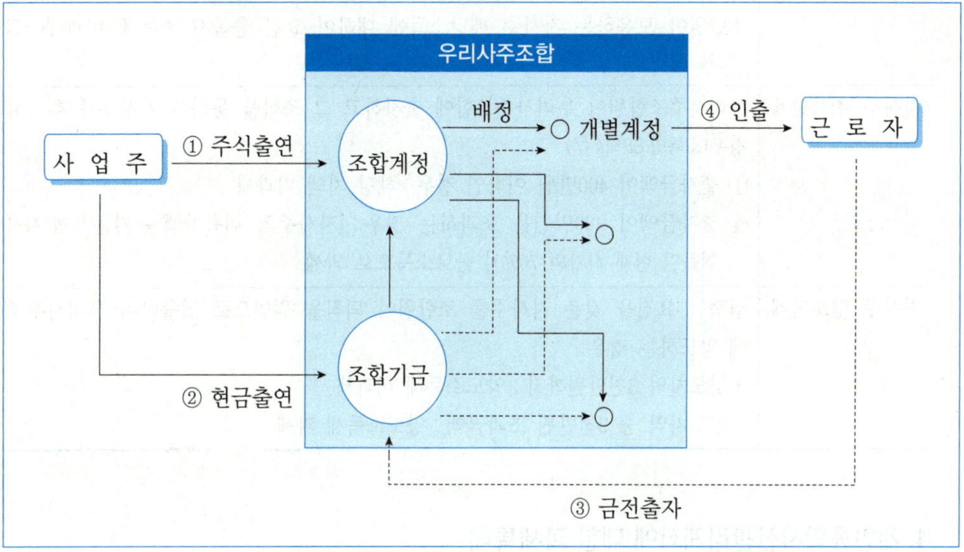

[도 표] 우리사주제도에 대한 세제지원

구분	세제상 지원	
조합 출연단계	조합원의 조합 출자금에 대한 소득공제 = MIN(해당 연도 출자금, 400만원)	기업의 우리사주조합에 출연하는 자기주식의 장부가액 및 금품에 대한 손금산입(법인령 19 ⑯)
	대주주 등의 우리사주조합 기부금 필요경비산입 · 기부금세액공제 및 기부금 손금산입(조특법 88의4 ⑬)	우리사주조합이 증여받은 재산가액에 대한 증여세 비과세(상증법 35 ③)

<table>
<tr><td>조합 운영단계</td><td>우리사주조합기금에서 발생하는 소득(이자소득 등) 및 우리사주조합이 보유하고 있는 자사주에서 발생하는 소득(미배정 주식의 배당소득)에 대한 소득세 비과세(조특법 88의4 ②)</td><td>기업이 우리사주조합의 운영비를 지원한 경우 복리후생비로 하여 손금산입(법인령 45 ①)</td></tr>
<tr><td rowspan="2">자사주 배정단계</td><td colspan="2">조합원이 법인(대주주 포함)이 출연한 자사주 및 법인의 출연금(조합기금으로 관리)으로 유가증권시장에서 취득한 자사주를 우리사주조합을 통하여 배정받은 경우 소득세 비과세(조특법 88의4 ③)

자사주 매입가액 기준 비과세 한도 = MAX(조합원의 직전연도 총급여액×20%, 연간 500만원)</td></tr>
<tr><td colspan="2">조합원이 보유하는 자사주 배당소득에 대하여 요건 충족시 소득세 비과세(조특법 88의4 ⑧)</td></tr>
<tr><td>자사주 취득단계</td><td colspan="2">우리사주조합원이 우리사주조합에 출자하고 그 조합을 통하여 자사주를 취득하는 경우(조특법 88의4 ⑦)
① 출자금액이 400만원 이하인 경우 : 해당 차액 비과세
② 출자금액이 400만원을 초과하는 경우 : [자사주의 취득가액 − 기준가액(자사주 취득일 현재 시가의 70%)] 근로소득으로 과세</td></tr>
<tr><td>자사주 양도단계</td><td colspan="2">일정한 요건을 갖춘 자사주를 조합원이 퇴직을 원인으로 인출하여 우리사주조합에 양도하는 경우
• 양도차익 3천만원까지 : 양도소득세 비과세
• 양도차익 중 3천만원 초과금액 : 양도소득세 과세</td></tr>
</table>

4. 개인종합자산관리계좌에 대한 과세특례

(1) 개 요

조세특례제한법은 저금리 시대에 종합적 자산관리를 통한 근로자 · 자영업자의 재산형성을 지원하기 위해서 적용시한이 정해지지 않은 항구적 조세특례로서 개인종합자산관리계좌(ISA ; Individual Savings Account)에서 발생하는 이자 · 배당소득에 대해서 ① 소득세 비과세와 ② 저율분리과세 특례를 규정하고 있다.

(2) 가입자 및 개인종합자산관리계좌의 요건

구분	내용
가입자 요건	다음 중 어느 하나에 해당하는 거주자가 개인종합자산관리계좌에 가입하거나 계약기간을 연장해야 한다(조특법 91의18 ①).

	① 가입일(또는 연장일) 기준 19세 이상인 자 ② 가입일(또는 연장일) 기준 15세 이상인 자로서 가입일(또는 연장일)이 속하는 과세기간의 직전 과세기간에 근로소득이 있는 자(비과세소득만 있는 자는 제외. 이하 같다)
계좌 요건	'개인종합자산관리계좌'란 다음의 요건을 모두 갖춘 계좌를 말한다(조특법 91의18 ③). ① 1명당 1개의 계좌만 보유할 것 ② 계좌의 명칭이 개인종합자산관리계좌이고 다음 중 어느 하나에 해당하는 계좌일 것 •「자본시장과 금융투자업에 관한 법률」에 따른 투자중개업자와 위탁매매계약(또는 매매계약)을 체결하여 개설한 계좌 •「자본시장과 금융투자업에 관한 법률」에 따른 투자일임업자와 자산구성형 개인종합자산관리계약을 체결하여 개설한 계좌 •「자본시장과 금융투자업에 관한 법률」에 따른 신탁업자와 특정금전신탁계약을 체결하여 개설한 신탁계좌 ③ 다음의 재산으로 운용할 것 • 예금 · 적금 · 예탁금 및 그 밖에 이와 유사한 것으로서 금융기관에의 예치금, 환매수 · 환매도하는 조건으로 매매하는 채권 · 증권 • 집합투자기구의 집합투자증권 • 파생결합증권 또는 파생결합사채 • 소득세법상 배당소득에 대한 유형별 포괄주의 규정에 따라 과세되는 증권증서(주가연계증권 · 파생결합증권 및 상장지수증권 등) • 주권상장법인의 주식 • 부동산투자회사의 주식 • 개인종합자산관리계좌에 보유하고 있는 투자대상자산을 통해 취득한 신주인수권증서 • 국가나 지방자치단체가 발행한 채권 또는 증권, 내국법인이 발행한 채권 또는 증권 • 개인종합자산관리계좌에 보유하고 있는 투자대상자산을 통해 취득한 신주인수권증서 • 한국금융투자협회가 행하는 장외매매거래를 통해(K-OTC) 거래되는 개인종합자산관리계좌 편입일 현재 중소기업 · 중견기업에 해당하는 기업의 주식 ④ 계약기간이 3년 이상일 것[개인종합자산관리계좌의 계좌보유자는 계약기간 만료일 전에 해당 계좌의 계약기간을 연장할 수 있다(조특법 91의18 ④)][*주] ⑤ 총납입한도가 1억원(재형저축 또는 장기집합투자증권저축에 가입한 거주자는 재형저축 및 장기집합투자증권저축의 계약금액 총액을 뺀 금액으로 한다) 이하이고, 연간 납입한도가 다음의 금액일 것 연간 납입한도 = 2,000만원×[1 + 가입 후 경과한 연수(최대 4년*)] – 누적 납입금액 * 경과한 연수가 4년 이상인 경우에는 4년으로 한다.

조특 06

(*주) 개인종합자산관리계좌의 계좌보유자가 최초로 계약을 체결한 날부터 3년이 되는 날 이후에 소득세법(제59조의3 ③)에 따라 해당 계좌 잔액의 전부 또는 일부를 연금계좌로 납입한 경우에는 해당 개인종합자산관리계좌의 계약기간이 만료된 것으로 본다(조특법 91의18 ⑪).

(3) 과세특례의 내용 : 비과세와 저율 분리과세 특례

개인종합자산관리계좌에서 발생하는 이자소득과 배당소득의 합계액에 대해서는 ① 비과세 한도금액까지는 소득세를 부과하지 않으며, ② 비과세 한도금액을 초과하는 금액에 대해서는 9%의 원천징수세율을 적용하고 종합소득과세표준에 합산하지 않는다(조특법 91의18 ①).

개인종합자산관리계좌 이자 · 배당소득의 합계액(*주1)	① 비과세 한도금액(400만원 · 200만원) 이하 금액 : 소득세 비과세 ② 비과세 한도금액(400만원 · 200만원) 초과하는 금액 : 9% 세율로 분리과세(*주2)

(*주1) 이자 · 배당소득의 합계액은 개인종합자산관리계좌의 계약 해지일을 기준으로 하여 운용 재산에서 발생한 이자 · 배당소득에서 운용 재산에서 발생한 손실을 차감하여 계산한다(조특법 91의18 ⑤).

(*주2) 신탁업자, 투자일임업자 및 투자중개업자(이하 '신탁업자 등'이라 한다)는 소득세법에 따른 원천징수시기(지급할 때 원천징수)에 관한 규정에도 불구하고 계약 해지일에 이자 · 배당소득에 대한 소득세를 원천징수해야 한다(조특법 91의18 ⑥).

여기서 개인종합자산관리계좌의 '비과세 한도금액'은 가입일(또는 연장일)을 기준으로 다음의 구분에 따른 금액으로 한다(조특법 91의18 ②).

구분	비과세 한도금액
(1) 다음 중 어느 하나에 해당하는 자(서민형 · 농어민형) ① 직전 과세기간의 총급여액이 5,000만원 이하인 거주자(직전 과세기간에 근로소득만 있거나 근로소득 및 종합소득과세표준에 합산되지 않는 종합소득이 있는 자로 한정한다) ② 직전 과세기간의 종합소득과세표준에 합산되는 종합소득금액이 3,800만원 이하인 거주자(직전 과세기간의 총급여액이 5,000만원을 초과하지 않는 자로 한정한다) ③ 사업소득 · 근로소득이 없는 농어민(직전 과세기간의 종합소득과세표준에 합산되는 종합소득금액이 3,800만원을 초과하는 자는 제외)	400만원
(2) 위 (1)에 해당하지 않는 자(일반형)	200만원

(4) 사후관리

신탁업자 등은 개인종합자산관리계좌의 계좌보유자가 최초로 계약을 체결한 날부터 3년이 되는 날 전에 계약을 해지하는 경우(계좌보유자의 사망 · 해외이주 등 부득이한 사유로 계약을 해지하는 경우는 제외)에는 과세특례를 적용받은 소득세에 상당하는 세액을 이자 · 배당소득 비과세 · 감면세액의 추징규정(아래 참고사항 참조)에 따라 추징해야 한다(조특법 91의18 ⑦).[3]

참고사항 이자 · 배당소득 비과세 · 감면세액의 추징규정

① 이자소득 또는 배당소득에 대한 과세특례 적용 요건을 갖추지 못한 경우 원천징수의무자는 비과세 또는 감면받은 세액 상당액을 즉시 추징하여 추징일이 속하는 달의 다음 달 10일까지 원천징수 관할세무서장에게 납부해야 하고, 해당 소득이 속하는 과세연도의 종합소득과세표준은 소득세법 제14조(과세표준의 계산)에 따라 계산한다(조특법 146의2 ①).

② 원천징수의무자는 과세특례를 적용받은 자에게 위 ①에 따라 추징한 세액 및 그 산출근거를 즉시 통보해야 한다(조특법 146의2 ②).

③ 원천징수의무자가 위 ①에 따라 추징한 세액을 기한 내에 납부하지 않거나 납부해야 할 세액에 미달하게 납부한 경우에는 그 납부하지 않은 세액(또는 미달하게 납부한 세액)의 10%에 해당하는 금액을 추가로 납부해야 한다(조특법 146의2 ③).

④ 위 ①을 적용하는 경우 소득세법 제86조(소액부징수) 규정을 적용하고 국세기본법에 따른 무신고가산세, 과소신고 · 초과환급신고가산세, 납부지연가산세 및 원천징수 등 납부지연가산세의 규정은 적용하지 않는다(조특법 146의2 ④). ■

5. 청년형 장기집합투자증권저축에 대한 소득공제

(1) 소득공제

청년으로서 소득기준을 충족하는 거주자가 청년형 장기집합투자증권저축(이른바 '청년형 장기펀드')에 2025년 12월 31일까지 가입하는 경우 계약기간 동안 각 과세기간에 납입한 금액의 40%에 해당하는 금액을 해당 과세기간의 종합소득금액에서 공제한다(조특법 91의20 ①).

> 소득공제 = 각 과세기간에 납입한 금액(연 600만원 한도) × 40%

(2) 소득공제 대상자와 저축의 요건

청년으로서 다음의 소득기준을 충족하는 거주자가 다음의 요건을 모두 갖춘 저축에 가입하는 경우에 소득공제를 적용한다(조특법 91의20 ① (1),(2)).

---

3) 개인종합자산관리계좌의 계좌보유자가 최초로 계약을 체결한 날부터 3년이 되는 날 전에 계약기간 중 납입한 금액의 합계액을 초과하는 금액을 인출하는 경우에는 해당 인출일에 계약이 해지된 것으로 보아 위 (4)의 사후관리 규정을 적용한다(조특법 146의2 ⑧).

청년	'청년'이란 청년형 장기집합투자증권저축 가입일 현재 19세 이상 34세 이하인 사람*을 말한다(조특령 93의6 ①). * 병역을 이행한 경우에는 그 기간(6년을 한도로 한다)을 청년형 장기집합투자증권저축 가입일 현재 연령에서 빼고 계산한 연령이 34세 이하인 사람을 포함한다.
소득기준	다음 중 어느 하나에 해당하는 소득기준을 충족할 것 ① 직전 과세기간의 총급여액이 5,000만원 이하일 것(직전 과세기간에 근로소득만 있거나 근로소득과 종합소득과세표준에 합산되지 않는 종합소득만 있는 경우로 한정하고, 비과세소득만 있는 경우는 제외한다) ② 직전 과세기간의 종합소득과세표준에 합산되는 종합소득금액이 3,800만원 이하일 것(직전 과세기간의 총급여액이 5,000만원을 초과하는 근로소득이 있는 경우 및 비과세소득만 있는 경우는 제외한다)
청년형 장기집합투자증권저축	다음의 요건을 모두 갖춘 저축 ① 자산총액의 40% 이상을 주권상장법인의 주식에 투자하는 집합투자기구의 집합투자증권을 취득하기 위한 저축일 것 ② 계약기간이 3년 이상 5년 이하일 것 ③ 적립식 저축으로서 1인당 납입금액이 연 600만원(해당 거주자가 가입한 모든 청년형장기집합투자증권저축의 합계액을 말한다) 이내일 것

(3) 소득공제의 배제

청년형 장기집합투자증권저축에 가입한 거주자(이하 '가입자'라 한다)가 다음 중 어느 하나에 해당하는 경우에는 해당 과세기간에 위의 소득공제를 하지 않는다(조특법 91의20 ②).

① 해당 과세기간에 근로소득만 있거나 근로소득과 종합소득과세표준에 합산되지 않는 종합소득만 있는 경우로서 총급여액이 8,000만원을 초과하는 경우

② 해당 과세기간의 종합소득과세표준에 합산되는 종합소득금액이 6,700만원을 초과하는 경우

③ 해당 과세기간에 근로소득 및 종합소득과세표준에 합산되는 종합소득금액이 없는 경우

④ 청년형 장기집합투자증권저축을 해지하고 다른 청년형 장기집합투자증권저축에 가입(이하 '전환가입'이라 한다)한 경우*. 이 경우 소득공제 대상에서 제외되는 금액은 그 다른 청년형 장기집합투자증권저축에 납입된 금액 중 전환가입에 따라 종전의 청년형 장기집합투자증권저축에서 이체된 금액으로 한정한다.

* 여기서 '다른 청년형장기집합투자증권저축에 가입한 경우'란 다음의 요건을 모두 충족하는 경우를 말한다(조특령 96의6 ⑩).

① 기존 청년형장기집합투자증권저축의 해지일이 속하는 달의 다음달 말일까지 다른 청년형장기집합투자증권저축(기존 저축과 동일한 계좌를 유지하는 경우로 한정한다)에 가입할 것

② 기존 청년형장기집합투자증권저축을 해지함으로써 지급받은 금액 전액을 다른 청년형장기집합투자증권저축에 납입할 것

③ 기존 청년형장기집합투자증권저축과 다른 청년형장기집합투자증권저축의 가입기간을 합산한 기간이 3년 이상일 것

(4) 계약 해지시 처리

1) 가입자가 해당 계약을 해지한 경우(해당 저축의 가입일부터 3년이 경과하기 전에 해당 저축으로부터 원금 · 이자 · 배당 · 주식 또는 수익증권 등의 전부 또는 일부를 인출하거나 제3자에게 양도한 경우를 포함한다. 이하 같다)에는 해당 과세기간부터 소득공제를 하지 않는다. 다만, 전환가입을 하기 위하여 해지한 경우 해지 전의 청년형 장기집합투자증권저축에 납입한 금액은 해당 과세기간의 종합소득금액에서 공제한다(조특법 91의20 ④).

2) 저축취급기관은 가입자가 가입일부터 3년 미만의 기간 내에 청년형 장기집합투자증권저축을 해지하는 경우 해당 저축에 납입한 금액의 총 누계액에 6%를 곱한 금액(이하 '추징세액'이라 한다)을 추징하여 저축 계약이 해지된 날이 속하는 달의 다음 달 10일까지 원천징수 관할세무서장에게 납부해야 한다. 다만, 다음 중 어느 하나에 해당하는 경우에는 추징하지 않으며, 소득공제를 받은 자가 해당 소득공제로 감면받은 세액이 추징세액에 미달하는 사실을 증명하는 경우에는 실제로 감면받은 세액상당액을 추징한다(조특법 91의20 ⑤). 저축취급기관은 추징세액(실제로 감면받은 세액상당액을 추징한 경우에는 해당 세액상당액을 말한다)을 기한까지 납부하지 않거나 납부해야 할 세액에 미달하게 납부한 경우 그 납부하지 않은 세액 또는 미달하게 납부한 세액의 10%에 해당하는 금액을 가산하여 원천징수 관할세무서장에게 납부해야 한다(조특법 91의20 ⑥).

① 다른 청년형 장기집합투자증권저축에 전환가입한 경우

② 사망 · 해외이수 등 부득이한 사유로 해지된 경우

6. 청년도약계좌에 대한 비과세

(1) 이자소득과 배당소득 비과세

청년으로서 소득기준을 충족하는 거주자가 청년도약계좌에 2025년 12월 31일까지 가입하는 경우 해당 계좌에서 발생하는 이자소득과 배당소득(이하 '이자소득 등'이라 한다)의 합계액에 대해서는 소득세를 부과하지 않는다(조특법 91의22 ①). 그 취지는 청년의 자산형성을 지원하려는데 있다.

(2) 가입대상자와 청년도약계좌의 요건

청년으로서 다음의 소득기준을 충족하는 거주자가 청년도약계좌에 가입하는 경우에 이자소득과 배당소득에 대한 비과세를 적용한다(조특법 91의22 ①, 조특령 93의8 ①~④).

청년	'청년'이란 청년도약계좌의 가입일 현재 19세 이상 34세 이하인 사람[병역을 이행한 경우에는 그 기간(6년을 한도로 한다)을 가입일 현재 연령에서 빼고 계산한 연령이 34세 이하인 사람을 포함한다]을 말한다.
소득기준	다음 중 어느 하나에 해당하는 소득기준을 충족할 것 ① 직전 과세기간의 총급여액이 7,500만원 이하일 것(직전 과세기간에 근로소득만 있거나 근로소득과 종합소득과세표준에 합산되지 않는 종합소득만 있는 경우로 한정하고, 비과세소득만 있는 경우는 제외) ② 직전 과세기간의 종합소득과세표준에 합산되는 종합소득금액이 6,300만원 이하일 것(직전 과세기간의 총급여액이 7,500만원을 초과하는 근로소득이 있는 자 및 비과세소득만 있는 경우는 제외)
청년도약계좌	다음의 요건을 모두 갖춘 계좌로서 금융회사 등이 서민금융진흥원과 협약을 체결하여 취급하고 계약기간이 5년 이상인 것을 말한다. ① 1명당 1개의 계좌만 보유할 것 ② 다음의 재산으로 운용할 것 • 예금 · 적금 · 예탁금 및 환매수 · 환매도하는 조건으로 매매하는 채권 또는 증권 • 집합투자기구의 집합투자증권 • 파생결합증권 또는 파생결합사채 • 유형별 포괄주의 이자소득으로 과세되는 증권 또는 증서 • 주권상장법인의 주식 • 부동산투자회사의 주식 • 청년도약계좌에 보유하고 있는 투자대상자산을 통해 취득한 신주인수권증서 ③ 납입한도가 연 840만원 이하일 것

(3) 계약 해지시 처리

금융회사 등은 청년도약계좌의 계좌보유자가 최초로 계약을 체결한 날부터 3년이 되는 날 이전에 청년도약계좌로부터 계약을 해지하는 경우에는 비과세를 적용받은 소득세에 상당하는 세액을 이자소득 비과세의 추징규정(제146조의2)에 따라 추징해야 한다. 다만, 다음 중 어느 하나에 해당하는 사유로 계약을 해지하는 경우에는 그렇지 않다(조특법 91의22 ③, 조특령 93의8 ⑥).

① 가입자의 사망 · 해외이주

② 계약 해지일 전 6개월 이내에 발생한 ㉠ 천재지변, ㉡ 가입자의 퇴직, ㉢ 사업장의 폐업, ㉣ 가입자의 3개월 이상의 입원치료 또는 요양이 필요한 상해 · 질병의 발생, ㉤ 저축취급기관의 영업의 정지, 영업인가 · 허가의 취소, 해산결의 또는 파산선고, ㉥ 주택을 소유한 사실이 없는 가입자가 본인이 거주할 목적으로 주택(국민주택규모의 주택으로서 취득일 당시 기준시가가 5억원 이하인 경우로 한정한다)을 취득, ㉦ 가입자의 혼인 · 출산(배우자의 출산을 포함한다)

Ⅱ 그 밖의 저축지원을 위한 조세특례

구분	조세특례의 내용
농어가목돈마련저축에 대한 비과세	농어민이 농어가목돈마련저축에 2025.12.31.까지 가입한 경우 해당 농어민 또는 그 상속인이 저축계약기간이 만료되거나 가입일부터 1년 이후 다음 중 어느 하나에 해당하는 사유로 저축을 해지하여 받는 이자소득과 저축장려금에 대해서는 소득세 · 증여세 또는 상속세를 부과하지 않는다(조특법 87의2). ① 농어민이 사망한 때 ② 농어민이 해외로 이주한 때 ③ 천재지변 그 밖에 대통령령으로 정하는 사유가 발생한 때
공모부동산 집합투자기구의 집합투자증권의 배당소득에 대한 과세특례	거주자가 공모부동산집합투자기구*의 지분증권 또는 수익증권(즉 집합투자증권)에 2026.12.31.까지 투자하는 경우 해당 거주자가 보유하고 있는 공모부동산집합투자기구의 집합투자증권 중 거주자별 투자금액의 합계액이 5천만원을 초과하지 않는 범위에서 지급받는 배당소득(투자일부터 3년 이내에 지급받는 경우에 한정한다)에 대해서는 종합소득과세표준에 합산하지 않고 9%의 세율을 적용한다(9% 세율로 분리과세, 조특법 87의7 ①). * 공모부동산집합투자기구의 범위 : 다음 중 어느 하나에 해당하는 신탁, 회사 또는 조합을 말한다. ①「자본시장과 금융투자업에 관한 법률」에 따른 부동산집합투자기구(이른바 '공모 부동산펀드', 같은 법에 따른 사모집합투자기구는 제외) ② 부동산투자회사법에 따른 공모부동산투자회사(이른바 '공모 리츠', REITs; Real estate investment trusts) ③ 집합투자재산의 투자액 전부를 위 ① 또는 ②에 투자하는 집합투자기구(사모집합투자기구는 제외) 및 부동산투자회사법에 따른 공모부동산투자회사
비과세종합저축에 대한 과세특례	65세 이상인 거주자, 장애인, 독립유공자 등에 해당하는 거주자가 1명당 저축원금이 5천만원* 이하인 저축에 가입하는 경우 해당 저축에서 발생하는 이자 · 배당소득에 대해서는 소득세를 부과하지 않는다(조특법 88의2 ①). * 세금우대종합저축에 가입한 거주자로서 세금우대종합저축을 해지 · 해약하지 않은 자의 경우에는 5천만원에서 해당 거주자가 가입한 세금우대종합저축의 계약금액 총액을 뺀 금액으로 한다.
조합 등 출자금에 대한 과세특례	농어민 및 그 밖에 상호 유대를 가진 거주자를 조합원 · 회원 등으로 하는 금융기관으로부터 받는 1명당 2천만원 이하의 출자금에 대한 배당소득과 그 조합원 · 회원 등이 그 금융기관으로부터 받는 사업 이용 실적에 따른 배당소득 중 2025.12.31.까지 받는 배당소득에 대해서는 소득세를 부과하지 않는다(조특법 88의5).
조합 등 예탁금의 이자소득에 대한 비과세	농어민 및 그 밖에 상호유대를 가진 거주자를 조합원 · 회원으로 하는 조합에 대한 1명당 합계액이 3천만원 이하의 예탁금에서 2025.12.31.까지 발생하는 이자소득에 대해서는 소득세를 비과세한다(조특법 89의3).

집합투자기구에 대한 과세특례	집합투자기구가 집합투자증권으로서 자기의 집합투자증권을 환매하는 경우 해당 집합투자기구에 대한 투자자의 집합투자증권 이전은 소득세법 및 증권거래세법에 따른 양도로 보지 않는다(조특법 91의2). ① 적격집합투자기구가 집합투자증권으로서 자기의 집합투자증권을 환매하는 경우 해당 적격집합투자기구에 대한 투자자의 집합투자증권 이전은 증권거래세법에 따른 양도로 보지 않는다(조특법 91의2 ①). ②「자본시장과 금융투자업에 관한 법률」에 따른 투자신탁 · 투자합자조합 · 투자익명조합이 적격집합투자기구가 아닌 경우에는 집합투자재산에 귀속되는 소득에 대하여 그 집합투자재산을 하나의 내국법인으로 보아 해당 투자신탁 및 투자익명조합의 집합투자업자 또는 해당 투자합자조합은 각 사업연도의 소득에 대한 법인세를 납부해야 한다(조특법 91의2 ②). ③ 위 ②에 따라 법인세를 납부하는 집합투자재산에 대한 소득공제에 관하여는 법인세법에 따른 법인과세 신탁재산에 대한 소득공제(제75조의13) 규정을 준용한다(조특법 91의2 ③).
장병내일준비 적금에서 발생한 이자소득에 대한 비과세	가입 당시 현역병 등이 장병내일준비적금에 2026.12.31.까지 가입하는 경우 가입일부터 복무기간 종료일까지 해당 적금[모든 금융회사에 납입한 금액의 합계액 기준으로 월 40만원(2025.1.1. 이후에 납입하는 금액은 월 55만원)을 한도로 한다]에서 발생하는 이자소득에 대해서는 소득세를 부과하지 않는다. 다만, 복무기간이 24개월을 초과하는 경우 비과세 적용기간은 24개월을 초과하지 못한다(조특법 91의19 ①). * '현역병 등'이란 현역병 · 사회복무요원 · 상근예비역 및 전환복무를 하는 사람 및 대체복무요원으로서 적금 가입 당시 잔여 복무기간이 1개월 이상인 자를 말한다(조특령 93의5 ①). * 금융회사는 장병내일준비적금의 가입자가 계약의 만기일 전에 해당 적금의 계약을 해지하는 경우에는 가입자가 비과세를 적용받은 소득세에 상당하는 세액을 이자소득 비과세 · 감면세액의 추징규정(조특법 146의2)에 따라 추징해야 한다(조특법 91의19 ②).
개인투자용 국채에 대한 과세특례	거주자가 다음의 요건을 모두 갖춘 계좌를 통하여 2027년 12월 31일까지 개인투자용 국채를 매입하고 만기까지 보유하는 경우 개인투자용 국채에서 발생하는 이자소득 중 총 2억원까지의 매입금액에서 발생하는 이자소득에 대해서는 14%의 세율을 적용하고, 종합소득과세표준에 합산하지 않는다(14% 세율로 분리과세, 조특법 91의23). ① 1명당 1개만 가입할 수 있는 계좌일 것 ② 개인투자용 국채의 매입에만 사용되는 계좌일 것

참고사항 과세특례 대상 저축 등의 소득기준 적용에 대한 특례

청년우대형 주택청약종합저축(제87조 ③), 개인종합자산관리계좌(제91조의18 ①), 청년형 장기집합투자증권저축(제91조의20 ①) 및 청년도약계좌(제91조의22 ①)(이하 '저축 등'이라 한다)의 가입 요건 또는 비과세 한도금액과 관련하여 해당 규정을 적용할 때 다음에 해당하는 경우에는 해당 호에서 정하는 바에 따른다(조특법 91의24).

구분	소득기준 적용에 대한 특례
① 저축 등에의 가입 신청일 또는 연장 신청일 현재 일정한 사유*로 직전 과세기간의 총급여액 또는 종합소득과세표준에 합산되는 종합소득금액(이하 '총급여액 등'이라 한다)을 확인하기 곤란한 경우	전전 과세기간의 총급여액 등을 직전 과세기간의 총급여액 등으로 보아 해당 규정을 적용한다.
② 거주자가 소득세법상 비과세 근로소득 중 육아휴직 급여, 육아휴직수당 또는 대통령령으로 정하는 소득이 있는 경우	비과세소득만 있는 자로 보지 않는다.

* '일정한 사유'란 매년 1월 1일부터 7월 31일까지의 기간 중 저축 등에 가입 신청 또는 연장 신청을 하는 자가 해당 저축 등의 가입 신청일 또는 연장 신청일 현재 전전 과세기간의 소득이 있는 경우로서 직전 과세기간의 총급여액 및 종합소득과세표준에 합산되는 종합소득금액을 소득확인증명서를 통해 확인할 수 없는 경우를 말한다(조특령 93의 10 ①).

[도 표] 청년의 자산형성 지원 관련 조세특례

구분	조세특례의 내용	근거규정
(1) 청년우대형 주택청약저축에 대한 이자소득 비과세	청년우대형 주택청약종합저축에서 발생하는 이자소득의 합계액에 대해서 500만원까지 소득세 비과세(p.292 참조)	조특법 87 ③
(2) 장병내일준비적금에 대한 이자소득 비과세	장병내일준비적금에 가입하는 경우 가입일부터 복무기간 종료일까지 해당 적금에서 발생하는 이사소득에 대해서 소득세 비과세(p.306 참조)	조특법 91의19
(3) 청년형 장기집합투자증권저축에 대한 소득공제	청년형 장기집합투자증권저축(이른바 '청년형 장기펀드')에 가입하는 경우 계약기간 동안 각 과세기간에 납입한 금액(연 600만원 한도)의 40%에 해당하는 금액을 해당 과세기간의 종합소득금액에서 공제(p.301 참조)	조특법 91의20
(4) 청년도약계좌에 대한 비과세	청년도약계좌에서 발생하는 이자소득과 배당소득에 대해서 소득세 비과세(p.303 참조)	조특법 91의22

제3절 국민생활안정을 위한 조세특례

I 혼인세액공제

1. 개 요

거주자가 2026년 12월 31일 이전에 혼인신고를 한 경우에는 1회*에 한정하여 혼인신고를 한 날이 속하는 과세기간의 종합소득산출세액에서 50만원을 공제한다(조특법 92 ①).

* 혼인신고 후 그 혼인이 무효가 되어 아래 사후관리에 따른 수정신고(또는 기한후신고)를 한 경우는 제외한다.

2. 사후관리

혼인세액공제를 받은 거주자가 혼인이 무효가 된 경우로서 혼인무효의 소에 대한 판결이 확정된 날이 속하는 달의 다음 달부터 3개월이 되는 날까지 수정신고(또는 기한후신고)를 한 경우에는 다음과 같이 ① 가산세를 부과하지 아니하되 ② 이자상당액을 소득세에 가산하여 부과한다(조특법 92 ②, 조특령 94 ①,②).

구분	세무처리
① 가산세 부과제외	• 무신고가산세 · 과소신고가산세 부과제외 • 납부지연가산세 부과제외
② 이자상당액 부과	• 가산하는 이자상당액 $= 소득세액 \times 기간^{*} \times \frac{2.2}{10,000}$ * 기간 : 종합소득과세표준 신고기한의 다음 날부터 수정신고(또는 기한후신고)를 한 날까지의 기간

NEW 개정사항 혼인세액공제 신설

<개정내용> 결혼비용 지원을 통한 혼인을 유도하고 출산을 장려하기 위해서 거주자가 2024년 1월 1일부터 2026년 12월 31일 이전에 혼인신고를 한 경우에는 생애 1회에 한정하여 혼인신고를 한 날이 속하는 과세기간의 종합소득산출세액에서 50만원을 공제하도록 하였다.

종전	개정
<신설>	□ 혼인세액공제 ○ 적용대상 : 혼인신고를 한 거주자 ○ 적용연도 : 혼인신고를 한 해(생애 1회)

○ 공제금액 : 50만원

○ 적용기간 : 2024년*~2026년 혼인신고 분

* 2024년에 혼인신고를 한 경우에는 혼인세액공제신고서와 혼인관계증명서를 2025년 4월분 급여를 받는 날까지 제출해야 한다.

<적용시기> 이 규정은 2025년 1월 1일 이후 종합소득과세표준 확정신고를 하거나 연말정산하는 경우부터 적용한다. ■

Ⅱ 근로소득자의 월세 세액공제

과세기간 종료일 현재 주택을 소유하지 않는 세대의 세대주(세대주가 월세 세액공제 및 주택자금소득공제를 받지 않은 경우에는 세대의 구성원을 말하며, 외국인[4]을 포함한다)로서 해당 과세기간의 총급여액이 8,000만원 이하인 근로소득이 있는 거주자(해당 과세기간에 종합소득과세표준을 계산할 때 합산하는 종합소득금액이 7,000만원을 초과하는 사람은 제외)가 월세액을 지급하는 경우 다음 금액을 해당 과세기간의 종합소득산출세액에서 공제한다(조특법 95의2 ①, 조특령 95 ③).

월세 세액공제액 = [MIN (주택을 임차하기 위하여 지급한 월세액(*주), 1,000만원)] × 공제율(17% · 15%)

(*주) 월세액 = 임대차계약증서상 주택임차 기간 중 지급해야 할 월세액의 합계액 × (해당 과세기간의 임차일수 / 주택임대차 계약기간에 해당하는 일수)

구분	공제율
① 해당 과세기간의 총급여액이 5,500만원 이하인 근로소득이 있는 근로자(해당 과세기간의 종합소득금액이 4,500만원을 초과하는 사람은 제외)	17%
② 해당 과세기간의 총급여액이 5,500만원 초과 8,000만원 이하인 근로소득이 있는 근로자(해당 과세기간의 종합소득금액이 7,000만원을 초과하는 사람은 제외)	15%

여기서 '주택을 임차하기 위하여 지급한 월세액'이란 다음의 요건을 충족하는 주택(오피스텔 및 고시원업의 시설 포함)을 임차하기 위하여 지급하는 월세액(사글세액 포함)을 말한다(조특령 95 ②).

① 주택법에 따른 ㉠ 국민주택규모이거나 ㉡ 기준시가가 4억원 이하인 주택일 것(이 경우 해당 주택이 다가구주택이면 가구당 전용면적을 기준으로 한다)

---

4) 여기서 '외국인'이란 다음의 요건을 모두 갖춘 거주자를 말한다(조특령 95 ④).

① 출입국관리법(제31조)에 따라 등록한 외국인, 「재외동포의 출입국과 법적 지위에 관한 법률(제6조)」에 따라 국내거소신고를 한 외국국적동포에 해당하는 사람일 것

② 배우자, 거주자와 같은 주소 또는 거소에서 생계를 같이 하는 거주자와 그 배우자의 직계존비속(그 배우자를 포함한다) 및 형제자매가 월세 세액공제 및 주택자금 소득공제를 받지 않았을 것

② 주택 및 오피스텔에 딸린 토지가 도시지역의 토지는 5배(그 밖의 토지는 10배)를 초과하지 않을 것
③ 임대차계약증서의 주소지와 주민등록표 등본의 주소지가 같을 것
④ 해당 거주자 또는 해당 거주자의 기본공제대상자가 임대차계약을 체결할 것

Ⅲ 임대주택의 임대 및 양도에 대한 과세특례

1. 소형주택 임대사업자에 대한 세액감면

(1) 개 요

내국인이 임대주택을 1호 이상 임대하는 경우에는 2021.1.1.부터 2025.12.31. 이전에 끝나는 과세연도까지 해당 임대사업에서 발생한 소득에 대해서는 다음과 같이 세액을 감면한다(조특법 96 ①).

구분	감면세액
① 임대주택을 1호 임대하는 경우*	법인세 또는 소득세의 30%(임대주택 중 장기일반민간임대주택 등의 경우에는 75%)에 상당하는 세액
② 임대주택을 2호 이상 임대하는 경우*	법인세 또는 소득세 20%(임대주택 중 장기일반민간임대주택 등의 경우에는 50%)에 상당하는 세액

* 임대사업자가 임대하는 임대주택의 수를 계산할 때에는 해당 과세연도 종료일 현재 임대주택 수를 기준으로 한다(조특령 96 ⑤).

(2) 감면요건

1) 감면대상자 : 다음의 요건을 모두 충족하는 내국인이 임대주택을 1호 이상 임대해야 한다(조특령 96 ①).

① 소득세법(제168조) 또는 법인세법(제111조)에 따른 사업자등록을 하였을 것
②「민간임대주택에 관한 특별법(제5조)」에 따른 임대사업자등록을 하였거나「공공주택 특별법(제4조)」에 따른 공공주택사업자로 지정되었을 것

2) 임대주택의 요건 : 내국인이 임대주택으로 등록한「민간임대주택에 관한 특별법」및「공공주택 특별법」에 따른 건설임대주택, 매입임대주택, 공공지원민간임대주택 또는 장기일반민간임대주택으로서 다음의 요건을 모두 충족하는 임대주택을 말한다(조특령 96 ②).

① 주택법에 따른 국민주택규모*의 주택**일 것

* 해당 주택이 다가구주택일 경우에는 가구당 전용면적을 기준으로 한다.
** 주거에 사용하는 오피스텔과 주택 및 오피스텔에 딸린 토지를 포함하며, 그 딸린 토지가 건물이 정착된 면적에 지역별로 5배(도시지역)·10배(그 밖의 토지)를 곱하여 산정한 면적을 초과하는 경우 해당 주택 및 오피스텔은 제외한다.

② 주택 및 이에 부수되는 토지의 기준시가의 합계액이 해당 주택의 임대개시일* 당시 6억원을 초과하지 않을 것

* 임대개시 후 감면대상자의 ①·②의 요건을 모두 충족하는 경우 그 요건을 모두 충족한 날을 말한다.

③ 임대보증금 또는 임대료(이하 '임대료 등'이라 한다)의 증가율이 5%를 초과하지 않을 것. 이 경우 임대료 등 증액 청구는 임대차계약 또는 약정한 임대료 등의 증액이 있은 후 1년 이내에는 하지 못하고, 임대사업자가 임대료 등의 증액을 청구하면서 임대보증금과 월임대료를 상호 간에 전환하는 경우에는 「민간임대주택에 관한 특별법(제44조 ④)」의 전환 규정을 준용한다.

(3) 사후관리

법인세 또는 소득세를 감면받은 내국인이 1호 이상의 임대주택을 4년[장기일반민간임대주택 등의 경우에는 8년(2020.8.18. 이후 임대사업등록 신청분부터는 10년)] 이상 임대하지 않은 경우 그 사유가 발생한 날이 속하는 과세연도의 과세표준신고를 할 때 감면받은 세액을 법인세 또는 소득세로 납부해야 한다. 다만, 「민간임대주택에 관한 특별법(제6조 ① ⑾)」에 해당하여 등록이 말소되는 경우*에는 그렇지 않다(조특법 96 ②).

* 장기일반민간임대주택 중 아파트를 임대하는 민간매입임대주택 또는 단기민간임대주택에 대하여 임대사업자가 임대의무기간 내 등록 말소를 신청(신청 당시 체결된 임대차계약이 있는 경우 임차인의 동의가 있는 경우로 한정한다)하는 경우 등을 말한다.

이처럼 감면받은 법인세 또는 소득세를 납부하는 경우에는 이자상당가산액을 법인세 또는 소득세에 가산하여 납부해야 한다. 다만, 다음 중 어느 하나에 해당하는 부득이한 사유가 있는 경우에는 그렇지 않다(조특법 96 ③, 조특령 96 ⑥,⑦).

① 파산, 강제집행에 따라 임대주택을 처분하거나 임대를 할 수 없는 경우

② 법령상 의무를 이행하기 위하여 임대주택을 처분하거나 임대를 할 수 없는 경우

③ 「채무자 회생 및 파산에 관한 법률」에 따른 회생절차에 따라 법원의 허가를 받아 임대주택을 처분한 경우

참고사항 1호 이상의 임대주택을 4년(8년·10년) 이상 임대하는지 여부 판단

1호 이상의 임대주택을 4년[공공지원민간임대주택 또는 장기일반민간임대주택(이하 '장기일반민간임대주택 등'이라 한다)의 경우에는 8년·10년*] 이상 임대하는지 여부는 다음 각 호에 따른다(조특령 96 ③).

* 2020.8.18. 이후 임대사업등록 신청분부터는 10년으로 한다.

① 해당 과세연도의 매월 말 현재 실제 임대하는 임대주택이 1호 이상인 개월 수가 해당 과세연도 개월수(1호 이상의 임대주택의 임대개시일이 속하는 과세연도의 경우에는 1호 이상의 임대주택의 임대개시일이 속하는 월부터 과세연도 종료일이 속하는 월까지의 개월 수)의 9/12 이상인 경우에는 1호 이상의 임대주택을 임대하고 있는 것으로 본다. 다만, 「민간임대주택에 관한 특별법(제6조 ① ⑾)」에 해당하여 등록이 말소되는 경우에는 등록이 말소되는 날이 속하는 해당 과세연도에 1호 이상의 임대주택을 임대하고 있는 것으로 본다.

② 1호 이상의 임대주택의 임대개시일부터 4년(장기일반민간임대주택 등의 경우에는 8년·10년)이 되는 날

이 속하는 달의 말일까지의 기간 중 매월 말 현재 실제 임대하는 임대주택이 1호 이상인 개월 수가 43개월(장기일반민간임대주택 등의 경우에는 87개월 · 108개월*) 이상인 경우에는 1호 이상의 임대주택을 4년(장기일반민간임대주택 등의 경우에는 8년 · 10년) 이상 임대하고 있는 것으로 본다.

* 2020.8.18. 이후 임대사업등록 신청분부터는 108개월로 한다.

③ 위 ① 및 ②를 적용할 때 기존 임차인의 퇴거일부터 다음 임차인의 입주일까지의 기간으로서 3개월 이내의 기간은 임대한 기간으로 본다.

④ 위 ① 및 ②를 적용할 때 상속, 합병, 분할, 물적분할, 현물출자로 인하여 피상속인, 피합병법인, 분할법인, 출자법인(이하 '피상속인 등'이라 한다)이 임대하던 임대주택을 상속인, 합병법인, 분할신설법인, 피출자법인(이하 '상속인 등'이라 한다)이 취득하여 임대하는 경우에는 피상속인 등의 임대기간은 상속인 등의 임대기간으로 본다.

⑤ 위 ① 및 ②를 적용할 때 「공익사업을 위한 토지 등의 취득 및 보상에 관한 법률」 또는 그 밖의 법률에 따른 수용(협의 매수를 포함한다)으로 임대주택을 처분하거나 임대를 할 수 없는 경우에는 해당 임대주택을 계속 임대하는 것으로 본다.

⑥ 위 ① 및 ②를 적용할 때 「도시 및 주거환경정비법」에 따른 재건축사업, 재개발사업, 「빈집 및 소규모주택 정비에 관한 특례법」에 따른 소규모주택정비사업 또는 주택법에 따른 리모델링의 사유로 임대주택을 처분하거나 임대를 할 수 없는 경우에는 해당 주택의 관리처분계획인가일(소규모주택정비사업의 경우에는 사업시행계획 인가일, 리모델링의 경우에는 허가일 또는 사업계획승인일을 말한다) 인가일 전 6개월부터 준공일 후 6개월까지의 기간은 임대한 기간으로 본다. ■

2. 상가임대료를 인하한 임대사업자에 대한 세액공제

(1) 개 요

상가건물에 대한 부동산임대업의 사업자등록을 한 자(이하 '상가임대인'이라 한다)자가 상가건물에 대한 임대료를 임차인(임차소상공인에 한정한다)으로부터 2020년 1월 1일부터 2025년 12월 31일까지(이하 '공제기간') 인하하여 지급받는 경우 다음의 금액을 법인세 또는 소득세에서 공제한다(조특법 96의3, 조특령 96의3 ①,④).

세액공제액 = 임대료 인하액 × 70%(기준소득금액이 1억원을 초과하는 경우에는 50%)

* 기준소득금액 = 해당 과세기간의 (종합소득과세표준 + 임대료 인하액)

임대료 인하액 = (① − ②)의 금액(이 경우 보증금을 임대료로 환산한 금액은 제외한다)
① 임대료를 인하하기 직전의 임대상가건물 임대차계약에 따른 임대료를 기준으로 계산한 해당 과세연도의 임대료(*주)
② 임대상가건물의 임대료로 지급했거나 지급하기로 하여 해당 과세연도에 상가임대인의 수입금액으로 발생한 임대료

(*주) 다만, 공제기간 중 임대상가건물의 임대차계약을 동일한 임차소상공인과 갱신하거나 재계약(이하 '갱신 등'이라 한다)하고 갱신 등의 임대차계약에 따른 임대료가 인하된 경우 갱신 등에 따른 임대차계약이 적용되는 날부터 2025.12.31.까지는 갱신 등에 따른 임대료를 기준으로 계산한 임대료를 말한다.

(2) 임차소상공인의 범위

'임차소상공인'이란 다음의 요건을 모두 갖춘 자를 말한다(조특령 96의3 ③).

① 「소상공인 보호 및 지원에 관한 법률(제2조)」에 따른 소상공인

② 임대상가건물을 2020.12.31. 이전부터 계속하여 임차하여 영업용 목적으로 사용하고 있는 자

③ 별표 14(상가임대료를 인하한 임대사업자에 대한 세액공제를 적용받지 못하는 임차소상공인의 업종, 즉 세액공제 적용배제 업종*)에 따른 업종을 영위하지 않는 자

* 도박게임기 제조업 등, 금융 및 보험업, 부동산업, 개별소비세 과세유흥장소를 경영하는 사업을 말한다.

④ 상가임대인과 국세기본법(제2조 ⑳)에 따른 특수관계인이 아닌 자

⑤ 소득세법(제168조), 법인세법(제111조) 또는 부가가치세법(제8조)에 따라 사업자등록을 한 자

조특 06

(3) 세액공제 배제

임대료를 인하하기 직전의 임대차계약에 따른 임대료나 보증금보다 인상*한 경우에는 세액공제를 적용하지 않거나 이미 공제받은 세액을 추징한다(조특법 96의3 ②, 조특령 96의3 ⑤,⑥).

* 임대차계약의 갱신 등을 한 경우에는 갱신 등에 따른 임대료나 보증금이 임대료를 인하하기 직전의 임대차계약에 따른 금액의 5%를 초과한 것을 말한다(추징요건). 만약 해당 과세연도 중 앞의 추징요건에 해당하는 경우에는 세액공제를 적용하지 않으며, 해당 과세연도 종료일 이후 6개월 이내 추징요건에 해당하는 경우에는 이미 공제받은 세액을 추징한다(조특령 96의3 ⑤,⑥).

참고사항 세액공제 신청

세액공제를 받으려는 자는 해당 과세연도의 과세표준신고와 함께 세액공제신청서에 다음의 서류를 첨부하여 관할세무서장에게 제출해야 한다(조특령 96의3 ⑦).

① 임대료를 인하하기 직전에 체결한 임대차계약서 및 2020.1.1. 후 임대차계약에 대한 갱신 등을 한 경우 갱신등을 한 임대차계약서의 사본

② 확약서, 약정서 및 변경계약서 등 공제기간 동안 임대료 인하에 합의한 사실을 증명하는 서류

③ 세금계산서, 금융거래내역 등 임대료의 지급 등을 확인할 수 있는 서류

④ 임차소상공인이 소상공인의 요건 및 세액공제 배제업종을 영위하지 않는 자의 요건을 갖췄음을 소상공인시장진흥공단에서 확인하는 서류 ■

3. 장기일반민간임대주택 등에 대한 양도소득세의 과세특례

(1) 개 요

거주자가 「민간임대주택에 관한 특별법」에 따른 민간건설임대주택으로서 공공지원민간임대주택

또는 장기일반민간임대주택을 2027년 12월 31일까지 등록(2020년 7월 11일 이후 장기일반민간임대주택으로 등록 신청한 경우로서 「민간임대주택에 관한 특별법」에 따른 단기민간임대주택을 2020년 7월 11일 이후 공공지원민간임대주택 또는 장기일반민간임대주택으로 변경 신고한 주택은 제외)한 후 다음의 요건을 모두 갖추어 그 주택을 양도하는 경우 임대기간 중 발생하는 양도소득에 대해서는 장기보유특별공제액을 계산할 때 소득세법 규정에도 불구하고 70%의 공제율을 적용*한다(조특법 97의3 ①).

* 장기보유특별공제액을 계산할 때 70%의 공제율을 적용할 때에는 임대기간 중에 발생한 양도차익에 한정하여 적용하며, 임대기간 중 양도차익은 기준시가를 기준으로 산정한다(조특령 97의3 ⑤).

① 10년 이상 계속하여 임대한 후 양도하는 경우
② 임대보증금 또는 임대료의 연 증가율이 5%를 초과하지 않을 것
③ 국민주택규모 이하의 주택(해당 주택이 다가구주택일 경우에는 가구당 전용면적을 기준으로 한다)일 것
④ 장기일반민간임대주택 등의 임대개시일부터 10년 이상 임대할 것
⑤ 장기일반민간임대주택 등 및 이에 부수되는 토지의 기준시가의 합계액이 해당 주택의 임대개시일 당시 6억원(수도권 밖의 지역인 경우에는 3억원)을 초과하지 않을 것

(2) 중복적용 배제

위의 장기일반민간임대주택 등에 대한 양도소득세의 과세특례는 장기임대주택에 대한 양도소득세의 과세특례(제97조의4)와 중복하여 적용하지 않는다(조특법 97의3 ②).

참고사항 10년 이상 임대한 기간의 계산

본문 ①에 따른 10년 이상 계속하여 임대한 경우는 공공지원민간임대주택 또는 장기일반민간임대주택으로 10년 이상 계속하여 등록하고, 그 등록한 기간 동안 통산하여 10년 이상 임대한 경우로 한다. 이 경우 재건축사업, 재개발사업, 소규모주택정비사업 또는 리모델링으로 인하여 임대할 수 없는 경우에는 해당 주택의 관리처분계획인가일(소규모주택정비사업의 경우에는 사업시행계획 인가일, 리모델링의 경우에는 허가일 또는 사업계획승인일을 말한다) 전 6개월부터 준공일 후 6개월까지의 기간 동안 계속하여 임대한 것으로 보되, 임대기간 계산시에는 실제 임대기간만 포함한다(조특령 97의3 ②). ■

4. 장기임대주택에 대한 양도소득세의 과세특례

거주자(또는 비거주자)가 민간건설임대주택, 민간매입임대주택, 공공건설임대주택 또는 공공매입임대주택을 6년 이상 임대한 후 양도하는 경우 그 주택을 양도함으로써 발생하는 소득에 대해서는 소득세법에 따른 장기보유특별공제액을 계산할 때 보유기간별 공제율(6%~30%)에 해당 주택의 임대기간에 따라 다음 표에 따른 추가공제율을 더한 공제율을 적용한다. 다만, 1세대 1주택으로서 24%~80%의 보유기간별 공제율을 적용받은 경우에는 그렇지 않다(조특법 97의4 ①).

임대기간	추가공제율
6년 이상 7년 미만	2%
7년 이상 8년 미만	4%
8년 이상 9년 미만	6%
9년 이상 10년 미만	8%
10년 이상	10%

* 임대주택법에 따른 '매입임대주택'이란 임대사업자가 매매 등으로 소유권을 취득하여 임대하는 주택(주택법에 따른 준주택 중 전용면적이 85제곱미터 이하의 오피스텔을 포함한다)을 말한다(임대주택법 2 (3)).

5. 준공공임대주택 등에 대한 양도소득세 세액감면

거주자가 다음의 요건을 모두 갖춘 기업형임대주택 또는 준공공임대주택(이하 '준공공임대주택 등'이라 한다)을 양도하는 경우에는 임대기간 중 발생한 양도소득에 대한 양도소득세의 100%에 상당하는 세액을 감면한다(조특법 97의5 ①).

① 2018년 12월 31일까지 민간매입임대주택 및 공공매입임대주택을 취득(2018년 12월 31일까지 매매계약을 체결하고 계약금을 납부한 경우를 포함한다)하고, 취득일로부터 3개월 이내에 준공공임대주택 등으로 등록할 것

② 준공공임대주택 등으로 등록 후 10년 이상 계속하여 준공공임대주택 등으로 임대한 후 양도할 것

③ 임대기간 중 임대보증금 또는 임대료 증액 제한 요건(제97조의3 ① (2)의 요건을 말한다) 등을 준수하는 경우

이러한 세액감면은 ① 준공공임대주택 등에 대한 양도소득세의 과세특례(조특법 97의3) 및 ② 장기임대주택에 대한 양도소득세의 과세특례(조특법 97의4)와 중복하여 적용하지 않는다(조특법 97의5 ①).

6. 공공매입임대주택 건설을 위해 양도한 토지에 대한 과세특례

(1) 양도소득세 10% 세액감면

거주자가 공공주택특별법(제4조)에 따른 공공주택사업자와 공공매입임대주택으로 사용할 주택을 건설하여 양도하기로 약정을 체결하여 이에 따라 해당 주택을 건설할 자(이하 '주택건설사업자'라 한다)에게 2027년 12월 31일까지 해당 주택 건설을 위한 토지를 양도함으로써 발생하는 소득에 대해서는 양도소득세의 10%에 상당하는 세액을 감면한다(조특법 97의9 ①).

(2) 사후관리

주택건설사업자가 토지를 양도받은 날(인허가 지연 등 부득이한 사유로 공공매입임대주택으로 사용할 주택을 건설하여 양도하지 않은 경우에는 해당 사유가 해소된 날)부터 3년 이내에 해당 토지에 공공매입임대주택으로 사용할 주택을 건설하여 공공주택사업자에게 양도하지 않은 경우 위 (1)에 따라 감면된 세액에 상당하는 금액을 그 사유가 발생한 과세연도의 과세표준을 신고할 때 소득세 또는 법인세로 납부해야 한다. 이처럼 감면받은 세액을 납부하는 경우에는 이자상당가산액을 가산하여 법인세 또는 소득세로 납부해야 한다(조특법 97의9 ③,④).

7. 수도권 밖의 지역에 있는 준공후미분양주택 취득자에 대한 양도소득세 및 종합부동산세 과세특례

(1) 양도소득세 과세특례

1주택을 보유한 1세대가 2024년 1월 10일부터 2025년 12월 31일까지의 기간 중에 준공후미분양주택을 취득한 후 준공후미분양주택을 취득하기 전에 보유한 주택을 양도하는 경우에는 그 준공후미분양주택을 해당 1세대의 소유주택이 아닌 것으로 보아 1세대 1주택 비과세규정*을 적용한다(조특법 98의9 ①). 그 취지는 원활한 주택 공급을 지원하려는 데 있다.

* 1세대 1주택에 대한 장기보유특별공제 최대 80% 공제 적용

[도 표] 수도권 밖의 지역에 있는 준공후미분양주택 취득에 대한 과세특례

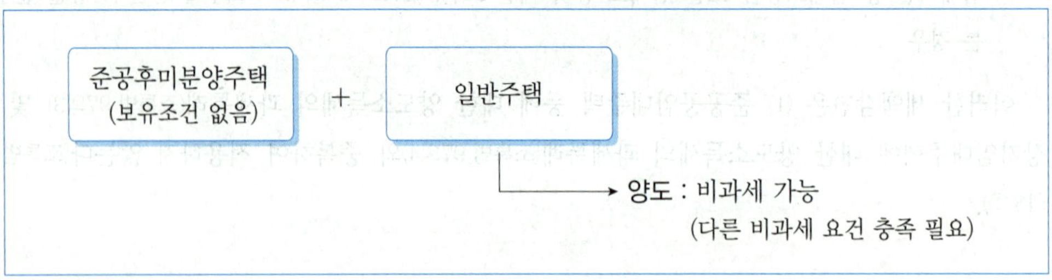

여기서 '준공후미분양주택'이란 다음의 요건을 모두 충족하는 준공 후 미분양주택을 말한다(조특법 98의9 ①, 조특령 98의8 ①).

구분	준공후미분양주택의 범위
소재지역	① 수도권 밖의 지역에 소재할 것
면적 · 가액 기준	② 전용면적이 85제곱미터 이하일 것 ③ 취득가액이 6억원 이하일 것
양도자와 양수자	④ 양도자가 다음 중 어느 하나에 해당할 것 ㉠ 주택법(제54조 ①)에 따른 사업주체

양도자와 양수자	㉡「건축물의 분양에 관한 법률(제2조 (3))」에 따른 분양사업자 ㉢ 위 ㉠에 따른 사업주체 또는 ㉡에 따른 분양사업자로부터 주택의 공사대금으로 해당 주택을 받은 시공자
	⑤ 양수자가 해당 주택에 대한 매매계약(주택공급계약 및 분양계약 포함)을 최초로 체결한 자일 것
준공후미분양	⑥ 주택법(제49조)에 따른 사용검사(임시 사용승인 포함) 또는 건축법(제22조)에 따른 사용승인을 받은 날까지 분양계약이 체결되지 않아 선착순의 방법으로 공급하는 것일 것

참고사항 준공후미분양주택의 확인 절차

준공후미분양주택의 확인 절차는 다음 순서에 따른다(조특령 98의8 ②).

① 양도자는 해당 주택의 소재지를 관할하는 시장 · 군수 · 구청장에게 해당 주택이 준공후미분양주택인지 여부를 확인해 줄 것을 요청

② 위 ①에 따라 요청받은 시장 · 군수 · 구청장은 해당 주택이 준공후미분양주택임을 확인한 경우에는 해당 주택의 매매계약서에 준공후미분양주택 확인 날인을 하여 양도자에게 내주고, 그 확인내용을 준공후미분양주택 확인 대장에 기재하여 매매계약서 사본과 함께 보관

③ 양도자는 위 ②에 따라 준공후미분양주택 확인 날인을 받은 매매계약서를 양수자에게 교부

④ 시장 · 군수 · 구청장은 매매계약서에 준공후미분양주택임을 확인하는 날인을 한 날이 속하는 분기의 말일부터 1개월 이내에 준공후미분양주택 확인 대장을 정보처리장치 등의 전자적 형태로 해당 주택의 소재지를 관할하는 세무서장에게 제출 ■

참고사항 양도소득세 과세특례 신청

양도소득세 과세특례를 적용받으려는 자는 과세표준신고(예정신고 포함)와 함께 양도소득세 과세특례신고서와 준공후미분양주택 확인 날인을 받은 매매계약서 사본을 관할세무서장에게 제출해야 한다(조특령 98의8 ③). ■

(2) 종합부동산세 과세특례

1주택을 보유한 1세대가 2024년 1월 10일부터 2025년 12월 31일까지의 기간 중에 준공후미분양주택을 취득한 경우에는 종합부동산세법상 1세대 1주택자*로 본다(조특법 98의9 ②).

* 1세대 1주택에 대한 ① 기본공제 12억원(다주택자 9억원) 및 ② 고령자 · 장기보유 세액공제(최대 80%) 적용

참고사항 종합부동산세 과세특례

종합부동산세 과세특례의 적용을 신청하려는 1세대 1주택자(공동명의 1주택자를 포함한다)는 해당 연도 9월 16일부터 9월 30일까지 종합부동산세 과세특례 신청서와 준공후미분양주택 확인 날인을 받은 매매계약서 사본을 관할세무서장에게 제출해야 한다(조특법 98의9 ③, 조특령 98의8 ④). 이처럼 과세특례 신청을 한 납세의무자는 최초의 신청을 한 연도의 다음 연도부터는 그 신청 사항에 변동이 없으면 신청하지 않을 수 있다(조특령 98의8 ⑤). ■

NEW 개정사항 준공 후 미분양주택에 대한 양도소득세 및 종합부동산세 과세특례 신설

<개정내용> 주택 공급을 지원하기 위해서 1주택을 보유한 1세대가 준공후미분양주택을 취득한 후 준공후미분양주택을 취득하더라도 양도소득세 및 종합부동산세를 과세하는 경우 1세대 1주택자에 대한 특례를 적용받도록 하였다.

종전	개정
<신설>	□ 기존 1주택자가 준공 후 미분양주택을 취득하는 경우 1세대 1주택 특례 적용 ㅇ 주택요건 : 아래 요건을 모두 충족 ① 2024.1.10. ~ 2025.12.31 기간 중 취득 ② 수도권 밖의 지역 소재 ③ 전용면적 85㎡, 취득가액 6억원 이하 ㅇ 특례내용 : 양도소득세 및 종합부동산세에 대해 1세대 1주택 특례* 적용 * 양도소득세 : 12억원 비과세 및 장기보유특별공제 최대 80% 종합부동산세 : 기본공제 12억원(다주택자 9억원) 및 고령자 · 장기보유 세액공제 최대 80%

<적용시기> 이 규정은 2025년 1월 1일 이후 결정하거나 경정하는 경우부터 적용한다. ■

Ⅳ 농어촌주택 등 취득자에 대한 양도소득세 과세특례

1. 개 요

1세대가 1개의 농어촌주택 등을 취득하여 3년 이상 보유하고 그 농어촌주택 등의 취득 전에 보유하던 다른 주택(이하 '일반주택'이라 한다)을 양도하는 경우에는, 그 농어촌주택 등을 1세대의 소유주택이 아닌 것으로 보아 1세대 1주택 비과세규정을 적용한다(조특법 99의4 ①). 그 취지는 농어촌지역 등에 도시자금을 유입하여 농어촌지역 등의 경제 활성화를 도모하고 귀농 · 귀촌을 장려하려는 데 있다.

[도 표] 농어촌주택 등 소유에 관한 특례

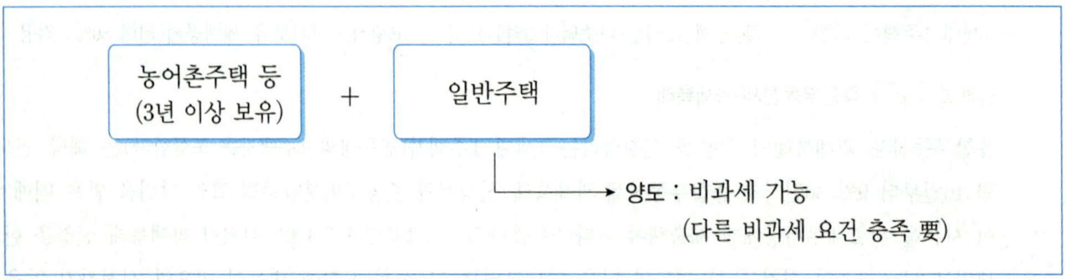

2. 농어촌주택 등의 범위

'농어촌주택 등'이란 1세대가 2003년 8월 1일(고향주택은 2009년 1월 1일)부터 2025년 12월 31일까지의 기간(이하 '농어촌주택 등 취득기간'이라 한다) 중에 다음의 (1) 또는 (2)의 요건을 갖춘 1채의 주택을 취득(자기가 건설하여 취득한 경우 포함)한 경우 해당 주택을 말한다(조특법 99의4 ① (1), (2)).

(1) 농어촌주택

구분	농어촌주택의 범위
소재지역	① 취득 당시 다음의 ㉠ 또는 ㉡의 지역에 소재할 것 ㉠ 기회발전특구.* 다만, 인구감소지역, 접경지역이 아닌 수도권과밀억제권역 안의 기회발전특구는 제외한다. * 개인 또는 법인의 대규모 투자를 유치하기 위하여 관계 중앙행정기관과 지방자치단체의 지원이 필요한 곳으로 지정·고시되는 지역을 말한다(「지방자치분권 및 지역균형발전에 관한 특별법(제2조 ⑬)」). ㉡ 읍·면 또는 동(*주). 다만, 다음에 해당하는 지역은 제외한다. • 수도권지역[㉠ 경기도 연천군, ㉡ 인천광역시 강화군 및 옹진군은 제외(조특칙 45 ①)] • 도시지역[㉠ 영암·해남 관광레저형 기업도시개발구역, ㉡ 태안 관광레저형 기업도시개발구역은 제외(조특칙 45 ②)] • 소득세법에 따른 조정대상지역 • 「부동산 거래신고 등에 관한 법률」에 따른 토지거래계약 허가구역 • 그 밖에 관광단지 등 부동산 가격안정이 필요하다고 인정되는 지정지역 * '동'이란 [별표 12]에 따른 26개 시 지역(인구 20만명 이하의 시, 제천시, 계룡시, 동해시, 김제시, 나주시, 김천시 등)에 속한 동으로서 보유하고 있던 일반주택이 소재하는 동과 같거나 연접하지 않은 동을 말한다(조특령 99의4 ②).
금액기준	② 주택 및 이에 딸린 토지 가액(기준시가를 말한다)의 합계액이 해당 주택의 취득 당시 3억원(한옥*은 4억원)을 초과하지 않을 것 * '한옥'이란 「건축법 시행령(제2조 ⑯)」호에 따른 한옥으로서 지방자치단체의 조례에 따라 건축비·수선비 지원, 보존의무 등의 대상으로 해당 지방자치단체의 장에게 등록된 한옥을 말한다(조특령 99의4 ⑭).

(2) 고향주택

구분	고향주택의 범위
소재지역	① 다음의 요건을 모두 갖춘 고향에 소재하는 주택일 것 ㉠ 가족관계등록부 기준지 소재지로서 10년 이상 거주사실이 있는 시 지역 ㉡ 취득 당시 인구 20만명 이하의 26개 시 지역(별표 12)에 소재할 것. 다만, 다음에 해당하는 지역은 제외한다.

	• 수도권 지역 • 소득세법에 따른 조정대상지역 • 그 밖에 관광단지 등 부동산가격안정이 필요하다고 인정되는 지정지역
금액기준	② 주택 및 이에 딸린 토지 가액(기준시가를 말한다)의 합계액이 해당 주택의 취득 당시 3억원(한옥은 4억원)을 초과하지 않을 것

3. 비과세의 적용례

1) ① 1세대가 취득한 농어촌주택과 보유하고 있던 일반주택이 행정구역상 같은 읍 · 면 또는 연접한 읍 · 면에 있는 경우나 ② 1세대가 취득한 고향주택과 보유하고 있던 일반주택이 행정구역상 같은 시 또는 연접한 시에 있는 경우에는 과세특례를 적용하지 않는다(조특법 99의4 ③).

2) 1세대가 농어촌주택의 3년 이상 보유요건을 충족하기 전에 일반주택을 양도하는 경우에도 일단 일반주택의 양도소득세 특례규정을 적용한다(조특법 99의4 ④). 이처럼 양도소득세의 특례를 적용받은 1세대가 농어촌주택을 3년 이상 보유하지 않게 된 경우에는 과세특례를 적용받은 자가 과세특례를 적용받지 않았을 경우 납부하였을 세액에 상당하는 세액을 그 보유하지 않게 된 날이 속하는 달의 말일부터 2개월 이내에 양도소득세로 납부해야 한다. 다만, 「공익사업을 위한 토지 등의 취득 및 보상에 관한 법률」에 의한 수용 등 부득이한 사유가 있는 경우에는 그렇지 않다(조특법 99의4 ⑥).

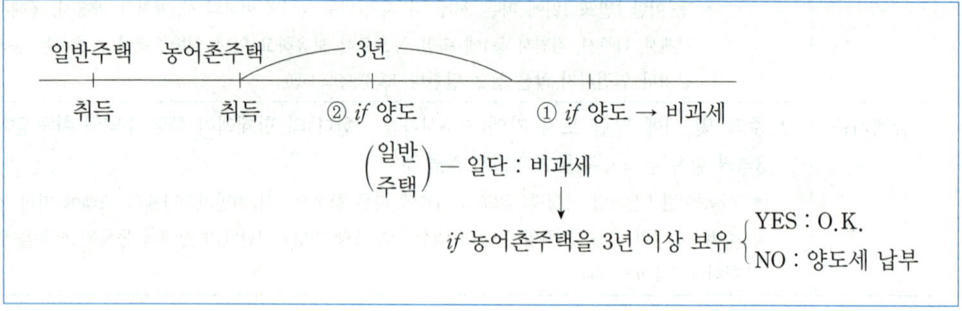

V 위기지역 창업기업에 대한 법인세 등의 감면

1. 개 요

위기지역에 2025년 12월 31일까지 창업중소기업 해당 업종(p.22 참조, 이하 '감면대상사업'이라 한다)으로 창업하거나 사업장을 신설(기존 사업장을 이전하는 경우는 제외하며, 위기지역으로 지정 또는 선포된 기간에 창업하거나 사업장을 신설하는 경우로 한정한다)하는 기업에 대해서는 법인세 또는 소득세를 감면한다(조특법 99의9 ①).

* 창업의 범위에 관해서는 창업중소기업 등에 대한 세액감면 규정(조특법 6 ⑩)을 준용한다(p.21 참조)(조특법 99의9 ⑦).

참고사항 위기지역

고용위기지역 또는 산업위기대응특별지역(현재 9개 지역) : 군산시, 거제시, 통영시, 고성군, 창원시 진해구, 울산시 동구, 목포시, 영암군, 해남군 ■

2. 세액감면의 내용

(1) 세액감면

위기지역 창업기업은 감면대상사업에서 발생한 소득*에 대하여 감면대상사업에서 최초로 소득이 발생한 과세연도의 개시일부터 5년 이내에 끝나는 과세연도**까지 감면대상사업에서 발생한 소득에 대한 법인세 또는 소득세의 100%에 상당하는 세액을 감면하고, 그 다음 2년 이내에 끝나는 과세연도까지는 법인세 또는 소득세의 50%에 상당하는 세액을 감면한다(5년간 100% 감면 → 2년간 50% 감면, 조특법 99의9 ②).

* 여기서 '감면대상사업에서 발생한 소득'이란 감면대상사업을 경영하기 위하여 그 구역에 투자한 사업장에서 직접 발생한 소득을 말한다(조특령 99의8 ①).

** 사업개시일부터 5년이 되는 날이 속하는 과세연도까지 그 사업에서 소득이 발생하지 않는 경우에는 5년이 되는 날이 속하는 과세연도를 말한다.

(2) 감면한도

중소기업 외의 기업이 감면규정이 적용되는 감면기간 동안 감면받는 법인세 또는 소득세의 총합계액은 다음 금액을 한도로 한다(조특법 99의9 ③).

감면한도** = ① 투자기준 감면한도 + ② 고용기준 감면한도

① 투자누계액* × 50%

② 해당 과세연도의 감면대상사업장의 상시근로자 수 × 1,500만원(청년 및 서비스업 상시근로자는 2,000만원)

* 법인세 또는 소득세를 감면받는 해당 과세연도까지의 사업용자산에 대한 투자 합계액을 말한다(조특령 99의8 ②).

** 각 과세연도에 감면받을 법인세 또는 소득세에 대하여 감면한도를 적용할 때에는 ①의 금액을 먼저 적용한 후 ②의 금액을 적용한다(조특법 99의9 ④).

참고사항 상시근로자 수가 감소한 경우 감면세액의 납부

고용기준 감면한도를 적용받아 법인세 또는 소득세를 감면받은 기업이 감면받은 과세연도 종료일부터 2년이 되는 날이 속하는 과세연도 종료일까지의 기간 중 각 과세연도의 감면대상사업장의 상시근로자 수가 감면받은 과세연도의 상시근로자 수보다 감소한 경우에는 다음 계산식에 따라 감면받은 세액에 상당하는 금액을 상시근로자 수가 감소된 과세연도의 과세표준을 신고할 때 법인세 또는 소득세로 납부해야 한다(조특법 99의9 ⑤, 조특령 99의8 ④).

> 납부할 세액 = ① − ②
>
> ① 해당 기업의 상시근로자 수가 감소된 과세연도의 직전 2년 이내의 과세연도에 고용기준 감면한도에 따라 감면받은 세액의 합계액
>
> ② 상시근로자 수가 감소된 과세연도의 감면대상 사업장의 상시근로자 수 × 1,500만원(청년 및 서비스업 상시근로자는 2,000만원)

참고사항 사후관리

법인세 또는 소득세를 감면받은 기업이 다음 중 어느 하나에 해당하는 경우에는 그 사유가 발생한 과세연도의 과세표준신고를 할 때 다음의 세액을 법인세 또는 소득세로 납부해야 한다. 이 경우에는 납부할 세액에 이자상당가산액을 가산하여 납부해야 한다(조특법 99의9 ⑧, 조특령 99의8 ⑥).

사유	납부해야 할 세액
① 감면대상사업장의 사업을 폐업하거나 법인이 해산한 경우. 다만, 법인의 합병·분할 또는 분할합병으로 인한 경우는 제외한다.	폐업일 또는 법인해산일부터 소급하여 3년 이내에 감면된 세액
② 감면대상사업장을 위기지역 외의 지역으로 이전한 경우	이전일부터 소급하여 5년 이내에 감면된 세액

Ⅵ 영세개인사업자의 체납액 징수특례

1. 징수특례 대상자

세무서장은 다음의 요건을 모두 갖춘 거주자의 신청에 따라 징수가 곤란한 체납액으로서 종합소득세(이에 부가되는 농어촌특별세를 포함한다) 및 부가가치세의 합계액(이하 '징수곤란 체납액'이라 한다) 중 국세징수권의 소멸시효가 완성되지 않은 금액에 대하여 그 거주자에게 체납액 징수특례를 적용할 수 있다(조특법 99의10 ①).

① 해당 거주자의 최종 폐업일이 속하는 과세연도를 포함하여 직전 3개 과세연도의 사업소득 총수입금액의 평균금액이 15억원 미만인 사람(영세 개인사업자)

② 2024.12.31. 이전에 모든 사업을 폐업하고, 다음 중 어느 하나에 해당하는 요건을 충족하는 사람(재기사업자)

㉠ 2020.1.1.부터 2027.12.31.까지의 기간 중 사업자등록을 신청하고 사업을 개시하여 신청일 현재 1개월 이상 사업을 계속하고 있을 것

㉡ 2020.1.1.부터 2027.12.31.까지의 기간 중 취업하여 신청일 현재 3개월 이상 근무하고 있는 자로서 다음 중 어느 하나에 해당하고, 근로소득을 지급하는 원천징수의무자의 변경이 없을 것

- 거주자가 원천징수의무자에게 고용되어 월 15일 이상 연속하여 3개월 이상 근무할 것
- 거주자가 원천징수의무자로부터 월 100만원 이상의 급여를 연속하여 3개월 이상 지급받을 것

③ 신청일 직전 5년 이내에 「조세범처벌법」에 따른 처벌 또는 처분을 받은 사실이나 이와 관련한 재판이 진행 중인 사실이 없는 사람(과거 성실사업자)

④ 신청일 현재 「조세범처벌법」에 따른 조세범칙사건에 대한 조사가 진행 중인 사실이 없는 사람(현재 성실사업자)

⑤ 신청일 현재 해당 거주자의 체납액 중 종합소득세(이에 부가되는 농어촌특별세를 포함한다) 및 부가가치세의 합계액이 5천만원 이하인 사람(소액 체납자)

⑥ 조세특례제한법(제99조의5)에 따른 영세개인사업자의 체납액 납부의무 소멸특례를 적용받은 사실이 없는 사람(중복적용 배제)

여기서 '징수곤란 체납액'이란 다음 중 어느 하나에 해당하는 체납액을 말한다. 이 경우 거주자가 기준일 후에 취득한 재산으로서 체납액을 관할하는 세무서장이 신청일 전에 발견한 재산의 가액 및 거주자가 기준일부터 신청일까지 납부한 금액은 징수곤란 체납액에서 차감한다(조특법 99의10 ⑨).

① 기준일 현재 재산이 없어 해당 거주자의 체납액을 징수할 수 없는 경우 그 체납액

② 기준일 현재 강제징수가 종결되고 해당 거주자의 체납액에 충당된 배분금액이 그 체납액에 미치지 못하는 경우 배분금액을 충당하고 남은 체납액

③ 기준일 현재 총재산가액이 강제징수비에 충당하고 남을 여지가 없어 해당 거주자의 체납액을 징수할 수 없는 경우 그 체납액

④ 그 밖에 징수가 곤란하다고 인정되는 경우로서 대통령령으로 정하는 체납액

2. 체납액 징수특례

'체납액 징수특례'란 다음의 것을 말한다(조특법 99의10 ②).

① 징수곤란 체납액에 대한 납부지연가산세(신청일 이후의 납부지연가산세를 포함한다. 이하 같다)의 납부의무 면제

② 징수곤란 체납액에 대한 분납 허가

3. 체납액 징수특례 절차

1) 징수특례 신청 : 체납액 징수특례를 적용받으려는 거주자는 2020.1.1.부터 2028.12.31.까지 징수곤란 체납액을 관할하는 세무서장에게 체납액 징수특례를 신청(분납기간은 5년 이내의 범위에서 정한다)해야 한다(조특법 99의10 ③).

2) 징수특례 여부 결정통지 : 이처럼 체납액 징수특례의 신청을 받은 세무서장은 국세체납정리위원회의 심의를 거쳐 신청일부터 2개월 이내에 체납액 징수특례의 적용 여부를 결정하여 해당 거주자에게 그 결과를 통지해야 한다(조특법 99의10 ④).

4. 징수특례에 대한 사후관리

1) 강제징수 금지 : 체납액을 관할하는 세무서장은 신청일부터 징수곤란 체납액에 대한 분납허가 규정에 따른 최종 분납기한까지는 체납액 징수특례를 적용한 징수곤란 체납액에 대하여 강제징수를 할 수 없다(조특법 99의10 ⑤).

2) 징수특례의 취소

① 체납액을 관할하는 세무서장은 체납액 징수특례를 적용하기로 결정한 후에 다음 ㉠·㉡에 따른 기준일(이하 '기준일'이라 한다) 당시 해당 거주자로부터 체납액을 징수할 수 있는 다른 재산이 있었던 것을 발견한 때에는 위 1)의 규정에도 불구하고 지체 없이 체납액 징수특례를 취소하고 강제징수를 해야 한다(조특법 99의10 ⑥).

㉠ 2019년 12월 31일 이전 모든 사업을 폐업한 경우 : 2019년 7월 25일

㉡ 2020년 1월 1일부터 2020년 12월 31일까지 모든 사업을 폐업한 경우 : 2020년 7월 25일

㉢ 2021년 1월 1일부터 2021년 12월 31일까지 모든 사업을 폐업한 경우 : 2021년 7월 25일

㉣ 2022년 1월 1일부터 2022년 12월 31일까지 모든 사업을 폐업한 경우 : 2022년 7월 25일

㉤ 2023년 1월 1일부터 2023년 12월 31일까지 모든 사업을 폐업한 경우 : 2023년 7월 25일

㉥ 2024년 1월 1일부터 2024년 12월 31일까지 모든 사업을 폐업한 경우 : 2024년 7월 25일

② 체납액을 관할하는 세무서장은 체납액 징수특례를 적용받은 거주자가 총 5회 또는 연속하여 3회 분납하지 않은 경우에는 위 1)의 규정에도 불구하고 체납액 징수특례를 취소하고 강제징수를 해야 한다(조특법 99의10 ⑦).

③ 체납액을 관할하는 세무서장은 위 ① 및 ②에 따라 체납액 징수특례를 취소하는 경우에는 해당 거주자에게 그 사실을 즉시 통지해야 한다(조특법 99의10 ⑧).

Ⅶ 연금계좌 납입에 대한 양도소득세의 과세특례

1. 개 요

기초연금 수급자가 장기보유한 부동산을 2027년 12월 31일까지 양도하고, 양도가액을 연금계좌에 납입하는 경우에 납입액의 10%에 해당하는 금액을 양도소득세 산출세액에서 공제한다. 그 취지는 부동산 연금화를 통해 노후생활 안정 지원하려는 데 있다. 이 규정은 2025년 1월 1일 이후 부동산을 양도하는 경우부터 적용한다.

2. 특례요건

(1) 특례적용 거주자

다음의 요건을 모두 충족하는 거주자에게 과세특례를 적용한다(조특법 99의14 ①).

① 부동산 양도 당시 기초연금 수급자*일 것

* 기초연금은 65세 이상인 사람으로서 소득인정액이 보건복지부장관이 정하여 고시하는 금액(이하 '선정기준액'이라 한다) 이하인 사람에게 지급한다(기초연금법 3 ①). 2025년 선정기준액은 ① 배우자가 없는 노인가구의 경우 월 소득인정액 2,280,000원, ② 배우자가 있는 노인가구의 경우 월 소득인정액 3,648,000원으로 한다(보건복지부고시 제2025－4호, 2025.1.13.).

② 부동산 양도 당시 1주택 또는 무주택 세대의 구성원일 것

(2) 특례대상 부동산

'특례대상 부동산'이란 국내에 있는 토지 또는 건물로서 10년 이상 보유한 것(이하 '연금부동산'이라 한다)을 말한다(조특령 99의13 ①).

(3) 연금계좌 납입요건

특례대상 부동산을 2027년 12월 31일까지 양도하고, 그 양도일부터 6개월 이내에 양도가액의 전부 또는 일부를 연금계좌에 납입해야 한다.

3. 특례내용

이상 요건을 갖춘 경우에는 연금계좌 납입액의 10%에 상당하는 금액을 해당 부동산의 양도소득 산출세액에서 공제한다. 이 경우 공제세액은 산출세액을 한도로 한다(조특법 99의14 ①).

연금계좌 납입 세액공제액 = MIN(①, ②) ① 공제세액 = 연금계좌 납입액(1억원 한도*)×10% ② 한도 = 양도소득산출세액

* 연금주택 및 연금부동산 납입액의 총 누적금액은 1억원을 한도로 한다(소득령 40의2 ②(1)).

참고사항 양도소득세 과세특례 신청

양도소득세의 과세특례를 적용받으려는 자는 과세표준신고(예정신고 포함)와 함께 다음의 서류를 관할세무서장에게 제출해야 한다(조특령 99의13 ②).

① 세액공제신청서

② 부동산연금 납입액을 확인할 수 있는 서류 ■

4. 사후관리

양도소득세의 과세특례를 적용받은 거주자가 부동산연금 납입액을 연금계좌에 납입한 날부터 5년 이내에 그 연금계좌에서 연금외수령하는 경우에는 그 공제받은 세액에 상당하는 금액을 양도소득세로 납부해야 한다(조특법 99의14 ②, 조특령 99의13 ③).

참고사항 연금계좌의 인출순서

양도소득세의 과세특례를 적용받은 거주자의 연금계좌에서 일부 금액이 인출되는 경우에는 「소득세법 시행령」 제40조의3(연금계좌의 인출순서)의 각 호의 순서대로 연금보험료가 인출될 때 해당 호의 연금보험료 중 부동산연금 납입액이 먼저 인출된 것으로 본다(조특령 99의13 ④). ■

NEW 개정사항 부동산 양도금액 연금계좌 납입시 양도소득세 과세특례 신설

<개정내용> 부동산 연금화를 통해 노후생활 지원을 위해서 기초연금 수급자가 장기보유한 부동산을 양도하고, 양도가액을 연금계좌에 납입하는 경우에 납입액의 10%에 해당하는 금액을 양도소득세 산출세액에서 공제하도록 하였다.

종전	개정
<신설>	□ 부동산(주택 · 건물 · 토지) 양도금액 연금계좌 납입시 양도소득세 과세특례 신설 ○ 적용대상 : 기초연금 수급자 ○ 적용요건 : 아래 요건을 모두 충족 ① 부동산 양도 당시 1주택 또는 무주택 세대 ② 양도 부동산을 10년 이상 보유 ③ 부동산 양도금액을 연금계좌에 납입 ○ 과세특례 : 해당 부동산 양도소득세액에서 연금계좌 납입액(1억원 한도)의 10%를 세액공제

○ 사후관리 : 연금수령 외의 방식으로 전부 또는 일부 인출시 세액공제액 추징
○ 적용기한 : 2027.12.31.

<적용시기> 이 규정은 2025년 1월 1일 이후 부동산을 양도하는 경우부터 적용한다. ■

참고사항 감염병 예방 조치에 따른 소상공인 손실보상금에 대한 과세특례

내국인(법인 또는 개인사업자를 말한다)이 **감염병 예방 조치에 따라 받은 소상공인 손실보상금은 해당 과세연도의 소득금액을 계산할 때 익금에 산입하지 않는다**(조특법 99의13 ①). 여기서 '손실보상금'이란 소상공인이 「감염병의 예방 및 관리에 관한 법률」에 따른 영업장소 사용 및 운영시간 제한 등 조치로 인하여 경영상 심각한 손실이 발생한 경우 국가로부터 받은 보상금을 말한다(이 과세특례는 2024.1.1. 이후 내국인이 손실보상금을 받은 경우부터 적용한다). ■

제4절 근로 · 자녀 장려를 위한 조세특례

I 근로장려세제(EITC)

1. 의 의

현재 사회안전망은 ① 일반국민을 대상으로 하는 사회보험제도(국민연금 · 건강보험 및 고용보험)와 ② 극빈층을 위주로 하는 국민기초생활보장제도로 구성되어 있어 차상위계층은 기존 사회보장망의 보호가 취약한 실정이다. 이러한 점을 고려하여 저소득자의 근로를 장려하고 소득을 지원하기 위해 근로장려세제(EITC ; Earned Income Tax Credit)를 적용하여 과세연도의 총급여액에 따라 근로장려금을 결정 · 환급한다(조특법 100의2). 이 제도는 기존의 재정지출정책과 조세지원정책을 결합한 형태로서 미국의 EITC 모형을 토대로 한 것이다.

2. 근로장려금의 신청자격

거주자가 다음의 요건을 모두 갖춘 경우 해당 소득세 과세기간의 근로장려금을 신청할 수 있다(조특법 100의3 ①).

1) 대상 거주자 요건 : 소득세 과세기간 중에 사업소득, 근로소득 또는 종교인소득이 있는 거주자로서 다음 중 어느 하나에 해당하는 자(그 배우자를 포함한다)를 제외한 자를 말한다(조특법 100의3 ①, 조특령 100의2 ④).

① 해당 소득세 과세기간 중 간이과세 배제대상 전문직 사업서비스업을 영위하는 자
② 해당 소득세 과세기간 종료일 현재 계속 근무하는 상용근로자(일용근로자가 아닌 근로자를 말한다)로서 월평균 근로소득이 500만원 이상인 자

2) 총소득요건 : 거주자(그 배우자를 포함한다. 이하 같다)의 연간 총소득의 합계액이 거주자를 포함한 1세대(이하 '가구'라 한다)의 구성원 전원(이하 '가구원'이라 한다)의 구성에 따라 정한 다음 표의 총소득기준금액 미만일 것

가구원 구성	총소득기준금액
① 단독 가구	2,200만원
② 홑벌이 가구	3,200만원
③ 맞벌이 가구	4,400만원

여기서 '연간 총소득의 합계액'이란 해당 소득세 과세기간의 소득세법에 따른 이자소득의 합계액, 배당소득의 합계액, 사업소득×조정률(업종별로 20%~90%), 근로소득의 합계액, 연금소득의 합계액, 기타소득금액(종교인소득은 제외), 종교인소득의 합계액을 모두 합한 금액(비과세소득은 제외)을 말한다(조특령 100의3 ①).

3) 재산요건 : 가구원이 소유하고 있는 토지 · 건물 · 자동차 · 예금 등 재산의 합계액(이하 '가구원 재산의 합계액'이라 한다)이 2억4천만원 미만일 것

조특 06

참고사항 재산의 합계액

① 재산세 과세대상인 토지 · 건축물 및 주택(용도구분에 따른 재산세 비과세대상인 것은 제외)
② 자동차세 과세대상인 승용자동차(영업용 승용자동차 및 자동차세 비과세대상인 승용자동차는 제외)
③ 전세금(임차보증금 포함)
④ 현금, 이자소득을 발생시키는 예금 · 적금 · 부금 · 예탁금 · 저축성보험 등, 배당소득을 발생시키는 집합투자기구의 금융재산 및 배당소득을 발생시키는 파생결합증권 또는 파생결합사채(다만, 금융재산의 개인별 합계금액이 5백만원 미만인 경우는 제외)
⑤ 취득세 과세대상자산에 해당하는 회원권, 부동산을 취득할 수 있는 권리 등 ■

참고사항 근로장려금 반기별 신청이 있는 경우 근로장려금 신청자격 판정기준

근로장려금 반기별 신청이 있는 경우 근로장려금 신청자격 해당 요건에 해당하는지 여부의 판정은 해당 소득세 직전 과세기간 종료일 현재의 상황에 따른다(조특법 100의3 ⑥). ■

참고사항 가구원 구성의 뜻(조특법 100의3 ⑤)

(1) 단독 가구 : 배우자, 부양자녀 및 (2)의 ②에 따른 직계존속이 없는 가구

(2) 홑벌이 가구 : 다음 중 어느 하나에 해당하는 가구
  ① 배우자의 아래 (3)에 따른 총급여액 등이 300만원 미만인 가구
  ② 배우자 없이 부양자녀가 있는 가구 또는 배우자 없이 다음의 요건을 모두 갖춘 직계존속(사망한 종전 배우자의 직계존속을 포함하고, 직계존속이 재혼한 경우에는 해당 직계존속의 배우자를 포함한다. 이하 같다)이 있는 가구
    • 직계존속 각각의 연간 소득금액의 합계액이 100만원 이하일 것
    • 해당 소득세 과세기간 종료일 현재 주민등록표상의 동거가족으로서 해당 거주자의 주소나 거소에서 현실적으로 생계를 같이 할 것. 다만, 해당 소득세 과세기간 종료일 전에 사망한 직계존속에 대해서는 사망일 전일을 기준으로 하며, 장애인이 질병의 치료, 요양 등으로 본래의 주소나 거소를 일시 퇴거한 경우에는 생계를 같이한 것으로 본다.
    • 70세 이상일 것. 다만, 장애인의 경우에는 연령의 제한을 받지 않는다.

(3) 맞벌이 가구 : 거주자 및 그 배우자의 소득세 과세기간 중에 다음 금액을 모두 합한 금액(비과세소득 등은 제외하며, 이하 '총급여액 등'이라 한다)이 각각 300만원 이상인 가구
  ㉠ 소득세법에 따른 사업소득×조정률(업종별로 20%~90%)
  ㉡ 소득세법에 따른 근로소득의 금액
  ㉢ 소득세법에 따른 종교인소득의 금액 ■

참고사항 근로장려금 신청배제

다음 중 어느 하나에 해당하는 거주자는 근로장려금을 신청할 수 없다(조특법 100의3 ②).

① 해당 소득세 과세기간 종료일 현재 대한민국 국적을 보유하지 않은 사람. 다만, 다음 중 어느 하나에 해당하는 사람은 제외한다.

㉠ 대한민국 국적을 가진 사람과 혼인한 사람

㉡ 대한민국 국적의 부양자녀가 있는 사람

② 해당 소득세 과세기간 중 다른 거주자의 부양자녀인 자

여기서 '부양자녀'는 다음의 요건을 모두 갖춘 사람을 말한다(조특법 100의4 ①).

① 거주자(그 배우자를 포함한다. 이하 같다)의 자녀이거나 동거입양자일 것(다만, 부모가 없거나 부모가 자녀를 부양할 수 없는 경우에는 거주자의 손자·손녀 또는 형제자매를 포함한다)

② 18세 미만일 것(다만, 장애인의 경우에는 연령의 제한을 받지 않는다)

③ 연간 소득금액의 합계액이 100만원 이하일 것

④ 주민등록표상의 동거가족으로서 해당 거주자의 주소나 거소에서 현실적으로 생계를 같이하는 사람일 것(다만, 직계비속의 경우에는 그렇지 않다) ■

3. 근로장려금의 산정

1) 가구별 근로장려금 : 근로장려금은 총급여액 등을 기준으로 다음 구분에 따라 계산한 금액으로 한다(조특법 100의5 ①).

① 단독가구인 경우

목별	총급여액 등	근로장려금
가	400만원 미만	총급여액 등 × $\frac{165}{400}$
나	400만원 이상 900만원 미만	165만원
다	900만원 이상 2,200만원 미만	165만원 − (총급여액 등 − 900만원) × $\frac{165}{1,300}$

② 홑벌이 가구인 경우

목별	총급여액 등	근로장려금
가	700만원 미만	총급여액 등 × $\frac{285}{700}$
나	700만원 이상 1,400만원 미만	285만원
다	1,400만원 이상 3,200만원 미만	285만원 − (총급여액 등 − 1,400만원) × $\frac{285}{1,800}$

③ 맞벌이 가구인 경우

목별	총급여액 등	근로장려금
가	800만원 미만	총급여액 등 × $\frac{330}{800}$
나	800만원 이상 1,700만원 미만	330만원
다	1,700만원 이상 4,400만원 미만	330만원 − (총급여액 등 − 1,700만원) × $\frac{330}{2,700}$

한편 근로장려금을 계산할 경우 거주자의 배우자(비거주자는 제외)가 사업소득, 근로소득 또는 종교인소득이 있을 때에는 해당 거주자와 그 배우자 중 근로장려금을 신청한 자의 총급여액 등에 그 배우자의 총급여액 등을 합산하여 총급여액 등을 산정한다(조특법 100의5 ③).

NEW 개정사항 근로장려금 신청을 위한 맞벌이 가구 총소득기준금액 상향

<개정내용> 단독가구가 혼인으로 인하여 근로장려금 신청에 불이익을 받지 않도록 하기 위하여 근로장려금 신청기준인 총소득기준금액을 맞벌이 가구의 경우 연 3,800만원에서 단독가구 총소득기준금액(2,200만원)의 2배인 연 4,400만원으로 상향하였다.

<table>
<tr><th>종전</th><th>개정</th></tr>
<tr><td>
□ 근로장려금 지급기준(기준금액 미만 지급)
<table>
<tr><th>가구 유형</th><th>총소득 기준</th></tr>
<tr><td>단독가구</td><td>2,200만원</td></tr>
<tr><td>홑벌이 가구</td><td>3,200만원</td></tr>
<tr><td>맞벌이 가구</td><td>3,800만원</td></tr>
</table>
</td><td>
□ 맞벌이 가구 총소득기준금액 인상
○ (왼쪽과 같음)
<table>
<tr><td>맞벌이 가구</td><td>4,400만원</td></tr>
</table>
</td></tr>
<tr><td>
□ 총급여액에 따른 맞벌이 가구 근로장려금 산정식
<table>
<tr><th>총급여액 등</th><th>근로장려금</th></tr>
<tr><td>800만원 미만</td><td>총급여액 등 × 800분의 330</td></tr>
<tr><td>800만원 이상
1,700만원 미만</td><td>330만원</td></tr>
<tr><td>1,700만원 이상
3,800만원 미만</td><td>330만원 − (총급여액 등
− 1,700만원) × 2,100분의 330</td></tr>
</table>
</td><td>
□ 맞벌이 가구 소득요건 상향에 따른 장려금 산정식 수정
○ (왼쪽과 같음)
<table>
<tr><td>1,700만원 이상
4,400만원 미만</td><td>330만원 − (총급여액 등
− 1,700만원) × 2,700분의 330</td></tr>
</table>
</td></tr>
</table>

<적용시기> 이 규정은 2025년 1월 1일 이후 근로장려금을 신청하는 경우부터 적용한다. ■

2) 예 외 : 위 1)의 규정에도 불구하고 가구원 재산의 합계액이 1억7천만원 이상인 경우에는 위 1)에 따라 계산한 금액의 50%에 해당하는 금액을 근로장려금으로 한다(조특법 100의5 ④).

참고사항 총급여액 등에서 제외되는 소득

'총급여액 등'은 비과세소득과 다음의 근로소득, 사업소득 또는 종교인소득을 제외한 금액을 말한다(조특법 100의3 ⑤ (3), 조특령 100의6 ②).

① 본인 및 배우자의 직계존비속(그 배우자 포함)에게 받은 원천징수대상 사업소득 및 근로소득

② 사업자 외의 자로부터 지급받은 근로소득

③ 법인세법에 따라 상여로 처분된 근로소득(인정상여)

④ 사업자등록을 하지 않은 자의 사업소득(다만, 인적용역의 공급에서 발생하는 소득으로 기획재정부령으로 정하는 사업자로부터 받은 소득은 제외한다)

⑤ 부동산임대업에서 발생하는 소득 ■

[도 표] 근로장려금 지급액

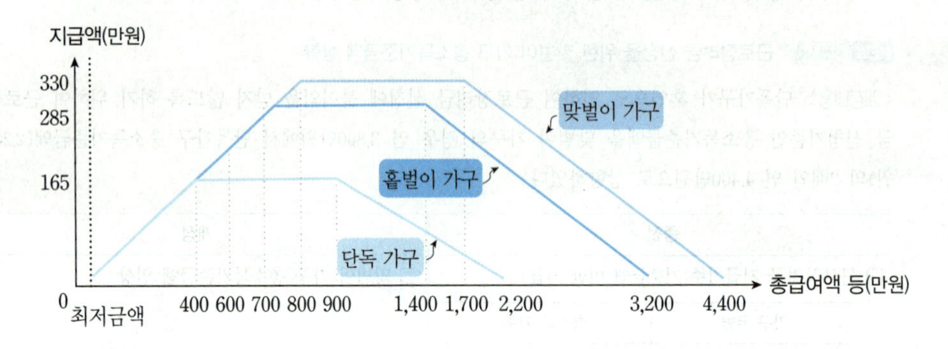

4. 근로장려금의 신청

(1) 일반적인 근로장려금 신청

거주자는 종합소득과세표준 확정신고기간(이하 '신청기간'이라 한다)에 신청자격, 산정한 근로장려금이 포함된 근로장려금신청서에 근로소득이 있음을 입증할 수 있는 근로소득원천징수영수증 등 증빙자료를 첨부하여 관할세무서장에게 근로장려금을 신청해야 한다(조특법 100의6 ①).

위 규정은 거주자가 종합소득과세표준 확정신고기간에 종합소득과세표준 확정신고(그 배우자의 종합소득과세표준 확정신고를 포함한다)와 근로장려금 신청을 한 경우에만 적용한다. 다만, 종합소득과세표준 확정신고기간에 종합소득과세표준 확정신고를 하지 않은 자가 근로장려금의 결정일까지 종합소득과세표준을 국세기본법에 따라 기한후신고(그 배우자의 종합소득과세표준 기한후신고를 포함한다)를 한 경우에는 종합소득과세표준 확정신고기간에 종합소득과세표준 확정신고를 한 것으로 본다(조특법 100의6 ⑤).

(2) 근로소득만 있는 거주자의 반기별 근로장려금 신청

위 (1)의 일반적인 근로장려금 신청규정에도 불구하고 반기(半期) 동안 근로소득만 있는 거주자는 ① 상반기 소득분에 대하여 9월 1일부터 9월 15일까지, ② 하반기 소득분에 대하여 다음 연도 3월 1일부터 3월 15일까지 근로장려금신청서에 근로장려금 신청자격을 확인하기 위하여 자료를 첨부하여 관할세무서장에게 근로장려금을 신청할 수 있다(조특법 100의6 ⑦).

상반기 소득분에 대하여 위에 따른 반기별 근로장려금 신청을 한 경우 그 신청자의 의사에 따라 하반기 소득분에 대하여 반기별 근로장려금 신청을 한 것으로 볼 수 있다(조특법 100의6 ⑨).

(3) 기한후신청

위 (1)의 신청기간에 근로장려금의 신청을 하지 않은 거주자는 해당 신청기간 종료일의 다음 날부터 6개월 이내에 해당 근로장려금을 신청할 수 있다(조특법 100의6 ⑧).

참고사항 종합소득과세표준 확정신고를 한 것으로 보는 경우

다음 중 어느 하나에 해당하는 때에는 근로장려세제 규정을 적용하는 경우 소득세법에 따른 종합소득과세표준 확정신고를 한 것으로 본다(조특법 100의6 ⑥).

① 소득세법에 따른 일용근로자가 그 급여액에 대하여 근로장려금을 신청하였을 때
② 소득세법에 따른 종합소득과세표준 확정신고를 해야 하는 자 중에서 종합소득금액 등을 고려하여 대통령령으로 정하는 자가 근로장려금을 신청하였을 때
③ 근로소득만 있는 자 등으로서 과세표준확정신고 예외규정에 따라 종합소득과세표준 확정신고를 하지 않은 자가 근로장려금을 신청하였을 때 ■

5. 근로장려금의 결정

관할세무서장은 다음 중 어느 하나에 해당하는 신청을 받은 경우에는 해당 호에서 정한 기한이 지난 후 3개월 이내에 근로장려금을 결정해야 한다. 다만, 3개월 이내에 근로장려금을 결정하기 어려운 사유에 해당할 때에는 근로장려금의 결정기한을 2개월의 범위에서 연장할 수 있다(조특법 100의7 ①,②).

구분	해당 호에서 정한 기한
① 일반적인 근로장려금의 신청을 받은 경우	종합소득과세표준 확정신고기한(근로장려금의 기한 후 신청의 경우에는 그 신청일이 속하는 달의 말일)
② 근로소득만 있는 거주자의 반기 신청을 받은 경우	반기별 신청기한

한편 관할세무서장이 근로장려금의 기한 후 신청을 받은 경우에는 근로장려금의 95%에 해당하는 금액을 근로장려금으로 결정한다(조특법 100의7 ②).

참고사항 근로장려금 최소지급액 등

관할세무서장은 ① 근로장려금의 계산식에 따라 산정한 금액이 1만5천원 미만인 경우에는 근로장려금이 없는 것으로 결정하고, ② 점증구간 가목에 따라 계산한 금액이 1만5천원 이상 10만원 미만인 경우에는 10만원을 근로장려금으로 결정하며, ③ 점감구간 다목에 따라 계산한 금액이 1만5천원 이상 3만원 미만인 경우에는 3만원을 근로장려금으로 결정한다(조특법 100의7 ③). ■

Ⅱ 자녀장려세제

1. 개 요

저소득자의 자녀양육비를 지원하기 위하여 자녀장려세제(CTC ; Children Tax Credit)를 적용하여 자녀장려금을 결정 · 환급한다(조특법 100의27). 그 취지는 저소득가구의 자녀양육을 지원하고 출산을 장려하려는 데 있다.

2. 자녀장려금의 신청자격

소득세 과세기간 중 근로소득, 사업소득 또는 종교인소득이 있는 거주자(간이과세 배제대상 전문직 사업서비스업을 영위하는 자 및 그 배우자를 제외한 자를 말한다)는 다음의 요건을 모두 갖춘 경우 해당 소득세 과세기간의 자녀장려금을 신청할 수 있다(조특법 100의28 ①).

① 부양자녀가 있을 것

② 거주자(그 배우자를 포함한다. 이하 같다)의 연간 총소득의 합계액이 7,000만원 미만(이하 '총소득기준금액'이라 한다)일 것

③ 가구원 재산의 합계액이 2억4천만원 미만일 것

참고사항 자녀장려금 신청배제

다음 중 어느 하나에 해당하는 거주자는 자녀장려금을 신청할 수 없다(조특법 100의28 ②).

① 해당 소득세 과세기간 중 대한민국 국적을 보유하지 않은 자(다만, 대한민국 국적을 가진 자와 혼인한 자는 제외)

② 해당 소득세 과세기간 중 다른 거주자의 부양자녀인 자 ■

3. 자녀장려금의 산정

자녀장려금은 총급여액 등을 기준으로 다음의 구분에 따라 계산한 금액으로 한다(조특법 100의29 ①).

1) 홑벌이 가족가구인 경우

목별	총급여액 등	자녀장려금
가	2,100만원 미만	부양자녀의 수×100만원
나	2,100만원 이상 7,000만원 미만	부양자녀의 수 $\times\left[100\text{만원} - (\text{총급여액 등} - 2{,}100\text{만원}) \times \frac{50}{4{,}900}\right]$

2) 맞벌이 가구인 경우

목별	총급여액 등	자녀장려금
가	2,500만원 미만	부양자녀의 수×100만원
나	2,500만원 이상 7,000만원 미만	부양자녀의 수 $\times\left[100\text{만원} - (\text{총급여액 등} - 2{,}500\text{만원}) \times \frac{50}{4{,}500}\right]$

[도 표] 자녀장려금 지급액

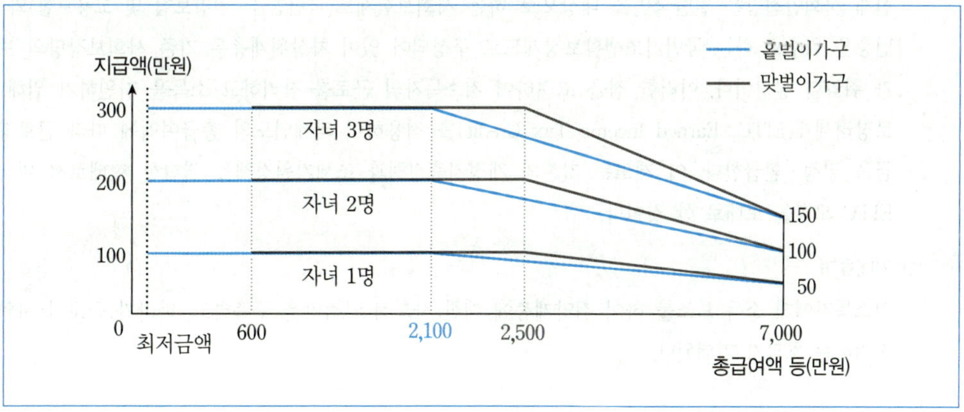

4. 자녀상려금의 신청 등

1) 신 청 : 거주자는 종합소득과세표준 확정신고기간에 자녀장려금신청서에 자녀장려금 신청자격을 확인하기 위하여 필요한 증거자료를 첨부하여 관할세무서장에게 자녀장려금을 신청해야 한다(조특법 100의30 ①).

2) 중복적용 배제 : 자녀장려금은 소득세법에 따른 자녀세액공제와 중복하여 적용할 수 없다(조특법 100의30 ②).

참고사항 자녀장려금 관련 사항의 준용

자녀장려금의 신청자격, 부양자녀의 요건과 판정시기, 자녀장려금의 산정 · 신청 · 결정 등에 관하여는 근로장려금에 관한 규정을 준용한다. 이 경우 '근로장려금'은 '자녀장려금'으로 본다(조특법 100의31 ①). ■

사 례 근로장려를 위한 조세특례

조세특례제한법상 근로장려를 위한 조세특례에 관하여 다음 물음에 답하시오. (2014년 세무사 2차, 25점)

【물음 1】 근로장려세제의 도입배경과 기대효과에 대해서 설명하시오.

【물음 2】 근로장려금의 신청자격에 대해서 설명하시오.

【물음 3】 근로장려금의 산정방법에 대해서 설명하시오.

해 답

【물음 1】 근로장려세제의 도입배경과 기대효과

(1) 도입배경

현재 사회안전망은 일반국민을 대상으로 하는 사회보험제도(국민연금 · 건강보험 및 고용보험)와 극빈층을 위주로 하는 국민기초생활보장제도로 구성되어 있어 차상위계층은 기존 사회보장망의 보호가 취약한 실정이다. 이러한 점을 고려하여 저소득자의 근로를 장려하고 소득을 지원하기 위해 근로장려세제(EITC ; Earned Income Tax Credit)를 적용하여 과세연도의 총급여액에 따라 근로장려금을 결정 · 환급한다. 이 제도는 기존의 재정지출정책과 조세지원정책을 결합한 형태로서 미국의 EITC 모형을 토대로 한 것이다.

(2) 기대효과

저소득자에게 소득 보조를 하여 취약계층에 대한 사회적 안정망을 구축하고, 나아가 근로나 사업을 장려하는 효과가 기대된다.

【물음 2】 근로장려금의 신청자격(p.328 참조)

1) 대상 거주자 요건
2) 총소득요건
3) 재산요건

【물음 3】 근로장려금의 산정방법

1) 가구별 근로장려금(p.330 이하 참조)
① 단독가구인 경우 : 총급여액 등에 따른 점증, 평탄(165만원), 점감 구간별 금액
② 홑벌이 가구인 경우 : 총급여액 등에 따른 점증, 평탄(285만원), 점감 구간별 금액
③ 맞벌이 가구인 경우 : 총급여액 등에 따른 점증, 평탄(330만원), 점감 구간별 금액

2) 예외 : 위 1)의 규정에도 불구하고 가구원 재산의 합계액이 1억7천만원 이상인 경우의 근로장려금은 위 1)에 따라 산정된 근로장려금의 50%에 해당하는 금액으로 한다.

❑ 출제위원 채점평

전반적으로 수험생들이 조세특례제한법상의 "근로장려를 위한 조세특례"에 대한 사항을 숙지하지 않고 시험장에 들어온 것 같다는 인상을 받았다. 1번 문항의 도입배경 및 기대효과에 관하여는 상식적인 수준에서도 답할 수 있었으나 2번 문항의 신청자격과 3번 문항의 산정방법은 구체적인 답안을 제시해야 하나 구체적 기준을 제시하지 않고 답지를 채우려는 수험생이 많아 득점에 어려움이 있었던 것으로 판단된다.

제5절 투자·상생협력 촉진을 위한 조세특례

Ⅰ 의의

상호출자제한기업집단에 속하는 내국법인이 투자, 임금 등으로 환류하지 않은 소득이 있는 경우에는 다음과 같이 계산한 세액을 미환류소득에 대한 법인세로 하여 일반법인세에 추가하여 납부해야 한다(조특법100의32 ①).

미환류소득	• 기업소득×70%·15% − 환류액 = (+)미환류소득
− 차기환류적립금	• 당기 미환류소득을 차기·차차기에 환류를 위해서 적립한 금액
− 이월된 초과환류액	• 전기·전전기 초과환류액 중 당기로 이월된 금액
= 과세대상 미환류소득 × 20%(세율)	
= 미환류소득에 대한 법인세	• 일반법인세에 추가하여 납부

우리나라 경제가 저성장이 지속되는 상황인데, 대기업들은 그동안 축적한 유보이익을 투자하는데 소극적이고 기업소득과 가계소득의 격차가 갈수록 확대되어 경제성장의 걸림돌로 작용하고 있다. 정부는 저성장 경제상황에 대처하고 기업부문의 투자 활성화와 가계부문의 소득 증대를 위하여 2015년부터 기업소득 환류세제를 도입하였다.

이 제도는 기업의 유보이익이 투자로 이어지고 기업소득이 임금증가와 상생협력 증진을 위해 흘러가는 선순환(善循環) 구조를 유도하려는데 그 취지가 있다(기업소득 → 투자 ↑ & 임금↑ → 고용 ↑ & 가계소득 ↑ → 가계소비 ↑ → 기업소득 ↑).

Ⅱ 납세의무자

미환류소득에 대한 법인세는 각 사업연도 종료일 현재 「독점규제 및 공정거래에 관한 법률(제31조 ①)」에 따른 상호출자제한기업집단에 속하는 내국법인에 대해서만 과세한다(조특법 100의32 ①). 여기서 '상호출자제한기업집단'은 해당 기업집단에 속하는 국내 회사들의 상호출자제한기업집단 지정 직전 사업연도의 재무상태표상 자산총액이 국내총생산액(GDP)의 0.5%에 해당하는 금액(예

: 국내총생산액이 2천조원이면 2천조원×0.5% = 10조원) 이상인 기업집단으로 한다. 다만, 금융업 또는 보험업만을 영위하는 기업집단 등은 상호출자제한기업집단에서 제외한다[「독점규제 및 공정거래에 관한 법률 시행령」(제38조 ②)].

Ⅲ 미환류소득

1. 개 요

'미환류소득(또는 초과환류액)'이란 다음의 방법 중 어느 하나의 방법을 선택하여 산정한 금액을 말한다(조특법 100의32 ①, 조특령 100의32 ⑤).

선택 가능한 산정방법	계산식
투자포함방법	환류기준액(기업소득×70%) − 환 류 액(투자 환류액 임금증가 환류액 상생협력 환류액) = (+) 미환류소득 (−) 초과환류소득
투자제외방법	환류기준액(기업소득×15%) − 환 류 액(− 임금증가 환류액 상생협력 환류액) = (+) 미환류소득 (−) 초과환류소득

[도 표] 미환류소득 또는 초과환류액

환류기준액	미환류소득(또는 초과환류액)
기업소득 ××× { 환류기준액* ××× 적정유보액 ××× } * 환류기준액 = 기업소득×70%·15%	• 환류기준액 > 환류액 환류기준액 ××× { 환류액 ××× 미환류소득 ××× } • 환류기준액 < 환류액 { 환류기준액 ××× 초과환류액 ××× } 환류액 ×××

2. 미환류소득의 신고와 산정방법 등

1) 미환류소득의 신고 : 납세의무자인 내국법인은 미환류소득(또는 초과환류액)을 각 사업연도의 종료일이 속하는 달의 말일부터 3개월 이내에 관할세무서장에게 신고해야 한다. 구체적으로 내국법인은 각 사업연도 소득에 대한 법인세 과세표준신고(또는 연결과세표준신고)를 할 때 「미환류소득에 대한 법인세 신고서」를 관할세무서장에게 제출해야 한다(조특법 100의32 ② 본문, 조특령 100의32 ③).

2) 신고한 산정방법의 적용 : 납세의무자인 내국법인이 미환류소득 산정방법으로 투자포함방법과 투자제외방법 중 어느 하나의 방법을 선택하여 신고한 경우 다음의 구분에 따른 기간까지는 그 선택한 방법을 계속 적용해야 한다(조특법 100의32 ③, 조특령 100의32 ⑮).

구분	계속 적용해야 하는 기간
① 내국법인이 투자포함방법을 선택하여 신고한 경우	해당 사업연도의 개시일부터 3년이 되는 날이 속하는 사업연도
② 내국법인이 투자제외방법을 선택하여 신고한 경우	해당 사업연도의 개시일부터 1년이 되는 날이 속하는 사업연도

3) 무신고시 산정방법 : 미환류소득 산정방법 중 어느 하나의 방법을 선택하지 않는 내국법인의 경우에는 해당 법인이 최초로 납세의무자인 법인에 해당되는 사업연도에 미환류소득이 적게 산정되거나 초과환류액이 많게 산정되는 방법을 선택하여 신고한 것으로 본다. 그리고 이처럼 신고한 것으로 보는 방법은 위 2)의 ①·②에 해당하는 기간은 계속 적용해야 한다(조특법 100의32 ④, 조특령 100의32 ⑰).

4) 산정방법의 변경 : 미환류소득 산정방법을 선택하여 신고한 경우 그 선택한 방법을 계속 적용해야 하는 법인이 합병을 하거나 사업을 양수하는 경우로서 합병법인 또는 사업양수법인이 해당 사업연도에 합병 또는 사업양수의 대가로 기업소득의 50%를 초과하는 금액을 금전으로 지급하는 경우에는 그 선택한 방법을 변경할 수 있다(조특령 100의32 ⑯).

5) 미환류소득의 승계 : 합병 또는 분할에 따라 피합병법인 또는 분할법인이 소멸하는 경우 합병법인 또는 분할신설법인은 미환류소득 및 초과환류액을 승계할 수 있다(조특령 100의32 ㉓).

Ⅳ 기업소득과 환류액

1. 기업소득(세무상 환류가능소득)

'기업소득'이란 해당 사업연도(2025.12.31.이 속하는 사업연도까지를 말한다. 다만, 차기환류적립금을 적립한 경우에는 2027.12.31.이 속하는 사업연도까지를 말한다)의 소득 중 다음과 같이 계산한 금액으로 한다(조특법 100의32 ② (1), 조특령 100의32 ④). 따라서 미환류소득에 대한 법인세는 2027.12.31.까지 한시적으로 적용되며, 기업소득은 각 사업연도 소득금액 중 투자, 임금증가, 상생협력을 위해 환류할 수 있는 최대금액을 의미한다.

> 기업소득
>
> = MIN ┌ 차가감 기업소득 = 각 사업연도의 소득금액 + 가산항목의 합계액 − 차감항목의 합계액
>
> 　　　└ 한도액 = 3,000억원

[도 표] 차가감 기업소득의 계산

계산	비고
손익계산서상 당기순이익	• 가산항목 중 ③의 금액이 차감되어 있음
+ 익금산입 · 손금불산입	• 차감항목 중 ① · ⑪의 금액이 포함되어 있음
− 손금산입 · 익금불산입	• 가산항목 중 ①의 금액이 포함되어 있음
= 차가감소득금액	
+ 기부금 한도초과액	• 차감항목 중 ⑦과 같음
− 기부금 한도초과 이월손금산입	• 가산항목 중 ②와 같음
= 각 사업연도의 소득금액	

⇓

각 사업연도의 소득금액

(+) 가산항목의 합계액

① 국세 · 지방세의 과오납금의 환급금에 대한 이자

② 기부금 한도초과 이월액의 손금산입액

③ 해당 사업연도에 투자 합계액에 포함하는 자산에 대한 감가상각비로서 해당 사업연도에 손금에 산입한 금액(기업소득을 투자포함방법으로 계산하는 경우에만 가산항목으로 한다)

(−) 차감항목의 합계액

① 해당 사업연도의 법인세액(과세표준×세율 − 공제 · 감면세액+가산세)(외국법인세액[*주1] 포함), 법인세 감면액에 대한 농어촌특별세 및 법인지방소득세액[(과세표준×세율)×10%](조특칙 45의9 ②)

② 상법에 따라 해당 사업연도에 의무적으로 적립하는 이익준비금
③ 법령에 따라 의무적으로 적립하는 적립금(*주2)
④ 과세표준을 계산할 때 해당 사업연도에 공제할 수 있는 이월결손금(소득금액의 80% 한도는 적용하지 않음)(*주3)
⑤ 과세이연요건을 충족하지 않는 경우 피합병법인 법인주주의 합병으로 인한 의제배당금액(합병대가 중 주식으로 받은 부분만 해당한다)으로서 해당 사업연도에 익금에 산입한 금액(내국법인 수입배당금액 익금불산입을 적용하기 전의 금액을 말한다)
⑥ 과세이연요건을 충족하지 않는 경우 분할법인 법인주주의 분할로 인한 의제배당금액(분할대가 중 주식으로 받은 부분만 해당한다)으로서 해당 사업연도에 익금에 산입한 금액(내국법인 수입배당금액 익금불산입을 적용하기 전의 금액을 말한다)
⑦ 해당 사업연도 기부금 한도초과액의 손금불산입액
⑧ 비적격합병시 피합병법인의 양도차익 익금산입액
⑨ 비적격분할시 분할법인의 양도차익 익금산입액
⑩ 지급배당 소득공제를 적용받는 유동화전문회사 등이 지급한 배당 금액
⑪ 「공적자금관리 특별법(제2조 (1))」에 따른 공적자금의 상환과 관련하여 지출하는 금액(구체적으로 ㉠ 수협은행이 경영정상화계획 등에 관한 약정에 따라 수산업협동조합중앙회 신용사업 특별회계에 배당하는 금액과 ㉡ 보증보험업 허가를 받은 보험회사가 경영정상화계획 등에 관한 약정에 따라 해당 사업연도의 잉여금처분으로 배당하는 금액을 말한다)

(=) 차가감 기업소득(그 수가 음수인 경우에는 영으로 본다)

(*주1) 여기서 '외국법인세액'이란 내국법인이 직접 납부한 외국법인세액으로서 손금불산입한 세액과 익금에 산입한 간접납부 외국법인세액을 말한다.

(*주2) 이것은 개별 법령 등이 정하는 바에 따라 의무적으로 적립해야 하는 금액 한도 이내에서 적립하는 다음 중 어느 하나에 해당하는 금액(해당 사업연도에 손금에 산입하지 않은 금액으로 한정한다)을 말한다(법인칙 46의3 ②).

① 은행법 등 개별 법령에 따른 해당 사업연도의 이익준비금(차감항목 ②에 따른 이익준비금으로 적립하는 금액은 제외)
② 금융회사 또는 공제조합이 해당 사업연도에 대손충당금 또는 대손준비금 등으로 의무적으로 적립하는 금액
③ 보험업을 영위하는 법인이 해당 사업연도에 보험업법에 따라 배당보험손실보전준비금과 보증준비금으로 의무적으로 적립하는 금액
④ 지방공기업법(제67조)에 따라 지방공사가 감채적립금으로 의무적으로 적립하는 금액
⑤ 부동산신탁업을 영위하는 법인이 신탁사업적립금으로 의무적립하는 금액

(*주3) 합병법인 · 분할신설법인 또는 분할합병의 상대방법인 등의 경우에는 합병법인의 이월결손금 공제제한 규정과 분할합병의 상대방법인의 이월결손금 공제제한 규정은 적용하지 않는다.

기업소득(투자포함방법) = 기업소득(투자제외방법) + 감가상각비 손금산입액(가산항목 ③)

참고사항 연결납세방식을 적용받은 연결법인의 기업소득 계산(조특령 100의32 ④ (1))

$$\text{연결법인의 기업소득} = \text{각 연결법인의 기업소득의 합계액} \times \frac{\text{해당 연결법인의 차가감 기업소득}}{\text{각 연결법인의 차가감 기업소득의 합계액}}$$

2. 환류액

(1) 투자 환류액

사업용자산과 벤처기업 주식에 대한 투자 합계액을 말한다. 이 경우 투자가 2개 사업연도에 걸쳐서 이루어지는 경우에는 그 투자가 이루어지는 사업연도마다 해당 사업연도에 실제 지출한 금액을 기준으로 투자 합계액을 계산한다(조특법 100의32 ② (1), ㈎, 조특령 100의32 ⑦).

> 투자 합계액
> = ∑(사업용자산과 벤처기업 주식을 취득하기 위해서 해당 사업연도에 실제로 지출한 금액)

여기서 '사업용자산'이란 국내사업장에서 사용하기 위하여 새로이 취득하는 사업용자산(중고품 및 금융리스 외의 리스자산은 제외)으로서 다음의 자산을 말한다. 다만, 아래 (1)의 사업용 유형자산(해당 사업연도 이전에 취득한 자산을 포함한다)에 대한 자본적 지출을 포함하되, 소액자산의 취득가액 및 어구 등의 취득가액의 손금 인정 특례에 따라 해당 사업연도에 즉시상각된 자산은 제외한다(조특령 100의32 ⑥ (1),(2)).

구분	사업용자산의 범위
(1) 유형자산	① 기계 및 장치, 공구, 기구 및 비품, 차량 및 운반구, 선박 및 항공기, 그 밖에 이와 유사한 사업용 유형자산 ② 공장, 영업장, 사무실 등 해당 법인이 업무에 직접 사용하기 위하여 신축 또는 증축하는 건축물
(2) 무형자산	감가상각자산에 해당하는 무형자산 * 다만, 영업권(합병 또는 분할로 인하여 합병법인 등이 계상한 영업권을 포함한다), 사용수익기부자산가액, 주피수이용권 · 공항시설관리권 및 항만시설관리권은 제외한다.

한편 '벤처기업 주식'이란 벤처기업에 다음 중 어느 하나에 해당하는 방법으로 출자(창업 · 벤처전문 사모집합투자기구 또는 창투조합 등을 통한 출자를 포함한다)하여 취득한 주식을 말한다(조특령 100의32 ⑥ (2)).

① 해당 기업의 설립시에 자본금으로 납입하는 방법
② 해당 기업이 설립된 후 유상증자하는 경우로서 증자대금을 납입하는 방법

(2) 임금증가 환류액

상시근로자의 해당 사업연도 임금증가금액으로서 다음 구분에 따른 금액이 있는 경우 그 금액을 합한 금액을 말한다(조특법 100의32 ② ㈏).

구분		임금증가 환류액 [(①·㉠ 또는 ①·㉡)+②+③]
(1) 상시근로자의 해당 사업연도 임금이 증가한 경우	해당 사업연도의 상시근로자 수가 직전 사업연도의 상시근로자 수보다 증가하지 않는 경우	①·㉠ 상시근로자 임금증가금액
	해당 사업연도의 상시근로자 수가 직전 사업연도의 상시근로자 수보다 증가한 경우	①·㉡ 기존 상시근로자 임금증가금액×1.5배 + 신규 상시근로자 임금증가금액×2배
(2) 해당 사업연도에 청년 정규직 근로자 수가 직전 사업연도의 청년 정규직 근로자 수보다 증가한 경우		② 해당 사업연도의 청년 정규직 근로자에 대한 임금증가금액
(3) 해당 사업연도에 정규직 전환 근로자가 있는 경우		③ 정규직 전환 근로자(청년 정규직 근로자는 제외한다)에 대한 임금증가금액

참고사항 본문 도표 (1)에서 기존 상시근로자 임금증가금액과 신규 상시근로자 임금증가금액의 계산

다음의 구분에 따라 계산한 금액으로 한다. 이 경우 ②에 따라 계산한 금액은 해당연도 상시근로자 임금증가금액을 한도로 한다(조특령 100의32 ⑩).

구분	계산식
① 기존 상시근로자 임금증가금액	(해당 연도 상시근로자 임금증가금액 − 아래 ②에 따라 계산한 금액)
② 신규 상시근로자 임금증가금액	(해당 연도 상시근로자 수 − 직전 연도 상시근로자 수) × 해당 연도에 최초로 근로기준법에 따라 근로계약을 체결한 상시 근로자(근로계약을 갱신하는 경우는 제외)에 대한 임금지급액의 평균액

앞의 도표에서 '임금증가금액'은 해당 사업연도의 매월 말 기준 상시근로자에게 지급한 근로소득(일반급여와 잉여금처분에 따른 상여를 말하며, 해당 법인이 손금으로 산입한 금액에 한정한다)[5]의 합계액(이하 '임금지급액'이라 한다)으로서 직전 사업연도 대비 증가한 금액으로 한다(조특령 100의32 ⑨). 여기서 '상시근로자'란 근로기준법에 따라 근로계약을 체결한 근로자를 말하되, 다음 중 어느 하나에 해당하는 자는 제외한다(조특령 100의32 ⑧).

① 「법인세법 시행령(제40조 ①)」에서 정하는 임원

② 소득세법에 따른 근로소득(일반급여와 잉여금처분에 따른 상여를 말한다)이 8,000만원 이상인 근로자.

---

5) '근로소득'에는 해당 법인이 우리사주조합에 출연하는 자사주의 장부가액과 금품의 합계액을 포함한다.

다만, 해당 과세연도의 근로제공기간이 1년 미만인 근로자의 경우에는 (해당 근로자의 근로소득의 금액/해당 과세연도 근무제공월수×12)의 금액을 기준으로 판단한다.

③ 해당 기업의 최대주주 또는 최대출자자(개인사업자의 경우에는 대표자를 말한다) 및 그와 친족관계인 근로자

④ 근로소득원천징수부(소득령 196)에 의해 근로소득세를 원천징수한 사실이 확인되지 않는 근로자

⑤ 근로계약기간이 1년 미만인 근로자(다만, 근로계약의 연속된 갱신으로 인하여 그 근로계약의 총 기간이 1년 이상인 근로자는 제외)

⑥ 근로기준법(제2조 ① (8))에 따른 단시간근로자

참고사항 청년 정규직 근로자와 정규직 전환 근로자의 범위

1. 본문 도표 (2)에서 '청년 정규직 근로자'란 정규직 근로자로서 15세 이상 34세 이하인 자를 말한다. 다만, 병역을 이행한 경우에는 그 기간(6년을 한도로 한다)을 근로계약 체결일 현재 연령에서 빼고 계산한 연령이 34세 이하인 사람을 포함한다(조특령 100의32 ⑫).

2. 본문 도표 (3)에서 '정규직 전환 근로자'란 근로기준법에 따라 근로계약을 체결한 근로자로서 다음의 요건을 모두 갖춘 자를 말한다(조특령 100의32 ⑬, 26의4 ⑬).

① 직전 과세연도 개시일부터 해당 과세연도 종료일까지 계속하여 근무한 자로서 근로소득원천징수부(소득령 196)에 따라 매월분의 근로소득세를 원천징수한 사실이 확인될 것

② 해당 과세연도 중에 비정규직 근로자(기간제근로자 또는 단시간근로자를 말한다)에서 비정규직 근로자가 아닌 근로자로 전환하였을 것

③ 직전 과세연도 또는 해당 과세연도 중에 ㉠ 임원, ㉡ 근로소득의 금액이 7,000만원 이상인 근로자, ㉢ 해당 기업의 최대주주 또는 최대출자자(개인사업자의 경우에는 대표자를 말한다) 및 그와 친족관계인 근로자에 해당하는 자가 아닐 것 ■

(3) 상생협력 환류액

해당 사업연도에 상생협력을 위하여 지출한 출연금에 3배를 곱한 금액을 말한다(조특법 100의32 ② (1) (다)).

상생협력 환류액 = 상생협력을 위하여 지출한 출연금×3배

여기서 '상생협력을 위하여 지출한 출연금'이란 다음 중 어느 하나에 해당하는 금액을 말한다. 다만, 해당 금액이 특수관계인을 지원하기 위하여 사용된 경우는 제외한다(조특령 100의32 ⑭).

① 다음 중 어느 하나에 해당하는 출연을 하는 경우 그 출연금

㉠ 「대 · 중소기업 상생협력 촉진에 관한 법률(제2조 (6))」에 따른 협력중소기업에 대한 보증 또는 대출지원을 목적으로 신용보증기금 또는 기술보증기금에 출연하는 경우

㉡ 「대 · 중소기업 상생협력 촉진에 관한 법률」에 따른 대 · 중소기업 · 농어업협력재단(농어촌상생협력기금 포함)에 출연하는 경우

② 조세특례제한법(제8조의3 ① (1))에 따른 협력중소기업의 사내근로복지기금에 출연하는 경우 그 출연금

③ 근로복지기본법(제86조의2)에 따른 공동근로복지기금에 출연하는 경우 그 출연금

④ 다음의 구분에 따른 법인이 중소기업에 대한 보증 또는 대출지원을 목적으로 출연하는 경우 그 출연금

㉠ 신용보증기금법에 따른 신용보증기금에 출연하는 경우 : 같은 법(제2조 (3))에 따른 금융회사 등

㉡ 기술보증기금법에 따른 기술보증기금에 출연하는 경우 : 같은 법(제2조 (3))에 따른 금융회사

㉢ 지역신용보증재단법에 따른 신용보증재단 및 신용보증재단중앙회에 출연하는 경우 : 같은 법(제2조 (4))에 따른 금융회사 등

⑤ 그 밖에 상생협력을 위하여 지출하는 금액으로서 기획재정부령으로 정하는 금액

V 차기환류적립금과 초과환류액

1. 차기환류적립금의 적립과 사후관리

납세의무자인 내국법인(미환류소득을 신고하지 않은 법인은 제외)은 해당 사업연도 미환류소득의 전부 또는 일부를 다음 2개 사업연도의 투자, 임금 등으로 환류하기 위한 금액(이하 '차기환류적립금'이라 한다)으로 적립하여 해당 사업연도의 미환류소득에서 차기환류적립금을 공제할 수 있다(조특법 100의32 ⑤).

미환류소득(×1)	×××	차기환류적립금(×1)	××× (적립 여부, 금액 선택)
		과세대상 미환류소득(×1)	××× → 20% 미환류소득 법인세

그 취지는 납세의무자인 내국법인이 미환류소득이 있더라도 차기환류적립금을 적립하면 그 적립금에 대해서는 미환류소득에 대한 법인세를 면제해 주고 다음 2개 사업연도에 환류할 수 있는 기회를 주려는데 있다.

한편 위와 같이 차기환류적립금을 적립한 경우 다음 금액을 그 다음다음 사업연도의 법인세액에 추가하여 납부해야 한다(조특법 100의32 ⑥).

(차기환류적립금 − 해당 사업연도의 초과환류액)* × 20%

* 괄호 (금액)이 음수인 경우 영(0)으로 본다.

차기환류적립금(×1)	×××	초과환류액(×2)	×××
		초과환류액(×3)	×××
		전기이전미환류소득(×1)	××× → 20% 미환류소득 법인세*

* 차기환류적립금을 적립하여 미환류소득에서 공제한 내국법인이 다음 2개 사업연도 내에 미환류소득에 대한 법인세 납세의무자인 법인에 해당하지 않게 되는 경우에도 미환류소득에 대한 법인세를 납부해야 한다(조특령 100의32 ⑱).

2. 초과환류액의 처리

해당 사업연도에 초과환류액(초과환류액으로 차기환류적립금을 공제한 경우에는 그 공제 후 남은 초과환류액을 말한다)이 있는 경우에는 그 초과환류액을 그 다음 2개 사업연도까지 이월하여 그 다음 2개 사업연도 동안 미환류소득에서 공제할 수 있다(조특법 100의32 ⑦, 조특령 100의32 ⑲).

차기환류적립금(×1)	×××	초과환류액(×2)	×××
이월할 초과환류액(×2)	×××		

미환류소득(×3)	×××	이월된 초과환류액(×2)	×××
미환류소득(×4)	×××	과세대상 미환류소득(×4)	×××* → 20% 미환류소득 법인세

* 이 금액에 대해서도 차기환류적립금을 적립하면 20% 미환류소득 법인세를 과세하지 않는다.

Ⅵ 투자금액 공제분에 대한 사후관리

내국법인이 기업소득에서 자산에 대한 투자 합계액으로 공제받은 자산을 처분한 경우 등 다음에 해당하는 경우에는 자산에 대한 투자금액의 공제로 인하여 납부하지 않은 세액에 이사상당액을 가산하여 납부해야 한다(조특법 100의32 ⑧, 조특령 100의32 ⑳).

① 기계 및 장치, 공구, 기구 및 비품, 차량 및 운반구, 선박 및 항공기, 그 밖에 이와 유사한 사업용 유형자산의 투자완료일 · 무형자산(매입한 자산에 한정한다)의 매입일 또는 벤처기업 주식의 취득일부터 2년이 지나기 전에 해당 자산을 양도하거나 대여하는 경우. 다만, 다음 중 어느 하나에 해당하는 경우는 제외하다.

㉠ 현물출자, 합병, 분할, 분할합병, 과세이연을 적용받는 자산교환, 통합, 사업전환 또는 사업의 승계로 인하여 당해 자산의 소유권이 이전되는 경우, 내용연수가 경과된 자산을 처분하는 경우, 국가 · 지방자치단체 또는 학교 등에 기부하고 그 자산을 사용하는 경우

㉡ 기계 및 장치, 공구, 기구 및 비품, 차량 및 운반구, 선박 및 항공기, 그 밖에 이와 유사한 사업용 유형자산을 「대 · 중소기업 상생협력 촉진에 관한 법률」에 따른 수탁기업(특수관계인은 제외)에 무상양도 또는 무상대여하는 경우

㉢ 천재지변, 화재 등으로 인한 자산의 멸실, 파손 등으로 시설의 가동이 불가능하여 처분하는 경우

㉣ 한국표준산업분류표상 해당 자산의 임대업이 주된 사업인 법인이 해당 자산을 대여하는 경우

② 해당 법인이 업무용신증축건축물을 준공 후 2년 이내에 임대하거나 위탁하는 등 업무에 직접 사용하지 않은 경우, 업무용신증축건축물을 준공 전에 처분하거나 준공 후 2년 이내에 처분하는 경우 등

내국법인은 다음의 금액을 이자상당액으로 하여 위 ①, ②의 어느 하나에 해당하는 사유가 발생하는 날이 속하는 사업연도의 과세표준신고를 할 때(이하 '이자상당액 납부일'이라 한다) 납부해야 한다(조특령 100의32 ㉑).

$$\text{이자상당액} = \text{투자금액의 공제로 납부하지 않은 세액} \times \text{기간}^{*} \times 1\text{일} \frac{2.2}{10,000}$$

* 투자금액을 공제받은 사업연도의 법인세 과세표준 신고일의 다음 날부터 이자상당액 납부일까지의 기간

사 례 미환류소득에 대한 법인세

다음은 ㈜중앙(사업연도 1.1.~12.31.)의 미환류소득에 대한 법인세 과세자료이다. 이 자료를 토대로 ㈜중앙의 제25기(2025년), 제26기(2026년) 사업연도의 미환류소득에 대한 법인세액을 각각 계산하시오.

1. ㈜중앙은 제25기와 제26기 각 사업연도 종료일 현재 상호출자제한기업집단에 속하는 법인에 해당한다(제24기 이전에는 상호출자제한기업집단에 속하는 법인은 아니었다).

사업연도	제25기(2025년)	제26기(2026년)
자산의 합계액	1,100억원	1,300억원
부채의 합계액	570억원	680억원
자기자본	530억원	620억원

2. ㈜중앙의 기업소득과 환류액의 명세는 다음과 같다.

(단위 : 억원)

구분		제25기	제26기
(1) 기업소득	투자포함방법	3,000	2,600
	투자제외방법	2,900	2,500
(2) 환류액	투자 환류액	930	1,470
	임금증가 환류액	30	650
	상생협력 환류액	5	40
	합계	965	2,160

3. ㈜중앙은 제25기 사업연도의 미환류소득 산정방법(투자포함방법 · 투자제외방법)으로 미환류소득이 적게 산정되는 방법을 선택하여 신고하고, 제25기 사업연도에 미환류소득의 100%를 차기환류적립금으로 적립한다.

4. ㈜중앙은 제26기 사업연도에는 투자포함방법에 의한 초과환류액이 투자제외방법에 의한 초과환류액보다 큰 경우에는 투자포함방법으로 산정한 초과환류액을 신고한다.

해 답

1. 제25기 사업연도 미환류소득에 대한 법인세

(1) 미환류소득(또는 초과환류액) 계산

(단위 : 억원)

구분		제25기	
		투자포함방법	투자제외방법
(1) 기업소득×(70% or 15%)		3,000×70% = 2,100	2,900×15% = 435
(2) 환류액	투자 환류액	930	–
	임금증가 환류액	30	30
	상생협력 환류액	5	5
	합계	965	35
(3) 미환류소득 : (1) – (2)		1,135	400
신고한 미환류소득(투자제외방법)		–	400

(2) 제25기 미환류소득에 대한 법인세

(제25기에 신고한 미환류소득 – 차기환류적립금)×20%

: (400 – 400×100%)×20% = 0

2. 제26기 사업연도 미환류소득에 대한 법인세

(1) 미환류소득(또는 초과환류액) 계산

(단위 : 억원)

구분		제26기	
		투자포함방법	투자제외방법
(1) 기업소득×(70% or 15%)		2,600×70% = 1,820	2,500×15% = 375
(2) 환류액	투자 환류액	1,470	–
	임금증가 환류액	650	650
	상생협력 환류액	40	40
	합계	2,160	690
(3) 초과환류액 : (2) – (1)		340	315
신고한 초과환류액(투자포함방법)		340	–

조특 06

(2) 제27기로 이월할 차기환류적립금(제25기 적립분)

제25기 차기환류적립금 − 제26기 초과환류액

: 400 − 340 = 60 (제27기로 이월할 차기환류적립금)*

* 따라서 제26기에 차기환류적립금과 관련하여 추가 납부할 법인세는 없다.

제6절 그 밖의 직접국세의 특례

I 정비사업조합에 대한 과세특례

1. 정비사업조합의 법인격

다음 중 어느 하나에 해당하는 조합(이하 '정비사업조합'이라 한다)에 대해서는 법인세법 규정에 불구하고 비영리내국법인으로 보아 법인세법(고유목적사업준비금의 손금산입 규정은 제외함)을 적용한다. 이 경우 전환정비사업조합은 법인세법 규정에 따라 과세표준과 세액을 신고하는 경우에만 해당한다(조특법 104의7 ②).

① 「도시 및 주거환경정비법(제35조)」에 따라 설립된 조합(전환정비사업조합을 포함한다)[6)]

② 「빈집 및 소규모주택 정비에 관한 특례법(제23조)」에 따라 설립된 조합

이처럼 비영리내국법인으로 보는 정비사업조합이 해당 정비사업에 관한 관리처분계획에 따라 조합원에게 종전의 토지를 대신하여 토지 및 건축물을 공급하는 사업은 법인세법 규정에 따른 수익사업이 아닌 것으로 본다(조특령 104의4).

이 규정 정비사업조합법인은 그 조합원에게 이익을 배당할 수 있는 법인이므로 영리내국법인에 해당할 것이나 비영리내국법인으로 의제하여 법인세법을 적용함으로써 납세순응의 편의를 도모하는데 그 취지가 있다. 다만, 정비사업조합법인은 사회복지법인 등과 같이 영리 아닌 사업을 목적으로 설립된 법인이 아니므로 고유목적사업준비금의 손금산입 규정은 적용받을 수 없도록 하였다.

2. 조합원 공급분에 대한 부가가치세 과세거래 제외

정비사업조합이 해당 정비사업에 관한 공사를 마친 후에 그 관리처분계획에 따라 조합원에게 공급하는 것으로서 종전의 토지를 대신하여 공급하는 토지 및 건축물(정비사업의 시행으로 건설된 것에 한함)은 부가가치세법에 따른 재화의 공급으로 보지 않는다(조특법 104의7 ③).

---

6) 정비사업조합은 법인으로 하며, 조합설립인가를 받은 날부터 30일 이내에 주된 사무소의 소재지에서 등기함으로써 성립한다(도시 및 주거환경정비법 18).

[도 표] 정비사업조합에 대한 부가가치세 과세거래의 범위

구분	납세의무 이행방법
조합원 공급분	과세거래 × : 정비사업의 시행으로 건설된 건축물
일반인 공급분	과세거래 ○ : 국민주택(면세) 외 주택 · 상가건물이 과세대상임

3. 정비사업조합의 체납국세에 대한 제2차납세의무

정비사업조합이 관리처분계획에 따라 해당 정비사업의 시행으로 조성된 토지 및 건축물의 소유권을 타인에게 모두 이전한 경우에 있어서 해당 정비사업조합이 납부할 국세 또는 강제징수비를 납부하지 않고 그 남은 재산을 분배하거나 인도하는 경우에는 그 정비사업조합에 대하여 강제징수를 집행하여도 징수할 금액이 부족한 경우에만 그 남은 재산의 분배 또는 인도를 받은 자가 그 부족액에 대하여 제2차납세의무를 진다. 이 경우 해당 제2차납세의무는 그 남은 재산을 분배 또는 인도받은 가액을 한도로 한다(조특법 104의7 ④).

정비사업조합 자신이 비영리내국법인으로서 조합원과 별도의 납세의무를 짐에 따라 정비사업조합이 체납한 국세채권을 보전하기 위하여 잔여재산의 분배 · 인도를 받은 자에 대한 제2차납세의무를 도입한 것이다. 이는 국세기본법에 따른 제2차납세의무에 대한 특례에 해당한다.

Ⅱ 과세자료 제출에 대한 세액공제

1. 간이지급명세서의 제출에 대한 세액공제

(1) 소규모 사업자에 대한 세액공제

소규모 사업자(세액공제를 받으려는 과세연도의 상시 고용인원이 20명 이하인 원천징수의무자를 말한다)가 2026.1.1.부터 2027.12.31.까지 지급하는 일용근로자가 아닌 근로자에게 지급하는 근로소득(즉 상용근로소득)에 대한 간이지급명세서를 제출기한까지 국세정보통신망을 이용하여 직접 제출하는 경우에는 해당 과세연도의 법인세 또는 소득세의 납부세액에서 다음의 금액을 공제한다(조특법 104의5 ①,③, 조특령 104의2 ①). 여기서 상시고용 인원수는 세액공제를 받으려는 과세연도의 매월 말일 현재의 상시고용인원의 평균인원수로 한다(조특령 104의2 ②).

> 소규모사업자에 대한 세액공제액
> = 간이지급명세서에 기재된 소득자의 인원 수 × 200원(간이지급명세서 제출자별로 최소 연간 1만원)

(2) 세무사 등에 대한 세액공제

세무사법에 따른 세무사(세무사법에 따라 등록한 공인회계사 및 변호사, 세무법인 및 공인회계사법에 따른 회계법인을 포함한다. 이하 같다)가 위의 소규모 사업자를 대리하여 국세정보통신망을 통하여 상용근로소득에 대한 간이지급명세서를 제출기한까지 제출하는 경우에는 해당 과세연도의 세무사의 법인세 또는 소득세의 납부세액에서 다음의 금액을 공제한다(조특법 104의5 ②,③).

> 세무사 등에 대한 세액공제액 = MIN(①, ②)
> ① 간이지급명세서에 기재된 소득자의 인원 수×200원(간이지급명세서 제출자별로 최소 연간 1만원)
> ② 공제한도액 = 연 300만원(세무법인 · 회계법인인 경우에는 연 600만원)

2. 용역제공자에 관한 과세자료의 제출에 대한 세액공제

용역제공자에 관한 과세자료를 제출해야 할 자가 과세자료의 제출기한(수입금액 또는 소득금액이 발생하는 달의 다음 달 말일까지를 말한다) 내에 국세정보통신망을 통하여 2021.11.1.부터 2026.12.31.까지 수입금액 또는 소득금액이 발생하는 용역에 관한 과세자료를 제출하는 경우 다음의 금액을 해당 용역에 대한 수입금액 또는 소득금액이 발생한 달이 속하는 과세연도에 대한 법인세 또는 사업소득에 대한 소득세에서 공제한다(조특법 104의32 ①, 조특령 104의29 ①,②).

> 세액공제액 = MIN(①, ②)
> ① 과세자료에 기재된 용역제공자 인원 수*×500원(최소 연간 1만원으로 한다)
> ② 공제한도액 = 연 200만원

* 용역제공자 인적사항 및 용역제공기간 등 기재해야 할 사항이 모두 기재된 인원 수로 한정한다.

Ⅲ 전자신고에 대한 세액공제

1. 납세자에 대한 세액공제

(1) 납세자에 대한 세액공제

1) 소득세 또는 법인세 세액공제 : 납세자가 직접 전자신고방법으로 종합소득세 과세표준확정신고, 양도소득세 과세표준예정신고 또는 법인세 과세표준신고를 하는 경우에는 해당 납부세액에서 2만원(종합소득세 과세표준확정신고의 예외에 해당하는 자가 과세표준확정신고를 한 경우에는 추가로

납부하거나 환급받은 세액과 1만원 중 적은 금액)을 공제한다. 이 경우 납부할 세액이 음수(−)인 경우에는 이를 없는 것으로 한다(조특법 104의8 ①, 조특령 104의5 ①,②).

2) 부가가치세 세액공제 : 납세자가 직접 전자신고방법으로 부가가치세 확정신고(간이과세자는 부가가치세 신고)를 하는 경우에는 해당 납부세액에서 1만원을 공제하거나 환급세액에 가산한다. 다만, 매출가액과 매입가액이 없는 일반과세자에 대해서는 세액공제를 적용하지 않으며, 간이과세자에 대해서는 공제세액이 납부세액에 재고납부세액, 매입세금계산서 등 세액공제 및 의제매입세액공제에 따른 금액을 가감(加減)한 후의 금액을 초과할 때에는 그 초과하는 금액은 없는 것으로 본다(조특법 104의8 ②, 조특령 104의5 ③,④).

(2) 세무대리인에 대한 세액공제

1) 세무사에 대한 세액공제 : ① 세무사(공인회계사를 포함한다. 이하 같다)가 납세자를 대리하여 전자신고의 방법으로 직전 과세연도 동안 종합소득세, 양도소득세 또는 법인세를 신고를 한 경우에는 해당 세무사의 사업소득에 대한 소득세 납부세액에서 2만원을 공제하고, ② 세무사가 납세자를 대리하여 전자신고의 방법으로 직전 과세기간 동안 부가가치세를 신고한 경우에는 해당 세무사의 부가가치세 납부세액에서 1만원을 공제한다(조특법 104의8 ③).

위 ①·②에 따라 세무사가 공제받을 수 있는 연간 공제 한도액(해당 세무사가 소득세 또는 법인세의 납부세액에서 공제받을 금액 및 부가가치세에서 공제받을 금액을 합한 금액)은 300만원으로 한다(조특법 104의8 ④).

> 세무사의 소득세 또는 부가가치세 세액공제액 = MIN(①, ②)
> ① 소득세 또는 법인세 신고건수×2만원 + 부가가치세 신고건수×1만원
> ② 연 300만원

2) 세무법인·회계법인에 대한 세액공제 : ① 세무법인 또는 회계법인이 납세자를 대리하여 전자신고의 방법으로 직전 과세연도 동안 종합소득세, 양도소득세 또는 법인세를 신고를 한 경우에는 해당 세무법인과 회계법인의 법인세 납부세액에서 2만원을 공제하고, ② 세무법인 또는 회계법인이 납세자를 대리하여 전자신고의 방법으로 직전 과세기간 동안 부가가치세를 신고한 경우에는 해당 세무법인과 회계법인의 부가가치세 납부세액에서 1만원을 공제한다(조특법 104의8 ③).

위 ①·②에 따라 세무법인 또는 회계법인이 공제받을 수 있는 연간 공제 한도액(해당 세무법인과 회계법인이 법인세의 납부세액에서 공제받을 금액 및 부가가치세에서 공제받을 금액을 합한 금액)은 750만원으로 한다(조특법 104의8 ④).

> 세무법인 · 회계법인의 법인세 또는 부가가치세 세액공제액 = MIN(①, ②)
> ① 소득세 또는 법인세 신고건수×2만원 + 부가가치세 신고건수×1만원
> ② 연 750만원

2. 전자고지에 대한 세액공제

납세자가 국세기본법에 따른 전자송달의 방법으로 납부고지서의 송달을 신청한 경우 신청한 달의 다음다음 달 이후 송달하는 분부터 다음 중 어느 하나에 해당하는 국세의 납부세액에서 납부고지서 1건당 1,000원을 공제한다(조특법 104의8 ⑤).

세액공제 대상 국세	세액공제액
① 직전 과세기간의 실적을 기준으로 하는 방법으로 결정 · 징수하는 중간예납 소득세 ② 직전 과세기간 납부세액의 50%를 세액으로 결정하여 예정고지 · 예정부과징수하는 부가가치세 ③ 과세표준과 세액이 정부가 결정하는 때 확정되는 국세(수시부과하여 징수하는 경우는 제외)	납부고지서 1건당 1,000원

이러한 세액공제 금액은 각 세법에 따라 부과하는 국세의 납부세액에서 고지금액의 최저한 금액(1만원)을 차감한 금액을 한도로 한다(조특법 104의8 ⑥).

Ⅳ 해운기업에 대한 법인세 과세표준계산특례

1. 개 요

본래 해운기업은 법인세법에 따라 계산한 해운소득에 대해 법인세를 납부해야 한다. 그런데 주요 해운국들(네덜란드, 노르웨이, 독일, 영국, 덴마크, 핀란드)이 해운소득에 대하여 실제소득과 관계없이 선박순톤수와 운항일수 등을 기준으로 산출한 선박표준이익(추정이익 : Notional Profit)에 대해 법인세를 납부하는 이른바 '톤세제도(Tonnage Tax System)'를 경쟁적으로 도입하였다. 이 제도를 통해 자국 국적의 선박을 유치함으로써 해운기업의 경쟁력을 강화하였다.

우리나라도 해운기업의 국제경쟁력을 제고하기 위하여 ① 법인세법에 따라 계산한 해운소득에 대해 법인세를 납부하는 방법과 ② 톤세제도에 따라 선박표준이익을 해운소득으로 간주하고 이에 대해 법인세를 납부하는 방법 가운데 한 가지를 선택할 수 있도록 한 것이다. 톤세제도를 적용받으면 영

업실적이 좋은 경우에는 일반적인 법인세를 납부하는 것보다 적은 세부담을 지지만, 영업실적이 좋지 않아 결손이 나는 경우에도 법인세를 납부해야 하는 문제가 있을 수 있다.

2. 과세표준계산특례의 내용

(1) 특례요건

내국법인 중 해운법에 따른 외항운송사업을 영위하는 기업으로서 해당 기업이 용선한 선박의 연간운항순톤수(순톤수×연간운항일수×사용률)의 합계가 해당 기업이 소유한 기준선박의 연간운항순톤수 합계의 5배 이내인 해운기업이 과세표준계산특례를 적용받을 수 있다.

<톤세 적격요건 판정기준>

$$\frac{\text{용역선박의 연간 운항순톤수 합계}}{\text{기준선박의 연간 운항순톤수 합계}} \leq 5$$

(2) 과세표준계산특례

해운기업의 법인세 과세표준은 2029년 12월 31일까지 다음 금액으로 할 수 있다(조특법 104의 10 ①).

해운기업의 과세표준 = ① + ②

① 해운소득* : 선박표준이익 = ∑개별선박표준이익

개별선박표준이익 = (개별선박순톤수×톤당 1운항일이익)×운항일수×사용률

② 비해운소득(해운소득 외 소득) : 법인세법 규정에 따라 계산한 소득금액

* 해운소득 : 외항해상운송활동(이와 연계된 활동 포함)에서 발생하는 소득 및 외항해상운송활동과 관련하여 발생한 이자소득 · 외환환산손익 및 외화평가손익 등을 말한다(조특령 104의7 ②).

여기서 톤당 1운항일이익, 운항일수 및 사용률은 다음과 같다(조특령 104의7 ④).

개별선박의 순톤수	1톤당 1운항일이익	
	기준선박	기준선박 외의 선박*
1,000톤 이하분	14원	18.2원
1,000톤 초과 10,000톤 이하분	11원	14.3원
10,000톤 초과 25,000톤 이하분	7원	9.1원
25,000톤 초과분	4원	5.2원

* 기준선박 외의 선박에 대한 1톤당 1운항일이익을 기준선박에 대한 1톤당 1운항일이익보다 30% 할증하여 적용함

구분	운항일수	비고
① 특례적용기업이 소유한 선박	소유기간	정비 · 개량 · 보수 및 그 밖의 불가피한 사유로 30일 이상 연속하여 선박을 운항하지 않은 경우 그 기간은 제외한다.
② 특례적용기업이 용선한 선박	용선기간	

구분	사용률
① 특례적용기업이 선박을 소유하거나 선박 전체를 용선한 경우	100%
② 특례적용기업이 선박의 일부를 용선한 경우	$\frac{\text{해당 선박에 적재한 물량}}{\text{해당 선박의 최대적재량}}$ *

* 다만, 특례적용기업이 컨테이너 수량을 기준으로 용선을 한 경우에는 [특례적용기업이 해당 선박에 적재한 컨테이너 수/해당 선박에 적재할 수 있는 최대 컨테이너 수(선박 건조시 설계서에 명시된 적재능력의 75%에 해당하는 컨테이너 수를 말한다)].

(3) 과세표준계산특례 적용기간

이러한 해운기업의 과세표준계산특례를 적용받으려는 법인은 과세표준계산특례 적용을 신청해야 하며, 과세표준계산특례를 적용받으려는 사업연도부터 연속하여 5개 사업연도 동안 과세표준계산특례를 적용받아야 한다. 다만, 과세표준계산특례를 적용받고 있는 해운기업은 2017년 12월 31일이 속하는 사업연도까지 과세표준계산특례의 적용을 포기할 수 있다(조특법 104의10 ②). 이처럼 특례적용기업이 과세표준계산특례의 적용을 포기하려는 때에는 과세표준계산특례를 적용받지 않으려는 최초 사업연도의 과세표준신고기한까지 해운기업의 법인세 과세표준계산특례 포기신청서를 관할세무서장에게 제출해야 한다(조특령 104의7 ⑦).

한편 과세표준계산특례를 적용받고 있는 법인이 과세표준계산특례 적용기간 동안 특례요건을 2개 사업연도 이상 위반한 경우에는 2회째 위반하게 된 사업연도부터 해당 과세표준계산특례 적용기간의 남은 기간과 다음 5개 사업연도 기간은 과세표준계산특례를 적용받을 수 없다(조특법 104의10 ⑥).

3. 그 밖의 특례

(1) 결손금 통산 배제 및 이월결손금 공제 배제

과세표준계산특례 규정을 적용할 때 비해운소득에서 발생한 결손금은 선박표준이익과 합산하지 않으며, 과세표준계산특례의 적용을 받기 전에 발생한 이월결손금은 위의 해운소득 및 비해운소득 계산시 공제하지 않는다(조특법 104의10 ③,⑤).

(2) 조세특례 배제 등

① 해운소득에 대해서는 비과세 · 세액감면(면제) · 세액공제 또는 소득공제 등의 조세특례를 적용하지 않는다(조특법 104의10 ③ 후단).

② 해운소득에 원천징수된 소득이 포함되어 있는 경우 그 소득에 대한 원천징수세액은 법인세의 산출세액에서 이미 납부한 세액으로 공제하지 않는다(조특법 104의10 ④).

③ 과세표준계산특례를 적용받는 내국법인이 가결산방법에 따라 중간예납을 하는 경우 중간예납의 과세표준은 과세표준계산특례 규정에 따라 계산한 금액으로 하고, 해당 중간예납기간에 감면된 법인세액과 납부한 원천징수세액은 비해운소득과 관련된 부분에 대해서만 적용한다(조특법 104의10 ⑦).

V 해외자원개발투자에 대한 과세특례

1. 세액공제

(1) 개 요

해외자원개발사업자가 해외자원개발을 위하여 2024년 1월 1일부터 2026년 12월 31일까지 다음 중 어느 하나에 해당하는 해외자원개발투자나 출자를 하는 경우에는 해당 투자금액(또는 출자금액)의 3%에 상당하는 금액을 해당 투자(또는 출자)가 이루어지는 과세연도의 법인세 또는 사업소득에 대한 소득세에서 공제한다. 다만, 내국인 또는 내국인의 외국자회사(내국인이 발행주식총수의 100%를 직접 출자하고 있는 외국법인을 말한다)의 투자자산 또는 출자지분을 양수하는 방법으로 투자하거나 출자하는 경우에는 그렇지 않다(조특법 104의15 ①).

① 광업권과 조광권을 취득하는 투자

② 광업권 또는 조광권을 취득하기 위한 외국법인에 대한 출자. 여기서 '외국법인에 대한 출자'란 다음의 요건을 모두 갖춘 외국법인에 대한 출자로서 발행주식총수(또는 출자총액)에서 차지하는 비율이 10% 이상이거나 해외자원개발사업자의 임직원을 외국법인의 임원으로 파견하는 경우의 출자를 말한다(조특령 104의15 ①).

㉠ 해외자원개발사업자가 해당 광구에 대한 광업권 또는 조광권을 소유할 것

㉡ 해당 광구의 개발과 운영을 목적으로 설립되었을 것

③ 내국인의 외국자회사에 대한 해외직접투자로서 다음 중 어느 하나에 해당하는 투자. 다만, 내국인의 외국자회사가 ① · ②의 방법으로 광업권 또는 조광권을 취득하는 경우로 한정한다.

㉠ 내국인의 외국자회사(내국인이 발행주식총수의 100%를 직접 출자하고 있는 외국법인을 말한다. 이하 같다)의 증자에 참여하는 투자

㉡ 내국인의 외국자회사에 상환기간을 5년 이상으로 하여 금전을 대여하는 투자

㉢ 해외자원개발사업자가 위 ㉠ · ㉡에 따른 내국인과 공동으로 내국인의 외국자회사에 상환기간을 5년 이상으로 하여 금전을 대여하는 투자

세액공제액 = 해당 투자금액(또는 출자금액) × 3%

(2) 사후관리

세액공제를 적용받은 자가 다음 중 어느 하나에 해당하는 경우에는 그 사유 발생일이 속하는 과세연도의 과세표준신고를 할 때 해당 투자 또는 출자금액에 대한 세액공제액 상당액에 이자상당가산액을 가산하여 법인세 또는 소득세로 납부해야 한다. 이 경우 해당 세액은 과세표준 신고기한까지 납부해야 할 세액으로 본다(조특법 104의15 ②).

① 투자일(또는 출자일)부터 5년이 지나기 전에 세액공제 대상 투자자산(또는 출자지분)을 이전하거나 회수하는 경우

② 투자일(또는 출자일)부터 3년이 되는 날까지 광업권 또는 조광권을 취득하지 못하는 경우

2. 보조금을 받아 해외직접투자하는 경우 손금산입

해외자원개발사업자가 「에너지 및 자원사업 특별회계법」에 따른 보조금을 받아 해외직접투자로 주식(또는 출자지분)을 취득하는 경우에는 해당 주식(또는 출자지분)을 법인세법 제36조(국고보조금 등으로 취득한 사업용자산가액의 손금산입)의 사업용 자산으로 보아 같은 조를 준용하여 손금에 산입할 수 있다(조특법 104의15 ④).

Ⅵ 해외진출기업의 국내복귀에 대한 세액감면

1. 개 요

최근 FTA 체결 확대, 해외현지 경영환경 악화 등으로 인하여 해외진출기업의 국내복귀(U턴)가 증가하고 있는 추세이다. 이에 대해 조세특례제한법은 해외진출기업의 국내복귀를 촉진시켜 국내 투자 및 고용창출에 기여할 수 있도록 세액감면제도를 마련하고 있다.

2. 감면의 요건

(1) 감면대상자

세액감면은 국외에서 2년 이상 계속하여 경영하던 사업장을 소유하거나 실질적으로 지배하는 대한민국 국민(재외동포체류자격을 부여받은 재외동포 포함) 또는 대한민국 법률에 따라 설립된 법인(외국인투자촉진법에 따른 외국인투자기업을 포함한다)에 대해서 적용한다(조특령 104의21 ① 전단).

(2) 이전 · 복귀의 요건

① 완전복귀 : 국외에서 2년 이상 계속하여 경영하던 사업장을 다음 중 어느 하나의 요건을 갖추어 국내로 이전하는 경우

㉠ 수도권 밖의 지역에 창업하거나 사업장을 신설하여 사업을 개시한 날부터 4년 이내에 국외에서 운영하던 사업장을 양도하거나 폐쇄할 것(선이전 후 양도 · 폐쇄)

㉡ 국외에서 운영하던 사업장을 양도하거나 폐쇄한 날부터 3년 이내에 수도권 밖의 지역에 창업하거나 사업장을 신설 · 증설할 것(선양도 · 폐쇄 후 이전)

② 부분복귀 : 국내로 복귀하는 자는 다음 중 어느 하나의 요건을 갖추어야 한다(조특령 104의21 ③).

㉠ 국내에 사업장이 없는 내국인으로서 수도권과밀억제권역 밖의 지역에 창업할 것

㉡ 국외에서 경영하던 사업장을 축소하여 산업통상자원부장관이 정하는 바에 따라 축소 확인을 받은 경우로서 그 축소를 완료한 날이 속하는 과세연도의 그 다음 과세연도의 개시일부터 3년 이내에 수도권과밀억제권역 밖의 지역에 사업장을 신설 · 증설할 것

(3) 이전 후 동일 · 유사 업종 경영

세액감면을 적용받으려는 내국인은 다음 중 어느 하나에 해당해야 한다(조특법 104의24 ⑥).

① 한국표준산업분류에 따른 세분류를 기준으로 이전 또는 복귀 전의 사업장에서 경영하던 업종과 이전 또는 복귀 후의 사업장에서 경영하는 업종이 동일한 경우

② 국내복귀기업지원위원회에서 업종 유사성을 확인받은 경우. 구체적으로 '업종 유사성을 확인받은 경우'란 한국표준산업분류에 따른 대분류를 기준으로 이전 또는 복귀 전의 사업장에서 경영하던 업종과 이전 또는 복귀 후의 사업장에서 경영하는 업종이 동일한 경우로서 국내복귀기업지원위원회에서 사업장 간 업종 유사성을 확인받는 것을 말한다. 이 경우 유사성 판단 기준 및 절차 등에 필요한 사항은 산업통상자원부장관이 정하여 고시한다(조특령 104의21 ⑩).

3. 세액감면

감면대상자가 2027년 12월 31일까지 국내(수도권과밀억제권역은 제외. 이하 같다)에서 창업하거

나 사업장을 신설 또는 증설(증설한 부분에서 발생하는 소득을 구분경리하는 경우로 한정한다)하는 경우에는 다음과 같이 법인세 또는 소득세를 감면한다(조특법 104의24 ①).

구분	감면내용
① 완전복귀	이전 후의 사업장에서 발생하는 소득(기존 사업장을 증설하는 경우에는 증설한 부분에서 발생하는 소득을 말한다)에 대하여 이전일 이후 해당 사업장에서 최초로 소득이 발생한 과세연도*와 그 다음 과세연도 개시일부터 6년 이내에 끝나는 과세연도에는 법인세 또는 소득세의 100%에 상당하는 세액을 감면하고, 그 다음 3년 이내에 끝나는 과세연도에는 법인세 또는 소득세의 50%에 상당하는 세액을 감면한다(7년간 100% 감면 → 그 다음 3년간 50% 감면, 최저한세 배제, 조특법 104의24 ②). * 이전일부터 5년이 되는 날이 속하는 과세연도까지 소득이 발생하지 않은 경우에는 이전일부터 5년이 되는 날이 속하는 과세연도부터 감면기간을 기산한다.
② 부분복귀	복귀 후의 사업장에서 발생하는 소득(기존 사업장을 증설하는 경우에는 증설한 부분에서 발생하는 소득을 말한다)에 대하여 복귀일 이후 해당 사업장에서 최초로 소득이 발생한 과세연도*와 그 다음 과세연도 개시일부터 6년(수도권 내의 지역에서 창업하거나 사업장을 신설하는 경우에는 2년) 이내에 끝나는 과세연도에는 법인세 또는 소득세의 100%에 상당하는 세액을 감면하고, 그 다음 3년(수도권 내의 지역에서 창업하거나 사업장을 신설하는 경우에는 2년) 이내에 끝나는 과세연도에는 법인세 또는 소득세의 50%에 상당하는 세액을 감면한다[7년간(수도권은 3년간) 100% 감면 → 그 다음 3년간(수도권은 2년간) 50% 감면, 최저한세 배제, 조특법 104의24 ③]. * 복귀일부터 5년이 되는 날이 속하는 과세연도까지 소득이 발생하지 않은 경우에는 복귀일부터 5년이 되는 날이 속하는 과세연도부터 감면기간을 기산한다.

참고사항 감면대상소득

① 완전복귀의 경우 : '이전 후의 사업장에서 발생하는 소득(기존 사업장을 증설하는 경우에는 증설한 부분에서 발생하는 소득)'이란 다음과 같이 계산한 소득을 말한다(조특령 104의21 ⑤).

구분	감면대상소득
완전복귀 ㉠에 따라 사업장을 이전하는 경우	이전 후의 사업장에서 발생한 해당 과세연도의 소득 × $\frac{\text{국내로 이전하여 사업을 개시한 날이 속하는 과세연도에 국외에서 경영하던 사업장에서 발생한 매출액을 환율 등을 고려하여 환산한 금액}}{\text{이전 후의 사업장에서 발생한 해당 과세연도의 매출액}}$
완전복귀 ㉡에 따라 사업장을 이전하는 경우	이전 후의 사업장에서 발생한 해당 과세연도의 소득 × $\frac{\text{국외에서 경영하던 사업장에서 그 사업장이 양도·폐쇄한 날이 속하는 과세연도의 직전 과세연도에 발생한 매출액을 환율 등을 고려하여 환산한 금액}}{\text{이전 후의 사업장에서 발생한 해당 과세연도의 매출액}}$

② 부분복귀의 경우 : '복귀 후의 사업장에서 발생하는 소득(기존 사업장을 증설하는 경우에는 증설한 부분에서 발생하는 소득을 말한다)'이란 다음과 같이 계산한 소득을 말한다(조특령 104의21 ⑥).

구분	감면대상소득
부분복귀 ㉠에 따라 국내에서 창업한 경우	복귀 후의 사업장에서 발생한 해당 과세연도의 소득 × 국내로 복귀하여 사업을 개시한 날이 속하는 과세연도에 국외에서 경영하던 사업장에서 발생한 매출액을 환율 등을 고려하여 환산한 금액 / 이전 후의 사업장에서 발생한 해당 과세연도의 매출액
부분복귀 ㉡에 국내에서 사업장을 신설·증설하는 경우	복귀 후의 사업장에서 발생한 해당 과세연도의 소득 × 국외에서 경영하던 사업장에서 축소한 생산량을 환율 등을 고려하여 환산한 금액 / 복귀 후의 사업장에서 발생한 해당 과세연도의 매출액

참고사항 해외진출기업의 국내복귀에 대한 관세감면

다음의 요건을 모두 충족하여 국내에서 창업하거나 사업장을 신설 또는 증설하기 위하여 2027년 12월 31일까지 수입신고하는 자본재에 대하여 관세를 감면할 수 있다(조특법 118의2).

① 위 사업장 국내이전 및 국내복귀 요건에 따라 이전 또는 복귀하는 내국인일 것
② 한국표준산업분류에 따른 세분류를 기준으로 이전 또는 복귀 전의 사업장에서 경영하던 업종과 이전 또는 복귀 후의 사업장에서 경영하는 업종이 동일할 것 ■

4. 사후관리

법인세·소득세를 감면받은 내국인이 다음 중 어느 하나에 해당하는 경우에는 그 사유가 발생한 과세연도의 과세표준신고를 할 때 감면받은 세액에 이자상당액을 더한 금액을 납부해야 한다(조특법 104의24 ④).

① 사업장을 이전 또는 복귀하여 사업을 개시한 날부터 3년 이내에 그 사업을 폐업하거나 법인이 해산한 경우(다만, 합병·분할 또는 분할합병으로 인한 경우는 제외)
② 국외에서 경영하던 사업장을 양도하거나 폐쇄하지 않은 경우(이것은 완전이전 ㉠·㉡의 요건을 갖추지 않은 경우를 말한다)
③ 국외에서 경영하던 사업장을 축소하여 부분복귀에 따른 세액감면을 받은 후 다시 확대하는 경우(이것은 감면을 받는 기간 중에 국외에 사업장을 신설하거나 국외에서 경영하던 사업장을 증설하는 경우를 말한다)

참고사항 사후관리 규정에 따라 납부해야 할 세액(조특령 104의21 ⑨)

위의 납부사유	납부해야 할 세액
①에 해당하는 경우	폐업일(증설한 부분의 폐쇄일) 또는 법인해산일부터 소급하여 3년 이내에 감면된 세액
②에 해당하는 경우	감면받은 법인세 또는 소득세 전액
③에 해당하는 경우	국외에 사업장을 신설하거나 증설하여 사업을 개시한 날부터 소급하여 3년 이내에 감면된 세액

[도 표] 해외진출기업의 국내복귀에 대한 세액감면

구분		완전복귀	부분복귀
감면대상자		국외에서 2년 이상 사업장을 소유하거나 실질적으로 지배하는 대한민국 국민 또는 대한민국 법률에 따라 설립된 법인	
이전요건	국내사업장	수도권과밀억제권역 외의 지역에서 창업하거나 사업장 신설	
	국외사업장	국외사업장 양도·폐쇄	국외사업장 부분 축소·유지(기존 국내사업장이 없는 경우)
세액감면	법인세·소득세	7년간 100% → 3년간 50% • 최저한세 배제	7년간(수도권은 3년간) 100% → 3년간(수도권은 2년간) 50% • 최저한세 배제
	관세	수입하는 자본재에 대한 관세의 100% 감면	수입하는 자본재에 대한 관세의 50% 감면

Ⅶ 해외건설자회사에 지급한 대여금 등에 대한 손금산입 특례

1. 대손충당금 손금산입 특례

(1) 손금산입

해외건설사업자인 내국법인이 해외건설자회사에 대여한 금액으로서 다음의 요건을 모두 갖춘 대여금과 그 이자 및 그 밖에 이와 유사한 채권*(이하 '대여금 등'이라 한다)의 대손(貸損)에 충당하기 위하여 대손충당금을 손비로 계상한 경우에는 손금산입 한도로 그 대손충당금을 해당 사업연도의 소득금액을 계산할 때 손금에 산입한다(조특법 104의33 ①).

* '그 밖에 이와 유사한 채권'이란 해외건설사업자가 해외건설자회사에 파견된 임직원에 인건비를 대신 지급하여 발생하는 채권을 말한다(조특령 104의30 ②).

① 해외건설자회사의 공사 또는 운영자금으로 사용되었을 것
② 특수관계인에게 해당 법인의 업무와 관련 없이 지급한 가지급금 등에 해당하는 금액이 아닐 것
③ 2022년 12월 31일 이전에 지급한 대여금으로서 최초 회수기일부터 5년이 경과한 후에도 회수하지 못하였을 것
④ 대여금 등의 회수가 현저히 곤란하다고 인정되는 다음 중 어느 하나에 해당하는 경우
㉠ 대손충당금을 손금에 산입한 사업연도 종료일 직전 10년 동안에 해외건설자회사가 계속하여 자본잠식(순자산 < 0)인 경우
㉡ 위 ㉠과 유사한 경우로서 해외채권추심기관으로부터 해외건설자회사의 대여금 등의 회수가 불가능하다는 확인을 받은 경우

여기서 '해외건설자회사'란 다음의 요건을 갖춘 법인을 말한다(조특령 104의30 ①).

① 해외건설촉진(제2조 (6))에 따른 현지법인일 것
② 해외건설사업자가 출자총액의 90% 이상을 출자하거나 발행주식총수의 90% 이상을 보유한 법인일 것(해외건설사업자가 물적분할로 신설되는 경우에는 분할존속법인이 지주회사로서 해외건설자회사의 출자총액의 90% 이상을 출자하거나 발행주식총수의 90% 이상을 보유하고 있는 경우를 포함한다)

(2) 손금산입 한도

위의 손금산입 특례규정에 따른 대손충당금의 손금산입 한도는 다음의 금액으로 한다(조특법 104의33 ②).

$$\text{손금산입 한도} = \left(\begin{matrix}\text{해당 사업연도 종료일 현재}\\ \text{대여금 등의 채권잔액}\end{matrix} - \begin{matrix}\text{해외건설자회사의}\\ \text{순자산 장부가액*}\end{matrix}\right) \times \text{손금산입률(20\%)}$$

* 차입금 등을 제외한 순자산 장부가액을 말하며, 0보다 작은 경우에는 0으로 한다.

연도별	2024년	2025년	2026년	~	2033년 이후
손금산입률	10%	20%	30%	~	100%

(3) 상계와 환입

손금산입 특례규정에 따라 대손충당금을 손금에 산입한 내국법인은 해당 대여금 등의 대손금이 발생한 경우 그 대손금을 손금에 산입한 대손충당금과 먼저 상계하고, 상계하고 남은 대손충당금의 금액은 다음 사업연도의 소득금액을 계산할 때 익금에 산입한다(조특법 104의33 ⑥).

참고사항 대손충당금 손금산입 특례 적용신청서 제출

해외건설자회사에 지급한 대여금 등에 대한 대손충당금 손금산입 특례를 적용받으려는 자는 법인세 과세표준 신고와 함께 「대손충당금 손금산입 특례 적용신청서」를 관할세무서장에게 제출해야 한다(조특령 104의30 ④). ■

2. 해외건설자회사 대여금 출자전환 손금산입 특례

(1) 손금산입

해외건설사업자인 내국법인이 해외건설자회사에 대한 대여금, 그 이자 및 그 밖에 이와 유사한 채권(이하 '출자전환대여금등'이라 한다)을 출자전환하여 취득한 해외건설자회사의 주식 또는 출자지분(이하 '주식등'이라 한다)의 시가가 출자전환일 현재 출자전환대여금등의 장부가액에 미치지 못하는 경우로서 다음의 요건을 모두 충족하는 경우 출자전환차액상당액에 아래 (2)에 따른 한도를 적용하여 세무조정계산서에 계상한 금액을 해당 사업연도의 소득금액을 계산할 때 손금으로 본다(조특법 104의33 ④).

① 출자전환대여금등이 다음의 요건을 모두 충족할 것

㉠ 해외건설자회사의 공사 또는 운영자금으로 사용되었을 것

㉡ 특수관계인에게 해당 법인의 업무와 관련 없이 지급한 가지급금 등에 해당하는 금액이 아닐 것

② 2022년 12월 31일 이전에 지급한 출자전환대여금등을 출자전환한 이후 5년 이상 경과하였을 것

③ 해외건설사업자인 내국법인이 출자전환차액상당액을 손금에 산입한 사업연도 종료일 직전 10년 동안에 해외건설자회사가 계속하여 자본잠식(순자산 < 0)인 경우에 해당할 것

참고사항 출자전환차액상당액

출자전환대여금등의 장부가액과 주식등의 시가와의 차이 등을 고려하여 정한 금액을 말한다. ■

(2) 손금산입 한도

위 (1)에 따른 출자전환차액상당액의 손금산입 한도는 다음의 금액으로 한다. 이 경우 출자전환차액상당액을 손금에 산입할 수 있는 기간은 해당 금액을 최초로 손금에 산입한 사업연도와 그 다음 9개 사업연도의 기간으로 한정한다(조특법 104의33 ⑤).

$$\text{손금산입 한도} = \left(\text{출자전환차액상당액} - \frac{\text{해당 사업연도 종료일 현재}}{\text{해외건설자회사의 순자산 장부가액*}}\right) \times 10\%$$

* 순자산 장부가액이 0보다 작은 경우에는 0으로 한다.

(3) 익금산입

위 (1)에 따라 출자전환차액상당액을 손금에 산입한 내국법인이 다음 중 어느 하나에 해당하게 된 경우 해당 차액을 해당 사유가 발생한 사업연도의 익금에 산입한다(조특법 104의33 ⑦).

① 내국법인이 위 (1)에 따라 출자전환차액상당액을 최초로 손금에 산입한 사업연도 이후 개시하는 각 사업연도의 종료일 현재 해외건설자회사의 순자산 장부가액*이 출자전환일이 속하는 사업연도 종료일 현재 해외건설자회사의 순자산 장부가액*을 초과하는 경우

* 순자산 장부가액이 0보다 작은 경우에는 0으로 한다.

② 내국법인이 출자전환으로 취득한 주식등을 처분(해외건설자회사를 청산하는 경우를 포함한다)하는 경우

Ⅷ 건설기계의 양도차익에 대한 과세특례

1. 개 요

개인사업자 중 복식부기의무자가 사업용 유형자산에 해당하는 고가의 건설기계를 보유·대여하다가 양도하는 경우 그 양도소득도 사업소득으로 과세된다. 특히 고가의 건설장비를 1대만 보유·대여하는 개인사업자의 경우 장부가액이 낮은 건설기계 양도시 일시적으로 세부담 급증하여 신규 건설기계를 대체취득에 어려움이 따른다. 이러한 문제점을 해소하기 위해서 2025년부터 건설기계 처분이익(사업소득)에 대한 과세특례를 마련하였다(이 규정은 2025.1.1. 이후 건설기계를 양도하는 경우부터 적용한다).

2. 과세특례의 요건

1) 적용대상자 : 사업소득이 있는 거주자로서 다음의 요건을 요건을 충족하는 자가 건설기계를 양도하고 그 양도일이 속하는 과세기간에 다른 건설기계를 취득하는 경우에 과세특례를 적용한다(조특법 104의34 ① 전단, 조특령 104의31 ①).

① 소득세법(제168조 ①)에 따라 사업자등록을 하였을 것

② 건설기계관리법(제21조 ①)에 따라 건설기계대여업의 등록을 하였을 것

참고사항 건설기계의 범위

'건설기계'란 건설공사에 사용할 수 있는 기계로서 불도저, 굴착기, 지게차, 덤프트럭, 콘크리트살포기, 콘크리트믹서트럭, 아스팔트살포기, 천공기, 준설선, 타워크레인 등 27개 종류(「건설기계관리법 시행령」 [별표 1])의 것으로서 건설기계관리법에 따라 등록한 건설기계를 말한다(조특령 104의31 ②). ■

2) 적용제한 : 과세특례를 적용받은 거주자는 해당 건설기계의 양도일이 속하는 과세기간의 다음 5개 과세기간 동안 다른 건설기계의 양도차익 상당액에 대해서는 과세특례를 적용받을 수 없다(5년간 다시 과세특례 적용제한, 조특법 104의34 ②).

3. 과세특례의 내용

(1) 총수입금액 불산입

과세특례 적용대상자가 보유하던 건설기계(1대로 한정한다)를 양도함으로써 발생하는 양도차익 중 다음과 같이 계산한 금액(이하 '양도차익 상당액'이라 한다)을 해당 과세기간의 사업소득금액을 계산할 때 총수입금액에 산입하지 않을 수 있다(총수입금액 불산입, 조특법 104의34 ① 전단, 조특령 104의31 ③).

$$\text{과세이연 양도차익 상당액}^{*} = \left[\left(\begin{array}{c}\text{양도한 건설기계의}\\ \text{양도로 발생한 양도차익}^{①}\end{array}\right) \times \left(\frac{\text{취득한 건설기계의 취득가액}}{\text{양도한 건설기계의 양도가액}}\right)^{②}\right] - 1{,}000\text{만원}$$

* 해당 금액이 음수인 경우에는 영(0)으로 본다.

① 양도한 건설기계의 (양도가액 – 장부가액) – 직전 과세기간 종료일 현재 이월결손금

② (분자/분모) 비율은 100%를 한도로 한다.

(2) 총수입금액 산입

이 경우 총수입금액에 산입하지 않은 양도차익 상당액은 해당 건설기계의 양도일이 속하는 과세기간의 다음 과세기간부터 3개 과세기간 동안 균등하게 나누어 총수입금액에 산입한다(3년간 분할 총수입금액 산입, 조특법 104의34 ① 후단).

4. 사후관리

과세특례를 적용받은 거주자가 양도차익 상당액 전액을 총수입금액에 산입하기 전에 ① 사업을 개시하지 않거나 ② 사업을 폐지 또는 해산한 경우에는 해당 사유가 발생한 날이 속하는 과세기간의 사업소득금액을 계산할 때 양도차익 상당액 중 총수입금액에 산입하지 않은 금액을 총수입금액에 산입한다. 이 경우 해당 사유가 발생한 날이 속하는 과세기간의 과세표준확정신고를 할 때에 이자상당가산액을 소득세에 가산하여 납부해야 하며, 그 세액은 과세표준확정신고기한까지 납부해야 할 세액으로 본다(조특법 104의34 ③, 조특령 104의31 ④).

참고사항 이자상당가산액의 계산(조특령 104의31 ⑤)

$$\text{이자상당가산액} = \text{소득세액의 차액}^{①} \times \text{기간}^{②} \times \frac{2.2}{10{,}000}$$

① 소득세액의 차액 : 건설기계의 양도일이 속하는 과세기간에 과세이연 양도차익 상당액을 총수입금액에 산입하지 않아 발생한 소득세액의 차액

② 기간 : 건설기계의 양도일이 속하는 과세기간 종료일의 다음 날부터 과세이연 양도차익 상당액 전액을 총수입금액에 산입하는 과세기간의 종료일까지의 기간을 말한다. ■

NEW 개정사항 건설기계의 양도차익에 대한 분할과세 특례 신설

<개정내용> 고가의 건설장비를 1대만 보유 · 대여하는 개인사업자의 경우 장부가액이 낮은 건설기계 처분시 일시적으로 세부담 급증하여 신규 건설기계 대체취득시 발생하는 어려움을 해소하기 위해서 건설기계의 양도차익에 대한 분할과세 특례 신설하였다.

종전	개정
<신설>	□ 건설기계 처분이익 사업소득에 대한 과세특례 ○ 적용요건 – 사업자 : 건설기계대여업 등록 및 소득세법상 사업자등록을 한 사업자 – 적용대상 : 건설기계* 1대를 양도한 후 해당 과세기간에 다른 건설기계를 대체취득한 경우 * 「건설기계관리법 시행령」 [별표 1]에 따른 건설기계 – 과세특례 적용시 5년 이내 중복적용 불가 ○ 과세특례 : 대체취득분에 해당하는 양도차익 중 1,000만원 초과분 $\text{종전 건설기계의 양도에 따른 양도차익} \times \left(\dfrac{\text{신 건설기계의 취득가액}}{\text{종전 건설기계의 양도가액}}\right)^{*} - 1{,}000\text{만원}$ * (분자/분모) 비율은 100% 한도 → 총수입금액불산입 후 3년간 분할 총수입금액산입(과세이연) * (대체취득분에 해당하는 양도차익 < 1,000만원) 과세이연 적용불가 ○ 사후관리 : 총수입금액산입 전 폐업 등의 경우 과세이연 양도차익 상당액의 잔액을 총수입금산입 후 세액 및 이자상당가산액 납부

<적용시기> 이 규정은 2025.1.1. 이후 건설기계를 양도하는 경우부터 적용한다. ■

사 례 건설기계의 양도차익에 대한 과세특례

다음은 건설용 타워크레인 대여업을 하는 개인사업자 甲(복식부의무자)의 자료이다. 이를 토대로 건설용 타워크레인 관련하여 2021년부터 2028년까지 회계처리를 세무상 분개로 표시하시오. 단, 세부담의 최소화를 가정한다.

1. 甲은 2021년 1월 1일에 건설용 타워크레인 X를 4억원에 취득하여 2024년 12월 31일까지 정액법(내용연수 4년)으로 계산한 상각범위액을 매년 감가상각비로 계상하였다.
2. 甲은 2025년 1월 1일에 건설용 타워크레인 X를 1억원에 양도하고, 이와 동시에 2025년 1월 1일에 건설용 타워크레인 Y를 5억원에 취득하였다. 한편 직전 과세기간 종료일 현재 이월결손금은 없다.
3. 甲은 대체취득한 건설용 타워크레인 Y에 대해서 정액법(내용연수 4년)으로 계산한 상각범위액을 매년 감가상각비로 계상하였다.

해 답

1. 건설용 타워크레인 X의 세무처리

일자	세무처리				과세이연
2021. 1. 1.	(차) 건설기계(X)	4억원	(대) 현금	4억원	
12.31.	(차) 감가상각비	1억원	(대) 감가상각누계액(X)	1억원	
2022.12.31.	(차) 감가상각비	1억원	(대) 감가상각누계액(X)	1억원	–
2023.12.31.	(차) 감가상각비	1억원	(대) 감가상각누계액(X)	1억원	
2024.12.31.	(차) 감가상각비	1억원	(대) 감가상각누계액(X)	1억원	
2025. 1. 1.	(차) 현금 감가상각누계액(X)	1억원 4억원	(대) 건설기계(X) 처분이익	4억원 1억원	
	(차) 건설기계(Y)	5억원	(대) 현금	5억원	
	(차) 처분이익	9,000만원	(대) 과세이연금액	9,000만원	9,000만원↓
12.31.	(차) 감가상각비	1.25억원	(대) 감가상각누계액(Y)	1.25억원	
2026.12.31.	(차) 감가상각비 (차) 과세이연금액	1.25억원 3,000만원	(대) 감가상각누계액(Y) (대) 처분이익	1.25억원 3,000만원	3,000만원↑
2027.12.31.	(차) 감가상각비 (차) 과세이연금액	1.25억원 3,000만원	(대) 감가상각누계액(Y) (대) 처분이익	1.25억원 3,000만원	3,000만원↑
2028.12.31.	(차) 감가상각비 (차) 과세이연금액	1.25억원 3,000만원	(대) 감가상각누계액(Y) (대) 처분이익	1.25억원 3,000만원	3,000만원↑

(*주) 과세이연금액(총수입금액불산입) $= \left[(1억원 - 0원) \times \frac{1억원}{1억원}\right] - 1,000만원 = 9,000만원$

보론 그 밖의 직접국세특례

종류	조세특례의 내용
기업업무 추진비의 손금산입 특례	내국인이 2025년 12월 31일 이전에 지출한 문화업무추진비가 있는 경우에는 해당 과세연도의 소득금액을 계산할 때 다음과 같이 계산한 금액을 업무추진비 한도액으로 한다(조특법 136 ③). 업무추진비 한도액 = 일반업무추진비 한도액 + MIN* (① 문화업무추진비 ② 일반업무추진비 한도액×20%) * 문화업무추진비 추가 한도액

내국인이 2025년 12월 31일 이전에 전통시장 업무추진비는 내국인의 과세연도의 소득금액을 계산할 때 다음과 같이 계산한 금액을 업무추진비 한도액으로 한다(조특법 136 ⑥).

> 업무추진비 한도액
> = 일반업무추진비 한도액 + MIN*(① 전통시장 업무추진비, ② 일반업무추진비 한도액 × 10%)

* 전통시장 업무추진비 추가 한도액

여기서 '전통시장 업무추진비'란 다음의 요건을 모두 갖춘 업무추진비를 말한다(조특법 136 ⑥).

① 「전통시장 및 상점가 육성을 위한 특별법(제2조 ①)」에 따른 전통시장에서 지출한 기업업무추진비일 것

② 다음 중 어느 하나에 해당하는 신용카드 등 사용금액에 해당할 것

㉠ 신용카드를 사용하여 그 대가로 지급하는 금액

㉡ 직불카드(기명식선불카드 포함)를 사용하여 그 대가로 지급하는 금액

㉢ 현금영수증에 기재된 금액

③ 소비성서비스업을 경영하는 법인 또는 사업자에게 지출한 것이 아닐 것

기업의 운동경기부 등 설치 · 운영에 대한 과세특례

내국법인이 종목의 운동경기부를 설하는 경우 설치한 날이 속하는 사업연도와 그 다음 사업연도의 개시일부터 2년 이내에 끝나는 사업연도까지 해당 운동경기부의 운영에 드는 비용의 10%에 상당하는 금액을 법인세에서 공제한다(조특법 104의22 ①).

* 내국법인이 운동경기부를 설치한 날부터 3년 이내에 해당 운동경기부를 해체하거나 선수단 구성 등에 관한 요건을 갖추지 못한 경우에는 해당 사업연도의 과세표준신고를 할 때 공제받은 세액에 이자상당액을 더한 금액을 법인세로 납부해야 한다(조특법 102의22 ②).

내국법인이 장애인운동경기부를 설치하는 경우 설치한 날이 속하는 사업연도와 그 다음 사업연도의 개시일부터 4년 이내에 끝나는 사업연도까지 해당 장애인운동경기부의 운영에 드는 비용의 20%에 상당하는 금액을 법인세에서 공제한다(조특법 104의22 ②).

내국법인이 이스포츠경기부를 설치하는 경우 설치한 날이 속하는 사업연도와 그 다음 사업연도의 개시일부터 2년 이내에 끝나는 사업연도까지 해당 이스포츠경기부의 운영에 드는 비용의 10%에 상당하는 금액을 법인세에서 공제한다(조특법 104의22 ③).

석유제품 전자상거래에 대한 세액공제

「석유 및 석유대체연료 사업법(제2조 (9))」에 따른 석유판매업자가 전자결제망을 이용하여 석유제품을 2025년 12월 31일까지 공급받는 경우 다음의 금액을 공급받은 날이 속하는 과세연도의 법인세 또는 사업소득에 대한 소득세에서 공제한다(조특법 104의25 ①).

> 해당 과세연도의 MIN(공급가액 × 0.3%, 해당 과세연도의 법인세 · 소득세 × 10%)

* 「석유 및 석유대체연료 사업법 시행령」에 따른 일반대리점(석유제품 전자결제망을 통하여 일반대리점으로부터 공급받는 경우는 제외), 주유소, 일반판매소

<table>
<tr><td>정비사업조합 설립인가 등의 취소에 따른 채권의 손금산입</td><td>• 「도시 및 주거환경정비법(제22조)」에 따라 추진위원회의 승인 또는 조합 설립인가가 취소된 경우 해당 정비사업과 관련하여 선정된 설계자 · 시공자 또는 정비사업 전문관리업자(이하 '시공자 등'이라 한다)가 다음 중 어느 하나에 따라 2027년 12월 31일까지 추진위원회 또는 조합(연대보증인을 포함한다. '조합 등'이라 한다)에 대한 채권을 포기하는 경우에는 해당 채권의 가액은 시공자 등이 해당 사업연도의 소득금액을 계산할 때 손금에 산입할 수 있다(조특법 104의26 ①, 조특령 104의23).
① 시공자 등이 「도시 및 주거환경정비법(제16조의2 ⑥)」에 따른 채권확인서를 시장 · 군수에게 제출하고 해당 채권확인서에 따라 조합 등에 대한 채권을 포기하는 경우
② 시공자 등이 과세표준신고와 함께 채권의 포기에 관한 확인서를 관할세무서장에게 제출한 경우. 이 경우 시공자 등은 조합 등에게 채무를 면제하는 의사를 표시한 것으로 보며, 확인서를 접수한 관할 세무서장은 지체 없이 해당 확인서 사본을 시장 · 군수에게 송부해야 한다.
• 이처럼 시공자 등이 채권을 포기함에 따라 조합 등이 얻는 이익에 대해서는 상증세법에 따른 증여 또는 법인세법에 따른 익금으로 보지 않는다(조특법 104의26 ②).</td></tr>
<tr><td>우수 선화주기업 인증을 받은 화주 기업에 대한 세액공제</td><td>우수 선화주기업 인증을 받은 화주 기업(국제물류주선업자로 등록한 기업으로 한정한다)(이하 '화주기업'이라 한다)이 다음의 요건을 모두 충족하는 경우에는 세액공제액을 해당 지출일이 속하는 과세연도의 법인세 또는 사업소득에 대한 소득세에서 공제한다(조특법 104의30 ①).
① 화주기업이 해당 과세연도에 외항정기화물운송업자에게 지출한 해상운송비용이 전체 해상운송비용의 40% 이상일 것
② 화주기업이 해당 과세연도에 지출한 해상운송비용 중 외항정기화물운송사업자에게 지출한 비용이 차지하는 비율이 직전 과세연도보다 증가할 것

세액공제액 = MIN(①, ②)
① (2025.12.31.까지 외항정기화물운송사업자에게 수출입을 위하여 지출한 운송비용×1% + 직전 과세연도에 비하여 증가한 운송비용×3%)
② 해당 과세연도의 법인세 · 소득세×10%</td></tr>
<tr><td>프로젝트금융투자회사에 대한 소득공제</td><td>프로젝트금융투자회사가 2025년 12월 31일 이전에 끝나는 사업연도에 대하여 배당가능이익의 90% 이상을 배당한 경우 그 금액은 해당 배당을 결의한 잉여금 처분의 대상이 되는 사업연도의 소득금액에서 공제한다(조특법 104의31 ①).
* 법인세법상 유동회전문회사 등에 대한 소득공제 배제에 해당하는 경우에는 프로젝트금융투자회사에 대한 소득공제를 적용하지 않는다(조특법 104의31 ②).
* 소득공제를 적용할 때 배당금액이 해당 사업연도의 소득금액에서 이월결손금을 뺀 금액을 최초로 초과하는 경우에는 그 초과하는 금액을 해당 사업연도의 다음 사업연도 개시일부터 5년 이내에 끝나는 각 사업연도로 이월하여 그 이월된 사업연도의 소득금액에서 공제할 수 있다. 다만, 내국법인이 이월된 사업연도에 배당가능이익의 90% 이상을 배당하지 않는 경우에는 그 이월된 금액을 공제하지 않는다(조특법 104의31 ③).</td></tr>
</table>

<table>
<tr><td>이스포츠대회
운영비용
세액공제</td><td>내국법인이 국내(수도권은 제외)에서 「이스포츠(전자스포츠) 진흥에 관한 법률(제12조)」에 따라 선정된 이스포츠의 종목과 관련하여 전문 이스포츠의 대회(이하 '이스포츠대회'라 한다)를 개최하는 경우 2026년 12월 31일까지 해당 이스포츠(e-sports)대회의 운영을 위하여 발생한 비용의 10%에 상당하는 금액을 해당 이스포츠대회가 개최된 사업연도의 법인세에서 공제한다(조특법 104의35 ①).

세액공제액 = 이스포츠대회 운영비용 × 10%</td></tr>
</table>

제7절 기업도시 개발과 지역개발사업구역 등 지원을 위한 조세특례

Ⅰ 서 설

조세특례제한법은 기업이 자발적인 투자계획을 가지고 기업활동에 필요한 지역에 직접 도시를 개발할 수 있도록 지원함으로써 도시개발과 동시에 직접적인 산업투자와 함께 복합적인 도시기능을 확보할 수 있도록 조세감면제도를 규정하고 있는데, 이하에서는 그 내용을 살펴보고자 한다.

Ⅱ 조세특례

1. 감면대상사업

다음에 해당하는 감면대상사업을 하기 위한 투자로서 업종, 투자금액 및 고용인원이 일정한 조세감면기준에 해당하는 경우에는 법인세 또는 소득세를 감면한다(조특법 121의17 ①).

① 기업도시개발구역에 2025년 12월 31일까지 창업하거나 사업장을 신설(기존 사업장을 이전하는 경우는 제외한다)하는 기업이 그 구역의 사업장에서 하는 사업

② 기업도시개발사업 시행자가 하는 사업으로서 기업도시개발 특별법에 따른 기업도시개발사업

③「지역 개발 및 지원에 관한 법률」에 따라 지정된 지역개발사업구역(지역개발사업으로 한정한다) 또는 지역활성화지역에 2025년 12월 31일까지 창업하거나 사업장을 신설(기존 사업장을 이전하는 경우는 제외한다)하는 기업이 그 구역 또는 지역 안의 사업장에서 하는 사업과「지역 개발 및 지원에 관한 법률」에 따른 낙후지역 중「주한미군 공여구역주변지역 등 지원 특별법」에 따른 종합계획 및 사업계획에 따른 대통령령으로 정하는 구역 안에서 2025년 12월 31일까지 창업하거나 사업장을 신설(기존 사업장을 이전하는 경우는 제외한다)하는 기업이 그 구역 안의 사업장에서 하는 사업

④「지역 개발 및 지원에 관한 법률」에 따른 지역개발사업구역과 지역활성화지역에서 지정된 사업시행자가 하는 지역개발사업과「지역 개발 및 지원에 관한 법률」에 따른 낙후지역 내에서「주한미군 공여구역주변지역 등 지원 특별법」에 따른 사업시행자가 하는 사업

⑤「여수세계박람회 기념 및 사후활용에 관한 특별법」에 따라 지정·고시된 해양박람회특구에 2025년 12월 31일까지 창업하거나 사업장을 신설(기존 사업장을 이전하는 경우는 제외한다)하는 기업이 그 구역 안의 사업장에서 하는 사업

⑥「여수세계박람회 기념 및 사후활용에 관한 특별법」에 따른 사업시행자가 박람회 사후활용에 관하여 시행하는 사업
⑦「새만금사업 추진 및 지원에 관한 특별법」에 따라 지정된 사업시행자가 하는 새만금사업
⑧「새만금사업 추진 및 지원에 관한 특별법」에 따라 지정되는 새만금투자진흥지구에 2025년 12월 31일까지 창업하거나 사업장을 신설(기존 사업장을 이전하는 경우는 제외)하는 기업이 해당 구역 안의 사업장에서 하는 사업
⑨「경제특별구역의 지정 및 운영에 관한 법률」에 따라 지정되는 평화경제특구에 2025년 12월 31일까지 창업하거나 사업장을 신설(기존 사업장을 이전하는 경우는 제외)하는 기업이 해당 구역 안의 사업장에서 하는 사업
⑩「평화경제특별구역의 지정 및 운영에 관한 법률」에 따라 지정되는 개발사업시행자가 시행하는 평화경제특구개발사업

이 경우 창업으로 보지 않는 범위에 대해서는 창업중소기업 등에 대한 세액감면을 준용한다(조특법 121의17 ⑧).

2. 조세특례의 내용

(1) 법인세 등 감면

앞의 기업의 감면대상사업에서 발생한 소득에 대해서는 다음과 같이 법인세 또는 소득세를 각각 감면한다(조특법 121의17 ②).

감면기간	감면율
사업개시일 이후 그 감면대상사업에서 최초로 소득이 발생한 과세연도*의 개시일부터 3년 이내에 끝나는 과세연도	• 앞의 ①·③·⑤·⑧의 사업 : 100% • 그 외의 사업 : 50%
그 다음 2년 이내에 끝나는 과세연도	• 앞의 ①·③·⑤·⑧의 사업 : 50% • 그 외의 사업 : 25%

* 사업개시일부터 5년이 되는 날이 속하는 과세연도까지 그 사업에서 소득이 발생하지 않은 경우에는 5년이 되는 날이 속하는 과세연도부터 감면기간을 기산한다.

위 감면기간 동안 감면받는 법인세 또는 소득세의 총합계액은 다음의 금액을 한도로 한다(조특법 121의17 ④).

> 감면한도** = ① 투자기준 감면한도 + ② 고용기준 감면한도
>
> ① 투자누계액* × 50%
>
> ② 해당 과세연도의 감면대상사업장의 상시근로자 수 × 1,500만원(청년 및 서비스업 상시근로자는 2,000만원)

* 법인세 또는 소득세를 감면받는 해당 과세연도까지의 사업용자산에 대한 투자 합계액을 말한다.
** 각 과세연도에 감면받을 법인세 또는 소득세에 대하여 감면한도를 적용할 때에는 ①의 금액을 먼저 적용한 후 ②의 금액을 적용한다(조특법 121의17 ⑤).

한편 감면한도 ② 고용기준 감면한도를 적용받아 법인세 또는 소득세를 감면받은 기업이 감면받은 과세연도 종료일부터 2년이 되는 날이 속하는 과세연도 종료일까지의 기간 중 각 과세연도의 감면대상사업장의 상시근로자 수가 감면받은 과세연도의 상시근로자 수보다 감소한 경우에는 다음 계산식에 따라 감면받은 세액에 상당하는 금액을 상시근로자 수가 감소된 과세연도의 과세표준을 신고할 때 법인세 또는 소득세로 납부해야 한다(조특법 121의17 ⑥).

$$\text{납부할 세액}^{*} = \frac{\text{해당 기업의 상시근로자 수가 감소된 과세연도의 직전 2년 이내의 과세연도에 감면한도 ②에 따라 감면받은 세액의 합계액}}{\text{감면받은 과세연도의 상시근로자 수}} - \left(\begin{array}{c}\text{상시근로자 수가 감소된}\\ \text{과세연도의 감면대상}\\ \text{사업장의 상시근로자 수}\end{array}\right) \times 1\text{천만원}$$

* 그 수가 음수이면 영으로 보고, 감면받은 과세연도 종료일 이후 2개 과세연도 연속으로 상시근로자 수가 감소한 경우에는 두 번째 과세연도에는 첫 번째 과세연도에 납부한 금액을 뺀 금액을 말한다.

(7) 개별소비세 감면

관광레저형 기업도시 내에 설치된 골프장의 입장행위에 대해서는 개별소비세법 규정에 불구하고 개별소비세를 부과하지 않는다. 해당 기업도시를 관할하는 시장·군수는 이러한 골프장에 대한 과세특례가 기업도시의 관광진흥에 기여하도록 필요한 조치를 해야 한다(조특법 121의18 ①,②).

3. 감면세액의 추징

세무서장은 다음에 해당하는 경우에는 감면된 법인세 또는 소득세를 추징한다(조특법 121의19 ①).

추징사유	추징세액
① 기업도시개발구역의 지정이 해제된 경우 ② 「지역 개발 및 지원에 관한 법률(제18조)」에 따라 지역개발사업구역의 지정이 해제되거나 지역활성화지역의 지정이 해제된 경우 ③ 「주한미군 공여구역주변지역 등 지원 특별법」에 따라 사업의 시행승인이 취소된 경우 ④ 「새만금사업 추진 및 지원에 관한 특별법」에 따라 새만금투자진흥지구의 지정이 해제된 경우	지정해제일부터 소급하여 5년 이내 감면된 세액

⑤ 해당 감면대상사업에서 최초로 소득이 발생한 과세연도* 종료일 이후 2년 이내에 조세감면기준에 해당하는 투자가 이루어지지 않은 경우	감면받은 세액 전액 * 해당 과세연도와 남은 감면기간 동안 법인세 등 감면규정을 적용하지 않는다.
⑥ 기업도시개발구역 창업한 기업이 폐업하거나 신설한 사업장을 폐쇄한 경우 ⑦ 「지역 개발 및 지원에 관한 법률(제11조)」에 따라 지정된 지역개발사업구역과 지역활성화지역에 창업한 기업이 폐업하거나 신설한 사업장을 폐쇄한 경우 ⑧ 「여수세계박람회 기념 및 사후활용에 관한 특별법」에 따라 지정·고시된 해양박람회특구에 창업한 기업이 폐업하거나 신설한 사업장을 폐쇄한 경우 ⑨ 「주한미군 공여구역주변지역 등 지원 특별법」에 따라 승인된 사업의 구역에 창업한 기업이 폐업하거나 신설한 사업장을 폐쇄한 경우 ⑩ 「새만금사업 추진 및 지원에 관한 특별법」에 따라 지정·고시된 새만금투자진흥지구에 창업한 기업이 폐업하거나 신설한 사업장을 폐쇄한 경우	폐업일·폐쇄일부터 소급하여 5년 이내 감면된 세액

* 사업개시일부터 3년이 되는 날이 속하는 과세연도까지 해당 사업에서 소득이 발생하지 않는 경우에는 3년이 되는 날이 속하는 과세연도를 말한다.

제8절 기회발전특구 지원을 위한 조세특례

I 서 설

'기회발전특구'란 개인 또는 법인의 대규모 투자를 유치하기 위하여 관계 중앙행정기관과 지방자치단체의 지원이 필요한 곳으로 일정 절차에 따라 지정·고시되는 지역(인구감소지역, 접경지역이 아닌 수도권과밀억제권역 안의 기회발전특구는 제외한다. 이하 같다)을 말한다(지방분권균형발전법 2 ⑬, 조특법 99의4 ① (1),(가)).

조세특례제한법은 기회발전특구 지원을 위해서 2024년부터 다음의 조세특례를 두고 있다.

구분	기회발전특구 조세특례
1. 창업기업 등에 대한 세액감면	기업의 규모와 관계없이 기회발전특구에 창업하거나 사업장을 신설하는 기업은 (5년간 100%→2년간 50%)의 세액감면(조특법 121의33) * 창업중소기업에 대한 세액감면(조특법 6) : 5년간 50%(기회발전특구는 2년간 50%의 추가 감면효과가 있음)
2. 이전기업에 대한 양도차익 과세이연	기회발전특구로 이전하기 위하여 수도권에 있는 사업용 부동산을 양도하는 경우 부동산 양도차익에 대해서 과세이연(조특법 121조의34) * 지방이전 기업의 부동산 양도차익에 대한 과세이연(조특법 60, 61) : 5년 거치 5년간 분할 익금산입(기회발전특구는 신규 부동산 처분시까지 과세)
3. 투자자에 대한 과세특례	기회발전특구집합투자기구 10년 이상 투자시 이자·배당소득에 대해 9% 세율로 분리과세 특례(조특법 121의35)
4. 농어촌주택 취득자에 대한 양도소득세 과세특례	기회발전특구에 소재하는 주택도 농어촌주택 취득자에 대한 양도소득세 과세특례 적용(조특법 99의4)(p.319 참조) * 농어촌주택 소재 지역에 기회발전특구(읍·면·동 소재 여부, 도시지역, 조정대상지역, 부동산거래 허가구역, 관광단지 여부와 무관함)를 포함

참고사항 **기회발전특구 지정절차**(지방분권균형발전법 23)

① 수도권이 아닌 지역의 시·도지사는 관할 행정구역의 일부를 기회발전특구로 지정받으려는 경우 산업통상자원부장관에게 기회발전특구의 지정을 신청해야 한다. 다만, 수도권 내 인구감소지역 또는 접경지역으로서 지방시대위원회가 정하는 지역의 시·도지사는 기회발전특구의 지정을 신청할 수 있다.

② 산업통상자원부장관은 위와 같이 지정 신청을 받은 경우 지방시대위원회의 심의·의결을 거쳐 기회발전특구를 지정한다. ■

Ⅱ 기회발전특구 조세특례

1. 기회발전특구의 창업기업 등에 대한 법인세 등의 감면

(1) 개 요

기회발전특구에 2026년 12월 31일까지 제조업 등 업종(이하 '감면대상사업'이라 한다)으로 창업하거나 사업장을 신설(기존 사업장을 이전하는 경우는 제외하며, 기회발전특구로 지정된 기간에 창업하거나 사업장을 신설하는 경우로 한정한다)하는 기업에 대해서는 법인세 또는 소득세를 감면한다(조특법 121의33 ①).

(2) 감면의 내용

기회발전특구의 창업기업 등은 감면대상사업에서 발생한 소득(감면대상사업을 경영하기 위해 기회발전특구에 투자한 사업장에서 발생한 소득을 말한다)에 대하여 감면대상사업에서 최초로 소득이 발생한 과세연도*의 개시일부터 5년 이내에 끝나는 과세연도까지는 법인세 또는 소득세의 100%에 상당하는 세액을 감면하고, 그 다음 2년 이내에 끝나는 과세연도까지는 법인세 또는 소득세 50%에 상당하는 세액을 감면한다(5년간 100% → 2년간 50%, 조특법 121의33 ②, 조특령 116의36 ②, 100% 감면받은 과세연도의 경우 최저한세 배제).

* 만일 사업개시일부터 5년이 되는 날이 속하는 과세연도까지 그 사업에서 소득이 발생하지 않은 경우에는 5년이 되는 날이 속하는 과세연도부터 감면기산을 기산한다.

(3) 감면한도

위 감면기간 동안 감면받는 법인세 또는 소득세의 총합계액은 다음 금액을 한도로 한다(조특법 121의33 ③).

<table>
<tr><td>감면한도** = ① 투자기준 감면한도 + ② 고용기준 감면한도</td></tr>
<tr><td>① 투자누계액* × 50%
② 해당 과세연도의 감면대상사업장의 상시근로자 수 × 1,500만원(청년 및 서비스업 상시근로자는 2,000만원)</td></tr>
</table>

* 법인세 또는 소득세를 감면받는 해당 과세연도까지의 사업용자산에 대한 투자 합계액을 말한다(조특령 116의36 ③).

** 각 과세연도에 감면받을 법인세 또는 소득세에 대하여 감면한도를 적용할 때에는 ①의 금액을 먼저 적용한 후 ②의 금액을 적용한다(조특법 121의33 ④).

참고사항 상시근로자 수가 감소한 경우 감면세액의 납부

고용기준 감면한도를 적용받아 법인세 또는 소득세를 감면받은 기업이 감면받은 과세연도 종료일부터 2년이 되는 날이 속하는 과세연도 종료일까지의 기간 중 각 과세연도의 감면대상사업장의 상시근로자 수가

감면받은 과세연도의 상시근로자 수보다 감소한 경우에는 다음 계산식에 따라 감면받은 세액에 상당하는 금액을 상시근로자 수가 감소된 과세연도의 과세표준을 신고할 때 법인세 또는 소득세로 납부해야 한다(조특법 121의33 ⑤, 조특령 116의36 ⑤).

납부할 세액 = ① − ②	
① 해당 기업의 상시근로자 수가 감소된 과세연도의 직전 2년 이내의 과세연도에 고용기준 감면한도에 따라 감면받은 세액의 합계액	
② 상시근로자 수가 감소된 과세연도의 감면대상 사업장의 상시근로자 수	× 1,500만원(청년 상시근로자와 서비스업 상시근로자는 2,000만원)

조특 06

참고사항 사후관리

법인세 또는 소득세를 감면받은 기업이 다음 중 어느 하나에 해당하는 경우에는 그 사유가 발생한 과세연도의 과세표준신고를 할 때 감면받은 세액을 법인세 또는 소득세로 납부해야 한다. 이 경우 연구개발특구에 입주하는 첨단기술기업 등에 대한 세액감면 관련 조항(조특법 12의2 ⑧)의 이자상당가산액 등에 관한 규정을 준용한다(조특법 121의33 ⑧, 조특령 116의36 ⑦).

구분	납부해야 할 세액
① 감면대상사업장의 사업을 폐업하거나 법인이 해산한 경우. 다만, 법인의 합병 · 분할 또는 분할합병으로 인한 경우는 제외한다.	폐업일 또는 법인해산일부터 소급하여 3년 이내에 감면된 세액
② 감면대상사업장을 기회발전특구 외의 지역으로 이전한 경우	이전일부터 소급하여 5년 이내에 감면된 세액

2. 기회발전특구로 이전하는 기업에 대한 과세특례

(1) 개 요

수도권에서 3년(중소기업은 2년) 이상 계속하여 사업을 한 내국인이 기회발전특구로 이전하기 위하여 수도권에 있는 사업용부동산(이하 '종전 사업용부동산'이라 한다)을 2026년 12월 31일까지 양도하는 경우 종전 사업용 부동산의 양도에 따른 양도차익 상당액에 대해서는 과세이연을 적용받을 수 있다(조특법 121의34 ①).

(2) 이전대상 종전 사업용부동산의 범위

수도권에 있는 사업용부동산(종전 사업용부동산)은 다음의 용도로 사용되는 부동산을 말한다(조특령 116의37 ①).

① 해당 기업의 본사

② 공장 : 각각 제조장 또는 자동차정비공장으로서 제조 또는 사업단위로 독립된 것(조특령 54 ①)

③ 「기초연구진흥 및 기술개발지원에 관한 법률」에 따른 기업부설연구소

④ 「지능정보화 기본법」에 따른 데이터센터의 대지와 건물

(3) 이전요건

기회발전특구로의 이전은 다음 중 어느 하나에 해당하는 경우로 한다(조특법 121의34 ②).

① 신규 사업용 부동산을 취득하여 사업을 개시한 날부터 2년 이내에 종전 사업용 부동산을 양도하는 경우(선 이전 2년 이내 양도)

② 종전 사업용 부동산을 양도한 날부터 3년 이내에 신규 사업용 부동산을 취득하여 사업을 개시하는 경우(선 양도 3년 이내 이전)

(4) 과세이연 방법

1) 내국법인 : 다음의 양도차익 상당액을 해당 사업연도의 소득금액을 계산할 때 익금에 산입하지 않는 방법. 이 경우 해당 금액은 기회발전특구에 있는 사업용부동산(이하 '신규사업용부동산'이라 한다) 처분일이 속하는 사업연도의 소득금액을 계산할 때 익금에 산입해야 한다(조특법 121의34 ①, 조특령 116의37 ② (1)).

과세이연 양도차익 상당액

$$= (\text{종전부동산의 양도차익} - \text{이월결손금})^{(*주1)} \times \frac{\text{신규사업용부동산의 취득가액}^{(*주2)}}{\text{종전부동산의 양도가액}} (100\%\ \text{한도})$$

(*주1) 종전사업용부동산의 양도차익에서 직전 사업연도 종료일 현재 이월결손금(공제기간 내의 발생분)의 합계액을 차감한 금액을 말한다.

(*주2) 종전사업용부동산의 양도일이 속하는 과세연도 종료일까지 신규사업용부동산을 취득하지 않은 경우 신규사업용부동산의 취득가액은 이전(예정)명세서상의 예정가액(이하 '취득예정가액'이라 한다)으로 한다(조특령 116의37 ③).

내국법인이 위의 과세이연을 적용받는 경우에는 신규사업용부동산의 취득가액 중 양도차익상당액을 다음의 구분에 따라 일시상각충당금 또는 압축기장충당금으로 손비에 계상해야 한다(조특령 116의37 ④).

① 감가상각자산 : 일시상각충당금

② ① 외의 자산 : 압축기장충당금

2) 거주자 : 다음의 양도차익 상당액에 대한 양도소득세를 양도일이 속하는 해당 연도의 양도소득세 과세표준 확정신고기한까지 납부해야 할 양도소득세로 보지 않는 방법. 이 경우 해당 세액은 신규사업용부동산 처분일이 속하는 해당 연도에 납부해야 한다(조특법 121의34 ①, 조특령 116의37 ② (2)).

과세이연세액

$$= \left[\text{종전부동산의 양도차익} \times \frac{\text{신규사업용부동산의 취득가액}^{(*주)}}{\text{종전부동산의 양도가액}} (100\%\ \text{한도})\right] \text{에 대한 양도소득세}$$

(*주) 종전사업용부동산의 양도일이 속하는 과세연도 종료일까지 신규사업용부동산을 취득하지 않은 경우 신규사업용부동산의 취득가액은 이전(예정)명세서상의 예정가액(이하 '취득예정가액'이라 한다)으로 한다(조특령 116의37 ③).

(5) 사후관리

1) 내국법인 : 과세이연을 적용받은 내국법인이 다음 중 어느 하나에 해당하는 경우 그 사유가 발생한 날이 속하는 사업연도의 소득금액을 계산할 때 일시상각충당금의 잔액(감가상각비와 상계하고 남은 잔액을 말한다) 또는 압축기장충당금 전액을 익금에 산입해야 한다. 이 경우 익금에 산입할 금액에 관하여는 해당 과세연도의 과세표준신고시 이자상당가산액을 가산하여 법인세로 납부해야 한다(조특법 121의34 ③, 조특령 116의37 ⑤ (1), ⑥).

① 신규사업용부동산을 취득하여 사업을 개시한 날부터 3년 이내에 그 사업을 폐지하거나 법인이 해산한 경우

② 사업용부동산을 기회발전특구로 이전하지 않은 경우

③ 사업을 이전하지 않았다고 인정되는 경우(이는 내국법인이 신규사업용부동산 중 처분하거나 해당 사업에 사용하지 않는 부동산의 가액이 전체 신규사업용부동산 가액의 1/2 이상인 경우를 말한다)

2) 거주자 : 과세이연을 적용받은 거주자가 다음 중 어느 하나에 해당하는 경우 납부하지 않은 양도소득세액 전액을 납부해야 한다. 이 경우 납부할 세액에 관하여는 해당 과세연도의 과세표준신고시 이자상당가산액을 가산하여 양도소득세로 납부해야 한다(조특법 121의34 ③, 조특령 116의37 ⑤ (2)).

① 신규사업용부동산을 취득하여 사업을 개시한 날부터 3년 이내에 그 사업을 폐지한 경우

② 사업용부동산을 기회발전특구로 이전하지 않은 경우

③ 사업을 이전하지 않았다고 인정되는 경우(이는 거주자가 신규사업용부동산 중 처분하거나 해당 사업에 사용하지 않는 부동산의 가액이 전체 신규사업용부동산 가액의 1/2 이상인 경우를 말한다)

3. 기회발전특구집합투자기구 투자자에 대한 과세특례

(1) 저율 분리과세 특례

거주자가 2026년 12월 31일까지 전용계좌에 가입하고 다음의 요건을 모두 갖춘 기회발전특구집합투자기구에 투자하여 발생하는 이자소득 또는 배당소득(전용계좌의 가입일부터 10년 이내에 지급받는 경우로 한정한다)은 9% 세율로 원천징수하고, 종합소득과세표준에 합산하지 않는다(9% 저율 분리과세 특례, 조특법 121의35 ①).

(2) 기회발전특구집합투자기구 및 전용계좌의 요건

구분	내용
집합투자기구의 요건	'기회발전특구집합투자기구'란 다음의 요건을 모두 갖춘 집합투자기구 등을 말한다(조특법 121의35 ①). ① 다음의 집합투자기구일 것(조특령 116의38 ①) ㉠ 부동산투자회사법에 따른 부동산투자회사 ㉡ 「사회기반시설에 대한 민간투자법」에 따른 투융자집합투자기구 ㉢ 「자본시장과 금융투자업에 관한 법률」에 따른 집합투자기구 ② 기회발전특구의 기반시설 및 입주기업 등에 대한 투자로서 다음의 투자대상자산에 집합투자재산의 60% 이상을 투자할 것(조특령 116의38 ②,③) ㉠ 기회발전특구에 소재한 부동산 또는 지상권, 임차권 등 해당 부동산의 사용에 관한 권리. 다만, 부동산의 전부 또는 일부가 기회발전특구집합투자기구가 투자하기에 적합하지 않은 용도로 사용되는 경우에는 해당 부동산의 전부 또는 그 사용에 관한 권리는 제외한다. ㉡ 기회발전특구에서 시행하는 부동산개발사업 ㉢ 기회발전특구에 설치되는 사회기반시설과 관련된 자산 ㉣ 기회발전특구에 입주한 기업으로서 다음 중 어느 하나에 해당하는 기업(이하 '입주기업'이라 한다)이 기회발전특구에서 사업을 운영하기 위한 목적으로 발행한 채권으로서 그 발행일에 취득한 채권 • 기회발전특구에서 창업 또는 사업장을 신설하였거나 신설할 예정임을 산업통상자원부장관이 확인한 중소기업 또는 중견기업 • 기회발전특구로 이전하였거나 이전할 예정임을 산업통상자원부장관이 확인한 기업으로서 중소기업 또는 중견기업 ㉤ 입주기업이 기회발전특구에서 사업을 운영하기 위한 목적으로 발행한 주식으로서 다음 중 어느 하나에 해당하는 방법으로 취득한 주식 • 입주기업의 설립시에 자본금으로 납입하는 방법 • 입주기업이 유상증자하는 경우로서 증자대금을 납입하는 방법
전용계좌의 요건	저율 분리과세 특례는 다음의 요건을 모두 갖춘 전용계좌를 통하여 투자하는 경우에 적용한다(조특법 121의35 ②). ① 1명당 1개의 전용계좌만 가입할 것 ② 납입한도가 3억원 이하일 것 ③ 기회발전특구집합투자기구의 지분증권 또는 수익증권에만 투자할 것

(3) 사후관리

전용계좌를 관리하는 금융회사 등은 기회발전특구집합투자기구에 투자한 자가 가입한 날부터 10년이 되는 날 전에 계좌를 해지하는 경우(투자자의 사망 · 해외이주 등 부득이한 사유로 계좌를 해지하는 경우는 제외한다)에는 과세특례를 적용받은 소득세에 상당하는 세액을 추징해야 한다(조특법 121의35 ④).*

* 투자자가 가입한 날부터 10년이 되는 날 전에 납입한 금액을 인출하는 경우(납입된 금액의 합계액을 초과하는 부분이 있어 그 초과하는 금액을 인출하는 경우는 제외)에는 해당 인출일에 계좌가 해지된 것으로 보아 (3)의 사후관리 규정을 적용한다(조특법 121의35 ⑤).

4. 농어촌주택 양도소득세 과세특례

1세대가 1개의 농어촌주택을 취득하여 3년 이상 보유하고 그 농어촌주택의 취득 전에 보유하던 다른 주택(이하 '일반주택'이라 한다)을 양도하는 경우에는, 그 농어촌주택을 1세대의 소유주택이 아닌 것으로 보아 1세대 1주택 비과세규정을 적용한다(조특법 99의4 ①).

여기서 '농어촌주택'에는 취득 당시 기회발전특구(인구감소지역, 접경지역이 아닌 수도권과밀억제권역 안의 기회발전특구는 제외) 지역에 소재하는 주택*도 포함한다.

* 금액기준 요건 추가 : 주택 및 이에 딸린 토지 가액(기준시가를 말한다)의 합계액이 해당 주택의 취득 당시 3억원(한옥은 4억원)을 초과하지 않을 것

제9절 동업기업에 대한 조세특례(파트너십 과세제도)

Ⅰ 서 설

1. 의 의

상법에 따른 회사는 인적회사(합명회사 · 합자회사)와 물적회사(주식회사 · 유한회사)로 분류된다. 법인세법은 이들 회사를 영리법인으로 구분하여 법인단계에서 얻은 소득에 대해서 법인세를 과세하고, 그 세후소득이 출자자 또는 주주에게 배당 또는 분배된 경우 다시 소득세(또는 법인세)를 과세한다. 이러한 과세제도는 조세의 효율성과 중립성을 저해하고, 법인이라는 실체는 법률관계의 편의를 위한 하나의 권리 · 의무의 단위에 불과할 뿐인데, 법인이 개인처럼 소득과세의 대상이 될 수 있는가 하는 의문이 제기된다. 이에 대해 법인세법과 소득세법은 법인이 얻은 소득에 대해 일단 법인세를 과세하고, 출자자 단계에서 Imputation제도 또는 수입배당금액 익금불산입제도를 통하여 이중과세를 부분적으로 조정한다(일반법인과세).

그런데 인적회사 등의 단체는 출자자 사이의 신뢰를 바탕으로 구성된 단체로서 공동사업의 경영을 통하여 얻은 소득을 출자자에게 이전해 주는 도관(導管)과 같은 실체(pass-through entity)이다. 이러한 점을 고려하여 조세특례제한법은 인적회사 등의 동업기업에 대해서 일반적인 과세방법 대신에, 동업기업의 소득에 대해서는 과세하지 않고 그 소득을 손익배분비율에 따라 각 동업자에게 배분하여 소득세(또는 법인세)만을 과세하는 '동업기업과세특례'를 도입하였다.

[도 표] 일반법인과세와 동업기업과세특례의 비교

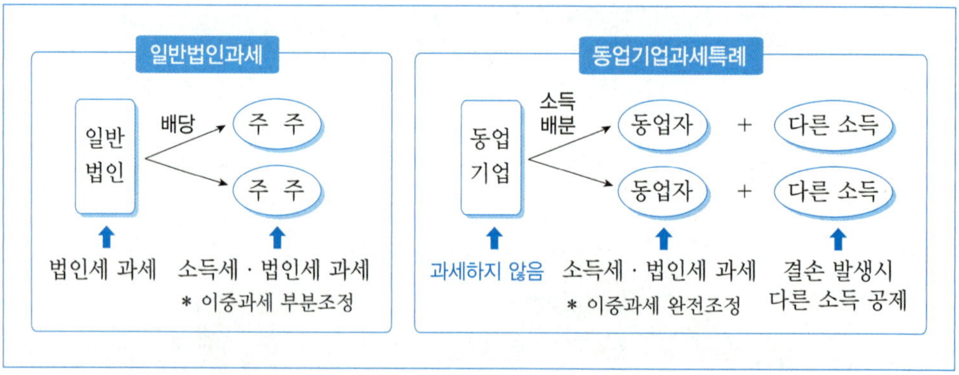

이러한 동업기업과세특례는 두 가지 법이론에 토대를 둔 것이다. 먼저 도관론(Conduit

concept)은 동업기업은 손익이나 부채 등을 각 동업자에게 전달하는 도관(導管)으로서 각 동업자로 구성된 단체에 불과하여 동업기업이 납세의무의 주체가 될 수 없다는 입장이다. 반면에 실체론(Entity concept)은 동업기업과 동업자는 별개의 실체이므로 동업기업도 국세와 지방세 납세의무의 주체가 될 수 있다는 입장이다. 동업기업과세특례는 두 가지 법이론이 결합되어 있는데, 그 내용을 요약하면 다음과 같다.

구분	세무처리	효과
실체론*	동업기업을 과세소득계산 및 신고의 실체로 취급	동업자의 납세편의와 조세행정의 효율성을 높임
도관론	동업기업을 과세소득에 대해 납세의무가 없는 도관으로 취급 → 과세소득을 동업자에게 배분하여 과세	이중과세 완전조정

* 실체론에 따라 이중과세조정의 필요가 없는 동업기업이 지급하는 근로소득 등에 대한 원천징수세액, 부가가치세, 종합부동산세 등은 동업기업이 납세의무를 진다.

2. 제도의 도입배경

동업기업과세특례는 미국세법의 파트너쉽 과세제도(Partnership Taxation)를 모델로 한 것인데, ① 동업기업과 동업자의 이중과세문제를 해결하고, ② 동업기업에서 발생한 결손금을 동업자의 다른 소득과 공제할 수 있어 세부담 측면에서 유리하며, ③ 동업기업을 소득계산 및 신고의 실체로 인정하므로 납세편의와 과세행정의 효율성을 높일 수 있다. 반면에 ① 조세회피 수단으로 악용될 수 있고, ② 조세회피를 방지하기 위하여 복잡한 법적인 장치를 강구해야 하며, 이에 따라 징세비용이 증가할 수 있다.

우리나라도 기업과세의 선진화[7] 및 지식기반 서비스업 등을 영위하는 인적회사의 발전토대를 마련하기 위해 동업기업과세특례를 도입한 것이다.

Ⅱ 동업기업과세특례의 적용

1. 적용범위

(1) 동업기업의 개념

'동업기업(Partnership)'이란 2명 이상이 금전이나 그 밖의 재산 또는 노무 등을 출자하여 공동사업을 경영하면서 발생한 이익 또는 손실을 배분받기 위하여 설립한 단체를 말하며, '동업자(Partner)'란 이러

---

7) 신진국 도입사례 : 미국, 영국, 호주, 캐나다, 독일, 프랑스 등

한 동업기업의 출자자인 거주자, 비거주자, 내국법인, 외국법인을 말한다(조특법 100의14 ① (1),(2)).

동업기업과세특례는 동업기업으로서 다음 중 어느 하나에 해당하는 단체가 과세특례 적용 신청을 한 경우 해당 동업기업 및 그 동업자에 대하여 적용한다(조특법 100의15 ①, 조특령 110의15).

① 민법에 따른 조합(組合,「자본시장과 금융투자업에 관한 법률」의 투자조합은 제외)

② 상법에 따른 합자조합 및 익명조합(「자본시장과 금융투자업에 관한 법률」의 투자익명조합은 제외)

③ 상법에 따른 합명회사 및 합자회사(「자본시장과 금융투자업에 관한 법률」의 투자합자회사 중 기관전용 사모투자전문회사가 아닌 것은 제외)

④ 법무법인 및 법무조합(변호사법), 특허법인(변리사법), 노무법인(공인노무사법), 법무사합동법인(법무사법), 전문적인 인적용역을 제공하는 법무법인(유한) · 회계법인 · 세무법인 · 관세법인

⑤ 외국법인 또는 비거주자로 보는 법인 아닌 단체 중 다음 모두에 해당하는 단체. 이러한 외국단체의 경우 국내사업장을 하나의 동업기업으로 보아 해당 국내사업장과 실질적으로 관련되거나 해당 국내사업장에 귀속하는 소득으로 한정하여 동업기업과세특례를 적용한다.

㉠ 위 ①~④의 단체와 유사한 단체

㉡ 국내사업장을 가지고 사업을 경영하는 외국단체

㉢ 설립된 국가(우리나라와 조세조약이 체결된 국가에 한정한다)에서 동업기업과세특례와 유사한 제도를 적용받는 외국단체

이러한 동업기업은 대외적으로 출자자가 기업의 채무에 대해 무한책임을 부담하며, 대내적으로 사적자치에 따라 경영활동이 이루어지는 특징을 갖는다.

(2) 다단계 동업기업과세특례 적용배제(원칙)

동업기업과세특례를 적용받는 동업기업의 동업자는 동업기업의 자격으로 동업기업과세특례를 적용받을 수 없다(조특법 100의15 ① 단서). 예를 들어 동업기업 A와 동업자 甲이 동업기업과세특례를 적용받고 있는 상태에서 甲에게 출자한 동업자 B와의 관계에서 甲은 동업기업 자격으로 동업기업과세특례를 적용받을 수 없다. 즉 甲이 동업기업과세특례를 적용받은 동업자이면서 동시에 동업기업이 되는 것은 '다단계 동업기업'이라고 하는데, 조세회피를 방지하고 제도의 단순화를 위하여 다단계 동업기업에 대해서는 과세특례를 적용하지 않는다[동업기업 A ← 동업자 甲(출자자) : 과세특례 허용 ○ + 동업기업(자격) 甲 ← 동업자 B(출자자) : 과세특례 허용 ×].

참고사항 다단계 동업기업과세특례 적용(예외)

다단계 동업기업과세특례 적용배제 원칙에도 불구하고 동업기업과세특례를 적용받는 동업기업에 출자한 동업자가 기관전용 사모집합투자기구로서 일정한 요건을 갖춘 투자합자회사인 경우 그 투자합자회사는 자기에게 출자한 동업자와의 관계에서 동업기업의 자격으로 동업기업과세특례를 적용받을 수 있다. 이 경우 해당 투자합자회사의 동업자는 동업기업의 자격으로 동업기업과세특례를 적용받을 수 없다(조특법 100의15 ②)[동업기업 A ← 동업자 甲(출자자 – 투자합자회사) : 과세특례 허용 ○ + 동업기업(자격) 甲(투자합자회사) ← 동업자 B(출자자) : 과세특례 허용 ○].

이 경우 동업자인 동시에 동업기업의 자격으로 동업기업과세특례를 적용받는 자는 동업자의 자격으로 자기가 출자한 동업기업(동업기업과세특례를 적용받는 동업기업을 말한다)과의 관계에서 '상위 동업기업'이라 하고, 그 출자를 받은 동업기업은 상위 동업기업과의 관계에서 '하위 동업기업'이라 한다(조특법 100의15 ③). ■

참고사항 과세특례 적용대상 동업기업

구분	조합	익명조합	인적회사
의 의	2명 이상이 출자하여 공동사업을 경영하기로 약정하는 조합계약에 의해 설립된 단체(민법)	무한책임을 지는 영업자와 유한책임을 지는 익명조합원으로 구성되는 조합계약에 의해 설립된 단체(상법)	무한책임사원만으로 구성되는 회사(상법) * 합자회사 : 무한책임사원과 유한책임사원으로 구성되는 회사
법인격	없음		있음
출자의 목적물	금전 및 그 밖의 재산 · 노무 · 신용 등 재산적 가치가 있는 것		
출자재산 소유형태	조합원 합유(合有)	영업자 단독 소유	회사 소유
조합원 · 사원 책임	조합 채무에 대해 무한책임(익명조합원은 유한책임)		회사 채무에 대해 무한책임(또는 유한책임)
손익배분비율	약정된 손익배분비율 → 지분비율(출자비율)		

2. 동업기업 및 동업자의 납세의무

동업기업에 대해서는 소득세법 및 법인세법에 따른 그 과세소득에 대한 소득세 및 법인세의 납세의무 규정에 불구하고 그 과세소득에 대한 소득세 또는 법인세를 부과하지 않는다. 그 대신에 동업자(상위 동업기업인 동업자는 제외)는 배분받은 동업기업의 소득에 대하여 소득세 또는 법인세를 납부할 의무를 진다(조특법 100의16 ①,②). 여기서 '배분(Allocation)'이란 동업기업의 소득금액 또는 결손금 등을 각 과세연도의 종료일에 자산의 실제 분배 여부에 관계없이 동업자의 소득금액 또는 결손금 등으로 귀속(flows through)시키는 것을 말한다(조특법 100의14 ①, ⑶). 따라서 동업기업의 소득에 대해서는 동업기업이 소득세 또는 법인세 납세의무를 지지 않고 각 동업자가 배분받은 소득에 대해 소득세 또는 법인세 납세의무를 진다.

예를 들어 거주자인 甲은 A동업기업(합명회사)의 40% 손익배분비율을 가진 동업사이고, A동업기업은 해당 과세기간에 2억원의 소득금액을 얻었다. 甲은 A동업기업의 설비투자를 위하여 해당 과세기간에 금전 등을 분배 받지 않았고, 甲의 해당 연도 다른 종합소득금액은 5천만원이라고 하자.

이에 대해 과세특례가 적용되는 경우 A동업기업의 소득금액 2억원에 대해서는 법인세를 부과하지 않는다. 그 대신에 동업자 甲은 해당 과세기간에 실제 분배받은 소득이 없더라도 A동업기업의 소득금액 2억원의 40%인 8천만원을 배분받는다. 따라서 甲은 해당 과세기간의 종합소득금액 1억3천만원(다른 종합소득금액 5천만원 + 배분소득 8천만원)에 대해 소득세 납세의무를 진다.

만약 위 사례에서 A동업기업이 해당 과세기간에 소득금액이 2억원이 아니라 결손금 1억원이 발생하였다면, 동업자 甲은 결손금 1억원의 40%인 4천만원(결손금)을 배분받아 이를 다른 종합소득금액(5천만원)에서 공제한다. 그 결과 甲은 종합소득금액 1천만원(다른 종합소득금액 5천만원 – 배분결손금 4천만원)에 대해서 소득세 납세의무를 진다.

3. 동업기업과세특례의 적용 및 포기신청

(1) 적용신청

동업기업과세특례를 적용받으려는 기업은 동업기업과세특례를 적용받으려는 최초의 과세연도의 개시일 이전(기업의 설립일이 속하는 과세연도부터 적용받으려는 경우에는 그 과세연도의 개시일 이후 1개월 이내)에 동업자 전원의 동의서와 함께 동업기업과세특례 적용신청서를 관할세무서장에게 제출해야 한다(조특령 100의16 ①).

동업기업과 동업자는 일반법인과세방식과 동업기업과세특례 중 하나를 선택하여 납세의무를 진다(Check the box Regulations). 그 취지는 동업기업의 사정에 따라 동업기업과세특례를 적용받는 것이 일반법인과세보다 오히려 불리할 수 있어 납세의무자가 선택하는 경우에만 적용한다.

(2) 포기신청

동업기업과세특례를 적용받고 있는 동업기업이 동업기업과세특례의 적용을 포기하려면 동업기업과세특례를 적용받지 않으려는 최초의 과세연도의 개시일 이전에 동업자 전원의 동의서와 함께 동업기업과세특례 포기신청서를 관할세무서장에게 제출해야 한다. 다만, 동업기업과세특례를 최초로 적용받은 과세연도와 그 다음 과세연도의 개시일부터 4년 이내에 끝나는 과세연도까지는 동업기업과세특례의 적용을 포기할 수 없다(조특법 100의17 ②, 조특령 100의16 ②). 따라서 동업기업과세특례를 신청한 경우 최소한 5년간은 의무적으로 동업기업과세특례를 적용받아야 한다. 그 취지는 동업기업과세특례의 포기 또는 신청으로 과세방법의 자의적인 변경을 통해 조세회피 행위가 일어나는 것을 막고 세무행정의 안정성을 높이려는데 있다.

4. 동업기업 소득금액 · 세액계산 및 배분

(1) 손익배분비율의 결정

각 동업자는 해당 동업기업에 지분비율과 손익배분비율을 갖는다. 출자지분의 비율(capital interest)은 동업기업의 출자총액에서 각 동업자의 출자액이 차지하는 비율을 말하며, 손익배분비율(profits and loss sharing ratio)은 동업기업의 소득금액(결손금) 중 각 동업자의 몫을 결정하는 배분비율을 말한다.

동업기업과세특례를 적용할 때 손익배분비율은 동업자 간에 서면으로 약정한 해당 과세연도의 손익의 분배에 관한 단일의 비율로서 동업기업 소득의 계산 및 배분명세 신고를 할 때 신고한 비율(이하 '약정손익분배비율'이라 한다)에 따른다. 다만, 약정손익분배비율이 없는 경우에는 출자지분의 비율에 따른다(조특령 100의17 ①).

손익배분비율의 결정* : 약정손익분배비율 → 출자지분의 비율

* 어느 동업자의 출자지분과 그와 특수관계인인 동업자의 출자지분의 합계가 가장 큰 경우에는 그 동업자와 특수관계인인 동업자 간에는 출자지분의 비율에 따른다(조특령 100의17 ③).

한편 과세연도 중 동업자가 가입하거나 탈퇴하여 손익배분비율이 변경되면 변경 이전과 이후 기간별로 산출한 동업자군별 배분대상 소득금액 또는 결손금을 각각의 해당 손익배분비율에 따라 배분한다(조특령 100의17 ⑤).

(2) 동업기업 소득금액의 계산 및 배분방법

동업기업 소득금액 등의 계산 및 배분은 다음의 단계를 따른다(조특법 100의14 ① (4),(6), 100의18 ①).

【1단계】 (Step 1) : **동업자군(群)의 구분**

구분방법 : 동업자를 거주자, 내국법인, 비거주자 및 외국법인의 네 개의 군(群, Group)으로 구분하는 경우 각 군을 동업자군(群)이라 한다.

예를 들어 어떤 동업기업의 동업자가 거주자 甲, 乙, 내국법인 A, B로 구성된 경우 각 동업자군은 거주자군(甲, 乙)과 내국법인군(A, B)으로 구분한다. 이러한 방식으로 동업자군은 1개 군부터 4개 군까지 구분될 수 있다.

【2단계】 (Step 2) : **동업자군(群)별 동업기업 소득금액(또는 결손금) 계산**

계산방법 : 각 동업자군별로 동업기업을 각각 하나의 거주자, 비거주자, 내국법인 또는 외국법인으로 보아 소득세법 또는 법인세법에 따라 해당 과세연도의 소득금액 또는 결손금을 계산한다.

어떤 동업기업의 동업자군이 거주자군(甲, 乙), 내국법인군(A, B)으로 구분되는 경우 동업자군(群, Group)별 동업기업 소득금액은 다음과 같이 계산한다.

- 거주자군(甲, 乙) 소득금액 : 동업기업을 1거주자로 보고 소득세법에 따라 해당 과세연도의 소득금액을 계산한다.

• 내국법인군(A, B) 소득금액 : 동업기업을 1내국법인으로 보고 법인세법에 따라 해당 과세연도의 소득금액을 계산한다.

【3단계】 (Step 3) : **동업자군(群)별 손익배분비율 계산**

> 계산방법 : 동업자군별로 해당 군에 속하는 동업자들의 손익배분비율을 합한 비율
> → 동업자군별 (∑해당 동업자군에 속하는 동업자들의 손익배분비율)

어떤 동업기업의 동업자 손익배분비율이 거주자 甲, 乙은 각각 10%, 20%이고, 내국법인 A, B는 각각 30%, 40%인 경우 동업자군별 손익배분비율은 다음과 같다.

• 거주자군(甲, 乙) 손익배분비율 : 10%(甲) + 20%(乙) = 30%

• 내국법인군(A, B) 손익배분비율 : 30%(A) + 40%(B) = 70%

【4단계】 (Step 4) : **동업자군(群)별 배분대상 동업기업 소득금액(또는 결손금) 계산**

> 계산방법 : 동업자군별 동업기업 소득금액(또는 결손금)×동업자군별 손익배분비율
> → 동업자군별 배분대상 동업기업 소득금액(또는 결손금)

위의 2단계 사례에서 거주자군(甲, 乙)과 내국법인군(A, B)의 동업기업 소득금액이 각각 1억원, 1억2천만원으로 계산된 경우 **3단계** 사례의 손익배분비율을 적용하면 동업자군별 배분대상 동업기업 소득금액은 다음과 같이 계산된다.

• 거주자군 배분대상 동업기업 소득금액 : 1억원×30% = 3,000만원

• 내국법인군 배분대상 동업기업 소득금액 : 1억2천만원×70% = 8,400만원

【5단계】 (Step 5) : **각 동업자의 소득금액(또는 결손금) 계산**

동업자군별 배분대상 소득금액 또는 결손금은 각 과세연도의 종료일에 해당 동업자군에 속하는 동업자들에게 동업자간의 손익배분비율에 따라 배분한다(조특법 100의18 ① 본문).

> 계산방법 : 동업자군별 배분대상 소득금액(또는 결손금)×해당 군의 동업자간 손익배분비율
> = 각 동업자의 소득금액(또는 결손금)

4단계 사례의 경우 각 동업자의 소득금액은 다음과 같이 계산한다.

동업자		계산방법	각 동업자의 소득금액
거 주 자	甲	$3{,}000\text{만원} \times \dfrac{10\%}{(10\% + 20\%)}$	1,000만원
	乙	$3{,}000\text{만원} \times \dfrac{20\%}{(10\% + 20\%)}$	2,000만원

<table>
<tr><td rowspan="2">내국법인</td><td>A</td><td>$8,400\text{만원} \times \dfrac{30\%}{(30\% + 40\%)}$</td><td>3,600만원</td></tr>
<tr><td>B</td><td>$8,400\text{만원} \times \dfrac{40\%}{(30\% + 40\%)}$</td><td>4,800만원</td></tr>
</table>

(3) 결손금 배분의 제한

1) 배분한도 : 각 동업자에게 배분되는 결손금은 동업기업의 해당 과세연도의 종료일 현재 해당 동업자의 지분가액을 한도로 한다. 이 경우 지분가액을 초과하는 해당 동업자의 결손금(이하 '배분한도 초과 결손금'이라 한다)은 해당 과세연도의 다음 과세연도 개시일 이후 10년(2021년 1월 1일 이후 개시한 과세기간에 발생한 결손금은 15년) 이내에 끝나는 각 과세연도에 이월하여 배분한다(조특법 100의18 ②).

조특 06

여기서 '배분한도 초과 결손금'은 이월된 각 과세연도에 배분하는 동업기업의 각 과세연도의 결손금이 지분가액에 미달할 때에만 그 미달하는 금액의 범위에서 추가로 배분한다. 이 경우 배분한도 초과 결손금에 해당하는 금액은 소득세법 및 법인세법에 따라 이월결손금의 공제를 적용할 때 해당 배분한도 초과 결손금이 발생한 동업기업의 과세연도의 종료일에 발생한 것으로 본다. 그리고 동업자군별로 둘 이상으로 구분된 결손금이 발생한 때에는 배분한도 초과 결손금은 각각의 구분된 결손금의 크기에 비례하여 발생한 것으로 본다(조특령 100의18 ②,③).

예를 들어 해당 과세연도 종료일 현재 동업자 甲의 지분가액은 5,000만원이고, 해당 과세연도에 동업자 甲에게 배분된 결손금이 6,000만원이라고 하자. 이 경우 甲에게 배분되는 결손금(다른 종합소득금액에서 공제가능한 결손금)은 지분가액을 한도로 5,000만원이 되고, 배분한도 초과 결손금 1,000만원은 10년(2021년 1월 1일 이후 개시한 과세기간에 발생한 결손금은 15년)간 이월하여 배분한다. 동업자가 동업기업의 결손금을 배분받으면 지분가액을 감액조정하는데, 동업자의 지분가액은 음수(−)가 될 수 없으므로 동업자에게 배분되는 결손금은 지분가액을 한도로 한다.

2) 수동적동업자의 경우 : 일반적인 동업자는 동업기업의 결손금을 손익배분비율에 따라 배분한다. 그러나 동업기업의 경영에 참여하지 않고 출자만 하는 자로서 다음 요건을 모두 갖춘 동업자(이하 '수동적동업자'라고 한다)에게는 결손금을 배분하지 않되, 해당 과세연도의 종료일부터 10년(2021년 1월 1일 이후 개시한 과세기간에 발생한 결손금은 15년) 이내에 끝나는 각 과세연도에 그 수동적동업자에게 소득금액을 배분할 때 배분되지 않은 결손금을 그 배분대상 소득금액에서 공제하고 배분한다(조특법 100의18 ① 단서).

① 동업기업에 성명 또는 상호를 사용하게 하지 않을 것

② 동업기업의 사업에서 발생한 채무에 대하여 무한책임을 부담하기로 약정하지 않을 것

③ 법인세법 시행령(제43조 ⑥)에 따른 임원(업무집행사원 또는 이사 등의 직무에 종사하는 자)에 준하는 자가 아닐 것

기업의 채무나 손해에 대해 유한책임을 지고 기업의 경영에 적극적으로 개입하지 않기 때문이다. 이 점은 소득세법에 따른 출자공동사업자와 비슷하다.

한편 해당 동업기업이 기관전용 사모투자전문회사인 경우 그 유한책임사원을 수동적동업자로 한다(조특령 100의18 ① (2)).

참고사항 **수동적 동업자의 배분되지 않은 결손금 배분방법**

해당 동업자군별 배분대상 결손금이 발생한 과세연도의 종료일부터 10년(2021년 1월 1일 이후 개시한 과세기간에 발생한 결손금은 15년) 이내에 끝나는 각 과세연도에 그 수동적동업자에게 동업자군별 소득금액을 배분하는 경우에는 ①의 금액에서 ②의 금액을 공제하고 배분한다(조특령 100의18 ②).

① 해당 과세연도에 그 수동적동업자에게 배분할 소득금액으로서 다음의 금액

$$\text{해당 과세연도의 해당 동업자군별 배분대상 소득금액} \times \frac{\text{해당 과세연도의 그 수동적동업자의 손익분배비율}}{\text{해당 과세연도의 해당 동업자군별 손익배분비율}}$$

② 해당 동업자군별 배분대상 결손금이 발생한 과세연도에 그 수동적동업자에게 배분되지 않은 결손금으로서 다음의 금액(해당 결손금이 발생한 과세연도 이후 과세연도에 공제되지 않은 금액만 해당한다)

$$\text{해당 동업자군별 배분대상 결손금이 발생한 과세연도의} \left(\text{해당 동업자군별 배분대상 결손금} \times \frac{\text{그 수동적동업자의 손익배분비율}}{\text{해당 동업자군별 손익배분비율}}\right)$$

(4) 동업자가 배분받은 소득의 구분

동업자가 동업기업의 과세연도 종료일이 속하는 과세연도의 소득세 또는 법인세 과세표준을 계산할 때 동업기업으로부터 배분받은 소득금액 또는 결손금은 동업자군별로 다음의 구분에 따른 익금(총수입금액) 또는 손금(필요경비)으로 보아 계산한다. 다만, 수동적동업자의 경우에는 배분받은 소득금액을 소득세법 및 법인세법에 따른 거주자·내국법인(또는 비거주자·외국법인)의 배당소득으로 본다(조특법 100의18 ④, 조특령 100의18 ⑥,⑦).

동업자군	배분받은 소득금액 구분	배분받은 결손금 구분
(1) 거주자군	• 이자소득 수입금액 • 배당소득 수입금액 • 사업소득 수입금액 • 기타소득 수입금액 • 양도소득 수입금액	• 사업소득 필요경비 • 토지·건물, 부동산에 관한 권리 및 기타 자산의 양도소득 필요경비 • 주식 및 출자지분의 양도소득 필요경비
(2) 내국법인군	• 각 사업연도 익금 * 내국법인이 동업기업으로부터 배분받은 소득금액은 이를 익금으로 본다(법인법 15 ② (3)).	• 각 사업연도 손금 * 내국법인이 동업기업으로부터 배분받은 결손금은 이를 손금으로 본다(법인법 19 ③).

(3) 비거주자군	• 10가지 국내원천소득 수입금액 * 근로 · 연금 · 퇴직소득은 제외	• 7가지 국내원천소득 필요경비(*주1) * 이자 · 배당 · 기타소득은 제외
(4) 외국법인군	• 10가지 국내원천소득 익금(수입금액)	• 7가지 국내원천소득 필요경비(*주2) * 이자 · 배당 · 기타소득은 제외

(*주1) 국내사업장이 있는 비거주자 또는 부동산소득 · 양도소득이 있는 비거주자로 구성된 동업자군이 아닌 경우 결손금은 없는 것으로 본다.

(*주2) 국내사업장을 가진 외국법인 또는 부동산소득 · 양도소득이 있는 외국법인인 동업자로 구성된 동업자군이 아닌 경우 결손금은 없는 것으로 본다.

(5) 공제 · 가산하는 세액의 배분

1) 배분대상 세액 : 동업기업과 관련된 다음 중 어느 하나에 해당하는 금액은 각 과세연도의 종료일에 동업자간의 손익배분비율에 따라 동업자에게 배분한다(조특법 100의18 ⑤ 본문, 100의19 ①,③).

배분대상 세액		비고
공제 세액	① 법인세법 및 조세특례제한법에 따른 세액공제 및 세액감면금액 ② 동업기업에서 발생한 소득에 대하여 법인세법에 따라 원천징수된 세액	• 내국법인이 아닌 동업기업의 경우에도 하나의 내국법인으로 보아 법인세법에 따라 ①~④ 금액을 계산한다.(*주)
가산 세액	③ 법인세법에 따른 가산세 및 조세특례제한법에 따른 동업기업과 관련된 가산세 ④ 법인세법에 따른 토지등양도소득에 대한 법인세	

(*주) 따라서 내국법인이 아닌 동업기업의 경우에도 법인에게만 적용되는 세액감면(예 : 법인의 공장 및 본사를 수도권 밖으로 이전하는 경우 법인세 감면)을 적용하며, 동업기업에게 지급하는 이자소득(투자신탁이익)에 한정하여 지급하는 자가 원천징수한다.

2) 공제 · 가산방법 : 동업자는 분배일이 속하는 과세연도에 대한 소득세 또는 법인세를 납부하는 경우 이처럼 배분받은 금액을 다음의 방법에 따라 공제하거나 가산한다(조특법 100의18 ⑥, 조특령 100의19 ②).

① 세액공제 · 세액감면금액 : 산출세액에서 공제하는 방법

② 원천징수세액 : 기납부세액으로 공제하는 방법. 이 경우 원천징수세액은 동업기업에게 이자소득금액이나 집합투자기구로부터의 이익 중 투자신탁의 이익을 지급하는 자가 그 금액을 지급하는 때에 그 지급하는 금액에 14%(비영업대금이익은 25%)의 세율을 적용하여 계산한 세액을 원천징수하여 납부한 세액으로 한다. 다만, 다음 중 어느 하나에 해당하는 경우에는 동업기업이 해당 동업자가 배분받은 소득에 대한 소득세 또는 법인세를 원천징수할 때 해당 세액에서 공제하되, 해당 세액을 초과하는 금액은 없는 것으로 본다(조특령 100의19 ② (2)).

㉠ 거주자 · 비거주자 · 외국법인인 수동적동업자의 경우

㉡ 거주자인 동업자(수동적동업자는 제외)로서 배분받은 소득이 이자소득 및 배당소득 수입금액으로 구분되는 경우

③ 가산세 : 산출세액에 합산하는 방법

④ 토지 등 양도소득에 대한 법인세 : 산출세액에 합산하는 방법. 이 경우 토지 등 양도소득에 대한 법인세에 상당하는 세액은 동업기업을 하나의 내국법인으로 보아 산출한 금액에 내국법인 및 외국법인인 동업자의 손익배분비율의 합계를 곱한 금액으로 한다. 거주자인 동업자의 경우에는 손익배분비율에 따라 토지 등의 양도소득에 대하여 배분받은 60% 등의 높은 세율을 적용하여 별도로 분류과세하기 때문에, ④의 금액은 법인인 동업자에게만 배분하는 것이다.

예를 들어 A동업기업의 동업자는 거주자 甲(손익배분비율 40%)과 내국법인 乙(손익배분비율 60%)로 구성되고, A동업기업과 관련된 배분대상 세액이 다음과 같다면, 아래 표와 같이 동업자간의 손익배분비율에 따라 동업자에게 배분한다.

동업기업 관련 배분대상 세액		동업자 배분	
		甲(40%) 소득세 산출세액	乙(60%) 법인세 산출세액
① 조세특례제한법에 따른 세액공제액	1,500만원	(−) 600만원	(−) 900만원
② 이자소득에 대한 원천징수세액	500만원	(−) 200만원	(−) 300만원
③ 가산세	100만원	(+) 40만원	(+) 60만원
④ 토지등양도소득에 대한 법인세	800만원	−	(+) 480만원

5. 동업기업과 동업자간의 거래

동업기업과 동업자간 거래는 다음과 같이 두 가지로 구분할 수 있다.

1) 동업자의 자격으로 거래 : 동업자가 동업기업에 출자, 동업기업의 자산분배 등의 거래를 말하는데, 이에 대한 세무처리는 후술한다.

2) 제3자의 자격으로 거래 : 동업자가 동업자의 자격이 아닌 '제3자의 자격으로 거래'란 동업자가 동업기업으로부터 얻는 거래대가가 동업기업의 소득과 관계없이 해당 거래를 통해 공급되는 재화 · 용역의 가치에 따라 결정되는 경우로서 다음 중 어느 하나에 해당하는 거래를 말한다(조특령 100의20).

① 동업자가 동업기업에게 재화를 양도하거나 동업기업으로부터 재화를 양수하는 거래

② 동업자가 동업기업에게 금전, 그 밖의 자산을 대부하거나 임대하는 거래 또는 동업기업으로부터 금전, 그 밖의 자산을 차입하거나 임차하는 거래

③ 동업자가 동업기업에게 용역(해당 동업기업이 영위하는 사업에 해당하는 용역은 제외)을 제공하는 거래 또는 동업기업으로부터 용역을 제공받는 거래

④ 그 밖에 위와 비슷한 거래로서 기획재정부령으로 정하는 거래

동업자가 동업자의 자격이 아닌 제3자의 자격으로 동업기업과 거래를 하는 경우 동업기업과 동업자는 해당 과세연도의 소득금액을 계산할 때 그 거래에서 발생하는 수익 또는 손비를 익금 또는 손금에 산입한다(조특법 100의19 ①). 예를 들어 동업기업이 동업자(법인)에게 금전을 대여하고 이자를 수령하는 경우 동업기업은 그 이자수익을 익금산입하고, 동업자(법인)는 이자비용을 손금산입한다.

이 경우 관할세무서장은 동업기업 또는 동업자가 소득을 부당하게 감소시킨 것으로 인정되면 법인세법에 따른 부당행위계산부인 규정을 준용하여 해당 소득금액을 계산할 수 있다. 이 경우 동업기업과 동업자는 법인세법에 따른 특수관계인으로 본다(조특법 100의19 ②).

Ⅲ 동업자의 지분가액 조정 등

1. 동업자의 동업기업에 출자

개인 또는 법인이 동업기업에 금전이나 그 밖의 자산을 출자하여 동업기업 지분을 취득하는 경우 그 출자자가 출자한 자산의 처분손익을 인식할 것인가 하는 문제가 제기된다(이것은 출자자가 취득하는 동업기업 지분의 취득원가를 얼마로 할 것인가와 같은 문제이기도 하다).

미국세법에서는 출자한 자산의 처분손익을 인식하지 않고 나중에 동업기업이 그 자산을 처분할 때 그 출자 전 가치상승분에 대해 과세한다(과세이연). 그 취지는 출자자 입장에서 출자자산이 동업기업 지분(비유동자산)으로 대체된 것에 불과한 점을 고려하고, 동업기업의 설립을 세제상 지원하려는데 있다.

그러나 우리나라 세법은 법인인 동업자가 현물출자하는 경우 취득하는 동업기업 지분의 취득원가를 출자하는 자산의 시가로 인식하므로 출자한 자산의 장부가액과의 차액은 해당 출자한 자산의 처분이익(손실)으로 인식하고 그에 대해 법인세를 과세한다. 개인인 동업자는 현물출자도 소득세법에 따른 양도에 해당하므로 그 양도차익(양도차손)에 대해 양도소득세 등을 과세한다. 다만, 내국법인인 동업자가 현물출자에 따라 법인을 설립하는 경우 법인세법에 따른 현물출자에 대한 과세특례가 적용되면 과세이연을 받을 수 있다.

2. 지분가액의 조정

'지분가액(Outside Basis)'이란 동업자가 보유하는 동업기업 지분의 세무상 장부가액으로서 동업기업 지분의 양도 또는 동업기업 자산의 분배시 과세소득의 계산 등의 기초가 되는 가액을 말한다(조특법 100의14 ① (7)).

동업자의 최초 지분가액은 동업기업과세특례를 적용받는 최초 과세연도의 직전 과세연도의 종료일(기업의 설립일이 속하는 과세연도부터 적용받는 경우에는 그 과세연도의 개시일) 현재의 [동업기업의 출자총액×해당 동업자의 출자비율]과 같다. 이러한 동업자의 최초의 지분가액은 다음과 같은 사유가 발생하면 해당 조정금액만큼 증액조정하거나 감액조정해야 한다(조특법 100의21 ①,②).

구분	조정사유	해당 조정금액	조정순서*
증액 조정	• 동업기업에 자산을 출자하는 경우	(+) 출자일 현재의 자산의 시가	①
	• 동업기업의 지분을 매입한 경우	(+) 지분의 매입가액	
	• 동업기업의 지분을 상속·증여받은 경우	(+) 상속·증여일 현재의 지분의 시가	
	• 동업기업으로부터 소득금액을 배분받은 경우	(+) 소득금액(비과세소득을 포함한다)	③
감액 조정	• 동업기업의 자산을 분배받은 경우	(−) 분배일 현재의 자산의 시가	②
	• 동업기업의 지분을 양도한 경우	(−) 양도일 현재의 해당 지분의 지분가액	
	• 동업기업의 지분이 상속·증여되는 경우	(−) 상속·증여일 현재의 해당 지분의 지분가액	
	• 동업기업으로부터 결손금을 배분받은 경우	(−) 배분받은 결손금	④

* 둘 이상의 지분가액 조정사유가 동시에 발생하면 위 조정순서에 따른다(조특령 100의20 ④).

조정 전 동업자의 지분가액
(+) 출자·매입 등으로 취득하는 지분가액
(−) 자산분배나 양도 등으로 감소하는 지분가액
(+) 동업기업으로부터 배분받는 소득금액(비과세소득 포함)
(−) 동업기업으로부터 배분받는 결손금
= 조정 후 동업자의 지분가액 : 음수(−)가 될 수 없음

조정 후 동업자의 지분가액은 음수(−)가 될 수 없으므로, 지분가액을 감액조정하는 경우 지분가액의 최저금액은 영(0)으로 한다(조특령 100의21 ⑤). 한편 동업자가 동업기업의 해산 등이나

동업기업에서 탈퇴로 동업자의 자격을 전부 잃은 경우에는 동업기업의 자산분배와 지분양도(상속·증여 포함)에 따른 감액조정보다 소득금액(또는 결손금) 배분에 따른 증액조정(또는 감액조정)을 먼저 적용한다. 동업기업의 과세연도 종료일이나 탈퇴한 날을 기준으로 동업기업으로부터 손익배분에 대한 지분가액의 조정을 먼저 끝낸 다음에, 지분청산에 따른 배당소득 또는 양도손실을 계산하기 때문이다.

1) 소득 또는 결손금을 배분받는 경우 : 동업기업과세특례 하에서 동업기업의 소득금액(비과세소득 포함)은 자산의 분배 여부에 관계없이 소득이 발생한 각 과세연도 종료일에 동업자에게 귀속시켜 과세한다. 그 후 동업자가 동업기업 지분을 양도하거나 동업기업으로부터 자산분배를 받는 경우 동업자의 과세소득에 포함되어 이중과세되는 것을 방지하기 위하여 소득을 배분받은 경우에는 동업자의 지분가액을 증액조정한다. 마찬가지로 동업기업의 비과세소득을 배분받는 경우에도 비과세효과가 계속 유지되도록 동업자의 지분가액을 증액조정한다. 반대로 동업기업으로부터 동업자에게 배분되는 결손금은 동업자의 다른 소득에서 공제되어 과세소득이 감소되므로 그 후 동업기업의 지분을 양도하거나 자산분배를 받은 시점에서 동업자의 과세소득이 다시 감소되는 것을 방지하기 위하여 동업자의 지분가액을 감액조정한다.

2) 자산을 분배받는 경우 : 동업자가 동업기업으로부터 자산을 분배받는 것은 동업자의 당초 출자한 지분가액 또는 이미 과세된 배분소득에 상당하는 자산의 반환에 해당하므로, 동업자의 지분가액을 감액조정한다(조특법 100의20 ②). 여기서 '분배(Distribution)'란 동업기업의 자산이 동업자에게 실제로 이전되는 것을 말하며, 동업기업의 소득금액(또는 결손금)을 동업자의 소득금액(또는 결손금)으로 귀속시키는 '배분(Allocation)'과 다른 개념이다(조특법 100의14 (3),(8)).

3. 동업기업 지분의 양도

동업자가 동업기업의 지분을 타인에게 양도하는 경우 해당 지분의 양도소득에 대해서는 양도소득세 과세대상인 주식·출자지분 또는 특정주식(A·B)에 해당하는 자산(해당 동업자가 비거주자·외국법인인 경우에는 양도소득 또는 유가증권 양도소득 과세대상인 주식)을 양도한 것으로 보아 소득세법 또는 법인세법에 따라 양도소득세 또는 법인세를 과세한다(조특법 100의21 ①). 지분의 양도소득은 다음과 같이 계산한다.

양도가액 − 해당 지분의 취득가액* = (+) 지분의 양도소득

* 지분의 양도소득은 양도일 현재 해당 지분의 지분가액(Outside Basis)을 취득가액으로 보아 계산한다(조특령 100의22).

4. 동업기업 자산의 분배

(1) '분배받은 자산의 시가 > 지분가액' 인 경우

동업자가 동업기업으로부터 자산을 분배받은 경우 분배받은 자산의 시가가 분배일의 해당 동업자의 지분가액을 초과하면 동업자는 분배일이 속하는 과세연도의 소득금액을 계산할 때 그 초과하는 금액을 소득세법에 따른 배당소득으로 본다(조특법 100의22 ①).

분배받은 자산의 시가 − 분배일의 지분가액 = (+) 배당소득

예컨대 분배일의 해당 동업자의 지분가액이 1,000만원이라고 하자. 이 경우 분배받은 자산의 시가가 1,300만원이라면 300만원은 배당소득으로 보며(조정 후 지분가액은 0원), 분배받은 자산의 시가가 800만원이라면 지분가액을 800만원 감액조정만하고 배당소득은 인식하지 않는다(조정 후 지분가액은 200만원). 따라서 동업기업으로부터 분배받은 자산의 시가(800만원) 중 분배일의 해당 동업자의 지분가액 상당액(800만원)은 해당 동업자의 분배일이 속하는 과세연도의 소득세 또는 법인세 과세표준을 계산할 때 익금에 산입하지 않는다(조특법 100의22 ③).

(2) '분배받은 자산의 시가 < 지분가액' 인 경우

동업자가 동업기업의 해산 등 사유가 발생함에 따라 동업자가 동업기업으로부터 자산을 분배받은 경우 분배받은 자산의 시가가 분배일의 해당 동업자의 지분가액에 미달하면 동업자는 분배일이 속하는 과세연도의 소득금액을 계산할 때 그 미달하는 금액을 양도소득세 과세대상인 주식·출자지분 또는 특정주식(A·B)을 양도함에 따라 발생한 손실로 본다(조특법 100의22 ②).

분배받은 자산의 시가 − 분배일의 지분가액 = (−) 지분의 양도손실

이처럼 동업기업으로부터 자산을 분배받을 때 지분의 양도손실이 인정되는 '해산 등 사유'란 다음 중 어느 하나에 해당하는 경우를 말한다(조특령 100의23 ①).

① 동업기업이 해산에 따른 청산, 분할, 합병 등으로 소멸되는 경우

② 동업자가 동업기업을 탈퇴하는 경우

이러한 지분의 양도손실은 동업자가 동업기업으로부터 최종적으로 자산분배를 받는 과정에서 실현된 지분의 가치하락분을 반영한 것이므로, 지분의 양도손실은 동업자의 다른 주식 및 출자지분 등의 양도소득에서 공제한다.

Ⅳ 동업기업의 소득계산 및 배분명세 신고

동업기업은 각 과세연도의 종료일이 속하는 달의 말일부터 3개월이 되는 날이 속하는 달의 15일까지 해당 과세연도의 소득계산 및 배분명세를 관할세무서장에게 신고해야 한다. 각 과세연도의 소득금액이 없거나 결손금이 있는 동업기업의 경우에도 마찬가지이다(조특법 100의23 ①,②). 이러한 신고를 할 때 동업기업은 동업기업 소득계산 및 배분명세 신고서와 다음의 첨부서류를 제출해야 한다. 이 경우 ① 및 ②의 서류를 첨부하지 않으면 위에 따른 신고로 보지 않는다(조특령 100의24).

① 기업회계기준을 준용하여 작성한 재무상태표와 손익계산서
② 지분가액조정명세서
③ 약정손익배분비율에 관한 서면 약정
④ 그 밖에 기획재정부령으로 정하는 서류

한편 동업기업은 소득계산 및 배분명세 신고를 할 때 각 동업자에게 해당 동업자와 관련된 신고 내용을 통지해야 한다(조특법 100의23 ③).

[도 표] 소득계산 및 배분명세신고

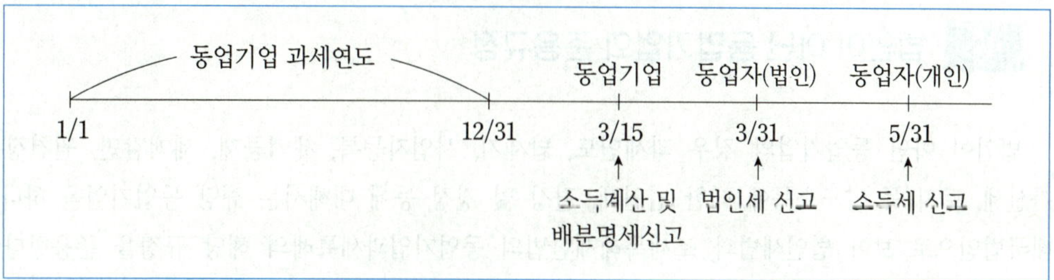

Ⅴ 가산세

1. 신고불성실가산세

관할세무서장은 동업기업이 해당 과세연도의 소득의 계산 및 배분명세 신고를 하지 않거나 신고해야 할 소득금액보다 적게 신고한 경우 다음 금액을 가산세로 징수해야 한다. 이 경우 신고해야 할 소득금액은 동업자군별 배분대상 소득금액의 합계액으로 한다(조특법 100의25 ①, 조특령 100의26 ①).

구분	가산세
① 무신고의 경우	신고해야 할 소득금액×4%
② 과소신고의 경우	미달신고 소득금액×2%

2. 원천징수납부 불성실가산세

관할세무서장은 동업기업이 비거주자 또는 외국법인인 동업자에 대한 원천징수 규정에 따라 원천징수하였거나 원천징수해야 할 세액을 납부기한에 납부하지 않거나 적게 납부하는 경우에는 다음 금액을 가산세로 징수해야 한다(조특법 100의25 ②).

$$\text{원천징수납부 불성실가산세} = \text{MIN}\begin{cases} \text{① 미납·미달납부세액} \times 3\% + \text{미납·미달납부세액} \times \text{미납기간}^{*} \times 1\text{일} \dfrac{2.2}{10,000} \\ \text{② 미납·미달납부세액} \times 10\% \end{cases}$$

* 미납기간 : 납부기한의 다음 날부터 자진납부일 또는 납부고지일까지의 일수

Ⅵ 법인이 아닌 동업기업의 준용규정

법인이 아닌 동업기업의 경우 과세연도, 납세지, 사업자등록, 세액공제, 세액감면, 원천징수, 가산세, 토지 등 양도소득에 대한 법인세, 결정 및 경정 등에 대해서는 해당 동업기업을 하나의 내국법인으로 보아 법인세법과 조세특례제한법의 동업기업과세특례의 해당 규정을 준용한다(조특법 100의26). 이것은 법인이 아닌 동업기업도 소득금액 계산 및 신고 등을 하나의 실체로 인정하기 위한 준용규정이다.

[도 표] 용어의 정의

용어	정의
① 동업기업(Partnership)	2명 이상이 금전이나 그 밖의 재산 또는 노무 등을 출자하여 공동사업을 경영하면서 발생한 이익 또는 손실을 배분받기 위하여 설립한 단체
② 동업자(Partner)	동업기업의 출자자인 거주자·비거주자·내국법인 및 외국법인
③ 배분(Allocation)	동업기업의 소득금액 또는 결손금 등을 각 과세연도의 종료일에 자산의 실제 분배 여부에 관계없이 동업자의 소득금액 또는 결손금 등으로 귀속시키는 것

④ 동업자군(群)별 동업기업 소득금액 또는 결손금	동업자를 거주자, 비거주자, 내국법인 및 외국법인의 네 가지 군(群)으로 구분하는 경우 각 군(群)별로 동업기업을 각각 하나의 거주자, 비거주자, 내국법인 또는 외국법인으로 보아 소득세법 또는 법인세법에 따라 계산한 해당 과세연도의 소득금액 또는 결손금
⑤ 동업자군(群)별 손익배분비율	동업자를 거주자, 비거주자, 내국법인 및 외국법인의 네 가지 군(群)으로 구분하는 경우 각 군(群)별로 해당 군(群)에 속하는 동업자들의 손익배분비율을 합한 비율
⑥ 동업자군(群)별 배분대상 소득금액 또는 결손금	동업자군별 동업기업 소득금액 또는 결손금에 동업자군별 손익배분비율을 곱하여 계산한 금액
⑦ 지분가액(Outside Basis)	동업자가 보유하는 동업기업 지분의 세무상 장부가액으로서 동업기업 지분의 양도 또는 동업기업 자산의 분배시 과세소득의 계산 등의 기초가 되는 가액
⑧ 분배(Distribution)	동업기업의 자산을 동업자에게 실제로 이전하는 것

사례 1 동업자의 소득금액 계산

甲법인은 제25기(2025.1.1.~12.31.) 사업연도부터 조세특례제한법상 동업기업과세특례의 적용을 받는다. 甲법인의 제25기와 관련된 다음의 자료를 이용하여 물음에 답하시오. (10점)

1. 동업자별 손익배분비율은 다음과 같다.

동업자 구분	약정손익분배비율	비고
A	40%	거주자
B	30%	거주자 (A와 특수관계인)
乙법인	30%	내국법인

단, A와 B는 세법상 특수관계인이며, 이들의 출자비율은 35%씩으로 동일하다.

2. 甲법인의 제25기분 소득의 내역은 다음과 같다.

(단위 : 원)

소득 구분	금액	비고
사 업 소 득	100,000,000	
부 동 산 양 도 소 득	20,000,000	
유가증권 처분이익	10,000,000	채권 처분관련
합계	130,000,000	

【물음 1】 동업자군을 구분하고 '동업자군별 동업기업소득금액'을 계산하시오.

【물음 2】 '동업자군별 배분대상 소득금액'을 계산하시오.

【물음 3】 A에게 배분할 소득금액을 계산하시오.

해 답

【물음 1】 동업자군별 소득금액

1. 거주자군(A, B) : 하나의 거주자로 보고 소득세법에 따라 소득금액을 계산한다.
   <거주자군의 동업기업 소득금액>
   ① 사업소득 : 100,000,000(유가증권 처분이익은 포함하지 않음)
   ② 양도소득 : 20,000,000

2. 내국법인군(乙법인) : 하나의 내국법인으로 보고 법인세법에 따라 소득금액을 계산한다.
   <내국법인군의 동업기업 소득금액>
   각 사업연도 소득금액 : 130,000,000(100,000,000 + 20,000,000 + 10,000,000)

【물음 2】 동업자군별 배분대상 소득금액

1. 손익배분비율의 결정
   (1) 거주자군 : 35% + 35% = 70%
   * 손익배분비율은 약정손익분배비율을 따르되, 약정손익분배비율이 없는 경우에는 출자지분의 비율에 의한다. 다만, 어느 동업자의 출자지분과 그와 특수관계에 있는 자의 출자지분의 합계가 가장 큰 경우에는 그 동업자와 특수관계인 간에는 출자지분의 비율에 따른다.

   (2) 내국법인군 : 30%

2. 동업자군별 배분대상 소득금액
   (1) 거주자군
   ① 사업소득 : 100,000,000×70% = 70,000,000
   ② 양도소득 : 20,000,000×70% = 14,000,000

   (2) 내국법인군
   각 사업연도 소득 : 130,000,000×30% = 39,000,000

【물음 3】 A에게 배분할 소득금액

① 사업소득 : 70,000,000×35%/70% = 35,000,000(사업소득 총수입금액)
② 양도소득 : 14,000,000×35%/70% = 7,000,000(양도소득 총수입금액)

사례 2 동업기업에 대한 조세특례

ABC동업기업(파트너쉽)은 과세특례를 신청한 기업에 해당한다. 다음 자료에 따라 각 동업자의 소득금액과 기납부세액으로 공제하는 원천징수세액을 계산하시오.

1. ABC동업기업의 해당 과세연도 손익계산서는 다음과 같다.

손익계산서

20×1.1.1.~20×1.12.31.

과목	금액	금액
Ⅰ. 매출액		₩1,000,000,000
Ⅱ. 매출원가		(650,000,000)
Ⅲ. 매출총이익		₩350,000,000
Ⅳ. 판매비와 관리비		
1. 급료와임금	₩138,000,000	
2. 업무추진비	33,000,000	
3. 대손상각비	10,000,000	
4. 잡비	₩5,000,000	(186,000,000)
Ⅴ. 영업이익		₩164,000,000
Ⅵ. 영업외수익		
1. 이자수익	₩30,000,000	₩30,000,000
Ⅶ. 영업외비용		
1. 국공채 처분손실	₩14,000,000	
2. 기부금	27,000,000	(41,000,000)
Ⅷ. 당기순이익		₩153,000,000

① 업무추진비는 모두 업무관련성이 입증되는 적격증명서류를 수취한 것이며, 해당 과세기간의 업무추진비 손금(또는 필요경비)산입 한도액은 ₩15,000,000이다.

② 대손상각비는 재무상태표상 기말 매출채권 ₩540,000,000과 대여금 ₩460,000,000의 합계액에 대한 1%에 해당하는 금액으로서 차기이월 대손충당금 잔액과 같으며, 대손실적률은 0.6%이다.

③ 기부금은 종교단체에 지급한 기부금이다.

④ 이자수익은 은행예금이자로서 법인세법에 따라 적법하게 원천징수되었다.

2. ABC동업기업의 동업자와 손익배분비율의 명세는 다음과 같다.

동업자	손익배분비율	비고
(1) 거주자 A	50%	–
(2) 거주자 B	30%	–
(3) 내국법인 C	20%	수동적동업자에 해당한다.

해 답

1. 각 동업자의 소득금액

(1) 동업자군별 동업기업 소득금액

구분	거주자군 소득금액 (소득세법 적용)	내국법인군 소득금액 (법인세법 적용)
1. 결산서상 당기순이익	₩153,000,000	₩153,000,000
2. 가산조정		
(1) 업무추진비 한도초과액	18,000,000	18,000,000
(2) 대손상각비 한도초과액(*주1)	4,600,000	–
(3) 국공채 처분손실	14,000,000	
3. 차감조정		
(1) 이자수익	(30,000,000)	
4. 차가감소득금액	₩159,600,000	₩171,000,000
5. 기부금 한도초과액(*주2)	8,340,000	7,200,000
6. 해당 군별소득금액	₩167,940,000 (사업소득)	₩178,200,000 (각 사업연도 소득)
	₩30,000,000 (이자소득)	–

(*주1) 대손충당금 한도초과액

① 거주자군 : ₩10,000,000(설정액) − ₩540,000,000(매출채권)×1% = ₩4,600,000

② 내국법인군 : ₩10,000,000(설정액) − [₩540,000,000(매출채권) + ₩460,000,000(대여금)]×1%
= ₩0(없음)

(*주2) 기부금 한도초과액

① 거주자군 : ₩27,000,000(해당액) − (₩159,600,000 + ₩27,000,000)×10% = ₩8,340,000

② 내국법인군 : ₩27,000,000(해당액) − (₩171,000,000 + ₩27,000,000)×10% = ₩7,200,000

(2) 동업자군별 배분대상 동업기업 소득금액

구분	① 동업기업 소득금액	② 해당 군별 손익배분비율	③ 해당 군별 분배대상 동업기업 소득금액(①×②)
거주자군	₩167,940,000	80%(50%+30%)	₩134,352,000 (사업소득)
	₩30,000,000	80%(50%+30%)	₩24,000,000 (이자소득)
내국법인군	₩178,200,000	20%	₩35,640,000 (각 사업연도 소득)

(3) 각 동업자의 소득금액

구분	동업자	① 해당 군별 분배대상 동업기업 소득금액	② 해당 군에 속하는 동업자간 손익배분비율	각 동업자의 소득금액(①×②)
거 주 자 군	A	₩134,352,000	50% / 80%	₩83,970,000 (사업소득)
	B		30% / 80%	50,382,000 (사업소득)
거 주 자 군	A	24,000,000	50% / 80%	15,000,000 (이자소득)
	B		30% / 80%	9,000,000 (이자소득)
내국법인군	C	35,640,000	20% / 20%	35,640,000* (배당소득)

* 내국법인 동업자 C는 수동적동업자이므로 배당소득으로 구분하여 각 사업연도 소득에 대한 법인세를 과세한다.

2. 기납부세액으로 공제할 원천징수세액

(1) 원천징수세액 : ₩30,000,000×14% = ₩4,200,000

(2) 원천징수세액의 배분명세

동업자		원천징수세액의 배분	각 동업자의 기납부세액
거 주 자	A	₩4,200,000×50%	₩2,100,000
	B	4,200,000×30%	1,260,000
내국법인	C	4,200,000×20%	840,000
합계		–	₩4,200,000

사례 3 지분가액의 조정

甲&乙동업기업의 동업자 甲의 다음 자료를 토대로 물음에 답하시오.

1. 거주자 甲은 甲&乙동업기업(과세연도 : 1.1.~12.31.) 설립시 현금 2,000만원을 출자하여 30%(손익배분비율) 지분을 취득하였다.

2. 甲&乙동업기업은 제1기 과세연도에 소득금액 3,000만원과 비과세소득 1,000만원이 발생하였고, 동업자에게 실제 자산을 분배하지 않았다.

3. 甲&乙동업기업은 제2기 과세연도 중에 동업자들의 손익배분비율에 따라 2,000만원의 금전을 분배하였다.
4. 甲&乙동업기업은 제3기 과세연도에 결손금 500만원이 발생하였다.
5. 동업자 甲은 제4기 과세연도 초에 해당 동업기업의 지분 전부를 丙에게 현금 4,000만원에 양도하였다.

【물 음】 다음 각 상황에 따라 동업자 甲의 지분가액 변동에 대한 세무처리를 분개로 표시하시오.

[*Case* 1] 동업자 甲이 수동적동업자가 아닌 경우

[*Case* 2] 동업자 甲이 수동적동업자인 경우

해답

[*Case* 1] 동업자 甲이 수동적동업자가 아닌 경우

(단위 : 만원)

구분		세무상 분개			
제1기	금전출자	(차) 지분가액	2,000	(대) 현 금	2,000
	소득 배분	(차) 지분가액 * 3,000×30% = 900	900	(대) 배분소득	900
		(차) 지분가액 * 1,000×30% = 300	300	(대) 배분소득	300 (비과세)
제2기	자산분배	(차) 현 금 * 2,000×30% = 600	600	(대) 지분가액	600
제3기	결손금 배분	(차) 결손금 * 500×30% = 150	150	(대) 지분가액	150
제4기	지분 양도	(차) 현 금	4,000	(대) 지분가액 양도소득	2,450 1,550

[*Case* 2] 동업자 甲이 수동적동업자인 경우

(단위 : 만원)

구분		세무상 분개			
제1기	금전출자	(차) 지분가액	2,000	(대) 현 금	2,000
	소득 배분	(차) 지분가액 * 3,000×30% = 900	900	(대) 배당소득	900
		(차) 지분가액 * 1,000×30% = 300	300	(대) 배당소득	300 (비과세)
제2기	자산분배	(차) 현 금 * 2,000×30% = 600	600	(대) 지분가액	600

제3기	결손금 배분	– * 수동적동업자에게는 결손을 배분하지 않되, 배분되지 않은 결손금(500×30% = 150)은 향후 10년(15년)간 배분대상 소득금액에서 공제하고 배분한다.
제4기	지분 양도	(차) 현 금 4,000 (대) 지분가액 2,600 양도소득 1,400

❑ 연구 : 지분가액의 조정

(단위 : 만원)

구분		수동적동업자가 아닌 경우	수동적동업자
제1기	동업기업에 출자	2,000	2,000
	동업기업의 소득금액 배분	1,200*	1,200*
제2기	동업기업의 자산 분배	(600)	(600)
제3기	동업기업의 결손금 배분	(150)	–
	조정 후 지분가액	2,450	2,600

* 배분받은 소득금액 : 900 + 300(비과세소득) = 1,200

연습문제

1 공익사업용 토지 등에 대한 양도소득세의 감면에 대하여 설명하시오. (15점)

2 소기업 · 소상공인 공제부금에 대한 소득공제 등에 대하여 설명하시오. (20점)

3 취약계층과 장애인 보호를 위해서 마련된 사회적기업 및 장애인표준사업장에 대한 법인세 등 감면제도를 설명하시오. (20점)

4 조세특례제한법 제84의4조에 규정된 우리사주조합원 등에 대한 과세특례를 설명하시오. (20점)

5 농어촌주택 취득자에 대한 양도소득세 과세특례(조특법 94의4조)에 대하여 설명하시오. (15점)

6 근로장려세제(EITC)의 도입취지, 근로장려금의 신청자격 및 근로장려금의 산정에 대해 설명하시오. (20점)

7 자녀장려세제(CTC)의 도입취지, 자녀장려금의 신청자격 및 자녀장려금의 산정에 대해서 설명하시오. (10점)

8 동업기업에 대한 조세특례제도를 설명하시오. (25점)

제4편 조세특례제한법

제7장 간접국세에 대한 조세특례 및 과세표준양성화를 위한 조세특례

제1절 간접국세에 대한 조세특례

I 부가가치세 영세율 적용 및 면세

1. 부가가치세 영세율 적용

다음에 해당하는 재화 · 용역의 공급에 대한 부가가치세의 경우에는 영세율을 적용한다(조특법 105 ①).

영세율 적용대상	적용시한
① 방위산업체가 공급하는 방위산업물자와 비상대비자원관리법에 따라 중점관리대상으로 지정된 자가 생산 · 공급하는 시제품 및 자원동원으로 공급하는 용역	–
② 국군조직법에 따라 설치된 부대 또는 기관에 공급(군인복지기본법에 따른 체육시설 중 군 골프장과 그 밖에 이와 유사한 시설에 공급하는 경우는 제외)하는 석유류	–
③ 국가 · 지방자치단체*, 도시철도공사(지방자치단체의 조례에 따라 도시철도를 건설할 수 있는 경우에 한정한다), 부산교통공단, 국가철도공단, 사회기반시설의 사업시행자 및 한국철도공사에게 직접 공급하는 도시철도건설용역 * 「사회기반시설에 대한 민간투자법」에 따른 사업시행자가 부가가치세가 면제되는 사업을 할 목적으로 민자투자사업의 추진방식(BTO · BTL · BOT방식을 말한다)으로 국가 또는 지방자치단체에 공급하는 사회기반시설 또는 사회기반시설의 건설용역의 면세 규정에 따라 공급받는 경우는 제외한다.	2026.12.31.
④ 사회기반시설의 사업시행자가 부가가치세가 과세되는 사업을 영위할 목적으로 국가 · 지방자치단체에 공급하는 사회기반시설 또는 사회기반시설의 건설용역	2026.12.31.
⑤ 장애인용 보장구(의수족 · 휠체어 · 보청기 등)	–
⑥ 농민 또는 임업에 종사하는 자에게 공급(국가 및 지방자치단체와 각 협동조합 및 이들의 중앙회와 농협경제지주회사 및 그 자회사를 통하여 공급하는 것 포함)하는 농업용 · 축산업용 또는 임업용기자재(비료 · 농약 · 농업용기계 · 축산용기자재 · 사료 · 임업용기자재 · 친환경농산물 생산을 위한 자재)	2025.12.31.
⑦ 연근해 및 내수면어업용으로 사용할 목적으로 어민에게 공급(수산업협동조합 등을 통하여 공급하는 것 포함)하는 어업용기자재	2025.12.31.

2. 부가가치세 면세

(1) 재화 · 용역의 공급

다음에 해당하는 재화 · 용역의 공급에 대해서는 부가가치세를 면제한다(조특법 106 ①).

면세대상	적용시한
① 일반전기사업자가 전기를 공급할 수 없거나 상당한 기간 전기공급이 곤란한 도서로서 도서지방의 자가발전에 사용할 목적으로 수산업협동조합중앙회에 직접 공급하는 석유류	2025.12.31.
② ㉠ 공장, 광산, 건설사업현장 및 노선여객자동차운송사업장의 경영자가 그 종업원의 복리후생을 목적으로 해당 사업장의 구내에서 식당을 직접 경영하여 공급하는 음식용역(식사류로 한정한다), ㉡ 공동운수협정을 체결한 노선여객자동차운송사업자로 구성된 조합이 그 사업자의 종업원에게 제공하기 위하여 위탁 계약을 통하여 공급받는 음식용역(식사류로 한정한다), ㉢ 학교의 경영자가 학생의 복리후생을 목적으로 학교 구내에서 식당을 직접 경영하여 공급하는 음식용역(식사류로 한정한다), ㉣ 학교의 장의 위탁을 받은 학교급식공급업자가 위탁급식의 방법으로 해당 학교에 직접 공급하는 음식용역(식사류로 한정한다)	2023.12.31.
③ 농 · 어업 경영 및 농 · 어작업의 대행용역	
④ 국민주택 및 해당 주택의 건설용역(리모델링용역 포함)*	–
⑤ 관리주체, 경비업자 또는 청소업자가 공동주택 중 국민주택을 제외한 주택 중 수도권을 제외한 도시지역이 아닌 읍 · 면 지역의 주택과 그 외의 주택으로서 1호(戶) · 1세대당 주거전용면적이 135㎡ 이하인 주택에 공급하는 일반관리용역 · 경비용역 및 청소용역	2025.12.31.
⑥ 관리주체, 경비업자 또는 청소업자가 공동주택 중 국민주택에 공급하는 일반관리용역 · 경비용역 및 청소용역	–
⑦ 「온실가스 배출권의 할당 및 거래에 관한 법률(제2조 ⑶, 제29조 ①,③)」에 따른 온실가스 배출권과 외부사업 온실가스 감축량 및 상쇄배출권	2025.12.31.
⑧ 영구적인 임대를 목적으로 건설한 임대주택에 공급하는 난방용역	2026.12.31.
⑨ 정부업무를 대행하는 단체(별정우체국 · 각종 공사)가 그 고유목적사업을 위하여 공급하는 재화 · 용역**	–
⑩ ㉠ 교육부장관의 추천이나 교육부장관이 지정하는 자의 추천을 받은 자가 「사회기반시설에 대한 민간투자법」에 따른 BTO(Build-Transfer-Operate) 방식을 준용하여 건설한 학교시설에 대하여 학교가 제공하는 시설관리운영권 및 그 추천을 받은 자가 그 학교시설을 이용하여 제공하는 용역, ㉡ 한국사학진흥재단이 설립한 특수 목적 법인이 「사회기반시설에 대한 민간투자법」에 따른 BTO 방식을 준용하여 건설한 기숙사에 대하여 국가 및 지자체가 제공하는 시설관리운영권 및 그 법인이 그 기숙사를 이용하여 제공하는 용역	2014.12.31.

⑩-2 ㉠ 한국사학진흥재단이 설립한 특수 목적 법인, ㉡ 한국사학진흥재단과 학교가 공동으로 설립한 특수 목적 법인이 「사회기반시설에 대한 민간투자법」에 따른 BTO(Build-Transfer-Operate) 방식을 준용하여 건설한 기숙사에 대하여 국가, 지방자치단체 또는 학교가 제공하는 시설관리운영권 및 그 법인이 그 기숙사를 이용하여 제공하는 용역 * 2015.1.1.~2025.12.31.까지 실시협약이 체결된 것만 적용한다.	2025.12.31.
⑪ 국가철도공단이 철도시설을 국가에 귀속시키고 철도시설관리권을 설정받는 방식으로 국가에 공급하는 철도시설 ⑪-2 「사회기반시설에 대한 민간투자법」에 따른 사업시행자가 부가가치세가 면제되는 사업을 할 목적으로 민자투자사업의 추진방식(BTO · BTL · BOT 방식을 말한다)으로 국가 또는 지방자치단체에 공급하는 사회기반시설 또는 사회기반시설의 건설용역	–
⑫ 전기자동차 또는 수소전기자동차로서 환경친화적 자동차, 시내버스, 농어촌버스 및 마을버스 운송사업용으로 공급하는 버스	2025.12.31.
⑬ 개인택시 운송사업용으로 간이과세자에게 공급하는 자동차	2024.12.31.
⑭ 관세법 규정에 따른 물품 중 희귀병 치료 등을 위한 것	–
⑮ 영유아용 기저귀와 분유(액상 형태의 분유를 포함하되, 부가가치세법에 따라 부가가치세가 면제되는 분유는 제외)	–
⑯ 농민 또는 임업에 종사하는 자에게 난방용 또는 농업용 · 임업용으로 공급하는 목재펠릿	2025.12.31.
⑰ 한국주택금융공사가 주택담보노후연금채권을 행사하거나 주택담보노후연금보증채무 이행으로 인한 구상권을 행사하기 위하여 처분하는 주택담보노후연금채권 담보 대상주택	–

* '국민주택'이란 주택법에 따른 주택으로서, 그 규모가 국민주택규모(다가구주택의 경우에는 가구당 전용면적을 기준으로 한 면적을 말한다) 이하인 것을 말하는데, 여기서 '국민주택규모'는 주거전용면적이 1호(戶) 또는 1세대당 85제곱미터 이하인 주택(수도권을 제외한 도시지역이 아닌 읍 또는 면 지역은 1호 또는 1세대당 주거전용면적이 100제곱미터 이하인 주택을 말한다)으로 한다(조특령 106 ④ (1)).

** 다만, 소매업 · 음식점업 · 숙박업 · 욕탕업 및 예식장업, 건설업 · 부동산공급업, 부동산임대업, 골프장 · 스키장 및 그 밖의 운동시설운영업, 유원지 · 테마파크운영업, 수상오락서비스업 · 주차장운영업 및 자동차견인업에 속하는 것은 면세대상에서 제외한다(조특령 106 ⑧ 단서).

(2) 재화의 수입

다음에 해당하는 재화의 수입에 대해서는 부가가치세를 면제한다(조특법 106 ②).

면세대상	적용시한
① 무연탄	–

② 과세사업에 사용하기 위한 선박(제3자에게 판매하기 위하여 선박을 수입하는 경우는 제외)	–
③ 과세사업에 사용하기 위한 관세법상 보세건설물품	–
④ 농어민이 직접 수입하는 농업용 · 축산업용기자재와 어업용기자재	2025.12.31.
⑤ 각종 국제경기대회의 경기시설 제작 · 건설 및 경기운영에 사용하기 위한 물품으로서 국내제작이 곤란한 것	–

3. 금관련 제품에 대한 부가가치세 매입자납부특례

본래 재화를 공급한 사업자는 공급받는 사업자로부터 부가가치세를 거래징수하여 국고에 납부하고, 공급받는 사업자는 발급받은 세금계산서에 의해 확인되는 부가가치세(거래징수당한 세액)를 매출세액에서 공제한다. 그런데 조세특례제한법은 금관련 제품을 공급받는 사업자가 금거래계좌를 사용하여 부가가치세를 국고에 납부하는 제도를 마련하였는데, 이것을 '금관련 제품에 대한 부가가치세 매입자납부제도'라고 한다. 공급자가 거래징수한 부가가치세를 납부하지 않은 사례를 방지하고 금지금 거래를 투명화하려는데, 그 취지가 있다.

(1) 금거래계좌 개설 · 신고

금 관련 제품(금지금, 금제품 및 금 관련 웨이스트와 스크랩을 말한다)[1]을 공급하거나 공급받으려는 사업자 또는 수입하려는 사업자(이하 '금사업자'라 한다)는 금거래계좌를 개설해야 한다(조특법 106의4 ①).

참고사항 금거래계좌의 요건

금거래계좌는 다음의 요건을 모두 갖춘 것을 말한다(조특령 106의9 ②).

① 금융기관 중 부가가치세 매입자납부 특례제도를 안정적으로 운영할 수 있다고 인정되어 국세청장이 지정한 금융기관에 개설한 계좌일 것

② 개설되는 계좌의 명의인 표시에 사업자의 상호가 함께 기재될 것(상호가 있는 경우에 한정한다)

③ 개설되는 계좌의 표지에 '금거래계좌'라는 문구가 표시될 것

사업자는 사업장별로 둘 이상 금거래계좌를 개설할 수 있으며, 금거래계좌를 이용하여 대금을 결제한 경우에는 소득세법에 따라 사업용계좌를 사용한 것으로 본다(조특령 106의9 ③,④). ■

1) '금지금(金地金)'이란 금괴(덩어리) · 골드바 등 원재료 상태로서 순도가 99.5% 이상인 금을 말하고, '금제품'이란 소비자가 구입한 사실이 있는 반지 등 제품 상태인 것으로서 순도가 1,000분의 585 이상인 금을 말한다(조특령 106의9 ①).

[도 표] 금거래계좌를 이용한 매입자납부제도

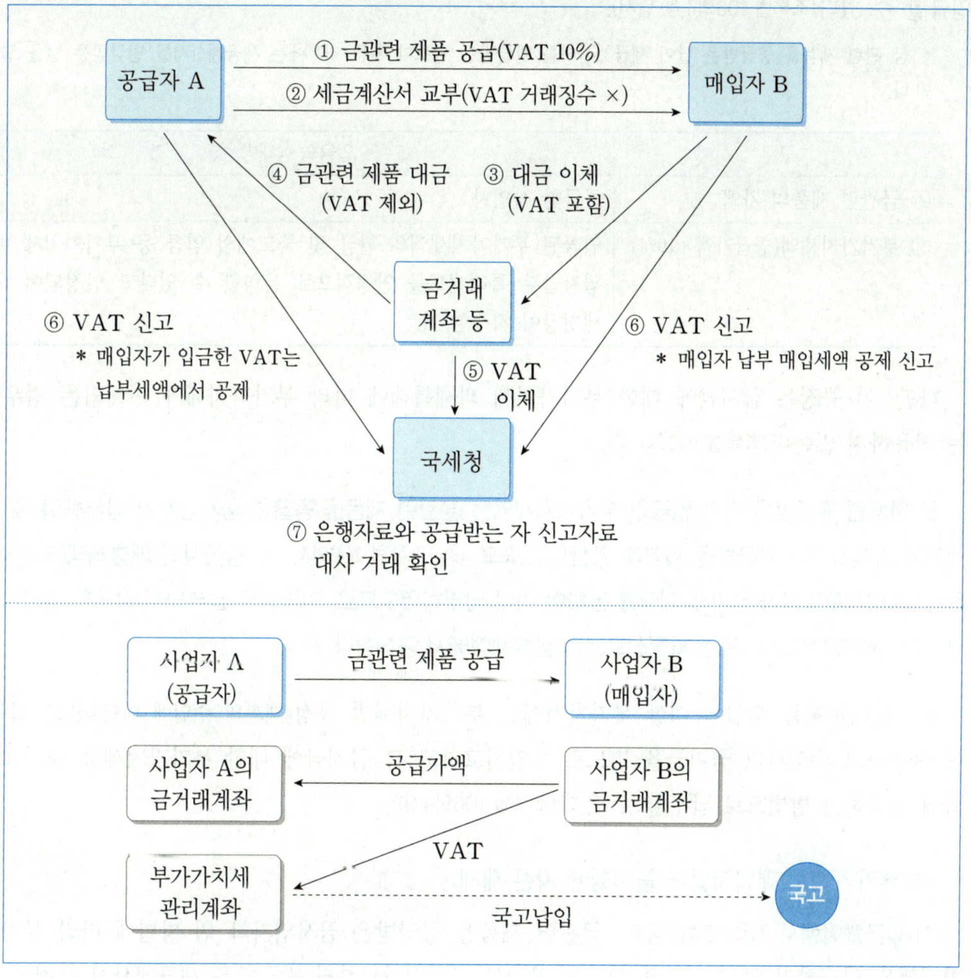

(2) 부가가치세 매입자납부 방법

1) 금사업자가 금관련 제품을 다른 금사업자에게 공급하였을 때에는 부가가치세법 거래징수의 규정에 불구하고 부가가치세를 그 공급받는 자로부터 징수하지 않는다(도표 ①·②, 조특법 106의4 ②).

2) 금사업자가 금관련 제품을 다른 금사업자로부터 공급받았을 때에는 그 공급을 받은 날*의 다음날(이하 '부가가치세액 입금기한'이라 한다)까지 그 공급을 받은 때나 세금계산서를 발급받은 때에 금거래계좌를 사용하여 다음과 같이 입금해야 한다(도표 ③·④·⑤, 조특법 106의4 ③). 다만, 기업구매자금

대출 등의 방법[2]으로 금관련 제품의 가액을 결제하는 경우에는 부가가치세액(아래 ②)의 금액만 입금할 수 있다(조특법 106의4 ③ 단서).

* 금 관련 제품을 공급받은 날이 세금계산서를 발급받은 날보다 빠른 경우에는 세금계산서를 발급받은 날을 말한다.

구분	입금의 상대방
① 금관련 제품의 가액	공급한 사업자
② 부가가치세액(공급가액×10%)	입금된 부가가치세액의 환급 및 국고에의 입금 등 부가가치세 매입자납부 특례제도를 안정적으로 운영할 수 있다고 인정되어 국세청장이 지정한 자

다만, 이 규정은 금지금에 대한 부가가치세 과세특례에 따라 부가가치세가 면제되는 경우에는 적용하지 않는다(조특법 106의4 ⑤).

3) 이처럼 공급받은 자가 입금한 부가가치세액은 금관련 제품을 공급한 금사업자가 납부해야 할 세액에서 공제하거나 환급받을 세액에 가산한다(도표 ⑥, 조특법 106의4 ⑧). 공급자의 매출세액(거래징수하지 않음)은 매입자가 금거래 계좌를 통하여 이미 납부하였으므로, 이중으로 납부되지 않도록 공급자의 부가가치세 예정신고서 또는 확정신고서의 납부세액에서 공제한다.

4) 금관련 제품 수입에 대한 부가가치세는 부가가치세법 규정(재화의 수입에 대한 신고 · 납부)에 불구하고 수입자가 금지금을 별도로 수입신고하고 그 금지금에 대한 부가가치세를 금거래계좌에 입금하는 방법으로 납부할 수 있다(조특법 106의4 ④).

(3) 부가가치세 매입자납부 불이행에 따른 제재

1) 입금불이행시 매입세액불공제 : 금관련 제품을 공급받은 금사업자가 위 방법에 따라 부가가치세액을 입금하지 않고 금관련 제품을 공급한 금사업자로부터 발급받은 세금계산서에 적힌 세액은 부가가치세법 매입세액공제 규정에 불구하고 매출세액에서 공제되는 매입세액으로 보지 않는다(조특법 106의4 ⑥).

2) 금거래계좌 미사용시 가산세 징수 : 금거래계좌를 사용하지 않고 금관련 제품의 가액을 결제받은 경우에는 해당 금관련 제품을 공급한 금사업자 및 공급받은 금사업자에게 제품가액의 10%를 가

---

2) '기업구매자금대출 등의 방법'이란 다음 중 어느 하나에 해당하는 것을 말한다(조특령 106의9 ⑥).
① 환어음 · 판매대금추심의뢰서, 기업구매전용카드, 외상매출채권담보대출제도, 구매론제도 및 네트워크론제도
② 전자금융거래법(제2조)에 따른 전자채권
③ 외국환은행을 통하여 외화로 대금을 지급하는 거래
④ 민법에 따른 공탁

산세로 징수한다. 다만, 금 관련 제품과 스크랩등 물품이 혼합된 제품을 공급하거나 공급받으려는 사업자가 스크랩등거래계좌를 사용하는 경우에는 가산세를 징수하지 않는다(조특법 106의4 ⑦).

3) 입금지연시 가산세 징수 : 관할세무서장은 금관련 제품을 공급받은 금사업자가 금거래계좌에의 입금방법에 따라 부가가치세액을 입금하지 않은 경우에는 다음의 가산세를 입금해야 할 부가가치세액에 가산하여 징수한다(조특법 106의4 ⑧).

$$\text{입금지연 가산세} = \text{입금해야 할 부가가치세액} \times \text{기간}^{*} \times \text{1일}\ \frac{2.2}{10,000}$$

* 부가가치세액 입금기한의 다음 날부터 부가가치세액을 입금한 날(부가가치세 예정신고기한 · 확정신고기한을 한도로 한다)까지의 기간을 말한다.

(4) 부가가치세 환급제한

관할세무서장은 해당 예정신고기간 및 확정신고기간 중 금사업자의 금관련 제품의 매출액이 금관련 제품의 매입액에서 차지하는 비율이 70% 이하인 경우에는 환급을 보류할 수 있다. 다만, 다음 중 어느 하나에 해당하는 경우에는 그렇지 않다(조특법 106의4 ⑩).

① 환급받을 세액이 500만원 이하인 경우
② 체납이나 포탈 등의 우려가 적다고 인정되는 경우

(5) 공급받는 자에게 과오납금 환급

부가가치세 매입자납부특례에 따라 공급받은 자가 입금한 부가가치세액 중 잘못 납부하거나 초과하여 납부한 금액은 국세기본법에도 불구하고 공급받은 자에게 환급해야 한다(조특법 106의4 ⑪). 본래 국세기본법은 납세의무자에게 과오납금을 환급하지만 부가가치세 매입자납부특례의 경우에는 과오납금을 부가가치세를 실제로 납부한 공급받는 자에게 환급한다.

4. 스크랩등에 대한 부가가치세 매입자 납부특례

이는 사업자 간에 구리 스크랩 등을 거래하는 경우 매입자가 매출자에게 부가가치세를 직접 지급하지 않고 거래 전용계좌를 사용하여 지정 금융기관에 입금하면 이를 지정 금융기관이 국고에 납입하는 제도를 말한다. 최근 구리 스크랩 등 시장에서 거래징수한 부가가치세를 납부하지 않고 폐업하여 세금을 탈루하는 사업자(이른바 '폭탄사업자')가 광범위하게 나타나 세금을 탈루하고 거래질서를 교란시키는 등 문제점이 발생하였다. 이러한 행위를 원천적으로 차단하기 위해서 도입하였다.

[도 표] 스크랩등 부가가치세 매입자 납부특례

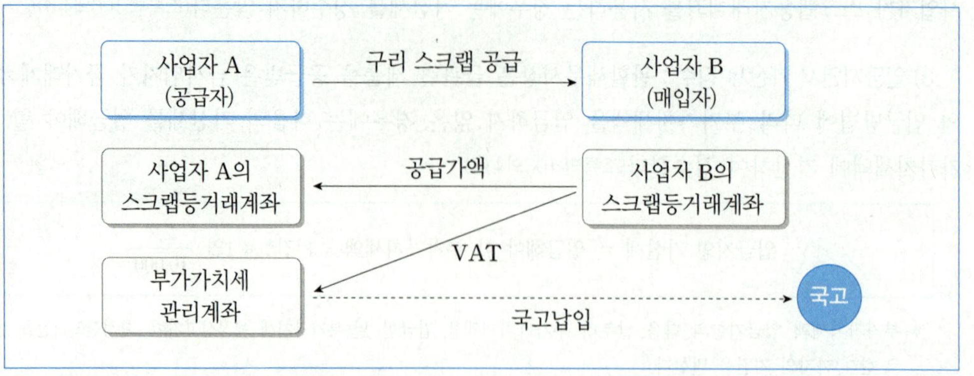

(1) 스크랩등 거래계좌 개설 신고

다음 중 어느 하나에 해당하는 물품(이하 '스크랩등'이라 한다)을 공급하거나 공급받으려는 사업자 또는 수입하려는 사업자(이하 '스크랩등 사업자'라 한다)는 스크랩등 거래계좌(이하 '스크랩등거래계좌'라 한다)를 개설해야 한다(조특법 106의9 ①).

① 관세법(제84조)에 따라 기획재정부장관이 고시한 「관세 · 통계통합품목분류표」 중 구리의 웨이스트 및 스크랩과 잉곳(ingot) 또는 이와 유사한 재용해(再溶解)구리의 웨이스트와 스크랩으로부터 제조된 괴상의 주조물

② 구리가 포함된 합금의 웨이스트 및 스크랩으로서 구리함유량이 40% 이상인 물품

③ 관세법(제84조)에 따라 기획재정부장관이 고시한 「관세 · 통계통합품목분류표」 중 철의 웨이스트와 스크랩, 철강의 재용해용 스크랩 잉곳 또는 그 밖에 이와 유사한 것으로서 대통령령으로 정하는 물품

참고사항 스크랩등거래계좌의 요건

스크랩등거래계좌는 다음의 요건을 모두 갖춘 계좌를 말한다(조특령 106의9 ①).

① 금융기관 등 가운데 부가가치세액의 환급 및 국고에의 입금 등 부가가치세 매입자납부 특례제도를 안정적으로 운영할 수 있다고 인정되어 국세청장이 지정한 금융회사등에 개설한 계좌일 것

② 개설되는 계좌의 명의인 표시에 사업자의 상호가 함께 기재될 것(상호가 있는 경우로 한정한다)

③ 개설되는 계좌의 표지에 '스크랩등거래계좌'라는 문구가 표시될 것

사업자는 사업장별로 둘 이상의 스크랩등거래계좌를 개설할 수 있으며, 스크랩등거래계좌를 이용하여 대금을 결제한 경우에는 사업용계좌를 사용한 것으로 본다(조특령 106의9 ①,②). ■

(2) 부가가치세 매입자납부 방법

1) 스크랩등사업자가 스크랩등을 다른 스크랩등사업자에게 공급하였을 때에는 부가가치세법 거래징수 규정에도 불구하고 부가가치세를 그 공급받는 자로부터 징수하지 않는다(조특법 106의9 ②).

2) 스크랩등사업자가 스크랩등을 다른 스크랩등사업자로부터 공급받았을 때에는 그 공급을 받은 날*의 다음 날(이하 '부가가치세액 입금기한'이라 한다)까지 스크랩등거래계좌를 사용하여 다음과 같이 입금해야 한다. 다만, 기업구매자금대출 등의 방법[3]으로 스크랩등의 가액을 결제하는 경우에는 부가가치세액(아래 ②)의 금액만 입금할 수 있다(조특법 106의9 ③, 조특령 106의13 ④,⑤).

* 스크랩등을 공급받은 날이 세금계산서를 발급받은 날보다 빠른 경우에는 세금계산서를 발급받은 날을 말한다.

구분	입금의 상대방
① 스크랩등의 가액	스크랩등을 공급한 사업자
② 부가가치세액(공급가액×10%)	입금된 부가가치세액의 환급 및 국고에의 입금 등 부가가치세 매입자납부 특례제도를 안정적으로 운영할 수 있다고 인정되어 국세청장이 지정한 자*

* 부가가치세를 입금받은 위 ②의 자는 부가가치세액을 매 분기가 끝나는 날의 다음 달 25일까지 국고에 납부해야 한다(조특법 106의9 ⑩).

3) 이처럼 공급받은 자가 입금한 부가가치세액은 스크랩등을 공급한 스크랩등사업자가 납부해야 할 세액에서 공제하거나 환급받을 세액에 가산한다(조특법 106의9 ⑧). 공급자의 매출세액(거래징수하지 않음)은 매입자가 스크랩등거래계좌를 통하여 이미 납부하였으므로, 이중으로 납부되지 않도록 공급자의 부가가치세 신고시 납부할 세액에서 공제한다.

4) 스크랩등 수입에 대한 부가가치세는 부가가치세법 규정(재화의 수입에 대한 부가가치세의 신고·납부)에도 불구하고 스크랩등거래계좌를 사용하여 수입자가 스크랩등을 별도로 수입신고하고 그 스크랩등에 대한 부가가치세를 스크랩등거래계좌에 입금하는 방법으로 납부할 수 있다(조특법 106의9 ④, 조특령 106조의13 ⑥).

(3) 부가가치세 매입자납부 불이행에 따른 제재

1) 입금불이행시 매입세액불공제 : 스크랩등을 공급받은 스크랩등사업자가 위의 방법에 따라 부가가치세액을 입금하지 않은 경우에는 스크랩등을 공급한 스크랩등사업자에게서 발급받은 세금계산서에 적힌 세액은 부가가치세법 매입세액공제의 규정에도 불구하고 매출세액에서 공제되는 매입세액으로 보지 않는다(조특법 106의4 ⑤).

2) 스크랩등거래계좌 미사용시 가산세 징수 : 스크랩등거래계좌를 사용하지 않고 스크랩등의 가액을 결제받은 경우에는 해당 스크랩등을 공급하거나 공급받은 스크랩등사업자에게 제품가액의

---

3) '기업구매자금대출 등의 방법'이란 다음 중 어느 하나에 해당하는 것을 말한다(조특령 106의13 ⑤).
① 환어음·판매대금추심의뢰서, 기업구매전용카드, 외상매출채권담보대출제도, 구매론제도 및 네트워크론 제도
② 전자금융거래법(제2조)에 따른 전자채권
③ 외국환은행을 통하여 외화로 대금을 지급하는 거래

10%를 가산세로 징수한다. 다만, 스크랩등 물품과 금 관련 제품이 혼합된 제품을 공급하거나 공급받으려는 사업자가 금거래계좌를 사용하는 경우에는 가산세를 징수하지 않는다(조특법 106의9 ⑥).

3) 입금지연시 가산세 징수 : 관할 세무서장은 스크랩등을 공급받은 스크랩등사업자가 스크랩등거래계좌에 부가가치세액을 입금하지 않은 경우에는 다음의 가산세를 입금해야 할 부가가치세액에 가산하여 징수한다(조특법 106의4 ⑦).

$$\text{입금지연 가산세} = \text{입금해야 할 부가가치세액} \times \text{기간}^{*} \times 1\text{일}\ \frac{2.2}{10,000}$$

* 부가가치세액 입금기한의 다음 날부터 부가가치세액을 입금한 날(부가가치세 예정신고기한 · 확정신고기한을 한도로 한다)까지의 기간을 말한다.

(4) 부가가치세 환급제한

관할세무서장은 해당 예정신고기간 및 확정신고기간 중 스크랩등의 매출액이 스크랩등의 매입액에서 차지하는 비율이 70% 이하인 경우에는 환급을 보류할 수 있다. 다만, 다음 중 어느 하나에 해당하는 경우에는 그렇지 않다(조특법 106의4 ⑨).

① 환급받을 세액이 500만원 이하인 경우

② 체납이나 포탈 등의 우려가 적다고 인정되는 경우

(5) 공급받는 자에게 과오납금 환급

부가가치세 매입자납부특례에 따라 공급받은 자가 입금한 부가가치세액 중 잘못 납부하거나 초과하여 납부한 금액은 국세기본법에도 불구하고 공급받은 자에게 환급해야 한다(조특법 106의9 ⑪). 본래 국세기본법은 납세의무자에게 과오납금을 환급하지만 부가가치세 매입자납부특례의 경우에는 과오납금을 부가가치세를 실제로 납부한 공급받는 자에게 환급한다.

5. 면세점 송객용역에 대한 부가가치세 매입자 납부특례

본래 여행사가 면세점 등에 관광객을 유치해 주는 용역(즉 송객용역)을 제공하고 수수료를 받을 때 부가가치세도 거래징수해서 납부해야 한다. 그런데 여행사가 면세점 등으로부터 관광객 유치 대가로 수수료(부가가치세 포함) 수취 후 부가가치세를 납부하지 않고 탈루 · 폐업하는 경우가 발생하였다. 이러한 사례를 방지하기 위해 부가가치세 매입자 납부특례 대상에 면세점 송객용역을 추가하였다. 이 규정은 2025년 7월 1일 이후 면세점송객용역을 공급하거나 공급받는 경우부터 적용한다.

(1) 면세점송객용역거래계좌 개설 신고

관광사업자가 다른 관광사업자 또는 보세판매장의 특허를 받은 자(이하 '면세점사업자'라 한다)에게 관광객을 면세점에 유치하는 송객(送客) 용역(이하 '면세점송객용역'이라 한다)*을 공급하려는 경우에는 해당 면세점송객용역을 공급하는 관광사업자와 그 면세점송객용역을 공급받는 관광사업자 및 면세점사업자는 면세점송객용역거래계좌를 개설해야 한다(조특법 106의11 ①).

* 구체적으로 '면세점송객용역'이란 관세법(제196조)에 따른 보세판매장(이하 '면세점'이라 한다)에 관광객을 유치·알선하기 위한 목적으로 면세점을 홍보하거나 관광객을 모집, 안내 또는 기타 편의를 제공하는 행위를 말한다(조특령 106의5 ①).

참고사항 면세점송객용역거래계좌의 요건

면세점송객용역거래계좌는 다음 요건을 모두 갖춘 것을 말한다(조특령 106의15 ②).

① 금융기관 등 가운데 부가가치세액의 환급 및 국고에의 입금 등 부가가치세 매입자납부 특례제도를 안정적으로 운영할 수 있다고 인정되어 국세청장이 지정한 금융회사등에 개설한 계좌일 것

② 개설되는 계좌의 명의인 표시에 사업자의 상호가 함께 기재될 것(상호가 있는 경우로 한정한다)

③ 개설되는 계좌의 표지에 '면세점송객용역거래계좌'라는 문구가 표시될 것

사업자는 사업장별로 둘 이상의 면세점송객용역거래계좌를 개설할 수 있으며, 면세점송객용역거래계좌를 이용하여 대금을 결제한 경우에는 사업용계좌를 사용한 것으로 본다(조특령 106의9 ①,②). ■

[도 표] 면세점송객용역에 대한 부가가치세 매입자 납부특례

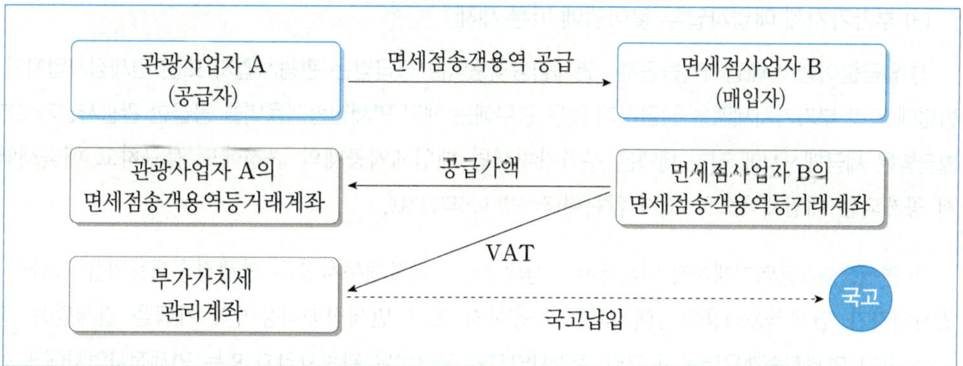

(2) 부가가치세 매입자납부 방법

1) 관광사업자가 다른 관광사업자 또는 면세점사업자에게 면세점송객용역을 공급한 경우에는 부가가치세법 거래징수 규정에도 불구하고 그 공급받는 자로부터 부가가치세를 징수하지 않는다(조특법 106의11 ②).

2) 관광사업자로부터 면세점송객용역을 공급받은 관광사업자 또는 면세점사업자는 그 공급을 받은 날*부터 7일이 되는 날(이하 '부가가치세액 입금기한'이라 한다)까지 면세점송객용역거래계좌를 사용하여

다음과 같이 입금해야 한다. 다만, 기업구매자금대출 등 방법[4]으로 면세점송객용역의 가액을 결제하는 경우에는 부가가치세액(아래 ②)의 금액만 입금할 수 있다(조특법 106의11 ③, 조특령 106의5 ③).

* 면세점송객용역을 공급받은 날이 세금계산서를 발급받은 날보다 빠른 경우에는 세금계산서를 발급받은 날을 말한다.

구분	입금의 상대방
① 면세점송객용역의 가액	해당 면세점송객용역을 공급한 관광사업자에게 입금
② 부가가치세액(공급가액×10%)	입금된 부가가치세액의 환급 및 국고에의 입금 등 부가가치세 매입자납부 특례제도를 안정적으로 운영할 수 있다고 인정되어 국세청장이 지정한 자*

* 부가가치세액을 입금받은 자는 부가가치세액을 매 분기가 끝나는 날의 다음 달 25일까지 국고에 납부해야 한다(조특법 106의11 ⑨).

3) 이처럼 면세점송객용역을 공급받은 관광사업자 또는 면세점사업자가 위 방법에 따라 입금한 부가가치세액은 해당 면세점송객용역을 공급한 관광사업자가 납부해야 할 세액에서 공제하거나 환급받을 세액에 가산한다(조특법 106의11 ⑦). 공급한 관광사업자의 매출세액(거래징수하지 않음)은 공급받은 관광사업자 또는 면세점사업자가 면세점송객용역거래계좌를 통하여 이미 납부하였으므로, 이중으로 납부되지 않도록 공급한 관광사업자의 부가가치세 신고시 납부할 세액에서 공제한다.

(3) 부가가치세 매입자납부 불이행에 따른 제재

1) 입금불이행시 매입세액불공제 : 면세점송객용역을 공급받은 관광사업자 또는 면세점사업자가 위 방법에 따라 부가가치세액을 입금하지 않은 경우에는 해당 면세점송객용역을 공급한 관광사업자로부터 발급받은 세금계산서에 적힌 세액은 부가가치세법 매입세액공제의 규정에도 불구하고 매출세액에서 공제되는 매입세액으로 보지 않는다(조특법 106의11 ④).

2) 면세점송객용역거래계좌 미사용시 가산세 징수 : 관할세무서장은 면세점송객용역을 공급한 관광사업자가 면세점송객용역거래계좌를 사용하지 않고 면세점송객용역의 가액을 결제받은 경우에는 해당 면세점송객용역을 공급한 관광사업자와 공급받은 관광사업자 또는 면세점사업자에게 각각 면세점송객용역 가액의 10%를 가산세로 징수한다(조특법 106의11 ⑤).

3) 입금지연시 가산세 징수 : 관할세무서장은 면세점송객용역을 공급받은 관광사업자 또는 면세

---

4) '기업구매자금대출 등의 방법'이란 다음 중 어느 하나에 해당하는 것을 말한다(조특령 106의15 ⑤, 106의13 ⑤).
① 환어음 · 판매대금추심의뢰서, 기업구매전용카드, 외상매출채권담보대출제도, 구매론제도 및 네트워크론 제도
② 전자금융거래법(제2조)에 따른 전자채권
③ 외국환은행을 통하여 외화로 대금을 지급하는 거래
④ 민법에 따른 공탁

점사업자가 위 방법에 따라 부가가치세액을 입금하지 않은 경우에는 다음의 가산세를 입금해야 할 부가가치세액에 가산하여 징수한다(조특법 106의11 ⑥).

$$\text{입금지연 가산세} = \text{입금해야 할 부가가치세액} \times \text{기간}^{*} \times 1\text{일} \ \frac{2.2}{10,000}$$

* 부가가치세액 입금기한의 다음 날부터 부가가치세액을 입금한 날(부가가치세 예정신고기한 · 확정신고기한을 한도로 한다)까지의 기간을 말한다.

(4) 부가가치세 환급제한

관할세무서장은 해당 예정신고기간 및 확정신고기간 중 면세점송객용역의 매출액이 면세점송객용역의 매입액에서 차지하는 비율이 70% 비율 이하인 경우에는 환급을 보류할 수 있다. 다만, 다음 중 어느 하나에 해당하는 경우에는 그렇지 않다(조특법 106의11 ⑧, 조특령 106의15 ⑦,⑧).

① 환급받을 세액이 500만원 이하인 경우

② 체납이나 포탈 등의 우려가 적다고 인정되는 경우

(5) 공급받는 자에게 과오납금 환급

부가가치세 매입자 납부특례에 따라 입금된 부가가치세액 중 잘못 납부하거나 초과하여 납부한 금액은 국세기본법에도 불구하고 해당 부가가치세액을 입금한 사업자에게 환급해야 한다(조특법 106의11 ⑩).

6. 일반택시 운송사업자의 부가가치세 납부세액 경감

「여객자동차 운수사업법」에 따른 일반택시 운송사업자에 대해서는 부가가치세 납부세액의 99%를 2025년 12월 31일 이전에 끝나는 과세기간분까지 경감한다. 이 경우 일반택시 운송사업자는 경감세액 중 부가가치세 납부세액의 90%에 해당하는 금액을 국토교통부장관이 정하는 바에 따라 경감된 부가가치세의 확정신고납부기한 종료일부터 1개월(이하 '지급기간'이라 한다) 이내에 일반택시 운수종사자에게 현금으로 지급해야 한다. 그리고 일반택시 운송사업자는 택시 감차 보상의 재원으로 사용하기 위하여 경감세액 중 부가가치세 납부세액의 5%에 해당하는 금액을 국토교통부장관이 정하는 바에 따라 지급기간 이내에 국토교통부장관이 지정하는 기관(택시 감차보상재원 관리기관)에 지급해야 한다(조특법 106의7 ①,②,③).

한편 일반택시 운송사업자는 택시운수종사자 복지기금의 재원 마련을 위하여 경감세액 중 부가가치세 납부세액의 4%에 해당하는 금액을 국토교통부장관이 정하는 바에 따라 지급기간 이내에 택시운송사업자단체에 지급해야 한다(조특법 106의7 ④).

7. 신용카드 등 결제금액에 대한 부가가치세 대리납부

(1) 개 요

1) 의 의 : 신용카드업자는 특례사업자가 부가가치세가 과세되는 재화 · 용역을 공급(신용카드 · 직불카드 또는 선불카드를 사용한 거래로 한정한다)하고 그 신용카드업자로부터 공급대가를 받는 경우에는, 본래의 거래징수에 관한 규정에도 불구하고 해당 공급대가를 특례사업자에게 지급하는 때에 공급대가의 4/110에 해당하는 금액을 부가가치세로 징수하여 매 분기가 끝나는 날의 다음 달 25일까지 대리납부신고서의 제출과 함께 신용카드업자의 관할세무서장에게 납부해야 한다(조특법 106의10 ①).

$$\text{신용카드업자*의 대리납부 부가가치세액} = \text{공급대가} \times \frac{4}{110}$$

* '신용카드업자'란 「여신전문금융업법(제2조 (2)의2)」의 신용카드업자 중 부가가치세 대리납부를 안정적으로 운영할 수 있다고 인정되어 국세청장이 지정한 자를 말한다(조특령 106의14 ①).

여기서 '특례사업자'란 부가가치세가 과세되는 재화와 용역을 공급하는 사업자로서 다음의 업종을 영위하는 사업자를 말한다. 다만, 간이과세자는 제외한다(조특법 106의10 ①, 조특령 106의14 ②).

① 일반유흥 주점업(「식품위생법 시행령(제21조 (8),(다))」에 따른 단란주점영업을 포함한다)

② 무도유흥 주점업

2) 제도의 취지 : 이 제도는 체납률이 높은 소비자대상 업종에 대한 부가가치세를 신용카드업자를 통하여 대리납부하도록 함으로써 부가가치세 탈루가 방지하려는데 그 취지가 있다.

(2) 신용카드 등 결제금액에 대한 대리납부 적용대상 통지

관할세무서장은 사업자가 신용카드 등 결제금액에 대한 대리납부 적용대상이 되는 특례사업자에 해당하는 경우에는 해당 규정을 적용해야 하는 과세기간이 시작되기 1개월 전까지 그 사실을 해당 사업자에게 통지해야 하며, 해당 규정이 적용되어야 하는 과세기간이 시작되기 1개월 전까지 해당 사업자가 통지를 받지 못한 경우에는 통지서를 수령한 날이 속하는 달의 다음 달 1일부터 해당 대리납부 규정을 적용한다(조특령 106의14 ⑤,⑥).

한편 관할세무서장은 신규로 사업을 시작하는 자가 신용카드 등 결제금액에 대한 대리납부 적용대상에 해당하는 경우에는 사업자등록증을 발급할 때 그 사실을 통지해야 하며, 이 경우 해당 사업자의 최초 과세기간부터 대리납부 규정을 적용한다(조특령 106의14 ⑥).

(3) 대리납부의 효과

1) 예정신고·확정신고시 기납부세액 공제 : 신용카드업자가 납부한 부가가치세액은 특례사업자가 부가가치세법에 따른 예정신고 또는 확정신고시 이미 납부한 세액으로 본다(조특법 106의10 ②).

> 특례사업자의 예정신고·확정신고시 차가감 납부세액
> = 납부세액 − 공제·경감세액 − 신용카드업자의 대리납부 기납부세액 + 가산세

2) 예정고지·징수시 기납부세액 공제 : 관할세무서장이 특례사업자에 대해서 각 예정신고기간(간이과세자는 예정부과기간)마다 직전 과세기간에 대한 납부세액의 50%를 결정하여 예정고지·징수하는 경우에는 그 결정세액에서 해당 예정신고기간(또는 간이과세자는 예정부과기간) 종료일 현재 신용카드업자가 신용카드업자의 관할세무서장에게 납부할 부가가치세를 뺀 금액을 각각 징수한다(조특법 106의10 ③).

> 특례사업자에 대한 예정고지·징수시 결정세액*
> = 직전 과세기간에 대한 납부세액×50% − 신용카드업자의 대리납부 기납부세액

* 다만, 그 산정한 세액이 음수인 경우에는 영으로 본다(조특법 106의10 ③ 단서).

3) 특례사입자의 세액공제 : 특례사업자는 다음의 금액을 예정신고·확정신고시 납부세액에서 공제할 수 있다(조특법 106의10 ④, 조특령 106의14 ④).

> 특례사업자의 세액공제액* = 신용카드업자가 대리납부한 부가가치세액×1%

* 이 경우 해당 공제금액을 차감한 후 납부할 세액[납부세액에서 빼거나 더할 세액(가산세는 제외)을 빼거나 더하여 계산한 세액을 말한다]이 음수인 경우에는 영(0)으로 본다.

(4) 신용카드업자에게 정보제공 및 경비지원

국세청장은 신용카드업자가 부가가치세를 대리납부할 수 있도록 신용카드업자에게 대리납부에 필요한 특례사업자에 대한 정보를 제공해야 한다. 그리고 국세청장은 예산의 범위에서 신용카드업자에게 대리납부에 필요한 경비를 지원할 수 있다(조특법 106의10 ⑤,⑥).

[도 표] 신용카드 등 결제금액에 대한 부가가치세 대리납부

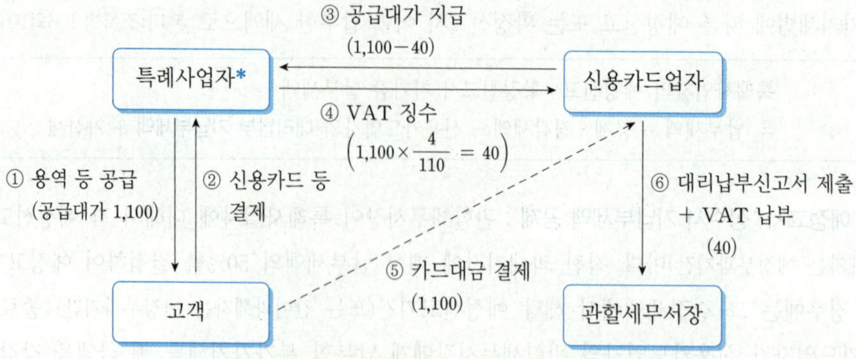

* 특례사업자의 VAT 세액 계산

과세표준	×× (1,000)	
↓	↓	
납부세액	×× (100)	
신용카드업자 대리납부 기납부세액	(40)	$\left(1,100 \times \frac{4}{110}\right)$
특례사업자의 세액공제	(0.4)	(40×1%)
차감납부세액	××	

Ⅱ 외국인관광객 미용성형 의료용역에 대한 부가가치세 환급 특례

외국인관광객이 의료법에 따라 보건복지부장관에게 등록한 의료기관(이하 '특례적용의료기관'이라 한다)에서 2025년 12월 31일까지 공급받은 환급대상 의료용역에 대해서는 그 환급 절차에 따라 해당 환급대상 의료용역에 대한 부가가치세액을 환급할 수 있다(조특법 107의3 ①). 여기서 '환급대상 의료용역'이란 다음 중 어느 하나에 따라 공급받는 의료용역으로서 부가가치세가 과세되는 의료용역*을 말한다.

① 의료법(제27조의2)에 따른 외국인환자 유치업자가 유치한 경우

② 외국인관광객이 직접 특례적용의료기관에 방문하여 의료용역을 공급받은 경우

* 부가가치세가 과세되는 의료용역의 범위

① 쌍꺼풀수술, 코성형수술, 유방확대·축소술(유방암 수술에 따른 유방 재건술은 제외한다), 지방흡인술, 주름살제거술, 안면윤곽술, 치아성형(치아미백, 라미네이트와 잇몸성형술을 말한다) 등 성형수술(성형수술로 인한 후유증 치료, 선천성 기형의 재건수술과 종양 제거에 따른 재건수술은 제외한다)과 악안면 교정술(치아교정치료가 선행되는 악안면 교정술은 제외한다)

② 색소모반 · 주근깨 · 흑색점 · 기미 치료술, 여드름 치료술, 제모술, 탈모치료술, 모발이식술, 문신술 및 문신제거술, 피어싱, 지방융해술, 피부재생술, 피부미백술, 항노화치료술 및 모공축소술

Ⅲ 재활용폐자원 등에 대한 부가가치세 매입세액공제 특례

재활용폐자원 및 중고자동차를 수집하는 사업자가 세금계산서를 발급할 수 없는 자 등[① 국가 · 지방자치단체 ② 부가가치세 과세사업을 영위하지 않은 자(과세 · 면세 겸영사업자 포함) 및 ③ 영수증 발급에 관한 규정이 적용되는 기간에 재화 · 용역을 공급하는 간이과세자]로부터 ① 재활용폐자원을 2025년 12월 31일까지, ② 중고자동차를 2025년 12월 31일까지 취득하여 제조 · 가공하거나 이를 공급하는 경우에는 다음의 금액을 매출세액에서 매입세액으로 공제할 수 있다(조특법 108 ①, 조특령 110 ④).

구분	매입세액공제액
(1) 재활용폐자원 : 고철, 폐지, 폐유리, 폐합성수지, 폐합성고무, 폐금속캔, 폐건전지, 폐비철금속류, 폐타이어, 폐섬유, 폐유	공제대상금액 × $\frac{3}{103}$
(2) 중고자동차(다만, 중고자동차를 수출하는 경우로서 자동차등록원부에 기재된 제작연월일부터 수출이행여부신고서에 기재된 수출신고수리일까지의 기간이 1년 미만인 자동차는 제외한다)	취득가액 × $\frac{10}{110}$

제2절 과세표준양성화를 위한 조세특례

I 성실사업자 등에 대한 의료비 · 교육비 · 월세 세액공제

1. 성실사업자 등에 대한 의료비 · 교육비 세액공제

(1) 개 요

소득세법에 따른 성실사업자(사업소득이 있는 자만 해당한다)로서 다음의 요건을 모두 갖춘 자(이하 '성실사업자'라 한다) 또는 소득세법에 따른 성실신고확인대상사업자로서 성실신고확인서를 제출한 자가 의료비 및 교육비[5]를 2026년 12월 31일이 속하는 과세연도까지 지출한 경우 의료비 · 교육비 세액공제액을 해당 과세연도의 소득세(사업소득[6]에 대한 소득세만 해당한다. 이하 같다)에서 공제한다(조특법 122의3 ①).

① 해당 과세기간의 수입금액으로 신고한 금액이 직전 3개 과세기간의 연평균수입금액(과세기간이 3개 과세기간에 미달하는 경우에는 사업의 개시일이 속하는 과세기간과 직전 과세기간의 연평균수입금액을 말한다)의 50%를 초과할 것

② 해당 과세기간 개시일 현재 2년 이상 계속하여 사업을 경영할 것

③ 국세의 체납사실, 조세범처벌사실, 세금계산서 · 계산서 등의 발급 및 수령 의무 위반, 소득금액 누락사실 등을 고려하여 정하는 요건에 해당할 것

(2) 의료비 · 교육비 세액공제액

• 의료비 세액공제액 = 세액공제 대상 의료비 × 15% [미숙아 · 선천성이상아 의료비는 20% 난임시술비는 30%]
• 교육비 세액공제액 = 세액공제 대상 교육비 × 15%

위의 '의료비 세액공제액'은 소득세법에 따른 근로소득자의 의료비 세액공제 규정을 준용하여 계산한 금액으로 한다(이 경우 소득세법 규정의 '총급여액'은 '사업소득금액'으로 본다)(조특법 122의 3 ②).

---

5) '교육비'에는 직업능력개발훈련을 위하여 지급한 수강료는 제외한다.

6) '사업소득'에는 부동산임대업에서 발생하는 소득을 포함한다.

2. 성실사업자 등에 대한 월세 세액공제

(1) 세액공제의 내용

해당 과세연도의 종합소득과세표준에 합산되는 종합소득금액이 7,000만원 이하인 성실사업자 또는 소득세법에 따른 성실신고확인대상사업자로서 성실신고확인서를 제출한 자가 월세액을 2026년 12월 31일이 속하는 과세연도까지 지급하는 경우 월세 세액공제액을 해당 과세연도의 소득세에서 공제한다(조특법 122의3 ③).

(2) 월세 세액공제액

> 월세 세액공제액 = MIN(세액공제 대상 월세액, 1,000만원) × 15%(17%*)

* 해당 과세기간의 종합소득금액이 4,500만원 이하인 성실사업자 또는 성실신고확인대상사업자로서 성실신고확인서를 제출한 자의 경우에는 '17%'로 한다.

3. 세액공제의 한도액

의료비 · 교육비 세액공제액과 월세 세액공제액의 합계액이 해당 사업자의 해당 과세연도의 소득세(사업소득[6]에 대한 소득세만 해당한다)를 초과하는 경우 그 초과금액은 없는 것으로 한다(조특법 122의3 ④).

4. 사후관리

의료비 · 교육비 · 월세 세액공제를 적용받은 사업자가 해당 과세기간에 대하여 과소신고한 사업소득금액이 경정(수정신고 포함)된 사업소득금액의 20%(성실사업자의 경우) · 10%(성실신고확인대상사업자의 경우) 이상인 경우에는 공제받은 금액에 상당하는 세액을 전액 추징한다(조특법 122의3 ⑤).

이처럼 세액이 추징된 사업자에 대해서는 추징일이 속하는 다음 과세기간부터 3개 과세기간 동안 의료비 · 교육비 · 월세 세액공제를 적용하지 않는다(조특법 122의3 ⑥).

Ⅱ 신용카드 등 사용금액에 대한 소득공제

근로소득이 있는 거주자(일용근로자는 제외)가 법인 또는 개인사업자로부터 2025년 12월 31일까지 재화나 용역을 제공받고 신용카드 등 사용금액의 연간 합계액(국외에서 사용한 금액은 제외)이 해당 과세연도의 총급여액의 25%(이하 '최저사용금액'이라 한다)를 초과하는 경우 신용카드 등 소득공제액을 해당 과세연도의 근로소득금액에서 공제한다(조특법 126의2 ②).

Ⅲ 현금영수증제도

1. 의 의

'현금영수증제도'란 주로 현금수입 업종을 영위하는 사업자(현금영수증가맹점)와 거래상대방의 현금거래명세가 현금영수증사업자를 통하여 국세청에 전송되고 현금영수증을 받은 거래상대방에게는 국세청이 제공하는 이용실적에 따라 소득공제 등의 세제상 혜택을 주는 제도를 말한다. 이 제도는 음식점업 등 현금수입 업종을 영위하는 사업자의 현금매출에 대한 과세표준양성화를 유도하기 위하여 도입되었다. 여기서 '현금영수증'이란 현금영수증가맹점이 재화 · 용역을 공급하고 그 대금을 현금으로 받는 경우 해당 재화 · 용역을 공급받는 자에게 현금영수증 발급장치에 의해 발급하는 것으로서 거래일시 · 금액 등 결제내용이 기재된 영수증을 말한다(조특법 126의3 ④, 조특령 121의3 ⑪).

[도 표] 현금영수증제도

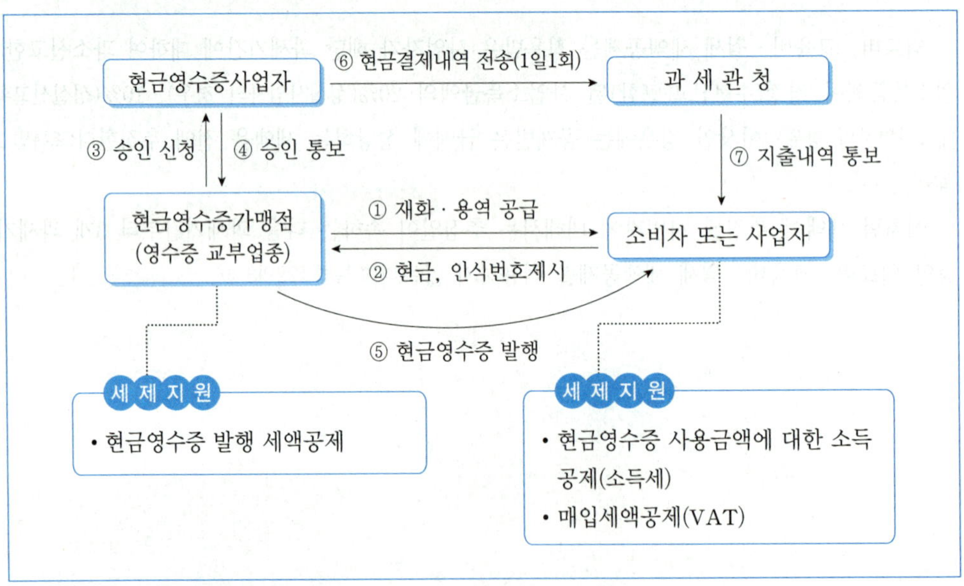

2. 현금영수증가맹점에 대한 소득세 세액공제

현금영수증가맹점이 2025년 12월 31일까지 현금영수증(거래건별 5천원 미만의 거래에만 해당하며, 발급승인시 전화망을 사용한 것을 말한다)을 발급하는 경우 다음의 금액을 해당 과세기간의 소득세 산출세액에서 공제받을 수 있다. 이 경우 공제세액은 산출세액을 한도로 한다(조특법 126의3 ②).

공제세액 = 해당 과세기간별 건당 5천원 미만 현금영수증 발급건수×20원

Ⅳ 그 밖의 과세표준양성화를 위한 제도

1. 현금거래 확인제도

(1) 개 요

신용카드 등 사용금액에 대하여 소득공제를 받을 수 있는 재화나 용역을 제공하는 사업자로부터 재화·용역을 공급받은 자가 그 대가를 현금으로 지급하였으나 현금영수증을 발급받지 못한 경우에는 현금거래사실에 관하여 관할세무서장의 확인을 받은 경우에는 현금영수증을 발급받은 것으로 본다(조특법 126의5 ①, 조특령 121의5 ①). 그 취지는 현금거래 후 사업자로부터 현금영수증을 발급받지 못한 소비자가 현금거래사실에 관하여 관할세무서장에게 신고하여 확인받는 경우 현금영수증을 발급받은 것으로 인정함으로써 주로 소비자에게 공급하는 사업자의 과세표준을 양성화하는 데 있다.

이 경우 현금영수증을 발급하지 않은 사업자에 대해서는 해당 금액에 대하여 부가가치세법에 따른 신용카드매출전표 발행 등에 대한 세액공제를 적용하지 않으며, 현금거래사실을 확인받은 근로소득자는 신용카드 등 사용금액에 대한 소득공제를 받을 수 있다(조특법 126의5 ①,②, 126의2 ① (2)).

(2) 현금거래사실의 확인절차

현금거래사실의 확인을 신청하려는 자는 거래일부터 5년 이내에 현금거래확인신청서에 거래사실을 객관적으로 입증할 수 있는 거래증빙을 첨부하여 세무서장·지방국세청장 또는 국세청장에게 제출해야 한다. 이처럼 현금거래확인신청서를 접수받은 세무서장 등은 거래사실의 확인이 요청된 재화·용역을 공급한 자(이하 '공급자'라 한다)의 관할세무서장에게 해당 현금거래확인신청서 및 거래증빙을 송부해야 한다(조특령 121의5 ②,③).

한편 신청서를 송부받은 공급자의 관할세무서장은 신청인의 신청내용, 제출한 증빙자료를 검토하여 거래사실 여부를 확인해야 하며, 신청일의 다음 달 말일까지 현금거래사실 여부를 확인하고 그 사실을 신청인에게 통지해야 한다(조특령 121의5 ④,⑤).

2. 성실신고 확인비용에 대한 세액공제

(1) 세액공제

1) 소득세 세액공제 : 성실신고확인대상사업자가 성실신고확인서를 제출하는 경우에는 다음에 해당하는 금액을 사업소득(부동산임대업에서 발생하는 소득 포함)에 대한 소득세에서 공제한다(조특법 126의6 ①, 조특령 121의6 ①(1)).

세액공제액* = MIN(성실신고 확인에 직접 사용한 비용×60%, 공제한도 120만원)

* 둘 이상의 업종을 영위하는 성실신고확인대상사업자가 일부 업종에 대해서만 성실신고확인서를 제출한 경우에도 위 세액공제를 적용한다.

2) 법인세 세액공제 : 성실신고확인대상 내국법인이 성실신고확인서를 제출하는 경우에는 다음에 해당하는 금액을 법인세에서 공제한다(조특법 126의6 ①, 조특령 121의6 ①(2)).

세액공제액 = MIN(성실신고 확인에 직접 사용한 비용×60%, 공제한도 150만원)

(2) 사후관리

이러한 세액공제를 적용받은 성실신고확인대상자가 해당 과세연도의 사업소득금액(법인인 경우에는 과세표준을 말한다. 이하 '사업소득금액 등'이라 한다)을 과소신고한 경우로서 그 과소신고한 사업소득금액 등이 경정(수정신고 포함)된 사업소득금액 등의 10% 이상인 경우에는 세액공제받은 금액에 상당하는 세액을 전액 추징한다. 이처럼 사업소득금액 등이 경정된 성실신고확인대상자에 대해서는 경정일이 속하는 과세연도의 다음 과세연도부터 3개 과세연도 동안 성실신고 확인비용에 대한 세액공제를 하지 않는다(조특법 126의6 ②,③).

연습문제

1 조세특례제한법에 따른 부가가치세의 영세율 적용대상 및 면세 적용대상에 대하여 기술하시오. (15점)

2 과세표준양성화를 위하여 도입된 매입자발행세금계산서제도와 현금거래 확인제도를 설명하시오. (20점)

제4편 조세특례제한법

제8장 조세특례의 제한 및 감면세액의 추징

제1절 조세특례의 제한

Ⅰ 서 설

현행 조세특례제한법은 경제 · 사회적인 정책목적을 달성하기 위하여 광범위한 조세감면제도를 두고 있다. 그런데 특정한 납세자군이 여러 가지 조세감면을 과다하게 받게 되면 그 감면으로 인한 조세부담은 다른 납세자군에게 떠넘기는 것과 다름이 없다. 이것은 조세평등주의를 침해할 뿐만 아니라 조세의 중립성을 저해하는 요인이 된다.

그리하여 현행 조세특례제한법은 조세감면에 관한 사항 외에도 과다한 조세감면을 제한하기 위한 법적 장치를 마련하고 있는데, 이하에서는 그 내용을 살펴보고자 한다.

Ⅱ 중복지원의 배제 등

1. 의 의

현행 조세특례제한법은 중소기업의 지원, 연구 및 인력의 개발, 투자촉진 등의 목적별로 조세감면사항을 규정하고 있어 특정한 조세감면의 대상이 다른 조세감면의 대상에도 해당할 수 있다. 이 경우 조세특례세한법은 그 중 하나만을 선택하여 조세감면을 적용받을 수 있도록 하여 중복지원을 배제하고 있다.

2. 중복지원이 배제되는 경우

(1) 국가보조금 등으로 투자 또는 출자한 경우 세액공제의 제한

내국인이 조세특례제한법에 따라 투지한 자산 또는 출자로 취득한 지분에 대하여 ① 통합투자세액공제, ② 상생협력을 위한 기금 출연 등에 대한 세액공제 중 수탁기업에 설치하는 시설에 대한 세액공제 및 ③ 해외자원개발투자에 대한 세액공제를 적용받는 경우 다음의 금액을 투자금액, 출자금액 또는 취득금액에서 차감한다(조특법 127 ①, 조특령 123 ①,②).

구분	차감할 금액
㉠ 내국인이 자산에 대한 투자 또는 출자지분의 취득을 목적으로 국가, 지방자치단체, 「공공기관의 운영에 관한 법률」에 따른 공공기관 및 「지방공기업법」에 따른 지방공기업(이하 '국가 등'이라 한다)으로부터 출연금 등의 자산을 지급받아 투자 또는 출자에 지출하는 경우	출연금 등 중 투자 또는 출자에 지출한 금액에 상당하는 금액
㉡ 내국인이 자산에 대한 투자 또는 출자지분의 취득을 목적으로 금융회사 등으로부터 융자를 받아 투자 또는 출자에 지출하고 금융회사 등에 지급해야 할 이자비용의 전부 또는 일부를 국가 등이 내국인을 대신하여 지급하는 경우	국가 등이 지급했거나 지급하기로 약정한 이자비용의 합계액
㉢ 내국인이 자산에 대한 투자 또는 출자지분의 취득을 목적으로 국가 등으로부터 융자를 받아 투자 또는 출자에 지출하는 경우	국가 등이 지원하는 이자지원금* 에 상당하는 금액
㉣ 내국인이 전기사업, 도시가스사업 등의 사업에 필요한 자산에 대한 투자를 목적으로 해당 자산의 수요자 또는 편익을 받는 자로부터 공사부담금을 제공받아 투자에 지출하는 경우	공사부담금을 투자에 지출한 금액에 상당하는 금액

* 이자지원금 = 융자받은 시점의 「법인세법 시행령(제89조 ③)」에 따른 이자율(인정이자율을 말한다)을 적용하여 계산한 원리금 합계액 − 융자받은 시점의 실제 융자받은 이자율을 적용하여 계산한 원리금 합계액

(2) 세액공제 상호간

내국인이 조세특례제한법에 따라 ① 투자한 자산에 대하여 통합투자세액공제(상생협력을 위한 기금 출연 등에 대한 세액공제 중 수탁기업에 설치하는 시설에 대한 세액공제 포함)의 규정이 동시에 적용되는 경우와 ② 동일한 과세연도에 성과공유 중소기업의 경영성과급에 대한 세액공제(제19조 ①)와 근로소득을 증대시킨 기업에 대한 세액공제(제29조의4)가 동시에 적용되는 경우에는 각각 그 중 하나만을 선택하여 적용받을 수 있다(조특법 127 ②).

(3) 외국인투자기업에 대한 조세감면의 경우

내국인이 조세특례제한법에 따라 통합투자세액공제 등(상생협력을 위한 기금 출연 등에 대한 세액공제 중 수탁기업에 설치하는 시설에 대한 세액공제 및 통합고용세액공제 중 고용증대기업 기본세액공제 포함)의 규정을 적용할 때 외국인투자기업에 대한 법인세 등의 감면 또는 증자의 조세감면 규정에 따라 법인세 또는 소득세를 감면하는 경우에는 다음의 금액을 공제한다(조특법 127 ③).

세액공제액 = 세액공제액 × 내국인 투자자의 소유주식비율

(4) 세액감면과 세액공제 상호간

내국인이 동일한 과세연도에 각종 세액감면 규정에 따라 법인세 또는 소득세가 감면되는 경

우와 통합투자세액공제(상생협력을 위한 기금 출연 등에 대한 세액공제 중 수탁기업에 설치하는 시설에 대한 세액공제 포함) 등의 규정을 동시에 적용받을 수 있는 경우에는 그 중 하나만을 선택하여 적용받을 수 있다. 다만, 창업중소기업 등에 대한 세액감면 규정에 따라 법인세 또는 소득세를 감면받는 경우에는 고용을 증대시킨 기업에 대한 세액공제(조특법 29의7) 또는 통합고용세액공제(조특법 29의8)를 동시에 적용하지 않는다(조특법 127 ④).

(5) 세액감면 상호간

내국인의 동일한 사업장에 대하여 동일한 과세연도에 각종 법인세 또는 소득세의 감면규정 중 둘 이상의 규정이 적용될 수 있는 경우에는 그 중 하나만을 선택하여 적용받을 수 있다(조특법 127 ⑤).

(6) 고용 관련 세액공제 상호간

통합고용세액공제 중 고용증대기업 기본세액공제(제29조의8 ①)는 ① 고용을 증대시킨 기업에 대한 세액공제(제29조의7) 또는 ② 중소기업 사회보험료 세액공제(제30조의4)를 받지 않은 경우에만 적용한다(조특법 127 ⑪).

(7) 양도소득세의 감면 상호간

거주자가 토지 등을 양도하여 둘 이상의 양도소득세의 감면규정을 동시에 적용받는 경우에는 그 거주자가 선택하여 하나의 감면규정만을 적용한다. 다만, 토지 등의 일부에 대하여 특정의 감면규정을 적용받는 경우에는 남은 부분에 대하여 다른 감면규정을 적용받을 수 있다(조특법 127 ⑦).

(8) 공익사업에 대한 양도소득세의 혜택 상호간

거주자가 토지 등을 양도하여 ① 공익사업용토지 등에 대한 양도소득세의 감면(조특법 77) 및 ② 공익사업을 위한 수용 등에 따른 공장이전에 대한 과세특례(조특법 85의7)의 규정이 동시에 적용되는 경우에는 그 중 하나만을 선택하여 적용받을 수 있다(조특법 127 ⑧).

3. 그 밖의 감면배제

(1) 소득금액을 추계결정하는 경우

법인세법 또는 소득세법 규정에 따라 소득금액을 추계결정하는 경우에는 각종 세액공제의 규정을 적용하지 않는다(조특법 128 ①). 다만, 추계하는 경우에도 거주자에 대해서는 통합투자세액공제는 거주자에 대해서만 적용한다(조특법 128 ① 단서).

(2) 과세표준 및 세액을 결정하는 경우

관할세무서장 등이 과세표준과 세액을 소득세법 및 법인세법의 규정에 따라 결정하는 경우와 국세기본법의 규정에 따라 기한후신고를 하는 경우에는 각종 세액감면의 규정을 적용하지 않는다(조특법 128 ②).

(3) 과세표준 및 세액을 경정하는 경우

관할세무서장이 과세표준 및 세액을 소득세법 및 법인세법의 규정에 따라 경정하는 경우와 과세표준 수정신고서를 제출한 과세표준과 세액을 경정할 것을 미리 알고 제출한 경우에는 부정과소신고과세표준에 대하여 각종 감면규정을 적용하지 않는다(조특법 128 ③).

(4) 사업용계좌 개설 등 의무불이행에 대한 세액감면 배제

사업자가 다음 중 어느 하나에 해당하는 경우에는 해당 과세기간의 해당 사업장에 대하여 조세특례제한법에 따른 각종 세액감면(앞의 (2) 세액감면과 같다) 규정을 적용하지 않는다(조특법 128 ④, 조특령 122 ②).

<table>
<tr><th colspan="2">배제사유</th></tr>
<tr><td>① 소득세법에 따라 사업용계좌를 신고해야 할 사업자가 이를 이행하지 않는 경우</td><td rowspan="2">의무를 불이행에 대하여 정당한 사유가 있는 경우에는 그렇지 않다.</td></tr>
<tr><td>② 소득세법 또는 법인세법에 따라 현금영수증가맹점으로 가입해야 할 사업자가 이를 이행하지 않는 경우</td></tr>
<tr><td colspan="2">③ 소득세법 및 법인세법에 따른 신용카드가맹점으로 가입한 사업자 또는 현금영수증가맹점으로 가입한 사업자가 다음 중 어느 하나에 해당하는 경우로서 그 횟수 · 금액 등을 고려하여 정한 사유에 해당하는 경우
㉠ 신용카드에 의한 거래를 거부하거나 신용카드매출전표를 사실과 다르게 발급한 경우
㉡ 현금영수증의 발급요청을 거부하거나 사실과 다르게 발급한 경우</td></tr>
</table>

4. 양도소득세의 감면 배제

1) 토지 · 건물 및 부동산에 관한 권리를 매매하는 거래당사자가 매매계약서의 거래가액을 실지거래가액과 다르게 적은 경우에는 해당 자산에 대하여 소득세법의 감면제한 규정에 따라 조세특례제한법에 따른 양도소득세의 비과세 또는 감면을 제한한다(조특법 129 ①).

2) 소득세법의 규정에 따른 미등기양도자산에 대해서는 양도소득세의 비과세 및 감면에 관한 규정을 적용하지 않는다(조특법 129 ②).

5. 저축지원을 위한 조세특례의 제한

다음의 저축지원을 위한 조세특례 규정에 따라 이자소득 또는 배당소득에 대한 과세특례를 적용받는 계좌의 가입일 등이 속한 과세기간의 직전 3개 과세기간 동안 1회 이상 원천징수된 이자소득·배당소득의 연간 합계액이 금융소득 종합과세기준금액(연간 2,000만원)을 초과한 자에 대해서는 해당 과세특례의 적용을 배제한다(조특법 129의2).

구분	해당 저축지원을 위한 조세특례	가입일 등
조특법 87 ③	청년우대형 주택청약종합저축의 이자소득 비과세	가입일
조특법 87의2	농어가목돈마련저축의 이자소득 비과세	
조특법 87의7	공모부동산집합투자기구 집합투자증권의 배당소득 저율(9%) 분리과세	해당 증권의 최초 보유일
조특법 88의2	비과세종합저축의 이자·배당소득 비과세	가입일
조특법 88의4	우리사주조합기금과 우리사주조합 보유 우리사주 발생 소득 비과세	우리사주조합을 통한 취득일
조특법 88의5	조합 등 출자금 등의 배당소득에 대한 소득세 비과세	가입일
조특법 89의3	조합 등 예탁금의 이자소득 비과세	
조특법 91의18	개인종합자산관리계좌의 이자·배당소득 비과세와 저율(9%) 분리과세	
조특법 91의19	장병내일준비적금의 이자소득 비과세	
조특법 91의20	청년형 장기집합투자증권저축에 대한 소득공제	
조특법 91의22	청년도약계좌에 대한 비과세	

6. 수도권과밀억제권역의 투자에 대한 조세감면배제

[도 표] 수도권과밀억제권역 투자에 대한 통합투자세액공제 배제

구분	1990.1.1. 이후 사업개시		1989.12.31. 이전 사업개시	
	증설투자	대체투자	증설투자	대체투자
일반기업	세액공제 ×	세액공제 ×	세액공제 × (산업단지·공업지역 ○)	세액공제 ○
중소기업	세액공제 ×	세액공제 ○	세액공제 × (산업단지·공업지역 ○)	세액공제 ○

* 굵은 선 안의 것이 2)의 내용이며, 그 외 부분은 1)의 내용이다.

1) 중소기업이 아닌 자가 1990년 1월 1일 이후 수도권과밀억제권역에서 새로 사업장을 설치하여 사업을 개시하거나 종전의 사업장(1989년 12월 31일 이전에 설치된 사업장 포함. 이하같다)을 이전하여 설치하는 경우 수도권과밀억제권역에 있는 해당 사업장에서 사용하기 위하여 취득하는 사업용고정자산에 대해서는 통합투자세액공제를 적용하지 않는다. 다만, 다음 중 어느 하나에 해당하는 사업용고정자산을 취득하는 경우에는 통합투자세액공제를 적용한다(조특법 130 ②, 조특령 124 ③).

① 디지털방송을 위한 프로그램의 제작 · 편집 · 송신 등에 사용하기 위하여 취득하는 방송장비
② 전기통신설비 중 교환설비, 전송설비, 선로설비 및 정보처리설비
③ 연구 · 시험, 직업훈련, 에너지 절약, 환경보전 또는 근로자복지 증진 등의 목적으로 사용되는 사업용 자산
④ 그 밖에 기획재정부령으로 정하는 사업용 고정자산

2) ① 1989년 12월 31일 이전부터 수도권과밀억제권역에서 계속하여 사업을 경영하고 있는 내국인과 ② 1990년 1월 1일 이후 수도권과밀억제권역에서 새로 사업장을 설치하여 사업을 개시하거나 종전의 사업장(1989년 12월 31일 이전에 설치한 사업장 포함)을 이전하여 설치하는 중소기업(이하 '1990년 이후 중소기업 등'이라 한다)이 수도권과밀억제권역에 있는 해당 사업장에 사용하기 위하여 취득하는 사업용 고정자산으로서 증설투자[1]에 해당하는 것에 대해서는 통합투자세액공제를 적용하지 않는다. 다만, 수도권과밀억제권역 내 산업단지 또는 공업지역에서 증설투자하는 경우 및 다음 중 어느 하나에 해당하는 사업용 고정자산을 취득하는 경우에는 통합투자세액공제를 적용한다(조특법 130 ①, 조특령 124 ③).

① 디지털방송을 위한 프로그램의 제작 · 편집 · 송신 등에 사용하기 위하여 취득하는 방송장비
② 전기통신설비 중 교환설비, 전송설비, 선로설비 및 정보처리설비
③ 연구 · 시험, 직업훈련, 에너지 절약, 환경보전 또는 근로자복지 증진 등의 목적으로 사용되는 사업용 자산
④ 그 밖에 기획재정부령으로 정하는 사업용 고정자산

Ⅲ 최저한세제도

1. 의 의

최저한세제도(alternative minimum tax)란 기업이 조세감면을 적용받는 경우에 과다한 조세감면의

1) '증설투자'란 ① 공장인 사업장의 경우에는 사업용 고정자산을 새로 설치함으로써 해당 공장의 연면적이 증가되는 투자를 말하며, ② 공장 외의 사업장인 경우에는 사업용 고정자산을 새로 설치함으로써 사업용 고정자산의 수량 또는 해당 사업장의 연면적이 증가되는 투자를 말한다(조특령 124 ①).

혜택이 부여되는 것을 방지하기 위하여 최소한 일정수준 이상의 세액을 부담하도록 하는 제도를 말한다.

특정기업이 조세특례제한법에 따른 허용되는 조세감면을 제한 없이 받을 수 있다면 일정수준 이상의 세액을 부담하는 다른 기업에 비해 과다한 혜택으로 과세형평을 침해하고 국민들의 납세도의(tax moral)를 저해하는 결과가 된다. 이러한 결과를 방지하기 위하여 국가의 정책적 목적 달성을 위하여 마련된 조세감면을 적용받더라도 최소한 일정수준 이상의 세액을 부담하도록 하는 최저한세제도가 필요한 것이다.

2. 최저한세 적용의 범위

(1) 적용대상 법인세 또는 소득세의 범위

1) 적용대상 법인세 : 최저한세는 내국법인의 각 사업연도 소득과 외국법인의 국내원천소득(종합과세되는 경우에 한함)에 대한 법인세에 적용된다. 다만, 내국법인 중 당기순이익과세를 적용받는 조합법인 등에 대해서는 최저한세 적용대상에서 제외한다(조특법 132 ①).

2) 적용대상 소득세 : 거주자의 사업소득과 비거주자의 국내사업장에서 발생한 사업소득에 대한 소득세에 적용된다. 그리고 거주자가 벤처투자조합 출자 등에 대한 소득공제, 수입금액 증가에 대한 세액공제를 적용받는 경우에만 부동산임대업에서 발생하는 소득에 대한 소득세에 대해서도 최저한세를 적용한다(조특법 132 ②).

(2) 최저한세의 적용대상 조세감면의 범위

최저한세는 조세특례제한법에 따른 조세감면을 대상으로 한다. 그 구체적인 범위는 다음과 같다.

1) 법인세의 경우

최저한세 적용대상	조세감면의 범위
비과세 · 손금산입 및 익금불산입	• 연구개발 관련 출연금 등의 과세특례(조특법 10의2) • 벤처투자회사 등의 주식양도차익 등에 대한 비과세(조특법 13) • 중소 · 중견기업 설비투자자산의 감가상각비 손금산입 특례(조특법 28의2) • 설비투자자산의 감가상각비 손금산입 특례(조특법 28의3) • 공장의 대도시 밖 이전에 대한 법인세 과세특례 규정에 따른 익금불산입(조특법 60 ②) • 법인본사의 수도권과밀억제권역 밖으로 이전에 따른 양도차익에 대한 법인세 과세특례 규정에 따른 익금불산입(조특법 61 ③) • 이전공공기관 본사의 혁신도시로 이전에 따른 양도차익에 대한 과세특례 규정에 따른 익금불산입(조특법 62 ①)

	• 공장이전법인의 공장을 수도권 밖으로 이전하는 경우 수도권과밀억제권역에 있는 공장 양도차익에 대한 익금불산입(조특법 63 ⑥) • 본사이전법인의 본사를 수도권과밀억제권역 밖으로 이전하는 경우 법인본사의 수도권과밀억제권역 밖으로 이전에 따른 양도차익에 대한 익금불산입(조특법 63의2 ⑥)
소 득 공 제	• 부동산투자회사의 국민주택임대소득에 대한 소득공제(조특법 55의2 ④)
세 액 공 제	• 상생결제 지급금액에 대한 세액공제(조특법 7의4) • 대 · 중소기업 상생협력을 위한 기금 출연시 세액공제(조특법 8의3) • 중소기업이 아닌 자의 연구 및 인력개발비에 대한 세액공제(조특법 10) • 기술혁신형 합병에 대한 세액공제(조특법 12의3) • 기술혁신형 주식취득에 대한 세액공제(조특법 12의4) • 기술취득금액에 대한 세액공제(조특법 12 ②) • 내국법인의 벤처기업 등에의 출자에 대한 세액공제(조특법 13의2) • 내국법인의 소재 · 부품 · 장비전문기업에의 출자 · 인수에 대한 세액공제(조특법 13의3) • 성과공유 중소기업의 경영성과급에 대한 세액공제(조특법 19 ①) • 통합투자세액공제(조특법 24) • 영상콘텐츠 제작비용에 대한 세액공제(조특법 25의6) • 고용창출세액공제(조특법 26) • 경력단절 여성 재고용 중소기업 등에 대한 세액공제(조특법 29의3) • 근로소득을 증대시킨 기업에 대한 세액공제(조특법 29의4) • 청년고용을 증대시킨 기업에 대한 세액공제(조특법 29의5) • 고용을 증대시킨 기업에 대한 세액공제(조특법 29의7) • 통합고용세액공제(조특법 29의8) • 고용유지중소기업에 대한 세액공제(조특법 30의3) • 중소기업 사회보험료 세액공제(조특법 30의4) • 대학 맞춤형 교육비용 등에 대한 세액공제(조특법 104의18) • 전자신고에 대한 세액공제(조특법 104의8) • 제3자물류비용에 대한 세액공제(조특법 104의14) • 해외자원개발투자에 대한 세액공제(조특법 104의15) • 기업의 운동경기부 설치 · 운영에 대한 세액공제(조특법 104의22) • 석유제품 전자상거래에 대한 세액공제(조특법 104의25) • 우수 선화주기업 인증을 받은 화주 기업에 대한 세액공제(조특법 104의30) • 이스포츠대회 운영비용 세액공제(조특법 104의34) • 금사업자와 구리 스크랩등사업자의 수입금액의 증가 등에 대한 세액공제(조특법 122의4) • 금 현물시장 이용금액에 대한 세액공제(조특법 126의7 ⑧)

세 액 감 면(면제)	• 창업중소기업 등에 대한 세액감면(조특법 6, 다만, 다음의 세액감면은 최저한세 적용대상에서 제외됨) ㉠ 수도권과밀억제권역 외의 지역에서 창업한 청년창업중소기업에 대한 100% 세액감면(조특법 6 ①) ㉡ 고용증대에 따른 추가 세액감면(조특법 6 ⑦) ㉢ 수도권과밀억제권역 외의 지역에서 창업한 생계형 창업중소기업에 대한 100% 세액감면(조특법 6 ⑥) • 중소기업에 대한 특별세액감면(조특법 7) • 기술이전소득 및 기술대여소득에 대한 세액감면(조특법 12 ①,③) • 연구개발특구에 입주하는 첨단기술기업 등에 대한 50% 세액감면(조특법 12의2, 다만, 100% 세액감면받는 과세연도의 경우는 최저한세 적용대상에서 제외됨) • 국제금융거래에 따른 이자소득 등에 대한 법인세의 면제(조특법 21) • 공공기관이 혁신도시로 이전하는 경우 법인세 감면(조특법 62 ④) • 수도권 밖으로 공장을 이전하는 기업에 대한 세액감면(조특법 63, 다만, 수도권 밖으로 이전하는 기업에 대한 세액감면 부분의 경우는 최저한세 적용대상에서 제외됨) • 농공단지입주기업 등에 대한 세액감면(조특법 64) • 농업회사법인에 대한 법인세의 면제(조특법 68, 다만, 작물재배업에서 발생한 소득의 경우에는 최저한세 적용대상에서 제외됨) • 소형주택임대사업자에 대한 세액감면(조특법 96) • 상가건물 장기임대사업자에 세액감면(조특법 96의2) • 위기지역 창업기업에 대한 세액감면(조특법 99의9, 다만, 100% 세액감면받는 과세연도의 경우는 최저한세 적용대상에서 제외됨) • 산림개발소득에 대한 세액감면(조특법 102) • 제주첨단과학기술단지 입주기업에 대한 세액감면(조특법 121의8, 다만, 100% 세액감면받는 과세연도의 경우는 최저한세 적용대상에서 제외됨) • 제주투자진흥지구 또는 제주자유무역지역 입주기업에 대한 세액감면(조특법 121의9, 다만, 100% 세액감면받는 과세연도의 경우는 최저한세 적용대상에서 제외됨) • 기업도시개발구역 등의 창업기업 등에 대한 세액감면(조특법 121의17, 다만, 100% 세액감면받는 과세연도의 경우는 최저한세 적용대상에서 제외됨) • 아시아문화중심도시 투자진흥지구 입주기업 등에 세액감면(조특법 121의20, 다만, 100% 세액감면받는 과세연도의 경우는 최저한세 적용대상에서 제외됨) • 금융중심지 창업기업 등에 대한 세액감면(조특법 121의21, 다만, 100% 세액감면받는 과세연도의 경우는 최저한세 적용대상에서 제외됨) • 첨단의료복합단지 입주기업 등에 대한 세액감면(조특법 121의22, 다만, 100% 세액감면받는 과세연도의 경우는 최저한세 적용대상에서 제외됨) • 기회발전특구의 창업기업 등에 대한 세액감면(조특법 121의33, 다만, 100% 세액감면받는 과세연도의 경우는 최저한세 적용대상에서 제외됨)

2) 소득세의 경우

최저한세 적용대상	조세감면의 범위
손금산입 익금불산입	• 연구개발 관련 출연금 등의 과세특례(조특법 10의2) • 서비스업 감가상각비의 손금산입 특례(조특법 28) • 중소 · 중견기업 설비투자자산의 감가상각비 손금산입 특례(조특법 28의2) • 설비투자자산의 감가상각비 손금산입 특례(조특법 28의3)
소득공제	• 벤처투자조합출자 등에 대한 소득공제(조특법 16) • 소기업 · 소상공인 공제부금에 대한 소득공제(조특법 86의3)
세액공제	• 상생결제 지급금액에 대한 세액공제(조특법 7의4) • 수탁기업에 설치하는 시설에 대한 세액공제(조특법 8의3 ③) • 중소기업이 아닌 자의 연구 및 인력개발비에 대한 세액공제(조특법 10) • 기술취득에 대한 세액공제(조특법 12 ②) • 성과공유 중소기업의 경영성과급에 대한 세액공제(조특법 19 ①) • 통합투자세액공제(조특법 24) • 영상콘텐츠 제작비용에 대한 세액공제(조특법 25의6) • 고용창출세액공제(조특법 26) • 경력단절 여성 재고용 중소기업 등에 대한 세액공제(조특법 29의3) • 근로소득을 증대시킨 기업에 대한 세액공제(조특법 29의4) • 청년고용을 증대시킨 기업에 대한 세액공제(조특법 29의5) • 고용을 증대시킨 기업에 대한 세액공제(조특법 29의7) • 통합고용세액공제(조특법 29의8) • 고용유지중소기업에 대한 세액공제(조특법 30의3) • 중소기업 사회보험료 세액공제(조특법 30의4) • 전자신고에 대한 세액공제(조특법 104의8) • 제3자물류비용에 대한 세액공제(조특법 104의14) • 해외자원개발투자에 대한 세액공제(조특법 104의15) • 대학 맞춤형 교육비용 등에 대한 세액공제(조특법 104의18) • 석유제품 전자상거래에 대한 세액공제(조특법 104의25) • 우수 선화주기업 인증을 받은 화주 기업에 대한 세액공제(조특법 104의30) • 이스포츠대회 운영비용 세액공제(조특법 104의34) • 성실사업자에 대한 의료비 등 세액공제(조특법 122의3) • 금사업자와 구리 스크랩등사업자의 수입금액의 증가 등에 대한 세액공제(조특법 122의4) • 현금영수증가맹점에 대한 과세특례에 따른 세액공제(조특법 126의3 ②) • 금 현물시장 이용금액에 대한 세액공제(조특법 126의7 ⑧)

세 액 감 면(면제)	• 창업중소기업 등에 대한 세액감면(조특법 6, 다만, 다음의 세액감면은 최저한세 적용대상에서 제외됨) ㉠ 수도권과밀억제권역 외의 지역에서 창업한 청년창업중소기업에 대한 100% 세액감면(조특법 6 ①) ㉡ 고용증대에 따른 추가 세액감면(조특법 6 ⑦) ㉢ 수도권과밀억제권역 외의 지역에서 창업한 생계형 창업중소기업에 대한 100% 세액감면(조특법 6 ⑥) • 중소기업에 대한 특별세액감면(조특법 7) • 기술이전소득 및 기술대여소득에 대한 세액감면(조특법 12 ①,③) • 연구개발특구에 입주하는 첨단기술기업 등에 대한 50% 세액감면(조특법 12의2, 다만, 100% 세액감면받는 과세연도의 경우는 최저한세 적용대상에서 제외됨) • 국제금융거래에 따른 이자소득 등에 대한 소득세의 면제(조특법 21) • 수도권 밖으로 공장을 이전하는 기업에 대한 세액감면(조특법 63, 다만, 수도권 밖으로 이전하는 기업에 대한 세액감면 부분의 경우는 최저한세 적용대상에서 제외됨) • 농공단지입주기업 등에 대한 세액감면(조특법 64) • 소형주택임대사업자에 대한 세액감면(조특법 96) • 상가건물 장기임대사업자에 세액감면(조특법 96의2) • 위기지역 창업기업에 대한 세액감면(조특법 99의9, 다만, 100% 세액감면받는 과세연도의 경우는 최저한세 적용대상에서 제외됨) • 산림개발소득에 대한 세액감면(조특법 102) • 제주첨단과학기술단지 입주기업에 대한 세액감면(조특법 121의8, 다만, 100% 세액감면받는 과세연도의 경우는 최저한세 적용대상에서 제외됨) • 제주투자진흥지구 또는 제주자유무역지역 입주기업에 대한 세액감면(조특법 121의9, 다만, 100% 세액감면받는 과세연도의 경우는 최저한세 적용대상에서 제외됨) • 기업도시개발구역 등의 창업기업 등에 대한 세액감면(조특법 121의17, 다만, 100% 세액감면받는 과세연도의 경우는 최저한세 적용대상에서 제외됨) • 아시아문화중심도시 투자진흥지구 입주기업 등에 세액감면(조특법 121의20, 다만, 100% 세액감면받는 과세연도의 경우는 최저한세 적용대상에서 제외됨) • 금융중심지 창업기업 등에 대한 세액감면(조특법 121의21, 다만, 100% 세액감면받는 과세연도의 경우는 최저한세 적용대상에서 제외됨) • 첨단의료복합단지 입주기업에 대한 세액감면(조특법 121의22, 다만, 100% 세액감면받는 과세연도의 경우는 최저한세 적용대상에서 제외됨) • 기회발전특구의 창업기업 등에 대한 세액감면(조특법 121의33, 다만, 100% 세액감면받는 과세연도의 경우는 최저한세 적용대상에서 제외됨)

3. 최저한세 적용의 방법

(1) 개 요

최저한세 적용대상 법인세 및 소득세를 계산할 때 최저한세 적용대상 조세감면을 적용받은 후의 세액(감면 후 세액)이 다음의 세액(최저한세액)에 미달하는 경우 그 미달하는 세액에 상당하는 부분에 대해서는 감면 등을 적용하지 않는다(조특법 132 ①,②).

법인세 최저한세 = 조세감면 전(前) 과세표준* × 최저한세율

* 조세감면 전 과세표준은 최저한세 적용대상 익금불산입 · 손금산입 · 비과세 · 소득공제를 하지 않는 경우의 과세표준을 말한다.

구분			최저한세율
중소기업			7%*
일반기업	(조세감면 전 과세표준)	100억원 이하분	10%
	100억원 초과	1,000억원 이하분	12%
	1,000억원 초과분		17%

* 중소기업 유예기간이 종료 후 3년 이내 기업 : 중소기업이 최초로 중소기업에 해당하지 않게 된 경우에는 7% 대신에 ① 그 최초로 중소기업에 해당하지 않게 된 과세연도의 개시일부터 3년 이내에 끝나는 과세연도에는 8%, ② 그 다음 2년 이내에 끝나는 과세연도에는 9%로 한다.

소득세 최저한세 = 조세감면 전(前) 과세표준*에 대한 산출세액 × 35%(산출세액 3천만원 초과분은 45%)

* 조세감면 전 과세표준은 최저한세 적용대상 특례감가상각비 · 소득공제를 하지 않는 경우의 과세표준을 말한다.

감면 후 세액은 각 사업연도 소득에 대한 법인세로서 ① 토지등양도소득에 대한 법인세, 투자 · 상생협력 촉진을 위한 과세특례를 적용하여 계산한 법인세, 지점세 · 가산세 및 추징세액을 제외하며, ② 최저한세 적용대상이 아닌 조세특례제한법에 따른 세액공제 및 세액감면과 법인세법에 따른 세액공제를 차감하기 전의 금액을 말한다.

한편 소득세 감면 후 세액은 사업소득에 대한 소득세로서 가산세 및 추징세액을 제외하며, 최저한세 적용대상이 아닌 조세특례제한법에 따른 세액공제 및 세액감면과 소득세법에 따른 세액공제를 차감하기 전의 금액을 말한다.

참고사항 추징세액의 범위(조특법 126 ①)

1. 조세특례제한법에 따라 각종 준비금 등을 익금산입하는 경우와 감면세액을 추징하는 경우(소득세 또는 법인세에 가산하여 자진납부하거나 부과징수하는 경우 포함)에 있어서의 이자상당가산액

2. 조세특례제한법 또는 법인세법에 따라 법인세 또는 소득세의 감면세액을 추징하는 경우 해당 사업연도에 소득세 또는 법인세에 가산하여 자진납부하거나 부과징수하는 세액 ■

(2) 적용배제순위

1) 납세의무자가 신고(수정신고 및 경정청구 포함)한 소득세액 또는 법인세액이 최저한세액에 미달하여 법인세 또는 소득세를 경정하는 경우에는 다음의 순서(동일한 항목 안에서는 조문순서에 의함)에 따라 감면을 배제하여 세액을 계산한다.

① 손금산입·익금불산입

② 세액공제. 이 경우 동일 조문에 따른 감면세액 중 이월된 공제세액이 있는 경우에는 나중에 발생한 것부터 적용배제한다.

③ 법인세 또는 소득세의 면제 및 감면

④ 소득공제 및 비과세

2) 조세특례제한법에 따른 세액공제의 규정에 따라 공제할 세액 중 최저한세액에 미달하여 공제받지 못한 부분에 상당하는 금액(또는 납부할 세액이 없어 공제받지 못한 부분에 상당하는 금액)은 해당 과세연도의 다음 과세연도 개시일부터 10년 이내에 끝나는 과세연도에 이월하여, 그 이월된 각 과세연도의 법인세 또는 사업소득에 대한 소득세에서 공제한다(조특법 144 ①).

이 경우 각 과세연도에 공제할 금액과 이월된 미공제금액이 중복되는 경우에는 이월된 미공제금액을 먼저 공제하고 그 이월된 미공제금액 간에 중복되는 경우에는 먼저 발생한 것부터 차례대로 공제한다(조특법 144 ②).

(3) 감면 등의 적용순위

조세특례제한법을 적용할 때 최저한세 적용대상으로 열거된 감면 등과 그 밖의 감면 등이 동시에 적용되는 경우 그 적용순위는 최저한세 적용대상으로 열거된 감면 등을 먼저 적용한다(조특법 132 ③).

Ⅳ 소득공제의 종합한도

거주자의 종합소득에 대한 소득세를 계산할 때 다음 중 어느 하나에 해당하는 공제금액의 합계액이 2,500만원을 초과하는 경우에는 그 초과하는 금액은 없는 것으로 한다(조특법 132의2 ①). 이 제도는 조세특례제한법에 따른 소득세 최저한세제도와 같은 조세감면의 제한에 해당하며, 고소득자의 과도한 소득공제의 혜택을 일괄배제하기 위하여 마련된 것이다.

종합한도 적용대상 소득공제	비고
① 특별소득공제 : 주택자금 소득공제	소득세법
② 벤처투자조합 출자 등에 대한 소득공제 (벤처기업 등 투자에 대한 소득공제 등*은 제외)	조세특례제한법
③ 소기업 · 소상공인 공제부금에 대한 소득공제	
④ 청약저축 등에 대한 소득공제	
⑤ 우리사주조합 출자에 대한 소득공제	
⑥ 장기집합투자증권저축 소득공제	
⑦ 신용카드 등 사용금액에 대한 소득공제	

* 벤처기업 등 투자에 대한 소득공제와 온라인소액투자중개의 방법으로 모집(crowd-funding)하는 창업 후 7년 이내의 중소기업으로서 기술성이 우수한 것으로 평가받은 기업의 지분증권에 투자에 대한 소득공제는 종합한도 적용대상 소득공제에서 제외한다.

V 양도소득세 및 증여세 감면의 종합한도

1. 양도소득세 감면의 종합한도

(1) 일반감면의 종합한도

개인이 조세특례제한법의 감면규정(비자발적 양도시 감면규정은 제외)에 따라 양도소득세액의 합계액 중에서 다음 (1)·(2)의 금액 중 큰 금액은 감면하지 않는다. 이 경우 감면받는 양도소득세액의 합계액은 자산양도의 순서에 따라 합산한다(조특법 133 ①).

(1) 과세기간별로 계산된 감면배제금액(*주1)

= 과세기간별 일반감면규정*에 따라 감면받을 양도소득세액의 합계액 − 1억원

* 비자발적 양도시 감면규정은 제외한다.

(2) 5개 과세기간의 합계액으로 계산된 감면배제금액 = MAX(①, ②)(*주2)

① 5개 과세기간의 농지대토에 대한 양도소득세 감면규정(제70조)에 따라 감면받을 양도소득세액의 합계액 − 1억원

② 5개 과세기간의 농지 등의 감면(아래 도표 ③~⑩) 규정에 따라 감면받을 양도소득세의 합계액 − 2억원

(*주1) 위 (1)의 규정을 적용할 때 ① 토지를 분할(해당 토지의 일부를 양도한 날부터 소급하여 1년 이내에 토지를 분할한 경우를 말한다)하여 그 일부를 양도하거나 토지의 지분을 양도한 후 ② 그 양도한 날부터 2년 이내에 나머지 토지나 그 지분의 전부 또는 일부를 동일인이나 그 배우자에게 양도하는 경우에는, 1개 과세기간에 해당 양도가 모두 이루어진 것으로 본다(조특법 133 ③).

(*주2) 이 경우 5개 과세기간의 감면받을 양도소득세액의 합계액은 ① 해당 과세기간에 감면받을 양도소득세액과 ② 직전 4개 과세기간에 감면받은 양도소득세액을 합친 금액(① + ②)으로 계산한다(조특법 133 ① (2) 후단).

이러한 양도소득세 종합한도 적용대상 일반감면의 종류는 다음과 같다.

<table>
<tr><th colspan="2">종합한도 적용대상 일반감면</th><th colspan="2">종합한도</th></tr>
<tr><td colspan="2">① 사업전환 무역조정지원기업에대한 양도소득세 감면(제33조)
② 구조조정 대상 부동산의 취득자에 대한 양도소득세 감면(제43조)</td><td rowspan="3">연간 1억원</td><td>–</td></tr>
<tr><td>③ 영농조합법인에 농지 · 초지의 현물출자에 대한 양도소득세 감면(제66조 ④)
④ 영어조합법인에 어업용 토지의 현물출자에 대한 양도소득세 감면(제67조 ④)
⑤ 농업회사법인에 농지 · 초지의 현물출자에 대한 양도소득세 감면(제68조 ②)
⑥ 자경농지에 대한 양도소득세 감면(제69조)
⑦ 축사용지에 대한 양도소득세 감면(제69조의2)
⑧ 어업용 토지 등에 대한 양도소득세의 감면(제69조의3)
⑨ 자경산지에 대한 양도소득세의 감면(제69조의4)
⑩ 농지대토에 대한 양도소득세 감면(제70조)</td><td>농지 등 감면</td><td>5년간 2억원</td></tr>
<tr><td colspan="2">⑪ 국가에 양도하는 산지에 대한 양도소득세 감면(제85조의10)</td><td>–</td></tr>
</table>

[도 표] 종합한도 적용사례

<사례 1> 조세특례제한법에 따른 ×1년 과세기간에 ㉠ 농지대토 감면규정에 따라 감면받을 세액의 합계액이 8천만원이고 ㉡ 자경농지 감면규정에 따라 감면받을 세액의 합계액이 9천만원인 경우, 과세기간별로 감면배제금액을 계산하면 다음과 같다.

> 감면배제금액 : (8천만원 + 9천만원) – 1억원 = 7천만원

<사례 2> ×1년 과세기간에 ㉠ 농지대토 감면규정에 따라 감면받은 세액 3천만원, ㉡ 자경농지 감면규정에 따라 감면받은 세액이 6천만원이었고, ×2년 과세기간에 ㉠ 농지대토 감면규정에 따라 감면받은 세액 9천만원, ㉡ 자경농지 감면규정에 따라 감면받은 세액이 1천만원인 경우, 5개 과세기간의 합계액으로 계산된 감면배제금액을 계산하면 다음과 같다(×1년 전 과세기간의 감면세액은 없다고 가정한다).

> 감면배제금액 : MAX(①, ②) = 2천만원
> ① (3천만원 + 9천만원) – 1억원 = 2천만원
> ② [(3천만원 + 6천만원) + (9천만원 + 1천만원)] – 2억원 = (초과액 없음)

(2) 비자발적 양도시 감면의 종합한도

개인이 비자발적 양도시 양도소득세 감면규정[① 공익사업용 토지 등에 대한 양도소득세 감면(제77조), ② 대토보상에 대한 양도소득세 감면(제77조의2), ③ 개발제한구역 지정에 따른 매수대상 토지 등에 대한 양도소득세 감면(제77조의3)을 말한다]에 따라 감면받을 양도소득세액의 합계액 중에서 다음 (1)·(2)의 금액 중 큰 금액은 감면하지 않는다. 이 경우 감면받는 양도소득세액의 합계액은 자산양도의 순서에 따라 합산한다(조특법 133 ②).

(1) 과세기간별로 계산된 감면배제금액(*주1)
　= 과세기간별 비자발적 양도시 감면규정에 따라 감면받을 양도소득세액의 합계액 – 2억원

(2) 5개 과세기간의 합계액으로 계산된 감면배제금액(*주2)
　= 5개 과세기간의 비자발적 양도시 감면규정에 따라 감면받을 양도소득세액의 합계액 – 3억원

(*주1) 위 (1)의 규정을 적용할 때 ① 토지를 분할(해당 토지의 일부를 양도한 날부터 소급하여 1년 이내에 토지를 분할한 경우를 말한다)하여 그 일부를 양도하거나 토지의 지분을 양도한 후 ② 그 양도한 날부터 2년 이내에 나머지 토지나 그 지분의 전부 또는 일부를 동일인이나 그 배우자에게 양도하는 경우에는, 1개 과세기간에 해당 양도가 모두 이루어진 것으로 본다(조특법 133 ③).

(*주2) 이 경우 5개 과세기간의 감면받을 양도소득세액의 합계액은 ① 해당 과세기간에 감면받을 양도소득세액과 ② 직전 4개 과세기간에 감면받은 양도소득세액을 합친 금액(① + ②)으로 계산한다(조특법 133 ② (2) 후단).

이러한 비자발적 양도시 감면에 대한 종합한도를 정리하면 다음과 같다.

종합한도 적용대상 비자발적 양도시 감면	종합한도	
① 공익사업용 토지 등에 대한 양도소득세 감면(제77조) ② 대토보상에 대한 양도소득세 감면(제77조의2) ③ 개발제한구역 지정에 따른 매수대상 토지 등에 대한 양도소득세 감면(제77조의3)	연간 2억원	5년간 3억원

NEW 개정사항 양도소득세 감면 종합한도 상향

<개정내용> 당사자의 자발적인 의사와 관계없이 수용되는 토지 양도에 대한 보상을 강화하기 위하여 종합한도를 연간 1억원에서 2억원으로, 5년간 2억원에서 3억원으로 상향 조정하였다.

종전	개정
□ 조세특례제한법에 따른 양도소득세 감면의 종합한도* * 감면세액 합계에 적용 ○ 1개 과세기간 감면* 합계액 한도 : 1억원 * 공익사업용 토지 수용 등에 대한 16개 감면	□ 양도소득세 감면 종합한도 상향 ○ 1개 과세기간 감면 한도 조정 – 공익사업용 토지 수용 등, 개발제한구역 내 토지 협의매수 등* : 2억원 * 비자발적 양도에 대한 3개 감면

○ 5개 과세기간 감면* 합계액 한도 : 2억원 * 공익사업용 토지 수용 등에 대한 11개 감면	- 그 외 : 종전 유지 ○ 5개 과세기간 감면 한도 조정 - 공익사업용 토지 수용 · 협의매수, 개발제한구역 내 토지 협의매수 등* : 3억원 * 비자발적 양도에 대한 3개 감면 - 그 외 : 종전 유지

<적용시기> 이 규정은 2025년 3월 #일이 속하는 과세연도에 양도하는 경우부터 적용한다. 한편 5개 과세기간의 합계액으로 계산된 감면배제 규정을 적용하는 경우 2025년 3월 #일 전에 개발제한구역 지정에 따른 매수대상 토지 등에 대한 양도소득세 감면(제77조의3) 규정에에 따라 감면받은 세액은 이를 합산하지 않는다. ■

2. 증여세 감면의 종합한도

영농자녀가 증여받는 농지 등에 대한 증여세의 감면규정에 따라 감면받을 증여세액의 5년간 합계가 1억원(이하 '증여세감면한도액'이라 한다)을 초과하는 경우에는 그 초과하는 부분에 상당하는 금액은 감면하지 않는다. 이 경우 증여세감면한도액은 그 감면받을 증여세액과 그 증여일 전 5년간 감면받은 증여세액을 합친 금액으로 계산한다(조특법 133 ③).

사 례 **최저한세**

조세특례제한법에 따른 최저한세액과 관련하여 다음 물음에 답하시오. (2022년 세무사 2차, 25점)

【물음 1】 조세특례제한법에 따라 최저한세액에 미달하는 세액에 대하여 감면 등을 배제해야 하는 규정이 필요한 이유를 설명하시오. (10점)

【물음 2】 다음 사례를 읽고 ①, ②에 대하여 답하시오. (15점)

> 내국영리법인(제조업)으로서 중소기업에 해당하는 ㈜A의 관할세무서장은 ㈜A가 당초 신고한 법인세 과세표준 및 세액에서 조세특례제한법 제132조 '최저한세액에 미달하는 세액에 대한 감면 등의 배제'와 관련한 사항의 적용이 누락되었음을 확인하고 경정을 검토하고 있다.

㈜A가 당초 각 사업연도의 소득에 대한 법인세 과세표준 및 세액 신고시 적용한 소세감면 등은 다음 <보기>와 같다. (단, 최저한세와 관련된 제한 사항을 제외하고 다음 <보기>의 조세감면 등을 받을 수 있는 해당 요건은 모두 충족하였다고 가정함)

> ㈜A가 당초 법인세 과세표준 및 세액 신고시 적용한 조세감면 등의 내역 :
> • 조세특례제한법 제7조에 따른 중소기업에 대한 특별세액감면

- 조세특례제한법 제10조에 따른 연구 · 인력개발비에 대한 세액공제
- 조세특례제한법 제10조의2에 따른 연구개발 관련 출연금 등의 과세특례 규정에 의한 익금불산입
- 조세특례제한법 제12조에 따른 기술이전 및 기술취득 등에 대한 과세특례 규정에 의한 세액감면

관할세무서장의 검토 결과, ㈜A의 경우 조세특례제한법에 따른 법인세 최저한세액에 미달하는 세액이 있으며, 그에 상당하는 부분에 대해서 감면 등을 배제해야 하는 것으로 확인되었다. 따라서 ㈜A의 관할세무서장이 조세특례제한법에 따른 관련규정에 따라 감면 등을 배제하여 세액을 계산하고 경정절차를 진행하는 경우, ① 위 <보기> 중 그 적용이 배제되어야 할 조세감면 등을 올바른 배제 순서에 따라 차례로 기술하고 ② 그렇게 배제 순서를 기술한 근거를 설명하시오. (단, 위 <보기>의 조세감면 등으로 인해 감소되는 세액의 합계는 조세특례제한법에 따른 법인세 최저한세액에 미달하는 세액에 상당하는 것으로 가정함)

해 답

【물음 1】 감면배제 규정이 필요한 이유

최저한세제도(alternative minimum tax)란 기업이 조세감면을 적용받는 경우에 과다한 조세감면의 혜택이 부여되는 것을 방지하기 위하여 최소한 일정수준 이상의 세액을 부담하도록 하는 제도를 말한다.

특정기업이 조세특례제한법에 따른 허용되는 조세감면을 제한 없이 받을 수 있다면 ① 일정수준 이상의 세액을 부담하는 다른 기업에 비해 과다한 혜택으로 과세형평을 침해하고 ② 국민들의 납세도의(tax moral)를 저해하는 결과가 된다. 이러한 결과를 방지하기 위하여 국가의 정책적 목적달성을 위하여 마련된 조세감면을 적용받더라도 최소한 일정수준 이상의 세액을 부담하도록 하는 최저한세제도가 필요한 것이다.

【물음 2】 조세감면 배제

1. 관련규정

납세의무자가 신고(수정신고 및 경정청구 포함)한 법인세액이 최저한세액에 미달하여 법인세를 경정하는 경우에는 다음의 순서(동일한 항목 안에서는 조문순서에 의함)에 따라 감면을 배제하여 세액을 계산한다.

① 손금산입 · 익금불산입

② 세액공제. 이 경우 동일 조문에 따른 감면세액 중 이월된 공제세액이 있는 경우에는 나중에 발생한 것부터 적용배제한다.

③ 법인세 또는 소득세의 면제 및 감면

④ 소득공제 및 비과세

2. 사례의 배제순서와 근거

(1) 배제순서

㈜A가 당초 법인세 과세표준 및 세액 신고시 적용받은 조세감면 중 최저한세의 적용으로 배제되어야 조세감면의 배제순서를 차례로 나열하면 다음과 같다.

① 조세특례제한법 제10조의2에 따른 연구개발 관련 출연금 등의 과세특례 규정에 의한 익금불산입

② 조세특례제한법 제7조에 따른 중소기업에 대한 특별세액감면

③ 조세특례제한법 제12조에 따른 기술이전 및 기술취득 등에 대한 과세특례 규정에 의한 세액감면

(2) 근 거

1) ㈜A가 중소기업으로서 적용받은 조세특례제한법 제10조에 따른 연구 · 인력개발비에 대한 세액공제는 최저한세 적용대상이 아니므로 적용배제 조세감면에서 제외한다.

2) 연구개발 관련 출연금 등의 과세특례 규정에 의한 익금불산입은 과세이연(간접감면)이므로 이러한 익금불산입을 먼저 감면배제하고 세액감면을 나중에 배제하는 것이 ㈜A에게 유리한 배제순서이다.

3) 세액감면 항목 중에서는 조문순서[중소기업에 대한 특별세액감면(제7조) → 기술이전 및 기술취득 등에 대한 과세특례 규정에 의한 세액감면(제12조)]에 따라 조세감면을 적용배제한다.

제2절 감면세액의 추징

I 투자세액공제의 추징

1. 투자세액공제 받은 자산을 처분하는 경우

(1) 개 요

다음에 해당하는 법인세 또는 소득세의 투자세액공제를 적용받은 자가 투자완료일부터 2년(건물과 구축물은 5년)이 지나기 전에 해당 자산을 처분(임대 포함)한 경우에는 해당 사유가 발생한 날이 속하는 과세연도의 과세표준신고를 할 때 해당 자산에 대한 세액공제액 상당액에 이자상당가산액을 가산하여 법인세 또는 소득세로 납부해야 하며, 해당 세액은 과세표준신고시 자진납부해야 할 세액으로 본다(조특법 146).

- 통합투자세액공제(조특법 24)
- 고용창출투자세액공제(조특법 26)

이 경우 이자상당가산액은 다음과 같이 계산한다(조특령 137 ②).

$$\text{이자상당가산액} = \text{세액공제액} \times \text{기간}^{*} \times 1\text{일}\ \frac{2.2}{10,000}$$

* 세액공제 받은 과세연도의 과세표준신고일의 다음 날부터 납부사유가 발생한 날이 속하는 과세연도의 과세표준신고일까지의 기간

(2) 추징사유의 예외

다음에 해당하는 경우에는 공제세액 및 이자상당가산액을 추징하지 않는다(조특령 137 ⑦).

① 현물출자, 합병, 분할, 분할합병, 동종의 사업용고정자산의 교환, 통합, 사업전환 또는 사업승계로 인하여 해당 자산의 소유권이 이전되는 경우

② 내용연수가 경과된 자산을 처분하는 경우

2. 통합투자세액공제 받은 자산을 다른 목적으로 전용하는 경우

통합투자세액공제를 적용받은 자가 투자완료일부터 ① 사업용 자산으로서 건축물은 5년, ② 그 외의 사업용자산은 2년 이내에 그 자산을 다른 목적으로 전용하는 경우에는 공제받은 세액공제액 상

당액에 다음과 같이 계산한 이자상당가산액을 가산하여 법인세 또는 소득세로 납부해야 한다. 이 경우 해당 세액은 과세표준 신고기한까지 납부해야 할 세액으로 본다(조특법 24 ③, 조특령 21 ⑤, ⑥).

$$\text{이자상당가산액} = \text{공제받은 세액} \times \text{기간}^{*} \times 1\text{일} \ \frac{2.2}{10,000}$$

* 세액공제 받은 과세연도의 과세표준신고일의 다음 날부터 납부사유가 발생한 날이 속하는 과세연도의 과세표준 신고일까지의 기간을 말한다.

Ⅱ 이자 · 배당소득 비과세 · 감면세액의 추징

(1) 추징규정

조세특례제한법에 따른 이자소득 또는 배당소득에 대한 과세특례 적용요건을 갖추지 못한 경우 원천징수의무자는 비과세 또는 감면받은 세액 상당액을 즉시 추징하여 추징일이 속하는 달의 다음 달 10일까지 원천징수 관할세무서장에게 납부해야 하고, 해당 소득이 속하는 과세연도의 종합소득과세표준은 소득세법 제14조(과세표준의 계산)에 따라 계산한다(조특법 146의2 ①).

원천징수의무자는 과세특례를 적용받은 자에게 위 규정에 따라 추징한 세액 및 그 산출근거를 즉시 통보해야 한다(조특법 146의2 ②).

(2) 추징세액 미납시 추가납부

원천징수의무자가 추징한 세액을 기한 내에 납부하지 않거나 납부해야 할 세액에 미달하게 납부한 경우에는 그 납부하지 않은 세액(또는 미달하게 납부한 세액)의 10%에 해당하는 금액을 추가로 납부해야 한다(조특법 146의2 ③).

(3) 추징규정 적용시 가산세 적용배제

위 추징규정을 적용하는 경우 소득세법 제86조(소액부징수) 규정을 적용하고 국세기본법에 따른 무신고가산세, 과소신고 · 초과환급신고가산세, 납부지연가산세 및 원천징수 등 납부지연가산세의 규정은 적용하지 않는다(조특법 146의2 ④).

연습문제

1 내국법인에 대한 최저한세제도에 대하여 설명하시오. (20점)

2 양도소득세의 감면을 제한하기 위한 중복지원의 배제 및 감면의 종합한도에 대하여 설명하시오. (10점)

3 수도권의 과밀억제를 위한 수도권과밀억제권역 안의 투자에 대한 세액공제의 배제에 대하여 설명하시오. (10점)

MEMO

MEMO

MEMO

MEMO

MEMO

MEMO